KB149433

유럽을 지방화하기

포스트식민 사상과 역사적 차이

Provincializing Europe: Postcolonial Thought and Historical Difference
by Dipesh Chakrabarty

프리즘총서 015
유럽을 지방화하기: 포스트식민 사상과 역사적 차이

초판1쇄 펴냄 2014년 8월 30일
초판2쇄 펴냄 2021년 3월 2일

지은이 디페시 차크라바르티
옮긴이 김택현, 안준범
프리즘총서 기획위원 진태원
펴낸이 유재건
펴낸곳 그린비
주소 서울시 마포구 와우산로 180, 4층
대표전화 02-702-2717 | **팩스** 02-703-0272
홈페이지 www.greenbee.co.kr
원고투고 및 문의 editor@greenbee.co.kr

주간 임유진 | **편집** 홍민기, 신효섭, 구세주 | **디자인** 권희원 | **마케팅** 유하나
물류유통 유재영, 한동훈 | **경영관리** 유수진

책값은 뒤표지에 있습니다. 잘못 만들어진 책은 구입처에서 바꿔 드립니다.
ISBN 978-89-7682-537-7 93910

유럽을 지방화하기

포스트식민 사상과 역사적 차이

디페시 차크라바르티 지음 | 김택현·안준범 옮김

안느, 피오나, 로빈, 데비, 가우탐, 실루에게
우정을 담아

한국어판 서문

『유럽을 지방화하기』의 한국어판이 가까운 장래에 출간되리라는 소식을 듣게 된 것은 저로서는 영광스럽고 또한 기쁜 일입니다. 저는 여러 면에서 이번 일이 특별하다고 생각합니다. 이전에 이 책의 몇몇 장과 일부가 일본어와 중국어로 번역된 적이 있지만, 이 책 전체가 아시아 언어로 번역되는 것은 이번이 처음입니다. 이 책을 읽게 될 한국 독자들은 유럽 제국주의 권력에 종속되었던 나라의 역사가 남긴 직접적인 유산과는 아무 관계가 없을 것입니다. 20세기에 일본에 의해 식민화된 한국의 경험은 이 책에서 제가 상기시키고 있는, 인도에 대한 유럽의 식민 지배의 오랜 역사와 유사성도 있을 것이고 차이도 있을 테지요. 하지만 한국 역사에 관한 얼마 안 되는 제 지식은 이 책에서 논의되고 있는 식민적 근대성의 몇몇 문제가 한국 독자에게도 낯설지 않을 것이라는 희망을 갖게 합니다. 무엇보다도, 다른 나라에 살고 있고 다른 역사를 가진 독자들이 이 책을 흥미가 있거나 참조할 만한 것으로 여길지도 모른다고 생각하니 특히 기쁩니다.

저는 인도 안에 있건 밖에 있건 간에 세계의 여러 지역이 뒤따라 갈 수 있고, 적용할 수 있고, 혹은 단순히 모사할 수 있는 하나의 분석 모델을 제공하려고 이 책을 쓴 것은 아닙니다. 제가 이 책의 2부에서 끌어들이고 있는 독특한 역사적 경험은 영국 지배하의 인도—주로 벵골—에서 식민 지배가 전해 준 유럽 계몽주의의 유산을 진지하게 받아들였던, 얼마 안 되는 교양 있는 봉급 생활자 계급의 역사적 경험입니다. 이 계급의 유산이 제 문화적 유산의 일부이며, 이 책은 그 유산을 결코 간단히 처리하지 않고 비판적으로 탐구하려는 것이었습니다. 저는 이 책에 상세히 서술된 역사들과는 무관한 독자도 자신의 과거에서 이 책의 몇몇 테마에 반향反響; echo하는 소리를 듣기 바라면서 이 책을 썼습니다. 반향은 복제가 아닙니다. 『유럽을 지방화하기』는 유럽 지배의 모든 경험을 동질화하려고 의도하거나 시도한 것이 결코 아닙니다. 그 경험들은, 결코 공식적으로 식민화된 적이 없었던 일본과 태국 같은 나라들의 경우까지 포함하여, 맥락의 상이함에 따라 항상 다릅니다. 그러나 제가 제 독자들이 들으면 좋겠다고 바랐던 것은 바로 앞서 말한 반향들입니다. 저는 독자들이 독서라는 바로 그 행동 안에서 이 책을 자신의 역사의 지형으로 전치轉置; displace하기를 기대했습니다. 그런 식의 새로운 번역translation이 저와 거리가 멀거나 제게 낯선 역사들 안에서 저 반향들을 낳기를 저는 바라고 있습니다. 보편화하지 않으려는 역사가가 기대하거나 소망할 수 있는 성과가 그것 말고 어떤 게 있을까요?

하지만 저는 이 책에서 하나의 가정을 제시하고 있습니다. 저는 그 가정이 사실상 역사적·문화적 경계들을 가로지르는 것이라고 생각하는데, 그 가정이란 이런 것입니다. 즉 어디에서건 민주주의, 권리, 시민권, 근대 관료제의 지배—요컨대 제가 '정치적 근대성'이라 부른 것—와 같은 개념들을 연상시키는 관념들은 모든 지역에서 '유럽적'이라고 불려도 괜찮은 사유 전통들과 어느 정도는 불가피하게 지적으로 교섭한다는 것입니다(그렇다고 해서 '유럽적'이라는 표현이 문제가 없다는 말은 아닙니다). 저는 이러한 교섭의 성격을 묘사하기 위해 번역이라는 메타포를 사용해 왔습니다. 이는 근대성에 관한 유럽의 관념들이 19세기에 결코 백지에서 출발하지 않았다는 것을 함축합니다. 말하자면 그 관념들은 특히 그에 선행한 관념들 및 개념들과, 그리고 로컬 역사들과 어떤 교환 과정 안에 들어가게 되었다는 것입니다. 이런 일은 추상적 개념화의 수준에서도 생겨났지만——예컨대 자유주의적이거나 맑스주의적인 원리들의 셈법algorithm은 모든 곳에서 똑같다고 보는 것——여러 나라의 지식인이 자기 나라만의 특정한 맥락 안에서 추상적 개념들에 구체적 형상과 비전을 부여하고자 했을 때는 더 심했습니다. 그렇다면 평등이라는 추상적 개념은 추상적으로는 많은 언어로 소통 가능한 것일 수 있지만, 무엇이 평등의 실천으로 여겨지게 되는지는 역사적 맥락들에 따라 다를 터입니다. 『유럽을 지방화하기』는 후자의 과정에 주목하고 있습니다. 왜냐하면 외견상 추상적인 개념들은, 그것이 산문으로 표현되는 한, 특수한 산문 장르들에 고유한 관용적慣用的; idiomatic 성격을 결코 벗어나지 못한다는 점을 우리가 깨닫게 되는 것은 그 현실적인 번역 과정에 들어갈 때이기 때문입니다. 말하자면 그 추상적 개념들은 그것들 안에 암호화된 (말과 실천의) 매우 특정한 역사들을 지니고 있다는 것이지요. 그런 의미에서 추상적이고 보편적인 개념들은 결코 완전히 초월할 수 없는 협애하고 특수한 역사적 뿌리들을 갖고 있습니다. 이는, 일반적으로 유럽이라고 알려져 있는 부분까지 포함하여, 세계의 모든 지역에 대해 사실이라고 저는 생각합니다. 그래서 저는 이 책에서 정치적 근대성이라는 대의를 위한 추상적 사유의 필요성을 일체 부정하는 것이 아니라, 어느 구체적이고 특수한 실체가 스스로를 유일하게 보편적인the universal 것으로 간주하려고 욕망하는 경우들에 주의하면서 경계심을 갖자고 주장하고 있는 것입니다. 제국주의 유럽은, 특히 진보의 시대에, 스스로를 보편적 관념들의 구현체로 간주했고, 그런 식의 사유 경향은 (서구 '따라잡기'catching up에 관한 오늘날의 모든 논의에서도 볼 수 있듯이) 아직 우리를 완전히 떠나지 않았습니다. 우리에게는 분명 보편 관념이 필요하지만, 그 어떤 구체적인 역사도 결코 보편사가 될 수 없다고 저는 주장합니다. 특수는 보편이라는 장소를 오직 찬탈할 수 있을 뿐입니다. 물론 일반 혹은 보편이라는 형식이—이런 게 보편의 아이러니인데—흔히 그 같은 찬탈을 통해 가시화되지만 말이지요. 맑스에 관한 제 논의는 주로 이러한 관념을 정교화한 것입니다.

자본주의적 근대성으로의 번역이라는 관념은 또한 자본주의적 근대성으로의 이행transition이라는 사회학적 관념에서 벗어나야 한다는 것을 알려 줍니다. 유럽사와 비유럽사에서의 자본주의적 근대성으로의 이행 문제를 강조했던 1960~1970년대의 맑스주의 논의들은 일반화가 가능한 역사적/사회학적 모델들을 흔히 유럽에서 찾았습니다. 정치적으로 볼 때, 스코틀랜드 계몽 사상이 창안한 19세기 진보 관념들과 단계론적 역사관에 뿌리를 두고 있던 이 입론 양식은 유럽이 지배한 나라의 민중을 그대로 두지 않았습니다. 모든 역사는, 적어도 기능적 수준에서, 유럽에서의 이행의 동학을 이 모델에 입각해서 모사해야만 했습니다. 이는 제가 '역사의 대기실'the waiting room of history이라고 부른 것, 즉 식민지의 피지배 민중은 자치라든가 민주주의, 심지어 자본주의 같은 유럽의 지적 재화들을 이용할 자격을 갖추기 위해선 먼저 학습의 과정을 거쳐야만 한다는 관념을 낳았습니다. 그런데 바라던 이행의 순간은 결코 오지 않았습니다. 제가 주장하는 바는 전 세계적으로 전개된 반식민 운동들—이런 과정은 제1차 세계대전이 끝난 후 시작되었다고 말할 수 있지요—의 유산 전체가 '아직 아님'

not yet이라는 이러한 역사관(어떤 민중이나 집단은 아직 자치할 준비가 되어 있지 않다는 주장)에 의문을 제기하고는 그 역사관을 제가 '지금의 시간 지평'temporal horizon of the now이라 부른 것으로 대체해 왔다는 것입니다. 제가 주장하고 싶은 바는 '아직 아님'과 '지금' 간의 이러한 긴장이 오늘날에 전개되고 있는 민주주의와 주권에 관한 수많은 논의의 여전한 특징이며, 글로벌화의 과정과 정치가 불러일으킨 논쟁의 일부를 구성하고 있다는 것입니다.

마지막으로 저는 제 작업에 관심을 갖고 이 책을 출판한 발행인과 이 책의 번역자들에게 감사의 뜻을 전하고 싶습니다. 이들의 노력이 성공하여, 이 보잘것없는 책이 제가 언젠가 방문하길 원하는 나라에서 또 하나의 예기치 못했던 고향을 갖게 되기를 바랍니다.

시카고에서
2011년 6월 29일
디페시 차크라바르티

2007년판 서문

글로벌화 시대에 유럽을 지방화하기

I

신화는 역사적인 것을 '자연적'인 것처럼 보이게 만듦으로써 작동한다는 롤랑 바르트의 생각에는 음미할 만한 것이 있었다. 그에겐 비판들이 퍼부어졌을 수 있겠지만 말이다. 물론 바르트는 '역사적'이라는 말을 우리가 역사책에서 발견할 수 있는 것과 같은 의미로 사용하지는 않았다. 왜냐하면 그에게는 그런 책들 자체가 신화적인 재현 체계들에 속했기 때문이다. 바르트의 유명한 에세이 「오늘의 신화」에서 '역사'는 삶의 활동을 가리켰다. 어쨌든 바르트에 따르면, 삶의 활동이란 대체로 언어를 '저기에 있는' out there 지시 대상 쪽으로 더 직진시켜 단어와 세계 사이의 간격을 어지간히 메우는(왜냐하면 결코 완전히 메울 순 없는 것이므로) 그런 것이었다.[1) 삶의 활동 속에서 채택되는 단어들은 주로 직접적이고 실제적인 함의를

1) Roland Barthes, "Myth Today", *Mythologies*, trans. Annette Lavers, New York: Hill and Wang, 1984, pp. 109~159[『현대의 신화』, 이화여자대학교 기호학연구소 옮김, 동문선, 1997, 261~340쪽].

지닐 것이다. 벵골의 중간 계급에 속하는 내가 포스트식민 캘커타에서 소년기나 청년기를 보내고 있었을 때 '유럽'은 결코 나를 괴롭힌 단어가 아니었다. 모든 곳에, 즉 교통 법규에, 인도인은 시민 의식이 없다는 어른들의 개탄에, 축구와 크리켓 시합에, 내 교복에, 사회적 불평등을, 특히 이른바 카스트 제도를 비판하는 벵골의 민족주의적 에세이와 시에, 연애 결혼 대 중매 결혼에 관한 은밀하거나 노골적인 논쟁에, 문학회와 영화 클럽에 유럽의 유산—혹은 영국 식민 지배의 유산이라고 해도 된다. 왜냐하면 유럽은 영국 식민 지배를 통해 우리의 삶 안에 들어왔기 때문이다—이 존재했다. 실제적인 일상적 삶에서 '유럽'은 의식적으로 거명되거나 논의되어야 할 문제가 아니었다. 유럽의 역사들로부터 차용된 범주와 단어는 우리의 실천들에서 새로운 고향을 찾았다. 예컨대 급진적인 대학 친구들이 누군가를—말하자면 훼방꾼처럼 구는 미래의 장인을—'봉건적'인 태도로 꽉 찬 사람이라고 말하거나, 우리가 인도 자본가들이 '민족 부르주아지'인지 외국 자본에 빌붙어 있는 '매판' 계급인지에 관해—대개 오래 앉아 있다고 눈총을 받았던 허름한 레스토랑이나 찻집에서 값싼 커피나 차를 다 마신 후에도 시간 가는 줄 모르고—논쟁을 벌였을 때, 유럽은 완벽하게 이해되었다. 우리 모두는, 그 단어들을 조금도 세밀하게 분석하지 않았지만, 그 단어들이 의미하는 바를 거의 알았다. 그것들의 '의미들'은 목하 그것들이 사용되고 있는 환경을 넘어서지 않았다.

그렇다면 왜 '유럽을 지방화하기'에 관해 이야기하는가? 이 질문에 대한 답은 나 자신이 은유적이기도 하면서 물리적이기도 한 방식으로 그 같은 일상 생활에서 벗어나게 된 이야기와 관계가 있다. 나는 그 이야기가 단순히 자서전적인 것 이상을 함축하고 있다고 생각하기 때문에 간략하게 언급해 보겠다. 내가 중간 계급의 일상 생활에서 은유적으로 벗어나게 된 것은 캘커타의 맑스주의 서클들에서 맑스의 개념들을 의식적인 분석 도구로 삼는 전문 역사가가 되기 위해 공부했을 때였다. 그 개념들을 일상적으로 사용한 결과(그 이전엔 내가 과학도이자 경영학도였다고 밝히는 게 좋겠다) 친숙해진 단어들은 이제 분석의 날개를 달고, 바르트가 말한 "제2차 혹은 제3차 어순語順"이 되는 메타 언어들 수준까지 비상飛翔했다. 인도의 사회과학 서클들이 유럽의 지적 과거들과 대면했을 때, 가장 집중적으로 취한 입장은 자유주의보다는 맑스주의였다.

이 책이 전하고 있는 문제 의식이 정식화되기 시작한 것은 약 20년 전, 그러니까 내가 『노동 계급의 역사를 다시 생각하기: 벵골 1890~1940』이라는 저서의 초고를 완성했을 무렵이었다.[2)] 나의 노동사 연구의 뿌리는, 내가 젊었을 때 벵골과 인도의 맑스주의 안에서 벌어진 몇몇 치열한 논쟁으로 소급된다. 그 논쟁들은 여전히 압도적으로 농촌적인 인도 같은 나라에서 프롤레타리아트가 수행할 수 있을 세계사적 역할에 관한 것이었다. 중국 혁명과 베트남 혁명에서 배워야 할 것이 분명 있었다. 하지만 맑스와 맑스주의자들이 만든 유용한 범주로 인도 공장들에서의 여러 관계를 상상하면 할수록, 나는 점점 더 긴장을 느끼게 되었다. 그 긴장은 맑스의 사상과 의심의 여지가 없는 그것의 국제적 의의라는 것이 심원하게—그런데 누군가는 편협하게라고 말할지 모르겠다—유럽적인 기원을 갖는다는 데서 생겨났다. 나는 역사에 등장하는 인물들과 유사한 사람들을 일상 생활에서 익히 알고 있었는데, 그들을 1789년이나 1848년이나 1871년이나 1917년에 발발한 유럽 혁명들에 나오는 이름으로 부르고 범

2) Dipesh Chakrabarty, *Rethinking Working-Class History: Bengal 1890~1940*, Princeton: Princeton University Press, 2000.

주화하는 것은 갈수록 이중적으로 거리감 있는 행위처럼 여겨졌다. 무엇보다도 내가 견지하려고 했던 역사적 객관성이라는 면에서 거리감이 있었다. 그러나 또한 희극적 오인誤認이라는 면에서도 거리감이 있었다! 그 오인은, 식민지의 유럽인으로 캐스팅된 벵골 배우들이 강한 벵골어 악센트를 구사하면서 벵골어로 말했을 유럽인을 모방하는 연기를 펼쳐 보였던, 즉 유럽인이 어떻게 우리를 인식했을지에 관한 배우들의 고정관념을 펼쳐 보였던 벵골의 연극 공연을 지켜보았을 때 내가 종종 경험한 것과 유사했다. 이와 유사한 일이 벵골과 인도의 역사에 등장하는 내 주인공들에게도 일어나고 있었다. 당시 내 텍스트에서 그 주인공들은 맑스주의적인 역사 드라마가 빌려 준 유럽 의상을 입고 있었다. 내가 묵살할 수 없었던 것은 나 나름대로의 진지함 안에 있었던 일종의 희극성이었다.

하지만 내가 캘커타에서 이어받은 맑스에 관한 토론—토론 주제에 관한, 입수 가능했던 영어 문헌들이 항상 그 토론을 매개한 것에는 역사적 이유가 있다—에서는 맑스를 유럽의 어떤 사상적 전통들, 맑스가 맑스주의자가 아니거나 맑스와는 반대로 생각한 지식인과도 공유했을 그 전통들에 속하는 인물로 생각할 여지가 없었다. 이는 독서가 부족한 데서 비롯된 것은 아니었다. 캘커타에는 적지 않은 애서가愛書家가 있었다. 유럽 학계를 속속들이 알고 있는 사람도 있었다. 그러나 제도권 학계의 학문적 실천들을 살아 있는, 논란이 되고 있는 유럽의 지적 전통들 중의 일부로 보려는 의식은 없었다. 살아 있는 지적 전통이 그 안에서 제기된 문제들에 대해 최종적 해결책을 제공해 준 적이 없었다는 관념도 없었다. 맑스주의는 그저 '진리'였다. 예컨대 대다수 맑스주의 역사학에 매우 중요한 '불균등 발전'uneven development 개념은 진리의 일부로, 적어도 하나의 분석 도구로 간주되었지만, 임시적인 자료 편성 방법으로는, 혹은 원래 스코틀랜드에 있던 계몽 사상 작업장의 창안물이기까지 한 것으로는 취급되지 않았다. 맑스는 (업데이트될 필요가 있었지만) 옳았고, 반맑스주의자들은 부도덕하지는 않았어도 틀린 게 분명했다. 1970년대에는 막스 베버 같은 이조차 맑스주의 신념을 지닌 인도의 열정적인 역사학자들 사이에서는 그다지 진지하게 들여다볼 만한 인물이 아니었다. 사실 인도에는 맑스주의자가 아니더라도 상당히 재능 있는 사회과학자나 역사가가 있었다. 아시스 난디Ashis Nandy와 고故 아신 다스 굽타Ashin Das Gupta 혹은 다르마 쿠마르Dharma Kumar의 이름을 쉽게 떠올릴 수 있다. 그러나 인디라 간디가 지배하던 인도와 구소련이 정치·문화 협상을 이루어 냄으로써 흥분이 고조되었지만 불안하기도 했던 그 시절에, 인도의 제도권 학계에서 권위와 권력을 행사한 이들은 맑스주의자였다.

일찍이 내가 맑스 사상의 유럽적 뿌리와 그것의 글로벌한 의의 사이의 긴장에 대해 느꼈던 불편함——이것은 나중에 지적 호기심의 문제가 되었다——은 인도에 있는 나의 동료 맑스주의자 다수에게는 느껴지지 않았다. 당시엔 그랬다. 맑스주의 진영 내에서 유일하게 의미 있는 이견異見은 인도의 마오주의자들에게서 나왔다. 서벵골의 낙살바리Naxalbari 촌락에서 벌어진 농민 봉기 이후 낙살라이트Naxalite 운동(1967~1971)으로 알려진 마오주의 운동은 1970년대 초 인도 정부가 가혹하고 무자비하게 반란을 분쇄했을 때 정치적으로 파국적인 패배를 경험했다.[3] 나는 1980년대 이후에 『서발턴 연구』*Subaltern Studies* 집단에 관여하게 되었는데, 마오주의가 그 집단의 초기 작업에 지적 자극을 주고 있었음은 사실이다. 그러나 내가

3) 이 운동의 역사에 관해서는 Sumanta Banerjee, *India's Simmering Revolution: The Naxalite Uprising*, London: Zed, 1984를 볼 것.

사회과학자로서 공부하기 시작했을 무렵에 마오주의 자체는 일종의 구제론救濟論 같은 것이 되어 있었고, 맑스 사상에 대한 마오주의의 '교정'이나 '수정'은 실천적인 것이었다. 마오주의자들은 맑스의 유럽성 문제에 관해선 관심이 없었다.

나의 이론적 불편함은 내가 인도의 일상 생활로부터 물리적 전위轉位를 경험함에 따라 더 심해졌다. 이 경험은 유럽을 지방화하기 기획에 또 다른 중요한 영향을 미쳤다. 나는 1976년 12월에 오스트레일리아 국립 대학에서 역사학 박사학위를 취득하기 위해 인도를 떠났고, 그 이후 인도 바깥에서 살았다. 물론 매년 인도를 방문하거나 인도에서 강의하는 것을 통해, 또 영어와 나의 모어first language인 벵골어, 이 두 가지 언어로 쓴 글을 인도에서 규칙적으로 발표하는 것을 통해, 인도에 있는 친구들과 여러 논의에 참여했지만 말이다. 하지만 이주의 경험—잃은 것과 얻은 것이 심오하게 섞여 있고, 새로운 가능성들이 열려 있었으나 반드시 닫혀 버린 가능성들을 벌충해 주지는 않았던—이 없었다면, 과연 내가 이 책을 쓰게 되었을까 하는 의심이 든다.

오스트레일리아에 도착하기 전, 나는 어디에서건 정치적 근대성을 특징짓는 추상적이고 보편적인 어떤 관념—말하자면 평등, 민주주의, 혹은 심지어 인간의 존엄성 등의 관념—이 역사적 맥락들의 차이에 따라 완전히 다르게 보일 수 있다는 사실이 갖는 함의를 진지하게 생각한 적이 전혀 없었다. 인도와 마찬가지로 오스트레일리아에서도 선거제 민주주의가 번창하고 있지만, 오스트레일리아의 선거일에는 내가 인도에서 익숙해져 있던 축제 분위기 같은 것은 없다. 오스트레일리아인들이 일상 생활에서 개인의 존엄성을 유지하는 데 반드시 필요하다고 여기는 것들—예컨대 자기만의 공간—은 사람들로 북적이는 내 가난한 나라 인도에선 그저 쓸모없는 것들이다. 게다가 종별적인 관습들의 기저에 있는 감성과 감정의 구조들은, 시간이 지나 그 관습 중 상당수에 익숙해지기 전까지는, 내게 다소 낯설게 느껴졌다.

이주자라는 점 때문에 나는 모든 추상적인 관념과 그것의 구체적인 실례實例 간의 필연적으로 불안정한 관계를 과거보다 더 분명하게 볼 수 있었다. 어떤 추상의 구체적 사례는 다만 추상적인 것의 체현일 뿐이라고 주장할 수 없다. 따라서 그 어떤 나라도 다른 나라의 모델일 수 없다. '따라잡기'의 관점에서 생각하는 근대성에 관한 논의가 바로 그런 모델들을 내놓고 있지만 말이다. 우리 간의 명백한 역사적 차이들에도 불구하고 우리 모두가 동일한 역사의 종점으로 수렴된다는 것을 보증해 주는 '이성의 간계' 같은 것은 없다. 우리의 역사적 차이들은 실제로 차이를 만들어 낸다. 차이가 생겨나는 것은 인간 사회가 백지 상태가 아니기 때문이다. 정치적 근대성의 보편적 개념들은 기존의 개념·범주·제도·실천과 조우하며, 이런 것들을 통해 다르게 번역되고 배열된다.

이러한 주장이 인도의 경우에 사실이라면, 당연히 유럽이나 더 넓게는 서구까지 포함하여 다른 모든 장소에 대해서도 사실이다. 이 명제는 흥미로운 결과들을 낳는다. 첫째로, 그것은 내가 앞에서 획정한 어떤 개념의 구상적具象的 측면(개념이 실제로 가시화되는 방식)과 담론적 측면—말하자면 그 개념의 추상적 순수성—간의 구분 자체가 부분적이고 과도하게 획정된 구분이라는 것을 의미한다. 페르디낭 드 소쉬르가 오래전에 가르쳐 주었듯이, 우리는 어떤 관념의 '소리-이미지'와 '개념-이미지'를 단지 인위적 방식으로만 구별할 수 있다. 그 두 측면은 서로 융합된다.[4] 내 생각처럼 이게 사실이라면, 두번째 중요한 결론이 도출된다. 그것은 유럽 사상가들이 르네상스 시기부터 계몽 사상 시기까지 생산했고 이후 전 세계에 걸쳐 근대성과 근대화 기획들에 영향을 미친 이른바 보편적 관념들이란 것은 결코 완전히 보편적이거나 순수한 개념들일 수 없다는 결론이다(그 개념들이 산문으로 표현될 수 있었던 한에서 그렇다는 말이다. 여기에서 내 관심사는 대수代數와 같은 상징 언어가 아니다). 왜냐하면 그 개념들의 정식화에 사용된 바로 그 언어와 그 개념들이 정식화될 때의 상황들은 단독적이고 독특한 기존 역사들, 유럽의 복수적인 과거들에 속했던 그런 역사들을 암시하는 것들을 그 개념들 안에 들여놓은 게 틀림없기 때문이다. 그 개념들 안에 들어와 좀처럼 사라지지 않고 있는 것은 저 협애한 역사들의 환원 불가능한 요소들임이 분명한데, 그런데도 그 개념들은 모두에게 해당하는 것처럼 보였던 것이다.

유럽을 '지방화'한다는 것은, 유럽의 관념들이 보편적이지만 또한 동시에 그 어떤 보편적 타당성도 주장할 수 없을 만큼 매우 특수한 지적·역사적 전통들에서 나왔다는 것, 바로 이것이 어찌 된 일이며 어떤 의미인지를 알아내는 것이었다. 그것은 사상이 장소와 어떻게 관계를 맺었는가에 대해 질문하는 것이었다. 사상은 기원이 되는 장소들을 초월할 수 있는가? 아니면 장소들은 자신의 각인을 사상에 남겨 순수하게 추상적인 범주들이라는 관념을 의심케 하는가? 이 모든 질문에서 나의 출발점이 된 것은, 앞에서 말했듯이, 유럽의 사상이 인도인의 삶과 실천에 말없이 날마다 현존한다는 점이었다. 계몽 사상은 내 감성 중의 일부였다. 나는 계몽 사상이 그런 것인 줄 몰랐을 뿐이다. 벵골에서 맑스는 귀에 익은 이름이었

4) Ferdinand de Saussure, *Course in General Linguistics*, ed. Charles Bally and Albert Sechehaye, trans. Wade Baskin, New York: McGraw Hill, 1966, pp. 65~67[『일반 언어학 강의』, 김현권 옮김, 지만지, 2012, 133~137쪽].

다. 그가 독일에서 성장했다는 것은 결코 언급되지 않았다. 벵골 학자들은 최소한의 문헌학적 관심도 보이지 않은 채 『자본』을 번역했다. 유럽 사상에 진 무거운—그리고 흔히 알려져 있지 않은—빚에 대한 이러한 인식이 내 출발점이었다. 그것이 없었다면 '유럽을 지방화하기'는 없었을 것이다. 그 기획의 한 가지 목표는, 엄밀히 말하자면, 이 빚의 특이한 성격을 깨닫는 것이었다.

그래서 나는 유럽 사상이 글로벌하게 연관될 수 있다는 것을 당연하게 생각했다. 나는 보편주의적인 사상이 필요함을 의심하지 않았다. 예컨대 이 책의 목표는, 어느 진지한 서평자가 이 책의 기획을 다소 틀리게—송구스럽지만 나는 이 단어를 사용하겠다—독해하고서 주장한 것처럼 "이성을 복수화"pluralize reason하는 것이 결코 아니었다.[5] 맑스에 관해 쓴 장이 보여 주겠지만, 나는 보편들이라는 관념 그 자체에 반대한 게 아니라, 보편이란 것이 대단히 불안정한 형상이며 우리가 근대성의 문제들을 숙고하고자 할 때 필수적인 자리를 차지한다는 점을 강조했던 것이다. 우리는 오직 하나의 특수가 보편의 장소를 찬탈했기 때문에, 그리고 찬탈했을 때, 보편의 윤곽을 얼핏 엿보았다. 하지만 구체적이고 특수한 것은 결코 보편적인 것 그 자체일 수 없다. 왜냐하면 하나의 장소에서 다른 장소로 (거칠게나마) 번역될 수 있지만 번역에 저항하는 요소들을 포함하기도 했던 개념-이미지들이 '권리'나 '민주주의'와 같은 단어의 소리-가치sound-value와 서로 뒤얽혔기 때문이다. 물론 번역에 대한 그 같은 저항은 일상적인 번역 과정의 일부였다. 일단 산문prose 안에 들어온 보편적 개념

5) 『유럽을 지방화하기』에 대한 리뷰인 Jacques Pouchepadass, "Pluralizing Reason", *History and Theory*, Vol. 41, No. 3, 2002, pp. 381~391을 볼 것.

은 그 산문 안에 가다머가 말한 '선입견'prejudice——의식적인 편견이 아니라, 항상 투명하지는 않은 역사들의 특수한 누적으로부터 우리가 생각하게 되는 어떤 기호——의 흔적들을 동반한다.[6] 그래서 유럽을 지방화하는 것은 어떻게 보편주의적 사상이 항상 그리고 이미 특수한 역사들에 의해 수정되었는지를, 우리가 그 같은 과거들을 충분히 발굴할 수 있든 아니든, 알아보려는 것이었다.

이 기획에 착수했을 때, 나는 현실적 유럽, 역사적 유럽, 판타지화된 유럽 등 수많은 유럽이 있었고 또 여전히 있다는 것을 알게 되었다. 아마 그것들 간의 경계들은 빈틈투성이일 것이다. 하지만 내 관심은 인도의 근대성에 관한 토론들에 역사적으로 늘 출몰했던 그 유럽이었다. 이 유럽은 식민화하는 권력의 이미지로 제조되었고, 이 책에서 내가 말했듯이, 그런 유럽의 제조는 유럽인만의 행위가 아니었다. 이 유럽은 인도의 해방사상과 해방 운동에 대해서는, 일찍이 클로드 레비-스트로스가 사용했던 그 단어의 의미를 차용하자면, 일종의 창설 '신화'였다. 근대화에 관해, 자유주의에 관해, 사회주의에 관해——말하자면 근대성의 다양한 판본들에 관해——생각하는 것은 이 유럽을 실존하는 것으로 여기는 것이었다. 이 유럽은 근대적인 것의 본향本鄕으로 간주된 유럽이었다. 인도에 있던 우리——그리고 우리의 과거 정치적·지적 지도자들——는 이 유럽을 활용하여 인도에서의 일상적 불평등과 억압에서 비롯되는 긴장들에 관한 논쟁

---

6) 가다머는 "모든 이해에 불가피하게 얼마간 선입견이 내포되어 있음을 인정하는 것은 해석학의 문제에 정말로 일격을 가한다"고 쓰고 있다. Hans-Georg Gadamer, *Truth and Method*, trans. William Glen-Doepel, London: Sheed and Ward, 1979, p. 239[『진리와 방법』 2권, 임홍배 옮김, 문학동네, 2012, 143쪽]. 가다머는 대체로 선입견을 "이해의 조건"으로 보고 있다. pp. 235~258[137~163쪽]에서의 논의를 볼 것.

을 해결했다. 일찍이 안토니오 그람시가 1789년의 '최초의 부르주아 혁명'이 이탈리아에서도 재발하기를 기다렸던 것처럼, 오랫동안 우리는 이 유럽이 '민주주의', '부르주아 문명', '시민권', '자본', 그리고 '사회주의'의 형상으로 다시 찾아오기를 인도에서 기다렸다.

『유럽을 지방화하기』의 1부는 그 같은 유럽을 가정할 수 있게 한 사유 형식을 다루고자 했다. 내 주장은 내가 '역사주의'historicism라고 부른 특정한 성향의 발전주의 사상developmentalist thought이 문제라는 것이었다. 역사주의는, 모든 연구 대상은 그것이 실존하는 내내 통일적인 것으로 이해되며 세속적·역사적 시간의 발전 과정을 통해 충분히 표현된다고 생각하는 역사에 관한 사유 양식이었다. 여기에서 내 생각의 상당 부분은, 예컨대 푸코가 자신의 에세이 「니체, 계보학, 역사」에서 역사주의를 비판하면서 말했던 것에서 영감을 얻었다.[7] 훨씬 전에 쓴 노동사 책에서 나는 "사건들의 영역을 초월하거나 역사 과정 내내 공허한 동일성을 보여 주는"[8] 모든 역사적 범주에 대한 푸코의 비판을 공유하고자 했다. 그러나 포스트구조주의 사상은 내가 내 비판의 근거로 삼고 싶었던 유일한 것이 아니었다. 나는 푸코보다 훨씬 전에 인도에서의 반식민 민족주의 사상이 내가 말한 '역사주의'를 사실상 거부할 만큼 급진적 측면을 갖고 있었다는 사실에 주목하지 않을 수 없었다. 서구의 고전적인 민주주의 이론들 모두가 먼저 문맹 대중을 교육해서 발전시킨 다음에 그들에게 시민적 권리를 부여해

7) Michel Foucault, "Nietzsche, Genealogy, History", *Language, Counter-Memory, Practice: Selected Essays and Interviews*, ed. Donald F. Bouchard, trans. Donald F. Bouchard & Sherry Simon, Ithaca: Cornell University Press, 1977, pp. 139~164.

8) Foucault, "Truth and Power", *Power/Knowledge: Selected Interviews and Other Writings, 1972~1977*, ed. Colin Gordon, trans. Colin Gordon et al., Brighton: The Harvester Press, 1980, p. 117.

야 한다는 2단계 프로그램을 권장했을 때, 인도의 반식민 민족주의 사상은 처음부터 문맹 대중의 완전한 시민권을 요구했고 독립 후에는 실제로 그들에게 그 권리를 부여했다. 따라서 발전론적 혹은 단계론적 역사에 대한 이 비판적 관계는 반식민 유산의 일부였다는 게 내 주장이었다. 『서발턴 연구』 역사가인(그리고 우리의 멘토인) 라나지트 구하가 식민 인도에서의 농민 봉기를 다룬 자신의 책에서 근대의 농민을 '전정치적'이라고 규정한 에릭 홉스봄을 비판해야 했던 것은 우연의 일치가 아니었다.[9] 반식민 사상이라는 터전은 분명 '역사주의'에 대한 푸코의 포스트구조주의적 비판들이 배양될 수 있는 옥토沃土였다.

이 책의 1부는 이 역사주의 비판을 여러 각도에서 다루고 있다. 2부는 어떻게 근대성이 제도의 변혁만이 아니라 범주와 실천의 번역까지 포함한 역사적 과정이었는지를 여러 역사적 사례로 입증하고 있다.

II

나로선 『유럽을 지방화하기』에 많은 역사가 있기를 바란다. 그러나 나는 이 역사를 특정한 사회들 내의 이런저런 집단을 재현하는 것으로 생각하지는 않았다. 『서발턴 연구』는 사실 주변적인 서발턴 집단들을 남아시아의 역사 안에 기입하려는 기획이었고, 나는 그 연구에 참여했다. 그랬기 때문에 일부 비판가들은 『유럽을 지방화하기』에는 일찍이 인도 역사가 수

---

9) 이 책 「서론」의 논의를 볼 것. 또한 나의 에세이 "A Small History of *Subaltern Studies*", *Habitations of Modernity: Essays in the Wake of Subaltern Studies*, Chicago: University of Chicago Press, 2002도 볼 것.

미트 사르카르가 말한 "『서발턴 연구』에서의 서발턴의 퇴장"에 관한 증거들이 더 많을 뿐이라고 본 것이다. 왜냐하면 『유럽을 지방화하기』의 2부는 예증 자료 모두를 벵골의 중간 계급들인 이른바 바드랄로크bhadralok의 역사에서 끌어오고 있기 때문이다.[10] 이러한 비판은 사방에서 나왔지만, 한 가지 자료만을 인용해 보겠다. 그것은 내 책을 처음 광고한 인터넷 서점 아마존의 웹사이트에 올라온, 익명으로 된 격한 리뷰였다.

> 결국 차크라바르티의 아카이브가 벵골의 중간 계급 남성이며, 그가 동료들과 함께 서발턴 역사에 대한 구체적인 연구를 무시하면서 이론화의 구렁텅이에 빠져 있다는 것은 뻔한 사실이다…….[11]

위의 인용문에서 생략 부호는 내가 인용 문장 바깥에 무언가를 숨겨 놓았다는 것을 가리키지 않는다. 생략 부호는 인용되어 있는 원문 그대로다. 그것은 그 비판가가 자신의 논점의 명료함을 드러내려는 일종의 극적인 제스처이다. 그 혹은 그녀는 더 이상 무슨 말을 할 수 있겠는가? 차크라바르티가 자신이 속해 있는 사회 집단의 역사에서 자료를 선택한 것은 뻔했다는 말 말고는!

나는 화가 나서 이 리뷰를 고른 것이 아니다. 일부 적대적인 인도 비판가들의 『유럽을 지방화하기』 리뷰는 더 고약했다. 어쨌든 독자는 어느

---

10) Sumit Sarkar, "The Decline of the Subaltern in *Subaltern Studies*", *Writing Social History*, Delhi: Oxford University Press, 1997를 볼 것.

11) 2000년 12월 10일에 "Whither Subalternity?"라는 제목으로 http://www.amazon.com/gp/product/customer-reviews/0691049092/ref=cm_cr_dp_pt/102-6961987-3021759?ie=UTF8&n=283155&s=books에 올라온 '시미커스'(Simicus)의 리뷰를 볼 것.

책에 대해서든 말하고 싶은 대로 말할 수 있다. 게다가 가장 적대적인 비판으로부터도 배울 것이 있다. 내가 이 특정한 리뷰를 인용하는 이유는, 내가 보기엔 이 비평을 떠받치고 있는 것이 내 책에 대한, 특히 내가 내 목적과 방법을 애써 설명했던 「서론」에 대한 부주의한 독해이기 때문이다. 독자가 내 목적에 동의하지 않더라도, 문제가 되는 논점에 관한 나 자신의 명백한 진술을 인정하는 것이 비판에 필요한 예의다. 나는 「서론」에서 내가 이 책에서 상세히 다룬 역사들은 결코 바드랄로크의 역사를 대표하지 않는다고 말했다. 그런 역사를 제시하는 것이 내 목적은 아니었다. 나는 내가 의존했던 저술들과 역사들의 저자나 주인공 자체가 바드랄로크의 주류를 대표하지 않았고, 내 책에서 이 바드랄로크의 역사의 편린들은 주로 방법론적인 논증의 일부로 등장한 것이라고 말했다. 그러나 일부 비판가는 이러한 내 진술에 전혀 유념하지 않았다. 그들은 내가 서발턴 역사를 떠나 바드랄로크의 과거들이라는 더 '엘리트주의적'인 목장을 향해 갔다고 비난했다(내게는 가난하고 제대로 배우지 못한 친척이 많이 있고, 그래서 '엘리트'란 표현이 이런 맥락에서는—만일 이런 말을 쓸 수 있다면—얼마나 한심스럽고 얼마나 멍청한 것인지 모르지 않는다. 이 문제는 그냥 넘어가기로 하자). 그들의 비판은 내가 이 책의 1부와 2부 사이의 변화를 설명할 때 이야기한 것에 관심을 기울이지 않은 데서 유래한다. 일찍이 에드워드 파머 톰슨은 "주의를 기울이지 않은 독자로부터 문제 제기를 기대하기란 어렵다"고 말하면서 낙담한 적이 있다.[12] 사실 그것은 어렵다. 하지만 다시 한번 해보자.

---

12) Edward Palmer Thompson, *Whigs and Hunters: The Origins of the Black Act*, Harmondsworth: Penguin, 1977, p. 302.

『유럽을 지방화하기』의 보다 광범한 논점 중의 하나는, 비판적 사유는 선입견과 싸우지만 동시에 선입견을 동반한다는 것이다. 왜냐하면 내 판단으로는 비판적 사유는 여전히 장소place들과 연관되기 때문이다(그 연관이 아무리 미약한 것처럼 보일지라도 말이다). 따라서 『유럽을 지방화하기』는 대개 맑스주의자인 수많은 이론가가 로컬the local 관념을 비판하는 다양한 방법과 다소 불편한 관계에 놓여 있다. 실제로 이런 입장은 많은 맑스주의자에게 공통적인 것이어서, 특정한 분석가 한 명을 골라내는 게 약간은 불공정한 일일 수 있다. 그 어떤 '로컬' 의식도 사회적 삶의 표면 현상이라는 관념은 그들의 사유에서 흔히 찾아볼 수 있다. 그것은, 궁극적으로 분석해 보면, 모종의 자본의 효과라는 것이다. 그러므로 이 학자들이 강조하는 것은 로컬 의식이 실제로 어떻게 생산되는지에 대한 이해의 필요성이다. 저 비판가들은 모든 장소 의식을 그같이 특정한 방식으로 바라보기 때문에, 자신의 사유가 유래하는 장소에 관한 질문을 본인에게 제기하는 일이 드물다. 그들은 항상 글로벌한 규모로 보이는 자본주의의 '장소 없는 곳에서'nowhere 혹은—같은 말이지만—'모든 장소에서'everywhere 자신의 비판을 생산한다고 생각하는 것 같다. 『유럽을 지방화하기』에서 나는 이런 생각을 일종의 보편주의적 사유—이것은 내가 맑스를 다룬 장에서 역사 1History 1이라고 부른 것을 반영한다—로 해석했다. 그러나 내가 판단해 볼 때 그것은 모든 체험적인 장소 의식을 더 심원하고 더 결정적이라고 여겨지는 층위에, 즉 자본주의적 생산양식이 추상적 공간을 창출하는 층위에 배정함으로써 그 장소 의식을 박탈하는 사유 양식이다. 맑스에 관한 장에서 나는 이러한 해석에 도전하는 독해를 제시하려 하는데, 그것은 내가 역사 2들History 2s이라고 부른 단독적이고 독특한 역사들의 역류逆流가 그 같은 보편주의적 역사들의 침공을 항상 저지하고, 또한 역사 1의 보편적 논리와 무수히 많은 역사 2들의 이질적 시간 지평들의 결합으로서의 구체적인 것을 생산한다고 보는 그런 독해이다. 지면의 제약으로 이 논점을 더 길게 펼칠 수는 없지만, 이미 2장에서 말한 바 있는 것을 감히 다시 반복한 셈이다.

다른 한편, 마이클 하트와 안토니오 네그리 같은 글로벌화 이론가들은 오늘날 장소 없음placelessness의 형식들이 글로벌한 반자본 투쟁이 활용할 수 있는 기민한 도구라고 상찬한다. 그들도 역시 "로컬주의 입장들"localist positions은 "오류이자 해로운" 것이라는 가정에서 시작하고 있다. 그것들이 오류인 것은 로컬들의 차이들을 "자연화"함으로써 그 차이들의 "기원"에 대해 "질문하지 않기" 때문이라는 것이다. 그리고 그것들이 해로운 것은 "로컬의 정체성들"은 사실상 "자본주의적 제국 체제의 발전에 연료를 공급하고 그 발전을 지탱한다"는 점이 인정될 수밖에 없기 때문이라는 것이다. "차이화differentiation와 동일화identification의 유동적인 변조 회로들을 작동시키는" 것은 바로 글로벌화이다. "그것 대신 바로 로컬리티의 생산 문제가 다루어져야 할 필요가 있다"고 그들은 주장한다.[13] 오늘날 자본이 자체의 유동성과 노동의 유동성을 통해 창출하는 "장소"는, 그들의 용어로 말하면 "비장소"가 된다.[14] 그러므로 노동은 "글로벌한 시민권"을—심지어 자본이 현재 허용하는 것보다 더 많은 유동성을—요구해야만 하며, 또한 이 "비장소"를 "한계 없는 것"으로 만들어야만 한다. 하트와 네그리가 제국이라고 부른 것에 도전하게 될 혁명적 주체—"다중"the

13) Michael Hardt & Antonio Negri, *Empire*, Cambridge, Mass.: Harvard University Press, 2000, pp. 44~45[『제국』, 윤수종 옮김, 이학사, 2001, 81~82쪽].
14) *Ibid.*, pp. 208, 367[같은 책, 279, 415쪽].

multitude—는 그 같은 유동성을 통해 성장할 것이다.[15] 그러므로 그들의 관점에서 보면 절대적 유동성을 향한 열망은 오로지 전 지구적 차원의 연계 의식을 계발하는 것에 기초할 수 있을 뿐이므로, 반자본 투쟁은 동시에 특정 장소에 연계되는 모든 형식에 반대하는 투쟁이 되어야만 한다.

나는 내가 앞에서 상술한 것과 같은 사고방식이 특정한 맥락 안에서—특히 내가 역사 1이라고 부른 자본의 보편사라는 차원에서—낳고 있는 통찰들을 부정하지 않는다. 그러나 전반적으로 나는 하트와 네그리의 주장이 역사 그 자체를 망각하고 있다고 생각한다. 그 주장은 일찍이 유럽인이 누렸던 식민지 정복자로서의 유동성과 오늘날 숙련 노동자이거나 미숙련 노동자인 이주 노동자들의 유동성, 이 둘의 차이를 망각하고 있다. 유럽인은 새로운 고향을 찾기 위해 간 모든 곳에서 제국의 자원과 원주민에 대한 지배 덕분에 그들이 떠났을 때 남겨 두었던 생활 세계의 수많은 중요한 요소를—물론 로컬에서 수정되긴 했지만—재생산할 수 있었다. 그 어느 나라의 유럽 식민주의자 중 이주로 인해 자기 언어를 잃어버린 자들이 있던가? 없다. 원주민은 흔히 그랬다. 마찬가지로 오늘날 유럽의 정착 식민지였던 나라나 유럽 나라에 살고 있는 이주민들은 자기 자식들이 언어 상실로 인한 고통을 겪으리라는 두려움 속에서 살고 있다. 그들이 로컬에서 벌이는 문화 운동의 상당수는 이런 일이 벌어지는 것을 막아 내려는 것이다. 식민 지배의 불평등한 유산들이 실제로 오늘의 글로벌화 과정들을 어떻게 굴절시켰는지에 관한 문제에 눈을 감은 비판가만이 이러한 운동을 '향수'병으로 무시할 수 있을 것이다.[16]

차이가 항상 자본의 계략인 것은 아니다. 글로벌화가 낳은 우리의 상

15) Hardt & Negri, *Empire*, pp. 396~401[『제국』, 502~506쪽].

실감이 항상 다른 누군가의 마케팅 전략의 효과인 것은 아니다. 우리가 항상 자본에 속아서 '애도'에 빠지는 것은 아니다. 왜냐하면 애도는 항상 우리를 한 사람의 소비자로 만드는 것이 아니기 때문이다. 문제가 되는 상실감은 흔히 문화적 실천, 말하자면 더 이상 '팔리지' 않을 문화적 실천과 연관된다. 우리의 로컬 의식의 모든 측면이 (설령 우리가 그러길 바란다 해도) 상품화될 수 있는 것은 아니다. 『유럽을 지방화하기』가 동원하고 있는 논거와 증거는, 구원의 길들은 필연적으로 저 매력적인 비장소를 통과해 나간다고 설명하는 분석들과 긴장 상태에 있다.[17] 하이데거를 통해, 그리고 가다머가 속해 있는 해석학적 사유 전통을 통해 작업하고 있는 『유럽을 지방화하기』는 장소 없는 곳에서 사유하는 제스처들과 특정한 세계 내 존재 방식들을 일종의 생산적 긴장 상태에 놓으려는 시도이다. 내 비판이 사유는 장소들과 연관된다는 명제를 실행했는지 못했는지—나는 내 비판이 최종적인 것이라고 주장하지는 않는다—여부는 유럽을 지방화하기라는 내 기획에 중요하다. 따라서 내 비판이 어디에서—어떤 종류의 장소에서—나왔는지를 논증하는 것은 내 의무였다. 왜냐하면 앞서 말한 어느-장소-에서-존재함being-from-a-place은 비판의 책무는 물론 비판의 한계도 함께 부여했기 때문이다. 나는 비판을 수행하기 위해 내가 어느 정도

16) 19세기에 자신들의 '향수' 의식과 씨름을 벌인 프랑스 식민주의자들에 관한 흥미 있는 설명으로는 Alice Bullard, *Exile to Paradise: Savagery and Civilization in Paris and the South Pacific*, Stanford: Stanford University Press, 2000을 볼 것.

17) 이후 이 주장은 Sanjay Seth, "Back to the Future?", *Third World Quarterly*, Vol. 23, No. 3, 2002에서 채택되고 확장되었다. 이 글은 또 Gopal Balakrishnan ed., *Debating Empire*, London & New York: Verso, 2003, pp. 43~51에 보다 짧은 버전으로 게재되었다[「미래로 귀환하기?」, 고팔 발라크리슈난 엮음, 『제국이라는 유령: 네그리와 하트의 제국론 비판』, 김정한 옮김, 이매진, 2007]. Saurabh Dube, "Presence of Europe: An Interview with Dipesh Chakrabarty", *The South Atlantic Quarterly*, Vol. 101, No. 4, Fall 2002, pp. 859~868.

친숙하게 알고 있는 삶의 형식들을 통해 사유할 필요가 있었고, 그래서 세계에 대한 나의 관계를 저 깊숙한 곳에서 형성시켰던 바드랄로크 역사의 여러 측면에 관한 자료에 의지했다고 말했다. 내게는 오직 그 역사의 경우에만 근대성의 번역 과정을 몇몇 사례를 들어 논증할 수 있는 능력이 얼마간 있다고 나는 주장했다. 이렇게 말한다고 해서, 유럽을 지방화하여 다른 결과들을 산출할 수 있는 수많은 다른 로컬의 장소들이 심지어 벵골이나 인도 내에도 분명히 존재한다는 것을 부정하는 것은 아니다.[18] 그러나 장소와 비장소에 관한 논의는 여전히 우리 곁에 남아 있다.

III

그렇다면 『유럽을 지방화하기』는 요컨대 글로벌화의 산물이다. 글로벌화는 『유럽을 지방화하기』의 가능성의 조건이었다. 그러나 『유럽을 지방화하기』는 또한, 이 책에 대한 명민한 독해를 보여 주고 있는 에세이에서 폴 스티븐스가 언급했듯이, 글로벌화가 야기하는 상실들을 어느 입장에서 말해야 하는지를 모색하려는 시도이기도 하다.[19] 나는 스티븐스의 독해를 고맙게 생각한다. 하지만 글로벌화가, 특히 유럽과 유럽학 분야에서의 글로벌화가 이 책을 내가 예상하지 못한 자극적인 지적 영토들 안으로 끌어

---

18) 예컨대 Mark Thurner & Andrés Guerrero eds., *After Spanish Rule: Postcolonial Predicaments of the Americas*, Durham: Duke University Press, 2003; Vincente L. Rafael, *White Love and Other Events in Filipino History*, Durham: Duke University Press, 2000; Frederick Cooper, *Colonialism in Question: Theory, Knowledge, History*, Berkeley: University of California Press, 2005; Achille Mbembe, *On the Postcolony*, Berkeley: University of California Press, 2001 등을 볼 것.

들였다는 점을 인정해야만 공평할 것이다. 유럽 학자들과 유럽주의자들이 유럽 대륙과 자신들의 연구 영역에서 발생하고 있는 변화들의 의미를 이해하고자 분투했을 때, 그들이 글로벌화 이후의 유럽의 미래에 관한 토론에 착수하고 '성채城砦 유럽' 대 '다문화 유럽'과 같은 이슈들을 제기했을 때, 연구의 새로운 길들이 열렸다. 그들이 비유럽 출신 이주민들과 유럽 내의 망명자들의 장소, 터키의 유럽연합 가입 문제, 사회주의 이후 동유럽의 장소 등을 이해하기 위해 여러 언어를 연구했을 때, 그들은 포스트식민적 사유 모델들에 의지하여 포스트식민 문학 분야에서 통찰력을 이끌어낼 수 있는지를 검토했다. 그에 필적할 만한 발전이 (유럽의) 중세 연구와 종교 연구에서 이루어진 것으로 보인다. 학자들은 '중세'라는 바로 그 관념을, 그 같은 명칭의 근저에 놓여 있는 시대 구분의 구도를 의심하기 시작했다.[20] 다른 한편 신학 연구자들은 '종교역사학'에서 신의 행위 능력 문제를 재사유하는 일에 착수하고 있다.[21] 『유럽을 지방화하기』가 이러한 논의 중 몇몇에서 거론되어 왔다는 것은 나로선 기쁜 일이었고, 내 전공 분야와 거리가 먼 분야의 동료들의 작업과 교감하게 된 것은 가장 유익한 일이었다.

끝으로 나는 특히 몇몇 분에게 감사를 표하고 싶다. 이 책의 초판이

---

19) Paul Stevens, "Heterogenizing Imagination: Globalization, *The Merchant of Venice* and the Work of Literary Criticism", *New Literary History*, Vol. 36, No. 3, 2005, pp. 425~437.

20) 예컨대 곧 출간될 Kathleen Davis, *Periods of Sovereignty*(2008)를 볼 것[이 책은 *Periodization and Sovereignty: How Ideas of Feudalism and Secularization Govern the Politics of Time*, Philadelphia: University of Pennsylvania Press, 2008로 출간되었다].

21) Amy Hollywood, "Gender, Agency, and the Divine in Religious Historiography", *The Journal of Religion*, Vol. 84, Issue 4, 2004, pp. 514~528.

발간된 후 지난 몇 년 동안, 개인적으로 내게 전해진 그들의 우호적이지만 비판적인 논평은 내가 이 작업의 한계와 가능성 모두를 볼 수 있는 데 도움을 주었다. 그러나 여기에서마저 모든 분을 거론할 순 없다. 도리 없이 지면상의 이유로 그저 다음과 같이 몇몇 분의 이름만 밝힐 수 있으니, 언급하지 못한 분들에겐 용서를 구할 뿐이다. 그 몇몇 분은 베인 애트우드, 아이아르 밥코브, 에티엔 발리바르, 테레사 버거, 리투 비를라, 마리나 볼링거, 베페 칼슨, 아미트 차우두리, 캐슬린 데이비스, 카롤라 디츠, 캐럴린 딘쇼, 사우라브 두베, 콘스탄틴 파솔트, 딜리프 가온카르, 아미타브 고시, 카를로 긴즈부르그, 캐서린 핼펀, 에이미 헐리우드, 린 헌트, 존 크라니아우스카스, 클라우디오 롬니츠, 알프 뤼트케, 로초나 마줌다르, 루스 마스, 아실 음벰베, 앨런 메길, 셰릴 매큐언, 한스 메디크와 도리스 메디크 부부, 산드로 메차드라, 도널드 무어, 아미르 무프티, 알미라 우스마노바, 아난드 판디안, 루이사 파세리니, 케네스 포메란츠, 요른 뤼센, 비르기트 섀블러, 아자이 스카리아, R. 스리바트산, 보 스트라트, 찰스 테일러, 수지 타루, 피터 와그너, 밀린드 와칸카르, 캐슬린 윌슨 등이다. 드와이파이안 센은 매우 고맙게도 연구 조수 역할을 해 주었다. 그에게 감사드린다.

시카고

2007년 2월 1일

감사의 말

아르준 아파두라이, 호미 바바, 가우탐 바드라, 캐롤 브레켄리지, 파이살 데브지, 사이먼 듀링, 릴라 간디, 앤 하드그로브, 프라디프 제가나탄, 데이비드 로이드, 리사 로, 우다이 메타, 미건 모리스, 스티븐 무에케, 라지아슈리 판디, 셸던 폴록, 산자이 세스, 아자이 스카리아, 카말라 비스웨스와란 등은 애정 어리고 비판적인, 그리고 늘 유용한 대화를 함께 나눔으로써 이 책에 자양분을 제공했다. 라나지트 구하는 스승이면서 동시에 동반자적인 비판가이자 지지자이자 친구로서 항상 거기에 있었다. 아소크 센은 비평과 열린 마음과 격려를 어떻게 적절히 결합시켜야 하는지를 몸소 본보기로 보여 주었다. 토머스 래쿼는 일찍부터 초고로 된 몇 개의 장을 읽었고, 과연 그답게 우호적이고 솔직한 비평을 내게 전했다. 로널드 B. 인덴, 스티브 콜린스, C. M. 나임, 클린턴 실리, 노먼 커틀러, 제임스 K. 챈들러, 로렌 크루거, 미리엄 핸슨, 존 켈리 등—이들 모두는 시카고 대학의 동료이다—은 비판적이건 아니건 간에 이 기획의 여러 측면들에 관심을 보여 줌으로써 도움을 주었다. 또한 학장인 필립 고세트는 굉장한 후원자였다. 이들 모두에게 크게 감사드린다.

세계 여러 곳에 있는 친구들은 서신과 대화를 통해 나 자신의 관점들을 모색할 수 있게 도와주었다. 이들에게 개인적으로 크나큰 빚을 지고 있다는 것을 뼈저리게 느끼고 있지만 지면 관계상 이들 중 일부의 이름만을 거론할 수밖에 없다. 남아프리카의 『스크루티니 2』*Scrutiny 2* 저널에 관여하고 있는 학자들(특히 레온 드 콕)을 비롯하여, 멕시코의 『이스토리아 이 그라피아』*Historia y Grafia*, 미국의 『퍼블릭 컬처』*Public Culture*, 오스트레일리아의 『포스트콜로니얼 스터디즈』*Postcolonial Studies*와 같은 저널에 관여하고 있는 학자들, 영국의 '포스트식민 지리학' 그룹, 일본의 『사상』思想; *Shiso*등이 내 책에 관심을 보여 주었기에 감사를 드린다. 지난 수년간 나는 『서발턴 연구』*Subaltern Studies*의 편집위원회 멤버라는 특권을 누렸다. 이어지는 본문들은 내가 이 위원회의 동료들, 즉 샤히드 아민, 데이비드 아널드, 가우탐 바드라, 파르타 차테르지, 데이비드 하디먼, 샤일 마이아람, 기아넨드라 판데이, M. S. S. 판디안, 기안 프라카시, 수지 타루, 아자이 스카리아, 가야트리 스피박 등에게 얼마나 많은 빚을 지고 있는지를 분명히 보여 줄 것이다. 이들 모두에게 감사드린다.

내가 이 기획에 착수한 것은 아직도 오스트레일리아의 멜버른 대학에서 강의를 하고 있을 때였다. 오스트레일리아 국립 대학은 지난 10년 동안 내게 단기 연구원 자격을 몇 차례나 부여해 주었다. 이 두 기관으로부터 재정적·정신적 지원을 받았기에 양 기관의 책임자들에게 감사를 드린다. 오스트레일리아에 있는 친구들은 오스트레일리아가 제2의 고향이 되게끔 도와주었다. 지적·학문적·인간적 관대함을 베풀어 준 덕분에 아직도 크게 빚을 지고 있는 분들은 이엔 앙, 데이비드 베네트, 푸루쇼톰 빌리모리아, 존 캐시, 찰스 코펠, 필립 다비, 그레그 데닝, 라슈미 데사이, 마이클 더턴, 마크 엘빈, 안토니아 피네인, 존 피츠제럴드, 고故 존 포스터, 데브

자니 강굴리, 메리 고트샬크, 크리스 힐리, 배리 힌데스, 저넷 호른, 제인 제이콥스, 로빈 제프리, 미리엄 랭, 제니 리, 벤 매디슨, 베라 매키, 브라이언 마수미, 루이스 메이오, 이언 맥칼맨, 개번 매코맥, 조너선 미, 도나 머윅, 토니 밀너, 테사 모리스-스즈키, 클라우스 노이만, 메리 퀄티, 벤저민 페니, 피터 핍스, 크리스토퍼 핀니(오스트레일리아 국립 대학 재직 중일 때), 칼파나 람, 앤서니 레이드, 크레이그 레이놀즈, 마이클 로버츠, 존 런델, 켄 루스븐, 레누카 샤르마, 산자이 스리바스타바, 줄리 스티븐스, 헬렌 베란, 앤드류 웰스, 패트릭 울프 등이다. 앤서니 로는 스승 그 이상이었다. 그의 지원과 격려와 훌륭한 충고는 가장 필요할 때 항상 내게 도움이 되었다.

나는 지난 10여 년 동안 미국의 학계에 점점 더 소속감을 갖게 되었다. 내게 전해진 의견들과 비평들과 우정의 선물들을 받는 것은 즐거운 일이다. 내가 이 기획을 골똘히 생각하고 있는 동안에 내게 준 그리고 나와 공유한 그 모든 것에 대해 감사드려야 할 분은 릴라 아부-루고드, 프라나브 바르단과 칼파나 바르단 부부, 타니 발로, 크리스털 바르톨로비치, 딜리프 바수, 수가타 보세, 앨리스 불러드, 사라 카스트로-클라렌, 디판카르 차크라바르티, 최정무, 제임스 클리퍼드, 로런스 코언, 로즈메리 쿰, 페르난도 코로닐, 니컬러스 더크스, 사우라브 두베와 이시타 바네르지-두베, 산드리아 프라이탁, 케이아 강굴리, 딜리프 가온카르, 마이트리시 가타크, 마이클 하트, 게일 허새터, 린 헌트, 콰드리 이스마일, 비나이 랄, 퍼트리샤 리머릭, 조지 립시츠, 사바 마무드, 라타 마니, 롭 매카시, 앨런 메길, 톰 멧칼프와 바버라 멧칼프 부부, 월터 미놀로, 팀 미첼, 알베르토 모레이라스, 아아미르 무프티, 마크 포스터, 아르빈드 라자고팔, 수마티 라마스와미, 사카이 나오키, 앤 스톨러, 줄리아 토머스, 리 슐레진저, 스티븐 블라스토스 등이다. 니컬러스 더크스와 페테르 판 데르 페이르와 가우리 비슈와나탄은 초고 전체를 읽고 유용한 논평을 해 주었다. 앨런 토머스와 티머시 브레넌과 켄 위소커는 이 기획에 오랫동안 관심과 열의를 표명했는데, 이들의 격려가 내게는 얼마나 가치 있는 것이었는지 아마 이들은 모를 것이다.

또한 나의 도시 캘커타에서 수년간 내가 받았던 호의와 평가와 지적인 도움의 특전을 되새겨 보는 것도 즐거운 일이다. 아닐 아차리아, 프라디움나 바타차리아, 고우리 차테르지, 라가벤드라 차토파디아이, 아지트 차우두리, 수벤두 다스 굽타와 케이아 다스 굽타 부부, 아룬 다스 굽타와 마나시 다스 굽타 부부, 수산타 고시, 드루바 굽타, 수실 칸나, 인드라나트 마줌다르, 바스카르 무코파다이아이, 루드랑슈 무케르지, 타판 라이차우두리, 프로디프 세트, 『나이야』*Naiya*와 『카타파트』*Kathapat* 저널과 관련된 친구들, 캘커타 대학 사학과와 캘커타에 있는 사회과학 연구 센터의 동료들에게 고마움을 전한다. 히테스란잔 사니알과 라나지트 다스 굽타가 여전히 옆에 있었다면 필경 이 책에 대해 애정 어린 비판을 해주었을 텐데, 항상 그 점을 아쉽게 생각할 것이다. 언제나 지적 관대함을 베풀어 준 바룬 데에게 감사를 드린다. 1998년 델리에 있는 자와할랄 네루 대학의 방문을 잊을 수 없게 만든 것은 사비아사치 바타차리아, 쿠날 차크라바르티와 슈브라 차크라바르티 부부, 무시룰 하산과 조이아 하산 부부, 마지드 시디키, 무자파르 알람, 닐라드리 바타차리아 조시와 치트라 조시 부부, 프라부 모하파트라, 디판카르 굽타, 아니아 룸바 등에게서 받은 환대와 논평이었다. 이들이 이 책으로 정당화된 내 작업에 지속적으로 관심을 가져 주길 기대한다. 방글라데시에 있는 다카 대학의 역사학자인 소중한 친구 아메드 카말은 내게 벵골 무슬림들의 사회사를 가르쳐 준 선생이었다. 이 책에 대한 그의 애정 어린 비판적 관심이 없었다면, 나는 내 상상력이 갖고 있던 어쩔 수 없는 힌두적 성격을 훨씬 덜 알아차렸을지도 모른다.

나는 오스트레일리아와 미국에서 매우 재능 있는 몇몇 학생을 가르치는 행운을 누렸다. 호기심 많고 비판적이며 지적으로 과감한 그들은 나를 위해 필요한 자문 역할을 가장 훌륭하게 해냈다. 게다가 아만다 해밀턴, 스펜서 레너드, 아와덴드라 샤란은 연구 조수로서 이 기획에 도움을 주었다. 이들 모두에게 고마움을 전하고 훌륭한 성과가 있기를 바란다.

나는 세 대륙에 착근하지 못한 채 불안정하게 펼쳐졌던 '글로벌화된' 삶의 조건들과 얼마간은 타고난 육체적 허약함 때문에, 내 개인적 삶에서 너무나도 운 좋게 얻은 우정과 애정의 선물들을 더더욱 고맙게 생각해 왔다. 내가 필요로 할 때마다 항상 거기에 있었던 내 부모님과 여동생과 여동생의 가족에 대해 늘 그렇듯 고마움을 느낀다. 카베리와 아르코는 오스트레일리아에 머물고 있던 지난 몇 년 동안 집을 제공해 주는 애정을 베풀었다. 아르코는 종종 나의 '포스트-맑스적, 포스트모던적 횡설수설'을 놀려 댔는데, 이 책이 아르코에게 그 횡설수설의 전모를 설명해 줄 수 있기를 바란다. 멜버른의 산자이 세트와 라지아슈리 판데이와 릴라 간디, 그리고 다카의 카말과 툰은 오랫동안 나의 거대한 아대륙亞大陸 가족의 일원이었다. 내 친구인 실루 차토파디아이와 리타 차토파디아이 부부, 데비 바수와 탄드라 바수 부부, 가우탐 바드라와 나라이아니 바네르지—이들 모두는 캘커타에 있다—는 나로 하여금 보통 자기 형제에게만 할 수 있는 요구들을 자신에게도 할 수 있게 해주었다. 피오나 니콜의 우정과 오스트레일리아 원주민 연구에 대한 그녀의 관심은 정말이지 여러 모로 내 삶을 풍요롭게 했다. 로빈 제프리는 내가 오스트레일리아에 도착한 바로 그 첫 날부터 무조건적인 우정을 베풀어 주었다. 또한 이 책은 일상 생활에서의 앤 하드그로브의 애정과 우정과 대화가 없었더라면 쓰일 수 없었을 것이다. 최대한 감사하고 고마운 마음으로 이분들 모두에게 이 책을 바친다.

나는 캘커타의 국립 도서관 관계자들, 런던의 인도 공문서 도서관과 영국 국립 도서관 관계자들(특히 그레이엄 쇼)을 비롯해 멜버른 대학 베일류Baillieu 도서관과 오스트레일리아 국립 대학의 멘지스Menzies 도서관 관계자들, 그리고 시카고 대학의 레겐스타인Regenstein 도서관 관계자들(특히 제임스 나이)이 내게 베푼 친절과 도움에 감사드린다. 내 책의 편집자인 프린스턴 대학 출판부의 메리 머렐은 이 책의 초고가 최종적으로 출간될 수 있게 해준, 지성과 인내와 이해의 표본이었다. 나는 다만 이미 다른 분들이 쓴 그녀에 대한 찬사를 확인할 뿐이다. 또한 초고를 세심하고 센스 있게 편집해 준 마거릿 케이스에게도 매우 감사한 마음을 전하는데, 그녀의 도움을 받지 못했다면 이 텍스트의 응집력과 선명함은 떨어졌을 것이다.

이 책의 몇몇 장은 이전에 발표한 원본을 수정한 것이다. 1장은 원래 좀더 긴 내용으로 1992년 겨울호 『리프리젠테이션스』*Representations* 37호에 발표되었다. 3장은 리사 로와 데이비드 로이드가 편집한 『자본의 그림자 안에 있는 문화의 정치』*The Politics of Culture in the Shadow of Capital*(Durham: Duke University of Press, 1997)에 실렸던 것이다. 4장은 『휴머니티즈 리서치』*Humanities Research* 1997년 겨울호와 『퍼스펙티브즈』*Perspectives* 35권 8호(1997년 11월)에 짧은 글로 처음 발표되었는데, 나중에 그 수정본이 1998년 『이코노믹 앤드 폴리티컬 위클리』*Economic and Political Weekly* 33권 9호와 1998년 『스크루티니 2』 3권 1호에, 그리고 1998년 4월 『포스트콜로니얼 스터디즈』 1권 1호에 발표되었다. 5장의 이전 판본은 티머시 미첼과 릴라 아부-루고드가 편집한 『근대성의 모순들』*Contradictions of Modernity*(Minneapolis: University of Minnesota Press, 1999)에 실려 있다. 7장은 『퍼블릭 컬처』 11권 1호(1999)에 발표된 것이다. 8장은 『히스토리 워크숍 저널』*History Workshop Journal* 36호(1993)에 실린 내 글 「식민적 근대성의 차이-지연: 영국령 인도에서 가정에 관한 공적 토론들」The Difference-Deferral of Colonial Modernity: Public Debates on Domesticity in British India에 근거한다. 이 모든 저널과 단행본의 편집자들에게 내 글들이 지금 이 책에서 현재의 모습으로 게재될 수 있게 해준 것에 감사드린다. 또한 데바브라타 무코파디아이의 스케치를 다시 사용할 수 있게 허락해 준, 캘커타의 커뮤니케이션즈 앤드 미디어 피플Communications and Media People에게도 마땅히 감사드려야 한다.

시카고

1999년 7월 31일

| 차례 |

2부 귀속의 역사들 239

| **일러두기** |

1 이 책은 Dipesh Chakrabarty, *Provincializing Europe: Postcolonial Thought and Historical Difference*(Princeton University Press, 2000)를 옮긴 것이다.

2 본문의 주석은 모두 각주로 표시했으며, 옮긴이 주는 '—옮긴이'라고 표시했다. 본문 내용 중 옮긴이가 추가한 내용은 대괄호([ ])로 묶어 표시했으며, 본문과 각주의 인용문에서 지은이인 차크라바르티가 추가한 내용은 해당 부분 끝에 '—인용자'라고 표시해 옮긴이 첨언과 구분해 주었다.

3 원서에서 이탤릭체로 강조한 표현들은 고딕체로 표시했다.

4 단행본·정기간행물 등에는 겹낫표(『 』)를, 논문·영화 등에는 낫표(「 」)를 사용했다.

5 각주에 나오는 해외 문헌 중 한국어 번역본이 있는 것들은 선별적으로 한국어판 서지 사항 및 해당 쪽수를 적어 주었다.

6 외국 인명·지명은 2002년에 국립국어원에서 펴낸 '외래어 표기법'에 따라 표기했다.

서론

유럽을 지방화하기라는 관념

유럽은……1914년 이후로 지방화되었고……
오직 자연과학만이 국제적인 반향을 빠르게 불러일으킬 수 있었다.
한스-게오르크 가다머, 1977

서구는 담론 안에서 스스로를 추스르는 어떤 주체의 이름이지만,
또한 담론적으로 구성되는 객체이기도 하다.
그것은 다른 지역·공동체·사람보다 정치경제적으로 우월해 보이는
저 지역·공동체·사람과 항상 연계되는 이름임이 분명하다.
기본적으로 그것은 '일본'이라는 이름과 마찬가지인데……
그것은 실제로 초월하는 것은 아니더라도
모든 특수화들을 초월하는 충동을 키울 수 있다고 주장한다.
사카이 나오키, 1998

『유럽을 지방화하기』*Provincializing Europe*는 이 세계에서 우리가 '유럽'이라 부르는 지역에 관한 책이 아니다. 저 유럽은 이미 역사 자체에 의해 지방화되었다고 말할 수도 있을 것이다. 역사가들은 근대사에서 소위 '유럽의 시대'가 20세기 중반에 접어들면서 여타의 지역적 형세나 글로벌한 형세에 자리를 내주기 시작했다는 점을 오래전부터 인정해 왔다.[1] 유럽사는 더 이상 '보편적인 인류사' 같은 어떤 것을 구현하는 걸로 보이지 않는다.[2]

---

1) 예컨대 Oscar Halecki, *The Limits and Divisions of European History*, Nortre Dame, Indiana: University of Notre Dame Press, 1962, Chap. 2와 여러 곳을 볼 것.

2) Janet L. Abu-Lughod, *Before European Hegemony: The World System A. D. 1250~1350*, New York & Oxford: Oxford University Press, 1989[『유럽 패권 이전: 13세기 세계 체제』, 박홍식·이은정 옮김, 까치, 2006]; Eric R. Wolf, *Europe and the People without History*, Berkeley & Los Angeles: University of California Press, 1982; Kirti N. Chauduri, *Asia Before Europe: Economy and Civilisation of the Indian Ocean from the Rise of Islam to 1750*, Cambridge: Cambridge University Press, 1990[『유럽 이전의 아시아: 이슬람의 발흥기로부터 1750년까지 인도양의 경제와 문명』, 임민자 옮김, 심산, 2011]. 최근의 책들 중에

예컨대 서구의 그 어떤 주요 사상가도 베를린 장벽의 붕괴에서 모든 인간 존재의 역사에 해당하는 공통의 종언을 보았던 프랜시스 후쿠야마의 "통속화된 헤겔적인 역사주의"를 공공연하게 공유하지 않았다.[3] 언젠가 칸트가 프랑스 혁명에서 "인류의 도덕적 기질"을 간파했을 때나 헤겔이 그 사건의 중대함에서 "세계 정신"의 허가를 보았을 때, 그들에게는 조심스러우면서도 열정적인 동의의 표시가 있었다는 것을 기억해 보면 과거와의 대조가 선명해진다.[4]

나는 남아시아 근대사가로 훈련받았고, 남아시아 근대가 내 아카이브를 형성하며 내 분석의 장이다. 내가 지방화하려는, 즉 탈중심화하려는 유럽은, 남아시아에서의 정치적 근대성 문제를 다루려는 사회과학들의 시도들을 변함없이 받쳐 주는 일상적인 사유 습관 일부에 상투적인 속기 형태로 깊이 박혀 있는 상상의 형상이다.[5] '정치적 근대성'의 현상—즉 국

는 James M. Blaut, *The Colonizer's Model of the World: Geographical Diffusionism and Eurocenrtic History*, New York, London: Guilford Press, 1993; Martin W. Lewis & Karen E. Wigen, *The Myth of Continents: A Critique of Metageography*, Berkeley & Los Angeles: University of California Press, 1997을 볼 것. 또한 Sanjay Subrahmanyam, "Connected Histories: Notes Towards a Reconfiguration of Early Modern Eurasia", *Modern Asian Studies*, Vol. 31, No. 3, 1997, pp. 735~762를 볼 것.

3) Michael S. Roth, "The Nostalgic Nest at the End of History", *The Ironist's Cage: Memory, Trauma, and the Construction of History*, New York: Columbia University Press, 1995, pp. 163~174.

4) Immanuel Kant, "An Old Question Raised Again: Is the Human Race Constantly Progressing?", *The Conflict of Faculties*, trans. Mary J. Gregor, Lincoln & London: University of Nebraska Press, 1992, p. 153[「다시 제기된 문제: 인류는 더 나은 상태를 향해 계속해서 진보하고 있는가?」, 『칸트의 역사철학』, 이한구 옮김, 서광사, 2009, 130쪽]; Jean Hyppolite, *Genesis and Structure of Hegel's "Phenomenology of Spirit"*, trans. Samuel Cherniak & John Heckman, Evanston: Northwestern University Press, 1974, p. 426. 또한 Charles Taylor, *Hegel*, Cambridge: Cambridge University Press, 1978, pp. 416~421을 볼 것[『헤겔』, 정대성 옮김, 그린비, 2014, 770~780쪽].

가, 관료제, 자본주의 기업의 근대적 제도에 의한 지배—은 세계 어느 곳에서도 특정한 범주들과 개념들을 떠올리지 않고서는 사유하기가 불가능한데, 이 범주들과 개념들의 계보는 유럽의 지적이며 심지어는 신학적인 전통들로 깊숙이 들어간다.[6] 시민권, 국가, 시민 사회, 공공 영역, 인권, 법 앞의 평등, 개인성, 공사 구별, 주체 관념, 민주주의, 인민 주권, 사회 정의, 과학적 합리성 등의 개념은 모두 유럽의 사유와 역사를 짊어지고 있다. 유럽의 계몽 사상과 19세기를 경과하면서 절정의 형태를 찾은 이 개념들 및 여타 관련 개념들 없이는 정치적 근대성에 대해 생각조차 할 수 없다.

이 개념들에 인간에 대한 보편적이고 세속적인 전망이 회피할 수 없는—어떤 의미에서는 필요불가결한—것으로 수반된다. 19세기 유럽의 식민 정복자는 이 계몽 사상의 휴머니즘을 식민지인에게 훈계하면서 그와 동시에 실천적으로는 그것을 부인했다. 하지만 그 전망은 효과 면에서 강력했다. 그 전망이 역사적으로 제공한 강한 토대 위에서, 사회적으로 정

---

5) 여기서 유럽의 사회 사상과 정치 사상의 근본 범주들의 장구한 역사와 계보학을 논의하는 것이 나의 목적은 아니라는 점을 유념하는 것이 중요하다. 예컨대, '공공 영역'과 '시민 사회'에 대해 있을 법한 그러한 계보학은 Jürgen Habermas, *The Structural Transformation of the Public Sphere: An Inquiry into a Category of Bourgeois Society*, trans. Thomas Burger & Frederick Lawrence, Cambridge: MIT Press, 1989[『공론장의 구조 변동: 부르주아 사회의 한 범주에 관한 연구』, 한승완 옮김, 나남, 2004]; Dominique Colas, *Civil Society and Fanaticism: Conjoined Histories*, trans. Amy Jacobs, Stanford: Stanford University Press, 1997이다. 하지만 이들 계보학은 유럽 지성사에 대한 전적으로 '내재적'인 설명이다. 유럽(프랑스) 사상의 포스트식민적 역사를 위해서는 Alice Bullard, *Constellations of Civilization and Savagery: New Caledonia and France 1770~1900*(근간)을 볼 것[이 책은 *Exile to Paradise: Savagery and Civilization in Paris and the South Pacific, 1790~1900*, Stanford: Stanford University Press, 2000으로 출간되었다].

6) 나는 여기서 사유와 실천을 구별한다. 인도에서 의정 기구의 성원이 되기 위해 이른바 '의회'라 불리는 어떤 것의 역사를 조금이라도 깊이 알아야 할 필요는 없다. 하지만 인도의 아이들에게 '의회'의 역할이 무엇인지 설명해 주는 교재에서는 유럽 역사를 다루지 않고서 그런 설명을 하는 것이 불가능하다고 여겨진다.

의롭지 못한 실천들에 대한 비판이—유럽 안팎에서—확립되었다. 맑스주의 사상과 자유주의 사상은 이 지적 유산의 수증자이다. 이 유산은 이제 글로벌한 것이다. 근대 벵골의 교육받은 중간 계급을 두고—나도 이 계급 출신이며 이 책의 후반부에서는 이 계급의 역사의 편린들을 이야기할 것인데—타판 라이차우두리는 "아시아에서 서구와의 상호작용을 통해 정신 세계가 변혁된 어느 정도 규모를 갖춘 최초의 사회 집단"이라는 특징을 부여했다.[7] 이 사회 집단 출신의 여러 저명 인사—때때로 '근대 인도의 아버지'라 불리는 라자 람모훈 로이Raja Rammohun Roy부터 코민테른에서 레닌과 논쟁했던 마나벤드라 나트 로이Manabendra Nath Roy까지—는 유럽 계몽 사상이 보급한 합리주의·과학·평등·인권의 주제를 열렬히 수용했다.[8] 인도의 카스트, 여성 억압, 노동하는 서발턴 계급들의 권리 결여 등에 대한 근대적인 사회적 비판들—사실상 식민주의 자체에 대한 바로 그 비판—은 계몽 사상의 유럽이 아대륙에서 전유되었던 방식의, 부분적으로라도, 유산이라 생각할 수밖에 없다. 인도 헌법은 미국 헌법을 통해 유명해졌다 할 계몽 사상의 특정한 보편적 주제들을 반복하면서 효과적으로 시작된다. 그리고 영국령 인도에서의 '불가촉천민'이라는 제도에 대한 가장 단호한 비평가의 저술들이 우리로 하여금 자유와 인간 평등에 관한 유럽산 관념을 조회하도록 한다는 점을 기억하는 것은 유익하다.[9]

---

7) Tapan Raychaudhuri, *Europe Reconsidered: Perceptions of the West in Nineteenth Century Bengal*, Delhi: Oxford University Press, 1988, p.ix.

8) 람모훈 로이에 관해서는 V. C. Joshi ed., *Rammohun Roy and the Process of Modernization in India*, Delhi: Nehru Memorial Museum and Library, 1973을 볼 것. 마나벤드라 나트 로이에 관해서는 Sanjay Seth, *Marxist Theory and Nationalist Politics: The Case of Colonial India*, Delhi: Sage Publications, 1995를 볼 것.

나 역시 이 유산 안에서 글을 쓰고 있다. 포스트식민적인 학문은 18세기 유럽에서 다듬어져서 인문과학에 기초가 된 보편성들—인간이라는 추상적 형상 또는 이성이라는 형상 같은 것들—과 연루되는 것을 대개 당연시한다. 예컨대 이러한 연루가 튀니지의 철학자이자 역사가인 히쳄 지아이트 저술의 특징인데, 그는 제국주의 유럽을 향해 "자신의 인간관을 부인"하고 있다고 비난한다.[10] 계몽 사상의 인간관을 견지하려는 프란츠 파농의 투쟁은—이 시점의 파농이 유럽 제국주의는 그러한 인간관을 정착 식민지의 백인 남성 형상으로 환원한다는 점을 알고 있었음에도 불구하고—이제 그 자체로 모든 포스트식민 사상가의 글로벌한 유산의 일부이다.[11] 이러한 투쟁이 나오게 되는 이유는 정치적 근대성의 조건 안에서 이러한 보편성들을 생략할 수 있는 쉬운 길이 없기 때문이다. 그 보편성들 없이는 근대적인 사회 정의의 쟁점들을 다루는 사회과학도 없을 것이다.

오늘날 소위 유럽의 지적 전통은 현대 대학의 전부는 아니더라도 대부분의 대학에 있는 사회과학 학과에서 살아 있는 유일한 전통이라는 사실에 의해서, 유럽 사상과의 이러한 연루가 촉발된다. 나는 '살아 있는'이라는 단어를 특수한 의미로 사용한다. 우리가 오래전에 세상을 떠난 근본적인 사상가들을 그 자신의 시대에 속하는 사람일 뿐만 아니라 마치 우리와 동시대인이기도 한 것처럼 간주하는 것은 오직 매우 특정한 사유 전통 안에서다. 사회과학에서 이들은 예외 없이 '유럽적' 또는 '서구적'이

---

9) 이 책 마지막 장을 볼 것.

10) Hichem Djaït, *Europe and Islam: Cultures and Modernity*, trans. Peter Heinegg, Berkeley & Los Angeles: University of California Press, 1985, p.101.

11) Frantz Fanon, "Conclusion", *The Wretched of the Earth*, trans. Constance Farrington, New York: Grove Press, 1963[『대지의 저주받은 사람들』, 남경태 옮김, 그린비, 2010]을 볼 것.

라 불리게 되는 전통 안에서 대면하는 사상가들이다. 나는 고대 그리스까지 거슬러 올라가는 소위 '유럽의 지적 전통'이라는 실체가 비교적 최근의 유럽사의 조작이라는 점을 알고 있다. 마틴 버널과 사미르 아민 등 여러 학자가 그와 같은 중단 없는 전통이 존속했으며 그 전통을 '유럽적'이라 부르는 것이 적절할 것이라는 유럽 사상가들의 주장을 정당하게 비판해 왔다.[12] 그렇지만 중요한 초점은 조작이든 아니든, 사회과학자들이 스스로 소속되어 있다고 여기는 사유의 계보가 이것이라는 점이다. 근대 인도에서의 발전들 또는 사회적 실천들을 분석한다는 과제에 당면한 그 어떤 인도인 사회과학자 또는 인도를 다루는 사회과학자 중에도, 말하자면 13세기 논리학자 강게샤Gangesha나 문법학자이자 언어철학자인 바르트리하리Bartṛhari(5~6세기)나 10세기 또는 11세기 미학자인 아비나바굽타Abhinavagupta를 진지하게 논하는 이가 아무도 없을 것이다. 슬픈 일이긴 하지만, 유럽의 남아시아 식민 지배의 한 결과는 한때 중단되지 않고 살아 있던 산스크리트어·페르시아어·아랍어의 지적 전통들이 이제는 그 지역 대부분의—어쩌면 모두라고 해야 할—근대적 사회과학자들에게 역사적인 조사의 사안에 불과한 것이 되었다는 점이다.[13] 그들은 이 전통

12) "그리스적인 계통이라는 신화"에 관해서는 Martin Bernal, *The Black Athena: The Afroasiatic Roots of Classical Civilization*, Vol. 1, London: Vintage, 1991[『블랙 아테나』 1권, 오흥식 옮김, 소나무, 2006]; Samir Amin, *Eurocentrism*, trans. Russell Moore, New York: Zed, 1989, pp. 91~92[『유럽 중심주의』, 김용규 옮김, 세종출판사, 2000, 105~107쪽]를 볼 것. 나는 버널의 주장 중 일부는 오늘날 학계에서 논란이 되고 있음을 알고 있다. 하지만 이른바 '그리스적'인 사유에 그리스인이 아닌 이들이 공헌한 바에 관한 버널의 논점은 여전히 유효하다.

13) 이는 산스크리트어 연구가 19세기 전반기 영국 통치하에서 단기간의 부흥을 누렸음을 부인하는 것이 아니다. 하지만 이러한 산스크리트어 부흥이 어떤 지적 전통의 생존 여부에 관한 질문과 혼동되어서는 안 된다. 산스크리트어에 대한 근대적인 연구와 조사는 전반적으로 유럽 인문과학의 지적인 틀 안에서 시도되어 왔다. 근간 예정인 Sheldon Pollock, *The*

들을 정말 죽은 것으로, 즉 역사로 취급한다. 한때는 상세한 이론적 성찰과 연구의 대상이었던 범주들이 이제 실천적 개념으로, 즉 그 어떤 이론적 계통도 다 잃어버리고 남아시아에서의 일상적 실천들 속에 박힌 개념으로 존속하고 있음에도 불구하고, 남아시아의 현대 사회과학자들은 이 개념들을 원천으로 삼아 현재에 관한 비판적 사유를 할 수 있는 훈련을 거의 받지 못했다.[14] 하지만 과거의 유럽 사상가들이나 이들이 구사한 범주들은 우리에게 동일한 방식으로 아주 죽은 것이 결코 아니다. 남아시아 사회과학자나 남아시아학을 하는 사회과학자는 맑스 또는 베버 같은 이들을 역사화하거나 또는 유럽의 지적 맥락에 놓아야 할 필요를 전혀 느끼지

---

*Language of the Gods in the World of Men: Sanskrit and Power to 1500*에서는 이러한 실천의 문제적인 지적 유산들을 직접적으로 다룬다[이 책은 *The Language of the Gods in the World of Men: Sanskrit, Culture, and Power in Premodern India*, Berkeley & Los Angeles: University of California Press, 2009로 출간되었다]. 그리고 폴록의 근간 에세이들인 "The Death of Sanskrit", *Comparative Studies in Society and History*[이 논문은 Vol. 23, Issue 2, 2001에 게재되었다]; "The New Intellectuals of Seventeenth-Century India", *Indian Economic and Social History Review*를 볼 것[이 논문은 Vol. 38, No. 1, 2001에 게재되었다]. 또한 John D. Kelly, "What Was Sanskrit for?: Metadiscursive Strategies in Ancient India", Jan E. M. Houben ed., *Ideology and Status of Sanskrit*, Leiden, New York, Cologne: E. J. Brill, 1996, pp. 87~107; Pollock, "The Sanskrit Cosmopolis, 300~1300 C. E.: Transculturation, Vernacularization, and the Question of Ideology", *Ibid.*, pp. 197~247; Saroja Bhate, "Position of Sanskrit in Public Education and Scientific Research in Modern India", *Ibid.*, pp. 383~400을 볼 것. 이 책의 제목에 '이데올로기'라는 용어가 사용되고 있다는 바로 그 점이 내 명제를 지지해 주는 듯하다. 18세기 페르시아어와 아랍어의 지적 전통과 학문에 관해서도 유사한 논점들이 제기될 수 있을 것이다. 불행히도 나는 이 두 언어와 관련해서 이러한 문제를 다루는 우리 시대의 연구를 잘 모른다. 또한 나는 근대적인 인도 철학자 중 수세대에 걸쳐 유럽적인 사유 전통과 인도적인 사유 전통의 대화를 시도해 온 대단히 존경할 만한 일단의 연구자가 있다는 것 역시 인정한다. 우리 시대 이러한 전통의 사례로는 지텐드라 나트 모한티(Jitendra Nath Mohanty)와 작고한 비말 크리슈나 마틸랄(Bimal Krishna Matilal)을 들 수 있겠다. 하지만 애석하게도 그들의 사유는 남아시아에 대한 사회과학 연구에 그 어떤 중요한 영향도 주지 못했다.

14) 나는 5장에서 이에 관한 약간의 사례들을 실증적으로 논한다.

못한 채로 이들을 열정적으로 논할 것이다. 때로는—드물다고 해야겠지만—심지어 이 유럽 이론가들의 고대 또는 중세 또는 근대 초기의 선구자들을 논하기도 할 것이다.

그런데 현 세계 서구 자본주의적 민주주의 바깥의 나라들에서 인구의 정치화의 역사라든가 정치적 근대성의 도래는 정치적인 것의 역사에서 심한 아이러니를 산출한다. 이 역사는 19세기 유럽의 두 가지 개념적 선물, 즉 근대성 관념에 내장된 개념들을 다시 생각하도록 우리를 몰아간다. 하나는 역사주의, 즉 어떤 것을 이해하기 위해서는 이것을 하나의 통일체이자 역사적으로 발전하는 것으로 보아야 한다는 관념이고, 다른 하나는 정치적인 것이라는 바로 그 관념이다. '유럽을 지방화하기' 프로젝트 같은 것을 역사적으로 가능하게 해주는 그 무엇은 인도 같은 나라에서의 정치적 근대성 경험이다. 유럽 사상은 정치적 근대성의 그와 같은 예와 모순적인 관계를 갖는다. 그 사상은 인도에서의 정치적인 것과 역사적인 것을 구성하는 다양한 삶의 실천들에 대해 우리가 끝까지 사유하는 것을 돕는 데 있어서 필요불가결하면서도 부적합하다. 사회과학 사유의 이 동시적인 필요불가결함과 부적합함을—이론의 영역과 사실의 영역 모두에서—검토하는 일이 이 책에서 설정된 과제이다.

역사주의의 정치

미셸 푸코 같은 포스트구조주의 철학자들이 쓴 저술들은 의심의 여지 없이 역사주의에 대한 전반적 비판에 활력소가 되었다.[15] 그러나 역사주의에 대한(또는 정치적인 것에 대한) 포스트식민적 비판을 단지 서구의 포스트모더니즘과 포스트구조주의 사상가들에 의해 이미 정교해진 비판들로부터 유래한 것으로 생각한다면 이는 잘못일 것이다. 사실 이런 식으로 생각하는 것 자체가 바로 역사주의를 실천하는 셈이 될 것인데, 왜냐하면 그와 같은 생각은 '먼저 서구에서, 나중에 다른 곳에서'라는 언표의 시간 구조를 반복하는 데 그칠 것이기 때문이다. 이렇게 말한다고 해서 서구 역사주의의 쇠퇴를 프레드릭 제임슨이 '후기 자본주의의 문화 논리'라고 창의적으로 명명한 그것의 귀결로 보는 비평가들의 최근 역사주의 논의를 폄하하겠다는 것은 아니다.[16] 문화연구 학자 로런스 그로스버그는 역사 자체가 현대 자본주의의 소비주의적인 실천들에 의해 위험에 처한 것은 아닌지 날카롭게 질문했다. "모든 사건이 잠재적으로 자명하고 잠재적으로 규정적임과 동시에 너무나 빨리 변하기에 학문적 비평이라는 한가한 도락을 허하지 않을 때" 과연 역사적 관찰과 분석을 어떻게 해야 할 것인가?[17] 이런 주장들은 비록 가치 있는 것들이긴 하지만, 제3세계 정치적 근대성의 역사들을 여전히 건너뛴다. 에르네스트 만델에서 제임슨에 이르기까지 그 누구도 체제로서의 '후기 자본주의'의 추동 엔진이 제3세계에

---

15) Robert J. C. Young, *White Mythologies: History Writing and the West*, London & New York: Routledge, 1990[『백색 신화』, 김용규 옮김, 경성대학교출판부, 2008].

16) Fredric Jameson, *Postmodernism Or, the Cultural Logic of Late Capitalism*, Durham: Duke University Press, 1991, Chap.1.

17) Meaghan Morris, "Metamorphoses at the Sydney Tower", *New Formations*, Issue 11, Summer, 1990, pp.5~18에서 재인용. "The Death of History?: Historical Consciousness and the Culture of Late Capitalism", *Public Culture*, Vol.4, No.2, Spring 1992, pp.47~65에서 내가 개진한 더 폭넓은 논의를 볼 것. 또한 Lawrence Grossberg, "History, Imagination and the Politics of Belonging Between the Death and Fear of History", Paul Gilroy, Lawrence Grossberg & Angela McRobbie eds., *Essays in Honor of Stuart Hall*, London & New York: Verso(근간)[이 책은 *Without Guarantees: In Honour of Stuart Hall*, Verso, 2000으로 출간되었다]; Meaghan Morris, *Too Soon Too Late: History in Popular Culture*, Bloomington: Indiana University Press, 1998을 볼 것.

있을 수도 있다고 보지 않았다. '후기'late라는 단어는 발전된 나라들에 적용될 때와 '발전 도상'에 있는 것으로 보이는 나라들에 적용될 때 매우 상이한 함축을 갖는다. '후기 자본주의'는, 비록 그것이 세계의 다른 곳에 미치는 충격이 결코 부인되지는 않는다 하더라도, 우선적으로는 발전된 자본주의 세계에 속하는 것으로 이해되는 현상의 고유한 이름이다.[18)]

역사주의에 대한 서구의 비판들은 '후기 자본주의'의 특징 규정에 근거하는데, 사유 양식으로서의 역사주의와 예전 유럽 식민지들에서의 정치적 근대성 형성을 묶어 주는 심층적인 연결은 간과한다. 역사주의는 19세기에 유럽의 세계 지배를 가능케 했다.[19)] 역사주의는 19세기 이래로 진보 또는 '발전' 이데올로기가 취했던 하나의 중요한 형식이었다고 노골적으로 말할 수도 있겠다. 역사주의는 근대성 또는 자본주의가 글로벌한 것으로 보이도록 할 뿐 아니라 한 장소(유럽)에 기원을 두고 이어서 그 장소 바깥으로 퍼져 가면서 시간을 따라 글로벌하게 된 어떤 것으로 보이도록 한 그것이다. 글로벌한 역사적 시간의 '먼저 유럽에서, 나중에 다른 곳에서'라는 이 구조야말로 역사주의적이다. 상이한 비서구 민족주의들은 후일, 현지에서 구축된 몇몇 중심으로 '유럽'을 대체하면서, 같은 서사의 현지 판본들을 산출한다. 맑스가 "산업적인 선진국은 산업적인 후진국에게 언젠가 그들이 도달하게 될 미래의 모습을 보여 주는 것에 불과하다"라고

---

18) David Harvey, *The Condition of Postmodernity: An Enquiry into the Origins of Cultural Change*, Oxford: Basil Blackwell, 1990, Chap. 8~9[『포스트모더니티의 조건』, 구동회·박영민 옮김, 한울, 2013].

19) Lisa Lowe & David Lloyd, "Introduction", Lowe & Lloyd eds., *The Politics of Culture in the Shadow of Capital*, Durham: Duke University Press, 1997, pp. 1~32; Gyan Prakash, "Introduction", Prakash ed., *After Colonialism: Imperial Histories and Postcolonial Displacements*, Princeton: Princetion University Press, 1995, pp. 3~17.

말하는 것도 역사주의에 입각한 것이다.[20] 필리스 딘처럼 출중한 역사가가 잉글랜드에서의 산업 출현을 일차 산업혁명이라 묘사하도록 이끈 것도 역사주의이다.[21] 역사주의는 서구와 비서구 사이에 존재한다고 가정되는 문화적 거리(적어도 제도적인 발전이라는 면에서)를 재는 척도로 역사적 시간을 상정했다.[22] 식민지에서 역사주의는 문명화 관념을 정당화했다.[23] 유럽 자체에서 역사주의는 유럽을 자본주의, 근대성, 계몽 사상이 처음 일어난 곳으로 묘사하는 전적으로 내재론적인 유럽사를 가능하게 해주었다.[24] 이제 이러한 '사건들' 전부가 지리적으로 유럽에 국한된(그 정확한 범위가 제아무리 희미하다고 할지라도) '사건들'이라는 면에서 주로 설명

---

20) Karl Marx, "Preface to the First Edition", *Capital: A Critique of Political Economy*, Vol. 1, trans. Ben Fowkes, Harmondsworth, 1990, p. 91[『자본』 I-1권, 강신준 옮김, 길, 2008, 45쪽]. Bob Jessop & Russell Wheatley eds., *Karl Marx's Social and Political Thought: Critical Assessments—Political Philosophers Second Series*, Vol. 6, London & New York: Routledge, 1999는 맑스에게 있는 유럽 중심주의라는 쟁점에 관한 최근의 논문들을 재편집해 놓은 뛰어난 논문집이다.

21) Phyllis Deane, *The First Industrial Revolution*, Cambridge: Cambridge University press, 1979.

22) Naoki Sakai, *Translation and Subjectivity: On "Japan" and Cultural Nationalism*, Minneapolis: University of Minnesota Press, 1997[『번역과 주체』, 후지이 다케시 옮김, 이산, 2005]과 Amin, *Eurocentrism*은 모두 이 점을 논한다.

23) Uday Singh Mehta, *Liberalism and Empire: A Study in Nineteenth-Century British Liberal Thought*, Chicago: University of Chicago Press, 1999, pp. 99~100은 존 스튜어트 밀이 쓴 '문명'에 관한 에세이에 대한 적절한 독해를 제공한다. 미국 학계의 '지역 연구'에서 '문명' 관념의 역할에 대한 분석으로는 Andrew Sartori, "Robert Redfield's Comparative Civilizations Project and the Political Imagination of Postwar America", *Positions: East Asia Cultures Critique*, Vol. 6, No. 1, Spring 1998, pp. 33~65를 볼 것.

24) Fernando Coronil, *The Magical State: Nature, Money, and Modernity in Venezuela*, Chicago: University of Chicago Press, 1997, pp. 387~388을 볼 것. Enrique Dussel, *The Invention of the Americas: Eclipse of "the Other" and the Myth of Modernity*, trans. Michael D. Barber, New York: Continuum, 1995는 유럽 중심주의에 질문을 제기하는 강력한 시도이다.

된다. 다른 한편, 식민지 주민에게는 '먼저 유럽에서, 나중에 다른 곳에서'라는 시간 구조에서 '다른 곳'이라는 자리가 배당된다. 이러한 역사주의의 작동은 요하네스 파비안이 "동시성coevalness의 거부"라 부른 그것이다.[25]

역사주의는—심지어 근대적이고 유럽적인 역사관도—19세기의 비유럽 사람들에게, 누군가가 다른 누군가에게 '아직 아니'not yet라고 말하는 방식으로 다가왔다고 말해도 좋을 것이다.[26] 존 스튜어트 밀의 고전적인 자유주의적·역사주의적 시론인 『자유론』과 『대의 정부론』을 고려해 보라. 두 시론 모두 자치self-rule가 가장 높은 수준의 통치 형태라고 주장하면서 인도인이나 아프리카인에게 자치를 부여하는 것을 정녕 역사주의적인 근거 위에서 반대했다. 밀에 따르면 인도인이나 아프리카인은 아직 자치를 할 만큼 충분하게 문명화되지 않았다. 그들이 그러한 과제를 감당

---

25) Johannes Fabian, *Time and the Other: How Anthropology Makes Its Object*, New York: Columbia University Press, 1983, Chaps. 1~2. 이러한 논지를 더 밀고 나가 19세기 인류학을 읽어 내는 유력한 작업으로는 Patrick Wolfe, *Settler Colonialism and the Transformation of Anthropology: The Politics and Poetics of an Ethnographic Event*, London & New York: Cassell, 1999를 볼 것.

26) '역사'라는 분과학문의 유럽적인 기원에 관해서는 Peter Burke, *The Renaissance Sense of the Past*, London: Edward Arnold, 1969; John Greville Agard Pocock, *The Ancient Constitution and the Feudal Law: A Study of English Historical Thought in the Seventeenth Century*, Cambridge: Cambridge University Press, 1990; Reinhart Kosselleck, *Futures Past: On the Semantics of Historical Time*, trans. Keith Tribe, Cambridge: MIT Press, 1985[『지나간 미래』, 한철 옮김, 문학동네, 1998]를 볼 것. 코젤렉은 다음과 같이 쓰고 있다(p. 200[293쪽]). "[여러] 의미 영역들을 지닌 오늘날의 역사 개념은 18세기 말경에야 비로소 형성되었다. 이 개념은 오랫동안 지속된 계몽주의의 이론적 성찰의 결과이다. 이전의 역사는 이를테면 신이 인류를 등장시켜 실행시키는 역사였고, 인류가 주체가 되는 역사, 혹은 역사가 자기 자신의 주체로서 생각되는 역사는 존재하지 않았다." 코젤렉은 부언하기를, 1780년 이전에 '역사'란 언제나 특수한 어떤 것의 역사를 뜻했을 것이라고 한다. 말하자면, '역사 연구자'가 된다는 생각—즉 역사 일반이라는 생각—은 명확히 계몽 사상 이후의 근대적인 실행인 것이다.

할 준비가 되었노라고 간주될 수 있으려면 그 전에 발전과 문명화(정확히는 식민 지배와 교육)의 일정한 역사적 시간이 지나야만 했다.[27] 밀의 역사주의적인 논지는 인도인, 아프리카인, 여타 '미개한' 민족을 역사의 상상적인 대기실에 넣어 버렸다. 그렇게 함으로써 역사 자체를 이 대기실의 한 판본으로 바꿔 버린 것이다. 우리는 모두 같은 목적지를 향해 가지만, 어떤 사람들이 다른 사람들보다 먼저 도착하기 마련이라고 밀은 단언한다. 식민지인에게 기다리라고 권유하는 것, 바로 이것이 역사주의 의식이라는 그것이었다. 역사 의식의 획득과 공적 정신의 획득을 밀은 자치 기술에 절대적으로 필요한 것으로 생각했는데, 이것들의 획득은 또한 기다림의 기술을 배우는 것이기도 했다. 이 기다림은 역사주의의 '아직 아님'에 대한 깨달음이었다.

반면에 20세기 반식민주의적 민주주의의 자치 요구는 행위의 시간 지평으로서의 '지금'을 강조해서 되뇌었다. 대략 제1차 세계대전 시기부터 1950~1960년대 탈식민 운동까지, 반식민 민족주의들은 '지금'의 이러한 긴급함에 입각해 있었다. 역사주의는 현 세계에서 사라지지 않았지만, 그것의 '아직 아님'은 오늘날 '지금'에 대한 글로벌한 강조(민주주의 지향의 모든 민중적 운동의 표식)와의 긴장 속에서 존속하고 있다. 그럴 수밖에 없는 이유는 반식민 민족주의 운동들이 대중적 기반을 추구하는 가운데 19세기 유럽 자유주의의 기준으로 보면 자치의 정치적 책임을 감당하기

---

27) John Stuart Mill, "On Liberty", *Three Essays*, Oxford & New York: Oxford University Press, 1975, Chap. 1, 특히 p. 15[『자유론』, 서병훈 옮김, 책세상, 2012, 33~34쪽]; Mill, "Considerations on Representative Government", *Ibid.*, Chap. 18, pp. 409~423[『대의 정부론』, 서병훈 옮김, 아카넷, 2012, 309~333쪽]. 또한 Mehta, *Liberalism and Empire*, Chap. 3에서 이루어지는 고무적인 논의도 볼 것.

에는 미비해 보일 계급과 집단을 정치적인 것의 영역으로 끌어들이기 때문이다. 이들은 농민, 부족민, 비서구 도시의 반/비숙련 공업 노동자, 종속적인 사회 집단들의 남녀, 요컨대 제3세계의 서발턴 계급들이다.

따라서 역사주의 비판은 비서구 사회에서 정치적 근대성에 대한 질문의 핵심으로 나아간다. 뒤에서 상세히 논하겠지만, 유럽의 정치·사회사상이 서발턴 계급들의 정치적 근대성에 여지를 주었던 것은 역사 단계론의—단순 진화론의 도식들부터 '불균등 발전'uneven development에 대한 정교한 이해까지 걸쳐 있는—일부 판본에 의지해서였다. 이것이 그 자체로 불합리한 이론적 주장은 아니었다. '정치적 근대성'이라는 것이 경계 지어지고 정의될 수 있는 현상이 되었다면, 그것의 정의를 사회적 진보를 재는 막대로 사용하는 것이 불합리한 것은 아니었다. 이런 생각에서는, 어떤 사람들이 다른 사람들보다 덜 근대적이고 그래서 정치적 근대성의 전면적 참여자로 인정받을 수 있기 전에 준비와 기다림의 시기가 필요하다고 말하는 것이 정당할 수도 있을 것이다. 그러나 이것은 정확히 식민지 정복자의 주장, 즉 식민지의 민족주의자가 자신의 '지금'을 대립시키는 '아직 아님'이다. 제3세계에서 정치적 근대성의 성취는 오직 유럽의 사회사상 및 정치 사상과의 모순적인 관계를 통해서만 달성될 수 있다. 민족주의 엘리트들이 휘하의 서발턴 계급들에게 정치적 근대성에 관한 유럽의 관념들이 근거하는 역사 단계론을 종종 연습시켰다는 것—정치적 구조들이 용인한다면, 그리고 용인할 때 아직도 그렇게 연습시킨다는 것—은 진실이다. 그렇지만 전근대 또는 비근대와 근대 사이의 단계론적이고 역사주의적인 구별들 모두를 이론적으로는 아니더라도 적어도 실천적으로는 거부하고자 하는 민족주의 투쟁들에는 두 가지 필연적인 발전이 있었다. 하나는 유럽인이 식민지인의 '자치'를 부정하는 것을 정당화하려고 역사의 ‘대기실’ 판본을 사용하는 것에 민족주의 엘리트가 직면할 때 이 판본을 엘리트 스스로 거부하는 발전이었다. 다른 하나의 발전은 농민이 시민권의 교리적 또는 개념적 측면들을 공식적으로 교육받을 수 있게 되기 훨씬 전에 민족의 정치적 삶에 전면적으로 참여하는(즉 처음에는 민족주의 운동에, 나중에는 독립된 민족의 시민으로 참여) 20세기의 현상이었다.

역사주의적 역사에 대한 이러한 민족주의적 거부의 극적인 사례는 독립 직후에 인도인들이 내린, 성인 보통선거권에 근거하여 인도 민주주의를 확립한다는 결정이다. 이것은 밀의 처방을 직접적으로 위반했다. 밀은 『대의 정부론』에서 “보통 교육”이 “보통선거권에 선행해야만 한다”고 말했다.[28] 심지어 1931년의 인도선거권위원회Indian Franchise Committee가, 인도인 위원이 몇 사람 있었는데도, 고수했던 입장은 밀의 주장을 개작한 것이었다. 위원들은 비록 성인 보통선거권이 인도에서 이상적인 목표이긴 하지만, 이 나라의 만연한 문맹이 그 목표의 이행에 아주 큰 장애라는 데 동의했다.[29] 하지만 채 20년도 지나지 않아 인도는 주민이 여전히 압도적으로 문맹인 상태에서 성인 보통선거권을 채택했다. 나중에 초대 부통령이 되는 사르베팔리 라다크리슈난Sarvepalli Radhakrishnan은 공식적인 독립일 전야에 제헌 의회에 나와 신헌법과 ‘인민 주권’ 이념을 옹호하면서, 인민으로서의 인도인은 아직 자치 준비가 되어 있지 않다는 관념을 반박했다. 그의 관점으로는, 인도인은, 문맹이든 아니든, 언제나 자치에 적합했다. 그

---

28) Mill, “Considerations on Representative Government”, *Three Essays*, p. 278[『대의 정부론』, 169쪽]. 밀은 일련의 과목을 작성하는데, 이 과목들에 대한 지식이 “모든 유권자에게 요청될 수 있다”.

29) *Report of the Indian Franchise Committee*, Calcutta: Government of India, Vol. 1, 1932, pp. 11~13.

는 말했다. "우리는 공화주의 전통이 이 나라의 재능에 맞지 않는 외국 것이라고 말할 수 없다. 우리의 역사가 개시된 이래로 우리는 그 전통을 갖고 있었다."[30] 이 입장이 유럽의 역사주의적 사유에 의해 인도인이 처박힌 상상적 대기실을 폐지하려는 민족적 태도가 아니라면 과연 다른 무엇이었겠는가? 말할 필요도 없이, 역사주의는 인도 국가의 발전주의적 실천들과 상상태들 안에 오늘날에도 강하게 살아남아 있다.[31] 인도에서 제도적인 통치 활동 대부분은 나날이 실천되는 역사주의에 전제를 두고 있다. 농민은 아직도 시민으로서 교육을 받고 시민으로 발전하는 중이라는 의식이 강하다. 하지만 이 나라의 거리에서 사람들을 인민주의적/정치적으로 동원할 때마다, '대중 민주주의'의 한 판본이 인도에서 가시화될 때마다, 역사주의적 시간은 일시적인 유예에 빠진다. 그리고 5년에 한 번씩—근자에는 더 자주 그런 것으로 보이는데—민족은 역사주의적 시간 상상태의 가정들 모두를 파기하는 선거 민주주의의 정치적 수행performance을 펼친다. 선거일에 인도의 모든 성인은 교육을 받았든 아니든 시민으로서의 주요한 선택을 하는 기법들을 이미 취득한 사람으로 실천적으로도 이론적으로도 취급된다.

인도처럼 식민지였던 나라에서 정치적 근대성의 역사와 본성은 서발

30) 라다크리슈난이 1947년 1월 20일에 제헌 의회에서 한 연설은 B. Shiva Rao et al. eds., *The Framing of India's Constitution: Select Documents*, Vol. 2, Delhi: Indian Institute of Public Administration, 1967, p. 15에 재수록됨.

31) Akhil Gupta, *Postcolonial Development: Agriculture in the Making of Modern India*, Durham: Duke University Press, 1998; James Ferguson, *The Anti-Politics Machine: "Development", Depoliticization, and Bureaucratic Power in Lesotho*, Minneapolis: University of Minnesota Press, 1994; Arturo Escobar, *Encountering Development: The Making and Unmaking of the Third World*, Princeton: Princeton University Press, 1995는 발전 행정의 언어를 뒷받침하는 역사주의를 기록하고 있다.

턴 또는 농민이 시민으로서 갖는 두 측면 사이의 긴장을 노정한다. 하나는 시민으로 교육되어야만 하고 그러므로 역사주의의 시간에 속하는 농민이라는 측면이다. 다른 하나는 공식적인 교육의 결여에도 불구하고 이미 시민인 농민이라는 측면이다. 이러한 긴장은 호미 K. 바바가 교육적인 것the pedagogic과 수행적인 것the performative이라고 유용하게 식별해 준 민족주의의 두 측면 사이의 긴장과 유사하다.[32] 교육적인 양식 안에서 민족주의 역사학은 친족, 신, 소위 초자연적인 것을 강조하면서 농민 세계를 시대착오적인anachronistic 것으로 묘사한다. 하지만 '민족'과 정치적인 것은 또한 민주주의의 카니발적인 측면들 안에서, 즉 반란, 시위 행진, 스포츠 행사, 성인 보통선거권에서 수행되기도 한다. 질문은 다음과 같다. 농민 또는 서발턴이 근대적인 정치 영역에서 '부르주아-시민'으로서의 자격을 갖추기 위한 그 어떤 '예비' 작업을 할 필요 없이 스스로 반영反英 민족주의 운동의 성원으로, 또는 정치체의 본격적인 성원으로 부상하는 바로 이 순간들에 우리는 정치적인 것을 어떻게 사유할 것인가?

내 용어법에서 '농민'이라는 단어는 사회학적인 형상의 농민 이상을 지시한다는 점을 명확히 해야겠다. 나는 특수한 의미를 의도하고 있지만, 이 단어에 확장된 의미를 얹으려는 것이기도 하다. '농민'은 여기서 인도 엘리트의 삶과 통치 제도에까지 일관되게 각인을 남기는 외견상 비근대적이고 농촌적이며 비세속적인 관계들과 삶의 실천들을 가리키는 약어

32) Homi K. Bhabha, "DissemiNation: Time, Narrative and the Margins of the Modern Nation", *The Location of Culture*, London: Routledge, 1994, pp. 139~170[「디세미-네이션: 시간, 내러티브, 그리고 근대 국가의 가장자리」, 『국민과 서사』, 류승구 옮김, 후마니타스, 2011; 「국민의 산포: 시간과 서사, 그리고 근대 국가의 한계 영역」, 『문화의 위치』, 나병철 옮김, 소명출판, 2012].

구실을 한다. 농민은 인도 자본주의와 근대성에서 부르주아(유럽적인 의미에서)가 아닌 모두를 대신한다. 다음 절에서는 이런 생각을 다듬는다.

서발턴 연구와 역사주의 비판

농민이 이미 정치적인 것의 일부였던 맥락에서 역사적인 것과 정치적인 것을 어떻게 개념화할 것인가라는 이 문제는 『서발턴 연구』의 역사학 프로젝트를 추동한 핵심 질문 중 하나였다.[33] '농민'이라는 단어에 대한 나의 확장된 해석은 라나지트 구하와 그의 동료들이 종속적인 사회 집단들을 스스로의 운명을 만들어 가는 이들로 보면서 인도사의 서술을 민주화하려 했을 때 구하가 했던 창설적 언표 중 일부로부터 나온다. 예컨대 내가 의미심장하다고 여기는 것은 '정치적인 것'이라는 관념이 영어권 맑스주의 역사학의 표준적인 전통에서 구사되었던 식으로 제시될 때 바로 이런 관념에 대해 느끼는 깊은 불편함을 등록함으로써 『서발턴 연구』의 이력이 시작되어야만 했다는 점이다. 이것은 그 어느 곳보다도 1983년 책 『서발턴과 봉기: 식민 인도에서의 농민 봉기의 기초적 측면들』에서 구하가 영국 역사가 에릭 J. 홉스봄의 '전정치적'prepolitical이라는 범주를 비판하는 대목에서 가시적이다.[34]

'전정치적'이라는 홉스봄의 범주는 근대 정치 영역에 농민이 진입하

---

33) Ranajit Guha ed., *Subaltern Studies: Studies in Indian Society and History*, Vols. 1~6, Delhi: Oxford University Press, 1983~1993. 그 후에 나온 7~10권은 각각의 편집팀에 의해 편집되었다. 기아넨드라 판데이(Gyanendra Pandey)와 파르타 차테르지(Partha Chatterjee)가 7권, 데이비드 아널드(David Arnold)와 데이비드 하디먼(David Hardiman)이 8권, 샤히드 아민(Shahid Amin)과 디페시 차크라바르티(Dipesh Chakrabarty)가 9권, 수지 타루(Susie Tharu)와 가우탐 바드라(Gautam Bhadra)와 기안 프라카시(Gyan Prakash)가 10권.

면서 유럽 정치 사상에 제기된 도전에 역사주의적인 맑스주의 사상이 대응할 수 있는 범위의 한계를 드러냈다. 홉스봄은 제3세계의 정치적 근대성에 특수한 것을 인식했다. 그는 농민이 "정치 의식을 획득"한 것이야말로 "우리 세기를 역사상 가장 혁명적인 세기로 만든" 것임을 기꺼이 인정했다. 하지만 그는 자신의 분석에서 이미 기초가 되어 있던 역사주의에 대해 이런 관찰이 갖는 함의를 놓쳤다. 대개 친족·종교·카스트의 축을 따라, 신·정령·초자연적 행위자들이 인간과 더불어 행동하면서 조직되는 농민의 행위가 그에게는 정치적인 것의 세속적-제도적 논리와 전혀 타협하지 못했던 어떤 의식의 징후로 남았다.[35] 그는 농민을 "자신을 표현할 종별적 언어를 아직 찾지 못했거나 이제 막 찾기 시작한 전정치적 인민"이라 불렀다. "농민에게 [자본주의는—인용자] 외부로부터, 그들이 이해하지 못하는 경제적 힘들의 작용에 의해 음험하게 다가온다." 홉스봄의 역사주의적 언어에서, 20세기 농민의 사회 운동은 "고루한" 것으로 남아 있다.[36]

홉스봄 연구의 분석적 충동은 서구 맑스주의가 그 태동 이후부터 계속 육성해 온 여러 역사주의에 속한다. 서구의 맑스주의 지식인들과 다른 곳에서 그들을 추종하던 이들은 전근대적인 단계에서 근대성 단계로의 일반적인 역사적 이동이라는 관념을 유지하면서도 유럽 및 다른 장소

34) Guha, *Elementary Aspects of Peasant Insurgency in Colonial India*, Delhi: Oxford University Press, 1983, p. 6[『서발턴과 봉기: 식민 인도에서의 농민 봉기의 기초적 측면들』, 김택현 옮김, 박종철출판사, 2008, 20~21쪽].

35) 내가 여기서 합리적 선택 이론의 문헌을 무시하는 까닭은 인간 의식 또는 문화 실천의 역사를 서술함에 있어서 합리적 선택이라는 틀을 사용하는 역사가가 별로 없기 때문이다. 합리적 선택은 경제학과 정치학 분야에서 더 지배적인 틀이었다.

36) Eric J. Hobsbawm, *Primitive Rebels: Studies in Archaic Forms of Social Movement in the 19th and 20th Centuries*, Manchester: Manchester University Press, 1978(first pub. 1959), pp. 2~3.

들에서 자본주의적 변혁의 '미완'의 증거를 인지할 수 있도록 해주는 정교한 전략들을 다양하게 발전시켜 왔다. 이 전략들에는 우선, 때로 맑스 자신의 글에서도 발견되는, 이미 낡아서 지금은 신뢰가 떨어진 19세기의 진화론적 패러다임들—'유재'와 '잔재'라는 언어—가 포함된다. 그 밖에 다른 전략들도 있는데, 그것들은 모두 '불균등 발전'이라는 주제의 변주이고, 이 주제 자체는 닐 스미스가 보여 주듯이 맑스가 『정치경제학 비판을 위하여』(1859)에서 '불균등 발전 비율'이라는 관념을 사용한 데서, 그리고 레닌과 트로츠키가 나중에 이 개념을 사용한 데서 유래했다.[37] 중요한 것은, 그들이 '불균등 발전'을 말하든 아니면 블로흐의 '비동시적인 것의 동시성'을 말하든 혹은 알튀세르적인 '구조 인과성'을 말하든, 이 전략들은 모두 사유의 방향에서 역사주의의 요소들을 보유하고 있다는 점이다(알튀세르가 역사주의를 명시적으로 반대함에도 불구하고). 이 전략들은 모두 현재 안에 있는 일정한 요소를 '시대착오적'이라고 식별할 수 있게 해주는 어떤 기초적인 구조적 통일성이(표현적 총체성은 아닐지라도) 역사 과정과 시간에 있다고 간주한다.[38] '불균등 발전'이라는 주제는, 제임스 K. 챈들러가 낭만주의에 대한 최근의 연구에서 예리하게 관찰했듯이 "동질적인 텅 빈 시간의 구식 격자"와 "손을 잡고" 간다.[39]

농민 의식을 '전정치적'이라고 간주하는 관념을 명시적으로 비판하

37) Neil Smith, *Uneven Development: Nature, Capital, and the Production of Space*, Oxford: Basil Blackwell, 1990. 불균등 발전에 대한 스미스 본인의 이해는 역사주의적인 채로 남아 있다. 예컨대 노동의 '형식적' 포섭과 '실질적' 포섭을 나누는 맑스의 구별은 스미스에 의해 주로 역사적 이행에 관한 질문으로 취급된다(p. 140). James K. Chandler, *England in 1819: The Politics of Literary Culture and the Case of Romantic Historicism*, Chicago: University of Chicago Press, 1998, p. 131을 보면 불균등 발전이라는 관념의 연원이 스코틀랜드 계몽 사상으로 소급된다.

면서 구하가 제시하려고 한 것은 근대 인도에서 농민이 전개한 집단적 행동의 본성은 '정치적인 것'의 범주를 유럽의 정치 사상에서 이 범주에 부여한 범위를 훌쩍 넘어 유효하게 펼쳐 나갔던 것에 있다는 점이었다.[40] 농민과 그 주인들이 참여했던 정치 영역은 근대적이었지만(민족주의가 자치를 향한 근대적 정치 운동이 아니라면 과연 다른 무엇이겠는가?), 이 영역은 근대적인 정치관에 내재된 세속적-합리적 계산 논리를 뒤따르지 않았다. 이 농민적이지-만-근대적인peasant-but-modern 정치 영역은 신, 정령, 여타 초자연적 존재의 행위 능력을 잃어버리지 않았다.[41] 사회과학자들은 그와 같은 행위 능력을 '농민 신앙'이라는 표제 아래 분류할 수도 있겠지만, 시민-으로서의-농민peasant-as-citizen은 사회과학들이 당연시하는 존재론적인 가정들을 나눠 갖지 않았다. 구하의 언표는 이러한 주체를 근대적이라고 인정하면서, 농민의 정치 행동이나 의식을 '전정치적'인 것으로 부르기를 거부했다. 그가 강조한 것은 농민은 식민 세계를 근대화하는 데 있어서 하나의 시대착오를 나타내는 것이 아니라, 오히려 식민주의의 현실적인 동

38) '비동시적인 것의 동시성'이라는 관점에서 에른스트 블로흐가 나치즘에 관해 창의적으로 전개한 논의의 전제가 되고 있는 '총체성'에서, '지금'은 자본주의 양식에 속하며 농민은 '선행 유형'으로, 즉 '진정으로 비동시적인 잔여'의 사례로 남아 있다. Ernst Bloch, "Non-synchronism and the Obligation to Its Dialectics", trans. Mark Ritter, *New German Critique*, Issue 11, Spring 1977, pp. 22~38. 마틴 제이가 지적하듯이, 블로흐는 나중에 소위 종교적인 것을 진지하게 끝까지 사유해 냄으로써, 텅 빈 세속적인 역사적 시간에 대한 자기 나름의 비판을 발전시켰다. Martin Jay, *Marxism and Totality: The Adventures of a Concept from Lukacs to Habermas*, Berkeley & Los Angeles: University of California Press, 1984, pp. 189~190을 볼 것.

39) Chandler, *England in 1819*, p. 131.

40) 이 점에 관해서는 나의 에세이 "A Small History of *Subaltern Studies*"(근간)을 볼 것[이 글은 *Habitations of Modernity: Essays in the Wake of Subaltern Studies*, Chicago: University Of Chicago Press, 2002, Chap. 1, pp. 3~18에 수록되었다].

41) 이 책 4장을 볼 것.

시대인이고 식민 지배가 인도에 초래한 근대성의 근본적 일부라는 점이다. 농민의 의식은 '후진적'인 의식—과거로부터 남겨진 심성, 근대적인 정치·경제 제도들에 당황하면서 저항하는 의식—이 아니었다. 이 세상에서 대면하게 되는 권력 관계들에 대한 농민의 독해는 결코 비현실주의적이거나 회고적인 것이 아니었다고, 구하는 주장한다.

물론 이런 것이 일거에 말해지는 것도, 뒤늦게야 얻을 수 있는 명료함 같은 것을 지니고 말해지는 것도 아니었다. 예컨대 『서발턴과 봉기』에는 구하가 유럽의 맑스주의나 자유주의 학문의 일반적인 경향들을 뒤따르는 구절들이 있다. 그는 때로 비민주적인 관계들—소위 '종교적'인 또는 초자연적인 것을 내포하는 직접적인 '지배와 종속'의 쟁점들—을 전혀 근대적인 것이 아닌, 전자본주의 시대의 유재들로, 따라서 자본주의로의 이행의 문제들을 시사하는 것으로 읽는다.[42] 그러한 서사들은 또한 『서발턴 연구』의 초반 권들에도 종종 나타난다. 하지만 이러한 언표들이 '전정치적'이라는 범주에 대한 구하의 비판의 근원적 잠재력을 적합하게 대표하지는 못한다는 것이 나의 주장이다. 사실 이 언표들이 인도 근대성을 분석하는 데 유효한 틀이라면 홉스봄과 그의 '전정치적'이라는 범주를 지지할 수도 있을 것이다. 정치적인 것의 영역은 전자본주의적인 지배 관계들 안에서 종교와 친족 영역들로부터 추출되는 것이 아니기에 '정치적'이라는 범주가 농민 저항을 분석하는 데 부적절하다고—유럽 정치 사상에 맞추어—지적할 수도 있을 것이다. 농민이 극적으로 예증하는 친족·신·정령을 내포하는 일상적 권력 관계들이 '전정치적'이라 불리는 것이 정당할 수

42) Guha, *Elementary Aspects of Peasant Insurgency in Colonial India*, p. 6[『서발턴과 봉기』, 21쪽].

도 있을 것이다. 인도에서 끈질기게 지속되고 있는 농민 세계를 인도 자본주의 이행의 불완전함의 표식으로 읽고, 농민 자신을 민족주의 안에서는 물론 능동적이지만 세계사적으로는 실제로 소멸의 표시 아래 놓여 있는 '선행 유형'이라고 보는 것이 정당할 수도 있을 것이다.

그러나 내가 여기서 세워 놓는 것은 반대 경향의 사유로, 이것은 '전정치적'이라는 범주를 구하가 불편해하는 데서 표시된다. 근대 인도에서 농민 봉기는 "정치적 투쟁"이었다고, 구하는 쓴다.[43] 내가 이 인용에서 '정치적'이라는 단어를 강조한 것은 『서발턴 연구』의 맑스주의적인 계통과, 인도의 식민 근대성 안에서 정치적인 것의 본성에 관해 『서발턴 연구』가 시작 당시부터 제기했던 더욱 도발적인 질문들 사이의 창조적인 긴장을 조명하기 위함이다. 예컨대 1783~1900년 사이의 영국령 인도에서 일어난 백 개도 넘는 알려진 농민 반란 사례를 검토하면서 구하가 보여 준 것은 신, 정령, 여타 유령적이고 신성한 존재들을 환기하는 실천들이 남아시아 서발턴과 엘리트 모두의 실행이 이루어지는 권력과 명망의 네트워크의 일부였다는 점이다. 이러한 현존들은 더 깊고 '더욱 현실적인' 세속적 현실성의 일부를 단지 상징하는 것이 아니었다.[44]

남아시아의 정치적 근대성은 권력의 통약 불가능한 논리 두 가지를,

---

43) *Ibid.*, p. 75[같은 책, 103쪽].

44) *Ibid.*, Chap. 1~2. 보수적인 역사가들은 이러한 국면의 농민 반란을 "막대기와 돌멩이를 움켜쥐는 전통"이라고, 따라서 정치가 결핍되어 있다고 무시했다. Anil Seal, *The Emergence of Indian Nationalism: Competition and Collaboration in the Later Nineteenth Century*, Cambridge: Cambridge University Press, 1968, Chap. 1. 한편 인도 맑스주의 역사가들은 종교의 핵심에 세속적인 합리성을 배정함으로써 종교에서 그 특유의 내용을 지워 버리는 전형성을 보였다. Guha, "The Prose of Counter-Insurgency", Ranajit Guha & Gayatri Chakravorty Spivak eds., *Selected Subaltern Studies*, New York: Oxford University Press, 1988, pp. 45~86을 볼 것.

둘 다 근대적인 그것들을 통합한다고 구하는 주장한다. 하나는 유럽의 통치가 이 나라에 도입한 준-자유주의적인 법적·제도적 틀의 논리인데, 이러한 틀을 여러 모로 엘리트 계급과 서발턴 계급 모두가 욕망했다. 나는 이러한 발전의 중요성을 폄하할 의도가 전혀 없다. 그런데 이것과 꼬여 있는 또 다른 일단의 관계들의 논리가 있는데, 이 관계들 안에도 엘리트와 서발턴이 모두 연루되어 있다. 이것은 더 힘 있는 자에게 덜 힘 있는 자가 직접적이고 명시적으로 종속되는 것을 통해 계서제가 접합되는 관계들이다. 앞의 논리는 세속적이다. 달리 말하자면 그것은 서구에서 근대성을 표시하는 세속화된 기독교 형태들에서 유래하며, 먼저 일련의 힌두교 실천으로부터 '종교'를 만들고 이어서 인도의 근대적 제도들의 삶 안에서 저 종교의 형태들을 세속화하는 것을 지향하는 유사한 경향을 보여 준다.[45) 뒤의 논리에는 필연적인 세속성이 없다. 오히려 그것은 지속적으로 신과 정령을 정치적인 것의 지형으로 가져간다(이것은 아대륙에서 다수의 현대 정당이 '종교'를 세속적-계산적으로 사용하는 것과는 구별되어야만 한다). 이러한 실천들을 선행 생산양식의 유재로 읽는 것은 가차 없이 우리를 단계론적이고 엘리트주의적인 역사관으로 이끌 것이다. 또한 그것은 우리를 역사주의적인 틀로 되돌아가게 할 것이다. 그러한 틀 안에서, 역사학에게는 20세기 민족주의에 농민이 관여함으로써, 그리고 독립 이후에 농민이 근대 민족-국가의 본격적인 시민으로 부상함으로써 정치 사상과 철학에 제기한 도전에 응할 수 있는 다른 방도가 없다.

---

45) Talal Asad, *Genealogies of Religion: Discipline and Reason of Power in Christianity and Islam*, Baltimore & London: Johns Hopkins University Press, 1993에는 서구 민주주의에서 기독교의 세속화된 삶에 관한 다수의 예리한 지적이 들어 있다.

'전정치적'이라는 범주에 대한 구하의 비판은 근본적으로 글로벌한 근대성에서 권력의 역사를 복수화하며, 권력의 역사를 자본의 그 어떤 보편주의적 서사로부터도 분리해 낸다는 것이 나의 주장이다. 서발턴 역사학은 자본주의가 반드시 부르주아 권력 관계를 헤게모니의 위치로 가져간다는 가정을 의문시한다.[46] 인도의 근대성에서 전부르주아로 보이는 것이 부르주아와 병렬된다면, 비세속적이고 초자연적인 것이 세속적인 것과 인접해 존속한다면, 이 두 가지가 모두 정치적인 것의 영역에서 발견된다면, 그것은 인도의 자본주의나 정치적 근대성이 '미완'으로 남아 있기 때문이 아니다. 구하는 식민 인도가 자본주의의 글로벌한 힘들과 맺는 접속들을 부인하지 않는다. 그의 초점은 이 근대성에서 "전통적"으로 보이는 것은 "그 뿌리가 식민지 이전 시대로 소급될 수 있다는 한에서만 전통적이지 구닥다리가 되었다는 의미에서 고루함을 뜻하는 것은 결코 아니"라는 것이다".[47] 이것은 "인민의 삶과 의식의 광범위한 영역이" 그 어떤 유형의 "[부르주아—인용자] 헤게모니"도 벗어나 버렸을 때조차, 번영하는 선거 민주주의를 결국 야기하게 될 일종의 정치적 근대성이었다.[48]

이러한 관찰의 압력이 『서발턴 연구』 프로젝트에 도입한 것은 정치적인 것의 관념과 역사주의 양자에 대한 필연적인—비록 때로는 초보적이긴 하지만—비판이다. 유럽을 지방화하기라는 내 주장은 이 프로젝트에 내가 관여했던 것에서 바로 나온다. 인도에서 정치적 근대성의 역사는

46) 많은 한계를 지니고 있긴 하지만, 내 책 *Rethinking Working-Class History: Bengal 1890~1940*, Princeton: Princeton University Press, 1989에서 시도된 논증들 중 하나가 이것이었다.

47) Guha, "On Some Aspects of Indian Historiography", Guha & Spivak eds., *Selected Subaltern Studies*, p. 4.

48) *Ibid.*, pp. 5~6.

서구 맑스주의가 사용할 수 있었던 자본과 민족주의의 분석론을 단순히 적용해서 쓸 수 있는 것이 아니었다. 일부 민족주의 역사가들이 하는 식으로, 사회 전반에 걸쳐 부르주아 전망을 확립하려는 완고한 민족주의 운동에 대한 설명과 퇴행적인 식민주의 이야기를 겨루게 할 수는 없을 것이다.[49] 사실 구하의 관점에서는, 맑스주의 메타 서사들의 유럽 부르주아지, 즉 자신의 이익을 모두의 이익처럼 보이고 느끼게 만드는 헤게모니적 이데올로기를 가공할 수 있는 그런 계급에 비견될 만한 계급이 남아시아에는 없다. "식민지 시대 인도의 문화"는 "19세기 영국의 자유주의 부르주아 문화의 복제로도, 선행 전자본주의 문화의 단순 유재로도" 이해되지 않는다고, 구하는 후일 한 시론에서 주장했다.[50] 이것은 정녕 자본주의였지만, 도전받지 않는 헤게모니의 위치를 획득한 부르주아 관계들이 없는 자본주의였다. 요컨대 그것은 부르주아의 헤게모니 문화 없는 자본주의 지배, 즉 구하의 유명한 표현으로는 "헤게모니 없는 지배"였다.

권력의 이러한 복수적인 역사를 사유하고 인도에서의 근대적인 정치적 주체에 대해 설명하려면 동시에 역사적 시간의 본성에 근원적인 질문을 던질 수 있어야 한다. 인간들을 위해서 사회적으로 정의로운 미래들의 상상태들은 보통 단일하고 동질적이며 세속적인 역사적 시간관을 당연시한다. 대개 근대 정치는 통일적인 역사적 시간이 부단히 펼쳐지는 맥락 안

49) 이것이 1930년대에 네루 같은 인도 민족주의 지도자들이 주장했던 방식이다. Jawaharlal Nehru, *India's Freedom*, London: Allen & Unwin, 1962, p. 66. Bipan Chandra, *Nationalism and Colonialism in Modern India*, Delhi: Orient Longman, 1979, p. 135에서는 유사한 논지를 되풀이한다.

50) Guha, "Colonialism in South Asia: A Dominance without Hegemony and Its Historiography", *Dominance without Hegemony: History and Power in Colonial India*, Cambridge: Harvard University Press, 1997, pp. 97~98.

에서 인간의 주권이 작동되는 이야기로 정당화된다. 내 주장은 이러한 견해가 식민/포스트식민 인도에서의 정치적 근대성의 조건들에 관해 사유하는 데 적절한 지적 자원이 아니라는 것이다. 우리는 세속적인 정치관과 사회관에 수반되는 두 가지 존재론적 가정에서 멀리 떨어질 필요가 있다. 첫째 가정은 다른 유형의 시간들을 둘러싸고 있는 단일하고 세속적인 역사적 시간의 틀 안에 인간이 실존한다는 것이다. 내 주장은 남아시아에서의 정치적·사회적 근대성의 실천들을 개념화하는 과제가 종종 우리에게 반대 가정을 하도록 요청한다는 것이다. 즉 역사적 시간은 온전하지integral 않으며 자신으로부터 탈구되어 있다는out of joint with itself 가정. 근대 유럽의 정치 사상과 사회과학을 관통하는 둘째 가정은 인간은 존재론적으로 단일하며 신과 정령은 궁극적으로 '사회적 사실들'이고 사회적인 것이 어느 정도 그것들에 선행한다는 것이다. 반면에 나는 사회적인 것의 논리적 우선성을 가정하지 않고 사유하고자 한다. 인간들이 자신과 동행하는 신과 정령 없이 존속했던 사회를 그 누구도 경험적으로는 알지 못한다. 비록 '세계의 탈주술화'라는 19세기 유럽의 이야기에서 일신교의 신이—실제로 '죽지는' 않고—조금 얻어맞기는 했지만, 소위 '미신'이라고 일컬어지는 실천들 안에 거주하는 신과 여타 행위자는 어느 곳에서도 결코 죽지 않았다. 나는 신과 정령은 실존적으로 인간과 같은 시간대에 존재한다고 간주하며, 인간으로 존재하기에 대한 질문에는 신과 정령과 함께 존재하기에 대한 질문이 내포된다는 가정에 입각해 생각한다.[51] 인간으로 존재하

51) 내가 "인간으로 존재하기에 대한 질문"이라고 말하는 까닭은, 우리가 하이데거를 통해 알고 있는 바와 같이, 이 질문이 오직 질문으로만 제기될 수 있을 뿐 답으로 제시될 수는 없기 때문이다. 실증과학에 근거하여 답을 구하려는 그 어떤 시도도 '인간' 범주의 해소로 끝나게 될 것이다. Martin Heidegger, "How the Analytic of Dasein Is to Be Distinguished from

기가 뜻하는 것은, 람찬드라 간디가 지적하고 있듯이, "유일신[또는 다수의 신—인용자]의 현실성을 먼저 확립해야 한다는 의무에 구애받지 않고 신[또는 신들—인용자]을 불러들일 가능성"을 발견하는 것이다.[52] 이것이 바로 내 분석에서 일부러 그 어떤 종교사회학도 재연하지 않은 하나의 이유이다.

이 책의 계획

이제 분명해지는 것처럼 유럽을 지방화하기는 유럽의 사유를 거부하거나 폐기하는 프로젝트가 아니다. 우리 자신의 지적 실존을 크게 빚지고 있는 사유체와 관련을 맺는 것은 릴라 간디가 적절하게 "포스트식민적인 복수"라 불렀던 그것을 가하는 문제일 수 없다.[53] 우리가 비서구 민족의 정치적 근대성 경험들을 끝까지 사유하도록 돕는 데 있어서 유럽의 사유는 필요불가결하면서 동시에 부적합한데, 그래서 유럽을 지방화하기는 어떻게 이 사유가—이제 모두의 유산이고 우리 모두에게 영향을 미치는 이것이—주변들로부터 그리고 주변들을 위해 쇄신될 수 있겠는지를 조사하는 과제가 된다.

하지만 물론 주변들은 중심들만큼이나 복수이고 다기하다. 세계 각지

Anthropology, Psychology and Biology", *Being and Time*, trans. John Macquarrie & Edward Robinson, Oxford: Basil Blackwell, 1985, pp. 71~75[『존재와 시간』, 이기상 옮김, 까치, 1998, 71~76쪽]를 볼 것.

52) Ramchandra Gandhi, *The Availability of Religious Ideas*, London: Barnes & Noble Books, 1976, p. 9.

53) Leela Gandhi, *Postcolonial Theory: An Introduction*, Sydney: Allen & Unwin, 1998, p. x[『포스트식민주의란 무엇인가』, 이영욱 옮김, 현실문화연구, 2000, 11쪽].

의 식민화 또는 열등화 경험들 안에서부터 바라보면 유럽은 차이를 지닌 것으로 보인다. 식민주의의 상이한 지리학에 입각하여 말하는 포스트식민적 학자들은 상이한 유럽들에 대해 말해 왔다. 최근의 비판적 학문인 라틴아메리카학 또는 아프로-캐러비언학 등등은 스페인과 포르투갈의 제국주의에 주목하는데, 이 제국주의는 르네상스 시대에 승리를 구가했지만 계몽 사상 말기에 들어서면 정치 권력으로서는 쇠퇴한다.[54)] 동남아시아나 동아시아나 아프리카나 태평양을 연구하는 이들의 작업에서 포스트식민주의 자체에 대한 질문은 다수의 경합적인 위상에 놓인다.[55)] 그렇지만 유럽의 장소들이 아무리 다수라 해도, 식민주의들이 아무리 다양하다 해도, 유럽 중심주의적인 역사들을 넘어서는 문제는 지리학적인 경계를

---

54) 라틴아메리카에서 유럽 사유의 스페인어 매개에 관해서는 Walter Mignolo, *The Darker Side of the Renaissance: Literacy, Territoriality, and Colonization*, Ann Arbor: University of Michigan Press, 1995; Fernando Coronil, "Introduction", Fernando Ortiz, *Cuban Counterpoint: Tobacco and Sugar*, Durham: Duke University Press, 1995, p. xix를 볼 것. 포스트식민적인 사회과학에 대한 라틴아메리카의 전망에 관해서는 Coronil, *The Magical State*; Sara Castro-Klaren, "Historiography on the Ground: The Toledo Circle and Guaman Poma"(미간행)[이 글은 Ileana Rodriguez, María Milagros López & María Milagros López eds., *The Latin American Subaltern Studies Reader*, Duke University Press, 2001에 수록되어 출간되었다]; Peter Hulme, *Colonial Encounter: Europe and the Native Caribbean 1492~1797*, London & New York: Routledge, 1986; Enrique Dussel, "Eurocentrism and Modernity", *Boundary 2*, Vol. 20, No. 3, 1993, pp. 65~76을 볼 것.

55) Xudong Zang, *Chinese Modernism in the Era of Reforms: Cultural Fever, Avant-Garde Fiction, and the New Chinese Cinema*, Durham: Duke University Press, 1997, Chap. 2에는 포스트식민 연구의 지위를 둘러싸고 중국 학자들 사이에서 벌어진 생생한 논쟁이 담겨 있다. 또한 그의 "Nationalism, Mass Culture, and Intellectual Strategies in Post-Tiananmen China", *Social Text*, No. 55, Summer 1998, pp. 109~140도 볼 것. 레이 초우(Rey Chow)의 저술들은, 의미심장하게, 약간 상이한 궤적을 나타낸다. 그녀의 *Women and Chinese Modernity: The Politics of Reading between West and East*, Minneapolis: University of Minnesota Press, 1991을 볼 것.

횡단하여 공유되는 문제이다.[56)]

포스트식민 학문 세계에서 관건이 되는 질문은 다음과 같다. 자본주의 근대성의 문제는 더 이상 단순히 역사적 이행transition의 사회학적 문제로만(유럽사에서 유명한 '이행 논쟁'처럼) 간주될 수 없으며 번역translation의 문제로도 간주될 수 있다. 삶의 다양한 형태들·실천들·이해들understandings을 뿌리 깊은 유럽적 기원을 지닌 보편주의적인 정치적-이론적 범주들로 번역하는 과정이 대부분의 사회과학자에게 아무 문제없는 작업으로 보였던 한 시기가—학문이 글로벌화되기 전에도—있었다. 분석적 범주(자본 같은)로 간주되는 것은 이것의 기원이라 할 수 있는 유럽사의 편린을 초월했다고 이해되었다. 고작해야 우리는 이해comprehension를 위해서라면 '개략적'rough이라 인정되는 번역으로 족하다고 상정할 따름이었다.

예컨대 지역학의 영어 단행본이 그러한 전제를 고전적으로 구현했다. 아시아 연구 또는 지역학 단행본의 끝에는 '용어 해설'이라 불리는 별로 읽히지도 않고 기계적으로 배치된 표준적인 부록이 있다. 빈번히 용어

---

56) 예컨대 Stefan Tanaka, *Japan's Orient: Rendering Pasts into History*, Berkeley & Los Angeles: University of California Press, 1993, Chap. 1; Vincente L. Rafael, *Contracting Colonialism: Translation and Christian Conversion in Tagalog Society under Early Spanish Rule*, Durham: Duke University Press, 1993; Tessa Morris-Suzuki, *Re-inventing Japan: Time, Space, Nation*, New York & London: M. E. Sharpe, 1998, Chap. 7; Ann Laura Stoler, *Capitalism and Confrontation in Sumatra's Plantation Belt, 1870~1979*, Ann Arbor: University of Michigan Press, 1995, 특히 신판 서문; Stoler, *Race and the Education of Desire: Foucault's History of Sexuality and the Colonial Order of Things*, Durham: Duke University Press, 1995; V. Y. Mudimbe, *The Idea of Africa*, Bloomington & London: Indiana University Press & James Currey, 1994를 볼 것. 사카이 나오키의 작업도 분명히 이 명단에 속할 것이며, 나 자신도 Stephen Vlastos ed., *Mirror of Modernity: Invented Traditions of Modern Japan*, Berkeley & Los Angeles: University of California Press, 1998, pp. 285~296에 실린 짤막한 '후기'에서 일본 사례와 관련하여 비-유럽 중심주의적인 역사에 대한 질문을 제기하고자 했다.

해설을 참조하려고 페이지를 넘기면서 독서의 즐거움을 끊어 버리는 독자를 기대하기란 난망한 일이다. 용어 해설은 토착어들의 '개략적인 번역'을 재연하는데, 종종 이 번역어들은 식민주의자들의 번역에서 차용된 것이다. 이 식민적 번역들은 근사치에 머문다는(따라서 부정확하다는) 점에서 개략적일 뿐만 아니라, 식민 지배의 '개략적으로 마련된'rough-and-ready 방법들에 맞춰진 것들이라는 점에서도 개략적이다. '개략적 번역'이라는 저 모델에 도전하는 것은 번역이라는 바로 그 과정에 끊임없는 비판적 주의를 기울이는 것이다.

따라서 내 프로젝트는 번역의 정치에 관해 작업한 여러 명민한 학자가 가리키는 지평을 향한다. 번역이 '통약 불가능성'이라는 외관으로부터 산출하는 그것이 지배적인 지식 형태와 피지배적인 지식 형태 사이의 관계의 부재도 아니며 차이들을 성공적으로 매개하는 등가물도 아닌, 우리가 '차이'라 부르는 부분적으로 불투명한 관계라는 점을 그 학자들이 논증했다.[57] 이러한 반투명성—투명성이 아니라—을 생산하는 서사와 분석을 비서구 역사들과 유럽의 사유 및 그 분석 범주들 사이의 연관 안에서

---

57) Meaghan Morris, "Foreword", Sakai, *Translation and Subjectivity*, p. xiii[『번역과 주체』, 30쪽]에서 대단히 명확하게 언급한바, "사카이는 번역을 (차이로부터 등가성을 산출하는 것이라기보다는) 통약 불가능성으로부터 차이를 산출하는 실천으로 보는 번역관을 다른 이론가들과 분명하게 공유한다"[번역은 수정]. 또한 Spivak, "The Politics of Translation", *Outside in the Teaching Machine*, London & New York: Routledge, 1993, pp. 179~200[「번역의 정치」, 『교육기계 안의 바깥에서: 초국가적 문화연구와 탈식민 교육』, 태혜숙 옮김, 갈무리, 2006, 329~366쪽]; Rafael, *Contracting Colonialism*, Chap. 1, "The Politics of Translation"; Asad, "The Concept of Cultural Translation in British Anthropology", *Genealogies of Religion*, pp. 171~199; Bhabha, "How Newness Enters the World: Postmodern Space, Postcolonial Times and the Trials of Cultural Translation", *The Location of Culture*, pp. 212~235[「새로운 것이 세계 속에 틈입하는 방법: 탈근대적 공간과 탈식민지적 시간, 그리고 문화적 전이의 시련들」, 『문화의 위치』, 447~496쪽]를 볼 것.

서술하는 것이 내가 이 책에서 제안하고 예증하려는 것이다.

이 책은 근대 유럽의 사회 사상에 중심적인 단층선을 회전시켜야만 하고, 이렇게 말해도 좋다면 이 단층선을 활용해야만 한다. 이 단층선은 사회과학 안에서 분석적 전통과 해석학적 전통의 분할선이다. 이 분할은 다소간 인위적임에 틀림없지만(대부분의 주요 사상가는 이 두 전통에 동시에 속하니까), 나 자신의 입장을 명료히 하기 위해서 그것을 강조하겠다. 느슨하게 말한다면 이 분할을 다음과 같이 설명할 수도 있겠다. 기본적으로 분석적 사회과학은 더욱 정의로운 사회 질서를 지향하는 비판을 산출하기 위해서 이데올로기를 '탈신비화'하려고 시도한다. 나는 맑스가 이 전통의 고전적인 모범이라고 여긴다. 다른 한편으로 해석학적 전통은 인간의 생활 세계들의 다양성에 대한 이해를 추구하는 가운데 세부를 사랑으로 포착한다. 그것은 '정동적 역사들'affective histories이라 부를 만한 것을 생산한다.[58] 전자의 전통은 지역적인 것을 추상적인 보편성에 동화시켜서 소거해 버리는 경향이 있다. 따라서 혹시라도 이러한 전통이 경험적인 관용어로 작동한다면 그것은 내 명제에 아무 영향도 미치지 못한다. 다른 한편으로 해석학적 전통은 사유란 내밀하게 삶의 장소들과 특수 형태들에 결부되어 있다고 여긴다. 이 전통은 순수하게 분석적인 저것의 허무주의에 태생적으로 비판적이다. 이 후자의 전통에서 내 우상은 하이데거이다.

이 책은 유럽 사유의 이 두 중요한 대표자인 맑스와 하이데거가 남아시아 정치적 근대성의 이해라는 맥락에서 서로 대화하도록 해보려는 시

58) 이 표현과 관련해 호미 K. 바바에게 감사드린다. 분석적 전통과 해석학적 전통의 관계에 관해서는 Richard E. Palmer, *Hermeneutics: Interpretation Theory in Schleiermacher, Dilthey, Heidegger, and Gadamer*, Evanston: Northwestern University Press, 1969에서 명확하게 논의된다. 그렇지만 이러한 분할에 관해 교조적이어서는 안 된다.

도이다. 맑스는 이런 기획에서 결정적인데, 왜냐하면 그의 범주인 '자본'은 우리에게 글로벌한 차원에서 역사와 세속적인 인간 형상 양자를 사유하는 길을 제공함과 아울러 역사를 자본주의가 생산하는 글로벌리티를 이해하는 비판적 도구로 만들기 때문이다. 확실히 맑스 덕분에 우리는 서구에서 유럽과 자본주의 팽창을 궁극적으로 서구 이타주의의 사례라고 보는 항존하는 경향에 맞설 수 있다. 하지만 내가 맑스에 관한 중추적인 장(2장)에서 보여 주려는 바는 역사주의의 문제를 맑스를 통해 다루는 것이 실은 우리를 이중적인 입장으로 몰고 간다는 점이다. 한편으로 우리는 맑스의 범주들 안에 있는 정확히 계몽 사상의 유산으로서의 추상적 인간 형상의 결정적인 중요성을 인정한다. 이 형상은 맑스의 자본 비판에 중심적이다. 다른 한편으로 이 추상적 인간은 귀속과 다양성에 대한 질문들을 막는다. 나는 인간의 귀속belonging과 역사적 차이에 관한 하이데거의 통찰들을 가져와 맑스를 읽음으로써 이 추상적인 보편적 인간 형상을 탈안정화시키고자 한다.

1장에서 4장까지의 1부는 말하자면 맑스라는 기호 아래 조직된다. 1부를 나는 '역사주의와 근대성 서사'라 명명한다. 1부의 장들은 전반적으로 역사와 역사적 시간에 대한 역사주의적 관념들 및 식민 인도에서 이 관념들이 자본주의적 근대성의 서사들과 맺는 관계에 대한 비판적 성찰을 제시한다. 또한 자본주의 이행에 관한 역사적 논쟁들이 역사주의 논리 구조를 복제하지 않으려면 그러한 이행을 '번역' 과정으로 사유해야만 한다는 점을 강조함으로써, 나의 역사주의 비판을 설명하려고 시도하는 장들이기도 하다. 1장은, 축약된 형태로, 유럽을 지방화하기에 대해 1992년에 『리프리젠테이션스』라는 학술지에서 개진했던 강령적인 언표를 재연한다.[59] 이 언표는 이후 대단히 많이 유포되었다. 몇몇 중요한 측면에서 이 책은 그 언표에서 출발하지만, 또한 그 언표에서는 초벌 윤곽만 제시되었던 강령의 상당 부분을 실행하려는 시도이기도 하다. 그래서 나는 그 언표의 일정 부분을 포함시키면서도 현재의 프로젝트는 그 언표를 출발점으로 삼되 중요한 측면에서 그 언표와 어긋나기도 한다는 점을 밝히는 짧은 '후기'를 추가했다. 다른 장들(2~4장)은 자본주의 근대성에 대한 맑스주의 서사들을 역사적인 차이의 쟁점들과 회통시키려는 시도를 어떻게 할 수 있을지에 관한 질문 주위를 선회한다. 3장과 4장이 구체적인 사례들을 갖고 이것을 시도한다면, 2장은 전체 논지의 이론적인 추축을 제시한다.

내가 '귀속의 역사들'이라 명명한 2부는, 내 생각엔 하이데거라는 기호 아래 조직되는 것 같다. 그것은 벵골 상층 카스트의 교양 있는 힌두교도의 근대성 안에 있는 특정한 주제들을 역사적으로 탐구한다. 그 주제들 자체는 정치적 근대성의 구조에 '보편적'이라고 간주될 수 있을 것들이다. 말하자면 시민 주체라는 관념, 분석 범주로서의 '상상태', 시민 사회에 관한 관념, 가부장적 형제애, 공/사 구별, 세속적 이성, 역사적 시간, 기타 등등. 이들 장(5~8장)에서는 1992년 언표에서 제기된 역사학적 의제를 상세히 검토한다. 유럽의 사유로부터 우리가 배운 범주들과 전략들이(역사화의 전략을 포함하여) 비유럽적 근대성의 이 특수한 사례를 재현함에 있어서 얼마나 필요불가결하면서 동시에 부적합한 것인지를 나는 구체적으로 논증하고자 한다.

1부와 2부 사이에서 일어난 초점의 특별한 전환에 관해 한마디 할 차례다. 1부는 주로 농민과 부족민, 즉 직접적이거나 또는 사회학적인 의미

---

59) Dipesh Chakrabarty, "Postcoloniality and the Artifice of History: Who speaks for 'Indian' Pasts?", *Representations*, No. 37, Winter 1992, pp. 1~26.

에서 '서발턴'이라 부를 만한 집단에 대한 역사적이고 민족지학적인 연구들에 입각한다. 2부는 교육받은 벵골인, 즉 인도 역사의 맥락에서 흔히 엘리트라고 (때로는 부정확하게) 묘사되었던 집단의 역사에 집중한다. 영국령 인도의 서발턴 계급들의 역사들에서 처음 등장했던 프로젝트가 왜 자신의 논점을 주장하기 위해 교육받은 중간 계급들의 특정한 역사들로 방향을 틀었냐고 질문할 비평가에게 나는 이렇게 말한다. 이 책은 내가 『서발턴 연구』에 관여하면서 갖게 된 이론적 관심사들 일부를 공들여 다루지만, 서발턴 계급들의 삶의 실천들을 재현하는 시도는 아니다. 내 목적은 비유럽적인 생활 세계들의 맥락에서 정치적 근대성을 개념화함에 있어서 유럽의 특정한 사회적·정치적 범주들이 지닌 능력과 제한을 탐구하려는 것이다. 이것을 논증하는 가운데, 나는 내가 어느 정도 내밀하게 알고 있는 특수한 생활 세계들의 역사적 세부에 의지한다.

2부의 장들은 내가 앞에서 '개략적 번역' 원칙이라 묘사했던 그것으로부터 벗어나서, 우리의 분석적인 범주들을 위한 복수의 또는 결합된 계보학들을 제공하려는 움직임의 시작 시도들이다. 방법론적으로 이 장들은 시작에 불과하다. 남아시아에서의 삶의 실천들의 현존 아카이브들이 동시대적 상관성을 갖도록 하는 일—니체가 "삶을 위한 역사"라고 부른 것 같은 어떤 것을 자기 의식적으로 그리고 역사가의 방법으로 생산하는 것—은 방대한 과업이고, 한 개인의 능력을 넘어서는 일이다.[60] 그것은 동시에 여러 언어에 능숙할 것을 요구하는데, 상관성을 갖는 언어들은 남

60) Friedrich Nietzsche, "On the Uses and Disadvantages of History for Life"(1874) *Untimely Meditations*, trans. R. J. Hollingdale, Cambridge: Cambridge University Press, 1989, pp. 57~123[「반시대적 고찰 2: 삶에 대한 역사의 공과」, 『비극의 탄생·반시대적 고찰』, 이진우 옮김, 책세상, 2005, 285~388쪽].

아시아에서 연구하려는 지역이 어디냐에 따라 달라질 것이다. 하지만 그것은 남아시아에 현존하는 언어, 관행, 지적 전통에 밀착하여 주목함과 동시에 근대 인문과학의 지도 개념들의 계보학을 탐구함 없이는 이루어질 수 없다. 초점은 사회과학 범주들을 거부하지 않고, 이 범주들 안에 침전되어 있는 특수한 유럽사들에 의해 점유된 공간 안으로, 실존하는 다른 삶의 실천들과 아카이브들에 보전된 다르게 규범적이고 이론적인 사유를 풀어 넣는 데 있다. 사실 이러한 방식으로만 우리는 우리의 실존에 특유하며 우리의 삶들과 그 가능성들의 검토에 상관적인 복수의 규범적인 지평들을 창출할 수 있다.

이러한 사유를 추구하는 가운데 나는 2부에서 벵골 중간 계급의 자료로 돌아간다. 내 명제들에 부합하는 심층적인 역사적 사례들을 제공하기 위해서, 나는 유럽 계몽 사상의 보편주의적 주제들(권리 관념들, 시민성, 형제애, 시민 사회, 정치, 민족주의 등등)에 의식적으로 영향을 받은 일군의 사람을 검토할 필요가 있었다. 비유럽적인 맥락의 정치적 근대성의 역사들에 있어서 불가피한 문화적이고 언어적인 번역의 문제들을 주의해서 다루는 과제는 내게 영어 이외의 비유럽 언어를 얼마간 깊이 있게 알도록 요구했는데, 이는 영어가 유럽의 사유에 내가 접근하는 매개 언어이기 때문이다. 나의 모어인 벵골어가 자연스럽게 그 필요를 충족시켜 주었다. 내가 받은 교육의 우연과 빈틈 때문에 나는 벵골어로만—그것도 아주 특수한 유형의 벵골어로만—하나의 언어에 담긴 역사적 깊이와 다양성을 일상적으로 느끼면서 작업한다. 불행히도 세상의 어떤 다른 언어로도(영어를 포함해서) 그렇게 할 수 없다. 나는 본질주의, 오리엔탈리즘, '단일 언어주의'라는 대단히 겁나는 학계의 비난을 피하려고 벵골어에 대한 내 친밀함에 의존했다. 사실 어떤 유형의 언어든 심층적으로 알려고 할 때 생겨나는 하나의 아이러니는 언어의 통일성이 그 과정 중에 분열된다는 데 있다. 과연 하나의 언어가 한결같이 복수적임을, 하나의 언어가 많은 '다른' 언어들과의(근대 벵골의 경우에는 영어를 포함) 혼성적인 구성물이 되지 않는 한 그 자신의 풍부한 자아일 수조차 없음을 알게 된다.[61]

그러므로 이 책에서 내가 벵골 중간 계급의 맥락에서 특정한 역사 자료를 사용하는 것은 우선적으로 방법론적이다. 나는 인도가, 특히 벵골이, 예외적이라거나 대표적이라고 주장하지 않는다. 나는 오늘날 『서발턴 연구』 학자들이 그런 걸 서술한다고 비난받는 그런 유형의 '벵골 중간 계급'의 역사들을 서술했다고 주장할 수도 없다. 내가 2부에서 한 이야기들은 벵골에서 정치적이고 문학적인 (남성적) 근대성을 개척했던, 주로 남성인 힌두 개혁가들과 문필가들의 미세한 소수성에 관한 것이다. 이 장들은 오늘날 벵골 중간 계급 힌두교도의 역사를 재현[대표]하지 않는데, 왜냐하면 내가 논의한 근대성은 중간 계급들 중에서도 오직 소수자의 욕망들을 표현하기 때문이다. 혹시 이 욕망들이 오늘날 벵골인의 삶의 어두운 구석에서 여전히 발견된다면 이 욕망들은 '유효 기간'을 지나 살아 있는 것들이다. 나는 벵골 중간 계급 역사에서 점점 더—그리고 아마도 불가피하게—소수층으로 되어 가는 것 내부로부터 말한다. 나는 힌두교도 벵골인과 무슬림 벵골인 사이의 역사적인 간극에 대해서도 슬픈 마음으로 자각하고 있지만, 이 책에서는 그 간극을 재연할 수밖에 없었다. 백 년 이상, 힌두 연대기 작가들에게 무슬림은 언젠가 한 역사가가 "잊어버린 다수자"라

61) 나의 에세이 "Reconstructing Liberalism?: Notes Toward a Conversation between Area Studies and Diasporic Studies", *Public Culture*, Vol. 10, No. 3, Spring 1998, pp. 457~481에 있는 논의를 볼 것.

부른 그것에 해당했다.[62] 나는 저 역사적 제한을 극복할 수 없었는데, 무슬림에 대한 이러한 망각이 내가 독립 인도에서 받았던 양육과 교육에 깊이 박혀 있었기 때문이다. 반식민적인 인도-벵골 민족주의는 묵시적으로 '힌두'를 규범화했다. 나의 상황에 처했던 다른 많은 이처럼 나도 벵골 근대성의 서사들 안에 내장된 입장이 배타적으로 또는 우선적으로 힌두적인 것으로 여겨지지 않을 날을 기대한다.

나는 역사와 미래성에 관한 사유의 새로운 원칙들을 구상하려고 시도하면서 이 책을 끝낸다. 여기서 하이데거에게 진 내 빚이 가장 명시적으로 드러난다. 나는 '세계-내-존재'의 다양한 방식에 대한 질문에 진지하게 몰두함으로써 세속주의적-역사주의적인 세계 포착과 비세속주의적이고 비역사주의적인 세계 포착을 통합하는 것이 얼마나 가능할지를 논의한다. 이 책에서 이중의 과제(총체성의 관점에서 생각해야 할 '정치적' 필요를 인정하면서도 총체화하지 않는 범주들을 작동시켜 총체화의 사유를 줄곧 불안정하게 하는 과제)에 착수하려던 나의 전반적 시도가 이 장에서 정점에 도달한다. 하이데거의 '편린성' 관념 및 '아직 아님'이라는 표현에 대한 그의 해석(『존재와 시간』의 2편)에 입각하여, 나는 내가 이야기한 벵골적인 귀속의 역사들 안에서 계몽 사상 이후의 합리주의를 위한 거처를 찾고자 한다. 이 책은 비유럽적인 정치적 근대성을 재현하는 데 유럽 정치 사상이 필요불가결함을 시종 인정하지만, 이러한 필요불가결함이 변함없이 창출하는 재현의 문제와 씨름한다.

---

62) J. H. Broomfield, "The Forgotten Majority: The Bengal Muslims and September 1918", Donald A. Low ed., *Soundings in Modern South Asian History*, London: Weidenfeld & Nicolson, 1968, pp. 196~224.

'역사주의'라는 용어에 관한 노트

'역사주의'라는 용어는 길고 복잡한 역사를 갖는다. 헤겔과 랑케처럼 종종 서로 대립적이며 상이한 광범위한 학자들의 저술에 적용되는 이 용어는 쉽고 정확한 정의를 허하지 않는다. 스티븐 그린블랫Stephen Greenblatt과 또 다른 학자들이 개척한 '신역사주의적'인 분석 스타일을 통해 이 용어가 최근에 누린 부흥이 작금의 용어법을 더 굴절시켰다.[63] 특별히 중요한 긴장은 역사적인 동일성 또는 사건이 지니는 유일함과 개별성에 주목할 것을 강조하는 랑케의 관점과, 일반적인 역사적 추세의 식별을 전면에 내세우는 헤겔주의적-맑스주의적 전통 사이의 긴장이다.[64] 우리가 강단 역사가의 전문 작업과 기능을 이해하는 방식과 관련해서 우리에게는 이러한 긴장이 전승되고 있다. 이 용어의 복잡한 역사를 염두에 두고 나는 나 자신의 용법을 다음과 같이 설명해 보고자 한다.

이언 해킹과 모리스 맨들봄은 역사주의에 대한 최소한의 정의를 이렇게 제공한다.

> [역사주의는—인용자] 사회적·문화적 현상들이 역사적으로 결정된다는 이론이며, 역사에서의 각각의 시대는 다른 시대에 직접 적용되지 않는 자신만의 가치들을 갖는다는 이론이다.[65]

---

63) H. Aram Veeser ed., *The New Historicism Reader*, New York & London: Routledge, 1994를 볼 것.

64) Georg G. Iggers, *The German Conception of History: The National Tradition of Historical Thought from Herder to the Present*, Hanover, N. H.: University Press of New England, 1983을 볼 것.

역사주의는 어떤 현상의 본성에 대한 적합한 이해와 그 현상의 가치에 대한 적합한 평가는 그것이 발전 과정 안에서 차지하는 자리와 수행하는 역할을 고려하는 것을 통해 획득되어야 한다는 믿음이다.[66]

이런저런 정의뿐만 아니라 역사주의 연구를 전문 관심사로 삼았던 학자들이 조명한 여러 추가 요소를 샅샅이 살펴보고 우리는 '역사주의'란 다음과 같은 특징을 갖는 사유 양식이라고 말할 수 있겠다. 역사주의가 우리에게 말해 주는 것은 이 세상의 어떤 것의 본성을 이해하기 위해서는 반드시 그것을 역사적으로 발전하는 실체로, 즉 처음에는 개별적이고 유일한 전체—최소한 잠재적으로는 모종의 통일성을 갖는 것—로, 다음에는 시간을 거쳐 발전하는 것으로 보아야만 한다는 것이다. 전형적인 역사주의는 이러한 발전에서의 복합성과 지그재그를 용인할 수 있다. 그것은 특수성 안에서 일반성을 찾으려 하며, 목적론의 그 어떤 필연적 가정도 수반하지 않는다. 하지만 발전 관념 및 바로 이 발전 과정에서 일정한 양의 시간이 경과한다는 가정은 이러한 이해에 결정적이다.[67] 말할 필요도 없

65) Ian Hacking, "Two kinds of 'New Historicism' for Philosophers", Ralph Cohen & Michael S. Roth eds., *History and……: Historians within the Human Sciences*, Charlottesville & London: University of Virginia Press, 1995, p. 298.

66) Maurice Mandelbaum, *History, Man and Reason: A Study in Nineteenth-Century Thought*, Baltimore & London: Johns Hopkins University Press, 1971, p. 42. F. R. Ankersmit, "Historicism: An Attempt at Synthesis", *History and Theory*, Vol. 36, No. 4, October 1995, pp. 143~161에서 재인용.

67) 여기서 내가 의거한 문헌들은 Ankersmit, "Historicism", *History and Theory*, Vol. 36, No. 4; Friedrich Meinecke, *Historicism: The Rise of a New Historical Outlook*, trans. J. E. Anderson, London: Routledge & Kegan Paul, 1972; Hayden White, *Metahistory: The Historical Imagination in Nineteenth-Century Europe*, Baltimore: Johns Hopkins University Press, 1985[『메타 역사: 19세기 유럽의 역사적 상상력』 전 2권, 천형균 옮김, 지만

이, 발전 서사와 개념을 구성하면서 경과하는 이 시간은, 발터 벤야민의 유명한 말로 하자면, 역사의 세속적이고 텅 빈 동질적 시간이다.[68] 역사적 과정 안에서의 불연속성·단절·이동에 관한 오래되었거나 새로운 관념들이 드문드문 역사주의의 지배에 도전했지만, 대부분의 서술된 역사는 여전히 심하게 역사주의적이다. 말하자면 그것은 여전히 연구 대상을 내적으로 통일된 것으로 간주하며, 시간을 거쳐 발전하는 어떤 것으로 본다. 이것은 특히 맑스주의적 또는 자유주의적 세계관이 뒷받침하는 역사 서사들에—고전적인 역사주의와의 차이들에도 불구하고—해당하는 것이며, 자본주의'의 역사', 산업화'의 역사', 민족주의'의 역사' 등의 장르에서 묘사/설명에 기초가 되는 것이다.

•

지, 2011]; White, "Droysen's Historik: Historical Writing as a Bourgeois Science", *The Content of the Form: Narrative Discourse and Historical Representation*, Baltimore: Johns Hopkins Univerity Press, 1990, pp. 83~103; Leopold von Ranke, "Preface: Histories of Romance and Germanic Peoples"; "A Fragment from the 1830s", Fritz Stern ed., *The Varieties of History: From Voltaire to the Present*, New York: Meridian Books, 1957, pp. 55~60; Hans Meyerhoff ed., *The Philosophy of History in Our Own Time: An Anthology*, New York: Doubleday Anchor Books, 1959 중 "Introduction", pp. 1~24와 "The Heritage of Historicism"; Paul Hamilton, *Historicism*, London & New York: Routledge, 1996. *England in 1819*에서 제임스 K. 챈들러가 역사주의에 관해 개진한 논의가 큰 도움이 되었다. 내가 '역사주의'에 관한 칼 포퍼의 정식화를 논하지 않기로 한 이유는 그의 용어법이 유별나다는 평판을 받아 왔기 때문이다.

68) "역사는 구성의 대상이며, 이때 구성의 장소는 동질적이고 텅 빈 시간이 아니라 지금 시간으로 충만된 시간이다." Walter Benjamin, "Theses on the Philosophy of History", *Illuminations*, trans. Harry Zohn, New York: Fontana/Collins, 1982, p. 262[「역사의 개념에 대하여」, 『역사의 개념에 대하여/폭력 비판을 위하여/초현실주의 외: 발터 벤야민 선집 5』, 최성만 옮김, 길, 2008, 345쪽]. 연대기가 역사가들에게 여전한 의의를 갖는 이유를 벤야민은 인식하지 못한다는 점에서 그를 비판하는 견해로는 Siegfried Kracauer, *History: The Last Things before the Last*, Princeton: Markus Wiener, 1995, 특히 6장을 볼 것[『역사: 끝에서 두번째 세계』, 김정아 옮김, 문학동네, 2012].

1부

역사주의와 근대성 서사

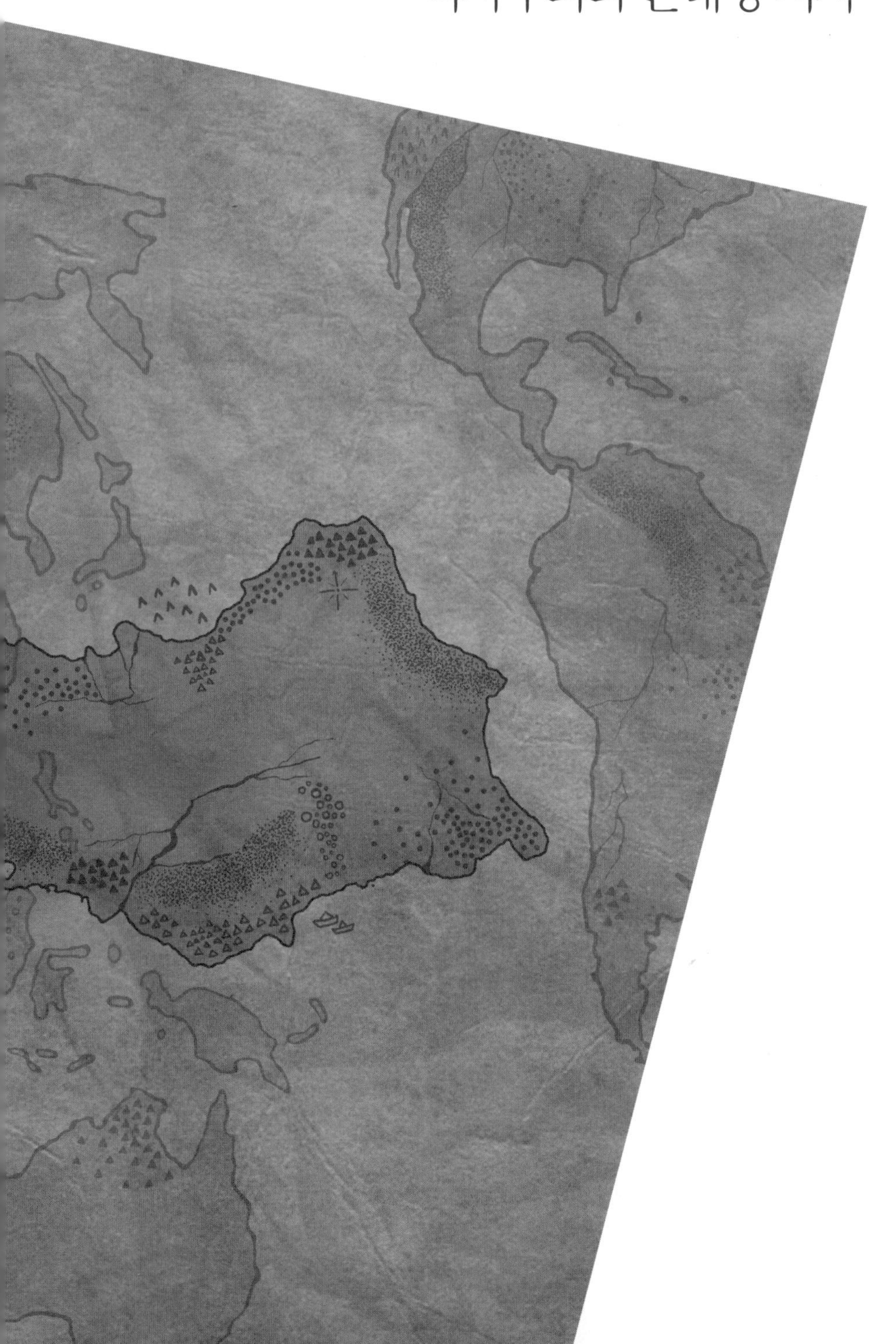

1장

포스트식민성과 역사의 술책

사유를 극한으로 밀고 가라.
루이 알튀세르

『서발턴 연구』의 포스트식민 프로젝트에 대한 상찬으로 최근에 거론되기를, "인도인들이 [역사학 분야the discipline of history 안에서—인용자] 자신을 재현하는 능력을 재전유하고 있음을 견실하게 나타내 보이고 있다는" 것을 이 프로젝트가 "아마도 식민화 이후 처음으로" 입증한다고들 한다.[1)] 『서발턴 연구』 집단의 성원인 역사가로서 나는 이런 칭찬의 말들에 기분이 좋긴 하지만 성급하다는 느낌을 받는다. 이 글의 목적은 '역사 안에서 in history 자신을 재현하는' '인도인들'이라는 관념을 문제화하려는 것이다. 서발턴 연구와 같은 초민족적인transnational 작업 안에 있기 마련인 어지러운 정체성 문제들은 잠시 논외로 하자. 그런 작업에서는 [성원들의] '여권'과 '헌신' 덕분에 [그들의] 인종 구별이 흐려지는데, 혹자는 이런 점을 들어 포스트모던 특유의 방식이라 간주하겠지만, 나는 이것보다 더 뒤틀린 논점 하나를 제안하겠다. 학문적인 역사 담론, 즉 대학이라는 제도적인 장

1) Ronald B. Inden, "Orientalist Constructions of India", *Modern Asian Studies*, Vol. 20, No. 3, 1986, p. 445.

에서 생산되는 담론으로서의 '역사'에 관한 한, '유럽'은 모든 역사의, 소위 '인도사', '중국사', '케냐사' 등의 모든 역사의 주권자이며 이론적인 주체로 남아 있다는 것이 그 논점이다. 하나의 묘한 길이 있으니, 이 길에서는 저 모든 다른 역사가 '유럽의 역사'라고 부를 수 있을 어떤 주인 서사에 입각한 변주가 되는 경향을 띤다. 이런 의미에서 '인도' 역사 자체가 서발터니티의 위상에 놓인다. 따라서 이런 역사의 이름 안에서는 서발턴 주체 위상들만을 표명할 수 있을 따름이다.

이 장의 나머지 부분에서 이 논점을 상세하게 짚어 가겠지만, 우선 약간의 규정을 해놓고 싶다. '유럽'과 '인도'는, 여기서 이것들이 일종의 상상 형상들을 지시하는데 이 형상들의 지리적인 지시 대상들은 다소 불확정적인 채로 남아 있다는 점에서, 가상 현실hyperreal의 용어들로 취급된다.[2] 상상적인 것의 형상들로서 이 용어들은 물론 논란의 여지가 다분한 것들이지만, 일단은 이것들이 마치 주어진 것이고, 사물화된 범주이며, 지배와 종속의 구조 안에서 쌍을 이루는 대립항인 것처럼 다루겠다. 그런 식으로 다룬다면 내가 토착주의나 민족주의, 또는 더 나쁘게는 죄 중의 죄인 향수에 사로잡혔다는 비난에 노출되리라는 것을 알고 있다. 자유주의 성향의 학자라면 즉각 반박할 것이다. 분석을 해보면 '유럽'을 동질적이고 논란의 여지가 없는 것으로 생각할 수 없다고 말이다. 맞는 말이지만, 우리 중 일부가 이제 오리엔탈리즘에 대한 비판적 각성에 도달했다는 이유만으로 오리엔탈리즘 현상이 사라지는 것이 아닌 것처럼, '유럽'을 일상적인 권력

2) 장 보드리야르 덕분에 '가상 현실'이라는 용어를 쓰고 있지만, 내 용어법은 그의 것과 차이가 있다. Jean Baudrillard, *Simulations*, trans. Paul Foss, Paul Patton & Philip Batchman, New York: Semiotext(e), 1983을 볼 것.

관계들의 현상계 안에서 근대적인 것의 탄생 장면이라고 찬양하며 사물화하는 특정 버전도 역시 역사 담론을 계속 지배한다. 분석으로 그 버전을 내보내지는 못한다.

역사 지식에서 유럽이 침묵의 준거 대상 구실을 한다는 점은 아주 흔한 방식으로 분명해진다. 비서구 또는 제3세계 역사들의 서발터니티에 관해 적어도 두 가지 일상적인 징후가 있다. 제3세계 역사가들은 유럽사의 저작들에 준거해야 할 필요를 느끼는 반면에 유럽 역사가들은 그에 상응하는 필요를 전혀 느끼지 않는다. 에드워드 파머 톰슨, 에마뉘엘 르 루아 라뒤리, 조르주 뒤비, 카를로 긴즈부르그, 로런스 스톤, 로버트 단턴, 나탈리 제먼 데이비스와 같은(동시대 역사가들 중에 임의로 몇 명만 거명한다면) 부류의 역사가들 중에 누가 되었든 역사가의 작업에서 '거장'이나 모델이 되는 이들은 항상 적어도 문화적으로는 '유럽인'이다. '그들'은 비서구 역사들에 상대적으로 무지한 가운데 자신의 저작을 만드는데, 그래도 이 저작의 질에는 별 영향을 주지 않는 것으로 보인다. 그렇지만 이것은 '우리'가 되돌려 줄 수는 없는 태도다. 우리가 감히 이런 차원에서 동등하게 대칭적으로 무지를 드러냈다가는 '구식'이라든가 '낡았다'고 여겨지는 위험을 감수해야 한다.

이런 문제가 역사가에게만 해당하는 특수한 것이 아님을 덧붙이고 싶다. 예를 들면 포스트모더니즘에 관한 최근의 어떤 텍스트에서 살만 루슈디에 대해 언급한 다음 문장은 바로 문학 연구에서 이러한 '무지의 불평등'이 스스로 의식하지는 못하지만 노골적으로 드러나는 사례이다. "[『한밤의 아이들』에서—인용자] 살림 시나이가 영어로 이야기를 하고 있음에도 불구하고…… 역사 서술과 픽션 서술에서 공히 그의 상호 텍스트들은 이중적이다. 한편으로는 인도의 전설과 영화와 문학이, 다른 한편으로는 서구의 것들, 즉 『양철북』, 『트리스트럼 섄디』, 『백 년의 고독』 등이 그의 상호 텍스트들이다."[3] 이 문장이 어떻게 '서구'에서 유래하는 준거들만을 골라내는지를 주목하는 일은 흥미롭다. 루슈디의 상호 텍스트성을 '이중화'하는 인도 쪽 암시들을 특정하고 공인하여 거명할 수 있어야 한다는 의무에 저자는 전혀 매이지 않는다. 공유되고 있지만 표명되지는 않는 이 무지는 모종의 협약의 일부이며, 루슈디를 포스트식민주의에 관한 영문과 강의 목록에 올리는 일이 '쉬운' 것은 이런 협약 덕분이다.

비대칭적 무지라는 이 문제가 우리 쪽에서의 '문화적 움츠림'(나의 오스트레일리아적 자아의 표현) 또는 유럽 역사가 쪽에서의 문화적 오만의 사안인 것만은 아니다. 이런 문제들은 존재하지만 상대적으로 쉽게 처리될 수 있다. 또한 내가 언급한 역사가들의 성취를 폄훼하려는 의도도 전혀 없다. 우리의 주석에는 그들의 지식과 창의성에서 끌어냈던 통찰에 대한 풍부한 증거가 들어 있다. 모든 역사의 주체로서 '유럽'의 지배는 훨씬 더 심층적인 이론적 조건의 일부이며, 이러한 조건 아래 제3세계에서 역사 지식이 생산된다. 이런 조건은 보통 역설적인 방식으로 표현된다. 내가 우리의 서발터니티의 두번째 일상적 징후로 묘사하려는 것이 바로 이 역설인데 이것은 사회과학 진술들의 본성 자체를 가리킨다.

여러 세대에 걸쳐, 사회과학 본연의 형상을 정한 철학자들과 사상가들은 인류 전체를 포용하는 이론을 생산해 왔다. 우리가 잘 알고 있는 바와 같이, 이들의 언표들은 다수의 인류, 즉 비서구 문화권에 살고 있는 인간들에 대한 상대적이고 때로는 절대적인 무지 속에서 생산되어 왔다. 이것이 그 자체로 역설은 아닌데, 왜냐하면 유럽 철학자들 중에서도 더욱 자

---

3) Linda Hutcheon, *The Politics of Postmodernism*, London: Routledge, 1989, p. 65.

기 의식적인 이들이 이론적으로 이런 입장을 정당화하려고 늘 시도해 왔기 때문이다. 제3세계 사회과학의 일상적 역설은 이런 이론들이 애초 '우리'에 대해 무지했음에도 불구하고 다름 아닌 바로 우리가 이런 이론들이 우리 사회들을 이해함에 있어서 탁월한 유용성을 지닌다고 여기는 그 점에 있다. 근대 유럽의 현인들로 하여금 자신이 경험적으로 무지한 사회들에 관해 그와 같은 통찰을 발전시킬 수 있도록 해준 것은 도대체 무엇인가? 다시 한번, 왜 우리는 그 시선을 되돌려 줄 수 없는 것인가?

이런 질문에 대한 하나의 답이 있는 곳은 유럽 역사에서 보편 이성의 엔텔레케이아entelecheia를 읽어 냈던 철학자들의 저술이다. 우리가 그와 같은 철학을 사회과학의 자기 의식으로 간주한다면 말이다. 이론적으로(즉 역사적 사유를 형성하는 근본 범주들의 층위에서) 알 수 있는 것은 오직 '유럽'뿐이라고 주장하는 데 이 철학의 논지가 있는 것으로 보인다. 따라서 모든 다른 역사는 경험적인 연구의 사안이고, 이 경험적 연구가 '유럽'이라는 실체를 지닌 이론적 뼈대에 살을 붙여 주는 것이 된다. 이런 논지의 한 버전이 에드문트 후설의 빈Wien 강연(1935)에 있는데, 거기서 그는 "동양의 철학들"(더 특정한다면 인도와 중국의 철학)과 "그리스-유럽의 학" (또는 그가 덧붙인 대로 "보편적으로 말해 철학") 사이의 근본적인 차이는 후자가 "절대적인 이론적 통찰들", 즉 "테오리아"theoria(보편적 학)를 생산할 능력을 갖췄다면 그에 반해 전자는 "실천적-보편적" 특성, 요컨대 "신화적-종교적" 특성을 간직했다는 것이라고 제안했다. 이 "실천적-보편적" 철학은 "순진하고" "직설적인" 방식으로 세계를 지향하는데, 그에 반해 테오리아에게 세계는 "주제적인" 것으로 제시되며, 비로소 "보편적 학의 이성을 통해 인류를 고양하는 것을 목표로 하는" 실천이 가능해진다.[4)]

유사한 인식론적 논제가 맑스의 '부르주아'와 '전부르주아' 또는 '자본'과 '전자본' 같은 범주 사용에 깔려 있다. 여기서 '전'pre이라는 접두어는 연대기적이면서 이론적인 관계를 의미한다. 부르주아 또는 자본주의 사회의 도래는 '자본'이라는 철학적이고 보편적인 범주를 통해 이해될 수 있는 역사를 최초로 낳는다고, 맑스는 『정치경제학 비판 요강』과 그 밖의 다른 곳에서 주장한다. 역사는, 최초로, 이론적으로 알 수 있는 것이 된다. 이제 모든 과거의 역사가 자본 범주라는 유리한 지점으로부터, 즉 이 과거 역사들과 자본 범주의 차이라는 관점에서 (이론적으로) 알 수 있는 것이 된다. 사태들의 범주적 본질이 드러나는 것은 오직 이 사태들이 전면적 발전에 도달할 때뿐이다. 마치 맑스가 『정치경제학 비판 요강』의 저 유명한 아포리즘에서 "인간 해부에는 원숭이 해부의 열쇠가 들어 있다"고 말했던 것처럼.[5] '자본' 범주는, 내가 다른 곳에서 논했듯이, 그 자체 안에 계몽 사상의 법적 주체를 포함한다.[6] 맑스가 『자본』 1권의 저 매우 헤겔적인 1장에서 '자본' 범주의 비밀은 "인간이 동등하다는 개념이 대중적인 인식으로 이미 확립되어 있을 때 비로소 풀릴 수 있다"고 말한다고 해서 놀랄 일은 아니다.[7] 계속 맑스를 인용해 보자.

---

4) Edmund Husserl, *The Crisis of European Sciences and Transcendental Philosophy*, trans. David Carr, Evanston: Northwestern University Press, 1970, pp. 281~285[『유럽 학문의 위기와 선험적 현상학』, 이종훈 옮김, 한길사, 1997, 438~450쪽]. 또한 Wilhelm Halbfass, *India and Europe: An Essay in Understanding*, New York: State University of New York Press, 1988, pp. 167~168도 볼 것.

5) Karl Marx, *Grundrisse: Foundations of the Critique of Political Economy*, trans. Martin Nicholas, Harmondsworth: Penguin, 1973, pp. 469~512[『정치경제학 비판 요강』 2권, 김호균 옮김, 그린비, 2007, 94~143쪽]; *Capital: A Critique of Political Economy*, Vol. 3, Moscow: Foreign Languages Publishing House, 1971, pp. 593~613[『자본』 III-2권, 강신준 옮김, 길, 2010, 1141~1183쪽]에 있는 논의들을 볼 것.

6) 나의 *Rethinking Working-Class History: Bengal 1890~1940*, Princeton: Princeton University Press, 1989, Chap. 7을 볼 것.

……가장 추상적인 범주들조차—바로 그것들의 추상성 때문에—그것들이 모든 시기에 유효함에도 불구하고, 추상의 이러한 규정성에 있어서는 역사적 관계들의 산물이다.……부르주아 사회는 가장 발전되고 가장 다양한 역사적 생산 조직이다. 따라서 그 사회가 지닌 관계들과 그 사회의 구조에 대한 이해를 표현하는 범주들은, 동시에 모든 몰락한 사회 형태의 구조와 생산관계들에 대한 통찰력을 제공해 주는데, 부르주아 사회는 이 사회 형태들의 폐허와 요소들로 건설되고, 이들 중 아직 극복되지 않은 일부 잔재는 부르주아 사회 안에서 존속하며, 단순한 암시들은 완성된 의미들로 발전되었다.……하급 동물류에서 보이는 보다 고차원적인 것들에 관한 암시는 고차원적인 것 자체가 이미 알려져 있을 때에만 이해될 수 있다. 그러므로 부르주아 경제는 고대 경제 등에 대한 열쇠를 제공해 준다.[8]

자본 또는 부르주아 자리에 '유럽' 또는 '유럽인'을 넣어 읽어 보라는 것이 나의 제안이다.

이행 서사로서의 역사주의

맑스도 후설도—적어도 위의 인용문에서는—역사주의적 정신으로 말하지는 않았다. 덧붙이자면, 맑스의 해방 전망에는 자본 지배를 넘어가는

7) Marx, *Capital*, Vol. 1, Moscow: Foreign Languages Publishing House, n. d., p. 60[『자본』 I-1권, 강신준 옮김, 길, 2008, 119쪽].
8) Marx, *Grundrisse*, p. 105[『정치경제학 비판 요강』 1권, 76쪽].

여정이, 자유주의가 그토록 신성시하는 법적 평등 통념을 실제로 넘어가는 여정이 수반되었다는 점을 우리는 상기해야만 한다. "각자의 능력에 따름에서 각자의 필요에 따름으로"라는 금언은 '동일 노동 동일 임금' 원칙에 상반되며, 이것이 바로 맑스가—베를린 장벽이 서 있음에도 불구하고(또는 서 있지 않음에도 불구하고!)—자본주의와 자유주의에 대한 적절하고 근본적인 비판가로 남아 있는 이유이자, 그 어떤 포스트식민적이고 포스트모던한 역사 서술 프로젝트에서도 중심적인 이유이다. 하지만 맑스의 방법론적/인식론적 언표들이 항상 성공적으로 역사주의적 독해들에 저항했던 것은 아니다. 이 언표들에는 '맑스주의적' 역사 서사들의 출현을 가능하게 하기에 충분한 애매함이 항상 남아 있었다. 이 서사들의 중심축은 역사적 이행이라는 주제이다. 대부분의 제3세계 근대사들은 이러한 이행 서사에 의해 제기된 문제틀 안에서 서술되는데, 이행 서사의 우선적인(종종 암묵적인) 주제들은 발전·근대화·자본주의라는 주제이다.

이러한 경향은 우리가 『서발턴 연구』 프로젝트에서 수행한 작업에도 놓여 있을 수 있다. 노동 계급 역사에 관한 내 책이 그 문제와 씨름한 작업이다.[9] 수미트 사르카르(『서발턴 연구』 프로젝트의 동료)의 『인도 근대사: 1885~1947』는 주로 대학 교재용으로 집필된 최상의 인도사 교과서 중 하나로 꼽기에 손색이 없는 책인데 다음 문장으로 시작한다. "1885년 인도국민회의Indian National Congress 창립에서 1947년 8월의 독립 달성에 이르는 약 60여 년은 우리나라의 장구한 역사에서 아마도 가장 중요한 이행이 일어난 시기였을 것이다. 그렇지만 통탄스럽게도 여러모로 미완에 그친 이행이었으니, 우리의 연구를 바로 이 중심적인 애매함에서 시작하는 것이

---

9) Chakrabarty, *Rethinking Working-Class History*, 특히 Chap. 7을 볼 것.

가장 적절해 보인다."[10] "통탄스럽게 미완"에 그친 이행은 도대체 어떤 유형의 것인가? 사르카르는 세 가지를 거명하면서 여러 가능성이 있었음을 시사한다. "민족 투쟁의 도상에서 터져 나왔던 그 많은 열망이 실현되지 못한 채로 남아 있다. 농민이 람-라지아Ram-rajya[전설상의 이상적인 신의 왕 람Ram의 통치—인용자]를 통해 스스로를 실현하는 것을 전망하던 간디의 꿈도 실현되지 못했고, 사회 혁명이라는 좌파의 이상도 실현되지 못했다. 그리고 인도와 파키스탄(과 방글라데시) 독립의 역사에 의해 거듭 드러난 것처럼, 완전한 부르주아 변혁과 성공적인 자본주의 발전이라는 문제들조차도 1947년의 권력 이양으로 다 해결되지는 않았다."[11] 신화상의 정의로운 왕국을 향한 농민의 꿈도 아니고, 사회[주의] 혁명이라는 좌파의 이상도 아니며, "완전한 부르주아 변혁"도 아님. 바로 이 세 가지 부재 안에, 이 "통탄스럽게 미완"인 시나리오들 안에 사르카르는 근대 인도의 이야기를 놓는다.

우리가 『서발턴 연구』라는 우리의 프로젝트를 선언했던 것도 이와 유사하게 '부재들'에 준거하면서였다. 즉 자신의 운명을 지정하지 못하는 어떤 역사의 '실패'(또다시 '게으른 토착민'의 실례라고 말해야 할까?)에 준거하면서였다. "자기 실현을 못한 민족이라는 이 역사적 실패, 노동 계급뿐만 아니라 부르주아도 민족을 식민주의에 대한 결정적 승리와 고전적인 19세기 유형……또는 '신민주주의' [유형의—인용자] 부르주아 민주주의 혁명으로 이끄는 데 부적합한 것에서 기인하는 실패, 바로 이런 실패에 대한 연구가 식민 인도의 역사학에서 중심적인 문제틀을 구성한다."[12]

---

10) Sumit Sarkar, *Modern India: 1885~1947*, Delhi: Macmillan, 1985, p. 1.
11) *Ibid.*, p. 4.

'부적합'으로 번역되는 어떤 결여, 어떤 부재, 또는 어떤 미완이라는 관점에서 인도사를 읽는 경향은 이상의 발췌에서 분명하다. 하나의 비유적 용법으로서의 이 경향은 인도에서 식민 지배가 시작되던 때로 거슬러 갈 정도로 오래된 것이다. 영국은 중세에서 근대로의 이행이라는 동질적 서사를 통해 인도 과거들의 다양성을 정복하고 재현했다. 시간과 더불어 그 용어들은 변했다. 한번은 중세를 '전제적'이라고, 근대를 '법치'라고 불렀다. '봉건제/자본주의'는 그 뒤에 등장한 변주였다.

인도의 식민 역사에서 이행 서사가 처음 정식화되었을 때, 이 서사는 제국주의자의 폭력과 정복 능력에 대한 수치를 모르는 찬양이었다. 19세기와 20세기에 인도의 엘리트 민족주의자 세대들은 민족주의자로서 자신의 주체 위상을 이러한 이행 서사에서 찾았는데, 이행 서사는 다양한 시기에 걸쳐 또 저마다의 이데올로기에 따라 '인도사'라는 태피스트리를 예컨대 전제/입헌, 중세/근대, 봉건제/자본주의 등의 상동적인 이항 대립의 두 극 사이에 걸어 놓았다. 제국주의 상상력과 민족주의 상상력이 공유하던 이 서사 안에서 '인도인'은 항상 결여의 형상이었다. 달리 말하면, 토착민 쪽에서 부적합 또는 실패의 주제를 구현했던 캐릭터들을 위한 여지가 이 이야기에는 항상 있었다.

이것이 장차 오랫동안 제국 이데올로기(토착민은 시민권에 적합하지 않으므로 주체다움이라는 성격은 갖더라도 시민권은 갖지 못함)의 초석으로 남으리라는 것과, 결국에는 이것이 자유주의 이론 자체의 가닥이 되리라

---

12) Ranajit Guha & Gayatri Chakravorty Spivak eds., *Selected Subaltern Studies*, New York: Oxford University Press 1988, p. 43. 강조는 추가. 이 인용문은 구하의 것. 하지만 내 생각엔 이것이 서발턴 연구 집단 전 성원이 공유하던 역사학적 책임감을 나타낸다.

는 것은 굳이 상기할 필요도 없다.[13] 물론 이것은 민족주의자들의 차이가 드러나는 지점이다. 19세기 인도의 저명한 민족주의 지식인들인 람모훈 로이Rammohun Roy와 반킴찬드라 차토파디아이Bankimchandra Chattopadhyay에게, 영국의 지배는 영국이 모든 역사의 종언으로 찬미하면서도 인도에는 부여하지 않으려 했던 것, 즉 시민권과 민족국가를 인도인이 준비하기 위해 감수해야만 했던 필수적인 보호 기간이었다. 세월이 흘러 1951년에, 자신의 '무명'obscurity을 성공적으로 상업화했던 어떤 '무명의'unknown 인도인은 자기 인생 이야기에 이런 헌사를 달았다.

> 인도에서의 대영제국에 대한
> 기억에 [바침]
> 우리에게 주체다움을 부여했지만
> 시민권은 보류했던 대영제국.
> 우리 모두가 도전하기를 팽개쳤던
> 대영제국에 [바침]
> "나는 영국 시민이다"Civis Britanicus Sum
> 왜냐하면
> 좋고 생생한 것은 모두
> 우리 안에서
> 만들어져 모양을 갖추고 활발해졌으니
> 마찬가지로 영국 지배 덕분이라.[14]

---

13) Leonard Trelawny Hobhouse, *Liberalism*, New York: Oxford University Press, 1964, pp. 26~27을 볼 것.

파르타 차테르지가 보여 주었던 것처럼, 이 서사의 민족주의 버전들에서는 농민과 노동자, 즉 서발턴 계급들이 '부적합'의 십자가를 짊어지게 되었고, 이 버전에 따르면 이들은 무지와 편협함, 또는 이런 표현을 선호한다면, 허위 의식에서 벗어나도록 교육될 필요가 있는 이들이었다.[15] 심지어 오늘날에도 인도 거주 영국인의 언어에서 '코뮤널리즘'communalism은 시민권의 세속적 이상에 미달한다고 여겨지는 것들을 가리킨다.

영국의 지배가 인도 땅에 부르주아 개인주의의 실천들과 제도들과 담론을 이식했다는 것은 부인할 수 없다. '법적 주체'가 되려는 이 욕망의 초기 표현들—즉 민족주의의 시작에 앞서는 이것들—을 통해 분명해지는 바는 1830~1840년대의 인도인에게 '근대적 개인'이 된다는 것은 곧 유럽인이 된다는 것이었다는 점이다. 식민지 시기 캘커타의 잡지 『더 리터러리 글리너』*The Literary Gleaner*는 1842년에 아래 인용하는 시를 게재했는데, 이것은 벵골의 18세 남학생이 영어로 쓴 것이다. 이 시는 "찬란한 잉글랜드 해안을 향해" 벵골 연안을 떠나고 있는 배들을 바라보면서 영감을 받아 쓴 것임이 분명해 보인다.

때론 한 마리 슬픈 새처럼 나는 한숨을 토하니
이 땅을 떠나고파서, 설령 그곳이 나 자신의 땅이라 하더라도.
초록으로 덮인 꿀숲,—화사한 꽃들과 구름 한 점 없는 하늘이
아무리 근사해도 나를 전혀 매혹시키지 못하네.

---

14) Nirad C. Chaudhuri, *The Autobiography of an Unknown Indian*, Berkeley & Los Angeles: University of California Press, 1968(1951), 헌사를 적은 페이지.

15) Partha Chatterjee, *Nationalist Thought and Colonial World: A Derivative Discourse?*, London: Zed, 1986[『민족주의 사상과 식민지 세계』, 이광수 옮김, 그린비, 2013].

나는 더 밝고 자유로운 나라들을 꿈꿨으니
덕성이 살아 있는 그곳에서는 하늘이 내려 준 자유가 있어
저 밑바닥 인생조차 행복하다네. 그러니 거기에선
아예 볼 수가 없지 사람이 무릎을 꿇는다는 걸
추악한 이해 앞에서. 학문이 융성한 나라들,
재능에 마땅히 보상이 주어지는 그곳.
인간이 참으로 명예롭게 살아가는 그곳,
자연의 얼굴이 더없이 달콤한 그곳.
저 근사한 나라들을 향해 나는 참을 길 없는 한숨만 토하니,
저곳에서 살고 저곳에서 죽게 해다오.[16)]

존 밀턴과 17세기 영국 급진주의의 반향을 느낄 수 있는 이 시는 분명히 식민적인 혼성 모방의 작품이다.[17)] 이 시의 저자인 벵골 청년 마이클 마두수단 두트Michael Madhusudan Dutt는 유럽인 되기의 불가능성을 마침내 깨닫고 벵골 문학으로 돌아와 걸출한 시인 중 하나가 되었다. 후일 민족주의자들은 유럽인이 되겠다는 그와 같은 비굴한 욕망을 단념했는데, 왜냐하면 민족주의 사상이 전제로 삼았던 것이 바로 개인 되기 프로젝트의 가정된 보편성, 즉 개인의 권리와 추상적 평등은 세계 어느 곳에서도 뿌리내릴 수 있을 보편적인 것이라 '인도인'이면서 동시에 시민이 될 수도 있을 것

16) *Mudhusudan rachanabali*(in Bengali), Calcutta: Sahitya Samsad, 1965, p.449. 또한 Jogindranath Basu, *Michael Madhusudan Datter Jibancharit*(in Bengali), Calcutta: Ashok Pustakalay, 1978, p.86을 볼 것.
17) 이 시에 대한 내 이해는 마저리 레빈슨(Marjorie Levinson)과 데이비드 베넷(David Bennett)과의 토론 덕택에 풍부해졌다.

이라는 그런 가정이었기 때문이다. 이 프로젝트의 모순들 일부를 우리는 곧 검토할 것이다.

근대 개인주의의 공적이고 사적인 다수의 의례들이 19세기 인도에서 가시화되었다. 예컨대 이 시기에 근대적 자아 표현을 고무하는 네 가지 기본 장르(소설·전기·자서전·역사)가 돌연 번성했던 것에서 그런 가시화가 확인된다.[18] 이것들과 함께 근대 산업·기술·의학이 등장했으며, 민족주의가 접수하여 자기 것으로 삼게 되는 국가에 의해 지지되는 준부르주아(식민적이긴 하지만) 법체계가 등장했다. 내가 논하는 이행 서사는 이런 제도들을 보장했으며, 또 이런 제도들은 이행 서사를 보강했다. 이 서사에 관해 생각한다는 것은 근대 국가가 그 정점에 있는 바로 이 제도들의 관점에서 생각한다는 것이었고,[19] 근대 국가 또는 민족국가에 관해 생각한다는 것은 이론적 주체가 유럽인 그런 역사를 생각한다는 것이었다. 간디는 일찍이 1909년에 이것을 깨달았다. 더 많은 철도와 근대 의학과 부르주아 법을 향한 인도 민족주의자들의 요구를 가리켜 그는 자신의 책 『힌두 스와라지』에서 이것이 "인도를 영국으로 만들려는" 것이거나 또는 그가 강조하는 것처럼 "영국인 없는 영국 지배"를 확립하려는 것이라고 명민하게 지적했다.[20] 이 유럽은, 젊은 시절 마이클 마두수단 두트의 순진한 시가 보

18) 내가 이 모든 장르가 반드시 부르주아 개인주의와 더불어 등장한다고 주장하는 것은 아니다. Natalie Zemon Davis, "Fame and Secrecy: Leon Modena's *Life* as an Early Modern Autobiography", *History and Theory*, Vol. 27, Issue 4, 1988, pp. 103~118; Davis, "Boundaries and Sense of Self in Sixteenth-Century France", Thomas C. Heller et al. eds., *Reconstructing Individualism: Autonomy, Individuality, and the Self in Western Thought*, Stanford: Stanford University Press, 1986, pp. 53~63을 볼 것. 또한 Philippe Lejeune, *On Autobiography*, ed. Paul John Eakin, trans. Katherine Leary, Minneapolis: University of Minnesota Press, 1989, pp. 163~184를 볼 것.

19) Chatterjee, *Nationalist Thought and Colonial World* 중 네루에 관한 장을 볼 것.

여 주는 것처럼, 식민지 지배를 꾸려 가는 과정에서 식민자가 피식민자에게 들려준 한 편의 허구일 뿐 다른 아무것도 아니다.[21] 이 유럽에 대한 간디의 비판은 여러 지점에서 자신의 민족주의와 타협하며, 내게 그의 텍스트를 물신화하려는 의도가 있는 것도 아니다. 하지만 나는 메트로폴리스적이지 않은 역사들nonmetropolitan histories의 문제틀을 발전시키는 데 그의 태도가 유용하다고 생각한다.

'결여'를 다르게 읽기

'인도'의 역사에 대해서 말하는 주체를 도처에서 특징짓는 저 '실패'와 '결여'와 '부적합'이라는 주제들로 이제 다시 돌아가자. 식민지 인도의 봉기 농민들의 실천에서처럼, 비평적인 시도에서도 첫 걸음을 전복 행위로 떼야만 한다.[22] 이행 서사가 마무리되는 그곳에서 시작하여, 이 서사가 우리로 하여금 '결여'와 '부적합'을 읽도록 만들던 그곳에서 '충만'과 '창의성'을 읽자.

헌법의 우화fable에 따르면, 오늘날의 인도인은 모두 '시민'이다. 헌법에는 시민권에 대한 고전적인 자유주의적 정의가 거의 담겨 있다. 윌리엄

20) Mohandas K. Gandhi, *Hind Swaraj*(1909), *Collected Works of Mahatma Gandhi*, Vol. 10, New Delhi: Publications Division, Ministry of Information and Broadcasting, Government of India, 1963, p. 15[『힌두 스와라지』, 김선근 옮김, 지만지, 2011, 24쪽].

21) Gauri Viswanathan, *Masks of Conquest: Literary Studies and British Rule in India*, New York: Columbia University Press, 1989, pp. 128~141에 있는 논의를 볼 것.

22) Guha, *Elementary Aspects of Peasant Insurgency in Colonial India*, Delhi: Oxford University Press, 1983, Chap. 2[『서발턴과 봉기: 식민 인도에서의 농민 봉기의 기초적 측면들』, 김택현 옮김, 박종철출판사, 2008].

E. 코널리가 『정치 이론과 근대성』에서 논했듯이, 근대 국가와 근대 개인(시민)이 동일 현상의 나뉠 수 없는 양면일 뿐이라면, 역사의 종언은 인도에 있는 우리에게도 목전에 나타날 것이다.[23] 그런데 정치적/공적 삶을 시민권 안에서 영위한다는 이 근대적 개인은 또한 일기와 편지와 자서전과 소설에 부단히 [자기 얘기를] 털어놓는, 물론 분석가들에게도 털어놓는 내면화된 '사적'인 자아를 갖는다고 가정된다. 부르주아 개인은 프라이버시의 즐거움을 발견할 때 비로소 태어난다. 하지만 이것은 아주 특수한 유형의 '사적 자아'이다. 사실 그것은 지연된 '공적' 자아인데, 왜냐하면 위르겐 하버마스가 우리에게 환기시켰듯이, 이 부르주아 사적 자아는 "항상 이미 청중Publikum을 향하기" 때문이다.[24]

인도인의 공적인 삶이 시민권이라는 부르주아의 법적 허구를 종이 위에서 모방하는 것이라 해도 좋다면(이 허구가 인도에서는 통상 소극으로 상연된다), 과연 부르주아 사적 자아와 그것의 역사는 어떨까? 인도의 자료를 갖고 '프랑스식'의 사회사를 써보려 했던 이라면 누구나 그 일이 불가능할 정도로 너무 어려운 과제라는 걸 알 것이다.[25] 부르주아 사적 자아의 형식이 유럽의 지배와 더불어 등장하지 않았던 것은 아니다. 19세기 중반 이후 인도에는 소설도, 일기도, 편지도, 자서전도 있었지만, 이것들은

---

23) William E. Connolly, *Political Theory and Modernity*, Oxford & New York: Basil Blackwell, 1989.

24) Jürgen Harbermas, *The Structural Transformation of the Public Sphere: An Inquiry into a Category of Bourgeois Society*, trans. Thomas Burger & Frederick Lawrence, Cambridge: MIT Press, 1989, p. 49[『공론장의 구조 변동: 부르주아 사회의 한 범주에 관한 연구』, 한승완 옮김, 나남, 2004, 125쪽].

25) Sarkar, "Social History: Predicament and Possibilities", Iqbal Khan ed., *Fresh Perspective on India and Pakistan: Essays on Economics, Politics and Culture*, Lahore: Book Traders, 1987, pp. 256~274.

끝없이 내면화되는 주체의 모습을 거의 보여 주지 않았다. 인도인의 자서전은 남성이 썼을 때는 현저히 '공적'이고(반드시 근대적이지는 않은 공적 삶의 구축과 관련된), 여성이 썼을 때는 확대 가족extended family에 대해 말하는 이야기이다.[26] 어떤 경우든 고백적인 양식의 자서전은 그 부재 때문에 주목할 만하다. 니라드 C. 차우두리의 유명하고 상도 받은 두 권짜리 자서전에서 그가 결혼 첫날밤의 경험을 묘사한 (전체 963쪽 중에서) 단 한 단락은 다른 것 못지않게 좋은 사례라서 길게 인용할 가치가 있다. 이 결혼이 중매 결혼이었다는 점과(1932년의 벵골에서), 차우두리가 돈이 아주 많이 들어가는 최근 취미인 서양 고전 음악 음반 수집을 아내가 이해하지 못할까 봐 걱정했다는 점을 설명해 두어야겠다. 차우두리에 대한 우리의 독해는 그의 산문의 상호 텍스트성에 대한 우리의 지식 결핍으로 인해 부분적으로는 약점이 있다. 예컨대 '너무 많이' 드러내는 것에 대한 청교도적인 혐오를 그가 받아들였을 수도 있다는 것이다. 여하튼 이 단락은 기억이 구축되는 가운데 [감정이 자연스럽게] 드러난 대목이다. 그것이 차우두리의 "첫날밤 경험"에 대해 그가 "기억하는" 것과 "잊은" 것을 다루고 있기 때문이다. 그는 "기억이 안 난다"라든가 "어떻게 된 건지 모르겠다" 같은 표현으로(프로이트적인 "가슴에 있는 걸 깨끗이 다 말해 버리기"는 물론이고) 내밀한 부분을 가리고 있으며, 이렇게 스스로 친 장막은 의심의 여지 없이 말하는 자아의 일부이다.

---

26) 지면 문제 때문에 이 주장에 실체를 제공하지는 못하지만, 다른 곳에서 이것을 상세히 논의할 기회가 있으면 좋겠다. 다만 이 주장은 주로 1850년에서 1910년 사이에 출간된 자서전들을 참조한 것이라는 점을 지적해 두겠다. 20세기에 들어와 일단 여성들이 공적인 장에 가담하게 되면 그들의 자기 형성(self-fashioning)은 상이한 차원을 띠게 된다.

나는 생면부지인 처자를 아내로 만날 걸 떠올리면 엄청 불편했고, 그녀가 안으로 들어와……내 앞에 서자 할 말이 없었다. 나는 그녀의 얼굴에서 아주 수줍은 웃음만을 보았고, 그녀는 겁먹은 듯이 다가와 내 옆 침대 모퉁이에 앉았다. 그러고 나서 어떻게 우리 둘이 베개를 베고 나란히 누웠는지 모르겠다[차우두리는 주석에서 덧붙인다. "물론 우리는 옷을 다 입고 있었다. 우리 힌두교도는…… 옷을 다 입거나 다 벗은 상태를 정숙하다고 간주하며, 그 중간의 어중간한 상태는 대체로 다 정숙하지 않다고 간주한다. 예의를 아는 남자라면 자신의 아내가 '선정적인 여인'allumeuse이 되는 걸 원하지 않는다"—인용자]. 이어서 처음 대화를 나눴다. 그녀가 내 팔을 어루만지며 말했다. "너무 마르셨어요. 제가 정성껏 돌봐 드릴게요." 나는 고맙다는 말을 하지 않았고, 그녀의 말에 내가 감동했는지는 기억이 안 난다. 마침 유럽 음악에 대한 그 불안감이 엄습했고, 나는 즉시 가슴에 있는 걸 깨끗이 다 말해 버리고, 그런 것이 요구된다면 얼마든지 얼굴에 희생하는 표정을 곧바로 지어 보이고, 내게 주어진 방식대로 사랑을 시작해야겠다고 결심했다. 약간 뜸을 들인 뒤에 망설이며 그녀에게 물었다. "유럽 음악 들어 본 거 있어요?" 그녀는 고개를 저으며 "아니"라고 말했다. 그렇지만 나는 다시 한번 이렇게 물었다. "베토벤이라는 이름 들어 본 적 있어요?" 그녀는 고개를 끄덕여 "그렇다"는 뜻을 표했다. 나는 안심했지만, 완전히 만족한 것은 아니었다. 그래서 재차 물었다. "그 이름의 철자를 쓸 수 있어요?" 그녀가 천천히 말했다. "B, E, E, T, H, O, V, E, N" 나는 정말 신이 났고…… [우리는—인용자] 잠이 들었다."[27]

---

27) Chaudhuri, *Thy Hand, Great Anarch!: India 1921~1952*, London: Chatto and Windus, 1987, pp. 350~351.

'근대적'이려는 욕망이 차우두리의 두 권짜리 자서전 안에 있는 모든 문장에서 비명을 질러 댄다. 그의 전설적인 이름은 이제 인도와 영국의 만남의 문화사를 대표한다. 하지만 그가 자신의 삶에 대해 영어로 쓴 1,500쪽 남짓한 책에서 오직 이 단락만이 그가 공적인 삶과 문학 동아리에 참여한 일을 이야기하는 걸 중단하고 내밀한 것에 가까운 무엇인가에 여지를 할애한 부분이다. 시민의 공적인 삶을 향한 열정만큼은 그 누구에게도 뒤지지 않았던 이 인도 남자, 그렇지만 근대 시민의 다른 측면(부단히 청중과 접촉하려 하는 내면화된 사적 자아)을 글로 남긴 적이라곤 거의 없는 이 인도 남자의 자기 형성self-making을, 그의 이 텍스트를 우리는 어떻게 읽어야 할까? 사적인 것 없는 공적인 것으로? 인도에서 부르주아 변혁의 '불완전함'의 또 다른 사례로?

역사의 바로 저 종언에다가 근대적 개인을 놓는 이행 서사가 이런 질문들을 유발한다. 나는 차우두리의 자서전에, 이 책이 갖지도 않을 어떤 대표성을 부여하고 싶지 않다. 내가 이미 말한 것처럼, 여성들의 자서전은 또 다르며, 게다가 학자들은 이제 막 인도사에서 자서전의 세계를 조사하기 시작했다. 그러나 유럽 제국주의가 인도에서 초래한 하나의 결과가 근대 국가와 민족 관념 및 이것들에 수반되는 '시민권' 담론이라면, 또한 '시민의 권리'(즉 '법의 지배')라는 바로 이 관념에 의해 시민권 담론이 근대적 개인의 형상을 공적인 자아와 사적인 자아로 나누는 것이라면(청년 맑스가 「유대인 문제에 대하여」에서 지적했듯이), 이 주제들은—논쟁과 동맹과 이종 혼교 속에서—자아와 공동체에 대한 다른 서사들과 함께 존재해 왔다. 이 다른 서사들은 사회성을 궁극적으로 확립하는 것으로서의 국가/시민 묶음에 의지하지 않는다.[28] 이것 자체는 논란의 여지가 없지만, 나의 논점은 더 멀리 나아간다. 이 다른 구축물들인 자아와 공동체가 기록으로 남을 수는 있어도, 우리 역사들의 메타 서사들 또는 목적론들(적어도 내포된 목적론 없이는 서사가 있을 수 없다는 점을 가정한다면)을 제공하는 특권을 결코 누리지 못한다는 것이 내 논점이다. 이것의 부분적 이유는 이 서사들 자체가 반역사적인 의식을 나타낸다는 점, 즉 이 서사들에 수반되는 것은 역사의 이름으로 말하는 주체들에게 도전하고 이 주체들을 잠식하는 주체 위상들과 기억의 형상들이라는 점 때문이다. '[대문자] 역사'는 근대적인 것(나의 가상 현실적인 유럽) 편에서 이 다른 기억의 배열들을 전유하려는 투쟁을 이어 가는 장임이 분명하다.

인도 근대성에서 역사와 차이

반역사적인 것이 불러내는 문화적 공간은 결코 조화롭거나 갈등이 없는 공간이 아니다. 비록 민족주의 사상은 필연적으로 이 공간을 그렇게 조화롭고 갈등이 없는 것으로 묘사하려 해왔지만 말이다. 예를 들면 가부장적인 확대 가족의 반역사적인 규범들은 여성의 투쟁과 서발턴 계급의 투쟁에 의해 논쟁적으로만 실존할 수 있었다. 하지만 이 투쟁들이 우리로 하여금 한쪽에 '자유주의자들'을 두고 다른 쪽에 '가부장주의자들'을 두는 식으로 해방의 서사를 구성할 수 있게 해주는 그런 선을 반드시 따라왔던 것은 아니다. 인도에서 근대 개인성의 역사는 그런 식으로 다루어질 수 없을 만큼 너무 많은 모순에 휩싸여 있다.

당장은 이 논점을 전개할 여지가 없으니 하나의 사례를 들어 보겠다.

28) Marx, "On the Jewish Question", *Early Writings*, Harmondsworth: Penguin, 1975, pp. 215~222를 볼 것.

그것은 봄베이 시장 출신으로 19세기 유명한 사회 개혁가였던 마하데브 고빈드 라나데의 부인인 라마바이 라나데의 자서전에 나온다. 라마바이 라나데의 자존을 향한 투쟁은 부분적으로는 확대 가족의 '낡은' 가부장적 질서에 반대하는 것이었고, 그녀의 개혁 성향 남편이 부부 관계의 가장 문명화된 형태라고 보았던 우애 결혼companionate marriage의 '새로운' 가부장제를 지향한 것이었다. 이러한 이상을 추구하는 가운데, 라마바이는 공적인 삶을 향한 남편의 헌신을 공유하기 시작했고, (1880년대에) 남녀 사회 개혁가들의 회합과 토론에 종종 참여하게 되었다. 그녀의 말에 따르면 "모임이란 어떤 것인지를, 어떻게 하나가 되어 처신해야 할지를 나는 이런 모임들에서 배웠다".[29] 그런데 흥미롭게도 라마바이의 시도에 주로 반대한 이는 (남자들은 별도로 하고) 가족 내부의 다른 여인들이었다. 그녀들(시어머니와 시누이들)은 물론 낡은 가부장적 확대 가족을 대변했다. 하지만 (라마바이의 텍스트를 통해 나타나는) 그녀들의 목소리를 듣는 것에서 배울 바가 있는데, 왜냐하면 그녀들 역시 나름의 자존감과 나름의 남성 반대 투쟁 형식들을 대변했기 때문이다. "[그녀들이 라마바이에게 말하기를—인용자] 이런 회합들에 가면 정말 안 된다. 설사 남자들이 네가 이런 짓들을 하길 원한다 해도 그들을 무시해야 한다. 네가 싫다고 말할 것까지는 없어도 굳이 그것을 할 필요는 없다. 그러면 그네들이 지루해져서 포기할 거다. 너는 요즘 유럽 여자들보다도 더 심하게 굴고 있다." 또는 이렇게 말한다.

---

29) Ramabai Ranade, *Ranade: His Wife's Reminiscences*, trans. Kusumavati Deshpande, Delhi: Publications Division, Ministry of Information and Broadcasting, Government of India, 1963, p. 77.

모임에 나가는 이따위 천박한 짓을 좋아하는 건 바로 그녀[라마바이—인용자]다. 다다[미스터 라나데—인용자]는 여기에 그렇게 열중하지는 않는다. 도대체 그녀는 여자들이 실제로 얼마나 많은 일을 해야만 하는지에 대해 제대로 감을 잡지 못한단 말인가? 만일 남자들이 백 가지 일을 하라고 말하면, 여자들은 기껏해야 열 가지만 받으면 된다. 도대체가 남자들은 이런 실제적인 일들을 이해 못하니까!……[과거에는—인용자] 훌륭한 여인은 이렇게 천박하게 구는 법이 없었다.……그것이야말로 이 대가족이……존중하면서 화목하게 살 수 있었던 까닭이다.……하지만 이제는 모조리 너무 달라졌다! 만일 다다가 한 가지 일을 제안하면, 이 여자는 세 가지 일을 할 준비가 되어 있다. 그러니 우리가 어찌 자존감을 지니고 살 수 있겠으며, 이 모든 것을 어찌 감내할 수 있겠는가?[30)]

민족주의와, 가부장적 씨족에 근거한 이데올로기와, 남성에 반대하는 여성의 투쟁 등의 모순적인 주제들이 결합된 이 목소리들, 또한 동시에 부부 사이의 우정에 반대하는 이 목소리들이 우리에게 상기시키는 것은 식민지 인도에서 근대적인 사적 부르주아 개인성의 궤도를 표시했던 깊은 양가성들이다. 하지만 '부정의 부정'이라고 불리는 낡은 '변증법의' 카드 트릭을 상기시키는 작전들에 의해 역사가들은 이러한 양가성의 목소리에 기어코 주체 위상을 부여하지 않는다. 내가 '사적인 부르주아bourgeois private와 역사적 주체의 부인'이라 불렀던 것의 증거는 이 역사가들의 설명들 안에서 확인되며, 인도사를 유럽 계몽 사상 시기와 그 이후에 명확해진 인간 해방이라는 주제들 및 시민권과 민족국가의 보편적이며 (그들이 보기엔

30) *Ibid.*, pp. 84~85.

궁극적으로 승리하는) 전진의 과정 중에 있는 또 하나의 삽화쯤으로 보이게 만들려는 고도의 목적이라는 것에 종속된다. 이러한 역사들을 통해 말하는 것은 시민의 형상이다. 그렇게 되는 한, 나의 가상 현실적인 유럽은 계속해서 돌아와 우리가 말하는 이야기들을 지배하게 될 것이다. '근대적인 것'은, 미건 모리스가 그녀 자신의 오스트레일리아 맥락을 논하면서 명민하게 밝혔듯이, "알려진 역사로, 즉 이미 다른 곳에서 일어났던 것이자 기계적이든 아니든 이곳의 로컬 내용을 갖고 재생산될 것으로" 이해되는 일이 지속될 것이다. 이것이 우리에게 남겨 줄 과제는 모리스가 "긍정적인 비독창성unoriginality의 프로젝트"라 부르는 것의 재생산일 뿐이다.[31)]

그런데 인도 아대륙에서 수행되었던 '투쟁의 양식적인 독창성originality'—나도 이 용어가 나쁘다고 여기지만—은 종종 비근대적인 것의 영역에 속해 있었다. 예컨대 성스러운 가부장적 확대 가족의 메타포가 인도 민족주의 문화 정치에서 가장 중요한 요소 중의 하나였다는 점을 인정한다고 해서 반드시 씨족적인 가부장제 이데올로기에 동의해야 하는 것은 아니다. 영국의 지배에 반대하는 투쟁에서 인도인들은 빈번히 이런 양식을—노래, 시, 기타 민족주의 동원 형식으로—사용하여 공동체 의식을 꾸릴 수 있었고 영국을 상대로 발언하는 주체 위상을 스스로 회복할 수 있었다. 나는 '국부' 간디의 생애에서 한 사례를 끌어와 이것을 예증하고, '인도인' 측에서 이러한 문화적 움직임이 갖는 정치적 중요성을 강조하겠다.

이 사례는 1946년의 일이다. 이 무렵 인도와 파키스탄으로 나라가 분할되는 사태가 임박하자 캘커타의 힌두교도와 무슬림 사이에서 무시무시

31) Meaghan Morris, "Metamorphoses at Sydney Tower", *New Formations*, Issue 11, Summer 1990, p. 10. 강조는 원문.

한 폭동들이 일어났다. 그 도시에 있던 간디는 자신의 동포인 힌두교도들의 행태에 단식으로 맞섰다. 아래 나오는 것은 어떤 인도 지식인이 그 경험을 회상한 것이다.

> 남자들은 저녁이 되면 퇴근해서 돌아와 가족[여자들을 뜻한다—인용자]이 마련한 음식을 찾을 테지만, 집에 있던 여자들이 온종일 먹지 않았다는 것이 곧 밝혀질 것이다. 그들은 [보아 하니—인용자] 배고파하지 않았다. 더욱 간절해진 아내들과 어미들은 이 남자들이 자신의 죄 때문에 간디가 죽어 가고 있는 이 마당에 [식사를—인용자] 할 수 있다는 걸 도대체 이해할 수 없다고 속내를 밝혔을 것이다. 식당과 놀이 시설은 영업을 하지 않았고, 그 중 일부는 주인이 기꺼이 문을 닫아 버렸다. 감정의 신경이 회복되었다. 고통이 느껴지기 시작했다. 간디는 언제 회복식 과정을 시작해야 할지 알았다.[32)]

우리가 이 묘사를 문자 그대로 받아들일 것까지는 없어도 이 문면에서 상상되는 공동체의 성격은 분명하다. 스피박이 말한 대로, 이것은 "민족적인 연계들과 정치적인 조직들에 속하는 공동체 감정"과 "[씨족적 또는 확대된—인용자] 가족을 구조적 모델로 갖는 공동체의 다른 감정"을 섞는다.[33)] 식민지 인도의 역사는, 근대적인 제도들의 맥락에서 또 때로는 민

---

32) Bhikhu Parekh, *Gandhi's Political Philosophy*, London: Macmillan, 1989, p. 163에서 재인용한 아미야 차크라바르티(Amiya Chakravarty)의 말.

33) Spivak, "Can the Subaltern Speak?", Cary Nelson & Lawrence Grossberg eds., *Marxism and the Interpretation of Culture*, Urbana & Chicago: University of Illinois Press, 1988, p. 277[「서발턴은 말할 수 있는가?」, 로절린드 C. 모리스 엮음, 『서발턴은 말할 수 있는가?: 서발턴 개념의 역사에 관한 성찰들』, 태혜숙 옮김, 그린비, 2013, 414~415쪽].

족주의 근대화 프로젝트를 대신하여, 반역사적이며 비근대적인 집단적 기억 장치들을 동원함으로써 인도인 스스로가 자신의 주체다움을 칭했던 실례들로 가득하다.[34] 이는 대학에 있는 우리가 '역사 의식'이라 인정할 어떤 것(피터 버크가 "과거의 부흥"이라 부르는 어떤 것)을 갖춘 주체답게 인도인이 행동할 수 있는 능력을 부인하는 것이 아니라, 그와 상반되는 경향들이 있었음을, 식민지 인도에서 일어났던 잡다한 투쟁들 안에서 과거의 반역사적인 구축물들이 종종 매우 강력한 집단 기억 형식들을 제공했음을 강조하려는 것이다.[35]

따라서 '인도' 역사의 주체가 접합되는 이러한 이중적 묶음이 있다. 한편에는 근대성의 주체이자 객체인 것이 있는데, 왜냐하면 이것은 '인도 인민'이라 불리는 가정된 통일성을 대변하기 때문이다. '인도 인민'은 항상 둘로—근대화 엘리트와 아직 근대화되지 못한 농민으로—분열된다. 그렇지만 분열적 주체로서 그것은 민족국가를 찬양하는 메타 서사 안에서 말한다. 그리고 이 메타 서사의 이론적 주체는 오직 가상 현실적인 '유럽', 즉 제국주의와 민족주의가 피식민자에게 들려주었던 이야기들로 구성된 유럽뿐이다. 여기서 '인도인'이 채택할 수 있는 자기 재현 양식은 호미 K. 바바가 정확하게 '모방적'이라고 불렀던 그것이다.[36] 인도 역사는 가장 헌신적인 사회주의자나 민족주의자 손에서조차 '유럽' 역사의 어떤 '근대적' 주체의 모방에 그치며, 결여와 실패의 슬픈 형상으로 재현되는

---

34) *Subaltern Studies*, Vols. 1~7, Delhi: Oxford University Press, 1982~1991; Ashis Nandy, *The Intimate Enemy: Loss and Recovery of Self under Colonialism*, Delhi: Oxford University Press, 1983[『친밀한 적』, 이옥순 옮김, 신구문화사, 1993]을 볼 것.

35) *Subaltern Studies*의 다양한 논문들과 Guha, *Elementary Aspects of Peasant Insurgency in Colonial India*를 볼 것.

데 묶인다. 이행 서사는 항상 '통탄스럽게 미완'인 것으로 남을 것이다.

다른 한편에는, 모방적인 것의 공간 안에서—그러므로 '인도' 역사라 불리는 프로젝트 안에서—'인도인'의 '차이'와 '독창성'을 재현하려는 작전들이 시도되며, 기억의 반역사적 장치들과 서발턴 계급들의 반역사적 '역사들'이 전유되는 것은 바로 이러한 대의 안에서다. 그리하여 농민과 노동자가 '신화적'인 왕국들과 '신화적'인 과거들/미래들을 건설한 것은 '인도' 역사라 지칭되는 텍스트들 안에 정확히 하나의 절차를 통해 자리 잡게 되는데, 그 절차는 '역사' 서술이라면 반드시 따라야만 하는 증거의 규칙들과 세속적·선형적 역법에 이 서사들을 종속시킨다. 따라서 반역사적이고 반근대적인 주체는 대학의 지식 절차들 안에서는, 이 지식 절차들이 저 주체의 실존을 인정하고 '자료로 입증'할 때조차, '이론'으로서 말할 수 없다. 스피박의 '서발턴'처럼(또는 인류학자에게만 속하는 확장된 서술 안에서 인용되어야만 비로소 실존할 수 있는 인류학자의 농민처럼), 이 주체는 오직 이행 서사에 의해서만 대변될 수 있으며, 이행 서사만이 이 주체에 대해 말할 수 있다. 이행 서사는 항상 궁극적으로 근대적인 것(즉 '유럽')에 특권을 줄 것이다.[37)]

대학이라는 제도적인 장에서 생산되는 '역사' 담론 안에서 작업하는

---

36) Homi K. Bhabha, "Of Mimicry and Man: The Ambivalence of Colonial Discourse", Annette Michelson et al. eds., *October: The First Decade 1976~1986*, Cambridge: MIT Press, 1987, pp. 317~326[「모방과 인간」, 『문화의 위치: 탈식민주의 문화이론』, 나병철 옮김, 소명출판, 2012, 177~191쪽]. 또한 Bhabha ed., *Nation and Narration*, London: Routledge, 1990[『국민과 서사』, 류승구 옮김, 후마니타스, 2011]을 볼 것.

37) Spivak, "Can the Subaltern Speak?", Nelson & Grossberg eds., *Marxism and the Interpretation of Culture*. 또한 Spivak, "Gayatri Spivak on the Politics of the Subaltern", an interview with Howard Winant, *Socialist Review*, Vol. 20, No. 3, July-September 1990을 볼 것.

한, 근대화 서사(들)—시민권, 부르주아적인 공과 사, 민족국가—와 '역사' 사이의 깊은 공모에서 그냥 빠져나가는 것은 가능하지 않다. 지식 체계로서의 '역사'는 매 단계마다 민족국가를 상기시키는 제도적 실천들 안에 단단히 파묻혀 있다. 역사학과에서 이루어지는 강의와 채용과 승진과 출판의 조직화와 정치가 입증하듯이. 또 민족국가의 메타 서사로부터 '역사'를 해방시키려는 개별 역사가들의 이따금 용감하고 영웅적인 시도들을 능가하는 정치가 입증하듯이. 우리가 물어야만 할 것은 예컨대 이런 것이다. 왜 역사는 오늘날 모든 나라에서, 심지어 18세기까지만 해도 역사 없이 잘 지낼 수 있었던 나라에서도, 근대인의 의무 교육에 들어가는가? 왜 오늘날 전 세계 어린이가 '역사'라 불리는 과목을 배워야만 하는가? 이런 의무가 결코 자연스러운 것도 아니며 유구한 것도 아니라는 것을 우리가 알고 있음에도 불구하고 말이다.[38]

이것의 이유가 유럽 제국주의와 제3세계 민족주의가 함께 달성했던 것, 즉 가장 바람직한 정치 공동체 형식으로서의 민족국가의 보편화라는 것을 이해하는 데 그렇게 많은 상상이 필요하지는 않다. 민족국가들은 자신의 진리 게임들을 강제할 수 있는 능력이 있고, 대학들은 나름의 비판적 거리에도 불구하고 여하튼 이 과정에 연루된 제도들의 진원지에 속한다. '경제학'과 '역사'는 부르주아 질서의 발흥(과 그 후의 보편화)에 의해 야기된 두 개의 주요 제도, 즉 자본주의 생산양식과 민족국가에 조응하는 지식 형태들이다(시민의 형상에게 말하는 '역사').[39] 비판적 역사가라면 이러한

38) 식민지 인도에서 제국주의 이데올로기들과 역사 교육의 밀접한 연결에 관해서는 Guha, *An Indian Historiography of India: A Nineteenth-Century Agenda and Its Implications*, Calcutta: K. P. Bagchi, 1988을 볼 것.

지식과 협상하는 것 말고는 선택의 여지가 없다. 그러므로 그녀 또는 그는 국가를 그 자체의 견지에서, 즉 국가가 스스로를 정당화하는 서사들인 시민권 서사와 근대성 서사의 견지에서 이해하는 것이 필요하다. 이러한 주제들은 항상 우리를 '근대' (유럽) 정치철학의 보편주의적인 논제들로 되돌아가게 할 것이기 때문에—작금의 세계 체계 건설에 '자연스러워' 보이는 '실용' 학문인 경제학조차 18세기 유럽의 윤리 관념에 (이론적으로) 뿌리내리고 있을 정도로[40)]—제3세계 역사가라면 '근대'의 기원적인 고향으로서의 '유럽'을 알지 않으면 안 되는 처지에 놓이는 반면에 '유럽' 역사가는 다수 인류의 과거들에 관해 제3세계 역사가의 곤경에 비견될 만한 곤경을 겪지 않는다. 그리하여 내가 이 글을 시작하면서 거론했던 바로 그 비-서구 역사들의 일상적인 서발터니티.

하지만 '우리' 모두가 종종 비-유럽의 상이한 아카이브를 갖고 '유럽적'인 역사를 연구하고 있음을 이해하는 것은 지배적인 메트로폴리스의 역사들과 서발턴적인 주변부의 과거들 사이의 일종의 동맹의 정치와 기획에 가능성을 열어 준다. 이것을 유럽 지방화 프로젝트라, 즉 근대 제국주의와 (제3세계) 민족주의가 힘을 모아 행한 도전과 폭력에 의해 보편적

---

39) 이런 주장 전반에 걸쳐 내가 염두에 두었던 것은 아니지만, 그래도 언급해 두어야 할 것은 내가 진술하는 것과 기안 프라카시와 니컬러스 B. 더크스가 펼친 논지 사이의 유사성이다. Gyan Prakash, "Writing Post-Orientalist Histories of the Third World: Perspectives from Indian Historiography", *Comparative Studies in Society and History*, Vol. 32, No. 2, April 1990, pp. 383~408; Nicholas B. Dirks, "History as a Sign of the Modern", *Public Culture*, Vol. 2, No. 2, Spring 1990, pp. 25~33을 볼 것.

40) Amartya Kumar Sen, *On Ethics and Economics*, Oxford & New York: Basil Blackwell, 1987을 볼 것. Tessa Morris-Suzuki, *A History of Japanese Economic Thought*, London: Routledge, 1989는 이런 측면에서 흥미로운 저작이다. 이 책에 내가 주목할 수 있도록 해준 개번 맥코맥(Gavan McCormack)에게 감사한다.

인 것이 된 바로 그 유럽을 지방화하기 프로젝트라 부르자. 철학적으로 이 프로젝트는 자유주의에 대한(즉 고전적인 정치철학이 생산했던, 시민권의 관료적 건설과 근대 국가와 부르주아 프라이버시에 대한) 근원적인 비판과 초월 속에서 자신의 근거를 마련해야만 하는데, 이 근거는 바로 후기 맑스가 포스트구조주의 사상과 페미니즘 철학의 일부 계기들과 공유하는 그것이다. 특히 나를 북돋아 준 것은 주목할 만한 자신의 저서에서 근대 개인에 대한 이해 그 자체가 가부장적인 사유 범주에 속한다고 한 캐럴 페이트먼의 과감한 선언이다.[41]

유럽을 지방화하기?

'유럽'을 지방화하기 프로젝트는 아직 실존하지 않는 어떤 역사에 준거한다. 따라서 나는 이 프로젝트에 대해 프로그램을 제시하는 방식으로만 말할 수 있다. 그렇지만 오해를 방지하기 위해 이 프로젝트가 어떤 것이 아닌지, 이 프로젝트가 어떤 것일 수 있을지 개관하면서 명확히 해야만 하겠다.

우선 이 프로젝트는 근대성, 자유주의적 가치, 보편들, 과학, 이성, 거대 서사, 총체화하는 설명 등을 단순하게 멋대로 거부하는 것을 요청하지 않는다. "전체성에 대한 철학적 이해"와 "전체주의의 정치적 실천"을 쉽게 등치하는 것은 "유해하다"는 점을 프레드릭 제임슨이 최근에 우리에게 환기시킨 바 있다.[42] 이 양자를 매개하는 것이 역사인데, 모순적이

---

41) Carole Pateman, *The Sexual Contract*, Stanford: Stanford University Press, 1988, p. 184[『남과 여, 은폐된 성적 계약』, 유영근·이충훈 옮김, 이후, 2001, 258쪽].

42) Fredric Jameson, "Cognitive Mapping", Nelson & Grossberg eds., *Marxism and the Interpretation of Culture*, p. 354.

고 다수이며 이질적인 투쟁인 역사의 결과들은 이러한 이질성을 자연화하고 길들이려고 하는 도식들에 맞춰, 심지어 회고적으로도, 예견될 수 없다. 이러한 투쟁들은 (근대성의 편에 선 것이자 동시에 근대성에 맞서는 것인) 강제——몽상적인 이상주의 없는 물리적이고 제도적이며 상징적인 폭력——를 포함하며 이러한 폭력은 의미를 확립하는 데, 진리 체제를 창출하는 데, 말하자면 누구의 어떤 '보편'이 이기는지를 결정하는 데 있어 결정적 구실을 한다. 학계에서 일하는 지식인으로서 우리는 이런 투쟁들에서 중립이 아니며, 우리 제도의 지식 절차들에 초연한 듯이 굴 수도 없다.

그러므로 유럽을 지방화하기 프로젝트는 문화적 상대주의 프로젝트일 수 없다. 이 프로젝트는 유럽을 근대적인 것으로 정의하는 것을 도운 이성/과학/보편이 단지 '문화-종별성'을 갖는 것이라 오직 유럽 문화에만 속한다고 보는 태도에서는 나올 수 없다. 사실 계몽 합리주의가 항상 그 자체로 비합리적이라 주장하는 것이 아니라, 모두에게 항상 자명한 것은 아니었던 저 합리주의의 '이성'이 어떻게——어떤 역사적 과정을 통해서——애초에 출현했던 지반을 훨씬 넘어선 곳에서 자명해 보이게 되었는지 검토하는 것이 초점이다. 만약 하나의 언어가 군대의 뒷받침으로 통용되는 방언일 뿐이라고 한다면, 이는 '근대성' 서사들에 대해서도 마찬가지일 것이다. 근대적인 것의 주요 아비투스habitus로서의 어떤 '유럽'을 오늘날 거의 보편적으로 가리키는 그런 '근대성'의 서사들에 대해서도 말이다.

이 유럽을 '서구'처럼 상상의 실체라고 논증한다고 해도, 논증만으로 유럽의 호소력이 감소되지는 않는다. 유럽을 지방화하기 프로젝트에는 약간의 추가적인 움직임이 포함되어야 한다. 첫째, 유럽 자체에 '근대적'이라는 형용사가 부착되는 것은 글로벌 역사 안에서 이루어지는 유럽 제국주의 이야기의 필수적 일부라는 것을 인식하기. 둘째, 이렇게 특정 판본의 유럽과 '근대성'을 등치시키는 것은 유럽인들 홀로 한 작업이 아니며, 근대화 이데올로기들을 대표하는 것으로서의 제3세계 민족주의들이 그 과정에서 동등한 파트너였다는 것을 이해하기. 이 민족주의들의 궤적에서 반-제국적인 계기들을 간과하겠다는 것은 아니다. 다만 내가 강조하려는 초점은 유럽을 지방화하기 프로젝트는 민족주의적이고 토착주의적이며 격세유전적인 프로젝트가 아니라는 점이다. 권리와 시민성과 민족국가와 공사 영역의 거대 서사들이 역사—규율 잡히고 제도적으로 조절된 집단 기억 형식—와 맺는 필연적인 뒤얽힘을 풀면서, 우리는 '유럽'을 분해하는 것과 동시에 '인도'를 문제화하지 않을 수 없다.

이 생각은 근대성의 역사 안으로 양가성들, 모순들, 힘의 사용, 그 사용에 따르는 비극들과 아이러니들을 써 넣어 가겠다는 것이다. (부르주아) 평등과 시민의 권리를, 주권을 지닌 민족국가를 통한 자결을 제시하는 수사학과 주장이 많은 경우에 사회 주변 집단의 투쟁에서 이 집단들에 힘을 실어 주었다는 점은 부인할 수 없으며, 이러한 인식은 『서발턴 연구』 프로젝트에 필수불가결한 것이다. 하지만 근대 국가의 발생과 시민성 관념을 묵시적이든 명시적이든 찬양하는 역사들 안에서 실제로 경시되는 것은 근대적인 것의 승리에 있어 그 수사적 설득력만큼이나 억압과 폭력 역시 도구의 구실을 했다는 점이다. 이러한 아니러니—'민주주의'의 비민주적 정초—를 근대 의학과 공중 보건과 개인 위생보다 더 잘 가시화해 주는 것은 어디에도 없다. 이런 것들의 담론은 근대 개인의 몸을 공과 사(국가에 의해 정의되며 국가와의 협상에 종속되는)의 교차 지점에 위치시키는 데 있어서 중심적이었다. 이러한 담론의 승리는 항상 유효한 물리적 강제 수단들을 자기편으로 동원하는 것에 달려 있었다. 내가 '항상'이라 말한 이유는 이러한 강제가 유행성 질환 같고 일상적일 뿐만 아니라 기원적/정초적(즉 역사적)이기 때문이다. 정초하는 폭력에 관해, 데이비드 아널드는 인도 감옥의 역사에 대한 최근의 에세이에서 훌륭한 사례를 제공한다. 그에 따르면 식민지 감옥의 강제는 인도의 의약, 식생활, 인구 통계에 관한 초기의 개척자적인 일부 연구에 필수적이었는데, 왜냐하면 감옥이야말로 근대적인 연구자들이 인도인의 몸에 접근할 수 있는 곳이었기 때문이다.[43] 민족과 근대성의 이름으로 지속되는 강제에 관한 최근의 사례는 1970년대에 인도에서 전개된 천연두 박멸 캠페인이다. 이 캠페인에 참여한 두 명의 미국인 의사(그 중 하나는 아마도 인도 출신일 것이다)가 비하르Bihar주에 있는 호Ho 부족 마을에서 자신들이 한 활동을 묘사한 대목이다.

> 인도의 밤은 부드러웠는데 그 어느 날 심야에 어도비 벽돌로 만든 허름한 오두막의 대나무 문을 박차고 난입하는 자가 있었다. 그는 정부의 백신 접종 담당자였고 천연두 백신 접종에 저항하는 사람에게 강제로 접종을 시행하는 임무를 집행하고 있었다. 락슈미 싱은 비명을 지르며 일어났고 황급히 기어서 숨었다. 그녀의 남편은 침대에서 벌떡 일어나 도끼를 집어 난입자를 마당으로 쫓았다. 바깥에 있던 의사와 경찰관 일행이 재빨리 모한 싱을 제압했다. 그를 바닥에 눌러놓고 또 다른 백신 접종 담당자가 그의 팔에 천연두 백신 주사를 찔렀다. 호 부족의 족장으로 40세의 강건한 남성인 모한 싱이 주사기를 피해 몸부림을 치자 백신이 흘렀다. 정부 팀

43) David Arnold, "The Colonial Prison: Power, Knowledge and Penology in Nineteenth-Century India", David Arnold & David Hardiman eds., *Subaltern Studies*, Vol. 8, Delhi: Oxford University Press, 1995. 나는 이 논점들 일부를 벵골어 논문인 "Sarir, samaj o rashtra: oupanibeshik bharate mahamari o janasangskrit", *Anustup*, annual No., 1998에서 논의했다.

이 충분한 백신이 투입될 때까지 그를 붙들고 있었다.……경찰 둘이 그를 막고 있는 사이 다른 요원들이 가족 전체를 힘으로 눌러 차례로 접종을 마쳤다. 락슈미 싱이 어떤 의사의 손을 물었지만 소용없는 일이었다.[44]

이런 폭력에는 어김없이 이상주의가 수반되었다. 문제가 된 이 논문의 부제는 스스로 의식하지 못한 채 이 사업의 군사적인 본능과 사회 개량적인 본능을 모두 재생한다. '사마리아 사람들의 군대가 이 땅에서 천연두를 몰아낸 방법'이 그 부제다.

모든 역사적 상상태가 현재 끌려들어 가고 있는 중심부에서 하나의 가상 현실인 유럽을 전위시키려는 역사들은, 시민권 서사와 근대성 서사가 '역사'에서 자연스러운 거처를 찾게 되는 그 과정의 핵심에 놓여 있는, 폭력과 이상주의 사이의 이러한 접속을 가차 없이 탐색해야만 할 것이다. 여기서 나는 위르겐 하버마스와의 논쟁에서 리처드 로티가 취한 입장에 근본적으로 반대한다. 로티는 "근대 철학의 이야기가 민주주의적 사회들의 자기-재보증self-reassurance 시도 이야기의 중요 부분이라는" 것을 하버마스가 확신한다고 그를 비난한다.[45] 로티의 진술은 이 "민주주의적 사회들"의 역사들에 대해, 마치 이 역사들이 자체적으로 완결되는 자족적인 역사들인 양, 마치 서구의 자기 형성이 스스로 지정한 지리적 범위들 안에서만 일어났던 어떤 것인 양 말하는 많은 유럽 학자의 실천을 따르고 있다. 아무리 좋게 봐준다 해도 로티는 '식민지 극장'(외면적인 동시에 내면

---

44) Lawrence Brilliant with Girija Brilliant, "Death for a Killer Disease", *Quest*, May/June 1978, p. 3. 폴 그리노(Paul Greenough) 덕분에 이 주를 달 수 있었다.

45) Richard Rorty, "Habermas and Lyotard on Postmodernity", Richard J. Bernstein ed., *Habermas and Modernity*, Cambridge: MIT Press, 1985, p. 169.

적인)—근대 정치철학에 의해 정의된 '자유'의 테마가 거듭 상기되면서 '문명', '진보', 나중엔 '발전'이라는 관념을 보조하는 곳—이 저 '재보증'의 발생 과정에서 하는 역할에 무지하다. 내가 보기엔, 글로벌하게 유통되는 것이 더 이상 당연시될 수 없는 정치철학의 범주들을—인도의 장터에서 위조화폐로 의심되는 동전들이 그 소유자들에게 되돌아가는 것과 같은 방식으로—정치철학에 되돌려 주기 위해, 근대 국가와 그에 수반되는 제도를 정당화하는 관념들과 씨름하는 것이야말로 과제일 것이다.[46)]

그리고 마지막으로—지식 프로토콜들이 항상 우리를 나의 가상 현실적인 유럽의 윤곽만 있는 지형으로 되돌아가게 하는 곳인 대학이라는 제도적인 장 안에서는 결코 '유럽'이 지방화될 수 없기에—유럽 지방화 프로젝트는 자체 안에서 자체의 불가능성을 실현해야만 한다. 그러므로 그것은 이 절망의 정치를 구현하는 역사를 기대한다. 이제 이것이 문화적 상대주의 또는 격세유전적인 토착주의적 역사들을 요청하는 것이 아님은 분명해졌을 것이다. 또한 이것은 근대성에 대한 단순한 거부의 프로그램도 아니다. 그런 프로그램은 많은 경우에 정치적 자살이 될 것이다. 내가 찾는 역사가 의도적으로 하려는 것은, 역사의 서사 형식들의 바로 그 구조 안에서, 역사 자체의 억압적인 전략들과 실천들을 가시화하는 것이며, 역사가 인간 연대의 모든 다른 가능성을 근대 국가 프로젝트들에 동화시키는 가운데 시민권의 서사들과 공모할 때의 그 역할을 가시화하는 것이다. 절망의 정치는 그와 같은 역사에게 왜 그와 같은 곤경이 필연적으로 불가

---

46) 이러한 점을 고려하면서 헤겔을 읽는 흥미로우면서도 수정주의적인 독해로는 *Public Culture* Vol. 3, No. 1, 1990에서 찰스 테일러와 파르타 차테르지가 나눈 토론을 볼 것. 나의 책 *Rethinking Working-Class History*도 이러한 방향을 향해 하나의 작은 시작을 시도한 것이었다.

피한지를 독자들에게 적나라하게 제시할 것을 요구한다. 이것은 불가능성을 시도하는 역사다. 문화적인 체계들과 여타 기호적인 체계들을 가로질러 번역하려는 인간의 최상의 노력에 저항하고 벗어나는 그 무엇을 추적하여 역사 자신의 죽음을 지향하는, 그리고 그 결과로 세계를 다시 한번 근원적으로 이질적인 것으로 상상할 수 있도록 하려는 그런 역사. 내가 말했듯이 이것은 학문적 역사의 지식 프로토콜 안에서는 불가능한데, 왜냐하면 학계의 글로벌리티는 유럽의 근대가 창출했던 글로벌리티에서 독립적이지 않기 때문이다. 이러한 '유럽'을 지방화하려 시도하는 것은 근대적인 것을 불가피하게 논쟁적인 것으로 보는 것이며, 시민권의 주어진 특권적 서사들 위로 인간 접속들의 다른 서사들을 써 가는 것이다. 이 다른 서사들을 지탱해 주는 몽상적인 과거들과 미래들에서 집단성들은 시민권 의례들에 의해 정의되지 않으며, '근대성'이 창출하는 '전통'의 악몽에 의해서도 정의되지 않는다. 그와 같은 꿈들이 기거할 수 있을 (하부)구조적 장들은 물론 없다. 하지만 시민권과 민족국가의 주제들이 우리의 역사적 이행 서사들을 지배하는 한 그 꿈들은 되풀이될 것이니, 이 꿈들이야말로 근대적인 것이 존재하기 위해 억압한 바로 그것이기 때문이다.

후기(1999): 이 장은 유럽 지방화 문제를 제기한 첫 시도(1992)의 축약본이다. 이 최초의 진술은 여전히 이 책의 출발점이다. 그 안에서 끌어낸 몇몇 주제—역사주의 비판의 필요와 이론에의 헌신을 단념하지 않으면서 역사적 차이에 관해 사유하는 전략들을 찾아야 할 필요—는 이 책에서 풍부해질 것이다. 하지만 내가 한때 어느 정도 열정을 갖고 제안한 '절망의 정치'는 여기서 개진되는 더 큰 논지를 더 이상 추동하지 못한다.

2장

자본의 두 역사

이 장에서 제시하는 것은 맑스에 대한 선택적인 정밀 독해이다. 맑스의 '자본' 비판에서 자본 범주 안에는 19세기 유럽 사상의 두 측면이 붙박이로 들어 있는데, 계몽 사상에서의 추상적 인간 및 역사 관념이라는 이 두 측면은 남아시아의 지적 근대성의 역사에서 중심적이었다.[1] 더욱이 맑스는 이 두 가지 사유 요소를 자본주의 생산양식과 근대 유럽 제국주의를 이해하기 위한 비판적 도구로 삼는다. 인도에서 특권과 사회 정의에 관한 논쟁은 여전히 이런 유산에 속하는 합리주의·휴머니즘·역사주의·반제국주의에 의해 활성화된다. 『서발턴 연구』 프로젝트는 인도 맑스주의 역사학의 활발한 전통이 없었다면 생각할 수 없는 작업이었을 것이다.[2] 맑스의 저술들은 반제국주의 사상의 역사에서 근본적인 계기 중 하나를 이룬다.

---

1) 이 장은 자본의 유통이 아니라 생산과 관련된다. 또한 대부분 『자본』 1권과 『정치경제학 비판 요강』, 그리고 『잉여가치 학설사』의 일부 섹션에 집중한다. 유통 측면에서 고려해도 내 기본적인 논지와 모순되지 않을 것이다.

2) 나의 "Marxism and Modern India", Alan Ryan ed., *After the End of History*, London: Collins and Brown, 1992, pp. 79~84를 볼 것.

그의 저술들을 재고한다는 것은 포스트식민 사유와 계몽 사상 이후의 합리주의·휴머니즘·역사주의의 지적 유산들 사이의 관계를 개조한다는 것이다. 본서와 같은 책에서 맑스를 무시하는 일은 있을 수 없다.

자본주의 발전의 사례에는 모두 나름의 독자적인 역사가 있음에도 불구하고 글로벌 자본주의는 어떤 공통의 특성들을 드러낸다는 사실에 관해서는 다양한 사유 방식이 있다. 한편으로는 역사 속에서의 이러한 차이들이 장기적으로 자본에 의해 고르게 극복되는 것으로 볼 수 있다. 다른 한편으로는 불균등 발전 테제에 입각하여 이러한 차이들이 자본의 구조 안에서—언제나 극복되는 것이 아니라—협상되고 억제되는 것으로 볼 수 있다. 세번째로는 자본 그 자체를 차이들을 생산하고 증식하는 것으로 시각화할 수 있다. 역사주의는 이들 상이한 사유 양식에 다 들어 있다. 이것들은 모두 자본을 특수한 어느 시기에 세계의 어느 곳에서 발흥하여 역사적 시간을 거치면서 글로벌하게 발전하였으며 그 과정에서 역사적인 차이들과 조우하고 협상하는 하나의 통일체라는 이미지에 따라 사유하려는 경향을 공유한다. 심지어 '자본'의 시작을 유럽적인 것과 구별해서 '글로벌'한 것으로 보더라도, 자본은 여전히 역사적 시간 안에서 발전 과정을 밟아 나가는 총체화의 통일체—내재적으로 얼마나 차이화되든 간에—라는 헤겔적인 관점에서 이해된다.

에드워드 파머 톰슨의 유명한 논문 「시간, 노동-규율과 산업 자본주의」는 역사주의적 사유의 좋은 사례이다. 톰슨의 논지는 기본적으로 이런 식이다. 말하자면 선진 자본주의의 역사에서 노동자는 전자본주의적 노동 관습을 버리고 노동-규율을 '내면화'하는 것 말고는 달리 선택할 게 없다는 식이다. 동일한 운명이 제3세계 노동자를 기다린다. 이 두 노동자 형상의 차이는 자본주의의 글로벌한 이력 안에서 흐르는 세속적인 역사적 시간에 해당하는 사안이다. 톰슨은 "시간-규율 없이는 산업 노동자의 일관된 에너지가 있을 수 없으며, 이 규율이 감리교의 형식으로 나타나든 스탈린주의나 민족주의의 형식으로 나타나든 간에 여하튼 이 규율은 발전 도상의 세계에 등장할 것이다"라고 쓰고 있다.[3)]

이 진술에서는 자본주의를 역사적인 차이와 조우하는 힘으로, 그런데 그 차이란 어디까지나 자본주의 자체 구조에 외재적인 어떤 것으로 이해하고 있다. 이러한 조우 안에서 투쟁이 일어나며, 이 투쟁을 경유하여 자본은 마침내 종별적 역사들 사이의 우발적 차이들을 상쇄하거나 무효화한다. 이 과정이 아무리 굴곡진 과정이라 하더라도 여하튼 이 과정을 통해 자본은 저 종별성들을 자본 자체의 논리를 확산시키는 역사적으로 다양한 운반 수단으로 변환시킨다. 이 논리는 궁극적으로 단일하고 동질적인 논리일 뿐만 아니라 (역사적) 시간을 통해 펼쳐지는 논리로 이해되며, 그리하여 단일하다고 추정되는 자본주의에 대한 서사는 '~의 역사'라는 익숙한 유형으로 만들어질 수 있는 것이다. 톰슨의 논지는 차이를 인정하면서 무효화하는 것으로, 단계론적 역사관을 모면하기 어렵다.

자본은 역사적 차이들을 상쇄하는 것에 의해 작동하는 것이 아니라 그 차이들을 증식하는 것에 의해, 일단의 선호라든가 취향으로 차이들을 변환시키는 것에 의해 작동한다고 보는 자유주의적 관념마저도 은연중에 역사주의에 대한 믿음을 품고 있다. 최근 경제 신문에 실린 인도 시장에 관한 논의가 이런 관점의 좋은 사례를 제공한다. 1996년 10월 11일자 『월

---

3) Edward Palmer Thomson, "Time, Work-Discipline and Industrial Capitalism", Michael Walter Flinn & T. Christopher Smout eds., *Essays in Social History*, Oxford: Clarendon, 1974, pp. 66, 61.

스트리트 저널』의 「나를 따라 하시오」Repeat Me After라는 기사에 따르면, 인도의 "마케팅 권위자"인 티투 알루왈리아Titoo Ahluwalia는 인도 시장을 조사하려는 의향을 갖고 있는 미국인들에게 이렇게 말하고 있다. "인도는 달라요, 인도는 달라요, 인도는 달라요."(경영계의 인물인 알루왈리아는 자신에게 주입된 '오리엔탈리즘'에 대한 학문적인 두려움이 아예 없다!).[4] 그의 진술의 의도는 초민족적 자본이 (인도의) 역사적이고 문화적인 차이들을 제대로 평가하고 전화시켜서 선호 또는 취향의 척도로 다룰 수 있도록 도우려는 데 있다. 그리되면 상이한 삶을 고르는 것은 마치 상이한 상표의 생산물들 중에서 고르는 것과 같은 일일 것이다.

자본가들이 나누는 이런 논의에서 처음에는 차이가 완고해 보인다. 스위스 식품 회사의 현지 사업체인 인도 네슬레 유한회사의 책임자인 다랄루스 아르데시르Daralus Ardeshir가 이렇게 말하는 것이 동일 지면에서 인용되고 있다. "저는 본가에 가면 아직도 아버지의 발에 입을 맞춰요." 이 신문 칼럼니스트의 언급. "미국과 영국에서 공부하는 인도인은 종종 중매 결혼을 하러 귀국한다. 심지어 배우자를 직접 선택했던 많은 이도 확대 가족 안에 들어가 사는 것을 택한다. 이와 같은 가족적 유대가 서구 상인의 접근을 차단한다. 여피들도 연장자를 따르기에 살림살이 구매를 자신이 결정하지 않는다." 인도의 사회적 관행들은 고전적인 근대성에서도 후기 자본주의 근대성에서도 일반적으로 규범적이라고 간주되는 특정 주제들이 인도에 채택되는 것을 지연시키는—따라서 차이를 만들어 내는—효과를 산출하는 것으로 보인다. 인도는 다음과 같은 자본주의적

4) *Wall Street Journal*, 11 October 1996. 이 기사에 주목할 수 있게 해준 디판카르 차크라바르티(Dipankar Chakravarti)에게 감사드린다.

이상들을 거부하는 것 같다. 출생에 따른 위계의 해소(인도인은 부계/가계의 권위를 계속 유지한다), 개인의 지고함(확대 가족의 규범이 존속), 소비자의 선택(여피들은 연장자를 따른다). 『월스트리트 저널』의 전문가들이 지닌 감수성으로는 인도 사회의 이런 특성이 지속성을 갖고 있다는 점이 너무 당혹스러운 것이라, 결국 이들은 인도에 관한 논의에서 익숙하게 등장하는 역설적 비유에 의지하게 된다. 인도 자본가/소비자 주체를 불가능한 것을 해낼 수 있는 주체로 묘사하는 비유적인 표현인 "인도인은 동시에 여러 세기를 살아갈 수 있다"가 바로 그 역설이다.[5]

이 인용문들은 역사와 역사적 시간을 진보/발전으로 시사하는 일정한 관념이, 미국의 주도적 자본가들의 출판물에 실린 한 기사에서 인도 시장의 성격을 설명하고자 할 때 구사하는 일상적인 어휘 안에 얼마나 완고하고 조밀하게 들어가 있는지를 보여 준다. 위에서 문제가 된 '여러 세기'가 이와 같은 식으로 식별될 수 있는 까닭은 화자가 이 세기들이 어떤 다른(즉 유럽의) 역사에서는 별도의 세기로 명확하게 배열된다고 여겼을 터이기 때문이다. 이로 인해, 인도와 같은 장소에서는 마치 어떤 혼동의 순간에 이 상이한 역사적 시기들이 압축되었던 것처럼 보인다고 화자가 주장할 수 있게 된다. 이것은 '불균등 발전' 테제의 미학적 변형에 불과하다. 이런 유형의 이미지는 인도에 대한 근대주의적 진술들에서 아주 흔히 볼 수 있다. 인도에 대해 현대적 공장 옆에 고대의 사원이 서는, 또는 "핵 과학자"가 "점토로 빚은 신상에 푸자puja [봉헌물—인용자]를 바치면서" 일과를 시작하는 모순적인 나라로 묘사하는 것은 거의 상투어이다.[6]

자본 논리와 역사적 차이의 관계에 대한 이러한 독해들은 상이한 방

---

5) *Ibid.*.

식으로 역사주의를 키우는 것으로 보인다. 톰슨의 입장에서 역사적 시간은 제3세계가 겪어야만 하는 대기의 시간이고 이 시간을 거쳐 자본의 논리가 완수된다. 혹자는 '불균등 발전' 테제로 톰슨적인 입장을 수정하고, 자본의 '형식적' 포섭과 '실질적' 포섭을 구별할 수도 있다.[7] 하지만 그렇게 하더라도 텅 빈 동질적인 역사적 시간이라는 관념은 그대로인데, 왜냐하면 두 유형의 포섭 사이의 간격이 메워질 수 있는 것은 그와 같은 시간 위에서이기 때문이다(달리 말하자면 '실질적' 자본주의는 '실질적' 포섭을 뜻한다). 이런 입장이 아니라면, 인도인은 '동시에 여러 세기를 살아간다'는 미학적인 역설 안으로 역사적 시간을 뭉개 버리는 이미지를 통해서 말할 수 있게 되는 것 같다.

역사적 차이와 자본 논리의 관계에 대한 내 분석은 이러한 역사주의와 거리를 두고자 한다. 후술하는 부분에서, 나는 맑스의 자본 비판과 분리될 수 없는 두 가지 관념, 즉 '추상 노동'이라는 관념과 자본과 역사의 연관이라는 관념을 자세하게 조사하기 위해 맑스의 철학적 개념인 '자본'을 검토한다. 맑스의 철학적 범주인 '자본'은 역사적 열망이라는 면에서는 글로벌하며, 그것의 구성이라는 면에서는 보편적이다. 그것의 범주적 구조

---

6) Sasthi Brata, *India: Labyrinths in the Lotus Land*, New York: William Morrow, 1985, p. 21. S. N. Balagandhara, *"The Heathen in His Blindness": Asia, the West and Dynamic of Religion*, Leiden: E. J. Brill, 1994, p. 21에서 재인용. 나는 이런 비유와 인도 맑스주의 역사가인 다모다르 다르마난다 코삼비(Damodar Darmananda Kosambi)가 이런 비유를 사용하는 것에 관해 벵골어로 쓴 에세이 "Bharatbaasher adhunikatar itihash o shomoy-kalpana", *Aitihashik*, Vol. 6, No. 2, September 1997, pp. 121~128에서 논했다.

7) 노동의 자본으로의 형식적 포섭과 실질적 포섭이라는 맑스의 생각에 관해서는 Karl Marx, "Results of the Immediate Process of Production"(Appendix), *Capital: A Critique of Political Economy*, Vol. 1, trans. Ben Fowkes, Harmondsworth: Penguin, 1990, pp. 1019~1049를 볼 것.

는, 적어도 맑스 자신의 논증에서는 법적 평등과 추상적인 정치적 시민권이라는 계몽 사상의 관념들에 의거한다.[8] 법적으로나 정치적으로 자유로운――하지만 사회적으로는 자유롭지 않은――노동이 맑스의 '추상 노동' 범주에 들어 있는 개념이다. 이렇게 '추상 노동'이라는 관념에는 법적 자유(권리들·시민성)라는 계몽 사상의 주제와 이 자유를 담지한 보편적이고 추상적인 인간 개념이라는 계몽 사상의 주제가 결합되어 있다. 더 중요한 점은, 자본이 역사 속에서 스스로를 완성하면서 필연적으로 자기 소멸의 기반을 창출하는 이유에 관한 맑스의 설명에서 그것이 중심 개념이라는 점이다. 따라서 '추상 노동' 관념을 조사함으로써 우리는 유럽 계몽 사상의 휴머니즘적 유산에서 정치적으로나 지적으로――맑스와 그의 유산을 이어받은 학생들 모두에게――중요한 대목이 무엇인지 볼 수 있게 된다.

또한 '추상 노동' 관념은 자본 논리가 어떻게 역사적 차이의 쟁점과 관련되는가라는 질문으로 우리를 이끈다. 잘 알려진 것처럼 '역사' 관념은 '자본'에 대한 맑스의 철학적 이해에 중심적이었다. 자본주의 생산양식이 전적으로 상이한 인민들과 역사들로부터 어떻게 인간 활동 측정의 동질적인 공통 단위를 추출해 낼 수 있었는지를 설명하는 방식을 그는 '추상 노동'에서 구했다. 따라서 '추상 노동'을 역사의 차이들이 어떻게 자본 논리로 지양되는가에 대한 설명의 일부로 읽을 수 있겠다. 하지만 이 장의 후반부에서 나는 맑스가 두 유형의 역사를 구별한 것을 발전시키고자 한다. '자본에 의해 정립되는' 역사들과 자본의 '생애'life process에 속하지 않

8) 내 저서인 *Rethinking Working-Class History: Bengal 1890~1940*, Princeton: Princeton University press, 1989에서 이 명제를 논하면서 그것을 맑스의 논증에서 근본적인 논지로 간주했다.

는 역사들. 나는 이것들을 역사 1History 1과 역사 2History 2라 부르며, 이 둘의 구별을 탐구하여 차이들이 자본 논리로 지양된다는 관념에 어떻게 맑스의 사유들이 저항할 수 있을지를 보일 것이다. 나는 하이데거가 인간의 다양성의 정치를 숙고하는 것에 맑스의 범주들을 회통시키는 시도로 이 장의 결론을 맺을 것이다.

자본, 추상 노동 그리고 차이의 지양

자본에 대한 맑스의 논의에서 근본적인 것은 상품에 관한 관념이며, 상품에 대한 이해에서 근본적인 것은 차이에 대한 질문이다. 맑스가 강조하는 초점은 사물들이 상품 형태를 취하게 되는 일반화된 교환 과정이 실제로 세계 내의 차이들을 연결하는 과정이라는 것이다. 말하자면 상품 교환이란 역사와 물질적 속성과 사용가치가 다른 사물들을 교환하는 것이다. 그런데 상품 형태는 내생적으로 차이들을—역사적 외양이라는 면에서 아무리 물질적인 차이들이라 하더라도—교환이라는 목적을 위해 비물질적인 것으로 만든다고 가정된다. 상품 형태는 차이를 부정하는 것이 아니라, 우리가 침대와 주택처럼 서로 상이한 사물을 교환할 수 있도록 차이를 유예한다. 어떻게 그런 일이 일어날 수 있을까? 맑스는 이런 질문으로 시작한다. 겉으로 보기에는 공통된 것이 전혀 없는 사물들이 어떻게 자본주의적 교환 계열의, 맑스가 원칙적으로 연속적이며 무한하다고 개념화하게 될 그런 계열의 목록들이 될 수 있을까?

이 점에 관해 독자들은 아리스토텔레스에 대한 맑스의 논의를 기억할 것이다. 아리스토텔레스는 『니코마코스 윤리학』에서 정의와 평등과 비례 등의 쟁점에 관해 숙고하는 도중에 교환의 문제에 초점을 맞췄다. 그의 논지에 따르면 교환은 공동체의 형성에서 중심적이다. 그런데 언제나 공동체는 '상이하고 비동등한' 사람들로 이루어졌다. 그 바탕에는 무한한 통약 불가능성만 있었다. 모든 개인은 상이하다. 교환이 공동체의 토대로 작용하려면 동등하지 않은 것을 동등화하기 위한 공통의 척도를 찾아내는 방식이 있어야만 했다. 아리스토텔레스는 이러한 요청을 강조한다. "그들은 [어떤 척도에 따라—인용자] 균등해져야만 한다. 교환에 들어서는 모든 것은 어느 정도 비교 가능한 것이어야만 한다." 비교를 허용하는 이러한 등가성의 척도 없이는 그 어떤 교환도, 따라서 그 어떤 공동체도 있을 수 없을 것이다.[9)]

아리스토텔레스는 '합의' 또는 법을 불러들여 이 문제를 해결했다. 그에게는 화폐가 그와 같은 합의를 표상하는 것이었다. "화폐가 도입된 것은 [비슷하지 않은 재화들을 교환하려는—인용자] 이런 목적 때문이었다. 화폐란 말인즉슨 하나의 중간항이 된다.……화폐는 어느 만큼의 구두가 주택과 동등한 것인지를 우리에게 말해 준다."[10)] 화폐는, 아리스토텔레스에 따르면, 일종의 일반적 동의, 즉 합의를 표상했다. 합의란 궁극적으로 자의적이었고, 단순히 공동체의 의지를 반영하는 법의 노골적인 힘에 의해 유지되었다. 그러므로 아리스토텔레스는, 코르넬리우스 카스토리아디스가 평하듯이, 『자본』 텍스트에는 부재하는 근원적인 정치적 의지에 대한 주목을 자신의 논의에 들여오려 했던 것이다. 아리스토텔레스의 말로는 "일반적 동의에 의해 화폐가 필요를 표상하게 되었다. 그것이 화폐가

---

9) Aristotle, *Nichomachean Ethics*, trans. Martin Ostwald, Indianapolis: Liberal Arts Press, 1981, Book 5, pp. 125~127[『니코마코스 윤리학』, 천병희 옮김, 도서출판숲, 2013, 193~196쪽].

10) *Ibid.*, p. 125[같은 책, 193쪽].

'통화'라는 이름을 갖게 된 까닭이다. 화폐가 존재하는 것은 통용되는 합의에 의해서이지 자연에 의한 것이 아니고, 화폐를 바꾸고 없애는 것은 우리의 힘에 좌우된다".[11] 아리스토텔레스의 번역자는 "'화폐', '주화', '통화'를 가리키는 희랍어 nomisma는 '법', '합의'를 가리키는 nomos와 같은 어근에서 왔다고" 지적한다.[12]

맑스는 아리스토텔레스를 비판하면서 『자본』을 시작한다. 아리스토텔레스에게 구두와 주택을 교환 관계로 가져오는 것은 단순한 합의—맑스가 번역한 대로 하자면 "실천적 목적을 위한 임시변통"—였다. 상품들 사이의 차이를 매개한 항이 단순히 합의일 수 있다고, 즉 정치적 의지의 자의적인 표현일 수 있다고 생각하는 것이 맑스에게는 만족스럽지 않았다. 침대(맑스가 읽은 아리스토텔레스 책 판본에는 구두가 아니라 침대가 예로 사용된 모양이다!)와 주택 사이에는 "동질적 요소, 즉 공통의 실체"가 있을 수 없다는 아리스토텔레스의 주장을 언급하면서 맑스는 묻는다. "왜 그랬을까? 집[주택]이 침대에 대해서 어떤 동질적인 것을 표시하는 것은 침대나 집[주택] 양자 모두에 공통으로 들어 있는 동질적인 어떤 것을 표시하는 한에서만이다. 그리고 이 동질적인 것은 바로 인간 노동이다."[13]

차이들을 매개하는 공통의 실체인 이 인간 노동이 맑스가 이해한 '추상 노동'이었고, 그는 이것을 "가치 표현의 비밀"이라고 묘사했다. 부르주아 가치가 헤게모니적인 지위를 획득한 사회에서만 이러한 '비밀'이 드

---

11) Aristotle, *Nichomachean Ethics*, p. 126[『니코마코스 윤리학』, 194쪽]. 또한 Cornelius Castoriadis, "Value, Equality, Justice, and Politics: From Marx to Aristotle and from Aristotle to Ourselves", *Crossroads in the Labyrinth*, trans. Kate Soper & Martin H. Ryle, Cambridge: MIT Press, 1984, pp. 260~339, 특히 pp. 282~311을 볼 것.

12) Aristotle, *Nichomachean Ethics*, p. 126 n35.

13) Marx, *Capital*, Vol. 1, p. 151[『자본』, I-1권, 강신준 옮김, 길, 2008, 118쪽].

러날 수 있었다. 그 비밀은 "인간이 동등하다는 개념이 대중적인 인식으로 이미 확립되어 있을 때 비로소 밝혀질 수 있었다"고 맑스는 썼다. 또한 이것은 "상품 형태가 노동 생산물의 보편적 형태[였던—인용자] 사회에서만" 따라서 "지배적인 사회 관계가 상품 소유자로서의 인간들 사이의 관계[였던—인용자]" 사회에서만 가능했다. 맑스에 따르면, 고대 그리스 사회의 노예 소유적인 성격이 아리스토텔레스의 분석 전망을 막아 버렸다. 그리고 같은 논리로 보자면 부르주아 헤게모니하의 계약적인 평등의 일반화가 맑스의 통찰이 태어나는 데 역사적 조건을 만들어 주었던 것이다.[14] 추상 노동이라는 관념은 계몽 사상 철학자들이 유포한 추상적 인간—예컨대 권리들의 담지자—이라는 관념의 특수한 사례였다.

인간 활동의 이러한 공통의 척도인 추상 노동은 맑스가 현실적 또는 구체적 노동(노동의 종별적 형태인 것)이라는 관념에 대립시킨 것이다. 간단히 말하자면 '추상 노동'은 "노동의 그 어떤 종별적 유형과도 무관한 것"을 지시한다. 그것 자체로는 자본주의로 나아가지 않는다. "야만인들의"(맑스의 표현) 사회는 이 사회 성원들이 "본성상 어떤 일이든 하도록 고정된다는" 점에서 발전된 노동 분업의 부재로 특징지어질 수 있겠다.[15] 맑스의 논지에 따르면, 그러한 사회에 추상 노동이 있을 것이라고 생각할 수 있다. 비록 그 사회의 성원들이 추상 노동을 이론화할 수 없을지라도 말이다. 그러한 이론화는 오직, 추상하기라는 활동 자체가 여타 유형의 노동 전부 또는 대부분에서 가장 공통적인 요소가 된 자본주의 생산양식에

---

14) *Ibid.*, p. 152[같은 책 I-1권, 119쪽].

15) Marx, *Grundrisse: Foundations of the Critique of Political Economy*, trans. Martin Nicholas, Harmondsworth: Penguin, 1973, p. 105[『정치경제학 비판 요강』 1권, 김호균 옮김, 그린비, 2007, 76쪽].

서만 가능할 것이다.

과연 추상 노동이란 무엇이었는가? 때로 맑스는 마치 추상 노동이 에너지의 순전히 생리적인 지출인 것처럼 쓰곤 했다. "이 생산 활동의 규정성, 즉 노동의 유용한 성격을 무시한다면, 생산 활동에서 남는 것은 그것이 인간 노동력의 지출이라는 점뿐이다. 재단 노동과 방직 노동은 질적으로 서로 다른 생산 활동이긴 하지만 모두 인간의 두뇌·근육·신경·손 등의 생산적 지출이고, 이러한 의미에서 양자는 모두 인간 노동이다."[16] "모든 노동은 한편으로 생리학적 의미에서의 인간 노동력의 지출이며, 이 동일한 인간 노동 또는 추상적 인간 노동이라는 속성을 통해서 그것은 상품 가치를 형성한다."[17] 하지만 아이작 일리치 루빈, 코르넬리우스 카스토리아디스, 존 엘스터, 모이셰 포스톤처럼 서로 다른 시기에 활동했고 또 서로 상이한 입장을 지닌 맑스의 학생들이 제시한 것은 추상 노동을 하나의 실체로, 데카르트적인 의미에서의 연장을 속성으로 지니는 실체res extensa로 생각하거나 "신경과 근육 에너지"로 환원하는 것이 맑스를 오독하는 것이거나(루빈과 포스톤의 논지) 맑스 사유의 오류를 반복하는 것이라는(카스토리아디스와 엘스터의 주장) 점이었다.[18] 맑스는 '추상 노동'이 대상

---

16) Marx, *Capital*, Vol. 1, p. 134[『자본』 I-1권, 99쪽].

17) *Ibid.*, p. 137[같은 책 I-1권, 102쪽].

18) Isaak I. Rubin, *Essays on Marx's Theory of Value*(1928), trans. Miloš Samardžija & Fredy Perlman, Montreal: Black Rose Books, 1975, pp. 131~138; Moishe Postone, *Time, Labor, and Social Domination: A Reinterpretation of Marx's Critical Theory*, Cambridge: Cambridge University Press, 1993, pp. 144~146; Castoriadis, "Value, Equality, Justice, and Politics", *Crossroads in the Labyrinth*, pp. 307~308; Jon Elster, *An Introduction to Karl Marx*, Cambridge: Cambridge University Press, 1995, Chap. 4. 엘스터는 여기서 맑스의 가치론을 비객관적이고 헤겔적이라고 거부한다(특히 p. 68을 볼 것).

성을 소유한 "사회적 실체"라고 말하지만, 즉각 이 대상성을 실체 같은 것이라기보다는 유령적인 것, "유령 같은" 것으로 규정한다. "그러면 이제 이들 노동 생산물에 남아 있는 것을 살펴보기로 하자. 이들 노동 생산물에 남아 있는 것은 허깨비[유령] 같은 동일한 대상성, 곧 무차별한 인간 노동의 응결물, 다시 말해 지출된 인간 노동의 단순한—그 지출 형태와는 무관한—응결물뿐이다.……바로 이런 공통된 사회적 실체가 응결되어 있다는 의미에서 이들 응결물은 바로 가치, 즉 상품 가치이다."[19] "상품체의 대상성은 감각적으로 분명하게 포착되는 데 반해 가치로서의 상품에는 단 한 조각의 자연 소재도 들어 있지 않다.…… 그럼에도 상품은 그것이 인간 노동이라는 동일한 사회적 단위의 표현일 때에만 가치가 되며, 따라서 그 가치로서의 성격이 순전히 사회적인 것이라는 점을 상기한다면…….."[20]

그러면 추상 노동은 어떻게 개념화되어야 하는가? 자본주의 안에서 상품 교환이 반드시 연속적인 무한 계열을 형성한다는 맑스의 가정을 우리가 공유하지 않는다면, 수행적이고 실천적인 범주로서의 추상 노동이 아마도 가장 잘 이해될 것이다. 자본의 기호記號 아래 삶을 조직한다는 것은 마치 노동이 항상 박혀 있으며 또 어떤 특수 노동이든—심지어 추상하기의 노동마저도—구체적인 것으로 만들어 버리는 모든 사회적 직물tissue로부터 노동이 실제로 추상될 수 있는 것처럼 행동한다는 것이다. 맑스의 '야만인들'은 추상 노동을 갖고 있었다. 그 사회의 누구든 아무 유형의 활동이나 다 해낼 수 있었던 것이다. 하지만 그들의 "종별적 노동과의 무관함"은 분석가에게 자본주의 사회에서처럼 가시화되지는 않을 터인

---

19) Marx, *Capital*, Vol. 1, p. 128[『자본』 I-1권, 91쪽]. 강조는 추가.
20) *Ibid*., pp. 139, 165[같은 책 I-1권, 103, 135쪽].

데, 왜냐하면 이 가설적인 야만인들의 경우에는 이 무관함 자체가 하나의 분리되고 전문화된 유형의 노동으로서 보편적으로 수행되지 않을 것이기 때문이다. 말하자면, 추상하기라는 바로 이 구체적 노동이 저 사회가 감당했던 다수의 상이한 유형의 종별적 노동의 일반적 특성으로서 별도로 관찰되지는 않을 것이라는 말이다. 이와는 달리 자본주의 사회에서는 추상하기라는 특수 노동이 그 자체로 여타 유형의 구체적 노동의 전부 또는 대다수의 한 요소가 될 것이며, 그리하여 관찰자에게 더욱 가시적으로 될 것이다. 맑스는 이렇게 적고 있다. "따라서 가장 일반적인 추상들은 하나가 다수에게 공통적인 것으로 나타나고, 모두에게 공통이 되는 그러한 가장 풍부한 구체적 발전에서만 등장한다. 그러면 그것은 더 이상 특수한 형태만으로는 사유될 수 없다."[21] "그러한 상태는 부르주아 사회들의 가장 근대적인 현존 형태(미국)에서 가장 발전되어 있다. 요컨대 여기에서는 '노동'이라는 범주의 추상인 '노동 일체', 노동 자체, 즉 근대 경제학의 출발점이 비로소 실제로 사실이 된다[실천 속에서 진실이 된다]"고 맑스는 말한다.[22] "추상[이]…… 실천 속에서 진실이 된다"는 맑스의 표현에 주목하라. 추상 노동이 하나의 실체적인 단위가 아니라는 점을, 생리학적인 노동이 아니라는 점을, 근육과 신경 에너지의 계산 가능한 총합이 아니라는 점을 이보다 더 또렷하게 제시할 수 있는 진술을 맑스가 어떻게 쓸 수 있었겠는가. 추상 노동의 준거는 어떤 실천, 어떤 활동, 추상화 작업이라는 어떤 구체적인 수행인데, 이 작업은 '노동'이라 불리는 추상적 범주에 대해 말할 때 경제학의 분석적 전략들 안에서 이루어지는 것과 비슷하다.

---

21) Marx, *Grundrisse*, p. 104[『정치경제학 비판 요강』 1권, 75쪽].
22) *Ibid*., pp. 104~105[같은 책 1권, 75쪽].

때로 맑스는 마치 상품들에서 물체적인 속성을 심리적으로 제거하는 의식적이고 의도적인 과정—특정한 수학적 절차들에서 이루어지는 것과 같은 과정—을 거친 이후에 획득되는 것이 추상 노동인 것처럼 쓰고 있다.

> 이제 상품체에서 사용가치를 무시한다면 거기에 남는 것은 단 하나의 속성, 곧 노동 생산물이라는 속성뿐이다. 그러나 이 노동 생산물도 이미 우리에게는 다른 의미로 변화되어 있다. 노동 생산물에서 사용가치를 추상한다면, 그 노동 생산물을 사용가치로 만드는 물적인 여러 성분이나 형태도 함께 배제되어 버린다. 그것은 이미 책상이나 집 또는 실 등과 같은 유용한 물건이 아니다. 노동 생산물의 감각적인 성질들은 이미 사라져 버렸다. 또한 그것은 이미 가구 노동이나 건축 노동 또는 방적 노동 등과 같은 일정한 생산적 노동의 산물도 아니다. 노동 생산물의 유용한 성격과 더불어 노동 생산물에 표현되어 있는 노동의 유용한 성격도 사라지고, 그와 함께 또한 이들 노동의 갖가지 구체적인 형태도 사라진다. 그것들은 이미 서로 구별되지 않는, 즉 모두가 동등한 인간 노동인 추상적 인간 노동으로 환원된다.[23)]

"무시한다면", "추상한다면", "그것들은 이미 서로 구별되지 않는" 등등의 표현들은 '무시하고' '추상하고' '구별하는' 어떤 인간 주체에 관해 맑스가 쓰고 있다는 인상을 줄 수도 있다. 하지만 공장 규율에 관한 논의는 그가 상품 교환 과정에 내재적인 노동 추상화를 대규모의 심리적 작업

23) Marx, *Capital*, Vol. 1, p. 128[『자본』 I-1권, 91쪽]. 강조는 추가.

으로 가시화하지 않는다는 점을 분명히 해준다. 추상화는 실천 안에서, 실천을 통해 일어난다. 추상화는 그 실존에 대한 의식적인 인지에 선행한다. 맑스가 주장하듯이 "그러므로 사람들이 각자의 노동 생산물을 가치를 통해서 서로 관련지을 경우 그것은 그들이 이들 생산물을 똑같은 인간 노동의 단순한 물적 외피로 간주하기 때문이 아니다. 오히려 그 반대이다. 즉 사람들은 교환을 수행하는 과정에서 먼저 각기 다른 생산물을 가치로 등치시키는데, 바로 이런 행위를 통해서 그들은 결과적으로 자신들의 서로 다른 노동을 인간 노동으로 서로 등치시키는 것이다. 그들은 그것을 의식하지 못하면서 그렇게 행한다."[24] 맑스의 논리는 여기서, 그의 저술의 다른 여러 곳에서처럼, 회고적이다.[25]

맑스는 자신이 인정했던 것보다 더 많이 아리스토텔레스에게 동의했다. 추상 노동이 자본주의적인 합의라고, 그러니 상품 교환의 중간항은 무엇보다도 합의의 사안으로 남는다고 말할 수도 있을 것이다. 하지만 합의는 추상하기라는 의식적 선행 결정의 결과가 아니라는 맑스의 입장은 아리스토텔레스의 주의주의("[이 합의를—인용자] 바꾸고 없애는 것은 우리의 힘에 좌우된다")를 허용하지 않을 것이다(카스토리아디스는 자신의 맑스주의에서 이러한 아리스토텔레스의 입장을 채택함으로써 주의주의적인 혁명적 정치의 상을 정립한다).[26] 맑스가 밝혀낸 추상 노동은 해석학적 격자의 관

---

24) Marx, *Capital*, Vol. 1, pp. 166~167[『자본』 I-1권, 136~137쪽].

25) Ronald L. Meek, *Studies in the Labour Theory of Value*, London: Lawrence & Wishart, 1979, p. 168을 볼 것. "'평균화' 과정은 경제학자들의 정신 안에서 일어나기 전에 역사 안에서 일어난다는 것이 맑스 논지의 함의이다."

26) Castoriadis, "Value, Equality, Justice, and Politics", *Crossroads in the Labyrinth*, pp. 328~329. "또 다른 사회 제도를 제안하는 것은 정치적 기획과 목표를 지니는 사안인데, 이러한 기획과 목표는 확실히 토의와 논쟁거리이긴 하지만, 그 어떤 유형의 [대문자] 자연 혹

건인데, 자본은 우리가 이 격자를 통해 세계를 읽을 것을 요청한다.

추상화——추상하기의 노동——의 수행을 자본주의 생산양식의 구성적인 특징으로 (맑스에게) 가시화하는 것이 규율 과정들이다. 자본주의적 공장에서의 전형적인 노동 분업, 공장 규제 규정들, 기계와 인간의 관계, 공장 생활 조직을 지도하는 국가 입법, 현장 감독의 일 등 이 모든 것이 맑스가 규율이라 부르는 그것을 이룬다. 공장에서의 노동 분업은 "독립 수공업이나 단순 협업의 경우와는 완전히 다른 노동의 연속성·획일성·규칙성·질서 그리고 노동 강도까지 만들어 낸다".[27] 푸코의 『감시와 처벌』의 기본 주제를 약 100년 앞서 선취하는 문장들에서 맑스는 "[자본주의 경영에서—인용자] 노예 사역자의 채찍 대신 감독자의 징벌 장부가 등장한다"고 묘사한다. 또한 "물론 모든 징벌은 벌금과 임금 삭감으로 귀착된다"고 쓰고 있다.[28]

공장 입법도 역시 규율 추상화의 이러한 수행에 관여한다. 먼저 "공장법의 일반화는 자본의 지배를 아직 부분적으로 은폐하고 있는 낡은 형태와 과도적인 형태를 모조리 파괴하고, 그것들을 자본의 직접적이고 노골적인 지배로 대체시킨다. 따라서 공장법의 일반화는 또 이런 지배에 대한 직접적인 투쟁도 일반화시킨다.…… 공장법의 일반화는 개별 작업장에서 획일성·규칙성·질서·절약 등을 강요"하며, 그리하여 인간의 활동이 동질적인 척도로 측정될 수 있다는 가정을 강화하는 데 기여한다.[29] 법이——그

은 이성 안에서도 '정초될' 수 없다.…… 사람은 자유롭게 태어나는 것도 자유롭지 않게 태어나는 것도 아니며, 평등하게 태어나는 것도 평등하지 않게 태어나는 것도 아니다. 우리의 의지로 사람을(우리 자신을) 자유롭고 평등하게 할 것이다." 강조는 원문.

27) Marx, *Capital*, Vol. 1, p. 465[『자본』 I-1권, 477쪽].

28) *Ibid.*, p. 550[같은 책 I-1권, 573쪽].

29) *Ibid.*, p. 635[같은 책 I-1권, 670쪽].

리고 법을 통해 국가와 자본가 계급이—생물학적/생리학적 범주들을 통해 노동자들을 '성인', '성인 남성', '여성', '아동' 등으로 상상하는 방식 안에서, 노동에 수반되는 모든 사회적 외피로부터 노동을 환원적으로 추상하는 일이 수행된다. 또한 이러한 상상 양식은 생산 과정 내부에서 구조화되는 것임을 맑스는 우리에게 제시한다. 그것은 노동자와 기계의 관계에 대한 자본 자체의 전망 안에 착색되어 있다.

『자본』 1권에서 맑스는 자신의 범주인 '노동'의 특성을 명확히 하기 위해, 자신이 노동자의 '목소리'라 부르는 것을 무대에 올리는 수사학적 기법을 활용한다. 이 목소리는 우리가 통념상 '일상'과 연계시키는 사회적이고 심리적인 과정들로부터 '노동자' 또는 '노동' 범주가 어떻게 추상되는지를 보여 준다. 먼저 그것은 연령·유년기·건강·힘 등을 생물학적 또는 생리학적 언표들로 환원하는데, 이 언표들은 나이를 먹는다든가 유년기를 보낸다든가 건강을 돌본다든가 하는 일련의 다양하고 역사적으로 종별적인 경험들에서 분리된 것들이다. 맑스의 범주인 '노동자'가 자기 내면을 성찰하는 목소리로 자본가에게 말하기를, "나이로 말미암은 자연적인 소모는 별도로 치더라도, 나는 내일도 오늘과 마찬가지로 정상적인 상태의 힘·건강·원기를 갖고 노동할 수 있어야 한다". 이 추상화가 뜻하는 바는 '정서들'sentiments은 추상화된 노동자와 역시 추상화 형상인 자본가의 이 상상의 대화에서 아무 구실도 못한다는 것이다. 노동자의 목소리가 말하기를, "그러므로 나는 너에게 표준적인 길이의 노동일을 요구하는 것이며, 그것은 동정을 호소하는 것이 아니다. 왜냐하면 상거래에서는 인정이 통하지 않기 때문이다. 너는 모범 시민이고, 아마도 동물학대방지협회 회원일지도 모르며, 게다가 [고결하다는] 평판을 얻고 있을지도 모르겠다. 그렇지만 나에 대해 네가 대표하는 물적 존재는 가슴속에 고동치는 심장을 가지고 있지 않다."[30] 이 합리적인 집단적 실체의 형상인 노동자 안에서, 맑스는 잠재적인 것이든 현실화된 것이든 간에 여하튼 노동 계급의 통일성이라는 문제를 제기한다. 노동 계급의 통일성이라는 문제는, 톰슨 이래로 저 숱한 휴머니즘적-맑스주의 노동사가들이 흔히 구상했던 것처럼, 경험적 노동자들이 감성적으로 또는 심리적으로 연대하는 그런 사안이 아니다. '노동자'는 그 구성상 추상적이고 집단적인 주체이다.[31] 스피박이 우리에게 환기시킨 바와 같이, 즉자 계급과 대자 계급의 변증법이 작동하는 것은 저 집단적이고 추상적인 주체 안에서다.[32] "매뉴팩처 시대에 특유했던 기계적 장치는 여전히 다수의 부분 노동자들로 결합된 전체[집단적] 노동자 그 자체였다"고 맑스는 말한다.[33]

---

30) Marx, *Capital*, Vol. 1, pp. 342~343[『자본』 I-1권, 333쪽].

31) 이것은 루카치가 '계급 의식'이란 경험적인 노동자들 개개인의 머릿속에서 실제로 진행되는 것을 가리키는 범주가 아니라고 주장했던 것을 연상시킨다. Georg Lukács, "Class Consciousness"; "Reification and the Consciousness of the Proletariat", *History and Class Consciousness*, trans. Rodney Livingstone, London: Merlin Press, 1971, pp. 51, 197[『역사와 계급 의식: 마르크스주의 변증법 연구』, 박정호·조만영 옮김, 거름, 2005, 134쪽]. David Harvey, *The Limits of Capital*, Oxford: Basil Blackwell, 1984, p. 114[『자본의 한계: 공간의 정치경제학』, 최병두 옮김, 한울, 1995, 164~165쪽]에는 "'자본을 위한 대상'이자 '살아 있는 창의적 주체'라는 노동자의 이중성은 맑스주의 이론에서 적절하게 해결된 적이 없다"고 쓰여 있다. 나는 이 지점에서—예컨대 맑스에게 노동자란 결코 "자본을 위한 대상" 따위의 어떤 것일 수 없다고 논할 수 있겠는데(이에 대해서는 후술할 것이다)—하비의 맑스 독해를 비판하지만, 하비의 진술에는 맑스주의 역사에서 바로 이 '의식'이라는 진짜 문제를 인식한다는 장점이 있다.

32) Gayatri Chakravorty Spivak, "Can the Subaltern Speak?", Cary Nelson & Lawrence Grossberg eds., *Marxism and the Interpretation of Culture*, Urbana & Chicago: University of Illinois Press, 1988, p. 277[「서발턴은 말할 수 있는가?」, 로절린드 C. 모리스 엮음, 『서발턴은 말할 수 있는가?: 서발턴 개념의 역사에 관한 성찰들』, 태혜숙 옮김, 그린비, 2013, 413~415쪽]. 즉자 계급과 대자 계급의 대립이 "바탕 수준에서 일어나는 이데올로기적 의식 변혁" 프로그램을 정의하는 것은 아님을 스피박은 명확히 한다.

33) Marx, *Capital*, Vol. 1, p. 468[『자본』 I-1권, 481쪽].

맑스는 잉글랜드 초기 산업화 단계의 기계제 공장의 역사를 비록 단편적이긴 하지만 매혹적이고 암시적으로 구성한다. 이 역사는 자본주의 생산에서 작동하는 두 개의 동시적인 과정을 보여 주는데, 이 두 과정은 맑스가 '노동자' 범주를 추상적이고 사물화된 범주로 이해하는 데 결정적이다. 기계는 "노동 수단의 획일적인 운동에 노동자가 기술적으로 종속"되는 것을 생산한다.[34] 그것은 생산의 추동력을 인간이나 동물에서 기계로, 산 노동에서 죽은 노동으로 옮긴다. 이는 오직 두 개의 조건 아래에서만 일어날 수 있다. 우선 노동자가 자신의 생물학적이고 그러므로 추상적인 신체로 환원되어야 한다는 조건, 그리고 이 추상적 신체의 운동들에 균열이 일어나 기계의 바로 그 모양과 운동에 개별적으로 맞춰져야 한다는 조건. 맑스는 "자본이 자체 내부로 노동을 흡수한다"고, 괴테를 인용하면서 "마치 노동의 신체를 사랑으로 소유하는 것 같다"고 자기 노트에 적는다.[35] 기계가 소유하게 된 신체는 애초에 기계가 노동자에게 귀속시켰던 그 추상적 신체이다. 맑스는 쓰고 있다. "대공업의 특징을 이루고 있는 생산수단, 즉 기계 그 자체가 인간의 힘이나 숙련에 의존하고 있는 동안에는 (즉 매뉴팩처 내의 부분 노동자나 매뉴팩처 외부의 수공업자들이 자신의 소규모 용구들을 사용하는 데 필요한 근육의 발달이나 눈썰미 또는 손의 정교

34) Marx, *Capital*, Vol. 1, p. 549[『자본』 I-1권, 572쪽]. 또한 p. 535도 볼 것[555쪽]. 때로 맑스의 사례들 덕분에 우리는 살아 움직이는 물리적 신체를 병합하는 근대 기계의 가능한 역사를 어떻게 구축할 수 있을런지를 감질나게 일별할 수 있다. "현재의 기관차가 발명되기 전 실험 상태에 있던 기관차를 보면 특히 잘 알 수 있을 것이다. 그 기관차는 사실 발이 두 개였으며, 말처럼 두 발을 번갈아 올렸다 내렸다 하였다. 역학이 계속 발전하여 실천적인 경험이 쌓이고 난 뒤에야 비로소 그 형태는 완전한 기계적 원리에 따라 결정되기 시작했으며, 따라서 기계로 탈바꿈한 도구의 낡은 체형에서 완전히 해방되었다"라고 맑스는 쓴다. *Ibid.*, p. 505 n18[같은 책 I-1권, 520쪽 주 103].

35) Marx, *Grundrisse*, p. 704[『정치경제학 비판 요강』 2권, 379쪽].

함에 의지하는 동안에는) 대공업은 충분한 발전을 이룩할 수 없었다."[36] 일단 노동자의 노동 능력이 사회적인 것에서 개인적인 것을 추상했던 일련의 실천들로 번역될 수 있게 되면, 이러한 실천들이 정립했던 추상적 신체를 기계가 전유할 수 있게 된다. 전체 과정의 한 경향은 노동 능력의 인간적 차원마저 점점 더 여분의 것으로 만들어 버리는 것이었다. "동력이 인간 근육의 모습을 갖는 경우는 거의 우연에 지나지 않게 되고 바람·물·증기 등이 그것을 대신할 것이다."[37] 그렇지만, 그와 동시에 자본은—자본의 논리에 대한 맑스의 이해 안에서는—인간의 산 노동 없이는 할 수 있는 일이 없을 것이다.

비판으로서의 추상 노동

'추상 노동'이라는 보편 범주는 맑스에게서 두 겹의 기능을 갖는다. 그것은 자본에 대한 묘사이기도 하고 비판이기도 하다. 자본이 추상화들을 일상 생활에서 실제적인 것으로 만든다면, 맑스는 바로 이 동일한 추상화들을 이용하여 우리에게 자본주의 생산이 창출하는 일상 세계에 관한 이해를 제공한다. 예컨대 '여성', '아동', '성인 남성', '유년기', '가족 기능', '가사 노동 지출' 같은 환원적으로 생물학적인 범주들을 맑스가 사용하는 것을 보라.[38] 추상 노동이라는 관념은 자본의 해석학—자본이 인간 활동을 읽는 방식—의 중심 특성을 재생산한다.

---

36) Marx, *Capital*, Vol. 1, p. 504[『자본』 I-1권, 519~520쪽].
37) *Ibid*., p. 497[같은 책 I-1권, 511쪽].
38) *Ibid*., pp. 517, 526, 546, 547, 518 n39[같은 책 I-1권, 534, 544, 568, 569쪽, 535쪽 주 121].

하지만 '추상 노동'은 동일한 해석학에 대한 비판이기도 한데, 왜냐하면 맑스에게서 그것—추상하기의 노동—은 특정 유형의 부자유를 정의하기 때문이다. 그는 그것을 '전제'despotism라 부른다. 이 전제는 자본에 구조적인 것으로, 단순히 역사적인 것이 아니다. 그래서 맑스는 "자본은 늘 노동자들의 불복종과 씨름하지 않을 수 없다"고 쓰면서, 규율 즉 "작업의 시작과 종료·중단 등을 종소리에 따라 군대식으로 일률적으로 규제하는 이러한 세밀한 규정은 결코 의회의 머리에서 나온 산물이 아니었다. 그것들은 근대적 생산양식의 자연법칙들로 여러 가지 상황을 통해 점차로 발전해 온 것들이었다. 그것들이 하나의 기준으로 만들어져서 공인된 다음 국가에 의해 공포된 것은 오랜 기간에 걸친 계급 투쟁의 결과였다"라고 말한다.[39] 여기서 맑스는 단지 특수한 역사적 단계에 대해, 잉글랜드에서 "매뉴팩처의 독자적인 경향이 충분히 발달하기에는 여러 측면에서 갖가지 장애물이 있었다.……관습이나 남성 노동자의 저항[을 포함하는 장애물이 있었던—인용자]" 시기인 수공업 생산에서 매뉴팩처로의 이행기에 대해 말하고 있는 것이 아니다.[40] 그는 또한 자본 그 자체에 내재적인 것으로서의 '자본에의 저항'에 대해 쓰고 있다. 맑스가 다른 곳에서 쓴 것처럼, 자본의 자기 재생산은 "끊임없이 극복되면서 마찬가지로 끊임없이 정립되는 모순들 안에서 운동한다". 그는 덧붙이기를 자본은 "민족적 제약들과 편견들"에 의해 부과되는 모든 한계를 관념적으로 넘어서기 때문에, "이 한계를 실제로 극복했다는 것은 아니다".[41]

39) Marx, *Capital*, Vol. 1, p. 395[『자본』 I-1권, 397~398쪽].
40) *Ibid*., pp. 489~490[같은 책 I-1권, 503쪽].
41) Marx, *Grundrisse*, p. 410[『정치경제학 비판 요강』 2권, 20~21쪽]. 강조는 추가.

그러한 저항은 어디에서 비롯되는가? 다수의 노동사가는 공장 노동에의 저항을 요구되는 공장 규율과 산업화 초기 국면에 아직 전산업적이었던 노동자들의 관습이 충돌한 결과로 생각한다든가, 아니면 후기 국면에 노동자 의식 수준이 높아진 결과로 생각한다. 달리 말한다면, 그들은 그것을 자본주의 생산의 역사적으로 특수한 단계의 결과로 보는 것이다. 반대로 맑스는 이 저항을 자본의 논리 그 자체 안에 자리매김한다. 말하자면 그는 그것을 자본의 역사적인 '생성'becoming보다는 오히려 자본의 구조적인 '존재'being 안에 자리매김하는 것이다. 맑스가 '자본의 전제despotism'라고 본 것이 자본주의의 역사적 단계와도 무관하며 경험적인 노동자의 의식과도 무관하다는 점이야말로 그의 논지에서 중심적이다. 문제가 되는 자본주의 나라가 발전된 나라인지 아닌지는 맑스의 논지에서 중요하지 않을 것이다. 자본의 논리에 내재적인 전제의 타자가 저항이다. 또한 이것은 바로 맑스가 왜 자본주의는 전면적으로 실현되는 경우에도 자체 소멸의 조건들을 구현하는지에 관해 논했던 부분의 일부이기도 하다.

자본의 권력은 전제적이라고, 맑스는 쓰고 있다. 저항은 자본이 노동자의 의지를 전유하는 과정 안에 뿌리를 두고 있다. "공장법전에서 자본은 노동자에 대한 자신의 전제를—부르주아 계급이 그토록 좋아하는 권력 분립이나 또 그 이상으로 좋아하는 대의제 가운데 어느 것도 없이—사적 법률로, 순전히 자신의 의지에서 유래하는 것으로 정해놓[는다]."[42] 자본주의 규율에 구현된 이 의지를 맑스는 "순전히 전제적"이라고 묘사하며, 군대와의 유비를 사용하여 그 핵심에 있는 강제에 관해 묘사한다. "군대가 장교와 하사관을 필요로 하는 것처럼 동일한 자본의 지휘 아

42) Marx, *Capital*, Vol. 1, pp. 549~550[『자본』 I-1권, 572쪽].

래 함께 일하는 노동자 집단은 노동 과정에서 자본의 이름으로 지휘하는 산업 장교(지배인managers)와 산업 하사관(직공장foremen, overlookers)을 필요로 한다. 감독이라는 노동이 그들의 배타적 기능으로 고정된다."[43)]

마치 노동이 추상화될 수 있고 동질화될 수 있는 것처럼 행동하는 것이 자본주의적 규율이 행하는 모든 것이라면 왜 이 규율을 '전제적'이라 부르는가? 이에 관해 맑스의 저술은 비판의 도구로서의 '추상 노동'—계몽 사상에서 제기된 추상적 인간이라는 형상의 한 버전—개념의 중요성을 강조한다. 그는 추상 노동을, 유령적으로 대상화된 면과 인간적인 생리학과 의식으로 이루어진 면이, 경험적인 역사로부터 추상된 이 두 면이 합성된 범주라고 생각했다. 문제가 되는 의식은 순수 의지였다. "기계 노동은 신경 계통을 극도로 피곤하게 만들며 동시에 [전문화와 그로 인한 기계의 특권화를 통해—인용자] 근육의 다양한 움직임을 억압하고 모든 자유로운 육체적·정신적 활동에서 몰수해 버린다. 노동의 완화도 고문 수단으로 바뀌어 버리는데……."[44)]

왜 자유가 "신경 계통……[과—인용자] 근육의 다양한 움직임" 같은 환원적으로 생리학적인 어떤 것과 관련을 갖게 되는가? 왜냐하면 자본이 "자신의 모순이자 자신의 모순적 존재로" 전제하는 노동은, 또 "자본을 전제하는" 이 노동은 "대상이 아니라 활동으로서의…… 가치의 살아 있는 원천으로서의 노동"인 특수한 유형의 노동이기 때문이라고 맑스는 설명

---

43) Marx, *Capital*, Vol. 1, p. 450[『자본』 I-1권, 461쪽]. Michel Foucault, *Discipline and Punish: The Birth of the Prison*, trans. Alan Sheridan, Harmondsworth: Penguin, 1979, p. 163[『감시와 처벌』, 오생근 옮김, 나남, 2003, 258쪽]에는 맑스의 이런 군사적 유비들에 대한 논평이 나온다. 하지만 규율 권력(disciplinary power)이 푸코에게는 '유순한 신체'를 창출하는 것임에 비해, 맑스는 살아 있는 신체를 규율에 대한 저항의 원천으로 상정한다.

44) Marx, *Capital*, Vol. 1, p. 548[『자본』 I-1권, 570쪽]. 강조는 추가.

한다.[45] "자본에 대하여 노동은 노동자의 신체에 능력, 힘으로 실존할 뿐인 단순한 추상적 형태, 가치 정립하는 활동의 단순한 가능성이다."[46] 과학이 자본에 의한 산 노동의 추상화를 돕는다. "기계 장치 안에서, 자본에 의한 산 노동의 전유는 직접적인 현실성을 성취한다.…… 과학에서 직접 도출되는, 역학과 화학의 법칙들을 분석하고 적용함으로써 기계는 전에 노동자가 수행하던 노동을 수행하게 된다. 이런 방향으로 기계 장치가 발전하는 것은 오직…… 모든 과학이 자본에 복무하게 된 이후에야 일어난다."[47]

인간 활동의 공통 척도를 찾는 자본가의 시도에서 추상되는 노동이 살아 있는 것이라는 점이 결정적이다. 맑스는 자본에의 저항의 기반을 '삶'이라 불리는 이 외관상 불가사의한 요인에 둔다. 고전파 정치경제학의 언어와 '생기론'이라 불리는 유럽 사상 전통 사이의 연결은 검토되지 않은 연구 영역이고 특히 맑스의 경우에 그러하다. 맑스의 언어와 생물학적인 메타포는 종종 19세기 생기론의 깊은 영향을 드러낸다. "노동은 [자본—인용자]에 들어간 이스트로, 발효를 개시한다." "상품으로서의" 노동력은 "[노동자의—인용자] 생명성에 실존한다.…… 이것을 매일 유지하기 위해서…… 그는 일정량의 생활 수단을 소비해야 하고 소모된 피를 보충해야 한다.……그의 생명력에 포함되어 있는 대상화된 노동량이 자본

---

45) *Ibid.*, p. 296[같은 책 I-1권, 299쪽]. 바로 이 대목 때문에 내게는 하비가 맑스의 "이론은 자본의 관점에서 노동자들이 실은 대상이며, 잉여가치 창출을 위한…… 생산의 단순한 '요인'임을 보여 준다"고 주장하는 것이 잘못으로 보인다. Harvey, *The Limits of Capital*, p. 113[『자본의 한계』, 163쪽]. 노동자는 사물화된 범주이지만, 사물화에는 삶과 (인간) 의식이라는 환원 불가의 요소가 포함된다.

46) Marx, *Grundrisse*, p. 298[『정치경제학 비판 요강』 1권, 301쪽].

47) *Ibid.*, pp. 703~704[같은 책 2권, 379쪽].

에 의해 그에게 지불된다".[48] 이러한 생명력이 자본에 대한 지속적 저항의 기반이다. 생명력은 추상적인 산 노동—근육과 신경과 의식/의지의 합—이고, 맑스에 따르면 자본은 이 노동을 자신의 모순적인 출발점으로 정립한다. 이러한 생기론적인 이해 안에서, 삶에는 의지에 따른 활동을 할 수 있는 생물학적/의식적 능력("근육의 다양한 움직임")이 있기에 삶은 초과이다. 자본이, 그 모든 규율적 절차에도 불구하고, 항상 필요로 하지만 결코 아주 통제하거나 길들이지는 못하는 초과가 곧 삶이다.

여기서 상기하게 되는 것은 헤겔이 『논리학』에서 아리스토텔레스적인 범주인 '삶'에 관해 논의하는 대목이다. 헤겔은 '삶'이란 살아 있는 개인의 총체성 또는 통일성을 표현한다는 아리스토텔레스의 논지를 수용했다. "신체의 기관들 각각이 어떤 것인지는 기관들의 통일적 연관에 의해 그리고 그런 연관 안에서 정해진다. 예컨대 손은 몸에서 떨어져 나가면 이름만 손이지 실상은 손이 아니라고 아리스토텔레스는 논평한다"고 헤겔은 쓰고 있다.[49] 이 통일성이 깨지고 신체가 자연의 객관적인 힘의 먹이가 되는 것은 오직 죽음 탓이다. 헤겔의 『논리학』의 이 부분을 설명하면서 찰스 테일러가 지적한 것처럼, 죽음으로 인해 "기계론과 화학 작용"은 "삶이 지속되는 한" 붙들려 있던 "종속"에서 벗어난다.[50] 삶이란, 헤겔의 표현을 사용하자면, 살아 있는 신체의 통일성이 죽음으로 인해 깨질 수 있다는 가능성에 맞서는 "영구적인 투쟁"이다.[51] 맑스의 자본 분석에서 삶이란 유

48) Marx, *Grundrisse*, pp. 298, 323[『정치경제학 비판 요강』 1권, 302, 331쪽].

49) Georg Wilhelm Friedrich Hegel, *Hegel's Logic*, trans. William Wallace, Oxford: Clarendon Press, 1975, p. 280(Article 216, Additions).

50) Charles Taylor, *Hegel*, Cambridge: Cambridge University Press, 1978, p. 332[『헤겔』, 정대성 옮김, 그린비, 2014, 615쪽].

사하게 '노동' 범주를 구성하는 추상화 과정에 맞서는 '영구적인 투쟁'이다. 사태는 마치 자본주의 생산양식에서 추상화 과정과 노동자 신체 전유의 진행이 '살아 있는 신체'의 통일성을 깨트리겠다고 끊임없이 위협하는 것처럼 전개된다.

그렇지만 '삶'이 표현하는 이러한 신체의 통일성은 사지의 물리적 통일성을 넘어서는 어떤 것이다. '삶'에는 의지를 가질 수 있는 추상적이고 천부적인 능력이라는 면에서 순전히 인간적인 의식이 내포된다. 이 몸에 구현되는 인간 특유의 '의지'—"근육의 다양한 움직임"에 반영되는—는 자본이 지속적으로 노동자를 밀어 넣는 '기술적 종속'에 굴하지 않으려 한다. "주인-노예 관계의 전제는 타인 의지의 전유"라고 맑스는 쓴다. 이 의지는 동물에게는 해당하지 않을 텐데, 동물은 헤겔적인 주인-노예 관계가 가정하는 인정의 정치의 일부가 될 수 없기 때문이다. 개가 인간에게 복종할 수는 있겠지만, 인간은 과연 이 개가 인간을 단지 더 크고 힘센 또 다른 '개'로 보는 건 아닌지를 결코 확실하게 알 수 없다. 맑스가 쓰듯이 "동물이 시키는 대로 일을 한다고 해서 그 소유주가 바로 주인이 되는 것은 아니다". 주인-노예 관계가 돌아가는 상호 인정의 변증법은 오직 인간들 사이에서만 일어날 수 있다. "주인-노예 관계는 생산 도구들의 전유에 대한 이 정식에도 해당된다.…… [그것—인용자]은 자본 안에서—매개된 형태로—재생산되고, 자본 소멸의 효소를 이루며, 자본에 한계를 부과하는 것의 표징이다."[52]

---

51) Hegel, *Hegel's Logic*, p. 281(Article 219, Addition)을 볼 것. 나는 이 구절을 윌리엄 월러스가 번역한 것보다는 찰스 테일러가 번역한 것을 선호한다.

52) Marx, *Grundrisse*, pp. 500~501[『정치경제학 비판 요강』 2권, 128쪽].

맑스의 자본 비판은 자본 자체의 생애가 시작되는 그 지점, 즉 노동의 추상화에서 시작된다. 그런데 이 노동은 비록 추상적이지만 그래도 언제나 애초부터 산 노동이다. 노동의 '살아 있음'이라는 속성을 통해 확실해지는 것은 자본가가 고정된 양의 노동이 아니라 가변적인 '노동 능력'을 구매했다는 점이며, 따라서 '살아 있음'은 이 노동을 자본주의적 추상화에 저항하는 원천으로 만든다. 그러므로 자본 진영에서는 가능한 한 산 노동을 대상화된 죽은 노동으로 대체하려는 경향을 띠게 된다. 이제 자본은 자신의 모순과 대면한다. 자본은 자기 재생산 순환에서 출발점으로 추상적이지만 산 노동이 필요한데, 그러면서도 자신에게 필요한 산 노동의 양을 최소로 줄이기를 원한다. 그리하여 자본은 이러한 필요를 최소화하기 위하여 기술 공학을 발전시키려는 경향을 띨 것이다. 이것이야말로 노동 해방에 필수적인, 더불어 '노동' 범주의 궁극적 폐지에 필수적인 조건들을 창출해 줄 것이다. 게다가 그것은 자본의 소멸을 위한 조건이기도 할 것이다. "자본은…… ―정말 의도를 갖지 않고―인간 노동을, 에너지의 지출을 최소로 줄인다. 이것은 해방된 노동에 도움이 될 것이고, 노동 해방의 조건이다."[53)]

맑스의 논지의 후속 부분은 다음과 같이 진행된다. 자본이 과학과 기술 공학에 의해―즉 "인간이 자연을 이해하고 사회적 신체로서의 현존에 의해 자연을 지배하는 것"에 의해―산 노동을 대체함으로써 야기되는 것은 "개인성의 자유로운 발전을" 가장 필요로 하는 "사회적 개인"의 발전이다. 사실 "사회적 필요 노동의 최소화"는 "자유로운 시간을 누리며 자신들 모두를 위해 창조된 수단들을 갖춘 개인들의 예술적이고 과학적

---

53) Marx, *Grundrisse*, p. 701[『정치경제학 비판 요강』 2권, 376쪽].

인 등등의 발전"과 조응할 것이다. 그러므로 자본은 그것 자체가 "유동적인 모순"임이 드러날 것이다. 자본은 "노동 시간을 최소한으로 축소하[도록]" 압박함과 동시에 노동 시간을 "부의 유일한 척도이자 원천"으로 정립한다는 점에서 그렇다. 그러므로 자본은 "생산을 지배하는 형태로서는 소멸하게 되는 방향으로" 작동할 것이다.[54)]

맑스는 이렇게 해서 자신의 자본 비판의 고리를 완결 짓게 되는데, 이 비판은 자본 자체 논리의 모순에 밀착하여 주목함으로써 자본을 넘어서는 미래를 모색한다. 그는 '추상 노동'이라는 자본주의적 실천 안에 박혀 있는 추상적 인간이라는 전망을 활용하여 자본 자체에 대한 근원적인 비판을 낳는다. 부르주아 사회에서는 "인간이 동등하다는 개념이 대중적인 인식으로 이미 확립"되어 있기에, 같은 관념을 이 사회 비판에 사용할 수 있었음을 그는 인식하고 있다. 하지만 역사적 차이는 이 특수한 형식의 비판에서 지양되고 유예된 채로 남게 될 것이다.

역사들과 자본 분석성

그래도 맑스는 자신의 자본 비판에서 역사가 갖는 중요성을 강조하는 데 늘 공을 들였다. "우리의 방법은 역사 연구가 들어서야만 하는 지점을 제시"한다고. 또는 "부르주아 경제"는 항상 "이 체체의 뒤에 놓여 있는 과거를 가리킨다"고.[55)] 맑스는 자본의 '존재'와 '생성'을 구별하는 관점에서 자

54) 이 구절들은 *Ibid.*, pp. 700, 705, 706[같은 책 2권, 374, 380, 381쪽]에서 인용한 것이다.
55) *Ibid.*, pp. 460, 461[같은 책 2권, 83, 84쪽]. 또한 pp. 471~472, 488~489, 505도 볼 것[97, 113~114, 133~134쪽].

본의 과거에 대해 쓴다. '존재'는 자본의 구조적 논리를, 즉 자본이 전면화된 상태를 지시한다. 맑스는 때로 그것을 (헤겔의 어휘를 사용하여) "현실적 자본", "자본 그 자체", 또는 자본의 대자 존재라고 부른다. '생성'은 역사적 과정을 지시하는데, 이 과정 안에서 또 이 과정을 통해서 자본의 '존재'의 논리적 전제들이 실현된다. '생성'은 자본에 앞선 달력상의 과거 또는 연대기적 과거가 아니라 자본 범주에 의해 회고적으로 정립되는 과거이다. 예컨대 토지/도구와 생산자들의 연결이 여하튼 끊어지지 않았더라면, 자본의 가용 노동자들은 결코 없었을 것이다. 이것은 자본주의 생산이 있는 곳이라면 어디서든 일어날 것이다. 이는 사실상 이런 종류의 역사적 과정은 자본의 논리적 전제들이 유효해지는 과정임을 의미한다. 이것은 '자본' 범주에 의해 논리적으로 정립되는 과거이다. 이 과거가 여전히 실행되는 동안은 자본가와 노동자가 자본의 '존재'에 속하는 것이 아니다. 맑스의 언어로 말하자면, 그들은 비-자본가(맑스의 용어)로, 비-노동자로 불리게 될 것이다.[56] 이 "자본의 생성과 등장arising의 조건들과 전제들은" "자본이 아직 존재하는 것이 아니라 단지 생성 중에 있는 것임을 정확하게 전제한다고, 따라서 그것들은 그 나름의 현실성에 기반을 두고 실현의 조건을 정립하는 자본인 현실적 자본이 등장함에 따라 사라진다고" 맑스는 쓴다.[57]

'전제'가 설정된다는 것이 역사의 실제 과정이 아니라는 것은 말할 나위도 없다. 자본의 논리적 전제들은 오직 자본의 논리를 포착한 자에 의해

56) Marx, *Grundrisse*, p. 459[『정치경제학 비판 요강』 2권, 82쪽]. 이런 의미에서 그 어떤 것도 본래 '전자본주의적'인 것은 아니다. '전자본주의적'이라는 지칭은 오직 자본의 관점으로부터만 사용될 수 있을 것이다.

57) *Ibid.*, p. 459[같은 책 2권, 82쪽]. 강조는 원문.

서만 유효해질 수 있다. 그런 의미에서 자본의 구조에 대한 지적인 이해는 이러한 역사적 지식의 선행 조건이다. 자본에게는 이 현실적 역사가 일어나는 것이 필요하다고 맑스가 논한다 하더라도, 이 역사에 대한 독해는 다만 회고적일 뿐이라 하더라도, 그래도 우리 연구자에게 역사란 자본의 논리적 전제들을 예증하는 것일 뿐이다. "인간은 일정 지점이 도래했을 때만 실존하게 된다. 하지만 일단 인간이 출현하게 되면, 그는 인간 역사의 영구적인 선행 조건이 되며 마찬가지로 그 역사의 영구적인 산물이자 결과가 된다."[58] 그러므로 맑스가 우리에게 제공하는 것은 문서고를 읽는 관점이 아니듯이 역사에 대한 목적론도 아니다.

유작으로 편집 출간된 『잉여가치 학설사』의 '수입과 그 원천들'에 관한 노트에서 맑스는 이 역사에 이름을 준다. 그는 그것을 "자본에 의해 정립되는" 자본에 선행하는 것들이라고 불렀다. 여기에서 자유로운 노동은 자본주의 생산의 선행 조건이기도 하고 "그것의 불변적 결과"이기도 하다.[59] 이것은 우리가 자본과 결부시키는 보편적이고 필연적인 역사이다. 그것은 통상 자본주의 생산양식으로의 이행 서사에 골간이 된다. 이러한 역사—자본 자체에 의해 자본의 선행 조건으로 정립되는 과거—를 역사 1이라 부르자.

우리가 역사 2라고 부를 또 다른 유형의 과거를 맑스는 역사 1에 대립시킨다. 역사 2의 요소들 역시 자본이 "선행하는 것들로 만나게 된다는" 의미에서 자본에 "선행하는 것들"이지만, 그러나—바로 여기에 내가 강

---

58) Marx, *Theories of Surplus Value*, Vol. 3, Moscow: Progress Publishers, 1978, p. 491. 또한 Marx, *Grundrisse*, p. 105[『정치경제학 비판 요강』 1권, 76쪽]도 볼 것.

59) Marx, *Theories of Surplus Value*, Vol. 3, p. 491.

조하고 싶은 결정적인 구별이 이어지는데—"자본 자체에 의해 확립되는 선행하는 것들이 아니며, 자본 자신의 생애의 형태들이 아니"라고 맑스는 말한다.[60] 어떤 것이 자본의 생애에 속하지 않는다고 말하는 것은 그것이 자본의 자기 재생산에 기여하지 않는다고 주장하는 것이다. 그래서 내가 이해하기로 맑스가 말하고 있는 바는 "자본에 선행하는 것들"은 역사 1을 구성하는 관계들일 뿐 아니라 자본 논리의 재생산에 부합하지 않는 다른 관계들이기도 하다는 것이다. 역사 1은 자본에 의해 '확립된' 과거일 뿐인데, 왜냐하면 역사 1은 자본주의적 관계들의 재생산에 부합하기 때문이다. 다시 말하자면, 자본이 만나게 되는 과거들의 총체는 자본의 논리적 전제들이 유효해지는 저 요소들의 합보다 더 크다는 것을 맑스는 받아들인다.

역사 2에 관해 맑스 본인이 드는 사례들은 독자가 놀랄 만큼 의외의 것들이다. 이것들 없이는 자본이 개념화될 수도 없는 두 요소, 즉 화폐와 상품이 그 사례들이다. 맑스가 상품 형태를 자본의 '세포' 구조에 속하는 어떤 것이라고 묘사한 적도 있다. 게다가 화폐 없이는 일반화된 상품 교환이 있을 수 없을 것이다.[61] 그런데도 맑스는 화폐와 상품처럼 자본의 기능과 밀접하며 그 기능에 필수적인 실체들이 반드시 자연스러운 접속에 의해 자본 자체의 생애나 자본이 정립한 과거에 속하는 것은 아니라고 제안하는 듯하다. 관계들로서의 화폐와 상품이 반드시 자본을 발생시키지는 않으면서 역사 속에서 실존할 수도 있었으리라는 점을 맑스는 인정한다. 그것들이 반드시 자본을 기다렸던 것은 아니었기에, 그것들은 내가 역사 2

60) Marx, *Theories of Surplus Value*, Vol. 3, p. 468.

61) Marx, *Capital*, Vol. 1, 초판 서문, p. 90[『자본』 I-1권, 44쪽]. "그런데 부르주아 사회에서는 노동 생산물의 상품 형태 또는 상품의 가치 형태가 그 경제적인 세포 형태에 해당한다."

라 부르는 유형의 과거를 이룬다. 맑스가 화폐와 상품의 역사 안에서 읽어 내는 이질성의 이런 사례는 자본 논리의 재생산에 기여하지 않는 관계들이 그 재생산에 기여하는 관계들과 내밀하게 접속되어 있다는 것을 보여 준다. 자본은 독립적인 형태들로서의 이 최초의 관계들을 파괴하여 자신에게(필요하다면 국가 권력이라는 폭력을 사용해서라도) 복속시켜야만 했다고, 맑스는 말한다. "처음에 [자본이—인용자] 찾아낸 것은 이미 존재하고 있었지만 자본의 산물은 아닌 상품과, 마찬가지로 자본 자체의 재생산의 요소가 아닌 화폐 순환이다.…… 하지만 그 둘 모두 우선 독립적인 형태일 수 없도록 파괴되어 산업 자본에 종속되어야만 한다. 이자 낳는 자본에 반하는 폭력(국가)이 이자율의 강제 축소를 수단으로 행사된다."[62]

맑스는 이렇게 자본의 내밀한 공간에 깊은 불확실성의 요소를 기입한다. 자본은 자신에게 이중의 가능성을 주는 관계들을 자체 생애의 재생산 안에서 만나야만 한다. 이 관계들은 자본의 자기 재생산에 중심적일 수도 있지만, 반면에 그러한 재생산에 기여하지 않는 구조들을 지향하는 것 역시 가능하다. 역사 2들은 자본과 분리된 과거들이 아니다. 오히려 그것들은 자본 안에 내재하면서 자본 자체의 논리의 진행을 중단시키고 이 진행에 구두점을 찍는다.

역사 1은 역사 2에 속하는 다수의 가능성을 복속시키거나 파괴해야만 한다고 맑스는 말한다. 그러나 역사 2들의 자본 논리에의 종속이 완전해지리라고 보장해 주는 것은 전혀 없다. 정말로 맑스는 부르주아 사회가 "모순적으로 발전"한다고 썼다. "더 앞선 형태들로부터 유래한 관계들은 종종 부르주아 사회 안에서 전적으로 저지되거나 또는 심지어 희화화된

62) Marx, *Theories of Surplus Value*, Vol. 3, p. 468.

형태로 나타날 것이다." 하지만 그러면서도 그는 "사라진 사회 구성체들"의 이 일부 "잔재들"을 "부분적으로 아직 정복되지 않은" 것으로 묘사하는데, 정복이라는 메타포를 통해 그는 전자본주의적이거나 비자본주의적으로 보이는 것이 "생존"해 있는 장은 여전히 진행 중인 어떤 전투의 장일 수 있음을 나타낸다.[63] 물론 맑스의 이 단편적인 문장에는 어느 정도 의미의 애매함과 시간에 관한 모호함이 남아 있다. "부분적으로 아직still 정복되지 않은" 것은 "아직은yet 정복되지 않은" 것을 지시하는가, 아니면 원칙적으로 "정복될 수 없는" 것을 지시하는가?

우리는 맑스의 글에 있는 일정한 애매함에 주목해야—또는 선용해야—한다. 처음 보기엔 맑스가 일종의 역사주의적 독해, 즉 내가 앞 장에서 '이행 서사'라 불렀던 것의 한 버전을 제공하는 것으로 보일 수도 있다. 예컨대 '비-자본가' 또는 '비-노동자'라는 맑스의 범주들은 자본의 생성 과정, 즉 자본이 "아직 존재하지는 않고 단지 생성 중인"[64] 국면에 딱 들어맞는다고 보일 수 있다. 그러나 이 문구에 있는 애매함에 주목하라. "아직 아님"not yet이 나타내는 시간적 공간은 과연 어떤 유형인가? '아직 아님'을 역사가의 어휘 목록에 따라 읽는다면, 일종의 역사주의가 나오게 된다. 그렇게 되면 우리는 역사를 대기실로 보는 관념, 즉 특정한 시간과 장소에서 자본주의로의 이행에 필요한 일정 시기로 역사를 보는 관념으로 되돌아가게 된다. 내가 이미 말했듯이 이것은 흔히 제3세계가 처한 그 시기이다.

하지만 맑스 자신이 우리에게 구조적인 것과 철학적인 것을 폄훼하여 역사적인 것을 강조하는 식으로 자본을 이해하는 것에 주의하라고 경

63) Marx, *Grundrisse*, pp. 105~106[『정치경제학 비판 요강』 1권, 76~77쪽].
64) *Ibid.*, p. 459[같은 책 2권, 82쪽].

고한다. 자본에 가해진 한계들은 "끊임없이 극복되면서 마찬가지로 끊임없이 정립"된다는 것을 그는 우리에게 환기시킨다.[65] 마치 '아직 아님'이 자본을 지속적으로 작동시키는 그 무엇인 것만 같다. '아직 아님'의 구조에 관한 비역사주의적인 사유 방식에 대해서는 마지막 장에서 좀더 말하겠다. 지금으로서는 맑스 자신이 우리가 '아직 아님'이라는 표현을 자본의 존재 바로 그것(즉 논리)에 내재적인 지연 과정을 지시하는 것으로 해체적으로 읽는 것을 허용한다는 점만 지적해 두겠다. 자본의 과거라는 문제인 '생성'을 자본의 '존재'의 외부 과정 또는 선행 과정으로 생각해서는 안된다. 우리가 '생성'을 '자본' 범주 자체에 의해 정립된 과거로 묘사한다면, 이는 우리가 '존재'를 논리적으로 '생성'에 선행하는 것으로 간주한다는 것이다. 달리 말하자면, 역사 1과 역사 2를 묶어서 사고하면, 전 세계가 자본의 영향력 아래 들어가 버렸다고 말하는 것이 적절한지 여부에 관한 토론을 특징짓는 통상적인 위상학적 외부/내부 구별이 파괴된다. 이런 설명에 따르면 차이는 자본에 외재적인 것이 아니다. 또한 그것은 자본에 포섭된 어떤 것도 아니다. 그것은 자본과의 내밀하면서도 복수적인 관계들, 즉 대립에서 중립까지 다 다우르는 관계들 안에서 살아간다.

역사 2에 관한 맑스의 저발전된 관념들의 초대를 받아 우리가 사고할 수 있는 가능성이 바로 이런 것이라고, 나는 제안한다. 역사 2가 자본의 서사들에 대안적인 역사들을 서술하는 프로그램을 또렷하게 해주지는 못한다. 즉 역사 2들이 역사 1의 필연적 논리에 대해 변증법적 [대문자] 타자를 구성하는 것은 아니다. 그렇게 생각하는 것은 역사 2를 역사 1에 포섭시키는 꼴이 될 것이다. 역사 2를 역사 1이 총체적으로 밀어붙이는 것을 지속

65) *Ibid*., p. 410[같은 책 2권, 21쪽].

적으로 중단시키는 기능을 담당하는 범주라 생각하는 것이 더 낫다.

'노동력' 범주와 관련된 논리적 우화의 도움을 받아 이 논점을 예증해 보겠다. 노동력의 구현인 노동자가 매일 아침 8시에 공장 문을 들어서고 저녁 5시가 되면 자본가에게 유용한 통상의 8시간 노동일을 채운 뒤에 (1시간의 점심이 허용되고) 공장 문을 나서는 것을 상상해 보자. 법적인 계약—임금 계약—이 이 시간들을 지도하고 정의한다. 이제 역사 1과 역사 2에 관한 내 설명을 따라, 이 노동자가 스스로 매일 아침 두 유형의 과거인 역사 1과 역사 2를 구현하는 실천들을 행한다고 말해도 좋을 것이다. 역사 1은 자본의 존재 구조에 내재적인 과거이다. 사실인즉 공장에 있는 노동자가 재현하는 것은 자신의 노동 능력과 필수적인 생산 도구들(지금은 자본가에게 속한 것들인) 사이의 역사적 분리이고, 그럼으로써 이 노동자는 자신이 자본의 이 논리적 선행 조건을 실현한 역사를 구현하고 있음을 보여 준다. 그러므로 이 노동자는 자본의 보편사에 대한 그 어떤 거부도 재현하지 않는다. '추상 노동'에 관해 내가 말했던 모든 것이 이 노동자에게 적용된다.

그렇지만 공장 문을 걸어 나가면서 나의 허구적 인물은 또한 다른 유형의 과거들도 구현한다. 내 분석에서 역사 2로 묶이는 이 과거들은 자본 논리의 제도적 지배 아래 놓여 있고 이 논리와 밀착되어 있긴 하지만, 그래도 자본의 '생애'에 속하진 않는다. 그 과거들은 노동력의 담지자인 인간이 다른 방식으로—즉 노동력의 담지자인 것과는 다르게—세상에 존재하는 것을 가능하게 해준다. 우리가 감히 이런 과거들에 대한 완전한 또는 전면적인 설명을 쓰려는 희망을 품을 수는 없다. 그 과거들은 사람들의 신체적 습관에, 스스로 의식하지 못하는 집단적 실천 안에, 주어진 환경 안에서 하나의 인간으로서 그리고 다른 인간과 더불어 세상의 대상들과 관계를 맺는다는 것이 뜻하는 바에 관해 사람들이 보이는 반응 안에, 부분적으로 구현된다. 그 안에서 자본 논리와 자동으로 연계되는 것은 전혀 없다.

공장 안의 규율 과정이 의도하는 것은 부분적으로는 역사 2의 복속/파괴를 완수하는 것이다. 맑스의 추상적 범주인 자본이 노동자에게 이렇게 말한다. "네게서 8시간의 노동 능력을 구입했는데, 이 8시간 동안은 네가 온전히 산 노동—근육 에너지에 의식이 덧붙은 것—으로 줄어들면 좋겠어. 네 인격(즉 네가 구현하는 개인적이고 집단적인 역사들)과 의지(순수한 의식에만 특징적인 것)가 유효하게 분리되었으면 해. 내 기계 장치와 규율 체계가 확실하게 이런 일이 일어나도록 할 거야. 대상화된 노동을 재현하는 기계 장치로 네가 일을 할 때, 네가 일에 필요한 기술을 기억하는 것 말고 그 어떤 기억도 없는, 근육과 신경과 의식의 덩어리인 산 노동이면 좋겠어." 막스 호르크하이머가 도구적 이성에 관한 자신의 유명한 비판에서 지적한 것처럼 "기계 장치에서 요청되는 유형의 정신 상태는 기억과 잡스러운 공상을 다 없애고 현재에만 집중하는 것이다".[66] 노동자의 먼 과거와 가까운 과거 모두가—노조 활동과 시민권을 포함하여—노동자를 자본에 의해 자본 자체의 조건과 모순으로 정립된 형상이 되도록 조장하는 한에서, 저 과거들이 실은 역사 1을 구성한다. 하지만 역사 2의 관념에 의해 제시되는 것은 자본이 창출한 바로 저 추상적이며 추상화하는 공장 공간 안에서조차, 인간으로 존재하는 방식들은 자본 논리의 재생산에 부합하지 않는 식으로 실행될 것이라는 점이다.

---

66) Max Horkheimer, "The Concept of Man", *Critique of Instrumental Reason*, trans. Matthew J. O'Connell et al., New York: Continuum, 1994. p. 22.

역사 2(또는 역사 2들)에 대해 필연적으로 전자본주의적 또는 봉건적이라거나 심지어는 본래 자본과 양립할 수 없다고 생각하는 것은 틀린 생각일 것이다. 혹시라도 그런 경우라면, 인간들이 자본의 지배 안에서 거처를 찾는—거주하는—일은 있을 수 없고, 향유의 여지도 없으며, 욕망들의 놀이도 없고, 상품의 유혹도 없을 것이다.[67] 그런 경우라면 자본이야말로 정말이지 완벽하고 절대적인 부자유의 케이스가 될 것이다. 역사 2의 관념은 우리가, 자본에 대한 맑스의 분석 안에서, 인간의 귀속과 다양함의 정치를 위한 여지를 갖는 것을 허용한다. 이를 기반으로 우리는 인간으로 존재하는 다수의 방식과 이 방식들이 자본의 글로벌 논리와 맺는 관계에 대한 사유를 설정한다. 그러나 만약 내 주장이 옳다면, 맑스의 방법이 우리가 이 문제를 인지하는 것을 허용함에도 불구하고 맑스 스스로는 이 문제에 대한 사유를 펼치지 않는다. 내가 보기엔 그의 방법 안에 들어와 있는 어떤 눈먼 지점이 있는 것 같은데, 가치에 관한 그의 사유 안에서 '사용가치' 범주의 지위라는 문제가 그 지점인 것 같다.[68] 설명해 보겠다.

---

67) 과거에 맑스주의자들의 논리는 종종 광고를 단순히 자본주의 생산양식에 내재하는 '비합리성'과 '쓰레기'의 사례라고 보는 것이었다. Raymond Williams, "Advertising: The Magic System", Simon During ed., *The Cultural Studies Reader*, London & New York: Routledge, 1993, pp. 320~326을 볼 것.

68) Roman Rosdolsky, *The Making of Marx's "Capital"*, trans. Pete Burgess, London: Pluto Press, 1977, pp. 73~95[『마르크스의 자본론의 형성』 1권, 양희석 옮김, 백의, 2003, 124~155쪽]에 나오는 '사용가치'에 관한 탁월한 논의의 도움을 받아 우리는 하나의 범주로서의 '사용가치'가 맑스의 정치경제학적 분석의 안과 밖으로 얼마나 동요하는지를 평가할 수 있다. 스피박은 정치경제학의 범주로서의 사용가치가 "교환 관계의 출현 이후에야 비로소" 출현할 수 있다고 말함으로써 이것을 훨씬 더 강하게 지적한다. Spivak, "Limits and Openings of Marx in Derrida", *Outside in the Teaching Machine*, London & New York: Routledge, 1993, p. 106[「데리다에 나타난 맑스의 한계와 열림」, 『교육기계 안의 바깥에서: 초국가적 문화연구와 탈식민 교육』, 태혜숙 옮김, 갈무리, 2006, 202쪽]. 스피박은 맑스가 인간과 자연 사이의 주객 관계를 계속 상정하기 때문에 사용가치에 관한 그의 생각이 인간의 귀속이나 '세계 만들

예를 들어 맑스가 짧게나마 피아노 제작과 연주 사이의 차이를 논한 『정치경제학 비판 요강』의 구절을 생각해 보라. '생산적 노동'이라는 관념에 몰두하다 보니 맑스는 피아노 제작자의 노동을 가치 창출에의 기여라는 견지에서 이론화하는 것이 필수적이라고 여긴다. 그렇다면 피아노 연주자의 노동은 어떤가? 맑스에게 이 노동은 그가 정치경제학의 선배들에게서 물려받은(그리고 발전시킨) '비생산적 노동' 범주에 속할 것이다.[69] 관련 구절을 상세히 읽어 보자.

> 무엇이 생산적 노동이고 아닌지는 애덤 스미스가 이것을 구분한 이래 매우 논란이 많았던 점인데, 이것은 자본의 상이한 측면들을 분해함으로써 해명되어야 한다. 생산적 노동은 단지 자본을 생산하는 노동이다. 피아노 연주자가 없다면 피아노는 무의미한 것이겠지만, 피아노 제작자는 생산적 노동자인 데 반해 피아노 연주자는 아니라는 것은 어처구니없지 않느냐고 시니어는 묻는다. 그러나 그것은 정확하다. 피아노 제작자는 자본을 재생산한다. 피아노 연주자는 그의 노동을 수입과 교환할 뿐이다. 그러나 피아노 연주자는 음악을 생산하고, 음악을 듣는 우리의 청각을 충족시켜 주며, 일정 한도 내에서 생산하는 것이 아닌가? 사실 그도 생산한다. 그의 노동은 무언가를 생산한다. 그렇다고 해서 그의 노동이 경제적인 의미에

기'(worlding)의 질문으로 향해 가지 못한다고 단언하는데, 나는 이 단언이 옳다고 생각한다. 맑스의 분석에서 자연은 '물적'인 특성을 결코 탈피하지 못한다.

69) 맑스가 애덤 스미스의 '생산적 노동' 범주의 용법을 논하는 가운데 정의하는 것처럼 "자본을 생산하는 노동만이 생산적 노동이다". 비생산적 노동은 "자본과 교환되는 것이 아니라 직접적으로 수입과 교환되는 것이다". 심지어 그는 이렇게 설명한다. "예컨대 배우나 혹은 광대라 하더라도…… 그가 자본가에게 도움이 되는 일을 한다면 생산적 노동자이다." Marx, *Theories of Surplus Value*, Vol. 1, Moscow: Progress Publishers, 1969, pp. 156~157.

서의 생산적 노동인 것은 아니다. 그것은 망상을 생산하는 광인의 노동과 매한가지다.[70]

여기서 맑스는 인간 존재들과 이 존재들이 도구와 맺는 연관에 관한 하이데거적인 직관을 보여 주는 데 가장 가까워진다고 할 수 있겠다. 그는 음악을 듣는 우리의 청각이 피아니스트가 생산하는[연주하는]produce 음악으로 충족된다는 점을 인정한다. 그는 피아니스트의 음악이 실제로—그리고 "일정 한도 내에서"—저 청각을 "생산하기"조차 한다는 점을 말하면서 한 걸음 더 나아가기까지 한다. 달리 말하자면 저마다 지닌 매우 특수한 음악적 청각과 특수한 음악 형식들 간의 내밀하고 상호 생산적인 관계 안에서 역사적 차이라는 쟁점, 즉 역사 1이 항상 역사 2에 의해 변경되는 방식들이라는 쟁점이 포착된다. 우리 모두가 동일한 음악적 청각을 지닌 것은 아니다. 게다가 종종 이 청각은 우리 자신도 모르는 사이에 발전한다. 어떤 음악과 이 음악의 도움으로 '생산'되는 청각 간의(나는 음악이 청각에 우선한다고 가정하고 싶지 않지만 일단 이 점은 그대로 두고 넘어가자) 역사적이지만 비의도적인 연관은 하이데거가 "손 안에 있음"the ready to hand이라 부른, 인간과 도구의 관계와 같다. 우리가 도구와 맺는 이 일상적이고 분석에 앞서며 대상화하지 않는 관계들은 이 땅에서 하나의 세계를 만들어 가는 과정에 결정적인 관계들이다. 이런 관계가 역사 2에 속할 것이다. 하이데거는 대상화하는 관계들—영역자가 "present-at-hand"(눈앞에 있음)이라 번역한—(역사 1이 여기에 속할 것이다)의 중요성을 최소화하지 않으며, 오히려 고유하게 하이데거적인 이해의 틀에서는 '눈앞에

70) Marx, *Grundrisse*, p. 305[『정치경제학 비판 요강』 1권, 310쪽]. 강조는 원문.

있음'과 '손 안에 있음' 둘 다 중요성을 보전한다. 어느 하나가 인식론적 우위를 점하지 않는 것이다.[71] 역사 2는 역사 1로 지양될 수 없다.

앞의 인용문에서 무엇이 일어나는지를 보자. 맑스는 음악을 생산하는 활동을 인정하면서도 동시에 논의와 상관없는 것으로 무시해 버린다. 그가 의도하는 바에 비춰 보면 그것은 "망상을 생산하는 광인의 노동과 매한가지다". 그런데 음악과 광인의 망상의 이러한 등치는 악의적이다. 이 등치는 맑스 스스로 우리가 보는 것을 도왔던 그것, 즉 자본이 자신의 생애에 속하지 않지만 자신에 선행하는 것들로 어디에서나—서구에서도—만나는 역사들을 시야에서 감춰 버린다. 음악은 우리가 이 땅에서 '세계들'을 만들어 가는 수단들 중의 일부이기 때문에 후일의 상품화에도 불구하고 그와 같은 역사들의 일부일 수 있을 것이다. 반면에 '광인'은 세계-빈민world-poor이라고 말해도 좋겠다. 그는 인간의 귀속이라는 문제를 강하게 가시화한다. 자주 정신 질환에 시달리는 이들, 미국의 여러 도시에서 거리를 배회하는 홈리스들, 부스스한 차림으로 쓸모없는 깨진 물건들을 아무렇게나 넣은 쇼핑 카트를 정처 없이 밀고 다니는 외로운 사람들, 이런 슬픈 인물들과 이들이 소유하고 있다고 가정되는 것들이야말로 후기 자본주의의 '광인'이 처한 이 존재 귀속의 위기를 극적으로 묘사하지 않는가? 피아노 연주자의 노동과 광인이 망상을 생산하는 노동을 맑스가 등치하는 것은 그의 자본 분석에서 역사 2에 대한 질문이 얼마나 순간적

71) Martin Heidegger, *Being and Time*, trans. John Macquarrie & Edward Robinson, Oxford: Basil Blackwell, 1985, Division 1, Chap. 3, "The Worldhood of the World"[「세계의 세계성」, 『존재와 시간』, 이기상 옮김, 까치, 1998]에서 주제가 설명된다. 최근 번역(*Being and Time*, trans. Joan Stambaugh, Albany: State University of New York Press, 1996)에서는 ready to hand를 handiness로, present at hand를 objectively present라는 표현으로 대체한다(pp. 64, 69).

으로만 일별되는지를 보여 준다. 그 질문은 드러나자마자 그의 사유에서 물러난다.

만일 내 주장이 옳다면, 이 장의 서두에 나왔던 톰슨의 언급("시간-규율 없이는 산업 노동자의 일관된 에너지가 있을 수 없으며, 이 규율이 감리교의 형식으로 나타나든 스탈린주의나 민족주의의 형식으로 나타나든 간에 여하튼 이 규율은 발전 도상의 세계에 등장할 것이다")으로 다시 돌아가 이제 우리가 읽어 낼 수 있는 어떤 불확정성indeterminacy을 역사적인 설명에서 인정하는 것이 중요하다. 자본주의 생산양식의 경험적 역사라면 어떤 것이든 다 역사 2들에 의해—반드시 기록으로 입증되는 것은 아닌 다수의 방식으로—변경된 역사 1이라 할 때, 자본에 관한 주요한 질문은 역사적으로 결정 불가능한 것undecidable으로 남게 될 것이다. 혹시라도 톰슨의 예견이 현실화되어서 돌연 뜻밖에 인도 같은 장소에서 마치 프로테스탄트 윤리의 담지자들이 그렇다고 여겨지는 만큼 '게으름'을 혐오하는 인간다움을 뽐내는 일이 벌어졌다 하더라도, 우리는 여전히 하나의 질문을 의심의 여지 없이 해소할 수는 없을 것이다. 우리가 결코 확실하게 알 수는 없는 것은 과연 이런 조건이 발생한 이유가 톰슨이 실증하는 시간 규율이 정녕 자본의 보편적인 기능적 특성이기 때문인지, 아니면 프로테스탄트 윤리를 하나의 가치로 받아들인 특수한 유럽 역사의 단편을 강제로 글로벌화한 것이 세계 자본주의이기 때문인지 여부이다. 프로테스탄트 윤리의 승리는 아무리 글로벌하더라도 확실히 보편성의 승리는 아닐 것이다. 겉으로 보기에만 일반적이고 기능적인 자본의 요청이 유럽에서 역사 1과 역사 2들 사이에 일어난 종별적 타협들을 표상하는지에 관한 질문은 적절치 못한 결정 불가능한 질문으로 남는다. '효율'과 '게으름'이라는 논제는 적절한 사례다. 예컨대 우리가 스탈린주의와 민족주의와 강제적인 자유 시장의 세월을 겪은 뒤에도 자본주의 세계에서 늘 있었던 '게으름'이라는 주제를 없앨 수 없었다는 것을 우리는 알고 있다. 그 주제는 서유럽에서 자본이 특수한 모습으로 시작된 이래로 언제나 이 집단 또는 저 집단을 향해 가해진 비난으로 남아 있다.[72)]

자본의 역사적 형태는 아무리 글로벌해져도 결코 보편적일 수 없다. 글로벌 자본은(로컬 자본이라 해도 마찬가지로) 자본의 보편적 논리를 표상할 수 없는데, 왜냐하면 역사적으로 이용할 수 있는 자본 형태는 어떤 것이든 누군가의 역사 2들에 의해 변경된 역사 1로 이루어진 일시적 타협이기 때문이다. 그런 경우에 보편자는 자리를 점유하는 자로서만 실존할 수 있으며, 언제나 그 자리는 보편자를 자임하는 역사적 특수자에 의해 참칭된다. 이는 계몽 사상 이후의 합리주의 또는 휴머니즘에 보존된 보편자들을 내놓겠다는 뜻은 아니다. 자본에 대한 맑스의 내재적 비판이 이루어질 수 있었던 것은 '자본' 범주 자체 안에서 그가 읽어 낸 보편적 특성들 덕분이다. 그런 독해가 없었다면 자본에 대한 특수한 비판들만 있을 수 있다. 하지만 특수한 비판은 정의상 '자본'에 대한 비판일 수 없는데, 왜냐하면 그와 같은 비판은 '자본'을 대상으로 취할 수 없을 것이기 때문이다. '자본' 범주를 포착하는 것은 자본의 보편적 구성을 포착하는 것을 수반한다. 나의 맑스 독해는 어떤 식으로도 보편자와의 대결 필요를 제거하지 않는

72) 이 주제에 관한 고전적인 연구인 Syed Hussein Alatas, *The Myth of the Lazy Native: A Study of the Image of Malays, Filipinos and Javanese from the 16th to the 20th Century and Its Function in the Ideology of Colonial Capitalism*, London: Frank Cass, 1977을 볼 것. 게으름이라는 주제는 실은 민족적이든 글로벌하든 그 어떤 자본주의 구조에나 다 있는 영원한 주제이다. 인간들을 '일'하게 만드는 동기는 무엇인가라는 해결되지 않는 질문에 비즈니스가 얼마나 많이 얼마나 부단히 골몰했던가를 보여 주는 데 있어서 다시 조사해 볼 만한 것은 그 '동기'에 관한 비즈니스(와 비즈니스 스쿨) 문헌이다.

다. 내가 시도하려고 했던 것은 바로 저 '자본' 범주를 하나의 장으로 읽는 독해를 생산하는 것인데, 이 장에서는 자본의 보편사와 인간 귀속의 정치가 서로의 서사를 중단시키려 하게 된다.

자본은 철학적-역사적 범주이고, 이는 곧 역사적 차이가 자본에 외재적인 것이 아니라 오히려 자본에 구성적이라는 말이다. 자본의 역사들은 정도의 차이가 있어도 어쨌든 강력한 역사 2들에 의해 구성적이면서도 불균등하게 변경되는 역사 1이다. 그런 의미에서 자본의 역사들은 인간이 다양한 방식으로 존재하는 정치에서 탈피할 수 없다. 자본은 유럽 계몽 사상의 보편적 주제들 중 일부를 모든 역사 안으로 가져오지만, 숙고해 보면 보편자는 어떤 대리자 또는 특수자가 자임과 지배의 태도로 그것의 위상을 참칭할 때만 그것의 불안정한 윤곽이 겨우 가시화되는 텅 빈 자리 점유자임이 드러난다. 그리고 그것이야말로 글로벌 자본으로 인해 우리가 직면하게 되는 벗어날 수 없으며 쉬지 않고 계속되는 역사적 차이의 정치인 것 같다. 그와 동시에, 역사 1의 늘 비어 있는 자리 안에 다른 역사들을(우리는 자본 논리에 의해 정립되는 저 보편적인 텅 빈 역사를 이 다른 역사들을 갖고 변경하고 길들이고자 하는데) 놓으려는 투쟁이 이번에는 저 보편사의 암시를 우리의 다양한 삶의 실천 안으로 가져온다.

그 결과로 나타나는 과정은 역사가들이 보통 '자본주의로의 이행'이라 묘사하는 그것이다. 이 이행은 또한 다양한 생활 세계들을, 그리고 인간으로 존재하기에 관한 개념적 지평들을 자본 논리에 내재하는 계몽 사상의 범주들로 번역하는 과정이기도 하다. 맑스적 범주들의 관점에서 인도사를 사유하는 것은 아대륙에서 인간 관계에 관해 사유하고 실천한 것들의 현존하는 아카이브를 그와 같은 범주들로 번역하는 것이다. 하지만 그것은 또한 이 범주들의 도움을 받아 그 사유와 실천을 변경하는 것이기도 하다. 이 과정에 내포된 번역의 정치는 양쪽 길로 작용한다. 번역은 사회과학의 보편 언어의 출현을 가능하게 만든다. 하지만 번역은, 똑같은 이유로, 번역 과정의 양 측면에서 사회과학 범주들에 접근하는 프로젝트를 가능케 하는데, 이는 두 유형의 역사에 여지를 주기 위해서다. 하나는 분석적 역사들로 이루어지는데, 이 역사는 자본의 추상화하는 범주들을 통해 마침내 모든 자리를 서로 교환될 수 있는 것들로 만드는 경향을 띤다. 역사 1이 바로 그러한 분석적 역사이다. 역사 2의 관념은 우리를 더욱 정동적인 서사들로 다가가도록 하는데, 이 인간 귀속의 서사들에서 삶의 형식들은 비록 서로 통하는 많은 구멍을 갖고 있지만 추상 노동 같은 제3의 등가항을 통해 교환될 수 있는 것들이 아니다. 역사 1의 양식 안에서 자본주의로의 번역/이행은 세 항의 작동을 내포하며, 그 중에서 셋째 항은 일반화된 교환을 가능하게 해주는 등가성의 척도를 표현한다. 하지만 이와 같은 번역/이행을 역사 2의 영역에서 검토하는 것은 그 어떤 제3의 개입 범주 없이 두 범주 사이에서 이루어지는 거래로서의 번역에 관해 사유하는 것이다. 여기서의 번역은 일반화된 교환 과정이라기보다는 물물 교환 같다. 우리는 이 두 번역 양식의 관점에 동시에 입각해서 사유할 필요가 있는데, 왜냐하면 이 양식들은 함께 자본이 인간 귀속의 다양하고 구멍 투성이이며 갈등적인 역사들을 가로질러 글로벌화되는 가능성의 조건을 구성하기 때문이다. 그러나 자본의 글로벌화는 자본의 보편화와 같지 않다. 글로벌화가 뜻하는 것은 맑스의 비판에 그토록 결정적인 보편적이고 필연적인 자본 논리인 역사 1이 실현되었다는 것이 아니다. 자본의 자기 실현을 중단시키고 지연시키는 것은 항상 역사 1을 변경하고 그럼으로써 우리가 역사적 차이를 주장하는 데 근거 노릇을 하는 다채로운 역사 2들이다.

3장

생활 세계들을 노동과 역사로 번역하기

사실 역사가는 결코 역사에서의 시간이라는 문제에서 벗어날 수 없다.
원예사에게는 땅과 삽이 밀착되어 있듯이
역사가에게는 시간과 그의 사유가 밀착되어 있다.
페르낭 브로델

시간을 정밀하고 동질적인 연속체로 표상하는 통속적 관점은……
맑스주의적인 역사관을 희석시켰다.
조르조 아감벤

역사처럼 세속적인 주제는 신과 정령spirit과 그 밖의 초자연적인 것이 이 세상에서 행위 능력agency을 발휘하는 실천들을 다룰 때 일정한 문제들에 직면한다. 내가 드는 중심 사례는 남아시아의 노동의 역사에 관한 것들이다. 생산 활동인 노동이 인도에서 완전하게 세속적인 활동인 경우는 거의 없다. 그것은 흔히, 크건 작건 의례들을 거쳐, 성스럽거나 초인간적인 존재에게 의지하는 기도를 수반한다. 세속적인 역사들은 대개 이런 존재들의 표식을 무시하면서 생산된다. 그와 같은 역사들은 두 사유 체계, 즉 세계가 궁극적으로—최종적인 분석에서—탈주술화되어 있는 사유 체계와 인간만이 의미 있는 행위자는 아닌 사유 체계의 만남을 나타낸다. 역사 서술이라는 목적을 위해 전자의 세속적인 체계가 자신의 내부로 후자의 사유 체계를 번역한다. 여기서 내게 흥미로운 것은 바로 이 번역—그것의 방법들과 문제들—인데, 이는 서발턴 역사에 대한 질문을 역사 그 자체와 근대성에 관한 포스트식민적 비판 안에 자리매김하려는 더 폭넓은 시도의 일부를 이룬다.

이 비판은 다음과 같은 딜레마에서 시작되어야만 한다. 서발턴 역사를 서술하는 것, 즉 억압과 착취에 맞선 저항을 실증하는 것은 세계를 사회적으로 더욱 정의로운 곳으로 만들려는 더 큰 시도의 일부여야만 한다는 딜레마가 그것이다. 사회적 정의에 관한 예리한 감각이 서발턴 연구 프로젝트를 촉발시켰는데, 이런 감각에서 서발턴 연구를 비틀어 빼낸다면 이 프로젝트에 참여 의식과 지적 에너지를 준 그 정신에 위배되는 일일 것이다. 또한 이것을 두고 인도에서의 현실주의적 산문prose의 역사에 위배되는 일이라 말할 수도 있겠다. 왜냐하면 근대적 제도들에 의해 정의가 관장되면서 우리는 사회과학의 언어들을 통해 세계를 탈주술화된 것으로 상상하도록 요청받는다고 주장하는 것이 타당할 수 있기 때문이다.

역사의 시간

역사 자체의 시간은 신이 없는 연속적인 시간이며, 발터 벤야민을 따라 말하자면 텅 빈 동질적인 시간이다. 여기서 내가 의미하는 바는 우리가 근대적 역사 의식을 채택하면서(학술적인 글에서든 아니든) 생각하는 세계가 막스 베버의 묘사에 따르면 이미 탈주술화된 세계라는 것이다. 신과 정령과 여타 '초자연적' 힘들은 우리의 서사에서 행위 능력을 지닌다고 자처할 수 없다. 게다가 이 시간은 텅 빈 시간인데, 왜냐하면 마치 밑 빠진 주머니 같아서 어느 만큼의 사건이든 다 그 안에 넣을 수 있기 때문이다. 또 이 시간은 동질적인데, 왜냐하면 그 어떤 특수한 사건들에도 영향을 받지 않기 때문이다. 이 시간의 존재는 그런 사건들과 독립적이며 어떤 의미에서는 그 사건들에 앞서 존재한다. 사건들은 시간 안에서 일어나지만, 시간은 사건들에 영향을 받지 않는다. 인류 역사의 시간은—이 우주의 진화에 관한 모든 대중서에 나오는 것처럼—우주의 시작으로 소급해 가는 진화적이고 지질학적인 변화의 시간, 인류 전사의 시간과 합쳐진다. 그것은 자연의 일부이다. 이래서 언젠가 홀데인은 '모든 것은 역사를 갖는다'라는 제목의 책을 쓸 수 있었던 것이다.[1)] 역사가들이 자신의 작업에 존재론적인 정당화를 부여하려고 자동적으로 가정하게 되는 시간은 따라서 뉴턴적인 과학의 시간과 차이가 없는 것이다. 이 시간 안에서 사태들은 더 빠르게 또는 더 느리게 전개된다. 요컨대 그것은 단지 속도의 문제이다. 그리고 그 시간은 순환적일 수도 있고 선형적일 수도 있다. 주 단위의 시간은 순환적이고, 잉글랜드의 시간은 백 년 주기로 순환하며, 연도의 행렬은 선형적이다. 역사가들이 타당한 이유를 들어 시간의 상이한 영역들(가사의 시간, 노동의 시간, 국가의 시간 등등)에 관해 말할 수도 있을 것이다. 하지만 이 모든 시간은 순환적이든 선형적이든 빠르든 느리든 관습 체계의 일부나 문화적인 표상 코드가 아니라, 보다 더 객관적인 어떤 것이나 '자연' 자체에 속하는 어떤 것으로 취급되는 것이 보통이다. 예컨대 19세기에 연대기 편성이 쉽지 않은 역사들의 연대를 비정할 때 고고학을 사용한 경우를 살펴보면 이러한 자연/문화 분할이 분명해진다.

근대 역사 의식이, 또는 이 문제와 관련해서는 학술적인 역사가, 최근에 시작된(사실 근대 과학들의 상상태들이 그런 것처럼) 장르들이라는 주장 같은 상투어를 역사가들과 역사철학자들이 모르는 것은 아니다. 또한 이러한 장르들이 시작된 이래로 겪었던 변화를 인지하는 데 이들이 더디지도 않았다.[2)] 오히려 역사적 시간의 자연주의는 모든 것이 역사화될

1) John Burdon Sanderson Haldane, *Everything Has a History*, London: Allen and Unwin, 1951.

수 있다는 그 믿음 안에 있다. 역사라는 분과학문의 비자연성이 인정된다 하더라도, 그것의 방법론이 보편적으로 적용되리라는 가정은 자연적으로 실존하는 연속적인 역사적 시간의 흐름에 사람과 장소와 사물을 배정하는 것이 언제나 가능하다는 더 나아간 가정을 수반한다.[3] 따라서 어떤 사회가 시간성에 대해 나름대로 이해하는 것과 무관하게, 역사가는 항상 글로벌한 시간의 선을 만들어 낼 수 있으며, 그 시간의 선 안에서 X와 Y와 Z 지역의 사건들은 일정한 범위의 시간 동안에 일어나는 것으로 명명될 수 있다. 이 지역들 중에는 하와이 사람이나 힌두교도처럼 일각에서 말하듯이 유럽인의 도래 이전엔 '연대기적 역사 감각'(기억 및 역사성 이해의 다른 형태들과 구별되는)이 없었던 사람들이 거주하는 곳도 있다는 사실은 문제가 되지 않는다. 그들이 스스로 무엇을 생각하고 자신의 기억을 어떻게 조직하는지와는 반대로, 역사가는 우리 모두가 의식적이든 아니

2) Peter Burke, *The Renaissance Sense of the Past*, London: Edward Arnold, 1970을 볼 것. 고전적인 Edward Hallett Carr, *What Is History?*, Harmondsworth: Penguin, 1970[『역사란 무엇인가』, 김택현 옮김, 까치, 2007]은 카 자신의 생애 동안 이 장르가 어떻게 변해 왔는지를 논의한다. Robin George Collingwood, *The Idea of History*, Oxford: Oxford University Press, 1976(first pub. 1936)는 "근대 유럽의 역사관"을 다른 역사적 감수성들이나 또는 이런 감수성들의 결핍과 구별한다. Marc Bloch, *The Historian's Craft*, trans. Peter Putnam, Manchester: University of Manchester Press, 1984(first pub. 1954)[『역사를 위한 변명』, 고봉만 옮김, 한실사, 2007]에서는 역사가의 방법을 근대적인 "회의의 방법"에 연결한다. Fernand Braudel, *On History*, trans. Sarah Matthews, Chicago: University of Chicago Press, 1980은 '역사'를 사회학과 협력하여 "독특한 지적 모험"을 벌이는 것으로 묘사한다(p.69). John Greville Agard Pocock, *The Ancient Constitution and the Feudal Law*, Cambridge: Cambridge University Press, 1990(first pub. 1957)는 근대 역사 방법론 특유의 기원이 17세기 법사상이라고 주장한다.

3) 예외적인 것은 Giorgio Agamben, "Time and History: Critique of the Instant and the Continuum", *Infancy and History: Essays on the Destruction of Experience*, trans. Liz Heron, London & New York: Verso, 1993, pp.89~108[「시간과 역사」, 『유아기와 역사』, 조효원 옮김, 새물결, 2010, 165~193쪽]이다.

든 공유한다고 여겨지는 어떤 시간 안에 그들을 넣을 수 있는 능력을 지닌다. 그러므로 하나의 코드로서의 역사는 자연적이고 동질적이며 세속적인 달력 위의 시간을 내세우는데, 이런 시간 없이는 인류 진화/문명의 스토리—즉 단일한 인류의 역사—를 말할 수 없다. 달리 말하자면 역사적 설명에 틀이 되는 세속적 달력의 코드에 따라 역사 안에서 확립되는 주장은 다음과 같은 것이다. 문화 또는 의식과 독립해서 사람들이 역사적 시간 안에 실존한다는 주장. '역사'가 과거에 실존했는지를 모른다 해도, (말하자면, 유럽과의 접촉 이후에) 그 '역사'를 찾아내는 일이 항상 가능한 이유가 바로 이것이다. 대지가 실존하는 것과 같은 방식으로 역사도 실존한다고 여겨진다.

반면에 나는 역사의 기본 코드인 이 시간이 자연에 속하는 것이 아니라는, 즉 인간의 표상 체계에서 전적으로 독립적인 것이 아니라는 가정에서 출발한다. 그것은 근대 주체의 특수한 구성물을 나타낸다. 그렇다고 이러한 시간 이해가 틀렸다거나 멋대로 포기해 버릴 수 있다고 말하는 것은 아니다. 하지만 우리가 감각하는 세계와 우주에 대한 뉴턴적인 상상태 사이에, 우리가 경험하는 세속적 시간과 물리학의 시간 사이에 있던 유형의 조응이 아인슈타인 이후의 여러 구성물들 안에서는 분명히 깨져 버린다. 뉴턴적인 우주에서는, 역사적인 상상태에서처럼, 사건들에 대한 진술로부터 사건들이 많건 적건 분리될 수 있다. 사실적인 것은 수학에서 산문으로 번역될 수 있고 아니면 상이한 언어들 사이에서 번역될 수 있는 것으로 간주된다. 따라서 뉴턴 물리학에 관한 초등 교과서가 최소한의 수학 기호들을 사용하여 벵골어의 철자와 숫자로 완벽하게 서술될 수 있다. 하지만 아인슈타인 이후의 물리학에서는 그렇지 않다. '휜 공간'curved space 같은 표현에 담긴 수학적 상상태를 산문으로 옮기려 할 때 언어는 몹시 팽팽해진다(상식적으로 생각해 보면 그와 같은 공간이 공간 자체가 아닌 그 어디에 존재하겠는가?). 이 후자의 경우에 번역 가능성이라는 가정은 그리 탄탄하지 않다고, 아인슈타인 물리학의 상상태를 배우는 데는 수학의 언어를 통하는 것이 가장 낫다고 말할 수 있을 것이다. 지금 우리가 말하고 있는 사건들의 우주는, 사건들에 대한 진술로부터 사건들이 분리될 수 없는 그런 우주인 것이다. 현대 물리학은 20세기 초에 언어학적 전환을 이루었다고 말해도 될 것이다. 물리학자 폴 데이비스가 지적하듯이, 아인슈타인 이후의 우주론은 우리가 '신의 눈'으로 우주를 보지 않으려 하는 한에서만(총체화하지 않으려 하는 또는 '전체'를 보지 않으려 하는 한에서만) 수학적으로 이해된다. "나는 기묘하고 경이로운 상대성의 세계를 다루는 데 익숙해졌다. 공간 왜곡, 시공간의 변형, 다수의 우주 등의 관념은 이론 물리학의 생소한 작업 안에서 일상의 도구가 되었다.……내 생각엔 현대 물리학에 의해 드러난 현실은 근본적으로 인간의 정신에 낯선 것이고, 직접적인 가시화가 지닌 모든 힘을 좌절시킨다"라고 데이비스는 쓴다.[4)]

소위 언어학적 전환 이후에 글을 쓰는 역사가라면 언어가 사건에 완벽하게 접근할 수 있다는 생각을 더 이상 하지 않겠지만, 그들 중에서 좀 더 침착한 이들은 이러한 입장의 더 약한 판본에 의지하여 광기를 피하고자 할 것이다. 최근의 책 『역사가 사라져 갈 때: 왜 우리에게 역사적 진실이 필요한가』에서 보듯, 이 역사가들은 포스트모더니즘의 여파 안에서 글을 쓰면서도 "쓸모 있는 진실들", 즉 언어와 표상이 우리와 세계 사이에서 언제나 (얇은?) 막을 형성하고 있다는 점이 인정된 이후에도 여전히 모두

4) Paul Davies & John Gribbin, *The Matter Myth: Beyond Chaos and Complexity*, Harmondsworth: Penguin, 1992, pp. 103~104.

가 동의할 수 있는 사실에 근접한 진실이라는 이상을 지향할 것이다(마치 실제 생활에서 우리의 일상 움직임들을 조정할 때는 대부분 아인슈타인 물리학 또는 양자물리학의 통찰을 무시할 수 있는 것처럼). 상이한 언어들 사이에서의 번역 가능성이라는(가령 베트남의 역사를 벵골어로 번역하는) 보다 높은 이상은 설혹 언어가 늘 그 시도를 저지한다고 해도 추구해 볼 가치가 있는 일이 된다. 일종의 수정된 뉴턴주의인 이러한 이상은, 그 역사가들의 견해로는, '번역 불가능성', '통약 불가능성' 등등을 말하는 포스트모더니스트와 문화적 상대주의자의 완전히 미친 짓에 맞서는 역사가의 보호막이다.[5)]

물리학자 데이비스의 세계와 달리, 역사라는 분과학문 안에서는 현실의 상상태가 '인간 정신 일반'the human mind의 능력, 즉 가시화의 힘에 의존한다. 여기서 결정적인 것은 정관사로 표시되는 인간 정신 '일반'이라는 대목인데, 왜냐하면 이 현실이 열렬히 획득하고자 하는 것은 특수한 인간 언어들과의 관계에서 투명함의 지위를 갖는 것, 즉 뉴턴적인 과학에서 유지되는 객관성의 이상을 획득하는 것이기 때문이다. 이러한 객관성 안에서, 상이한 언어들 사이의 번역은 과학 그 자체의 고등 언어에 의해 매개된다. 따라서 힌디어의 pani와 영어의 water는 모두 H_2O에 의해 매개될 수 있다. '인간 정신 일반'의 능력을 표현하는 것이 아니더라도 그 능력의 진가를 보여 주는 것은 말할 나위 없이 오직 고등 언어뿐이다. 신이 없는 연속적이고 텅 빈 동질적 시간이라는 관념은 역사가 다른 사회과학이

---

5) Joyce Appleby, Lynn Hunt & Margaret Jacobs, *Telling the Truth about History*, New York: W. W. Norton, 1994[『역사가 사라져 갈 때: 왜 우리에게 역사적 진실이 필요한가』, 김병화 옮김, 산책자, 2013].

나 근대 정치철학과 공유하는 기본적인 밑돌이고, 모든 것에 두루 관련되는 고등 언어의 모델에 속하는 관념이라는 점을 나는 제시하고 싶다. 그것은 일반성의 구조를 표상하며, 근대 역사 의식을 당연시하는 대화들 안에 자리 잡은 과학적인 것을 향한 열망을 표상한다.

그러므로 근원적인 번역 불가능성의 명제는 역사가의 시도를 받쳐주는 보편 범주들에게는 하나의 문제로 다가온다. 하지만 그것은 바로 저 보편자의 본성 자체에 의해서 창출된 허구적 문제이기도 하다. 여기서 보편자는 현장에 있는 모든 특수자를 매개하는 후발적인 일반적 구성물로 기능하려 한다. 역사적이고 휴머니즘적인 시간——즉 신과 정령을 상실한 시간——의 세속적 코드가 그러한 보편자 중 하나이다. 종교적인 것, 초자연적인 것, 신성한 것, 유령적인 것 등의 편에서 행위 능력을 주장하는 것은 이 보편자의 관점 안에서 매개되어야만 한다. 사회과학적 역사가는 맥락들이 특수한 신들을 설명해 준다고 상정한다. 그러니 우리 모두가 동일한 맥락을 갖는다면 동일한 신을 갖게 되는 것이다. 하지만 문제가 하나 있다. 우리의 과학들의 동일성이 전 세계적으로 보장될 수 있다고 해도 우리의 신과 정령의 동일성은 똑같이 객관적인 방식으로 입증될 수 없으리라는 점이다(모든 종교에서 말하는 신은 동일하다는 선의의 항변에도 불구하고). 따라서 과학들은 서로 다른 문화권에 사는 우리의 세계 이해에 모종의 동일성이 있음을 나타내지만 신들은 차이를 나타낸다고(이 장의 뒷부분에서 아주 짤막하게 다룰 개종의 역사를 당장은 괄호 친다면) 말해도 좋을 것이다. 신과 정령의 존재에 관해서 역사 또는 사회학의 세속적 언어로 서술하는 것은 차이의 장에 속하는 무엇을 어떤 보편 언어로 번역하는 일과 마찬가지다.

남아시아의 노동의 역사는 이 문제에 관한 흥미로운 사례를 제공한다. '노동'work/labor 은 보편적인 사회학들의 생산에 깊숙이 연루된 말이다. 노동은 자본주의 자체의 상상태에서 핵심 범주 중 하나다. 우리는 자본주의가 모든 종류의 맥락 안에서 도래한다고 생각하는 것과 마찬가지로 근대적 범주인 '노동'이 모든 유형의 역사에서 등장한다고 상상한다. 이래서 '어디어디에서 노동의 역사'라는 친숙한 장르의 연구가 가능해진다. 이런 의미에서 나의 문제 제기에서는 노동이, water와 pani의 관계에서 H_2O가 지니는 것과 같은 지위를 지닌다. 요컨대 인도의 모든 노동사가가 아는 것처럼, 근대적인 말인 '노동'이 다양하고 상이한 연계들을 갖는 말과 실천 전반을 하나의 일반적 범주로 번역하는 것이다. 사태를 더 복잡하게 만드는 것은 인도 사회 같은 곳에서는 인간 활동(사회학적으로 말해서 노동이라 간주될 것을 포함하여)이 흔히 바로 그 노동 과정 안에 현존하는 신과 정령의 행위 능력에 연계된다는 사실이다. 예컨대 하티야르 푸자Hathiyar puja, 즉 '도구 숭배'는 인도 북부 지역의 여러 공장에서 흔하고 친숙한 축제이다. 우리(인도 서발턴 계급들의 과거에 대해 이야기하는 자를 나는 '우리'라 부르겠다)가 이 주술적인 세계를 탈주술화된 산문으로 옮기면서(말하자면 사회적 정의에 대한 관심에서 요청되는 옮김), 과연 신성함과 초자연성이 노동의 역사 안에 현존한다는 이 문제를 어떻게 다룰 것인가? 이 일을 함에 있어서 과연 우리는 어떻게 서발턴을(신과 정령 자체가 서발턴의 활동 안에 현존하는데) 자신들의 역사의 주체로 보전할 것인가? 나는 인도의 '자본주의 이행'이라는 맥락에서 노동의 역사들에 대한 편린을 생산해 낸 『서발턴 연구』 역사가 셋(기안 프라카시, 기아넨드라 판데이, 그리고 나 자신)의 작업을 검토하면서 이 문제에 파고들겠다. 나의 논의에 역사가의 시도 일반에 관해 말해 주는 어떤 것이 있으면 좋겠다.

활동을 '노동'으로 옮김

내가 했던 노동사 연구에서 사례 하나를 가져와서 시작하자. 노동자들의 기계 숭배가 수반되는 어떤 특수한 축제(인도에서는 아직도 흔한)에 대해 1930년대에 나온 다음과 같은 묘사를 생각해 보라. "캘커타 인근의 일부 황마 공장에서는 이 무렵[가을—인용자]에 기계공들이 종종 염소를 제물로 바친다. 기계공들은 별도의 제단을 쌓고……그 위에 다양한 용구들과 다른 상징물들을 놓고……향을 피운다.……저녁이 되면 숫염소를 깨끗하게 씻겨서 마지막 제물로 준비한다.……짐승의 목을 일격에 따서……그 머리를 성스러운 갠지스강에 담근다."[6] 이 특수한 축제는 인도 북부 여러 지역에서 노동 계급에게 하나의 공휴일로, 기술자의 신인 비슈바카르마Vishvakarma의 이름을 딴 휴일로 기려졌다.[7] 이것을 우리는 어떻게 읽을 것인가? 이날이 지금은 인도의 공휴일이 되었을 정도로 그것은 분명히 고용주와 노동자와 국가 사이의 교섭 과정에 종속된 것이었다. 오락과 여가라는 관념들이 노동을 효율적이고 생산적인 것으로 만드는 담론에 속하는 한에서 이 '종교적' 휴일 자체가 노동이 관리되고 규율화되는 과정에 속하고, 따라서 추상 노동이 상품 형태 안에서 출현하는 역사의 일부라고 주장할 수도 있을 것이다. 휴일의 바로 저 공적인 성격이야말로 이것이 생산의 새로 등장하는 민족적이고 세속적인 달력에 기입되었음을 보

---

6) Daniel Houston Buchanan, *The Development of Capitalistic Enterprise in India*, New York: Macmillan, 1934, p. 409. Dipesh Chakrabarty, *Rethinking Working-Class History: Bengal 1890~1940*, Princeton: Princeton University Press, 1989, pp. 89~90에서 재인용.
7) 이 축제의 오늘날의 모습에 대한 분석과 묘사로는 Leela Fernandes, *Producing Workers: The Politics of Gender, Class, and Culture in the Calcutta Jute Mills*, Philadelphia: University of Pennsylvania Press, 1997을 볼 것.

여 준다. 이렇게 우리는 어느 곳의 어떤 노동 계급의 종교적 휴일에도 적용하게 될 세속적 서사를 생산할 수 있을 것이다. 크리스마스나 무슬림의 축일인 이드Eid 역시도 비슷하게 조명될 수 있을 것이다. 비슈바카르마 푸자(숭배)와 크리스마스 또는 이드 사이의 차이는 인류학적으로, 즉 또 다른 주인 코드—'문화' 또는 '종교'—를 일관된 보편적인 것으로 견지함으로써 설명될 것이다. 종교들 간의 차이는 정의상 '문화' 또는 '종교'라는 주인 범주에 그 어떤 위기도 조성할 수 없다. 이러한 범주들에 문제가 있으며 영어권에서 '문화' 또는 '종교'라 부르는 그것을 모든 사람이 갖고 있는 것은 아니라는 사실을 우리가 알고 있지만, 그럼에도 불구하고 우리는 마치 이러한 제한이 별로 중요하지 않다는 듯이 작업해야만 한다. 내 책에서 이 에피소드를 바로 이런 식으로 다뤘던 것이다. 비슈바카르마 푸자가 생산의 리듬을 중단시키면서 터져 나오더라도 나의 맑스주의 또는 세속주의에는 위협이 되지 않았다. 노동사를 하는 여러 동료처럼 나도 기계 숭배—택시에서 인력거나 미니 버스, 그리고 선반 기계에 이르기까지 인도의 일상 생활에 있는 사실—를 우발적인 사고들에 대처하는 '보험증서'로 해석했다. 소위 종교적인 상상태 안에서(마치 언어 안에서 그렇듯이), 여분—도상학과 의례들이 거대하게, 게다가 엄격한 기능주의적 관점에서 보면 불필요할 만큼 정교하게 집성된 것—은 순전히 기능주의적인 접근의 빈곤을 입증했음에도 불구하고 나는 세속적 서사를 결코 단념하지 않았다. 노동자들이 신과 정령을 의식적으로 또는 교조적으로 믿었는지 여부에 관한 질문도 표적을 벗어난 것이었다. 무엇보다도 신들은 마치 이데올로기가 실재하듯 그렇게 실재하는 것, 즉 실천들 안에 박혀 있는 것이기 때문이다.[8] 대체로 신들의 현존은 의식적인 믿음에 의해서라기보다는 의례들에 의해 집단적으로 환기된다.

기아넨드라 판데이가 자신의 책 『식민지 북인도의 코뮤널리즘의 구성』에서 조사한 식민지 우타르프라데시Uttar Pradesh의 직조의 역사는 역사의 일반적인 세속적 시간과 신과 정령의 특이한 시간들 사이의 이러한 긴장에 대한 또 다른 사례를 우리에게 제공한다.[9] 판데이의 작업은 줄라하Julaha들이라 불리는 일군의 북인도 무슬림 직조공의 역사를 다루며, 영국인 식민지 관료들이 종교적 광신자들을 보던 정형화된 관점에 대해 창의적이고 근원적인 재검토를 수행한다. 줄라하들이 19세기 말~20세기 초 식민지 경제 정책의 결과로 자신들의 수공예로부터 점점 더 멀어지게 되었으며 이는 이 시기 그들의 문화적 관행의 역사와 관련이 있음을 판데이는 보여 준다. 그렇지만 판데이의 텍스트는 특유의 생활 세계들을 보편적인 사회학적 범주들(노동에 대한 내 작업에 내포된 범주들과 유사함)로 번역하는 문제들을 노정한다. 한편으로 그는 산업화 초기에 보이는 직조공 일반의 형상에 의존한다. 이 형상은 유럽의 역사를 향해 그가 취하는 비교론적 자세에 기초가 된다. 『영국 노동 계급의 형성』의 '직조공들'이라는 장을 시작하는 문장("19세기 직조공들의 역사는 좋았던 시절의 전설에 사로잡혀 있다")과 맑스의 총론적 인용이 판데이가 쓴 장에서 틀 구실을 한다. "직조공들은 하는 일의 속성상 어디에서나 흔히 대금업자와 중간 상인에게 의존적이었고 시장의 동향에 취약했는데, 산업 자본주의가 진전된 시기에는 더욱더 그러했다"고 판데이는 쓴다. 몇 쪽 뒤에서 그는 이렇게 덧붙인다. "19세기 북인도 직조공의 역사는, 다른 맥락에서 나온 톰슨의 문

---

8) Slavoj Žižek, *The Sublime Object of Ideology*, London & New York: Verso, 1989, pp. 30~34[『이데올로기의 숭고한 대상』, 이수련 옮김, 새물결, 2013, 65~70쪽].

9) Gyanendra Pandey, *The Construction of Communalism in Colonial North India*, Delhi: Oxford University Press, 1990.

구로 말한다면, '좋았던 시절의 전설에 사로잡힌다.'"[10] 심지어 그는 톰슨 풍으로 "자신들의 경제적·사회적 지위를…… 보존하려는 직조공의 투쟁"에 대해, 이런 투쟁을 추동했던 "그들의 기억들과 자부심"에 대해 서술한다.[11]

다른 한편으로는 증거에 대한 판데이 본인의 감수성과 예민한 책임감에서, 비교론적인 자세가 문제시될 만큼 그렇게 강한 방식으로 역사적 차이에 관한 질문(그가 톰슨 인용 부분을 '상이한 맥락'에 배치할 때 이미 조짐을 보인)이 제기된다. 톰슨의 설명에서 "좋았던 시절의 전설"은 전적으로 세속적이다. 이 전설에서 황금기는 "소장인과 노동자" 사이의 "인간적이고…… 친근한" 관계들에 대한 이야기와, "강하게 조직된 조합들"과 상대적인 물질적 번영과 직조공의 "독립적 가치에 대한 깊은 애착"에 관한 이야기로 묘사된다.[12] 촌락 공동체에 있는 웨슬리교 교회는 차라리 베틀과 신 사이의 물리적이고 실존적인 거리를 표시해 주고 있었으며, 톰슨이 말하듯이 직조공들은 종종 "교구의 목사님"에게 비판적이었다.[13] 다른 한편 신은 판데이가 설명하는 북인도 직조의 현상학에서 언제나 현존하는 존재이며, 이 신은 톰슨의 설명에 나오는 신과 아주 상이한 신이다. 판데이가 명확히 했던 것처럼, 노동과 숭배는 실로 줄라하들에게는 분리될 수

---

10) Pandey, *The Construction of Communalism in Colonial North India*, pp. 71, 74; Edward Palmer Thompson, *The Making of the English Working Class*, Harmondsworth: Penguin, 1968, p. 297[『영국 노동 계급의 형성』 상권, 나종일 외 옮김, 창비, 2000, 374쪽]. 강조는 추가.

11) Pandey, *The Construction of Communalism in Colonial North India*, pp. 99, 102.

12) Thompson, *The Making of the English Working Class*, pp. 302, 303, 305[『영국 노동 계급의 형성』 상권, 380, 381, 385쪽]를 볼 것.

13) *Ibid*., pp. 305, 323[같은 책 상권, 385, 406쪽].

없는 두 가지 활동이고, 인구 통계와 행정과 사회학이 겹치는 세속적인 언어들 안에서만 그들이 '하는 일'을 가리키는 이름인 직조를 그들에게 부여할 정체성으로 삼는 것이 과연 일리 있는 것인지 물어도 될 만큼 그렇게 분리될 수 없는 활동들이다.

판데이가 설명하듯이, 그의 직조공들은 누르바프nurbaf, 즉 '빛의 직조공'이라 자칭했다. "바라 반키 지구의 두 촌락에 살던 무슬림 직조공"에 대한 디파크 메타의 연구에 근거하여 판데이가 주목하는 것은 "직조공의 생활에서 노동과 숭배의 내밀한 접속이며, 노동과 숭배의 실행에서 직조공의 주요 종교 텍스트(즉 키타브kitab)인 『무피드-울-모미닌』Mufid-ul-Mominin의 중심성이다". 『무피드-울-모미닌』에는 "직물을 짜는 실천이 태초에 어떻게 시작되었는지 적혀 있고"(아담과 하와[이브]와 자브릴[가브리엘] 스토리의 한 버전), "직조의 상이한 단계들에 맞춰 부르는 19개의 탄원 기도문이 열거되어 있다"고 판데이는 덧붙인다.[14] 초보자가 입문할 때는 "베틀과 연계된 모든 기도문이 낭송되며……이 입문식이 거행되는 집의 주인인 우두머리 남자 직조공은 베틀과 카르카나karkhana[작업장 또는 작업 베틀—인용자]가 정화되는 의례가 집행되는 달의 첫 6일간 키타브에 나오는 아담의 질문들과 자브릴의 대답들 전부를 낭독한다"고 그는 지적한다. 베틀이 아버지에게서 아들에게 전해질 때, 다시 "아담과 자브릴의 대화 전부를 성자가 낭독한다".[15] 이것은 지나간 과거의 시간들에 대해 어떤 기억을 확립하는 것과 전혀 다르며, 톰슨이 지적한 것 같은 "좋았던 시절

14) Pandey, *The Construction of Communalism in Colonial North India*, pp. 88, 97~98. 또한 Deepak Mehta, "The Semiotics of Weaving: A Case Study", *Contributions to Indian Sociology*, Vol. 26, No. 1, January-June 1992, pp. 77~113.

15) Pandey, *The Construction of Communalism in Colonial North India*, pp. 98~99.

의 전설"에 사로잡힌 향수도 전혀 아니다. 『무피드-울-모미닌』은 오늘날의 줄라하들에게 태고부터 내려온 책이 아니다. 디파크 메타가 판데이에게 피력한 견해에 따르면 그것의 "연대를 독립 이후 시기로 잡아도 괜찮을 것이다". 판데이 자신의 견해로는 "『무피드-울-모미닌』은 아주 최근에야—어떤 경우에도 19세기 말 또는 20세기 초 이전은 아닌—직조공에게 '경전'의 자리를 점했음에 틀림없을 듯한데, 왜냐하면 '모미닌'(충실성)이라는 이름이 직조공들에 의해 자신의 것으로 주장된 것이 바로 그 시점부터이기 때문이다".[16]

판데이의 줄라하들은 톰슨의 직조공들과 실제로 같기도 하고 다르기도 한데, 자본의 글로벌화 충동에 점점 더 종속되어 가고 있던 줄라하들의 생활 세계의 종별성을 어떻게 이야기할 수 있겠는가라는 질문을 우리가 던질 수 있는 것은 그들의 차이 덕분이다. 그들의 신은 톰슨의 웨슬리교도들의 신과 같은 것이었나? 하나는 어떻게 다른 하나로 번역될까? 우리의 휴머니즘의 아이콘인 보편적이고 자유롭게 교환될 수 있는 신이라는 관념을 통해 이 번역을 할 수 있을까? 나는 무지한 탓에—나는 줄라하들의 신에 관한 상세한 지식이 없다—이 질문에 답할 수 없지만, 인도 데칸 Deccan 지역의 이슬람 신비주의에 관한 리처드 맥스웰 이턴의 연구는 내가 거칠지만 노동의 비세속적이고 현상학적인 역사라고 불러 보았던 그것을 더 잘 볼 수 있는 통찰을 우리에게 준다.[17]

이턴은 데칸 지역의 무슬림 여인들이 실을 잣고 수수를 빻고 아기

16) Pandey, *The Construction of Communalism in Colonial North India*, p.97.

17) Richard Maxwell Eaton, *Sufis of Bijapur 1300~1700: Social Roles of Sufis in Medieval India*, Princeton: Princeton University Press, 1978.

를 흔들어 재울 때 부르던 노래들을 17세기, 18세기, 19세기 초 수피 종파의 필사본들에서 인용한다. 그것들은 모두 "신과 선지자와 피르pir[수피즘의 선생—인용자]와 [일—인용자] 사이의 존재론적인 연결"을 드러낸다고 이턴은 지적한다.[18] 18세기 초의 한 노래에서 이턴이 인용하는 구절이다. "돌아가는 차키chakki[맷돌—인용자]에서 신을 본다네", "우리의 숨 속에 생명이 깃들 듯 돌아가는 차키에도 생명이 깃들어". 신성함은 때로는 다음과 같이 유비를 통해 현존하게 된다.

> 차키의 손잡이는 알리프alif를 닮았어, 알라를 뜻하는 그 알리프를. 차키의 굴대는 무함마드야…….

그리고 때로는 신체 노동과 숭배를 절대적으로 분리될 수 없는 경험들로 만드는 방식으로 신성함이 현존하게 되는데, 이는 물레를 저으며 부르는 노래에 보인다.

> 목화를 집으며 지크리 잘리zikr-i jali라 하세[zikr는 신을 뜻한다—인용자].
> 목화를 떼어내며 지크리 칼비zikr-i qalbi라 하세.
> 실을 감으며 지크리 아이니zikr-i 'aini라 하세.
> 뱃속에서 가슴을 거쳐 목으로 실이 풀리듯 지크르라 말하세.
> 오 자매여 숨결을 담은 실을 하나하나 세어 보세.
> 2만4천 개까지. 밤낮으로 하여 피르에게 선물로 바치세.[19]

18) *Ibid*., p. 161.
19) *Ibid*., pp. 163~164.

차키를 돌리는 일의 이 현상학에 담긴 창의적인 풍부함을 향해 바짝 긴장함으로써 우리는 이 노래에서 언급된 지크르들의 상이한 유형의 차이를 조사하게 되고, 지크르들을 둘러싸고 있는 '신비주의'(다시 한 번, 일반화하는 이름!)에 창의적으로 들어서게 된다. 하지만 그 어떤 연구에 앞서서, 과연 어떤 근거 위에서 우리는 차키를 돌릴 때마다 환기되는 이 신성한 존재가 세속적인 노동사로 딱 떨어지게 번역될 것이라고, 그리하여—도구를 숭배하는 공장 노동자들의 맥락으로 논지를 되돌리면서—근대 산업에 집결되는 인간 존재들이 맑스주의나 사회주의 또는 심지어 민주주의의 메타 서사의 주체로 나타나리라고 상정하는가?

식민지 인도의 비하르 지역에 있던 '담보'bonded 노동의 역사에 관한 기안 프라카시의 연구서에는 비록 만신전에 들지는 못하지만 인간들에게 초자연적 힘을 발휘한다고 여겨지는 부트bhut(정령)들에 대한 창의적인 논의가 들어 있다. 프라카시는 이 부트들이 가야Gaya 지방의 농업 생산관계를 어떻게 중재하는지를, 특히 부트의 특수 범주로 말리크 데바타malik devata(죽은 지주의 혼령들)라 불리는 것을 실증한다. 그와 동시에 프라카시의 연구서는 훌륭한 역사 저작이 다 그렇듯 이런 연구서의 생산 조건인 학문적 대화의 일부이다. 이 대화는 책과 관념이 자체 상품성을 표현하는 과정의 본원적인 부분이다. 책과 관념은 모두 추상적이고 일반화하는 범주들의 등장을 통해 가능해지는 일반적인 교환 경제에 관여한다. 그러므로 저 대화의 프로토콜들이 어떻게 프라카시의 설명틀을 형성하는지를, 노동사 자체 안에서 내가 가시화하려 하는 환원 불가능한 복수성의 긴장들을 어떻게 시야에서 지워 버리는지를 보는 것이 유익하다. 프라카시는 이렇게 쓰고 있다. "그러한 환영적인 상像들 안에서 말리크의[지주의—인용자] 힘이 재건된다. 볼리비아의 광부들이 숭배하는 악마인 티오Tio처럼, 말리크는 부이니아Bhuinya[노동자—인용자]들이 지주에게 종속된 것을 표상한다. 하지만 마이클 T. 타우시그Michael T. Taussig가 그토록 풍부하게 논증하듯이 티오가 자본주의 생산으로부터 광부들이 소외된 것을 표현했던 것에 반해, 식민지 가야의 말리크 데바타는 토지 통제에 근거하여 지주들이 카미야kamiya들에게 행사하는 힘의 반향이었다."[20]

단순한 의미에선 프라카시가 틀리지 않았다. '의례 관행의 논리'에 대한 그의 예민함은 사실 모범적이다. 다만 내가 이 구절을 읽고 이해하려는 것은 상호 텍스트성의 조건들인데, 그것들이 이 구절의 틀을 좌우하며, 식민 인도의 비하르라는 위치에 선 프라카시의 연구와 볼리비아 주석 광산 노동에 대한 타우시그의 연구 사이에서 출현한 대화를 허용한다. 서로 같지 않은 역사들을 이렇게 '묶는' 과정 안에서 합체되는 그것을 '따로 파악하기'의 기술을 펼칠 우리의 방도를 생각해 보려는 마당에, 이런 상호 텍스트성의 작용 안에서 과연 종별적인 것과 일반적인 것은 어떻게 묶일까?

프라카시가 쓴 구절에 있는 상호 텍스트성은 말리크 데바타와 티오 사이의 비슷함과 비슷하지 않음을 동시에 주장하는 데 근거한다. "티오처럼"과 "티오가…… 했던 것에 반해"라는 두 문구에 의해 만들어지는 모순적 동요가 이를 입증한다. 말리크 데바타와 티오는 이들이 '힘'과 맺는 관계가 동일하다는 점에서 동일하다. 요컨대 둘 다 힘을 '표현'하며 힘의 '반향'이다. 그런데 둘의 차이는 상이한 유형의 두 힘, 즉 자본주의 생산과 '토지 통제' 사이의 더 큰 이론적-보편적 차이로 흡수된다. 극단적으로 말하자면, '힘' 자체가 보편적-사회학적인 범주로서 최후의 보루로 출현해야

20) Gyan Prakash, *Bonded Histories: Genealogies of Labor Servitude in Colonial India*, Cambridge: Cambridge University Press, 1990, p. 216.

만 하는 것이다(푸코에게서 사회학을 찾으려는 텍스트들에서 벌어지는 일처럼). 하지만 이 '차이'는 이미 일반적인 것의 영역에 속한다.

서로 같지 않은 장에서 작업하는 역사가와 사회과학자 사이의 대화를 위한 조건은 종별성과 차이가 포함되는 일반성의 구조인 것이 보통이다. '종별성'specificity과 '특이성'singularity에 대한 폴 벤느의 구별이 여기에 들어맞는다. 그의 지적에 따르면 "역사가 관심을 두는 것은 개별 사건들이다.…… 하지만 역사가 그 사건들의 개별성에 관심을 두는 것은 아니다. 오히려 역사는 그 사건들을 이해하고자 한다. 즉 그 사건들 사이에서 일종의 일반성 또는 더 정확히 하자면 일종의 종별성을 찾고자 한다. 이는 자연사의 경우에도 마찬가지다. 자연사의 호기심은 무궁무진하여 모든 종이 다 주제가 되고 불필요한 여분이라고는 전혀 없지만, 동물들을 고귀한 것, 아름다운 것, 기이한 것, 포악한 것으로 묘사하는 중세 동물 우화집풍으로 종들의 특이성을 즐기지는 않는다."[21]

달리 말해, '종별성'에 대한 바로 그 이해는 분과학문인 역사학에서 이해되는 대로 하자면, 특이성을 보는 것을 반드시 막아 버리는 일반성의 구조에 속한다. 물론 '대자적 특이성'singular-in-itself 같은 것은 거기에 전혀 존재하지 않는다. 특이성은 보기viewing의 문제이다. 그것은 어떤 것을 일반적 관념 또는 범주의 특수한 예로 보려는 우리의 시도에 저항하는 그러한 것으로 존재하게 된다. 철학적으로는, 언어 자체가 대부분 일반성에 대해 말하는 것이기에 특이성은 하나의 한계 부과 개념limiting concept이다. 특

21) Paul Veyne, *Writing History: Essay on Epistemology*, trans. Mina Moore-Rinvolucri, Middletown, Conn: Wesleyan University Press, 1984, p. 56[『역사를 어떻게 쓰는가』, 김현경·이상길 옮김, 새물결, 2004, 104쪽].

이성과 대면하는 것은 언어 자체에 맞서 긴장을 불러일으키는 질문일 수도 있다. 예컨대 그것은 언어에 내재하는 일반성들에 대해 세계가 무엇보다도 불투명한 것으로 남게 되는 방식에 관한 숙고를 포함한다. 하지만 내가 여기서 사용하고 있는 것은 그런 관념의 약간 약한 판본이다. 내가 '특이성'이라는 말로 뜻하려는 것은 사회학적인 상상태의 일반화 충동을 좌절시키는 그것이다. 특이성을 보려는view 투쟁이 역사 서술의 경우에 수반할 수도 있을 무엇인가를 제시하기 위해, 부조리해 보이는 입장에서 출발하여, 프라카시(와 타우시그)의 명제를 뒤집어 우선 "자본주의 생산으로부터 [볼리비아—인용자] 광부들의 소외"가 티오의 정령을 표현했다고 주장한 다음 이어서 "[비하르—인용자] 카미야들에 대한 지주의 힘"이 말리크 데바타의 힘의 '반향'이었다고 주장할 때 우리의 상호 텍스트적인 대화에 무슨 일이 벌어지는지를 보자. 그 대화는 멈춰 버린다. 왜? 말리크 데바타와 티오 사이의 관계가 무엇인지를 우리가 모르기 때문이다. 그들은 일반성의 구조에 속하지 않으며, 사회과학 언어의 매개 없이도 둘 사이의 관계가 존재할 수 있다는 보장이 어디에도 없다. 하지만 '자본주의 생산'과 '지주의 힘' 사이의 관계는 전자본에서 자본으로의 이행에 대한 모든 거대서사 덕분에 우리가 알고 있다(또는 적어도 우리가 안다고 생각한다). 바로 그 사회과학적 글쓰기 언어에 삼투해 있는 우리의 사회학들 안에는 적어도 항상 그 관계가 함축되어 있다.

번역의 두 모델

이 지점에서 내 논의 안에 문화적 상대주의라는 격노한 메두사가 그녀의 추악한 머리를 들어 올리고 있지 않다는 점을 분명히 해두겠다. 신들의 복수성을 의미하는 그런 복수성을 허용하는 것은 특이성들이라는 견지에서 사유하는 것이다. 특이성들의 견지에서 사유하는 것이 문화들과 언어들의 논증 가능하고 실증 가능한 삼투 가능성에 반대하는 주장을 펼치는 것은 아니다(오늘날 아주 많은 학자들이 비-서구의 차이를 주장하기만 하면 모조리 국지적 편협함, 본질주의, 문화적 상대주의로 보는 경향이 있어서 이 점을 분명히 해두어야만 한다). 그것은 실은 문화 횡단적이고 범주 횡단적인 번역 모델들에 호소하는 것인데, 이 모델들은 보편적인 중간항을 당연하게 여기지 않는다. 힌디어 pani는 H_2O라는 우월한 실증성을 통과하지 않아도 water라는 영어로 번역될 수 있다는 것이다. 이런 면에서, 적어도 인도에서, 하지만 아마 다른 어딘가에서도, 우리는 범주 횡단적인 번역의 비근대적인 예들로부터 무엇인가를 배운다.

내가 여기서 드는 사례는 힌두 신들을 『슈니아-푸란』*Shunya-puran*이라 불리는 18세기 벵골의 종교 텍스트에서 개진되었던 이슬람 신성의 표현으로 번역한 경우이다(이것의 증거는 벵골에서 있었던 이슬람으로의 '개종의 역사'에 속한다). 억압적인 일군의 브라만을 향한 이슬람의 분노를 이 텍스트에서 묘사하는 부분은 벵골 문헌을 공부하는 이들에게는 잘 알려져 있다. 이런 묘사의 일부로, 힌두의 개별 신들과 이슬람에서 그들에게 상대되는 존재들 사이의 동일성 교환을 설명하는 다음과 같은 대목이 나온다. 여기서 흥미로운 것은 신적인 존재들을 이렇게 번역하는 방식이다.

> 바이쿤타Baikuntha에 거주하는 다르마Dharma는 이 모든 짓[브라만의 비행—인용자]을 보고 탄식했다. 그는 무함마단Muhammadan으로 세상에 왔는데……코다Khoda라 불렸다.…… 브라마Brahma 자신은 무함마드Muhammad의 몸으로 왔으며, 비슈누Visnu는 파이감바르Paigambar의 몸으로 왔고,

> 시바Civa는 아담파Adamfa(아담)가 되었다. 가네사Ganesa는 가지Gazi로 왔고, 카트리카Katrika는 카지Kazi로 왔고, 나라다Narada는 세카Sekha가 되었고 인드라Indra는 모울라나Moulana가 되었다. 천국의 리시스Risis는 파키르Fakir들이 되었다.…… 찬디Chandi 여신은 스스로 하이아 비비Haya Bibi[최초의 남성의 아내—인용자]의 몸으로 나타났고 파드마바티Padmavati는 비비 누르Bibi Nur가 되었다['누르'Nur는 빛이다—인용자].[22]

벵골의 이슬람에 관한 이턴의 최근 연구는 신들을 번역하는 그런 예를 더 많이 제공한다. 이턴이 자신의 논의에서 거론하는, 구자라트Gujarat 주 연안 지방의 13세기 모스크에 있는 아랍어-산스크리트어 병기 비문에 대해 생각해 보라. 1264년에 기록된 이 비문의 아랍어 파트에는 "이 모스크에서 경배되는 신은 알라이시다"라고 적혀 있는 데 반해, 이턴이 지적하듯이 "같은 비문의 산스크리트어 텍스트는 최고 신을 비슈바나타Visvanatha('우주의 주님'), 수니아루파Sunyarupa('공허한 형태를 지닌 존재'), 비슈바루파Visvarupa('다양한 형태를 지닌 존재')라고 부른다."[23] 이턴은 다른 사례도 제공한다. "16세기 시인 하지 무함마드Haji Muhammad는 아랍어의 알라를 고사이Gosai('주인'을 뜻하는 산스크리트어)와 동일시했고, 사이이

22) 이 번역은 디네시 찬드라 센(Dinesh Chandra Sen)의 것이다. 그의 *History of Bengali Language and Literature*, Calcutta: Calcutta University Press, 1911, pp. 36~37을 볼 것. 이 부분은 또한 Sukumar Sen, *Bangala sahityer itiha*sin (Bengali), Vol. 1, Calcutta: Ananda Publishers, 1991, pp. 114~116; Gautam Bhadra, "The Mentality of Subalternity: Kantanama or Rajadharma", Ranajit Guha ed., *Subaltern Studies: Writings od South Asian History and Society*, Vol. 6, Delhi: Oxford University Press, 1989, pp. 54~91에서도 논의된다.

23) Eaton, *The Rise of Islam and the Bengal Frontier, 1204~1760*, Berkeley & Los Angeles: University of California Press, 1993, p. 275.

드 무르타자Saiyid Murtaza는 선지자의 딸 파티마Fatima를 자가트-자나니Jagat-janani('세상의 어머니'를 뜻하는 산스크리트어)와 동일시했고, 사이이드 술탄Saiyid Sultan은 아담과 아브라함과 모세의 신을 프라부Prabhu('주님'을 뜻하는 산스크리트어)과 동일시했다."[24]

비슷한 태도로, 칼 W. 에른스트의 남아시아 수피즘 연구에서는 가즈나Ghazna의 술탄 마무드Mahmud가 발행한 주화(서기 1018년)에 "이슬람 신앙 고백의 산스크리트어 번역"이 적혀 있는 경우가 언급되고 있다. 주화의 한 면에는 아랍어로 기입되어 있고 다른 면에는 산스크리트어로 avyaktam ekam muhamadha avatarah nrpati mahamuda라 적혀 있다(에른스트의 번역에 따르면 "무한한[드러나지 않는?—인용자] 유일자가 계시며, 무함마드는 아바타이시고, 왕은 마무드이시다"). 에른스트는 의심할 바 없이 근대적인 감수성을 표현하면서 이렇게 논평한다. "'메신저'를 뜻하는 아랍어 라술rasul을 번역할 단어로 아바타avatar를 고른 것은 놀라운 일인데, 왜냐하면 인도 사상에서 아바타는 비슈누 신이 지상의 형태로 내려오는 것을 나타내려는 용어이기 때문이다. 선지자를 비슈누의 아바타와 등치시키는 신학적인 독창성 앞에서 놀라지 않을 도리가 없다."[25]

우리의 목적과 언어에 비추어, 흥미로운 논점은 어떻게 이 대목들에서의 번역들이 어떤 보편적이고 동질화하는 중간항(맑스주의에서의 추상 노동 같은)의 매개를 항상 필요로 하는 일반화된 상품 교환보다는 오히려 물물 교환을 교환의 모델로 취하는가에 있다. 여기서의 번역들은 매우

24) Eaton, *The Rise of Islam and the Bengal Frontier, 1204~1760*, p. 276.
25) Carl W. Ernst, *Eternal Garden: Mysticism, History, and Politics at a South Asian Sufi Center*, New York: State University of New York Press, 1992, p. 52.

국지적이고 특수한 일대일 교환들에 근거하는데, 이 교환들은 부분적으로는 의심할 바 없이—적어도 『슈니아-푸란』의 경우에는—두운과 보격을 맞추는 시학적인 요청과 수사학적인 관습 등에 의해 인도된다. 확실히 이 교환들에는 규칙이 있지만, 중요한 논점은 설혹 내가 그 규칙들을 다 해독해 낼 수는 없더라도—게다가 그 규칙들 모두가 번역 가능한 것은 아니더라도, 즉 번역 과정에는 일정한 불투명성이 내포되더라도—여하튼 그 규칙들이 '보편적'인 특성을 갖는다고 주장할 수는 없으며 주장하지도 않을 것이라는 점만은 안전하게 단언할 수 있다는 데 있다. 반면에 세계의 서로 다른 현장에서 작업하는 사회과학자들 간의 대화를 받쳐 주는 규칙들에는 그런 보편적 특성이 있다. 가우탐 바드라는 이렇게 쓰고 있다. "이러한 유형의 [힌두교 신도들과 무슬림들 사이의—인용자] 문화적 상호작용의 주요 특성 중 하나는 언어의 층위에서 볼 수 있다. 여기서는 종종 소리와 이미지의 공명에 의지하여 하나의 신을 다른 신으로 변형시키는데, 이 절차는 이성과 논증의 그 어떤 정교한 구조에 호소하기보다는 두운·각운 맞추기와 여타의 수사학적 장치에 대중이 호응하는 것에……더 호소한다."[26)]

이 번역 양식의 결정적 측면 하나는 사회학적 상상태에 내재하는 그 어떤 암묵적 보편성들에도 호소하지 않는다는 것이다. 예컨대 신앙적인 복종의 전통들(바크티bhakti)에 충실한 사람들이 "힌두의 람Ram은 무슬림의 라힘Rahim과 동일하다"고 주장할 때, 이 주장이 반박하는 것은 어떤 제3의 범주가 람과 라힘 둘 중 그 어느 쪽보다도 더 잘 이 둘의 속성들을 표현하며 그리하여 둘 사이의 관계를 매개한다는 주장이다. 정확히 이러한 주

26) Bhadra, "The Mentality of Subalternity", Guha ed., *Subaltern Studies*, Vol. 6, p. 65.

장이 뉴턴적인 과학에서 모델을 찾는 번역 행위를 특징짓는 것이다. 여기서 주장되는 것은 H_2O와 water와 pani가 동일한 실재 또는 실체를 가리킬 뿐만 아니라 저 H_2O야말로 이 실체의 속성들과 구성적 고유성들을 가장 잘 표현하거나 포착한다는 것이다. 19세기에 '신'이 보편적 등가성의 그와 같은 아이템이 되었지만, 이것은 우리가 여기서 다루는 범주 횡단적인 유형의 번역들의 특징이다.

신들에 대한 그와 같은 비근대적 번역에 관해 에른스트가 추가로 제공하는 사례들을 생각해 보라. 그는 "모스크 건설을 위해 채용된 인도인 건축가들을 안내하려고 구자라트인들이 산스크리트어로 쓴 15세기 텍스트"를 언급한다. "그 안에서, 비슈바카르마 신이 모스크에 대해 말하기를, '형상이 없는 거기에서 그들은 디아나dhyana를 통해 …… 그들이 라하마나Rahamana라 부르는 무형태·무속성의 편재하는 최고 신을 숭배한다.'"[27] "최고 신"이라는 표현은 과학적인 제3항의 기능을 하지 않는데, 왜냐하면 그것이 더 우월한 묘사 능력을 자임하지 않으며 더 참된 현실을 나타내지도 않기 때문이다. 사실 최고의 유일자에게 속성들이 없는데 도대체 어떻게 하나의 인간 언어가 역시 인간의 언어인 다른 언어의 한 단어보다 이 신적인 속성들을 더 잘 포착할 수 있겠는가? 이러한 번역 예들이 반드시 힌두 신자와 무슬림 사이의 평화와 조화를 암시하는 것은 아니지만, 그것들은 규칙들의 보편적인 집합을 통과하지 않고서도 코드들이 국지적으로 변경되는 번역들이다. 포괄적으로 사유를 검열하고 제한하며 정의하여 차이를 무력화하고 주변화하는 체계들은 존재하지 않는다. 실재들 사이의 차이들을 명명하고 규제하면서 정작 이 차이들에 의해 영향을 받지 않은 채

27) Ernst, *Eternal Garden*, pp. 32~33.

로 남아 있다고 가정되는 '종교'라는 포괄적인 범주 같은 것도 역시 없다. 번역될 수 없는 남은 것의 병섭은 번역 과정의 바로 저 모호성 덕분에 이루어진다.

역사적 시간과 번역의 정치

이 비사회학적인 번역 양식이 사회학 또는 역사의 세속적이고 현실주의적인 산문보다는 픽션에, 특히 요즘 실행되고 있는 비현실주의 또는 마술적 현실주의 계열의 픽션에 더 쉽게 들어맞는 것은 분명하다. 이 허구적 서사들에서는 신과 정령이 정말로 행위자들일 수 있다. 그렇다면 역사에서는? 세속적이고 연속적이며 텅 빈 동질적 시간에 영원히 충실한 역사에서는? 본 연구가 참여하는 맑스주의적인 서발턴 역사 프로젝트에서는? 내 주장은 역사의 죽음을 선포하고 모든 역사가에게 하나의 경력으로 픽션 쓰기를 추천하는 포스트모던한 주장이 아니다. 사실 각 개인의 재능 문제는 별개로 하고, 근대 역사 의식으로 훈련된 마인드가 서발턴의 관점에서도 정당화될 만한 합당한 이유가 있는데, 이것은 세속적인 인문과학의 논리와 관료제의 논리가 맞물려 있는 것과 관련이 있다. 역사와 사회학의 세속적인 시간과 서사들에 의지하지 않고서는 근대 관료제와 여타 통치 기구들을 반박할 수가 없는 것이다. 서발턴 계급들도 사회 정의를 위한 전투를 위해서는 이러한 지식이 필요하다. 그러므로 역사 의식을 모두에게, 특히 서발턴 계급들에게 유용한 것으로 만들지 않는 것은 비윤리적인 일일 것이다.

하지만 역사주의는 관료제의 의사 결정 과정 논리와 연계되어 있기 때문에, 우리의 일상적 의식 안에 말없이 깃들어 있는 본래적인 근대 엘리트주의가 역사주의를 따라다닌다.[28] 이턴은 벵골 이슬람에 관한 자신의 꼼꼼한 연구서의 마지막 장을 역사주의적인 문장으로 시작하는데, 이 문장은 모든 역사가의 훈련된 미학적 감수성에 호소하려고 한다. "지질학적인 화석 기록의 지층들처럼, 지도에 나오는 장소 이름들도 과거의 역사적 과정들을 말없이 증언한다."[29] 하지만 쟁점이 되는 초점은 개별 역사가들이 역사적 시간에 관해 어떻게 생각하는지가 아닌데, 왜냐하면 역사라는 주제를 학계 바깥 세상에서 중요하게 만드는 것은 역사가들이 스스로 자신을 바라보는 태도가 아니기 때문이다. 역사는 근대성의 의식 형태이기에 중요하다(역사가들이 스스로 이 의식 형태의 중재자이고 보관자라고 자임할 수도 있겠는데 이는 별도의 문제다). 그러므로 임의로 고른 평범한 사례를 빌려, 근대 사회에서의 공적 생활의 일상적 말에서 특정한 역사적 시간 의식이 어떻게 작동하는지를 설명해 보겠다.

멜버른의 일간지 『에이지』*Age*(1993년 6월 19일자)에 문화연구 전문가인 사이먼 듀링이 기고한 글에 있는 다음과 같은 언표를 고려해 보라. "「생쥐와 인간」과 「라스트 모히칸」 같은 영화에 대해 생각해 보면 우리는 동시대의 문화가 어디로 가고 있는지를 더 분명히 볼 수 있게 된다."[30] 내 논평의 과녁은 듀링이 아니다. 내 지적은 이 언표가 예증하는 특정한 사유 습관에 관한 것이다. '동시대'라는 단어의 용법에 들어와 있는 역사적 시간의 상상태가 문제인 것이다. 분명히 이 단어에는 포용과 배제의 이중적인 태도가 내포되어 있는데, 이 문장의 초점이 소통될 수 있도록 해주는 조건

---

28) 이 책 2장의 논의를 볼 것.

29) Eaton, *The Rise of Islam and the Bengal Frontier, 1204~1760*, p. 305.

30) Simon During, "Is Literature Dead or Has It Gone to the Movies?", *Age*(Melbourne), 19 June 1993.

은 바로 이 태도의 암묵적인 수용이다. 한편으로는 이 '동시대'라는 단어가 가리키는 것이 (세속적인) 달력 위의 특수한 어느 지점에 있는 하나의 문화인데, 이 언표의 저자와 예상 독자는 바로 그 지점의 문화에 거처를 두고 있다. 이 저자와 예상 독자의 거처인 (세속적인) 달력 위의 특수한 어느 지점에 있는 하나의 문화에 속하는 모든 것을 이 '동시대'라는 단어가 가리킨다. 그런 의미에서 모든 이가 '동시대'의 일부이다. 하지만 언급된 영화들에서 저자가 확인했던 그 목적지들을 향해 문화의 모든 요소가 흘러가고 있다는 주장은 확실히 아니다. 예컨대 화자가 말하는 '지금' 이 순간에 이주해 오는 그리스 농민을 상상해 볼 수 있다면 이 농민들에 대해서는 무어라 할 것인가(그리스인이 유럽에서 오스트레일리아로 이주해 오는 가장 큰 집단 중 하나라서 언급하는 것이다)? 그들은 화자의 '지금' 안에 거처를 둘 수도 있겠고, 「라스트 모히칸」에서 암시되는 방향을 향해 가지 않을 수도 있을 것이다.[31] 화자의 주장의 함의는 이 사람들이 안 움직인다는 것이 아니라, 이 타자들이 스스로 건설할 미래가 어떤 것이든 간에 저자가 나름의 증거에 입각해 예언하는 그 미래에 곧 휩쓸리고 압도당할 것이라는 데 있다. 바로 이것이 '동시대'라는 단어의 이러한 용법 안에 들어와 있는 배제의 태도이다.

이것이 너무 센 주장처럼 들린다면 다음과 같은 사유 실험을 해보라. 우리가 동시대성은 실제로 복수적이고, 그것도 너무나 복수적이라 그 어떤 특수한 측면 또는 요소도 어떤 식으로든 전체를 대표한다고(심지어 언젠가 미래에는 대표할 것이라고) 자임하는 일이 가능하지 않다는 것을 주장한다고 가정하라. 이런 조건 아래서는 듀링의 언표 같은 것은 나오기 불

---

31) Guha, "The Migrant's Time", *Postcolonial Studies*, Vol. 1, No. 2, July 1998을 볼 것.

가능할 것이다. 대신에 우리는 '동시대 문화'는 복수적이고 이 복수성 안에서 동등하기에, 상이한 여러 장소로 동시에(내가 '동시에'라는 표현을 쓰는 것은 문제가 있지만 일단은 그대로 두자) 움직이고 있다고 말해야만 할 것이다. 그렇게 되면 '첨단', 전위, 미래를 표상하는 최신의 것, 최고로 모던한 것 등등에 관해 거론할 수 있는 방도가 아예 없을 것이다. 하지만 그러한 수사와 어휘, 그리고 이런 것들과 함께하는 정서들 없이는 물질적 자원을 두고 벌이는 쟁탈전 안에서 우리가 취하는 일상적 정치 전략 중 다수가 추구하기에 불가능한 것이 되고 말 것이다. 항상 둘로, 즉 미래로 쏜살같이 돌진하는 한 부분과 과거로 흘러가 버리는 다른 부분(우리 안에 있는 죽은 목숨 같은 어떤 것)으로 나뉜다고 묘사되는 동시대성에서, 당신의 생각이 이 동시대성의 '역동적'인 부분을 표상한다고 주장할 수 없다면 어떻게 당신이 정부 지원과 연구 기금과 제도적 승인을 받을 수 있겠는가?

진보의 메타 서사인 특정 유형의 역사주의는 우리가 개별 지식인으로서 이러한 메타 서사를 향해 얼마나 불신의 태도를 표명하느냐와 관계없이 우리의 제도적인 삶 속에 깊숙이 박혀 있다(『포스트모던 조건』에서 리오타르는 실제로 이런 논점을 수긍한다).[32] 이래서 우리가 제도 자체의 관점에서 제도를 비판하고 정부의 세속적 제도들을 세속적으로 비판하는 것이 필요하다. '자본'에 대한 여전히 가장 유효한 세속적 비판인 맑스의 사상은 자본주의 사회 안에서 사회 정의의 문제를 풀어 갈 때 우리에게 필요불가결한 것으로 남아 있다. 그러나 나의 논점은 필요불가결한 그것이

---

32) Jean-François Lyotard, *The Postmodern Condition: A Report on Knowledge*, trans. Geoff Bennington & Brian Massumi, Manchester: Manchester University Press, 1984, pp. 31~37.

부적합한 것으로 남아 있다는 것인데, 왜냐하면 인간으로 존재하면서도 신과 정령에게 있는 행위 능력을 몸으로 받아들이는 그런 존재에 관한 이야기들을 우리는 여전히 역사의 시간으로, 그리고 '노동'의 보편적이고 세속적인 서사로 번역해야만 하기 때문이다.

이 지점에서 나는 내가 비근대적이라 부른 번역 양식들, 즉 물물 교환처럼 항목 대 항목을 교환하여 우리의 자본주의 서사들에 내재된 모든 사회학을 제끼는 번역 양식들을 인정하고 거기서 배우고 싶다. 이 번역 양식은 안티 사회학이며, 그렇기 때문에 세속적이어야 할 의무가 없다. 과거는 순전히 서사이고, 서사 안에서 행위 능력을 갖는 것이 누구인지는 상관없다. 내가 말한 것처럼 픽션과 영화는 이런 양식을 다루기에 가장 좋은 근대 미디어이다. 하지만 사회 정의와 공정을 추구하며 글을 쓰는 역사가에게는 이런 선택권이 주어지지 않는다. 역사라는 양식에서의 비평은, 인간 주체를 역사의 중심에 두지 않을 때조차도, 세속적인 권력 관계들의 많은 술책을 파헤치고 깨 버리듯이 그렇게 신과 정령도 파헤쳐 탈신비화하고 깨 버리려 한다. 그런데 세계를 탈주술화된 것으로 생각하는 순간, 우리는 과거가 서사화될 수 있는 방식들에 한계를 설정하게 된다. 전문 역사가라면 이 한계들을 진지하게 취급해야만 한다. 예컨대 인도에서 농민들이 자신이 믿는 신의 권고로 반란에 나서게 되었노라 주장하는 경우들이 있다. 역사가에게는 이러한 언표가 결코 설명이 될 수 없을 것이고, 그래서 농민들의 이런 주장을 반란을 초래한 이해 가능한(즉 세속적인) 원인들의 일정한 맥락으로 번역해야만 한다고 느낄 것이다. 나는 그러한 번역이 회피할 수도 모면할 수도 없는 것임을 받아들인다(우리가 농민이 되어 서술하는 것은 아니니까). 따라서 질문은 다음과 같이 제기된다. 주술화된 다양한 세계를 사회학의 보편적이고 탈주술화된 언어로 번역하는 것의 모든 문제를 가시화하는 방식으로 이 번역들을 실행하려면 어떻게 해야 하는가?

번역의 정치에 관한 빈센테 L. 라파엘과 가야트리 차크라보르티 스피박의 논의가 내게 가르침을 주었다.[33] 우리는 신들의 복수성을 감안할 때 신의 시간에서 세속적인 노동의 시간으로 번역하는 것이 다양한 경로를 따라서 진행될 수 있음을 안다. 하지만 경로의 성격이 무엇이든 간에 이 번역은, 스피박과 라파엘의 문제 다루기를 빌려 말한다면, '낯선 친숙함' uncanny이라고 할 어떤 것을 소유해야만 한다. 도구를 숭배하는 황마 공장 노동자들의 노동을 보편적인 범주인 '노동'으로 번역하는 것에는 애매함의 흔적이 반드시 남는다. 그것은 의미를 갖기에 충분할 만큼 세속적인 범주인 '노동'과 같은 것임에 틀림없지만, 다수의 신과 정령이 그 안에 현존함으로 말미암아 "충격을 주기에 충분할 만큼 같지 않을" 수밖에 없다.[34] 모든 번역에는 (충격의) '추문'이라 할 어떤 것이 남아 있으며, 우리가 이 추문의 정도를 자각하는 것은 오직 두 언어와의 내밀한 관계를 통해서일 뿐이다.

번역의 이러한 고유성(우리가 양쪽 언어를 내밀하게 알고 있어야만 번역 과정에서 추문이 되는 측면들을 더 잘 자각하게 된다는 점)을 마이클 겔벤이 잘 표현했다.

---

33) Gayatri Chakravorty Spivak, "Politics of Translation", *Outside in the Teaching Machine*, New York & London: Routledge, 1993, p. 182[「번역의 정치」, 『교육기계 안의 바깥에서: 초국가적 문화연구와 탈식민 교육』, 태혜숙 옮김, 갈무리, 2006, 337쪽]; Vincente L. Rafael, "Untranslatability and the Terms of Reciprocity", *Contracting Colonialism: Translation and Christian Conversion in Tagalog Society under Early Spanish Rule*, Durham: Duke University Press, 1993, pp. 110~135를 볼 것.

34) Spivak, "Politics of Translation", *Outside in the Teaching Machine*, p. 182[「번역의 정치」, 『교육기계 안의 바깥에서』, 337쪽].

영어권 학생이……독일어 공부를 시작하면 우선 사전에서 기본적인 독일어 단어 몇 개를 찾아본다. 하지만 이 시점에서 이 독일어 단어들은 실은 전혀 독일어라 할 수 없다. 그것들은 단지 영어의 의미를 나타내는 소리일 따름이다. 그것들은 매우 실제적인 의미에서 영어 단어들이다. 이는 그것들이……영어의 총체성……으로부터 맥락상의 의미를 취한다는 뜻이다. 독일어 초보자가 쇼펜하우어의 책 한 권을 골라 제목에 나오는 Vorstellung이 무슨 뜻인지 궁금해 한다면, 그는 아마도 사전에서 그 단어를 찾을 테고, '앞에 놓음'placing before이라는 풀이를 보게 될 것이다. 그는 책의 제목이 '의지와 앞에 놓음으로서의 세계'라는 것이 이상하다고 생각하겠지만, 그래도 그는 저 탁월한 작품의 의미에 대해 약간의 생각을 해볼 것이다. 그런데 이 초심자가 독일어 공부를 열심히 해서 Vorstellung이라는 단어의 여러 용례에 익숙해지고 실제로 이 단어를 사용해 보면서……그는 이 단어의 뜻을 알고 있는 자신이 이 독일어 단어를 자신의 언어인 영어로 번역하는 것은 아님을 깨닫고 스스로도 놀라게 될 것이다. 이것이야말로 의미의 준거가 처음에 이 단어를 보았을 때는 영어였지만 이제 더 이상 영어가 아니라는 점을 시사한다.[35]

보통은, 또는 적어도 남아시아 연구에서, 신성함을 번역하고 있는 맑스주의 학자 또는 세속적 학자의 위치가 바로 자신이 작업하는 두 언어 중에서 오직 하나만을 잘 아는 학생의 위치이다. 그러므로 우리가 우리의 세속적 보편성들을 그 자체의 유한성에 노출되도록 읽어서, 마침내 우리의

35) Michael Gelven, *A Commentary on Heidegger's Being and Time*, DeKalb: Northern Illinois University Press, 1989, p. 41.

불가피한 번역들의 추문이라 할 측면들로 하여금 들릴 수 없는 것이 되도록 하지 말고 오히려 우리가 서발턴 연구에서 서술하는 그것을 통해 실제로 반향을 일으키도록 하는 것이 그만큼 더 절실해진다. 우리의 사회학적인 범주들의 바로 저 형성 안에 있는 이 '추문'의 실존을 인정하는 것은, 저 동질성의 구조 안에서 균열들을 만들어 내는 시간들을 "역사의 동질적인 경로 바깥으로…… 터트리는"[36] 길에서, 자본의 보편주의적이고 글로벌한 아카이브들을 연구하는 첫 걸음이다.

자본주의로의 번역 안에 있는 차이의 역사로서의 노동

이 마무리 절에서 데리다의 흔적trace 개념의 도움을 받아 맑스를 읽음으로써 내가 보여 주려는 것은, 자본주의 생산양식에서 노동의 보편사임을 부인하기 어려운 것을 서발턴 계급들의 과거들로부터 번역하고 생산할 때, 어떻게 열린 범주들을 유지할 것인가이다.[37]

내가 수년 전에 했던 인도 '노동 계급' 역사에 관한 작업을 되돌아보니, 나는 문제의 절반만 생각했던 것 같다. 내가 실증했던 역사의 서사(들)은 '자본'의 목적론과 마찰을 빚는 몇몇 지점을 생산했다. 식민지 벵골의 황마 공장 노동자에 대한 연구에서 내가 보여 주려 했던 것은 이 공장들의 생산관계들의 내부가, 말하자면 전자본주의적이라고 간주될 수 있을 뿐

36) 이 구절은 벤야민의 것이다. Walter Benjamin, "Theses on the Philosophy of History", *Illustrations*, trans. Harry Zohn, New York: Fontana, 1982, p. 265[「역사의 개념에 대하여」, 『역사의 개념에 대하여/폭력 비판을 위하여/초현실주의 외: 발터 벤야민 선집 5』, 최성만 옮김, 길, 2008, 345쪽]를 볼 것.

37) Drucilla Cornell, *The Philosophy of Limit*, New York & London: Routledge, 1992, pp. 72~77에서 '흔적' 개념이 논의된다.

인 일련의 관계들 전체에 의해서 어떻게 구조화되었는가였다. 자본과 상품의 도래는 평등한 권리들의 정치로 귀착되는 것으로 보이지 않았는데, 맑스는 이 정치가 자본과 상품이라는 범주에 내재적이라 보았다. 내가 여기서 특히 준거하는 것은 맑스가 상품의 생산과 그 형태를 설명하면서 '현실 노동'과 '추상 노동' 사이에 도입하는 비판적 구별이다. 이 구별들은 맑스의 사유 안에 있는 어떤 질문에 준거하는데, 이제 우리는 그 질문이 차이의 정치에 대한 질문임을 인식할 수 있다. 그 질문은 맑스에게 다음과 같이 제기되었다. 인간 존재들이 노동 능력이라는 면에서 개별적으로 서로 상이하다면, 이 차이의 현장에서 자본은 어떻게 일반화된 상품 생산을 가능하게 하는 추상적이고 동질적인 노동 척도를 생산하는가?

당시 내가 현실 노동과 추상 노동의 구별을 읽었던 방식은 다음과 같은 것이었다(미셸 앙리와 아이작 일리치 루빈에게 엄청난 부채를 지면서).[38]

> 맑스가 '현실 노동'과 '추상 노동'의 갈등을 자본의 중심적 모순 중 하나로 상정할 때 그는 주체성에 관한 질문을 자본 범주의 핵심에 제대로 놓은 것이다. '현실 노동'은 실제 개인의 노동력에 준거하는데, 이것은 '노동자의 인격 안에 실존하는' 그 노동력, 즉 개인의 '직접적이고 배제적인 개별성' 안에 실존하는 그 노동력이다. 인격들에 차이가 있는 만큼 마찬가지로 한 개인의 노동력은 다른 개인의 노동력과 차이가 있다. '현실 노동'은 개인 능력의 본질적인 이질성에 준거한다. 다른 한편 '추상' 또는 일

38) Michel Henry, *Marx: A Philosophy of Human Reality*, trans. Kathleen McLaughlin, Bloomington: Indiana University Press, 1983; Isaak I. Rubin, *Essays on Marx's Theory of Value*(1928), trans. Miloš Samardžija & Fredy Perlman, Montreal: Black Rose Books, 1975.

반 노동은 자본주의가 이러한 이질성 위에 부과하는 단일하고 동질적인 노동 관념에 준거하는데, 이 일반 노동이라는 통념이 '교환가치'의 기초가 된다. 그것이 노동을 측정할 수 있게 하는 것이고 일반화된 상품 교환을 가능하게 하는 것이다. 그것은 자본주의 규율 안에서…… 표현되는데, 이 규율의 유일한 목표는 노동 과정에서 발휘되는 감독과 기술 공학을 통해 모든 개인의 구체적 노동—본성상 이질적인—을 '단일하고 동질적인' 것으로 만드는 데 있다.……정치적으로……'추상 노동' 개념은 '추상적 개인들'의 '평등한 권리들'이라는 부르주아 통념의 확장인데, 이 개인들의 정치적 삶은 '시민권'의 이상과 실천 안에 반영된다. '평등한 권리들'의 정치는 따라서 정확히 '자본' 범주 안에서 읽어 낼 수 있는 '정치'이다.[39)]

지금은 맑스의 상품 범주에 차이와 통하는 어떤 것이 붙박이로 들어 있는 것 같은데, 전에는 내 논술에서 이것을 전면적으로 활용하지 못했다. '전자본'이라는 용어에 관한 내 독해는 나름의 시도를 하기는 했지만 여전히 가망 없는 역사주의에 머물러 있었고, 내 서사는 저 (잘못된) 질문—왜 인도 노동 계급은 장기간의 계급 의식을 키우는 데 실패했는가?—에서 결코 벗어나지 못했다. '실패'라는 메타적인 문제는 노동 계급을 문화 횡단적인 주체로 정립하는 잘 알려진 맑스주의 전통에서 기인한다. 또한 위의 인용문을 보면 내 독해가 '개인'과 '인격'이라는 관념을 문제의 여지 없이 주어진 것으로 간주했으며, ('현실 노동'에서의) '현실'이라는 단어를 본디 자연적인(따라서 사회적이지 않은) 어떤 것을 뜻하는 걸로

39) Chakrabarty, *Rethinking Working-Class History*, pp. 225~226.

읽었음이 분명하다.

하지만 나의 더 큰 실패는 '현실'이라는 단어를 루소의 자연, 즉 상이하며 비역사적인 개인들이 자연 상태에서 갖는 상이한 자질을 가리키는 어떤 것이 아니라 자연/문화 구별 자체에 문제를 제기하는 어떤 것으로 읽게 되면 다른 가능성들이 열리며, 특히 그 가능성들 중에서도 맑스로 되돌아가 '차이'를 서술할 가능성이 열린다는 점을 보지 못한 나의 무능력이다. 사실 (이 독해에서) '현실'은 상이한 유형의 '사회적인 것'(신과 정령이 포함될 수 있을 그것)을 지시해야 하며, 그렇게 되면 시간성의 상이한 질서들 역시 지시해야만 한다. 원칙적으로 그것은 이 시간의 지평들이 서로 통약 불가능하게 되는 가능성까지도 허용해야 한다. '현실'에서 '추상'으로의 이행은 따라서 다수의 아마도 통약 불가능할 시간성들로부터 추상 노동의 동질적 시간으로의 이행/번역의 문제이며, 비역사로부터 역사로의 이행이다. '현실' 노동은 범주이며 이것 자체가 하나의 보편인데, 이것의 능력은 '상품'이라는 기호가 둘러쌀 수 없는 무엇을 지시하는 데 있어야 하지만, 둘러싸이지 않고 남아 있는 것조차 그 기호 자체 안에 끊임없이 내재한다. 달리 말한다면, '상품' 범주를 '현실 노동'과 '추상 노동'의 영구적인 긴장에 의해 구성되는 것으로 사유함으로써 맑스는, 말하자면 이 범주가 결코 완벽하게 포착할 수는 없는 것의 기억을 이 분석적인 범주 안에다 쌓는다. 상품 구성에 차이의 작동을 끌어들이고 그리하여 상품의 참된/이상적인 특성의 달성을 영원히 지연시키는 것들은 바로 현실 노동과 추상 노동의 간극이며, 거듭해서 이 간극을 채워야 할 필요가 있는 강제력(맑스의 진술에서는 '공장 규율')이다.

맑스가 설명하듯이 '상품'이라는 기호에는 그 내재적인 구조의 일부로 일정한 보편적 해방 서사들이 항상 따라 다닌다. 맑스가 이 범주의 핵심에 설정한 긴장을 간과하게 되면 이 서사들이 생산하게 되는 것은 보통 맑스주의적인 역사주의(시민권, 계몽 사상의 법적 주체, 권리들의 정치 이론에 있는 주체 등의 역사주의)에서 만나게 되는 표준적인 목적론들이다. 나는 근대 정치 구조들에서 이 서사들이 실천적으로 유용하다는 점을 부인하려는 것이 아니다. 맑스주의 역사가로서 내게 더욱 흥미로워 보이는 문제는 시간성의 문제인데, 현실 노동과 추상 노동의 긴장과 통약 불가능성을 통해 구성되는 '상품' 범주가 바로 이 문제를 생각하도록 우리를 초대한다. 우리가 말했듯이 현실 노동이 속하는 이질성의 세계의 다양한 시간성이 '역사'라는 기호로 다 둘러쌀 수 있는 것이 아니라면—마이클 T. 타우시그의 볼리비아 주석 광산 광부에 관한 작업은 그들이 다 '세속적인'(신과 정령을 상실한) 것은 아니라는 점을 보여 주었다—현실 노동이 상품 생산의 역사 서사 안에서 찾을 수 있는 자리는 둘러싸일 수 없는 것, 즉 자본과 상품의—게다가 함축적으로는 역사의—통일성과 보편성 주장 안에서 끊임없이 이 주장에 도전하는 요소의 데리다적인 의미에서의 흔적이라는 자리뿐이다.[40)]

이와 비슷하게 말할 수 있는 것은 '전자본'에 들어 있는 접두어 전pre이 지시하는 것이 순서대로 이어지는 동질적인 시간의 척도 위에서 단순히 연대기적으로 앞에 오는 것은 아니라는 점이다. '전자본주의적'이라 칭해지는 자본과의 특수한 관계는 시간의 지평 위에서 차이의 긴장에 의해 표시된다. 이러한 논증의 기반 위에서 '전자본주의적'은 자본의 시간적 지평 안에 존재하지만 그러면서도 동일하게 세속적이고 동질적인 달력에

---

40) Michael T. Taussig, *The Devil and Commodity Fetishism in South America*, Chapel Hill: University of North Carolina Press, 1984.

있는 것이 아닌 다른 시간을 제시함으로써 이 자본의 시간의 연속성을 무너트리는 어떤 것으로 상상될 수 있을 따름이다(이렇기 때문에 전자본적인 것은 연대기적으로 자본에 선행하는 것이 아니며, 달리 말하면 그것을 동일한 연속적인 시간의 선 위에 있는 어느 한 지점에 배정할 수는 없다). 이것은, 이론적으로, 우리가 '역사'라 부르는 그것(세속적 개념인 '자본'과 '추상 노동' 안에 이미 상정되어 있는 관념)의 신이 없고 정령도 없는 시간 단위들의 구도에서는 전적으로 측정될 수 없을 다른 시간이다.

차이에 대한 질문과 관계를 맺으면서 구상되는 서발턴 역사들을 가로지르는 어떤 분열이 있다. 한편으로 서발턴 역사들은 세속적 역사의 주인 코드 안에서 건설되며 학계에서 용인되는 역사 서술 코드를 사용한다는(그렇게 함으로써 부득이 여타 형태의 기억을 경시한다는) 점에서 '역사들'이다. 다른 한편으로 서발턴 역사들은 이 주인 코드가 자연스럽게 모든 인간 존재에게 해당하는 사유 양식이라는 주장이나, 자연 그 자체 안에 실존하는 어떤 것으로 취급될 사유 양식이라는 주장을 도저히 수긍하지 못한다. 그러므로 서발턴 역사들은 특수한 유형의 역사화된 기억 안에서 건설되는데, 여기서 기억되는 역사 자체는 유럽 18세기 계몽 사상이 세계사적 임무로 개시한 문명화 과정에 수반되었던 고압적인 코드이다. 분과학문인 '역사'를 역사화하는 것으로는 충분치 않은데, 왜냐하면 그렇게 하더라도 우리가 일차적으로 역사화하는 것을 가능하게 해주었던 바로 그 시간 이해는 비판되지 않고 계속 제자리에 머물기 때문이다. 논점은 고압적으로 보이는 이 편재적인 코드에 대해, 우리가 적어도 이 코드의 유한함을 일별하고 이 코드의 외부를 이루는 것을 일별하기 위해서는 과연 어떻게 이 코드를 전개하고 사유해야 할 것인지를 묻는 데 있다. 분과학문인 역사와 여타 형태의 기억이 서로에 대해 질문하는 데 도움이 되도록 양자를 함께 견지하는 것, 과거를 회상하는 이 혼합되지 않는 형태들이 우리가 근대적 제도와 벌이는 협상 안에서 병렬되는 방도들을 찾아내는 것, 학문적 역사의 세속적 시간성이 엄밀하게 말하면 자신에게 동화될 수 없는 기억들을 성공적으로 동화시키는 외양을 갖도록 해주는 서사 전략들에 문제를 제기하는 것, 이런 것들이 인도 같은 나라에서 서발턴 역사들이 완수하기에 적합한 과제이다. 사실 인간 아닌 것들과 인간이 동거하는 시간성에서 신이 사라져 버린 시간성으로 옮겨지면서 상상태가 겪는 격렬한 요동에 대해 말한다고 해서 오래전에 잃어버린 세계를 향한 불치의 향수를 표현하는 것은 아니다. 인도의 상층 계급 성원들에 관해서도, 시간성들을 가로질러 여행하는 이러한 경험을 어떤 의미에서건 그냥 역사적이라고 묘사할 수는 없다.

물론 이 역사들을 쓰는 경험적인 역사가들 본인이 농민이거나 부족민인 것은 아니다. 그들은 여타의 기억 형태와 구별되는 것인 역사를 생산하는데, 왜냐하면 그들이 시민권과 사회주의라는 글로벌 서사들 안으로—우리의 경우에는 인도에서 행한 영국의 작업에 의해—옮겨졌고 삽입되었기 때문이다. 즉 그들은 자신들의 노동을 통한 사회적 실존이 관념 상품을 위한 세계 시장에서 추상화되는 과정에 들어선 이후에야 비로소 역사를 쓰는 것이다. 이제 서발턴은 민중주의적 역사 서술 프로그램에서 상상하고자 하는 그런 직접적인 의미의 경험적 농민 또는 부족민이 아니다. 서발턴이라는 형상은 필연적으로 재현의 문제들에 의해 매개된다. 내가 여기서 발전시키고자 한 분석의 관점에서는, 서발턴을 추상 노동의 출현에 대해 말하는 바로 그 기호들 내부의 균열이라고 말해도 좋을 것이다. 서발턴은 자본의 서사 내부에서, 인간이 노동 능력의 담지자로 존재하는 것과는 다른 길을 끊임없이 우리에게 환기시켜 주는 그런 것이다. 그것은 맑스의 자본 비판 안에서 '현실 노동' 아래 결집하는 것이며, 통치성(근대적인 통치의 목표를 추구하는 것을 이르는 푸코의 용어)이 세계 전역에서 복속시키고 문명화시켜야 하는 차이의 형상이다.[41]

여기서 도출되는 함의들이 있다. 차이를 시야에 넣고 서술되는 서발턴 역사들은, '사회주의적' 역사들의 장구한 보편주의적 전통 안에서, 서발턴을 근대 민주주의의 주체로 세우는 것을 도우려는, 즉 사회 전체를 더 잘 재현하도록 근대성의 역사를 확장하려는 또 하나의 시도가 전혀 아니다. 이런 시도는 그 자체로서는 칭찬받을 만한 목표이고 의심의 여지 없이 글로벌한 타당성을 갖는다. 하지만 정치적 민주주의 또는 부의 평등한 분배 개념에서 사유가 멈춰서는 안 된다(비록 이런 결과들을 확보하겠다는 목표가 정당하게도 수많은 직접적인 정치 투쟁을 추동하겠지만 말이다). 서발턴 역사들은 맑스주의의 지배적 전통들 안에서 생략된 차이의 질문들을 철학적으로 던질 것이다. 그러면서도 현실 노동이 추상 노동의 문제틀 바깥에서는 사유될 수 없는 것처럼, 서발턴 역사 역시 자본의 글로벌 서사(자본주의로의 이행 서사를 포함하는) 안에 기반을 두지는 않지만 이 서사의 바깥에서는 사유될 수 없다. 이러한 의미에서, 아시아·아프리카·라틴아메리카의 이런저런 집단이 자본주의의 '침투'에 어떻게 저항했는가에 관한 이야기는 '서발턴' 역사를 구성하지 않는데, 왜냐하면 자본에 외재적인(연대기적으로 자본의 '전') 공간이지만 그러나 동시에 자본주의 생산의 '전'과 '후'가 모두 펼쳐질 수 있는 역사주의적이고 통일적인 시간 프레임

41) Michel Foucault, "Governmentality", Graham Burchell, Colin Gordon & Peter Miller eds., *The Foucault Effect: Studies in Governmentality*, London: Wheatsheaf, 1991, pp. 87~104.

의 일부인 공간을 상상하는 것을 전제로 이 서사들이 이루어지기 때문이다. 내가 생각하고 있는 '바깥'은 역사주의적인 산문에서 단지 '자본 이전 또는 자본 이후'로 상상되는 것과는 차이가 있다. 내가 데리다를 좇아 생각하는 이 '바깥'은 '자본' 범주 자체와 결부된 어떤 것이며, 시간성의 경계지대를 가로지르는 어떤 것이며, 자본이 위반하는 시간 코드이지만 바로 이 코드 안에서 자본이 존재하게 되는 그런 코드에 부합하는 어떤 것이며, 우리가 자본을 사유하고 이론화할 수 있어야 비로소 볼 수 있지만 그러면서도 항상 우리에게 자본과는 다른 시간성들과 세계 만들기의 형태들이 가능하며 공존한다는 점을 환기해 주는 어떤 것이다. 이런 의미에서 서발턴 역사들은 자본에 의해 창출된 서사 공간에 선행하거나 외재하는 저항을 지시하지 않는다. 따라서 그 역사들은 '자본' 범주에 준거하지 않고서는 정의될 수 없다. 내가 생각하는 서발턴 연구는 우리가 맑스도 '차이'도 포기하지 않는 교차로에 이론적으로 자리 잡는데, 왜냐하면 내가 말했듯이 이 연구에서 말하는 저항은 자본의 시간 지평 안에서만 일어날 수 있는 것이면서도 저 시간의 통일성을 무너트리는 어떤 것으로 사유되어야 하기 때문이다. 현실 노동과 추상 노동 사이의 긴장을 감추지 않아야 자본/상품의 핵심에 이질성과 통약 불가능성이 기입되어 있음이 확실해진다.

내가 연구한 황마 공장 노동자들의 현실 노동은(비슈바카르마 푸자가 열리는 날에 하는 그들 자신의 노동과 그들이 맺는 관계를 말해 보자) 분명히 그들과 비슈바카르마 신이 어떤 의미에서는 함께 존재하는 세계의 일부이다(이러한 공존을 의식적인 믿음 또는 심리학의 문제로 환원하는 짓은 어리석을 것이다). 번역되는 존재의 지위와 의미 작용이 결과적으로 상실되는 번역 과정을 통과하지 않고서는, 역사가 저 세계의 이질적 시간성 heterotemporality을 재현할 수 없다. 하나의 코드로서의 역사가 작동하는 것은 '상품'이라는 기호에 의해 모든 교환이 매개되는 일반화된 교환 세계의, 추상 노동의 동질적이고 규율화된 세계 안으로 이 현실 노동이 변형될 때이다. 하지만 캘커타 공장의 비슈바카르마 푸자 이야기가 보여 주듯이, '현실' 노동은 상품과 상품의 세속화된 자서전 안에 내재한다. 그 노동의 현존은 결코 직접적이지 않으며, 신과 유령이 끼어드는 이야기들에 의해 역사의 재현 체계 안에 만들어진 틈에 효과를 남긴다. 내가 이미 말한 것처럼, 이 틈은 인류학적인 수선으로 메울 수 있는 것이 아닌데, 왜냐하면 그렇게 해봐야 세속적 서사들의 방법론적인 문제들을 기원이 같은 또 하나의 영토로 옮기는 데 불과하기 때문이다. 공산당 맑스주의들의 종말 이후에 맑스주의 역사들을 발전시키는 데 있어서, 우리의 과제는 역사를 쓸 때 이 틈에 입각하여 쓰고 생각하는 것이다(우리가 역사 쓰기를 피할 도리는 없으니 말이다). 역사가 복수성들이 경합하는 장이 되어야 한다면, 우리에게 필요한 것은 근대성이 많은 이에게 선사하는 선물인 역사가 이 틈에 의해 구성적으로 표시되리라는 것을 보여 줄 글쓰기의 윤리와 정치를 발전시키는 일이다.

다르게 정리해 보자면, 서발턴 역사의 실천이 지향하려는 것은 코드로서의 역사를 한계까지 끌고 가 이 역사에서 작동하지 않는 것을 가시화하는 것이다.

4장

소수자 역사들, 서발턴 과거들

서구 민주주의에서 다문화주의라는 잠정적인 개념을 둘러싼 최근의 투쟁들과 토론들이 종종 소수자 역사들에 대한 논의들을 자극해 왔다. 제2차 세계대전 이후에 역사 서술이 소위 '정체성의 정치와 생산'과 점점 더 얽히면서, 예전에 배제되었던 집단들의 역사를 민족의 역사에 포함할 것인지 여부에 관한 질문이 민주주의 사회 어디에서나 제기되었다. 1960년대에 이 목록에 흔히 포함되었던 것은 노예 출신, 노동 계급, 죄수, 여성 같은 서발턴 사회 집단과 계급의 이름이다. 이러한 역사 서술 양식은 1970년대에 아래로부터의 역사라고 알려졌다. 분과학문으로서의 역사를 더욱 민주화시키라는 점증하는 요구의 압력을 받아 이 목록은 1970~1980년대에 확장되어 소위 인종 집단, 선주민, 어린이와 노인, 동성애자와 그 밖에 다른 소수자를 포함하게 된다. '소수자 역사들'이라는 표현이 지시해 왔던 저 모든 과거의 편에서, 민주적 성향의 역사가들은 민족의 주류 서사들이 자행하는 배제와 삭제에 맞서 투쟁해 왔다. 민족의 과거에 대한 공식적인 설명들 또는 공식적으로 신성시되는 설명들이 많은 나라에서 소수자 역사들의 옹호자들에 의해 도전받았다. '거대 서사'에 대한 포스트모던적인 비판이 민족의 단일 서사에 문제를 제기하는 데 사용되었다. 소수자 역사들이 부분적으로 표현하는 것은 자유·대의 민주주의 특유의 포용과 대표성을 향한 투쟁이라고 말해도 좋을 것이다.

그러한 소수자 역사들이 분과학문으로서의 역사에 관해 꼭 근본적인 질문들을 던져야만 하는 것은 아니다. 학계에서 실제 연구를 하는 역사가들은 대개 특정 대목의 과거를 누가 소유할 수 있겠는가에 관한 질문보다는 좋은 역사와 나쁜 역사의 구별에 더 관심을 기울인다. 나쁜 역사가 나쁜 정치를 초래한다고 상정될 때도 가끔 있다. 에릭 J. 홉스봄이 최근의 논문에서 말했듯이 "나쁜 역사는 해로운 역사[이며]…… 위험하다".[1] 다른 한편 '좋은 역사'는 역사의 주제를 풍부하게 해주며 역사가 사회 전체를 더 잘 재현하게 해준다고 가정된다. 반항적인 양식으로 시작된 '소수자 역사들'이 '좋은 역사'의 추가 사례들로 끝날 수 있다. 한때 반항적이었던 소수자 역사들의 '좋은 역사'로의 변형은 분과학문으로서의 역사 안에서 병합의 기제가 어떻게 작동하는지를 예증한다.

소수자 역사들: 동화와 저항

영미권 대학의 역사학 분야에서 텍스트들이 정전의 지위를 얻게 되는 과정은 (영)문학 분야에서 그것에 상응하는 과정과 차이가 있다. 역사라는

---

1) Eric J. Hobsbawm, "Identity History Is Not Enough", *On History*, London: Weidenfeld and Nicolson, 1997, p. 277[「특수사만으로는 충분하지 않다」, 『역사론』, 강성호 옮김, 민음사, 2002, 444쪽]. 홉스봄이 불행히도 간과했던 논점은 인도와 그 밖의 다른 곳에서 근대 유럽 제국주의는 '좋은 역사'를 사용하여, 유럽 사상가들에 따르면 '신화들'은 지녔어도 역사 감각은 지니지 못했던 인민들의 복속을 정당화했다는 점이다.

주제는 서사를 세공하는 것과 주로 관련된다. 다음 두 질문에 긍정적인 답을 하는 한, 과거에 대한 어떤 설명이든 다 역사 담론의 주류에 흡수되어 이 주류를 풍부하게 해줄 수 있다. 이야기를 풀/세공할 수 있는가? 이야기를 풀어 가는 합리적으로 방어할 수 있는 관점 또는 입장이 이야기에서 허용되는가? 이야기를 세공하기에 관한 질문인 첫 질문은 역사가의 연구와 서사 전략이라는 양면에서 그들이 창의적인 상상력을 발휘하도록 북돋우면서 오랫동안 역사학 분야를 풍부하게 해주었다. 피억압 집단들의 역사를 어떻게 쓸 것인가? 자신의 사료를 남기지 못한 집단 또는 계급의 서사를 어떻게 구성할 것인가? 이런 유형의 질문들이 종종 역사가의 실천에서 혁신을 추동한다. 저자의 입장이 합리적으로 방어할 수 있는 것이어야 한다는 점이야말로 결정적인 중요성을 갖는다. 저자의 입장은 이데올로기, 도덕적 선택, 정치철학을 반영할 수 있겠지만, 그렇다고 그 선택에 제한이 없는 것은 아니다. 광인의 서사라면 역사가 아니다. 또한 자의적으로 또는 단지 사적으로—말하자면 순전히 취향대로—선호하는 것은 합리적으로 방어할 수 있는 서사 원칙을 우리에게 줄 수 없다(기껏해야 그것은 역사가 아닌 픽션으로 간주될 것이다). 특정 유형의 합리성에 투자하고 '현실'에 대한 하나의 특정한 이해에 투자한다는 것은 역사의—이 분과학문의—배제들이 궁극적으로 인식론적인 것임을 의미한다.

노동 계급이나 여성과 같은 주요 집단의 과거를 역사 담론 안으로 병합해 버린 결과들을 잠시 고려해 보라. 에드워드 파머 톰슨과 홉스봄이 펜을 들어 노동 계급이 사회의 주요 행위자처럼 보이도록 한 이후에 역사는 이전과 같지 않았다. 지난 20년간 페미니스트들의 개입은 동시대의 역사적 상상태에 의심의 여지가 없는 충격을 주었다. 이 급진적인 움직임들이 역사학 분야의 주류로 병합되어 역사 담론의 성격이 변했는가? 물론 변화가 있다. 하지만 과연 그러한 병합이 역사학 분야에 그 어떤 위기를 불러왔는가라고 묻는다면 그 답은 훨씬 복잡해진다. 이제껏 무시되던 집단들에 대해—특히 통상적인 아카이브들이 존재하지 않는 정황하에—이야기하기의 문제들을 능숙하게 다루면서 역사학 분야는 스스로를 쇄신하면서도 그대로 유지한다. 이러한 포용은 역사학 분야가 자신 내부의 중핵에서 벗어나 바깥으로 향하도록 압박하는 민주주의 의식에 호소한다.

역사 서사에 요구되는 것은 합리성에 최소한 어느 정도는 투자하는 것이라는 논점이 최근에 『역사가 사라져 갈 때: 왜 우리에게 역사적 진실이 필요한가』에서 제기되었다.[2] 포스트모더니즘, 소수자 역사들, 전후 민주주의의 관계에 대한 질문이 핵심에 있는 이 책은 미국에서 페미니즘 역사를 주도하는 삼 인의 공저이다. 저자들은 포스트모더니즘에서 다중적인 서사들 및 이 서사들을 세공하는 다중적인 방식들의 가능성을 보는 한에서 포스트모더니즘의 영향을 환영한다. 하지만 저자들이 대면하는 주장이 서사의 다중성 관념을 실제로는 진실 또는 사실 관념을 문제 삼는 데 사용할 때, 이 책에서는 강도 높은 당황스러움이 토로된다. 소수자 역사들이 사실 또는 증거라는 바로 그 관념을 문제시하는 정도로 나아가면 이제 저자들은 다음과 같이 묻는다. 공적인 삶 안에서 경합하는 주장들을 평결하는 방도를 어찌 찾을 것인가? 사실과 증거를 구성하는 것에 관한 최소한의 동의가 부재하면 미합중국의 정치체는 심각하게 파편화되지 않을까? 게다가 그리되면 민족이 하나의 전체로서 기능하는 능력이 훼손되지

---

2) Joyce Appleby, Lynn Hunt & Margaret Jacobs, *Telling the Truth about History*, New York: W. W. Norton, 1994[『역사가 사라져 갈 때: 왜 우리에게 역사적 진실이 필요한가』, 김병화 옮김, 산책자, 2013].

않을까? 그리하여 저자들은 '쓸모 있는 진실들'이라는 실용주의적인 관념을 추천하는데, 이 진실은 역사적 사실과 증거에 대해 공유되는 합리적 이해에 근거할 것이다. 우월하게 군림하는 거대 서사를 주장하는 것을 어떤 민족이 삼가면서도 그 민족이 효과적으로 기능하기 위해서는 이러한 진실들이 정연하게 견지되어서 제도들이나 집단들이 갈등적인 이야기들과 해석들을 평결할 수 있어야만 한다.

역사가들은 역사의 방법론이 특정한 합리성 이해와 연결됨을 방어해야 할 때가 오면 각자의 이데올로기적인 계류장과 무관하게 놀라운 합의를 과시한다. 게오르크 G. 이거스가 20세기 역사학에 관해 쓴 최근의 교과서적인 책에서는 역사적인 증거가 될 수 있는 것과 그렇지 않은 것을 결정하는 데 있어서 사실성과 합리성의 이러한 접속이 강조되고 있다. "피터 노빅Peter Novick이 역사에서 객관성은 확보될 수 없다고 주장한 것이 나는 옳다고 생각한다. 역사가는 그럴듯한 타당성 이상을 바랄 수 없다. 그러나 이 그럴듯한 타당성은 분명히 자의적으로 고안된 역사적 설명에 의지하지 않으며, 무엇이 그럴듯한 사실인지를 결정하는 합리적인 전략들을 내포한다."[3] 홉스봄도 같은 직업의 동료들이 표현하는 것과 별반 다르지 않은 정서를 드러낸다. "(최소한 앵글로-색슨 학문 담론에서는) '포스트모더니즘'이라는 모호한 단어로 알려진 그 유행은 다행히 미국에서조차 역사가들 사이에서가 아니라 문학 이론가, 문화 이론가, 사회인류학자들 사이에서 지반을 얻게 되었다. 그 단어는 사실과 허구 사이의, 그리고 객관

---

3) Georg G. Iggers, *Historiography in the Twentieth Century: From Scientific Objectivity to the Postmodern Challenge*, Hanover, N. H., & London: Wesleyan University Press, 1997, p. 145[『20세기 사학사: 포스트모더니즘의 도전, 역사학은 끝났는가?』, 김기봉·임상우 옮김, 푸른역사, 1999, 219~220쪽]를 볼 것. 강조는 추가.

적 실재와 개념상의 담론 사이의 구분에 의심을 품[으며]…… 매우 상대주의적이다."[4)]

이 역사가들이 포스트모더니즘에서 반대하는 부분은, 적어도 그들이 보기에는, 서사들을 역사학에 병합하기 위한 합리성의 조건을 포스트모더니즘이 충족하지 못한다는 데 있다. 『역사가 사라져 갈 때』는 역사가 공적 삶에 접속되는 것을 지탱시켜 주는 두 가지 조건이 계속 타당함을 논증한다. 민주주의는 이제껏 홀시되던 집단들에게 자신의 역사를 말하라고 요청한다는 것과 이들의 상이한 역사들은 공유되는 합리적 증거 규칙들을 수용하면서 하나로 묶인다는 것이 그 두 조건이다. 성공적으로 병합된 '소수자 역사들'은 왕년의 혁명가가 오늘날의 신사가 된 것에 비견될 만하다. 그것들의 성공은 쇄신이 진부해지는 것을 조장한다.

소수자 역사들에서 서발턴 과거들로

하지만 이것이 유일하게 가능한 운명은 아니다. 소수자 역사들에 관한 논쟁 덕분에 '소수자'minority라는 표현 자체를 대안적으로 이해할 수 있게 된다. 우리가 알다시피 소수자와 다수자는 자연적인 실체가 아니라 구성물이다. '다수자'와 '소수자'라는 단어의 통속적인 의미는 통계적이다. 그러나 이 단어들의 의미론적인 장에는 또 다른 관념이 들어 있다. 주어진 맥락에서 '소수자의' 또는 '다수자의' 형상이 된다는 관념. 예컨대 유럽인은 수의 측면에서 말하자면 아주 오래전부터 오늘날까지 인류 전체 중에서

---

4) Hobsbawm, "Identity History Is Not Enough", *On History*, p. 271[「특수사만으로는 충분하지 않다」, 『역사론』, 434쪽].

소수자이다. 그런데 19세기에 그들의 식민주의에 기반이 되어 준 것은 다수자와 소수자에 관한 특정한 관념이었다. 예컨대 그들이 종종 상정했던 관념대로 말하자면, 자신들의 역사에는 다른 인간 사회가 모두 동경해 마땅한 다수의 규범적 예들이 들어 있으며 자신들에 비해 다른 인간들은 이 세계의 '성인'인 자신들이 책임져야만 했던 '소수자'에 불과하다는 것이다. 그러니 수의 이점은 그 자체로는 전혀 다수자/다수성 지위를 보장하지 못한다. 때때로 지배 집단보다 더 수가 많은 집단의 역사가 여전히 '소수자/소수성의' 역사로 규정될 것이다.

소수자 역사들의 문제는 '소수자의 것'으로 불릴 수 있을 어떤 특수한 과거들에 대한 질문으로 우리를 이끈다. 과거의 어떤 구성물들과 경험들은 '소수자의 것'으로 머무는데, 역사 서사로의 바로 그 병합으로 인해 이 구성물들과 경험들은 '덜 중요한' 과거로, 즉 전문 역사 연구에서 사실과 증거로 여겨지는 것에 관한 지배적인 이해에 비추어(그리고 합리성의 기본 원칙에 비추어) '덜 중요한' 과거로 전환된다는 의미에서 '소수자의 것'으로 머문다. 그러한 '소수자' 과거들은 과거의 경험들인데, 강단 역사가의 언어로 번역될 때 항상 '열등한' 또는 '주변적'인 위치로 배정되어야 하는 경험들이다. 이것들은 칸트의 표현을 빌려 말하자면 인간의 '미성숙'의 예들로 취급되는 과거들이고, 공적인 삶에서 이성을 구사하는 것에 근거하지 않기 때문에 우리에게 민주주의나 시민다운 실천을 준비시키지 못하는 과거들이다.[5)]

---

5) Immanuel Kant, "An Answer to the Question: What Is Enlightenment?"(1784), *Perpetual Peace and Other Essays*, trans. Ted Humphrey, Indianapolis: Hackett, 1983, pp. 41~48[「계몽이란 무엇인가에 대한 답변」, 『칸트의 역사철학』, 이한구 옮김, 서광사, 2009, 13~22쪽].

문학 이론에서 질 들뢰즈와 펠릭스 가타리의 카프카 해석을 따라 '소수자'라는 단어가 사용되었던 방식의 뉘앙스를 내가 되풀이하는 것은 아니지만, 나와 그들의 용법 사이에는 일정한 유사성이 있다. 문학에서 '소수자'의 함의는 "정체성의 서사들에 대한 비판"에 있으며 '소수자'가 거부하는 것은 "다수자 서사의 궁극적 목표인 자율적 주체성의 달성을 재현하는 것"에 있듯이, 내가 사용하는 '소수자'도 비슷하게 '다수자'에 대해 회의하는 기능을 한다.[6] 내게 '소수자'란 과거와의 관계들을 묘사하는 것인데, 이 관계들은 역사가의 방법론의 '합리성'이 작동되면서—그리고 작동의 결과로—'소수자의' 것 또는 '열등한' 것, 즉 '비합리적'인 것이 될 수밖에 없다. 하지만 이러한 관계들은 되돌아와, 우리가 역사화하는 것을 가능하게 해주는 조건들의 내재적 요소가 된다는 것이 내 주장이다. 내 결론을 앞당겨 말하자면, 나는 (근대인의) 역사화 능력은 사실은 근대인이 과거와의 비근대적인 관계들(역사화의 순간에 종속적인 것이 되어 버리는 관계들)에 관여할 수 있음에 달려 있다는 점을 보여 줄 것이다. 역사 서술은 세계 안에 존재하는 여러 방식을 상정한다.

과거와의 이러한 종속적인 관계들을 '서발턴' 과거들이라 부르자. 그 관계들이 주변화되는 이유는 그 어떤 의식적인 의도 때문이 아니라, 해당 아카이브를 역사가가 발굴해도 전문적인 역사학의 목표라는 면에서는 처치 곤란인 계기들 또는 지점들을 이 관계들이 표상하기 때문이다. 달리 말

6) David Lloyd, *Nationalism and Minor Literature: James Clarence Mangan and the Emergence of Irish Cultural Nationalism*, Berkeley & Los Angeles: University of California Press, 1987, pp. 19~20; Gilles Deleuze & Félix Guattari, *Kafka: Toward a Minor Literature*, trans. Dana Polan, Minneapolis: University of Minnesota Press, 1986, Chap. 3[『카프카: 소수적인 문학을 위하여』, 이진경 옮김, 동문선, 2001].

하자면, 민족지학 연구에 이 학문의 작업에 저항하는 계기들이 있을 수 있는 것처럼,[7] 이 관계들은 역사화에 저항하는 과거들이다. 서발턴 과거들은, 내가 이 용어에 부여하는 의미에서는, 사회적으로 종속적인 집단들, 즉 서발턴 집단들에만 배타적으로 해당하는 것이 아니며, 소수자의 정체성에만 해당하는 것도 아니다. 엘리트 집단과 지배 집단 역시 지배적인 제도들의 '다수자' 서사에 종속된 생활 세계에 관여하는 한에서 서발턴 과거들을 가질 수 있다. 서발턴 과거들 중에서 특정한 예를 들어 내 명제를 예증해 보겠는데, 그 예는 서발턴 연구 집단의 창설자인 라나지트 구하의 에세이에 나온다. 구하와 서발턴 연구 집단은 여러 모로 내 선생이었으므로 내 진술은 적대적인 비판의 정신이 아니라 자기 검토의 정신으로 이루어질 것인데, 사실 내 목표는 과거를 역사화하는 것이란 무엇을 하는 것이고 무엇을 하지 않는 것인지를 이해하는 데 있다. 그 점을 유념하면서 논의를 이어가겠다.

서발턴 과거들 : 하나의 사례

『서발턴 연구』의 명시적 목표는, 주지하듯이, 서발턴 계급들을 민족주의와 민족의 역사 안에 써 넣으려는 것이었고, 역사 서술에서 모든 엘리트주의적 편견과 싸우는 것이었다. 서발턴을 역사의 주권적인 주체로 만드는 것, 그들의 목소리를 듣는 것, 그들의 경험과 사유를(그들의 물질적 정황만이 아니라) 진지하게 취하는 것, 이런 것들이 우리가 의도적으로 공공연하

---

7) Gyan Prakash, "Subaltern Studies as Postcolonial Criticism", *American Historical Review*, Vol. 99, No. 5, December 1994, pp. 1475~1491.

게 설정한 목표였다. 이 애초의 지적인 야망 및 이런 야망을 이룩하겠다는 욕망은 민주주의적인 공적 삶에 대한 근대적 이해와 접속되어 있다는 점에서 정치적이었다. 그것들이 반드시 서발턴 계급 자신들의 삶에서 나온 것은 아니었지만, 그래도 우리의 목적 중 하나는, 영국의 아래로부터의 역사 전통에서처럼, 인도에서의 민주주의 투쟁 근거를 서발턴 역사의 사실들에서 마련하는 것이었다. 그런데 되돌아보면 『서발턴 연구』의 기획에는 처음부터 서발턴 과거들이라는 문제가 따라붙고 있었다. 사실 『서발턴 연구』 프로젝트를 아래로부터의 역사라는 더 오래된 전통과 차별화해 주는 것은 이 집단에 연계된 역사가들의 저술 안에서 이 문제가 자기 비판적으로 자각되고 있는 점이라고 주장할 수 있을 것이다.

구하의 유명하고 탁월한 에세이 「반봉기의 산문」은 『서발턴 연구』 2권에 수록되어 지금은 마땅히 이 분야의 고전으로 간주된다. 서발턴 계급들의 역사를 역사 담론의 주류 안으로 가져가려는 역사가의 시도에서 비롯되는 어떤 역설이 이 에세이에서 착수된 구하의 시도를 사로잡고 있는 것으로 보인다. 구하의 에세이의 주요 목표는 1855년 산탈Santal 부족 반란을 이용하여 서발턴 역사의 기본 원칙을 논증하는 것이었다. 봉기자의 의식을 반란에 관한 서사의 기둥으로 삼는다는 원칙(산탈은 1855년에 영국과 외래 인도인에게 반란을 일으켰던 벵골과 비하르의 부족 집단이다). 구하는 그것을 초창기 『서발턴 연구』의 정신을 잘 포착한 말들로 표현하고 있다. "이 의식[반란 농민의 의식—인용자]은 관련 주제를 다루는 문헌에서 별로 주목받지 못했던 것 같다. 역사학은 반란 농민을 단지 경험적인 개인이나 한 계급의 성원으로만 다루는 데 그쳤지, 정작 나름의 의지와 이성을 가지고 반란이라 불리는 실천을 구성했던 실체로 다루지 않았다.……봉기는 농민의 의식에 외재적인 것으로 간주되고, 반란의 [대문자] 원인은 저 의식의 논리인 [대문자] 이성을 대신하는 환영적인 대용물이 되고 만다."[8]

여기서 결정적인 구절은 "저 의식의 논리"인데, 이 구절은 역사가인 구하가 자신의 연구 대상인 이 의식 자체에 대해 취해야만 하는 분석적인 거리를 표시한다. 사실 1855년의 산탈 반란의 역사를 추적하면서 구하가 농민들의 삶에 있는 공통적인 현상을 찾아냈다는 것은 놀랄 일이 아니다. 초자연적 존재들의 행위 능력이 그 현상이다. 산탈의 지도자들은 반란을 초자연적인 견지에서, 산탈의 신인 타쿠르Thakur의 명령을 받아 수행한 행위라고 설명했다. 구하는 우리가 증거에 주의를 기울이도록 하면서 이러한 이해가 반란자들 스스로에게 얼마나 중요했는지를 강조한다. 반란 지도자인 시도Sidhu와 카누Kanu의 말에 따르면, 신심이 깊은 반란자들은 영국인의 총알에도 다치지 않을 것이라고 타쿠르가 자신들에게 보장했다는 것이다. 구하는 이러한 언표들에 대한 도구적이거나 또는 엘리트주의적인 독해를 피하려고 조심한다. 그는 이렇게 쓴다. "이것들은 추종자들에게 인상을 남기려고 공적으로 발표한 것들이 아니다.…… 이것들은 처형을 앞둔 포로들의 말이다. 적군의 야영지에서 심문관들에게 답한 이 말은 선동에 쓰일 여지가 전혀 없는 것이었다. 어느 모로 보나 거짓을 말할 줄 모르던 부족민들이 술회한 이 말은 진실을 재현했으며, 특히 말하는 당사자들에게 오로지 진실만을 표상하는 것이었다."[9]

『서발턴 연구』 프로젝트에 내재하는 하나의 긴장이 여기 구하의 분석에서 감지된다. "의식의 논리"라는 그의 구절, 또는 그가 어떤 진실이 오

---

8) Ranajit Guha, "The Prose of Counter-Insurgency", Ranajit Guha & Gayatri Chakravorty Spivak eds., *Selected Subaltern Studies*, New York: Oxford University Press, 1988, pp. 46~47.

9) *Ibid.*, p. 80.

직 "말하는 당사자들에게 진실"일 뿐이라고 생각하는 것은 모두 그가 이해하려고 시도하는 그것으로부터의 비판적 거리를 상정하는 행위들이다. 문자 그대로 보자면, 반란 농민의 언표는 서발턴이 스스로 행위 능력 또는 주체다움을 부인하고 있는 것을 보여 준다. "내가 반란에 나선 것은 타쿠르가 나타나 반란을 일으키라 말했기 때문이다"라고 그는 말한다. 식민지의 기자가 보도한 대로 그들 자신의 말을 따온다면, "카누 마지와 시도 마지가 싸우고 있는 것이 아니다. 타쿠르가 몸소 싸울 것이다". 서발턴 본인의 말하기에서는 서발턴이 반드시 자기 역사의 주체인 것은 아닌데, 『서발턴 연구』의 역사 또는 민주주의적 성향을 갖는 그 어떤 역사에서도 서발턴은 자기 역사의 주체이다. 그렇다면 우리가 서발턴의 견해를(서발턴은 자신들의 반란의 행위 능력을 신에게 돌린다) 진지하게 취하면서도 서발턴에게 자기 역사에서의 행위 능력 또는 주체다움을, 서발턴의 언표가 부인하는 바로 그 지위를 부여하기를 원한다는 것은 무엇을 의미하는가?

이러한 딜레마와 협상하는 구하의 전략은 다음과 같은 식으로 펼쳐진다. 우선 그는, 세속적 역사학 또는 맑스주의 역사학에 공통적인 실천들과 반대로, 그 자체로 세속적이고 현세적인 인간 관계들(계급·권력·경제 등)의 전위된 표현이 종교라고 단순하게 보는 분석들에 저항한다. 구하는 자신이 단순히 탈신비화 작업을 하고 있는 것이 아님을 의식하고 있었다.

> 종교성은 모든 면에서 훌hool(반란)의 중심이었다. 반란을 고무했던 권력 개념의······특성은 명시적으로 종교적[이었다—인용자]. 권력이 종교라고 불리는 외재적 형식에 싸인 내용인 것은 아니었다.······ 따라서 봉기는 그 어떤 특수한 불만 탓이라기보다는 신의 명령 탓이다. 봉기 전에(예를 들면 태초의 뱀의 묵시록을 막아 보려고 달래는 의식들) 그리고 봉기 동안

에(여신 두르가 숭배 의식, 갠지스강에 목욕하기) 의례를 올린다. 신화의 발생과 유포가 봉기의 특징적인 운반 수단인데, 이것이 곧 루머이다.[10)]

반란자의 목소리를 진지하게 듣고자 하는 구하의 욕망에도 불구하고, 그의 분석이 타쿠르에게 내줄 행위 능력의 자리가 산탈의 언표들이 그에게 들려준 반란 이야기에 나오는 자리와 같을 수는 없다. 공적인 삶(역사가는 공적인 영역 안에서 말한다)을 구성하는 것에 관한 근대적인 이해 안에서 합리적으로 방어될 수 있는 서사 전략은 신성한 것 또는 초자연적인 것이 현세적인 사안들에 직접 손을 대는 것을 허용하는 관계에 근거할 수 없다. 반란에 대한 산탈 지도자들 자신의 이해는 민주주의 또는 시민권 또는 사회주의의 역사적 명분에 직접 복무하지 못한다. 그것은 재해석될 필요가 있다. 역사가들은 초자연적인 것의 자리를 누군가의 신앙 체계 또는 의례 관행 안에 마련할 것이고, 역사적 사건들 안에 있는 현실적인 행위 능력을 초자연적인 것에 부여하게 되면 과거에 관한 분쟁 해결 절차들을 역사 담론에 제공하는 증거의 규칙들에 상반되는 일이 될 것이다.

개신교의 해석학적 신학자인 루돌프 불트만이 이 문제를 명쾌하게 지적했다. "역사는 효과들의 폐쇄적인 연속체라는 의미에서 하나의 통일체이며 이 연속체 안에서 개별 사건은 인과 연쇄로 연결된다는 것이 역사적 방법에 내포된 전제이다." 이렇게 말한다고 해서 불트만이 역사과학을 기계적인 세계 이해로 환원하는 것은 아니다. 그는 다음과 같은 부가 설명을 통해 자신의 진술에 단서를 단다.

---

10) Guha, "The Prose of Counter-Insurgency", Guha & Spivak eds., *Selected Subaltern Studies*, p. 78.

> 이것이 역사 과정은 인과성 법칙에 의해 결정되며 역사적으로 벌어지는 일들의 경로를 결정하는 행위들을 하는 인간의 자유 결정이란 없다는 것을 뜻하지는 않는다. 하지만 자유로운 결정이라는 것도 어떤 원인 없이는, 어떤 동기 없이는 일어나지 않는다. 그래서 역사가의 임무는 행위의 동기를 파악하는 데 있는 것이다. 모든 결정과 행위에는 나름의 원인과 결과가 있다. 요컨대 역사적 방법이 전제하는 것은 이런 원인과 결과를, 그리고 이것들의 연결을 제시하고 그리하여 역사적 과정 전체를 폐쇄적인 통일체로 이해하는 것이 원칙적으로 가능하다는 것이다.

여기서 도출되는 불트만의 결론 덕분에 우리는 역사가가 산탈 반란을 설명하려고 채택한 일단의 설명 원칙과 산탈들이 스스로 사용할 수 있었던 원칙들(일부 원칙이 그들 사이에서 공유될 수 있었다는 것을 받아들인다면)을 분리시키는 간극을 볼 수 있다. 나는 서발턴 과거들에 관한 우리의 논의에 불트만의 결론이 전적으로 상관성을 갖는다고 여긴다.

> 이 폐쇄성[역사 과정의 가정된 '폐쇄적 통일성'—인용자]이 뜻하는 바는 역사적으로 벌어지는 일들의 연속체가 초자연적이고 초월적인 힘들의 간섭에 의해 갈라질 수는 없다는 것, 따라서 말의 이러한 의미에서의 '기적'이란 없다는 것이다. 그러한 기적은 원인을 역사 안에 두지 않는 사건일 것이다. 예컨대 구약의 서사는 역사에 신이 간섭하는 것을 말하고 있는 데 반해, 역사과학은 그와 같은 신의 행위를 논증할 수 없으며 단지 그 행위를 믿는 자들이 있다는 것을 지각할 뿐이다. 확실히, 역사과학으로서, 그것은 그러한 신앙이 미망이라고, 신은 역사 안에서 행동하지 않았다고 확언해서는 안 될 것이다. 하지만 과학으로서 그 역사과학 자체가 그러한

행위를 지각할 수는 없으며 그러한 행위에 기반을 둘 수는 없다. 다만 그 역사과학은 모든 사람이 각자 역사적인 사건 안에서 신의 행위를 보길 원하는지 여부를 자유롭게 결정하도록 내버려 둘 수 있을 따름이다. 역사과학 자체는 역사적 사건을 그 사건에 내재하는 역사적 원인들의 견지에서 이해한다.[11]

근본적으로, 반란의 주요 선동자가 신이었다는 산탈의 언표는 역사가의 서사에서 자기 자리를 찾기에 앞서 인류학적인 것이 되어야만 한다(즉 누군가의 믿음으로 변환되든가 아니면 인류학적인 분석의 대상이 되든가). 사건에 대한 산탈 자신의 이해에 관한 구하의 입장은 인류학자의 정중함("당신의 믿음을 존중합니다만 그것이 제 믿음은 아닙니다")과 맑스주의적인(또는 근대적인) 경향(근대적인 공적 삶 안에서의 '종교'를 소외된 의식 또는 전위된 의식 형태로 보는 경향)의 조합이 된다. 그는 이렇게 쓴다. "요컨대 종교적인 의식으로서가 아니라면 이 경우에 봉기에 대해 말하기란 가능하지 않다." "종교적인 의식으로서가 아니라면"이라는 이 구절에 서둘러 "반란자들로 하여금 자신들의 프로젝트를 자신들의 의지가 아닌 어떤 다른 의지에 입각하는 것으로 여기도록 만들었던 자기-타자화self-estrangement(이는 종교성의 바로 그 본질에 관한 맑스의 용어에서 빌려 온 것이다)의 대대적인 표출로서가 아니라면"이라고 덧붙인다.[12]

---

11) Rudolf Bultmann, "Is Exegesis without Presuppositions Possible?", Kurt Mueller-Vollmer ed., *The Hermeneutic Reader: Texts of the German Tradition from the Enlightenment to the Present*, New York: Continuum, 1985, p. 244.

12) Guha, "The Prose of Counter-Insurgency", Guha & Spivak eds., *Selected Subaltern Studies*, p. 78.

여기에 있는 것이 바로 내가 서발턴 과거들이라 불렀던 것, 즉 역사가 자신의 입장에 속하는 강단 역사학에는 결코 들어갈 수 없는 과거들의 사례이다. 근자에는 『서발턴 연구』의 초창기에 비해 서발턴의 목소리들이 더욱 명확하게 들리는 다성적인 역사들의 전략들을 고안할 수 있다. 이 상이한 목소리들을 어떤 하나의 목소리로 동화시키는 것을 자제할 수도 있으며, 어떤 서사의 결말을 고의로 느슨하게 풀어 놓을 수도 있다(샤히드 아민이 『사건, 메타포, 기억』에서 한 것처럼).[13] 하지만 중요한 것은 역사가는, 산탈과 달리 역사가로서, 사건을 설명/묘사하는 데 있어서 초자연적인 것을 내세울 수는 없다는 것이다.

서발턴 과거들의 정치

소수자 역사들을 옹호하는 행위는 서발턴 과거들의 발견들로, 즉 우리가 역사학 분야의 실천 안에 보전된 시선의 양식들에서 한계를 보도록 도와주는 역사성 구성물들의 발견들로 귀결되었다. 왜? 왜냐하면 분과학문으로서의 역사는—(그레그 데닝부터 최근의 데이비드 윌리엄 코언까지) 여러 논자가 주장했듯이—과거를 기억하는 방식 중 단 하나에 불과하기 때문이다.[14] 구하의 에세이에서, 과거에 대한 역사가의 독해에 '역사적 증

13) Shahid Amin, *Event, Metaphor, Memory: Chauri Chaura 1922~1992*, Berkeley & Los Angeles: University of California Press, 1995.

14) Greg Dening, "A Poetic for Histories", *Performances*, Melbourne: Melbourne University Press, 1996, pp. 35~63; David William Cohen, *The Combing of History*, Chicago: University of Chicago Press, 1994; Ashis Nandy, "History's Forgotten Doubles", *History and Theory*, Vol. 34, No. 2, May 1995, pp. 44~66; Klaus Neumann, *Not the Way It Really Was: Constructing Tolai Past*, Honolulu: University of Hawaii

거'가 제공하는 저항은(가령 누가 역사의 주체인지를 정하는 문제에서 산탈의 신인 타쿠르는 민주적이고 맑스주의적인 역사가와 산탈들 사이에 있다) 근대적인 역사 서사를 짜 나가는 바로 그 과정 안에서 소수자, 즉 서발턴 과거들을 생산한다. 서발턴 과거들은 직물의 고른 표면에 불거져 나와 직물이 갈라지게 하는 단단한 매듭 같은 것이다. 모든 집단과 인민을 주류 역사 안으로 수용하는 민주주의적 프로젝트 내에서 소수자 역사들을 쓸 때 우리는 산탈을 들으면서 동시에 인류학적으로 다루는 것이다. 우리가 그들의 믿음이라고 간주하는 것의 내부로부터는 역사를 쓸 수 없다. 그래서 우리는 전복적이지는 않은 '좋은' 역사들, 역사학 분야의 프로토콜에 상응하는 역사들을 생산한다.

이런 문제에 대한 평가는 역사들을 다르게 세공하려는 일련의 시도로, 역사가의 역사들과 이와는 다르게 구축되는 과거들 사이에서 등가성의 특정한 척도를 구하려는 일련의 시도로 귀착되었다. 일부 학자는 지금 다양한 방식으로 역사의 한계들을 수행한다perform. 가령 과거를 허구화한다든가, 문화연구라는 새로운 분과학문에서 영화와 역사가 어떻게 교차할 수 있을지를 보려고 실험한다든가, 그냥 역사보다는 기억을 연구한다든가, 글쓰기의 형식들 및 여타 유사한 수단을 시도해 본다든가 하는 식으로 말이다.[15] 역사가의 방법론에 관한 역사학 분야의 합의, 즉 한때—말하자면 1960년대에—관행상 콜링우드·카·블로크를 역사가를 위한 기본 양식으로 나눠 주던 '이론' 또는 '방법론' 강좌가 대표했던(적어도 영미

Press, 1992; Chris Healy, *From the Ruins of Colonialism: History as Social Memory*, Melbourne: Cambridge University Press, 1997; Stephen Muecke, "The Sacred in History", *Humanities Research*, No. 1, 1999, pp. 27~37; Ann Curthoys & John Docker, "Time, Eternity, Truth, and Death: History as Allegory", *Ibid.*, pp. 5~26.

권 대학에서는) 분과학문적인 합의가 이제, 적어도 주변화된 집단 또는 비서구 인민의 역사들을 서술하는 데 관여하는 이들에게서, 의심을 받기 시작했다. 이것이 꼭 방법론적인 무정부 상태를(비록 일각에서는 이것을 두려워할 정도로 불안을 느끼지만) 뜻하는 것은 아니며, 콜링우드 등등이 부적절해졌다는 뜻도 아니다. 도리어 이것이 뜻하는 바는 "역사란 무엇인가?"라는 카의 질문을 우리 시대에 맞게 다시 물어야 한다는 데 있다. 소수자 역사들의 언어와 움직임에 내재하는 다원주의의 압력은 도대체 역사를 서술한다는 그 일이 무엇에 관한 일인지를 묻는 방법론적이고 인식론적인 질문으로 귀결되었다.

오직 미래만이 이 질문들이 어떻게 해결될지를 말해 주겠지만, 한 가지는 분명하다. 소수자들을 민족의 역사에 포함시키는 문제는 이미 정리된 방법론을 새로운 아카이브에 적용하고 그 결과를 역사학에 집성된 현존의 지혜에 추가하는 단순한 작업보다 훨씬 더 복합적인 문제라는 것이 분명해졌다. '블록 쌓기'처럼 지식에 무언가를 추가하면서 접근하는 것은 이제 무너졌다. 다음과 같은 질문들이 열렸다. 역사학이라는 분과학문의 방법론에 의해 포착될 수 없는 과거 경험이 있는가? 또는 적어도 그런 역사학의 한계들을 보여 주는 과거 경험이 있는가? 그렇게 질문하는 것은 비합리주의가 기승을 부리는 것으로 귀착되리라는 두려움이나 모종의 포스트모던 광기가 역사의 땅Historyland에 퍼질 거라는 두려움은 극단적인 것

15) 대안적 과거들에 대한 질문은 다음과 같은 최근의 인도사 작업에서 조명된다. Amin, *Event, Metaphor, Memory*; Ajay Skaria, *Hybrid Histories: Forests, Frontiers and Wildness in Western India*, Delhi: Oxford University Press, 1999; Saurabh Dube, *Untouchable Pasts: Religion, Identity, and Power among a Central Indian Community, 1780~1950*, Albany: State University of New York Press, 1998, Chaps. 5, 7~8.

으로 보이는데, 왜냐하면 그 역사학은 여전히 근대 관료제와 사법의 실증주의적인 충동 및 통치성의 도구들에 견고하게 묶여 있기 때문이다. 예컨대 홉스봄은 법과 여타 통치 도구에 역사가 밀접하게 묶여 있음을 보여 주는 증거를 자신도 모르는 사이에 제공한다. "역사 연구자만큼이나 증거의 우위를 (상당히 비슷한 방식으로) 주장하는 법정의 절차는, 역사적 사실과 거짓의 차이는 이데올로기적인 것이 아님을 입증해 주었다.…… 살인죄로 심문을 받는 사람이 자신의 결백을 입증하고자 할 때 필요한 것은 '포스트모던' 이론가의 기술이 아니라 옛날식 역사가의 기술이다."[16] 바로 이런 이유 때문에 홉스봄은 소수자 역사들이 '좋은 역사'의 프로토콜들에 따라야만 한다고 주장하는 것이다. 더구나 역사는 자유주의 또는 맑스주의가—의미심장하게 상이한 방식으로—이미 친숙하게 만들어 놓은 대의 민주주의와 사회 정의의 형태들과 소통하는 것이니 이 역사의 프로토콜들에 따라야만 하는 것이다.

그러나 소수자 역사들은 그것 이상을 할 수 있다. '소수자' 역사들을 생산하기라는 임무는, 민주주의를 향해 깊어 가는 요구의 압력 아래, 이중의 임무가 된다. 나는 이렇게 제시해 보겠다. '좋은' 소수자 역사는 사회 정의와 대의 민주주의 영역을 확장하고자 하지만, 다른 한편으로 '역사의 한계들'에 관해 말하는 것은 우리가 아직 완벽하게 이해하거나 구상할 수는 없는 비국가주의적인 민주주의 형태들을 향해 투쟁하고 모색하려는 것이다. 이렇게 되는 이유는 서발턴 과거들의 '소수성'에 주목하는 양식 안에서 우리는 이미 주어진 어떤 전체를 대변하는 포괄적인 원칙으로 이질성

16) Hobsbawm, "Identity History Is Not Enough", *On History*, p. 272[「특수사만으로는 충분하지 않다」, 『역사론』, 436쪽].

들을 환원하려 하지 않으면서 이질성들과 함께하기 때문이다. 구하와 산탈 지도자의 상이한 두 목소리를 동화시킬 수 있는 제3의 목소리는 없다. 우리는 두 목소리 모두와 함께해야 하며, 두 목소리 사이의 간극과 함께해야 하는데, 이 간극은 우리 자신의 역사성의 경험들 안에 있는 환원 불가능한 복수성을 표시해 준다.

죽은 과거와 산 과거

내가 이해하는 이질성의 문제를 조금 더 검토해 보겠다. 우리는 19세기의 산탈에게 역사주의와 인류학을 복용하도록 조치할 수 있다(그리고 역사 서술에서 보통 그렇게 한다). 달리 말하자면, 우리는 그를 다른 시간과 사회의 기표로 취급할 수 있다. 이런 태도는 역사가와 증거 사이의 주객 관계를 유지한다. 이런 태도에서, 과거는 진정으로 계속 죽은 과거이고, 역사가는 이야기를 해줌으로써 그것을 '살아 있는' 과거로 만든다.[17] 하지만 "나는 신께서 내게 하라고 말씀하신 대로 했다"고 진술하는 산탈 역시 이 세계 안에 존재하는 하나의 방식으로 우리와 마주하며, 그래서 우리는 다음과 같이 자문해 볼 수 있을 것이다. 저러한 존재 방식이 우리 자신의 삶을 위한 가능성이자 우리가 우리의 현재라고 정의하는 것을 위한 가능성인가? 우리 역시 살면서 어떤 경우에 의지하게 되는 원칙을 우리가 이해

---

17) Ashis Nandy, "From Outside the Imperium", *Traditions, Tyranny and Utopias: Essays in the Politics of Awareness*, Delhi: Oxford University Press, 1987, pp. 147~148; Dipesh Chakrabarty, "The Modern Indian Intellectual and the Problem of the Past: An Engagement with the Thoughts of Ashis Nandy", *Emergences*, No. 7/8, 1995~1996, special issue on Nandy, guest ed. Vinay Lal, pp. 168~177에 있는 나의 논의를 볼 것.

하도록 산탈이 돕는가? 이 질문은 산탈을 역사화하거나 인류학화하지 않는데, 왜냐하면 산탈이 현재의 가능성의 사례가 되어 예증하는 힘은 그의 타자성에 달려 있는 것이 아니기 때문이다. 여기서 산탈은 우리의 동시대인으로 서 있으며, 보통 역사가가 자신의 아카이브와 맺는 관계를 정의하는 주객 관계가 이러한 태도에서는 해소된다. 이러한 태도와 유사한 것은 아브라함이 자기 아들 이삭을 희생시키는 성서 이야기를 역사적으로나 심리학적으로 설명되어 마땅한 것으로 여기거나 아니면 하나의 메타포 또는 알레고리로 여기지 오늘날의 신앙인에게 열려 있는 삶의 가능성으로는 여기지 않는 설명들을 키르케고르가 비판하면서 발전시켰던 태도이다. 그는 묻는다. "현재가 될 수 없는 과거를 왜 기억하려 안달인가?"[18)]

역사가가 농민을 만나는 그 순간의 이질성과 계속 함께한다는 것은 곧 이 두 태도 사이의 차이와 계속 함께한다는 것이다. 하나의 태도는 사회 정의와 민주주의의 역사에 대한 관심 속에서 산탈을 역사화하는 태도이다. 다른 태도는 산탈을 역사화하기를 거부하고 산탈이 현재를 위한 삶의 가능성을 예증하는 형상이라고 보는 태도이다. 이 두 태도를 통합적으로 취하면 우리는 우리 자신의 현재를 이루고 있는 복수의 존재 방식과 접촉하게 된다. 이렇게 아카이브들은 우리가 거주하고 있는 어떤 특수한 '지금'의 탈구된 본성을 볼 수 있도록 돕는다. 바로 그것이야말로 서발턴 과거들의 기능이다.

우리 자신의 존재의 복수성은 상이해 보이는 것을 이해하는 그 어떤

---

18) Søren Kierkegaard, *Fear and Trembling: Dialectical Lyric by Johannes de Silentio*, trans. Alastair Hannay, Harmondsworth: Penguin, 1985, p. 60[『공포와 전율/반복: 키르케고르 선집 4권』, 임춘갑 옮김, 다산글방, 2007, 54쪽].

해석학에서도 기본적인 가정이다. 빌헬름 폰 훔볼트는 베를린 학술원에서 1821년에 한 연설「역사가의 과제에 대하여」에서 이 점을 잘 지적했다. "두 개의 존재가 총체적인 간극에 의해 분리되어 있을 때 양자를 이어 주는 이해의 다리는 놓이지 않는다. 서로를 이해하기 위해서는 그것들이 또 다른 의미에서 이미 서로를 이해하고 있어야 한다."[19] 우리는 19세기 산탈과 같지 않고, 게다가 여기서 인용된 몇 마디 언표로 산탈이 완벽하게 이해되지도 않는다. 경험적이고 역사적인 산탈들이 근대성 및 자본주의와――내가 생각하지 못했던――다른 관계들을 맺었을 수도 있다. 오늘날의 산탈은 19세기의 그들과 매우 다르리라는 점과 그들이 사회적으로 아주 상이한 정황에서 살리라는 점을 쉽게 수긍할 수 있을 것이다. 어쩌면 그들이 전문 역사가들을 배출했을 수도 있다. 이러한 역사적 변화들을 부인할 사람은 없을 것이다. 하지만 19세기의 산탈은――그리고 실제로, 내 주장이 옳다면, 그 어떤 다른 시기와 지역의 사람들도――항상 어떤 의미에서는 우리의 동시대인이다. 그것이야말로 그들을 우리에게 이해 가능한 자들로 다루기 시작할 수 있는 조건이어야만 할 것이다. 그렇게 역사 서술은 공존하는 시간들의 복수성, 즉 현재는 자체적으로 이접되어 있음을 함축하고 있어야 한다. 이 이접을 가시화하는 것이 서발턴 과거들이 우리에게 하도록 허용하는 그것이다.

이와 같은 주장은 사실 근대 역사학의 복판에 있다. 예컨대 유럽의 중세사 서술이 중세적인 것의 동시대성, 또는 같은 것이지만, 현재의 그 자체와의 비동시대성이라는 이 전제에 의존한다고 주장할 수도 있을 것이

19) Wilhelm von Humboldt, "On the Task of the Historian", Mueller-Vollmer ed., *The Hermeneutic Reader*, p. 112.

다. 유럽에서 중세적인 것은 종종 초자연적이고 마술적인 것과 강하게 연계된다. 하지만 그것의 역사화를 가능하게 만드는 것은 그것의 기본 특성들이 근대인인 우리에게 완전하게 낯설진 않다는 사실이다(양자를 분리하는 역사적 변화들을 부인하는 것은 아니지만). 유럽 중세사가들이 항상 이 점을 의식하고 명시적으로 제시하는 것은 아니지만, 그들의 방법론에서 이것이 하나의 가정으로 작동하는 것을 보는 건 어렵지 않은 일이다. 예컨대 아론 구레비치의 저술들에서는 인류학의 활용을 통하여, 즉 유럽의 과거를 이해하기 위해 유럽 바깥에 관한 현대 인류학의 증거를 활용하여 근대적인 것이 중세적인 것과 협정을 맺는다. 여기서 중세적인 것과 근대적인 것의 엄격한 시간적 분리는 글로벌한 차원에서 동시대성을 갖게 되면서 거짓임이 드러난다. 피터 버크는 구레비치의 작업을 소개하면서 중세 유럽과 현대 인류학적 증거 사이의 이 지적인 왕래에 관해 논평한다. 버크는 이렇게 쓰고 있다. 구레비치는 "이미 1960년대에 역사인류학자로 묘사될 수 있었으며, 그는 실제로 인류학에서, 특히 브로니스라브 말리노프스키와 마르셀 모스의 경제인류학으로부터 가장 뚜렷하게 영감을 끌어왔다. 한편 모스는 선물에 관한 자신의 유명한 에세이를 중세 스칸디나비아의 시 『에다』*Edda* 인용으로 시작했다".[20)]

비슷한 이중적 움직임—중세적인 것을 역사화하면서 동시에 중세적인 것을 현재와 동시대적인 것으로 보기—이 자크 르 고프의 다음과 같은 진술에서 작동하고 있는 것을 볼 수 있다. 르 고프는 여기서 유럽 중

20) Peter Burke, "Editorial Preface", Aron Gurevich, *Medieval Popular Culture: Problems of Belief and Perception*, trans. Janos M. Back & Paul A. Hollingsworth, Cambridge: Cambridge University Press, 1990, p. vii.

세의 감수성의 한 측면을 설명하고자 한다. "오늘날 사람들은, 점쟁이를 찾는 사람이라면 더욱, 정령을 떠다니는 테이블로 부르고, 흑미사에 참여하며, 가시적인 것과 비가시적인 것 그리고 자연적인 것과 초자연적인 것의 경계를 인지한다. 이것은 중세인에게는 진실이 아니다. 그에게는 가시적인 것이 비가시적인 것의 단순한 흔적일 뿐만 아니라, 초자연적인 것은 매번 나날의 삶에서 넘쳐흐른다."[21] 이것은 복합적인 구절이다. 표면적으로는 중세적인 것을 근대적인 것으로부터 분리하는 것에 관한 구절이다. 그렇지만 이 차이는 중세적인 것을 근대적인 것의 실천들을 사로잡는 항존하는 가능성으로 만드는 그것이다. 만약 근대인인 우리가 르 고프의 묘사에 나오는 가시적인 것과 비가시적인 것의 '경계'를 잊을 수만 있다면, 아마도 우리는 그 경계의 다른 쪽에 있게 될 것이다. 오늘날 점쟁이를 찾는 사람은 그럼에도 불구하고 근대인인데, 왜냐하면 그들은 '중세의' 관행들에 빠져 있으면서도, 근대인의 습성을 떨쳐 버릴 수는 없기 때문이다. "오늘날……더욱"이라는 앞머리의 표현은 그들의 시대착오에서 느껴지는 놀라움의 감정을 가리킨다. 마치 오늘날에도 이러한 관행이 실존한다는 것 자체가 현재의 연속성 안으로 중세스럽지만 아주 그렇지는 않은 무엇인가를 삽입함으로써 그 연속성 안에 틈을 내는 것 같다. 르 고프는 이런 사람들의 관행에도 환원될 수 없게 근대적인 어떤 것이 여전히 남아 있다는 점, 말하자면 가시적인 것과 비가시적인 것의 구별이 그들에게 여전히 남아 있다는 점을 말하면서 현재를 구제한다. 하지만 그것은 오직 하나의 경계로, 즉 중세적인 것과 근대적인 것 사이의 차이를 정의하는 어떤

21) Jacques Le Goff ed., *The Medieval World: History of the European Society*, trans. Lydia G. Cochrane, London: Collins and Brown, 1990, pp. 28~29.

것으로서만 남아 있다. 차이란 항상 관계의 이름이기에, 차이란 접속하는 것만큼 분리하므로(실로 경계가 그런 것처럼), 현재 또는 근대적인 것의 곁에는 중세적인 것 역시 남아 있어야만 한다고, 근대적인 것을 정의하는 실천들과 담론들에 한계 또는 경계로 실존하는 그런 것으로서만 남아 있어야 한다고 주장할 수도 있을 것이다.

서발턴 과거들은 이 경계의 푯말들이다. 그 푯말들을 갖고 우리는 역사 담론의 한계들에 도달한다. 이렇게 되는 이유는, 내가 말했듯이, 서발턴 과거들이 역사가에게 근대적인 공적 삶에서 합리적으로 방어될 수 있는 그 어떤 서사 원칙도 주지 않기 때문이다. 한 걸음 더 나아가자면, 합리적 원칙에 대한 이런 요청이 이번에는 공적 삶의 근대적 구성물과 사회 정의 프로젝트 사이에 실존하는 심층적인 접속들을 표시한다는 점을 볼 수 있다. 맑스주의 학자 프레드릭 제임슨이 자신의 책 『정치적 무의식』을 "항상 역사화하라!"는 명령으로 시작해야 한다는 점은 놀랍지 않다. 제임슨은 "이 슬로건"을 "모든 변증법적 사유에 대한 단 하나의, 심지어 '초역사적'이라고 말해도 좋을 요청"이라고 묘사한다.[22] 내 판단이 옳다면, 역사화는 이 명령의 문제적인 부분이 아니며, 차라리 문제를 야기하는 용어는 "항상"이다. '항상'이라는 상상태를 가능하게 하는 연속적이고 동질적이며 무한히 뻗는 시간의 가정은 현재를, 데리다가 말하듯 "탈구시키는"out of joint[23] 서발턴 과거들에 의해 의문시된다.

---

22) Fredric Jameson, "Preface", *The Political Unconscious: Narrative as a Socially Symbolic Act*, Ithaca: Cornell University Press, 1981, p. 9.

23) Jacques Derrida, *Specters of Marx: The State of the Debt, the Work of Mourning, and the New International*, trans. Peggy Kamuf, New York & London: Routledge, 1994[『마르크스의 유령들』, 진태원 옮김, 그린비, 2014].

시간 매듭들과 역사 서술에 대하여

사회과학 안에서 지식(나는 지식과 실천을 구별한다)의 기초가 되는 '우주의 탈주술화' 원칙에 맞춰 조율된 세계 내 존재 양식에 우리가 속하는 한에서만 우리는 역사화를 한다.[24] 하지만 '탈주술화'는 우리가 지상에 세계를 만들 때의 유일한 원칙이 아니다. 세계 만들기의 이 다른 양식들 안에서는 초자연적인 것이 세계 안에 거주할 수 있는데, 항상 어떤 문제 또는 의식적인 믿음이나 관념의 결과물로서 그렇게 거주하는 것은 아니다. 시인 윌리엄 버틀러 예이츠의 일화에 핵심이 들어 있다. 그가 아일랜드 민담에 나오는 요정과 여타 비인간적인 존재에 관심이 있었다는 것은 잘 알려진 사실이다. 내 친구인 데이비드 로이드가 내게 들려준 그대로 그 이야기를 말하겠다.

> 코네마라 농촌 지역에서 아일랜드 민속에 대한 광범위한 조사를 하던 어느 날, 예이츠는 보석 같은 존재를 만났다. 그 보석은 코널리 여사라는 분인데, 예이츠가 접해 본 가장 훌륭한 요정 이야기 목록을 가진 분이었다. 그는 그녀의 작은 시골집에서 아침부터 해 질 무렵까지 그녀 옆에 앉아 그녀의 이야기와 속담과 전승 지식을 채록했다. 황혼이 지자 그는 돌아가야 했고, 그녀에게 들은 모든 것 덕택에 나설 때까지도 여전히 멍한 상태

24) '탈주술화'라는 관념을 사용하면서 나는 상품의 '마술'에 관해 또는 근대성 자체의 마술적 측면들에 관해 언급되어 왔던 것을 부정하지 않는다. 이른바 근대인도 역시 비근대인일 수 있음이야말로 물론 나 자신이 주장하고 있는 바이다. '탈주술화'에 대한 비판적 논의로는 Jacques Rancière, "The Archeomodern Turn", Michael P. Steinberg ed. *Walter Benjamin and the Demands of History*, Ithaca: Cornell University Press, 1996, pp. 24~40을 볼 것.

였다. 코널리 여사가 현관에 서서 그를 배웅했는데, 문가에 다다르자 그는 그녀를 돌아보며 조용히 말했다. "질문 하나만 더 드려도 될까요, 코널리 여사님. 요정을 믿으세요?" 코널리 여사는 고개를 젖히며 웃었다. "오, 아니에요 예이츠씨, 전혀 아닙니다." 예이츠는 멈칫하더니 돌아서서 구부정한 자세로 골목길을 내려갔다. 그때 골목길을 뒤따라오는 코널리 여사의 목소리가 들렸다. "하지만 요정은 저기 있어요, 예이츠씨, 저기 있다고요."[25)]

늙은 코널리 여사가 알고 있었던 것처럼, 그런데 사회과학자인 우리는 종종 망각하는 것처럼, 신과 정령은 자신의 실존을 위해 인간의 믿음에 의존하는 것이 아니다. 그들을 현존하게 하는 것은 우리의 실천들이다.[26)] 그들은 상이한 존재 방식의 일부이고, 이러한 존재 방식을 통해 우리는 현재를 여러 겹으로 만든다. 우리가 그들과 함께 있을 수 있는 것은 정확히 현재 내부의 이접들 덕분이다. 이 다른 존재 방식들에 권력 또는 정의의 질문들이 없는 것은 아닌데, 다만 이런 질문들이 정치적 근대의 관점과는 다른 관점에서 제기된다(단 근대적인 공적 제도들이 그 질문들에 공간을 허하는 한에서만인데, 양자가 서로를 방해하기 때문이다).

그렇지만 내가 서발턴 과거들이라 불렀던 것과 역사화의 실천 사이의 관련이 상호 배타적인 것은 아니다. 이 점을 지적하는 걸로 결론을 맺

---

25) 데이비드 로이드와의 사적인 의견 교환.

26) '아프리카 사상'에 대한 로빈 호턴의 계몽적 연구들은 바로 이 유럽적인, 어쩌면 개신교적이라 해야 할 '믿음'(belief)이라는 범주에 입각하여 '종교'를 정의한다. Robin Horton, *Patterns of Thought in Africa and the West: Essays on Magic, Religion and Science*, Cambridge: Cambridge University Press, 1995.

고자 한다. 사실 우리가 역사화를 할 수 있는 것은 현재가 스스로와 비동시대적인 것이 되도록 만드는 그것을 이미 우리가 경험했기 때문이다. 따라서 중세적인 것 또는 고대적인 것을 역사가들이 역사화하도록 허용하는 것은 이 세계들이 결코 완전하게 사라지지 않는다는 바로 그 사실이다. 스스로를 근대적이고 세속적이라고 분류할 때조차도 우리는 그 세계들의 펀린 안에 거주한다. 매듭의 일부라고 할 만한 것을 푸는 작업(연대기를 그런 것으로 생각할 수 있겠는데)에 착수할 수 있는 것도 우리가 시간 매듭들 안에 살기 때문이다.[27)]

시간은, 내 모어에서의 표현을 따르자면, 우리를 그란티granthi의 구조 안에 위치시킨다. 벵골어 단어인 쇼모이-그란티shomoy-granthi에서, 쇼모이는 '시간'을 뜻하고, 그란티는 다양한 유형의 연결 부위들, 즉 손가락 마디들의 복합체부터 대나무 마디들까지의 그런 연결 부위들을 가리킨다. 바로 이것이 우리가 산탈과 두 가지 관계를 가질 수 있는 이유이다. 우선 우리 자신을 산탈의 생활 세계를 역사 연구와 설명의 대상으로 간주하는 근대적 주체로 위치시킬 수 있다. 하지만 우리는 또한 산탈을 우리 자신의 생활 세계들을 위한 가능성들을 조명해 주는 누군가로 여길 수도 있다. 내 주장이 옳다면, 후자의 관계가 전자의 관계에 앞선다. 전자의 관계를 가능하게 만드는 것이 그것이다.

그리하여 서발턴 과거들은 역사가의 과거들에 일종의 대리보충supplement으로 작용한다. 그것들은 데리다적인 의미에서 대리보충적인데, 분과학문으로서의 역사가 역사라는 것이 되도록 함과 동시에 그 역사의 한계

27) 라나지트 구하가 내게 '시간 매듭'이라는 뜻의 벵골어 단어 쇼모이-그란티를 상기시켜 주었다.

들이 무엇인지를 보여 주는 것을 돕기 때문이다. 역사화의 한계들에 주의할 것을 촉구하면서, 그것들은 우리 스스로가 그 분과학문의 오만한 본능들—모든 것이 역사화될 수 있다거나 항상 역사화해야만 한다는 관념—과 거리를 두도록 돕는다. 서발턴 과거들은 근대 역사 의식이라는 제한된 선善을 감지하도록 우리를 되돌린다. 가다머는 언젠가 하이데거의 철학을 논하는 가운데 이 점을 잘 지적했다. "우리 스스로 가지고 있는 역사 경험은……우리가 역사 의식이라 명명할 그것에 의해 아주 적은 정도로만 파악된다."[28] 서발턴 과거들이 우리에게 환기시켜 주는 것은 근대적인 것과 비근대적인 것 사이의 동시대적 연관인 일관되게 공유되는 '지금'이 역사적 층위에서 표현되지만 그 특성은 존재론적이라는 점과 그 '지금' 덕분에 역사적 시간이 펼쳐진다는 점이다. 이 존재론적인 '지금'은 역사가의 방법론이 '그때 저기'와 '지금 여기' 사이에서 가정하고 정립하는 역사적 간극에 선행한다. 따라서 우리의 역사화 능력에 기초가 되는 것은 역사화하지 않는 능력이다. 신과 정령의 시간—역사의 텅 빈 세속적이고 동질적인 시간과는 아주 상이해 보이는 시간—으로 들어가는 입구를 우리에게 주는 것은 그들이 결코 완전히 낯선 것은 아니며 우리는 애초에 그들 안에서 살았다는 점이다.

1821년에 훔볼트가 시사했듯이 역사가의 해석학은 언표되지 않으면서 수용되는 동일화의 전제로부터, 나중에 주객 관계 안에서 부인되는 이 전제로부터 진행된다. 내가 서발턴 과거들이라고 부른 것을, 공유되고 역사화할 수 없으며 존재론적인 지금에 대해 우리가—역사화라는 종별적

28) Hans-Georg Gadamer, "Kant and the Hermeneutical Turn", *Heidegger's Ways*, trans. John W. Stanley, New York: State University of New York Press, 1994, p. 58. 강조는 원문.

인 활동에 연루되면서도—품게 되는 내밀함들이라고 생각해도 좋을 것이다. 이 지금이, 내가 제시하려 노력했듯이, 근본적으로 역사적 시간을 계열화하는 그것이며 역사적 현재의 그 어떤 특정한 계기도 그 자체와 탈구되도록 만드는 그것이다.

2부
귀속의 역사들

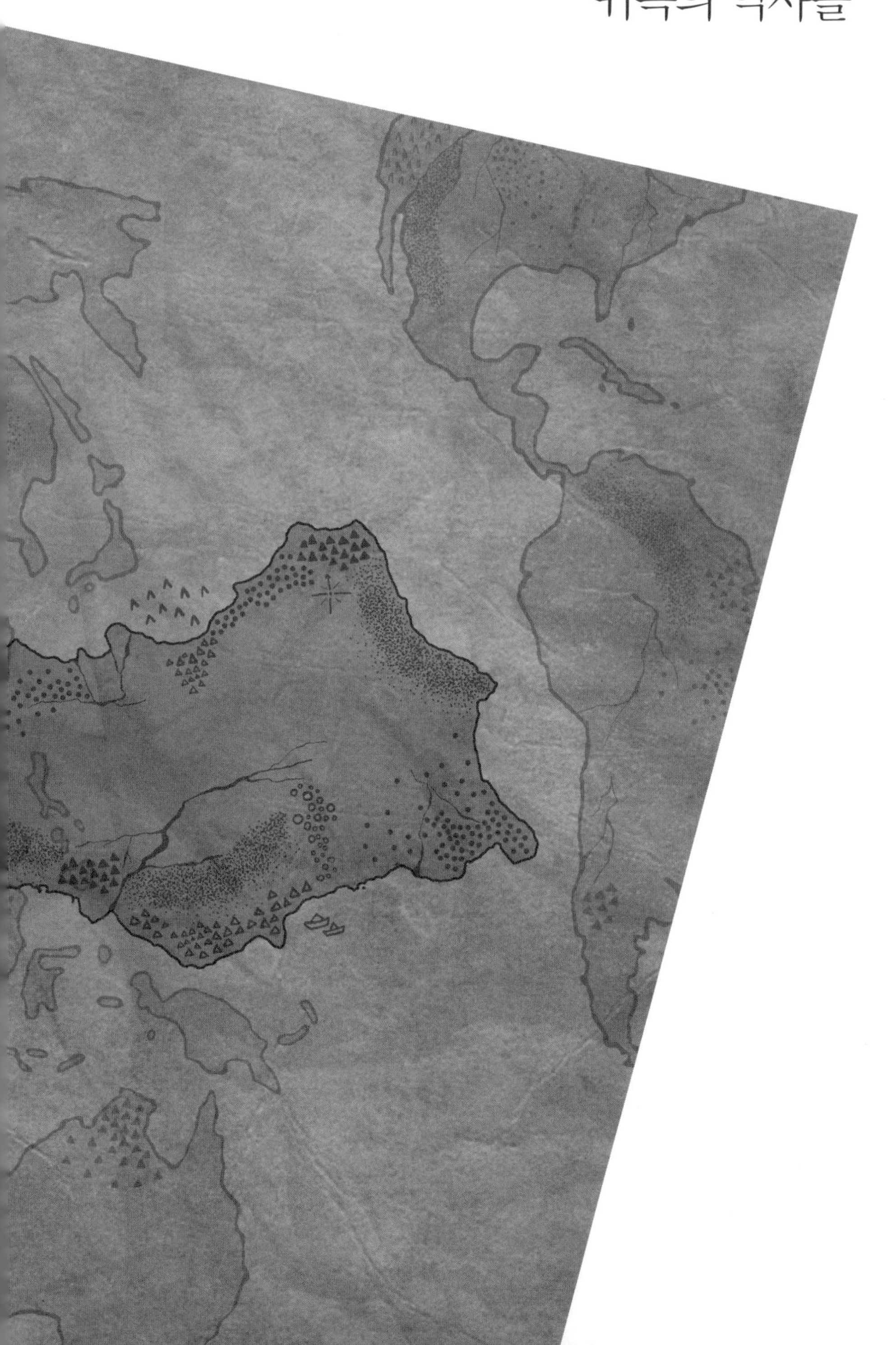

5장

가정의 잔혹함과 주체의 탄생

『에크샨』은 캘커타에서 발행되는 문예지인데, 1991년에 출간된 그 잡지 중의 한 권에는 「바이다비아 카히니」, 즉 '과부살이에 관한 이야기들'이라는 제목의 에세이가 수록되었다.[1] 그 에세이의 필자는 벵골 여성인 칼리아니 다타였다. 다타는 1950년대 이래 자신이 알고 있는 벵골의 늙은 과부들에게서 그녀들이 과부로서 겪었던 억압과 주변화에 관한 이야기를 수집하고 있었다. 다타의 글은 비공식적인 인터뷰를 통해 작성된 노트들에 기초하여 과부들의 이야기를 그녀들 스스로가 말하는 방식으로 재생한 것이었다. 제도권의 학문 기관으로부터 기금이나 후원을 전혀 받지 않은 다타의 연구는 일반적인 독서 대중의 관심을 촉구하기 위해 고통—이 경우에는 과부의 곤경—을 증언하고 실증하려는 어떤 의지가 근대 벵골인의 삶에 상당히 깊이 새겨져 있다는 점을 보여 준다. 이러한 의지 그리고 그 의지가 지난 백 년 동안에 구축한 아카이브, 이 두 가지 모두 19세기

1) Kalyani Datta, "Baidhabya kahini"(Tales of Widowhood), *Ekshan*, No. 10, Autumn 1991; reprinted in Datta, *Pinjare boshiya*, Calcutta: Stree, 1997.

인도에서 영국의 식민 지배가 발진發進시킨 근대성의 일부이다.

실증하고자 하는 이러한 의지 밑에 놓여 있던 것은 고통의 일반적인 형상으로서의 벵골 상층 카스트 힌두 가족들 내의 과부 이미지였다. 이 형상 자체가 비교적 최근 시기의 추상물이다. 물론 벵골의 상층 카스트 가족들이 존재하는 한, 과부들은 있었다. 또한 아주 오래전부터 과부의 삶을 규제하고 지배하는 데 적절한 고약스런 하위 관습들이 있었던 것도 사실이다. 하지만 벵골의 모든 상층 카스트 과부가 모든 시기에 똑같은 방식으로 혹은 똑같은 정도로 고통을 받았다거나, 과부의 조건에 그 어떤 역사적인 변화도 없었다는 것은 사실이 아니다. 수많은 과부가 과부살이의 법도와 내훈內訓에 기꺼이 자신을 종속시킴으로써 가족의 권위를 의심의 여지가 없는 것으로 받아들였다. 그런가 하면 자신의 삶을 통제하려는 사회적 금기들에 저항한 과부도 많았다. 게다가 여성 교육, 여성의 사회 진출, 그에 따른 어린애 신부child bride 수의 감소, 그리고 기대 수명의 전반적 증가 등과 같은 요인은 과부의 취약성을 감소시키는 데 기여했다. 몇몇 과부의 직접적인 목소리를 (공적으로) 기록한 칼리아니 다타의 사적인 행동 자체가 이 부정할 수 없는 역사적 변화의 증거이다.

하지만 과부살이가 여성들로 하여금 벵골 상층 카스트 사회의 부계적이고 시가媤家 중심적인 친족 체제의 몇몇 실제적인 문제에 직면케 하고 있음은 분명하다. 과부살이의 내훈들은 과부 신세가 일종의 불길한 상태로 간주된다는 것을 시사해 준다(왜냐하면 가구 내 남성 식구의 죽음을 필경 불길한 여성 탓으로 보는 전통이 있기 때문이다). 수절守節, 육류 섭취 금지, 특정한 종류의 음식 거부, 빈번한 단식 등을 강제하는 그 내훈들은 과부가 평생 동안 최대한으로 속죄하라는 것을 나타낸다. 일정한 표지들(보석 장신구의 탈착, 까까머리 혹은 짧게 자른 머리카락, 끝단이 없는—또는 검은색 끝단의—흰색 사리sari 등과 같은 것들)을 수반하고 있는 과부들의 꾸미지 않은 몸은 그녀들로 하여금 매력을 잃게 하여 타인들로부터 그녀들을 분리시키려는 것이다. 19세기 이래 거듭되어 온 이야기들은, 항상 그랬던 것은 아니지만, 흔히 과부살이의 경험에 수반되었던 형벌·억압·잔혹함의 요소를 드러낸다.

하지만 식민 지배가 도래하기 전까지, 과부살이는 벵골 사회의 문제로 떠오르지 않았다. 영국 지배 이전의 벵골 문학과 글쓰기는 여성의 삶의 여러 측면에, 즉 시어머니와 시누이에게 당하는 며느리의 고통, 여성의 순결 문제, 본처와 후처들 간의 질투와 다툼 등에 관심을 가졌다. 하지만 과부살이의 문제들이 관심을 끈 적은, 설령 있다 해도, 드물었다.[2] 식민 지배는 이 모든 것을 변화시켰다. 1820~1830년대에 몰아친 사티sati(과부 분신) 문제에서 과부재혼법Widow Remarriage Act(1856)을 거쳐 1870~1920년대 사이의 초기 벵골 소설에 이르기까지, 벵골의 글쓰기에서 과부와 과부의 곤경은 무엇보다 중요한 주제였다. 게다가 지난 130여 년 동안 벵골의—살아 있거나 허구 속의—수많은 힌두 과부가 소설·회고록·자서전 등 다양한 장르에서 자신의 이야기를 들려주었다. 19세기 이래 줄곧, 과부 억압의 문제는 벵골의 친족 관계에 대한 근대적 비판의 중요한 측면이었다. 『에크샨』에 실린 다타의 짧은 에세이는 전통적으로 과부살이가 여성에게 가해 온 고통을 실증하려는, 저 지속적이고 집단적인 작업의 일부였다.

근대 과부살이의 역사는 벵골 식민 사회를 연구하는 많은 학자의 관심을 끌어 왔다. 이들은—특히 '여성의 조건'을 문명화 자격을 측정하는

---

2) Muhammad Abdul Jalil, *Madhyajuger bangla shahitye bangla o bangali shamaj*, Dhaka: Bangla Akademi, 1986, Chap. 6, pp. 149~167.

지표로 사용한 영국의—'식민 담론'과 사티나 과부 재혼 같은 문제에 주목한 벵골의 근대적 사회 비평 형식의 출범, 이 둘 사이에 어떤 연관이 있음을 입증했다.[3] 내가 여기서 제기하고자 하는 문제들은 이 학자들이 추구한 문제와는 얼마간 다르다. 과부살이의 경험에 관한 개인과 가족의 수많은 기억으로부터 집단적·'공적' 과거가 창출되는 가운데, 고통받는 과부의 일반적 형상이 벵골의 역사 안에서 생산되었음은 명백하다. 이 집단적 과거는 근대의 공적 삶의 조건하에서 정의를 추구하기 위해 필요했다. 어떤 종류의 주체가 공적 기억과 가족의 기억이라는 두 종류 기억의 상호작용에서 생산되는가? 이 주체가 고통의 실증에 관심을 가지려면 어떤 주체여야 하는가? 이렇듯 억압과 상처를 증언하고 실증하려는 의지를 표 나게 드러내는, 벵골의 근대적·집단적 주체의 역사를 어떻게 쓸 것인가?

동정심과 계몽적 주체

일반화된, 그리고 몸과 무관한disembodied 관찰자의 위치에서 고통을(비록 그 고통이 자기 것일지라도) 인지하고 실증하는 능력은 근대적 자아의

3) 최근 식민 인도에서의 과부 문제를 연구하고 있는 저작으로는 다음과 같은 것들이 있다: Lata Mani, *Contentious Traditions: The Debate on Sati in Colonial India, 1780~1833*, Berkeley & Los Angeles: University of California Press, 1998; Lucy Carroll, "Law, Custom and Statutory Social Reform: The Hindu Widows' Remarriage Act of 1856", *Indian Economic and Social History Review*, Vol. 20, No. 4, 1983; Sudhir Chandra, "Conflicted Beliefs and Men's Consciousness about Women: Widow Remarriage in Later Nineteenth Century Indian Literature", *Economic and Political Weekly*, 31 October 1987, pp. 55~62; Rosalind O'Hanlon, "Issues of Widowhood: Gender and Resistance in Colonial Western India", Douglas Haynes & Gyan Prakash eds., *Contesting Power: Resistance and Everyday Social Relations in South Asia*, Delhi: Oxford University Press, 1981, pp. 62~108.

시작을 알리는 표시이다. 이 자아는 원칙적으로 일반화될 수 있어야 한다. 달리 말해서 그 자아는 적절하게 훈련받은 사람이라면 누구라도 차지하는 그런 위치에 설 수 있는 자아여야만 한다. 예컨대 특정한 유형의 사람―부처나 예수 같은 사람―만이 고통을 인지하고 거기에 반응할 수 있다고 한다면, 일반화된 주체 위상이라는 것을 말할 수 없을 것이다. 누구든 단지 교육과 훈련을 통해서 부처나 예수 같은 사람이 되는 것은 아니다. 그러므로 공감sympathy 능력은 특정인의 유일성uniqueness에 내재하는 것이 아니라 인간 일반의 본성에 내재하는 잠재력으로 여겨져야 한다. 앞으로 살펴보겠지만, 실제로 데이비드 흄과 애덤 스미스 같은 계몽 사상 철학자들이 그 같은 '자연적 정서론'natural theory of sentiments을 논증했다.

또한 중요하게 구분되어야 하는 것은 고통을 드러내는 행위와 고통받는 자를 관찰하거나 대면하는 행위이다. 공감과 도움을 이끌어 내기 위해 고통을 드러내는 것은 아주 오래된―아마도 보편적이고 여전히 통용되는―관행이다. 중세 유럽의 혹은 오늘날 인도나 미국 도시들의 걸인 불구자들은 고통의 주체이지만, 몸과 무관한 주체가 아니다. 이 경우에 고통받는 사람은 몸을 지닌 자아이다. 그 자아는 항상, 각각의 몸에 근거를 두고 있는, 특정한 자아이다. 고통받는 특정한 사람(친척이나 친구 같은)에 대해서만 느껴지는 공감은 '근대적'인 것일 수 없다는 게 내 생각이다. 고통받는 당사자가 아니라 고통의 일반화된 모습에 공감함으로써 제2의 고통받는 자가 될 수 있는 능력을 지닌 사람, 그리고 궁극적으로 사회의 개입을 위해 그 고통을 실증하는 사람, 이런 사람이 근대적 주체의 위상을 갖는다. 달리 말하면 고통에 대한 근대적 관찰의 계기는 추상적·일반적 인간 존재의 입장에서 이루어지는 자기 인식의 어떤 계기인 것이다. 이는 마치 자신에게서 인간 일반을 볼 수 있는 어떤 남자 혹은 어떤 여자가 고통받는 특정한 사람에게도 같은 모습이 있음을 인정하는 것과 같다. 그러므로 인정의 계기란 인간 일반이 고통받는 사람과 고통을 관찰하는 사람이라는, 서로를 인정하고 서로를 구성하는 그 두 형상으로 나누어지는 계기인 것이다. 하지만, 19세기 초반의 논의에 따르면, 관습과 풍속이—이성과 대립하지는 않아도—인간의 자연적 공감 능력을 무디게 할 수 있기 때문에 그런 일은 이성의 도움 없이는 생겨날 수 없었다. 이성은, 더 정확히 말하면 합리적 토의가 이루어지는 교육은 근대적 인간이 일반적인 것을 볼 수 있는 이 능력을 실현할 수 있게 도와주는 결정적인 요인으로 간주되었다.

그 같은 자연적 정서론과 비슷한 주장이 실제로 19세기 벵골의 가장 유명한 두 명의 사회 개혁가에 의해 제기되었다. 그들은 과부의 곤경에 관한 문제에 진력했던 람모훈 로이Rammohun Roy(1772/4~1833)와 이스와르찬드라 비디아사가르Iswarchandra Vidyasagar(1820~1901)였다. 로이는 1929년 사티를 불법화한 법이 통과될 때 활용된 인물이고, 비디아사가르는 과부의 합법적 재혼권에 찬성하는 운동을 성공시켰다. 그 권리는 1856년 과부재혼법 안에 명문화되었다. 이 법적 개입들 역시, 불교와 같은 종교들이 바라보는 고통과 근대적인 사회적 사유의 주제로서의 고통 사이의 구분을 한층 더 진전시킨다. 종교적 사유에서 고통은 실존적이다. 그것은 인간을 삶 속에서 그늘지게 한다. 하지만 사회적 사유에서 고통은 실존적 범주가 아니다. 그것은 세속적인 개입을 받게 되어 있다.

람모훈 로이가 쓴 『고대의 여성 권리에 대한 근대의 틈입에 관한 소론』이라는 제목의 유명한 소책자는 근대 인도에서 여성의 재산권을 옹호한 최초의 논증 중 하나였다. 재산권을 다룬 이 글은 인간 관계에서의 잔혹함, 비통함, 상처받은 감정, 불행 등등과 같은 정서의 장소에 관해서도 논하고 있다. 재산의 문제를 정서의 문제와 연결시키고 있는 람모훈 로이의 논의 안에는 두 가지 요소——권리와 정서——가 얽혀 있었고, 그 두 요소의 측면에서 고통은 사회 안에 있는 역사적인 문제이자 근절 가능한 문제였다.

> 요컨대 과부는, [현재의—인용자] 법적 설명에 따르면……둘 이상의 아들을 남긴 채 [남편이 죽고—인용자], 그 아들들 모두가 살아 있어 어머니에게 한 몫을 할당하려 하지 [않는 한—인용자]……아무것도 받을 수 없다.……그 결과, 한때 가족의 유일한 여주인으로 간주되던 여성이 나중엔 아들들에 의존하게 되고 며느리들의 냉대를 받게 된다.……잔혹한 아들들은 자신에게 의존하는 어머니의 감정에 자주 상처를 입힌다.……일부다처제가 흔히 낳은 수많은 의붓어머니는 대개 의붓아들들에게서 점점 더 창피스럽게 무시를 당하며, 때로는 시누이들에게서 점점 더 혹독하게 취급당한다.……여성 상속을 가로막는 [모든—인용자] 제한이 일부다처제를, 즉 토착 가족들 안에 있는 가장 큰 불행의 상습적 원천을 극도로 조장한다.[4)]

위의 글에는 이 글이 고통에 대한 근대적 관찰자의 작업임을 보여 주는 두 가지 특징이 존재한다. 첫째, 과부와 여성에 대한 저 잔혹함을 관찰하는 로이의 위상은 초월적인 근대적 주체 위상이다. 이 점은 그의 텍스트

---

4) Rammohun Roy, “Brief Remarks Regarding Modern Encroachments on the Ancient Rights of Females”, Ajitkumar Ghosh ed., *Rammohan rachanabali*, Calcutta: Haraf Prakashani, 1973, pp. 496~497.

의 다음과 같은 문장을 면밀히 살펴보면 분명해진다. "부유한 가족의 몇몇 딸들이…… 사망한 아버지가 남겨 준…… 재산의 일부에 대해서 권리를 주장할 수 없음을……, 그런가 하면 그 딸들이…… 이미 몇 명의 부인을 두었기 때문에 그녀들을 부양할 방법이 없는 개인들에게 언제든 시집을 갈 수도 있음을 일상적으로 보게 된다는 것은 여성계로서는, 그리고 그녀들 편에서 관심을 가진 사람들로서는 정말로 괴로운 일임에 틀림없다."[5] 여기에서 로이는 정동affect—'괴로움'—을 경험하는 주체로 나타날 뿐만이 아니라, 대표하는 주체, 즉 "[스스로—인용자] 그들[여성들—인용자] 편에서 관심을 가진" 사람으로도 나타난다. 공감 능력이란 대표하는 사람을 대표되는 사람들과 결합시키는 것을 말한다. 그들은 '괴로움'을 똑같이 공유한다. 앞의 인용문의 마지막 구절은 새로운 유형의 대표를, 즉 여성 편에서 여성의 조건에 관심을 가진 사람을 드러낸다. 하지만 그 여성들은 누구인가? 그녀들은 자신이 속해 있는 특정한 가족이나 특정한 친족 관계로 표시되는, 특정하고 한정된 여성들이 아니었다. 여기에서의 여성들은 집단적 주체이다. '여성계'라는 표현은 일반적 공동체를 의미한다. 바로 이 '일반적 공동체'가 람모훈 로이 같은 사람, 즉 집단적인 여성 공동체 편에서 관찰하는 그 관찰자와 괴로움을 공유하는 것이다. 그러므로 람모훈 로이가 말하는 '괴로움'의 감정이란 새로운 종류의 동정심compassion, 자신의 육친의 경우가 아니더라도 고통을 느낄 수 있는 그 무엇을 가리킨다. 우리는 그것을 동정심 일반이라고 부를 수 있을 것이다.

그러나 그 같은 동정심이나 공감은 어디에서 나오는가? 람모훈 로이나 비디아사가르 같은 이로 하여금 대부분의 남성계 구성원이 (아마도) 아

---

5) *Ibid.*, pp. 496~497, 500~501.

직 느끼지 못한 '동정심 일반'을 느낄 수 있게 만든 것은 무엇인가? 이러한 동정심이 모든 사람의 태도의 일부가 되고, 그래서 동정심이 사회 안에 일반적으로 현존하는 정서가 되려면, 사회는 어떻게 양성되어야 하는가? 바로 이러한 질문에 대해 로이와 비디아사가르 모두 유럽의 계몽 사상과 연관된 답변을 제시했고, 그 점에서 주목할 만하다. 요컨대 그들은 이성이 모든 인간 존재 안에 자연적으로 현존하고 있는 동정심을 유출시킬 수 있게 한다고 주장했다. 왜냐하면 이성만이 풍속과 관습이 야기한 맹목을 제거할 수 있기 때문이다. 이성적인 인간 존재는 고통을 볼 수 있고, 그렇게 되면 공감하고 동정하고 연민을 느끼는, 인간의 자연적인 능력이 작동하리라는 것이다.

1819년에 람모훈 로이는 사티에 관한 자신의 입장에 반대하는 카시나트 타르카바기시Kashinath Tarkabagish의 논쟁적인 글 「비다이아크 니셰다크 숌바드」Bidhayak nishedhak shombad[6]에 답변하면서 동정심의 문제를 신랄하게 제기했다. 그는 "유감스러운 문제는 그렇게 많은 슬픔을 겪고 지배를 당해 온 여성들을 당신 눈으로 목격하고 있다는 사실이 당신에게서 강제적인 [과부의—인용자] 분신을 중지시킬 수 있을 동정심을 조금도 불러일으키지 않는다는 점이다"라고 말했다.[7] 왜 그렇게 되었는가? 본다seeing는 행위가 왜 공감으로 귀착되지 않았는가? 로이의 대답은 1818년의 『살아 있는 과부의 분신에 관한 견해』*Views on Burning Widows Alive*라는 소책자에 분명히 제시되어 있다. 그 소책자는 과부 분신 관습의 옹호자들을 겨냥한

---

6) 비다이아크는 '입법자', 니셰다크는 '금지(하는)', 숌바드는 '논문'이나 '글'을 의미한다. 그러므로 이 제목을 번역하면 '사티 금지법을 추진하는 자에 관한 글'이 된다. —옮긴이

7) Roy, "Prabartak o nibartaker dvitiyo shombad", Ghosh ed., *Rammohan rachanabali*, p. 203.

것이었다. 거기에서 그는 과부들이 사티의 실행 과정에서 화장용 장작 기둥에 '묶이는' 그 강제적 방식을 언급하고 있고, 또한 자비심 혹은 동정심(다이아daya)의 문제를 직접 제기하면서 "당신은 무자비하게도 여성 살해라는 범죄를 저지르기로 작정하고 있다"고 말한다. 그의 반대자인 사티 '옹호자'는 이렇게 대꾸한다. "당신은 우리에겐 감정이 결핍되었기 때문에 우리가 여성의 파괴를 조장한다고 거듭 주장해 왔다. 이는 틀린 말이다. 왜냐하면 우리의 『베다』*Veda*와 여러 법전에는 자비심이 덕의 근원이라고 명시되어 있고, 후의厚誼를 베푸는 우리의 모습을 보면 우리의 동정적인 기질을 잘 알 수 있기 때문이다."[8)]

이에 대해 로이는 전혀 경전經典의 권위를 내세우지 않은 반론을 제기하는데, 그 반론은 당시의 논쟁들에서 대체로 반응을 얻어 내지 못했다. 그의 반론은 "무감각의 관습들habits"에 관한 주장이다. 아마 유럽의 수많은 계몽 사상가에게서 영향을 받았을 로이는, 그들과 마찬가지로, 사티 관행이 하나의 풍속custom—맹목적으로 반복되는—이 되었기 때문에 사람들은 누군가가 강제로 사티가 되는 것을 지켜볼 때조차 공감을 경험하지 못한다고 주장했다. 사람들의 시선과 연민의 감정, 이 둘 사이의 자연적 연관을 관습이 봉쇄했다. 이 관습이 교정되거나 제거된다면, 여성이 강제로 죽게 되는 것을 보는 행위만으로도 동정심이 유발될 것이다. 로이는 다음과 같이 말했다.

8) Ghosh ed., *Rammohan rachanabali*, p. 575. 이 문장은 람모훈이 자신의 1818년 텍스트 "Sahamaran bishaye prabartak o nibartaker shombad", *Ibid*., p. 175를 직접 번역한 것이다.

당신이 다른 경우에는 자비로운 기질을 보여 준다는 것은 인정하겠다. 그러나 당신의 손위 친척과 이웃과 인근 촌락 주민 중의 여성들이 자발적으로 분신하는 것을 젊을 때부터 목격했기에, 그리고 여성이 화염의 고문으로 몸부림치고 있을 때의 무관심을 보았기에, 무감각의 관습이 생겨난다. 마찬가지 이유로, 새끼 염소와 물소들이 살육당하는 것을 유년기부터 목격하면서 그것들의 고통스런 죽음에 동정심을 느끼지 않는 여신 숭배자들처럼, 당신은 남성이나 여성이 죽음의 고통을 당하고 있을 때 아무런 동정심도 느끼지 않는다.[9)]

우리는 이스와르찬드라 비디아사가르의 글도 목격과 동정심의 관계에 관해 똑같은 주장을 하고 있음을 보게 된다. 그는 1856년 힌두 과부의 재혼을 허락하는 법이 제정되는 데에서 책임 있는 역할을 한 벵골 개혁가였다. 과부 문제 해결에 관한 비디아사가르의 근본적 논리는 로이의 입장과는 어느 정도 결정적인 차이가 있었으나, 그 역시 로이와 마찬가지로 풍속과 관습이 훼방 놓지 않았다면 목격과 동정심의 관계는 자연스러웠을 것이라고 주장했다.[10)]

---

9) Ghosh ed., *Rammohan rachanabali*, p. 575. 데이비드 흄은 '풍속'과 '이성'을 구별하면서 전자를 '관습'과 동일시했다. David Hume, *Enquiries Concerning Human Understanding and Concerning the Principles of Morals*(1777), intro. L. A. Sigby-Bigge, Oxford: Clarendon Press, 1990, p. 43[『인간의 이해력에 관한 탐구』, 김혜숙 옮김, 지만지, 2012, 69~70쪽]. 흄은 『인간 본성론』에서 "고통을 쾌락으로" 전환시킬 수 있는 것은 "습속 혹은 반복"이라고 주장한다. Hume, *A Treatise of Human Nature*(1739~1740), ed. L. A. Selby-Bigge, rev. P. H. Nidditch, Oxford: Clarendon, 1978, p. 422를 볼 것.

10) 비디아사가르의 지적 입장들에 관해 Asok Sen, *Iswarchandra Vidyasagar and His Elusive Milestones*, Calcutta: Ridhhi, 1975는 통찰력 있게, 또한 비판적이지만 공감하면서 논의하고 있다.

인도인이여!…… 관습이 여러분의 예지叡智와 양식良識을 너무 어둡게 만들고 눌러 버린 나머지, 여러분이 불운한 과부들의 곤경을 볼 때조차, 항상 메말라 있는 여러분의 가슴에서 동정심이 분비되기란 어렵다.…… 남성이 동정심을, 의무감과 정의감을, 선악의 관념을, 타인에 대한 헤아림을 지니고 있지 않은 그런 나라에서는 여성이 아예 태어나게 않게 하자. 그곳에서는 오직 풍속의 보존만이 최고로 중요한 종교이다. 불행한 여성들이 그런 나라에 태어나지 못하게 하자.

여성들이여! 나는 여러분을 인도에서 태어나게 한 [지난 세상의—인용자] 죄들에 대해 말하지 않을 수 없다![11)]

따라서 로이와 비디아사가르 모두 자연적 동정론a natural theory of compassion을, 즉 동정심은 특정한 상황에서 그것을 표현하는 게 봉쇄될지라도 '인간 본성'이라 불리는 어떤 것 안에 보편적으로 존재하는 정서라는 관념을 지지했다. 이는 애덤 스미스를 상기시킨다. 그는 공감에 관한 자신의 이론을 이렇게 설명한다. "인간이 아무리 이기적이라고 생각되어도, 그 본성 안에는 타인의 운명에 관심을 갖게 하는 어떤 원리들이 있다.…… 우리가 타인의 불행에 대해 느끼는 감정인 연민이나 동정심이 그런 종류에 속한다."[12)] 흄도 '연민'pity을 일반적 정서로, "관심을 불러일으킬 만

11) 나는 Isvarchandra Vidyasagar, *Marriage of Hindu Widows*, ed. Arabindo Poddar, Calcutta: K. P. Bagchi, 1976, pp. 107~108에 실린 번역문을 그대로 인용하면서 수정했다.

12) Adam Smith, *The Theory of Moral Sentiments*, ed. D. D. Raphael & A. L. Macfie, Indianapolis: Liberty Fund, 1984, p. 9. 또한 p. 22도 볼 것[『도덕 감정론』, 박세일·민경국 옮김, 비봉출판사, 2009, 3, 31~32쪽]. 라파엘과 맥파이는 (p. 24의 주에서) 스미스의 이론들이 모든 감정은 자기애(自己愛, self-love)에서 비롯되었다는 토머스 홉스와 버나드 맨더빌의 주장을 부분적으로 부정하는 것이었다고 설명한다.

한……친분이 없어도 타인의 불행에……관심을 갖는 것"으로 정의했고, 연민을 인간의 일반적 공감 능력과 연결시켰다. 흄은 이렇게 썼다. "인간의 본성 중에서 가장 주목할 만한 성질은 타인에게 공감하게 되는 성벽性癖이다."[13] 로이와 비디아사가르가 풍속의 효과들과 싸우는 중요한 역할을 이성에 부여한 것은 오직 이런 식의 이해에 기초하는 것이었다. 이성은 동정이라는 정서를 생산하지 않는다. 그것은 단지 어리석은 풍속이라는 장애물을 제거함으로써 정서들이 본래대로 흐르도록 도울 뿐이다. 말할 필요도 없이, 그 밑에 놓여 있는 인간관은 정말이지 보편적인 것이었다.

계몽적 주체를 대리보충하기: 차이의 번역

벵골에서 과부에 대한 가정의 잔혹함이라는 문제를 다룰 때 자연적 동정론을 적용하는 것은 두 가지 문제를 갖고 있었다. 하나는 그 이론에 내재한 문제였다. 그 이론은 정말이지 인간의 정서를 자연적이고 보편적인 것으로 만듦으로써 후일 인간 주체성의 공간으로 간주될 그곳을 오직 이성으로만 채워 버렸다. 그러나 보편적이고 공적인 이성은 근대적 개인의 사적 측면을 결코 담아 낼 수 없었다. 이 문제는 다음 절에서 다시 다루겠다.

두번째 문제는 벵골의 역사가 계몽 사상의 질문과 답변을 마음먹은 대로 쓸 수 있는 깨끗한 서판書板이 아니었다는 점이다. 영국이 들어오기 전의 벵골 역사에서 동정심에 관한 문제가 논의된 적이 전혀 없었던 것은 아니다. 그 문제에 대해선 또 다른 이해 방식들이 있었고, 그것들은 '동정심은 어디에서 오는가?'라는 계몽 사상의 질문에 대한 벵골인의 반응을

13) Hume, *A Treatise of Human Nature*, pp. 316, 369.

결정하기도 했다. 이런 맥락에서 가장 흥미로운 점은, 벵골어로 된 로이나 비디아사가르의 전기들이 동정심 문제에 대해 로이와 비디아사가르 본인이 내놓은 답변과는 아주 다른 답변을 종종 우리에게 제시한다는 사실이다. 그 전기 작가들이 로이와 비디아사가르의 생애를 이야기로 썼을 때 제기하지 않을 수 없었던 핵심적인 질문 중의 하나는 이런 것이었다. 이 두 벵골 남성으로 하여금 여성의 고통을, 때로는 부모조차 보지 않은 그 고통을 볼 수 있게 만든 것은 무엇인가? 무엇이 그들을 동정심 있게 만들었나? 전기 작가들은 대개 두 개의 다른 답변을 제시했다. 하나는 이성理性이 풍속의 장막에서 시야를 해방시키는 역할을 했다는 계몽 사상적 답변이었다. 그러나 그들은 또 다른 답변을 제시하기도 했는데, 그 답변은 흐리다이hriday(마음씨heart)였다. 실제로 전기 작가들은 로이와 비디아사가르를 동정심 있게 만든 것은 그 둘이 태어날 때부터 지니고 있던 마음씨였다고 주장했다.

나겐드라나트 차토파디아이가 쓴 람모훈 로이의 전기인 『마하트마 라자 람모훈 라이에르 지반차리트』(1881/1882년에 초판이 나옴)[14]는 "공감과 동정심"shahanubhuti o daya을 로이의 모태 본성의 일부로 보고 있다. "람모훈 로이에겐 고통받는 빈민에 대한 공감과 동정심이 가득 차 있었다. 그들의 불행은 항상 그의 마음을 울렸다."[15] 찬디차란 반디오파디아이가 쓴 비디아사가르의 전기인 『비디아사가르』(1895년경에 초판이 나옴)는 고통

14) 마하트마는 '위대한 영혼'이라는 뜻이고 지반은 '삶', 지반차리트는 '삶에 관한 기록'이나 '이야기'라는 뜻이다. 그러므로 이 책의 제목은 번역하면 '위대한 영혼 라자 람모훈 로이의 전기'가 된다.—옮긴이

15) Nagendranath Chattopadhyay, *Mahatma Raja Rammohon rayer jibancharit*, Calcutta: Deys, 1991, p. 273.

을 겪고 있는 인류에 대해 비디아사가르가 느낀 동정심을 증언하는 몇 가지 일화를 묘사하고 있다. 사실 19세기 벵골의 이 전설적인 공인公人의 전기들에 관해 가장 주목할 만한 것 중 하나는 그 전기들 모두가 공적으로 눈물 흘리는 그의 성벽—우리가 알게 될 것이지만 이 성벽은, 애덤 스미스의 기준에 따르면, 바람직한 특성이 아니다—을 하나같이 인정하고 또 상세히 묘사한다는 점이다. 운다는 것은 그의 다정한 마음씨의 증거가 된다. 비디아사가르의 마음씨 안에 얼마나 풍부한 동정심(다이아 혹은 카루나karuna)이 있었는지를 실증해 주는 사례들이 거듭 열거된다. 다음과 같은 문장들이 전형적이었다. "그가 산스크리트 대학의 학자였을 때 궁핍한 사람들에게 음식과 옷가지를 줌으로써 친절한 마음씨를 보여 주었다는 것을 우린 이미 알고 있다."[16] 아니면 비디아사가르의 삶을 대표적으로 보여 주는 것으로 알려진 다음과 같은 일화를 보자. 비디아사가르가 캘커타에서 아직 학생이었을 때, 그가 존경한 스승인 샴부찬드라 바차스파티Shambhuchandra Bachaspati는 그에게 『베다』 철학을 가르쳤다. 당시 나이도 많고 육체적으로도 노쇠한 스승은 아주 어린 소녀와 결혼했다. 비디아사가르는 이 결혼에 반대하여 스승에게 결혼하지 말라고 권했다고 한다. 비디아사가르의 전기 작가들은, 비디아사가르가 이 소녀를 만났을 때 그녀가 과부살이로 고통받을 게 빤하다는 생각에 "눈물을 억제할 수 없었던" 상황을 너나없이 묘사한다.[17] "이스와르찬드라는 그 아름다운 소녀의 얼굴을 흘깃 보았을 뿐, 즉시 자리를 피했다. 그녀를 보자 그의 다정한 마음씨

---

16) Subal Chandra Mitra, *Isvar Chandra Vidyasagar: A Story of His Life and Work*, New Delhi: Ashish Publishing House, 1975(first pub. 1902), p. 116.

17) Chandicharan Bandyopadhyay, *Vidyasagar*, Calcutta: Anandadhara Prakashan, 1970, pp. 48~49.

가 움직여 그의 눈에선 눈물이 흘러 내렸다. 그는 그 불운한 어린 소녀가 곧바로 겪게 될 불행하고 비참한 삶을 예상했고, 그래서 어린아이처럼 흐느껴 울었다."[18] 반디오파디아이는 이 사건에 관해 이렇게 쓰고 있다. "이 단 하나의 사례만으로도 이스와르찬드라의 마음씨가 얼마나 다정하고 또 얼마나 다른 이들의 고통에 쉽게 충격을 받는지를 알수 있게 된다."[19]

따라서 전기 작가들이 로이나 비디아사가르의 흐리다이, 즉 마음씨의 특질과 관련하여 설명하고 있는 것은 자신의 동정심을 일반화할 수 있는 그 둘의 능력이다. 그들이 자신의 공감을 특정한 사례에서 사례 전반에까지 일반화할 수 있었던 것은 그들의 마음씨 안에 풍부한 공감이 채워져 있었기 때문이다. 이 점에서 그들은, 말하자면 18세기 다카Dhaka의 비크람푸르Vikrampur의 왕 라자 라즈발라브Raja Rajballabh 같은 사람하곤 달랐다. 그 왕은 한때 과부가 된 자신의 딸을 재혼시키려 했으나 실패했다고 한다. 혹은 1850년대 초 캘커타의 '시아마 차란 다스'Syama Charan Das[20] 같은 이와도 달랐다. 그도 딸을 재혼시키려 했으나 현지의 힌두 식자識者들 때문에 실패했다.[21] 이 사람들은 동정심을 갖고 있었으나, 그 동정심의 정도는 자신의 딸의 문제를 모든 상층 카스트 여성에게 영향을 미칠 가능성이 있는 문제로 보게 할 만큼 충분한 것이 아니었다. 하지만 로이와 비디아사가르는 태생적으로 풍부하다 할 정도의 카루나(동정심)를 지녔기에 특정한 사례에서 사례 일반으로 이동할 수 있었다. 사실 비디아사가르는 벵골의 시인 마이

---

18) Mitra, *Isvar Chandra Vidyasagar*, , pp. 78~79.

19) Bandyopadhyay, *Vidyasagar*, p. 49. 또한 p. 187도 볼 것.

20) 다스는 서벵골의 유력한 가문 이름이며 차란은 라자스탄(Rajasthan)과 구자라트(Gujarat)에 사는 신성한 카스트를 지칭하는 명칭이다. — 옮긴이

21) Mitra, *Isvar Chandra Vidyasagar*, pp. 272~273.

클 마두수단 두트Michael Madhusudan Dutt로부터 카루나사가르karunasagar('학식의 너른 바다'인 비디아사가르와 구별되는 '동정심의 너른 바다')라는 별명을 얻었다.[22] 전기 작가들은 그 둘의 어릴 적 이야기로부터 몇 가지 중요한 증거를 끌어와, 이러한 카루나가 그들 성격의 태생적 특징이라고 확증한다. 사티 관념에 대한 람모훈 로이의 혐오는 가까운 친척 여성이 집안 남성들에 의해 강제로 순장을 당할 운명에 처해지게 된 것을 알았을 때 처음 생겨났다고 알려져 있다.[23] 마찬가지로 비디아사가르가 과부의 조건을 개선하기 위해 투쟁하기로 결심한 것은, 한때 소꿉친구였던 어린 소녀가 과부가 되어 이제 과부살이의 온갖 금기 사항에 묶여 있음을 알게 된 어린 시절의 경험으로까지 소급된다. "그는 그 어린 소녀를 너무 가엽게 여긴 나머지 과부들을 고통에서 구제하는 일에 평생을 바치겠다고 즉시 결심했다. 당시 그의 나이는 열세 살이거나 열네 살이었다."[24]

"과부들을 고통에서 구제하는 일에 평생을 바치겠다"는 이 말에서 공감을 일반화하는 것이 비디아사가르의 타고난 재능a gift임을 알게 된다. 그 재능은 그의 마음씨의 재능이다. 이렇게 동정심을 한 개인의 태생적인 샤하누부티shahanubhuti(샤하는 '동등한', 아누부티는 '감정'이라는 뜻이다) 능력으로 이해하는 것은 그것을 모든 인간의 일반적 본성의 일부로 보았던 애

22) Binoy Ghosh, *Bidyasagar o bangali samaj*, Calcutta: Orient Longman, 1973, p. 363을 볼 것. 비디아사가르는 때때로 다이아르 사가르(dayar sagar, 친절함의 너른 바다)로도 불렸다.

23) Sivanath Sastri, "Rammohun Roy: The Story of His Life", Satis Chandra Chakravarti ed., *The Father of Modern India: Commemoration Volume of the Rammohun Roy Centenary Celebrations, 1933*, Calcutta: Rammohun Roy Centenary Committe, 1935, Pt. 2, p. 20.

24) Mitra, *Isvar Chandra Vidyasagar*, p. 261.

덤 스미스나 흄의 입장과는 다른 것이었다. 산스크리트어에서 파생된 벵골어 샤하누부티는 영어로는 대개 '공감'sympathy으로 번역되지만, 저 깊이에서는 얼마간 차이점이 있다. '공감'의 관념은 (또 하나의 매우 유럽적인 단어인) '상상'imagination의 실천과 능력을 수반한다. 우리가 누군가의 불행에 공감하는 이유는 상상의 능력을 통해 우리 자신이 고통받는 사람의 입장에 설 수 있기 때문이다. 이것이 공감이다. 애덤 스미스가 말하고 있듯이 "우리는 때때로 다른 사람을 동정한다.…… 왜냐하면, 우리가 그의 처지에 설 때 상상을 통해 우리의 가슴 안에서 저 정념이 생겨나기 때문이다."[25] 애덤 스미스의 논의에서 이 상상 능력은 인간 본성의 일부였다. "관찰자들은 본성의 가르침에 따라 주된 관심 대상자가 처해 있는 정황을 추측한다."[26] 하지만 로이나 비디아사가르의 태생적 성격을 (흐리다이, 즉 마음씨를 지닌) 샤흐리다이shahriday로, 따라서 표 나게 샤하누부티의 능력을 지닌 것으로 설명하는 벵골의 전기 작가들은 은연중이긴 하지만 사실상 라사 샤스트라rasa shastra(라사, 즉 '마음가짐'moods의 학문인 미학)라는 산스크리트 미학 이론에 의존하고 있었다. 그 이론에 따르면 누구나 (카루나, 즉 동정심의 라사를 포함하여) 삶의 다양한 라사들을 헤아릴 수 있는 것은 아니었다. 샤하누부티 능력은 본래적으로 주어진 심적 능력에 의존하는 것이 아니었고, 이 점에서 유럽의 공감 이론에서의 '상상'과는 달랐다. 그것은 오히려 흐리다이를 지닌, 19세기에 '마음씨'라는 영어 단어에 흡수된 그 흐리다이를 지닌 사람의 특징으로 간주되었다. '흐리다이를 지니고' 있는 기질은 샤흐리다이아타shahridayatta로 불렸다. 라사적인 사람—다양한

25) Smith, *The Theory of Moral Sentiments*, p. 12[『도덕 감정론』, 9쪽].
26) *Ibid.*, p. 22[같은 책, 31쪽]. 흄도 공감을 인간 본성에 보편적인 것으로 보았다.

라사들, 즉 다양한 마음가짐들을 헤아릴 수 있는 사람—은 흐리다이라 불리는 이 신비한 실체entity를 지녔다. 따라서 바로 그런 의미에서 로이나 비디아사가르 같은 이가 샤흐리다이 비아크티shahriday vyakti(흐리다이를 지닌 사람)로 불릴 수 있었던 것이다.[27] 복잡한 산스크리트 미학 이론들에서 흐리다이 범주의 정확한 위상이 무엇이든 간에, 라사 샤스트라에는 흐리다이의 발생을 설명해 주는 일반적인 인간 본성론이 없다. 저 19세기 개혁가들의 전기를 쓴 작가들이 볼 때 흐리다이를 지니고 있다는 것은 규칙이 아니라 예외였다. 로이나 비디아사가르 같은 이는 그렇게 예외적으로 태어났던 것이다. 이는 그들을 드물게 신과 같은 이로 만들었고 보통 사람들의 위에 서게 했다. 그러므로 이런 관점에서는 자연적 동정론이 존재할 수 없었다.

따라서 비디아사가르와 로이의 벵골어 전기들에는 동정심과 사람다움을 바라보는 두 개의 서로 다른, 연관성 없는 이론적 방식들이 함께 겨루고 있었다. 하나는 유럽에서 유래하는 자연적 정서론이었다. 인도의 미학에서 유래하는 다른 하나는 공감 능력 혹은 동정심 능력을 기술하기 위해 사용된 벵골어나 산스크리트어 단어들에 기입되어 있었다. 산스크리트어로 된 라사 샤스트라의 텍스트들에서 유래하는 단어들은, 실천적 의식의 한 형식으로서의 벵골어 글쓰기 안에서, 일상적 관계를 묘사하는 어휘들에 속하는 것들로 유통되었다. 그 단어들은 사회적인 것에 대한 상이한 해석학을 표상했는데, 그 해석학은 유럽 계몽 사상이 표상한 해석학을

27) 산스크리트 미학에 대한 일반적 논의로는 Raniero Gnoli, *The Aesthetic Experience According to Abhinavagupta*, Varanasi: Chowkhamba Sanskrit Series Office, 1968을 볼 것.

대리보충supplement했다. 어쨌든 애덤 스미스의 이론이나 데이비드 흄의 이론—일반화의 토대로서의 경험을 의식적으로 강조하는—은 보편적으로 적용할 수 있는 가설들로 흔히 나타났는데, 그 가설들은 분명 그들이 직접 알고 있는 사회들의 매우 특수하고 종별적인 문화적 실천들에서 유래하는 것이었다. 예컨대 스미스는 "엄청난 재난을 당하고도 자신의 슬픔을 억제할 수 있는 사람은 최고의 찬사를 받을 만하다고 본다"라거나, "우리의 불행을 공개적으로 내놓고 표현해야만 하는 것만큼 굴욕적인 일은 없다"라는 말을 보편적 명제인 양 즐겨 내세웠다. 이런 입장은 예컨대 왜 벵골인들이 비디아사가르 같은 고매한 인간이 공적으로 울곤 했던 사실을 소중히 여겼는지 결코 설명할 수 없을 것이다.[28] 유럽 사상가들의 언술들은, 그것들 또한 해석들이라는 점에서, (가다머적 의미에서의) 선입견의 문제이기도 하지만 이론들이기도 했다.[29] 그 언술들과 벵골인의 삶을 구조화하고 있는 기존의 해석들, 이 둘 사이에서 차이의 번역이라는 정치가 연출되는 분야가 창설된 것이다.

전기 작가들이 자주 드러내는 태도의 이중성에서 이러한 정치를 찾아볼 수 있다. 19세기 벵골에서 전기를 쓰는 일을 고무한 것은, 전기가 사회 구성원들이 흉내 낼 수 있는 모델 인물들을 제시함으로써 사회 개량에 기여한다는 빅토리아 시대의 관념이었다. 자연적 동정론은 이 점에서 도움이 되었다. 왜냐하면 이때 근대 교육(즉 합리적 토론 훈련)은 풍속의 효

28) Smith, *The Theory of Moral Sentiments*, pp. 45, 50[『도덕 감정론』, 81, 91쪽]. 공적인 울음의 실천에 관한 어느 벵골인의 비평에 관해서는 Bankimchandra Chattopaydhyay, "Uttarcharit", *Bankimrachanabali*, Vol. 2, Calcutta: Sahitya Samsad, 1973, pp. 159~185를 볼 것.

29) Hans-Georg Gadamer, *Truth and Method*, London: Sheed and Ward, 1979, pp. 239~253을 볼 것[『진리와 방법』 2권, 임홍배 옮김, 문학동네, 2012, 143~152쪽].

과들과 싸울 수 있도록 처방된 무기로 간주될 수 있었기 때문이다. 전기는 그러한 교육의 도구였다. 그러나 다른 한편, 일반적 동정심이란 것이 누군가의 태생적 흐리다이처럼 우발적이고 드문 요소의 기능이고, 따라서 당연히 희귀한 것일 수밖에 없다면, 이 정서의 기술을 어떻게 사람들에게 가르칠 수 있단 말인가? 본성상 존경받을 만한 특별한 재능으로 가질 수 있을 뿐인 그것을 모든 사람이 어떻게 계발할 수 있단 말인가? 동정심 넘치는 벵골 사회 개혁가들의 전기 작가들은 자주 이 모순에 사로잡혔다.

찬디차란 반디오파디아이 같은 전기 작가는 두 가지 모순적인 주장을 한꺼번에 펼쳐야 했다. 그는 비디아사가르의 위대함은 그와 같은 부류의 사람이 본래 희귀하다는 점—모든 사람이 비디아사가르처럼 사하누부티로 충만한 마음씨를 갖고 태어나지 않았다—에 있다는 생각을 전했다. 하지만 그는 자신의 전기가 비디아사가르의 삶의 전범으로 제공되어 재능이 부족한 다른 이들이 그것을 따를 수 있게 되기를 원했다. 그는 자신의 전기 마지막쯤에서 "우리의 신은 기꺼이……[비디아—인용자]사가르의 삶을 읽고……[그의—인용자]……품성을 모방하려는 욕망을 널리 퍼뜨릴 것이다"라고 말한다.[30] 때때로 그의 텍스트는 직접 독자에게 말을 건네, '상상력'을 발휘하여 비디아사가르의 고귀한 모범을 흉내 내 보라고 독자를 북돋웠다.[31] 하지만 다른 경우에 그는, 비디아사가르의 동정심과 정서가 태생적 본성임을 강조하면서도, 동정심이란 것이 목격과 이성으로 유발되는 인간의 자연적 공감 능력에서 나오는 것인지, 아니면 오직 바로 그 예외적인 자만이 경험할 수 있는 감정인지의 문제에 관해서는 매우

30) Bandyopadhyay, *Vidyasagar*, p. 478.
31) *Ibid.*, p. 278.

모호한 태도를 취했다.

벵골의 '위인'전 작가들은 흐리다이를 흡사 신이 부여한 것과 같은 재능으로 보면서도, 모범이 되는 이야기들을 보급하여 개인들의 품성을 개조하면 사회적 '개량'이 이루어진다고 여긴 빅토리아 시대적 이해 방식에 의탁했다. 그리하여 이 둘 간의 모순을 해결할 수 없었던 그들은 종종 전기와 성자전聖者傳 사이의 어딘가에 빠져 버렸다. 자신들의 세속적 휴머니즘에도 불구하고 그들은 전기 작가로서 자신의 주인공들을 향해 일종의 숭배 행위인 바크티bhakti(헌신devotion)를 계속 표현했다. 반디오파디아이는 전기의 「서문」에서 자신에게 비디아사가르의 삶을 기록하는 일은 신을 향해 푸자puja(숭배)를 하는 것과 동일한 범주에 속하는 행동이었다고 분명히 밝히고 있다. 그는 종교적 헌신자bhakta의 모습을 보여 주는데, 그 헌신자의 겸양의 언어는 필경 자기 비하의 언어이기도 했다. "비디아사가르는 식자층에게서 숭배받을 만하다. 그에 비하면 불행하게도 그의 전기 작가인 현재의 나는 가장 바보 같은 사람 중 하나일 뿐이다.……내게 그는 지극히 다정한 사람이었다.…… 그 때문에 나 또한 평생 그에게 푸자를 행할 것이다. 이 전기는 저…… 푸자……의 일부로 시작되었다. 무척이나 신성한 그의 삶에 관한 이야기를 기술하기 위해 내가 갖고 있는 유일한 권리는 이것이다."[32)]

이런 생각은 누군가의 성격 안에 있는 과도한 동정심을 하늘이 준 드문 재능으로 이해하는 방식과 일치했다. 이러한 이해 방식의 역사적 계보는 계몽 사상과 무관한 미학 이론들과 헌신적 실천들에서 찾을 수 있지만, 그 이해 방식은 유럽에서 온 것을 덮으면서 대리보충했다. 따라서 목격은

---

32) Bandyopadhyay, "Preface", *Ibid.*, p. 6.

누구에게서 공감이나 동정심을 낳았는가라는 질문에는 적어도 두 개의 답이 주어졌다. 그 답은 계몽 주체일 수 있거나, 아니면 드문 재능으로서 흐리다이라 불린 품성을 소유한 주체일 수 있다. 우리가 이 두 개의 다른 답을 동일한 텍스트 안에서 발견한다는 사실은, 그것들이 서로 대체되었던 것이 아니라 상호 대리보충 관계를 맺으면서 벵골 근대성의 뒤얽힌 요소가 되었음을 시사한다.

근대적 주체로서의 과부: 내면성 그리고 순수성의 문제

로이나 비디아사가르는 과부를 그녀의 외부에서 보았다. 그들은 과부들의 고통에 관한 이야기의 아카이브를 구축하는 데 기여했으나, 그 아카이브에 과부 본인의 고통 경험은 포함되어 있지 않았다. 과부의 주체성은 문제 되지 않았다. 하지만 1991년에 칼리아니 다타가 에세이를 발표했을 무렵에는 과부의 목소리를 기록하는 것이 그녀의 주요한 실천 목표였다. 고통을 실증하고 있던 이는 관찰자인 칼리아니 다타만이 아니었다. 고통받고 있던 과부 스스로가 자신의 조건에 관해 말했다. 그녀 본인이 자기 자신에 대한 관찰자였다. 다타의 에세이가 지닌 자료적 가치 중의 하나는 그 에세이 안에서 독자에게 직접 말을 건네는 여러 늙은 여성이 만들어 낸 것이다. 따라서 고통받는 이로서의 과부의 역사 아카이브는 결국 과부 본인들의 주체성을 담게 되었다. 과부는 응시의 객체이자 주체가 되어 억압과 고통을 증언했다.

이는 유럽 정치 사상에서 근대적 주체에 관한 표준적 설명──말하자면 시민이라는 형상을 가진 자들의 역사──을 듣고 우리가 예상하게 되는 것과 일치했다. 스미스나 흄의 정서론은 개인의 주체성을 제공해 주지 않았다. 그들에게 인간 본성은 생물학적인 인간의 몸처럼 보편적인 것이었다. 주체성 자체는, 또는 많은 주석자註釋者들이 주체의 '내면성'interiority이라 부르는 그것은 개인의 사적 경험과 욕망(느낌·감정·정서), 그리고 보편적이거나 공적인 이성, 이 둘 사이의 긴장에 의해 만들어진다. 바로 이러한 대립이 근대성 안에서 사적인 것과 공적인 것의 균열로 나타난다고 말할 수 있다.

크로포드 브러 맥퍼슨의 『소유적 개인주의의 정치론: 홉스에서 로크까지』는 근대적 주체의 한 가지 원천을 17세기에 자기 인격에 대한 사적 소유권 관념이 발흥한 것에서 찾는다. 하지만 사적 소유권을 향유하는 주체는 몸과는 무관한 사적 주체—왜냐하면 그의 몸은 그의 권리가 미치는 객체이기 때문이다—일 뿐이었다.[33] 그 소유권은 자연권 관념에 입각한 것이기에 17세기에 이 주체에게 깊은 내면성이 부여될 필요는 없었다. 그 같은 주체의 '사적' 자아는 사실상 비어 있었다. 그러나 18세기 후반부터 이 사적 자아는 가득 채워져 궁극적으로 주체성의 영역이 만들어졌다. 「유대인 문제에 대하여」—헤겔의 『법철학』에 의지하여 브루노 바우어Bruno Bauer를 논박한—를 쓴 청년 맑스는 1791~1793년 프랑스의 「인간과 시민의 권리에 관한 선언」Declaration of the Rights of Man and of the Citizen이 설명하고 있는 바로 그 시민 개념에서의 공/사 구분에 주목했다. 시민은 시민사회의 성원으로서 사적 이해관계에 대한 '자연권'을 보유하는 인간의 공적-보편적이고 정치적인 측면을 가리켰다. 종교는 그의 사적이고 이기적인 자기-이해관계 영역의 일부일 뿐이었다.[34] 최근 윌리엄 E. 코널리는 유

33) Crawford Brough Macpherson, *The Political Theory of Possessive Individualism: Hobbes to Locke*, Oxford: Oxford University Press, 1974, pp. 137~142.

럽 정치 사상에서의 주체의 계보학을 구성했다. 그 계보학은, "시민 사회에서의 투쟁과 갈등"에 관한 이야기가 점점 더 "개인 내부의 장소"로 이동하게 되어 19세기 말에는 개인이 더 낯익은 모습이 되고, 그 낯익은 모습의 사적 자아가 이제 심리적 억압의 역사 속에서 구성되는 것으로 여겨지고, 그래서 그 자아를 정신분석 기술로만 열어 볼 수 있게 되는 그런 과정을 추적한다. 코널리의 말에 따르면, "주체는 행동의 면에서 무의식적·전의식적·의식적·자의식적 행동 등 여러 층위를 갖고 있고 또 정념·이해관계·소망·책임·죄 등이 교대로 뒤얽힌 상태에 있는데, 그렇게 여러 층으로 나누어진 주체에 관한 근대 이론은 홉스와 루소가 이런저런 정치 체제와 관련되는 것들로 보았던 갈등들을 자아 안에 위치시킨다."[35]

19세기 유럽 이론에서 근대적 주체가 탄생하려면 갈등적 내면이 필요했다. 거기에서 이성은 주체들을 서로 구별해 주는, 그러면서도 이성과는 구별되는 어떤 것을 이끌고자 했고 또 통제하고자 했다. 내면은 (처음에는) 인간적 주체성을 구성하는 정념·욕망·정서의 의식적인 세계였고, (나중에는) 의식 하부의 세계였다. 그렇지 않았다면 개인들 안에서 인간적인, 그러나 동시에 독특하게 개별적인 주체의 감각이 발전하기란 어려웠을 것이다. 이성은 인간의 능력이지만, 정의상 보편적이고 공적이므로, 개인적 주체성을 구성할 수 없다. 근대적 주체가 출현하려면 정념이나 정서와 같은 것이 마음 안에 들어와 있어야 하고, 그것들과 이성의 관계가 아

34) Karl Marx, "On the Jewish Question", *Early Writings*, intro. Lucio Colletti, trans. Rodney Livingstone & Gregor Benton, Harmondsworth: Penguin, 1975, pp. 211~241을 볼 것.

35) William E. Connolly, *Political Theory and Modernity*, Oxford: Basil Blackwell, 1989, p. 71.

주 특별한 방식으로 이해되어야 한다. 이 관계는 교육적pedagogic 관계이다. 정념과 정서의 보유자들이 근대적이기 위해서는 그것들을 이끄는 이성의 손길이 필요하다. 동시에 그 관계는 정념·정서와 이성, 이 둘의 투쟁 관계이다. 왜냐하면 그 두 가지는 대립적이고 모순적인 성격을 갖고 있기 때문이다. 이 투쟁이 주체의 내면을 표시한다. 코널리는 루소의 글에 나오는 다음과 같은 이행을 설명한다. "루소는…… 투쟁과 갈등을 시민 사회에서 개인 내부로 옮겨 놓는다. 홉스보다 더 많은 것을 자아에게 요구하는 루소는 그 투쟁을 홉스가 말한 투쟁 안에서 확인하는 것이 분명하며, 또 내면에서 나오는 미덕美德의 목소리가 더 완전하게 승리하기를 추구하는 것이 분명하다. 정치는 내면화된다.…… 루소는 일반 의지에서 정치를 거두어들여 일반법들에 대한 의지를 지닌 자아들 내부에 조용히 재위치시킨다."[36)]

근대적 개인을 정념/정서와 이성 간의 이 내적 투쟁의 관점에서 개념화하는 것이 왜 중요했는가? 티머시 미첼이 『이집트의 식민화』에서 에밀 뒤르켐에 관해 논의한 부분이 시사적인 답을 제공해 준다. 뒤르켐의 텍스트들을 논의하면서 미첼은 근대적 개인이라는 바로 그 개념이 사회적인 것과 일반적인 것이라는 개념에 위협이 된다고 말한다. 왜냐하면 만일 개인들에게 무한한 개체성(정념의 드라마가 드러낸다고 여겨지는 바로 그것—거기에서 모든 남녀는 자기 나름대로 소설가이자 동시에 정신분석을 받는 자이다)이 부여된다면, 사회적인 것의 통일을 무엇이 보장할 것인가? 그 같은 개인들(즉 원시 사회에서 그랬을 것처럼 그저 사회적 관습에 종속되어 있지는 않은 사람들)로 구성된 사회 영역이 아노미anomie의 악몽 안으

---

36) *Ibid*., pp. 57~58.

로 무너져 내리는 것을 무엇이 막을 수 있을 것인가?[37] 그 답은 개인의 층위에서는 이성일 것이다. 이성은 일반적인 것과 보편적인 것에 마음을 집중케 함으로써 개인의 정념을 사회 영역 내의 적절한 위치로 이끌 것이다. 이런 생각은 그 자체만으로 반드시 근대적이라고 할 수는 없다. 그러나 사회를 통해 그 생각이 일반화되는 것은 근대성의 도래를 표시한다고 할 수 있을 것이다.

그렇다면 근대성의 주체로서의 벵골 과부의 자료를 모으고 그녀를 관찰하는 것은 과부의 삶의 외적 조건만이 아니라 그녀의 내적 고통도, 즉 그녀가 근대적임을 표시하기 위해 그녀 내부에서 정념이 이성과 투쟁한 것도 실증한다는 것을 의미했다. 사실 이것은 초기 개혁가들의 사고틀에서는 빠져 있었다. 내가 앞에서 일부 인용한 비디아사가르의 다음과 같은 진술을 다시 한번 살펴보자.

> 인도인이여!……한 번만이라도 눈을 떠서 한때 미덕의 땅이었던 인도가 [지금은—인용자] 어째서 간통과 낙태로 가득 차 있는지를 생각해 보라.……여러분은 여러분의 딸들을 과부살이의 견딜 수 없는 시련과 고문에……기꺼이 맡기려 한다. 여러분의 딸이 참을 수 없는 정념의 영향을 받아 간통의 희생자가 될 때, 여러분은 딸의 행동을 너나없이 못 본 체한다. 여러분은 부도덕한 행위에 대한 두려움은 모조리 내팽개치고 오직 대중의 눈에 드러나는 것만 두려워하면서 기꺼이 그녀들의 낙태를 도와준다. 게다가—놀랍고도 놀랍게도!—여러분은 샤스트라[성전]의 명령

37) Timothy Mitchell, *Colonising Egypt*, Berkeley & Los Angeles: University of California Press, 1991, p. 121.

을 따르거나, 그녀들을 재혼시키거나, 그녀들을 과부살이의 참을 수 없는 고통에서 벗어나게 하거나, 여러분 스스로 온갖 위험을 무릅쓰려는 각오가 되어 있지 않다. 여러분은 여성의 몸은 남편을 잃으면 돌로 변한다고, 여성은 고통과 슬픔의 모든 감정에서 벗어나 있다고, 여성의 정념은 즉시 근절된다고 상상하는 것 같다.…… 남성이 동정심을 지니고 있지 않은 그런 나라에서는 여성이 아예 태어나지 않게 하자.[38]

나는 낙태와 간통이 비디아사가르의 텍스트에서 그토록 중요한 위치를 차지하는 이유가 이 텍스트의 수신인들—비디아사가르는 일반적이면서도 과도한 말투로 '인도인'에게 이야기를 건넸지만—이 19세기 중반 캘커타의 중간 계급에 속하는 벵골인 남성 세대주였기 때문이라는 점을 분명히 말해야겠다. 그 텍스트는 체통 있는 가정의 형식에 관한 그들의 최신 감각을 보여 주는 것이었고, 젊은 과부들과 가족 안팎의 남성들 간의 성관계가 초래한, 원하지 않은 부당한 임신에 대한 그들의 두려움을 말해 주는 것이었다. 간통과 낙태의 추문들—벵골어로는 켈렌카리kelenkari(불명예disgrace)라고 하는데, 그 단어는 칼란카kalanka라는 말에서 파생되었고 칼란카는 글자 그대로 반점이나 얼룩(달의 어두운 반점은 벵골어로 달의 칼란카로 불린다)을 의미한다—이 비디아사가르가 언급한 '위험'이었다. 젊은 과부가 있는 중간 계급 가족이 감수해야만 했던 것은 그 같은 켈렌카리의 위험, 즉 과부가 가족의 체통을 무너뜨릴 수 있는 부정한 관계의 오점(칼란카)을 만들 수 있는 위험이었다. 이 텍스트 안에 위치한 젊은 과부의 주체다움/행위 능력은 어디에 있는가? 비디아사가르의 답은 모호하지

---

38) 강조는 추가.

않았다. 진정한 문제는 과부의 몸에 있다는, 즉 관습적으로 과부들에게 요구된 정화精華와 자기 부정의 의식으로는 규제될 수 없었던 너무도 강건한 젊음의 충동과 정념에 있다는 것이었다. 젊은 여성들을 부당한 임신의 위험에 쉽게 빠지도록 한 것은 육체의 젊음이 그녀들의 몸 안에서 불러일으킨 정념의 바로 그 본성이었다. 비디아사가르의 말을 다시 상기해 보자. "여러분은 여성의 몸은……돌로 변한다고, 여성은 고통과 슬픔의 모든 감정에서 벗어나 있다고, 여성의 정념은 즉시 근절된다고 상상하는 것 같다." 과부의 정념을 그녀의 젊은 몸에서 나오는 어떤 것으로 생각한 이는 비디아사가르만이 아니었다. 이 시기 과부의 재혼 문제를 다룬 벵골의 희곡들은 이러한 인식이 공통적이었음을 시사해 준다.[39)]

과부의 내면성에 관한 아카이브를 구축하기 위해선, 그녀의 자아를 심원할 뿐만 아니라 여러 층위로 나누어진 것으로 여기기 위해선, 말하자면 그녀 자신의 목소리를 듣기 위해선, 인간 심리를 연구하고 설명할 수 있는 일련의 관찰 기술의 발전이 필요했다. 이러한 역할은 주로 소설이 수행했다. 초기 벵골 소설의 세 명의 역군—반킴찬드라 차토파디아이Bankimchandra Chattopadhyay(1838~1894), 라빈드라나트 타고르Rabindranath Tagore(1861~1941), 사라트찬드라 차토파디아이Saratchandra Chattopadhyay,

---

39) 과부 재혼을 다룬 19세기 희곡들은 과부 본인의 문제들을 조우반존트로나(joubanjontrona, 글자 그대로는 젊은 육체의 번민)와 조우본즈발라(joubonjvala, 글자 그대로는 젊음이 시작되면서 생겨난 불타는 마음)과 같은 벵골어 표현들을 통해 이해했다: Anonymous, *Bidhaba bisham bipad*, Calcutta, 1856; Radhamadhab Mitra, *Bidhabamonoranjan natak*, Pt. 1, Calcutta, 1857; Anonymous, *Bidhaba shukher dasha*, Mirzapur, 1861; Umacharan Chattopadhyay, *Bidhabodbaho natak*, Calcutta, 1857; Jadunath Chattopadhyay, *Bidhababilash*, Serampore, 1864. 나는 이 소책자들의 사본을 런던에 있는 인도 공문서 도서관을 이용하여 찾아볼 수 있었다.

(1876~1938)—은 모두 과부의 금지된 사랑을 소설 주제로 삼았다. 낭만적 사랑이라는 이야깃거리 자체가 민주주의 역사에서 하나의 문제였다. 삶의 파트너를 자신이 선택한다는 관념—또는 주체의 자기 표현 행위로서의 사랑이라는 관념—은 중매 결혼 관습이 소중히 여겨 왔던 사회적 규제 규범과는 어긋나는 것이었다. 사실 초기 벵골 소설가들에게 과부의 모습이 특별한 매력을 지닐 수 있었던 한 가지 이유는, 인정받지 못하는 과부의 욕망이란 것이 개인이 사회에 완전히 종속되어 있음을 보여 주는 대표적 사례였기 때문이다. 누구나 과부에게서 (자기를) 인정해 달라고 외치는 표현적 주체를 볼 수 있었다. 자신의 가장 깊숙한 감정을 사회로부터 인정받지 못하는 과부의 내면 세계를 탐구하려면, 새로운 벵골 주체의 바로 그 구조 안에 자유와 자기 표현의 욕망을 써 넣어야 했다. 하지만 이런 일을 하면서도 벵골의 소설가들은 일반적 관점에서 과부의 내면성 문제를 다루었다. 따라서 억압을 실증하려는 저 낯익은 근대적 의지를 표현했던 역사학이나 사회학 같은 분과학문이 존재하기 훨씬 전에, '경험'을 근대적으로 묘사하는 도구들을 갖고 실험을 하고 있던, 또 그 도구들을 완성하고 있던 휴머니즘 문학이 존재했다.[40)]

이 문학이 발전해 온 영토는 복합적이다. 지면 관계상 나는 문제들을 단순화할 수밖에 없는데, 그 문제들은 여기에서 내가 말할 수 있는 것보다 더 많은 우여곡절을 겪었다. 우리는 젊은 과부의 짝사랑 문제에 주목한 타고르의 소설 『초케르 발리』(1903)[41)]에서 인간의 내면성이 주체의 절대적

40) Thomas W. Laqueur, "Bodies, Details, and the Humanitarian Narrative", Lynn Hunt ed., *The New Cultural History*, Berkeley & Los Angeles: University of California Press, 1989, pp. 177~204를 볼 것.

이고 자율적인 내부로 묘사될 때 자기 의식적 행보가 취해졌음을 보게 된다. 『초케르 발리』는 젊은 남자 마헨드라Mahendra의 정념에 관한 이야기이다. 그는 아샤Asha와 결혼했으나 젊은 과부 비노디니Binodini와 격렬한 사랑에 빠졌다. 어느 촌락 출신인 비노디니는 캘커타에서 마헨드라, 아샤, 그리고 마헨드라의 어머니와 함께 살았다. 그 소설은 또한 비노디니 본인의 애정에 관한 이야기, 즉 처음엔 마헨드라에 끌리지만 결국엔 마헨드라의 절친인 비하리Bihari를 사랑하게 되는 이야기이기도 하다. 반킴찬드라 차토파디아이의 소설에 나오는 과부 주인공들과 달리 비노디니는 글을 읽고 쓸 줄 알았다. 사실 그녀는 (뒤에 언급될) 차토파디아이의 『비샤브리크샤』*Bishabriksha*[42]의 열렬한 독자로 묘사되었다. 타고르는 그 소설의 나중 판본을 위해 쓴 「서문」에서 벵골 문학에서 『초케르 발리』의 출현이 어째서 갑작스런 변화의 예고편인지를 설명했다. 그 소설의 새로움은 인간 존재의 내면적 공간을 강조한 데 있었다. 몸과 그 감각 기관들의 역할, 리푸ripu 관념(인간을 파괴하는 여섯 가지 특별한 육체적 정념에 관한 힌두의 전통적 견해)의 역할이 여전히 존재하는 것은 사실이지만, 이제 타고르의 소설들에서는 그것들 모두가 심리적 힘의 작용을 받는 것이 되었다. 타고르 본인이 주장했듯이 "『초케르 발리』 이야기를 내부에서 추동한 것은, 그리고 그것에 응집력을 부여한 것은 어머니의 질투였다. 바로 이 질투가 마헨드라에게 필사적으로 리푸를 벗어던질 기회를 제공했다. 규범을 따라야 할 상황에서는 그런 일이 일어나지 않았을 것이다.…… 새로운 문학 방법은 더

---

41) 벵골어인 초케르 발리는 글자 그대로 하면 '눈의 모래'(sand of the eye)라는 뜻이며, 이는 '눈의 아픔'(eyesore)과 같은 의미다. 이 소설은 2003년 인도에서 리투파르노 고시(Rituparno Ghosh) 감독에 의해 영화로도 만들어졌다. — 옮긴이

42) 비샤브리크샤는 '독 있는 나무'(poison tree)라는 뜻이다. — 옮긴이

이상 단지 정해진 질서에 따라 사건들을 묘사하지 않게 한다. 그것은 인간 존재의 내부[타고르는 아안테르 카타aanter katha라는 표현을 사용한다—인용자]에 관한 이야기를 끌어내기 위해 사건들을 분석한다. 이 새로운 방법이 『초케르 발리』에 나타났다".[43)]

누구나 이 진술을 읽으면 벵골 소설 안에 내면성이 부여된 근대적 주체가 자리 잡게 되었음을 알게 될 것이다. 비디아사가르에게 과부의 욕망은 육욕肉慾으로, 젊은 여자의 순전히 육체적인 정념으로 이해되었다. 그 정념은 자연법으로 규제되기에 인간으로선 통제할 수 없을 만큼 강력한 것이었다. 반킴찬드라와 라빈드라나트와 사라트찬드라에게는 육욕 문제와 구별되는, 낭만적인 (이성애적) 사랑(프렘prem)에 관한 새롭고도 자기 의식적인 논의가 있었다. 하지만 벵골 문학에서의 근대적 주체의 탄생에 관한 이러한 이야기에는 뒤틀림이 존재한다. 그 뒤틀림과 그것의 역사는 이제 1870년부터 1920년 시기에 널리 유포된 한 마디 말, 즉 파비트라pabitra라는 말로 압축된다. 그 말은 세속적이고 인간적인 사랑에 한해서만 사용되었다. 대개 영어로 '순수한'이라는 말로 해석되지만, '신성한', '상서로운', '얼룩지지 않은', '때 묻지 않은'—즉 육체적 정념의 때가 묻지 않은—등의 복합적 의미를 갖는 이 말은 많은 벵골 작가에 의해 육체적 정념을 초월하는 사랑을 지시하는 것으로 사용되었다. 파비트라적인 프렘(사랑)은 남녀 사이에 있을 수 있는 여러 종류의 사랑 중에서 최고였다. 반킴찬드라는 파비트라를 관능을 이겨 내거나 초월한 것(지텐드리야jitendriya)으로 정의했다. 그 같은 생각은 고대적이었다. 그것은 『베다』 철학

43) Rabindranath Tagore, "Preface", *Chokher bali*, in *Rabindrarachanabali*, Vol. 8, Calcutta: Government of West Bengal, 1962.

의 어떤 요소들에까지 소급되는 것이었지만, 행동과 자아에 관한 19세기 민족주의자들의 토론에서 중심적인 문제가 되었다. 그 토론에서 자아의 이상은 지텐드리야가 되는 것, 글자 그대로 남자든 여자든 육체적 관능을 이겨 낸 사람이 되는 것으로 설정되었다.[44] 하지만 19세기 말 사랑에 관한 벵골인들의 토론은 더 직접적으로는 중세 바이슈나바 시Vaishnava poetry들(수호신 비슈누Vishnu의 추종자들과 그의 화신化身들을 바이슈나바라 부른다)에 빚지고 있었는데, 1870년대 이후부터 근대 벵골 작가들이 그 시들을 재발견하는 일이 점점 더 많아졌다.[45]

많은 바이슈나바 시가 부정한 사랑이라는 테마를 중심으로 쓰였고, 이 시들의 여주인공인 유부녀 라다Radha는 인간의 형상을 한 비슈누 신의 화신인 크리슈나Krishna의 아이를 낳았다. 이 불륜은 라다에게 칼란카의 오명을 안겨 주었지만, 많은 바이슈나바 시인들은 라다의 사랑을 신과 한 몸이 되려는 숭배자의 정신적 열망의 상징으로, 따라서 협소하게 해석되는 육체적 정념이나 자기 탐닉과는 사실상 무관한 것으로 그려 냄으로써 그 오명을 씻어 주었다. 벵골 작가들은 정신적 정서로서의, 육욕의 기미가 전혀 없는 것으로서의 이러한 사랑의 이상 안에서 남녀의 성적 욕망이 상세하게 묘사되었음을 발견했다. 반킴찬드라 차토파디아이는 두 명의 중세

---

44) 다이아난다 사라스와티(Dayananda Saraswati), 스와미 비베카난다(Swami Vivekananda), 간디는 이 관념들을 전파시키는 데에서 핵심적인 역할을 한 민족주의 지도자들이었다.

45) "학력에 자부심을 가진 벵골인들의 관심을 최초로 바이슈나바 시들에 돌리게 만든 것은 벵골어 주간지 『암리타바자르 파트리카』(*Amritabazar Patrika*)였다. 그러나 단행본 형식으로 된 최초의 시선집(詩選集)은 자가반두 바드라(Jagabandhu Bhadra)가 (1870년에) 편집했다." Prabhatkumar Mukhopadhyay, *Rabindrajibani o rabindrasahitya prabeshak*, Vol. 1, Calcutta: Visva Bharati, 1960, p. 68. 또한 Ramakanta Chakrabarti, *Vaisavism in Bengal 1486~1900*, Calcutta: Sanskrit Pustak Bhandar, 1985, Chap. 21~22를 볼 것.

바이슈나바 시인인 자이아데바Jayadeva(12세기)와 비디야파티Vidiyapati(15세기)를 비교한 에세이에서 두 종류의 본성(프라크리티prakriti), 즉 외재적 본성(바히프라크리티bahihprakriti)과 내재적 본성(안타프라크리티antahprakriti)을 구분했다. 몸과 몸의 정념은 외재적 본성에, 감각의 영역에 속했다. 내면성은 인간의 내재적 본성이었고, 바로 그 영역에서 인간은 감각의 지배를 벗어나 사랑을 정신적인 것으로, 즉 파비트라로 만들 수 있었다. 반킴찬드라 차토파디아이는 이렇게 말했다.

> 벵골어로 서정시를 쓴 작가들은 두 그룹으로 나뉠 수 있다. 인간을 자연적인 미의 맥락 안에 두고 바라보는 그룹과 외재적 본성을 무시하고 인간의 마음씨에만 주목하는 그룹.……자이아데바 같은 작가에게 두드러진 것은 외재적 본성(바히프라크리티)이지만, 비디야파티 같은 작가에게는 내재적 본성(안타프라크리티)의 영역이 발견된다. 자이아데바와 비디야파티 모두 라다와 크리슈나의 사랑을 노래한다. 그러나 자이아데바가 노래하는 사랑은 외재적 감각 기관에 충실한 사랑이다. 비디야파티의 시, 그리고 특히 찬디다사Chandidasa[46]의 시는 외재적 감각을 초월해…… 파비트라, 즉 감각이나 자기 탐닉과는 전혀 무관한 파비트라가 된다.[47]

이 논의에서 바이슈나바의 교리들은 유럽 낭만주의와 결합되어 있었다. 예컨대 차토파디아이는 앞에서 말한 에세이에서 정신적 안타프라크

46) 찬디다사는 15세기 벵골의 시인이다. 그는 라다와 크리슈나에 관한 사랑의 시, 신에 대한 바크티(헌신)와 관련된 시들을 많이 썼다. ―옮긴이

47) Chattopaydhyay, "Bidyapati o Jaydeb", *Bankimrachanabali*, Vol. 2, Calcutta: Sahitya Samsad, 1973, p. 191.

리티(내재적 본성)의 시인으로 윌리엄 워즈워스를 언급한다.

분명 17세기 이래 널리 퍼진 그 이야기, 15세기의 유명한 벵골의 바이슈나바 시인이자 브라만인 찬디다사와 하층 카스트에 속하는 세탁부로서 라미Rami라 불린 여성 사이의, 사회적으로 추문이 된 그 사랑 이야기는 근대 벵골어 저작들에서 낭만적 사랑의 이상을 보여 주는 것으로 거듭 재생되었다.[48] 찬디다사 본인은 라미의 사랑을 "불순물이 없는 금"처럼 순수한 어떤 것에 비유했고, 그의 말대로라면 거기에서는 (육체적) 욕망의 냄새조차 풍기지 않았다. 타고르는 스무 살 무렵에 영향력이 대단했던 에세이 한 편을 썼는데, 거기에서 그는 찬디다사의 이 말을 남녀 간의 이상적 사랑을 보여 주는 것으로 떠받들었다. "찬디다사의 사랑은 얼마나 순수한가! 그는 사랑을 자기 탐닉에서 떼어 낼 수 있었다. 그가 자기 연인이 아름답다고 말했던 것은 그녀의 아름다움에는 [육체적—인용자] 욕망의 냄새조차 없었기 때문이다.…… 나는 그녀와 함께 있으려 하지만 그녀 몸에 손을 대지 않을 것이다.…… 이것은 외재적 세계의 사랑, 보고 만지는 사랑이 아니다. 이것은 꿈처럼 소중한 것이다. 그것은 꿈으로 싸여 있고, 깨어 있는 세계와는 아무런 관계가 없다. 그것은 절대적 순수성의 사랑이지 다른 게 아니다. 찬디다사의 말은 그 말을 했을 때의 시대에[만—인용자] 해당하지 않는다."[49]

20세기 초의 디네시 찬드라 센부터 더 최근의 아시트쿠마르 반디오파디아이에 이르기까지, 벵골 문학사가들은 타고르의 이 같은 지론을 추

---

48) Sukumar Sen, *Bangla sahityer itihas*, Vol. 1, Calcutta: Ananda Publishers, 1991, p. 126은 찬디다사와 라미의 이야기가 17세기 이래 널리 보급되었다고 말한다.

49) Tagore, "Chandidas o bidyapati", *Rabindrarachanabali*, Vol. 13, Calcutta: Government of West Bengal 1962, p. 635.

종했다.[50] 따라서 벵골 소설가들의 실증적인 눈길 덕분에 과부의 내적 공간이 창조되고 열렸지만, 세속적이고 낭만적인 근대적 사랑은 바이슈나바의 '순수성' 교리라는 빛으로 세척된 채 등장했다. 소설은 과부가 사랑하는 것을 허락했으나, 그 전에 이미 사랑은 욕망이 육체적인 것을 연상하는 것이 되지 않도록 하려는 정신적 투쟁으로 이론화되어 있었다. 이성에는 정신적인 것을 위해 봉사할 것이 요구되었다. 육체적인 것의 이러한 주변화가 벵골 문학의 근대성에서 주체의 특수한 성격을 상당한 정도로 결정했다.

반킴찬드라와 라빈드라나트와 사라트찬드라에게 몸이란 내면성의 영역을 위협하는 것이다. 그것은 순수할 수 있는, 즉 파비트라일 수 있는 주체의 능력을 위협한다. 하지만 차이들이 있다. 반킴찬드라의 경우, 이성은 정념과 투쟁하고 이 투쟁이 인간의 내면성에서 중심적인 사실이다. 하지만 그가 설정한 아름다움이나 외모(루프rup)의 범주로 보면, 몸은 여전히 자율적인 현존—즉 마음으로부터 자율적인—상태를 누린다. 그는 아름다움이나 외모를 외재적 본성(프라크리티)에 속하는 것으로 이해한다. 그에 따르면, 루프에 끌리게 되는 것은 인간의 본성이다. 1873년에 발간된 그의 소설 『비샤브리크샤』*Bishabriksha*(독 있는 나무)에서 쿤다Kunda로 불린 젊고 아름다운 과부의 루프는 행복한 유부남 나겐드라Nagendra를 결정적으로 끌어당겨 마치 불에 뛰어드는 나방처럼 만든다. 나겐드라는 아내를 버리고 쿤다와 결혼했다. 반킴찬드라에게 이 불과 나방의 관계는 외

50) Dinesh Chandra Sen, *History of Bengali Language and Literature*, Calcutta: Calcutta University Press, 1911, p. 149; Asitkumar Bandyopadhyay, *Bangla shahityer shompurno itibritto*, Calcutta: Modern Book Agency, 1992, pp. 100~101을 볼 것.

재적 본성인 바히프라크리티가 인간을 유혹하여 운명에 빠뜨리는 그 방식의 더할 나위 없는 상징이었다. 그는 『카말라칸테르 다프타르』[51]라는 책에 실린, 아이러니하고 위트 있고 유머러스한 일련의 에세이에서 이렇게 직접 말했다.

> 그 뒤부터 내게는 모든 남자가 오로지 곤충으로 보였다. 모든 남자는 저마다의 불[램프—인용자]을 가지고 있고 그 안에서 죽기를 욕망한다. ……일부는 그렇게 하고 있고, 일부는 램프 유리에 막힌다. 지식은 부富나 지위나 아름다움이나 종교와 마찬가지로 그러한 불의 하나이며, 감각 기관들은 또 다른 종류의 불이다. 이 세계는 불로 가득 차 있다. 세계는 또한 유리로 가득 차 있다. 우리를 유혹하는 빛, 저 유혹에 이끌린 우리가 굴러 떨어져 그 안에 들어가길 원하는 빛. 그런데 우리는 거기에 다가가지 못한다. 안 그런가? 우리는 윙윙거리며 앞뒤로 왔다갔다 하다가 매번 다시 제자리로 돌아갈 뿐이다. [이—인용자] 유리가 존재하지 않았다면, 세계는 지금쯤 불타 버렸을 것이다.[52]

『비샤브리크샤』의 비극적 주인공인 나겐드라와 같은 이의 내면성에 관한 이야기는 그의 이성/의지가 외재적 본성인 바히프라크리티와 투쟁하지만 실패한 이야기로 묘사된다. 반킴찬드라는 인간의 자유는 주체의

---

51) 카말라칸테르는 18세기 후반의 벵골 시인이며, 다프타르는 '책상'이나 '사무실'이라는 뜻이다.—옮긴이

52) Chattopaydhyay, "Kamalakanter daptar", *Bankimrachanabali*, Vol. 2, p. 58. 또한 Sudipta Kaviraj, *The Unhappy Consciousness: Bankimchandra Chattopadhyay and the Formation of Nationalist Discourse in India*, Delhi: Oxford University Press, 1995의 논의도 볼 것.

내재적 공간인 프라크리티, 즉 내면의 본성(안타프라크리티)에 속하는 것과 외재적 본성인 바히프라크리티에 속하는 것을—도덕적 논법에 기대어—구별할 수 있는 능력에 달려 있다고 제시한다. 인간은 육체적 아름다움에 매력을 느끼기 쉽다. 그의 소설의 주인공 나겐드라는 그것을 초케르 발로바샤chokher bhalobasha(글자 그대로 하면 '눈으로 하는 사랑')라 부른다.[53] 반킴찬드라는 이 '눈으로 하는 사랑'을 '마음으로 하는 사랑'으로 부를 수 있는 것과 대립시켰다. 그 이론은 같은 소설의 또 다른 인물인 하라데브 고살Haradev Ghosal에 의해 다듬어진다. 나겐드라의 처남인 고살은 나겐드라에게 다음과 같이—독자는 파비트라 프렘(순수한 사랑)의 이상이 어떻게 벵골 작가들에게 유럽의 문학까지 소비하도록 만든 틀을 제공했는지 알 수 있을 것이다—말한다. "마음 안에는 많은 감성이 존재하며, 사람들은 그것을 사랑이라 부른다.…… 근사한 여성의 아름다움을 즐기려는 욕망은 사랑이 아니다.……이 아름다움을 즐기려는 성벽은……신이 준 것이다. 또한 세계의 욕망은 그 성벽에 의해 실현된다. 그 성벽은 모든 이를 매혹시킨다. 칼리다사Kalidasa, 바이런, 자이아데바는 그러한 성벽의 시인이다.…… 그러나 그것은 사랑이 아니다. 사랑은 마음의 능력에서 생겨난다. [그것의—인용자] 결과는 공감이며, 궁극적으로는 자기 망각과 자기 체념이다. 이것이 진정한 사랑이다. 셰익스피어, 발미키Valmiki, 『바가바트 푸라나』*Bhagavat Purana*의 저자 등이 그런 사랑의 시인이다."[54]

---

53) Chattopadhyay, *Bishabriksha*, in *Bankimrachanabali*, Vol. 1, p. 261. Bankim Chandra Chatterjee, *The Poison Tree: Three Novellas*, trans. Marian Maddern & S. N. Mukerjee, New Delhi: Penguin, 1996, p. 113에 있는 *Bishabriksha*(독 있는 나무)에 대한 메리언 매던의 번역을 볼 것.

54) Chattopadhyay, *Bishabriksha*, in *Bankimrachanabali*, Vol. 1, p. 114.

우리가 반킴찬드라는 단지 유럽 사회학에서의 자연[본성]/문화의 구분법을 다시 고쳐 여성을 본성 안에 위치시키고 있다고 읽는다면, 그의 사상의 복합성을 놓치게 될 것이다. 그가 외재적 본성과 내재적 본성, 즉 바히프라크리티와 안타프라크리티를 구분한 것은 사실이다. 그러나 그에게 프라크리티라는 말은 항상 두 개의 서로 다른 의미역意味域 위에서 공명하며, 이는 식민지 벵골의 근대성에 내포된 문화적 번역 과정들의 징후이다. 그의 프라크리티 범주는 본성에 대한 근대적이고 과학적인 이해 방식과 저 오랜 탄트라Tantra적 이해 방식, 이 두 가지 사이를 매개한다. 전자는 본성을 맹목적이고 무의식적인 물리 법칙에 이끌리는 생기 없는 몸들의 집합으로 간주한다. 후자는 프라크리티(본성)를 의식의 한 형식으로, 여성적인 힘으로 간주한다. 이 여성적인 힘은 세계에 생기를 불어넣고, 남성 혹은 남성적 힘인 푸루시purush와 함께 세계를 창조하며, 남성을 유혹하여 살게 할 수도 죽게 할 수도 있게 만든다.[55)]

루프(외재적 아름다움)의 문제는 타고르와 사라트찬드라의 수중에서 사라진다. 『초케르 발리』에 '눈으로 하는 사랑'은 존재하지 않는다. 우리가 보았듯이, 육체의 아름다움은 여전히 반킴찬드라의 우주관의 일부이다. 그가 육체의 아름다움이 마음에 가하는 충격을 경고하는 이유는 바로 그런 아름다움이 정말 강력하다고 생각하기 때문이다. 하지만 타고르에게서 내면성과 주체성을 부여받은 여주인공 비노디니가 새로운 여성임은 의심할 바 없다. 비노디니는 육체적으로도 매력적인 인물이지만 새로운 교육과 계몽주의의 산물이다. 반킴찬드라의 소설과 달리 『초케르 발

---

55) *Bankimchandrer upanyash*, Calcutta: Bidyoday Library, 1979, pp. 21~51에 있는 모히틀랄 마줌다르(Mohitlal Majumdar)의 논의를 볼 것.

리』는 루프에서 비롯된 사랑과 '마음의 능력'에서 비롯된 사랑을 구분하기 위해 투쟁하는 이성을 묘사하지 않는다. 타고르는 사랑이나 매혹은 인간의 시선이 육체적 아름다움(루프)에 영향을 받지 않을 수 없다는 사실에서 유래한다는 반킴찬드라의 관념에 대꾸라도 하듯이 (비노디니의 목소리를 빌려) 이렇게 비꼬았다. "신은 인간에게 시선sight만 주고 통찰insight은 전혀 주지 않았다지?"[56] 이렇게 타고르는 시선을 통찰에 종속시킴으로써 정서의 드라마를 외재적인 육체성의 공간에서 주체의 내면성의 공간으로 이동시켰다.

순수성, 즉 파비트라타pabitrata는 벵골 소설에서 일련의 내면성의 기술技術로 등장한다. 누구나 그 기술들을 활용하여 가장 깊숙한 감정들(예컨대 사랑)을 '순수하게' 만들 수 있고, 따라서 그것들의 활용은 그 감정들이 주체의 내면적 공간에 외재하는 어떤 것—몸, 이해관계, 사회적 인습, 편견들—을 초월하게 하는 데 기여한다. 파비트라타가 개인의 경험을 정신화spiritualizing하는 데 공헌해 왔음은 부인할 수 없다. 그것은 지극히 자율적인 상태의 정동情動을, 주체의 강력한 결의決意를 낳았다. 왜냐하면 이러한 파비트라타 기질은 자신을 외재적 세계와 연결시키는 감각에 대한 단호한 투쟁 없이는 획득할 수 없는 것이었기 때문이다. 그것은 하나의 개인으로 존재하려는 투쟁을 일종의 정신적인 투쟁으로 만들었다. 따라서 타고르는 자신의 소설에서 지극히 강력한 과부 주인공들을 창조할 수 있었고, 사회적 불의에 대항하는 그녀들의 투쟁은 정신적 각성이라는 아우라를 띠었다. 예컨대 『초케르 발리』에는 아샤의 고모인 안나푸르나Annapurna라는 이름의 인물이 등장하는데, '전통적인' 과부들처럼 성지聖地인 바나라

56) Tagore, *Chokher bali*, in *Rabindrarachanabali*, Vol. 8, p. 316.

스Banaras시에서 살기로 결정하는 그녀가 이 점을 예증해 준다. 나이 많은 그녀는 그 소설에서 젊은이의 낭만적 사랑의 세계와는 거리를 두고 산다. 그러나 그녀와 아샤의 대화는 과부가 된 이 고모가 온전히 독자적 인격체였음을 분명히 알려 준다. 그녀가 자신의 가장 깊숙한 자아를 순수성, 즉 파비트라타의 상태 안에 간직하기로 결심한 것, 그것은 동시에 사회적 인습에 대한, 말 없는 그러나 당당한 도전이었다.

어느 날 아샤가 그녀에게 물었다. "고모, 고모부를 기억하고 있는지 말해 줄 수 있어?" 안나푸르나가 말했다. "난 열한 살에 과부가 되었어. 내 머릿속에서 남편은 그림자로만 기억될 뿐이야." 아샤는 물었다. "그러면 고모는 누구를 생각하고 있는 거야?" 안나푸르나는 약간 미소를 띠고 말했다. "나는 그분을 생각해. 그분 안에 내 남편이 지금 살아 있어. 내가 생각하는 신은 그래." 아샤가 말했다. "그런 생각을 하면 행복해?" 안나푸르나는 손가락으로 아샤의 머리를 정답게 쓸어내리고는 말했다. "얘야, 넌 내 안에서 무슨 일이 일어나는지 알 수 있을 것 같니? 내 마음만이 안단다. 그리고 그분도 아셔, 내 생각 안에 자리 잡고 있는 그분……. 이 고모가 네 나이쯤 되었을 때, 지금 네가 하고 있는 것처럼 세상과 말을 나누기 시작한 적이 있었어. 너처럼 나도, 아무리 봉사하고 봉헌해도 내가 봉사하는 그분을 어째서 만족시키지 못하는 걸까 생각하곤 했지. 왜 나는 내가 숭배하는 그분에게서 은혜를 받지 못할까……? 하지만 아무 때나 그런 일이 생기지는 않는다는 걸 알았어. 어느 날 나는 이 세상에서 모두 실패했다는 느낌 때문에 세상을 등졌어. 헌데 지금에 와서는 아무것에도 실패하지 않았다는 걸 알아.……내가 알고 있는 게 있다면 바로 이런 거야. 내가 이 세상에서의 내 의무를 그분에 대한 의무인 것처럼 다했다면, 내가 그

저 내 마음을 그분에게 바치는 척이라도 하면서 이 세상에 바치기라도 했다면, 누가 나를 고통스럽게 만들었겠니……? 이게 내가 해주고 싶은 말이야. 네가 어떤 고통을 당하더라도 네 신앙과 헌신은 그대로 지녀야 돼. 그러면 네 다르마dharma [올바른 행위—인용자] 정신은 움츠러들지 않을 거야."[57]

타고르보다 후대의 작가인 사라트찬드라 차테르지Saratchandra Chatterjee는 타고르와 비슷한 견해를 옹호했다. 사라트찬드라는, 타고르가 (남성의) '시선' 문제를 '통찰' 문제로 이동시킨 방식을 생각나게 하는 수를 써서, 반킴찬드라 차토파디아이가 제시한 루프(아름다움)의 문제틀을 전위轉位시켜 프라크리토 루프prakrito rup(진정한 혹은 실제의 아름다움) 관념을 이끌어낸다. 이는 인간의 내면에 관한 것으로, 그 내면은 이제 단순한 외적 아름다움이나 외모보다 더 아름다운 것으로 보였다. 차테르지는 어릴 적부터 어느 젊은 과부를 알고 있었고, 그녀는 남자를 침실에 끌어들였다는 이유만으로 어느 날 하룻밤 사이에 사회적으로 설 곳이 없게 되었다. 그는 그녀에 대한 처분에 분노를 토로하면서 1932년에 이렇게 말했다.

아마 그녀는 더 이상 정숙하다고 불릴 수 없을지 모른다. 그렇다 치자. 그러나 그녀의 여성성은 어찌되는가? 몇날 며칠 동안 끝까지 병자를 돌보고…… 가난한 사람에게 조건 없이 적선한 건 전혀…… 고려…… 되지 않는가? 여성의 몸만이 중요하고, 그녀의 내면(안타르antar)은 아무것도 아니란 말인가? 어렸을 때 과부가 되고 젊은 여자로서 참을 수 없는 충

57) Tagore, *Chokher bali*, in *Rabindrarachanabali*, Vol. 8, pp. 302~303.

동에 이끌린 이 여성이, 설령 몸의 순수성(파비트라타)을 지키지 못했다 해도, 그것이 그녀의 내면적 기질을 모조리 부정한 것으로 만들게 하는가?…… 우린 어디에서 인간 존재의 진정한 아름다움(프라크리토 루프)을 보게 되는가? 남녀의 몸의 덮개에서? 아니면 남녀의 내면성의 덮개에서? 말해 보라.[58)]

여기에 나오는 차테르지의 주장 하나하나가 상당히 주목할 만하다. 왜냐하면 그것들은 근대 초 벵골 소설에서 몸이 미학적으로 가공되어 주변화되는 것을 알게 하는 데 도움을 주기 때문이다. 차테르지는 정숙 관념 그 자체에 반대하지는 않는다. 그는 정숙을 몸의 실행이 아니라 마음의 실행으로 본다는 점에서, 더 전형적이고 더 근본적이다. 젊은 과부는 다른 남자와 함께 있었을지도 모르지만, 그것은 기껏해야 그녀 몸의 순수성만을 어느 정도 파괴했을 뿐이다. 더 가치 있는 순수성은 그녀 마음의 순수성이었다. 이는 그녀의 동정심 많은 자기 희생적 행동으로 나타났고, 따라서—그녀의 몸이 아니라—마음이 그녀에게 진정한 아름다움(프라크리토 루프)을 선사했다. 파비트라타, 즉 순수성에 관한 주장은 내면적 자아에 관한 것이었다. 내면적 자아의 수양은 그 여성을 인격적 개체로 만들었다. 차테르지는 이 선한 여성의 내적 순수성을 그녀의 개인성의 기호sign로 보았다. 그는 그것을 여성에 대한 남성의 자명한 권리를 반대하기 위한 근거로 활용하곤 했다. 그는 한 여성에게 "열여섯이나 열일곱 살에 과부가 된 여성은 다른 누구와도 사랑하거나 결혼할 권리가 없다"는 관념에 관한 편지를 써 보냈다. 그는 "왜 없는가?"라고 묻고는 이렇게 덧붙였다. "조금

---

58) Gopalchandra Ray, *Saratchandra*, Vol. 2, Calcutta: Sahitya saden, 1966, pp. 201~202.

만 생각하면 이[주장—인용자]에는 오직 하나의 선입견, 즉 부인은 남편의 소유물이라는 선입견이 숨겨져 있음을 알게 된다."[59]

이렇게 앞의 소설들은 몸과 무관한, 사적인, 그러나 소통 가능한 내면성의 영역—유럽 사상에서 근대적 주체 범주에 결정적으로 중요한 어떤 것—이라는 관념을 확립했다.[60] 벵골의 문학 사상은 육욕을 몸 안에 있는 동물적 정념으로 인정했다. 그리고 그 육욕에 사랑, 즉 프렘의 관념을 대비시켰다. 프렘은 과부의 개인적 자율성을 표시하게 되었다. 사랑의 순수성인 파비트라타의 성취를 몸으로부터 자아를 분리시키는 행동으로 간주했기 때문이다. 사실 사회는 개인—이 경우엔 과부—을 억압할 수 있었으나, 과부의 개인성을 제거할 수는 없었다. 이렇게 소설이 밝힌 불을 통해 과부는 내면성이 부여된 개인적 주체로 여겨질 수(또한 기록될 수) 있었다. 이제 과부는 과부로서 자신에 관해 쓸 수 있었고 동시에 쓰일 수 있었다.

이 소설들에서 몸은 여전히 해결되지 않은 문제로 남아 있다. 몸은 육욕의 자리로 완전히 주변화되어 파비트라 프렘(진정한/순수한 사랑)에 의해 정복당하는 것이 되거나, (반킴찬드라에게서처럼) 루프(외형·외모)의 문제로 되돌아와 인간의 내면의 본성(안타프라크리티)을 괴롭히고 유혹하는 숙명이 된다. 어느 경우든, 몸과 주체의 내면 공간 사이를 매개하는, 프로이트적인 '섹슈얼리티' 범주 같은 것은 존재하지 않는다. 『초케르 발리』에서 타고르는 육체의 정념과 투쟁하여 순수성을 실천하는 이성의 형

59) Khondkar Rezaul Karim, *Bangla upanyashe bidhaba*, Dhaka, 1979, p. 71에서 재인용.

60) 오늘날 많은 이가 자율적 주체라는 이 허구를 의심하지만, 당분간 우리는 그것이 지배적인 허구였다는 점을 참작할 것이다.

식에 카르타비아부드히kartabyabudhhi(카르타비아는 '의무'를, 부드히는 '지성'을 뜻한다)라는 이름을 부여한다. 달리 말해서 그것은 사람들을 세속적 의무에 묶어 놓는 이성의 작동 양식이었고, 세대주의 삶에 관한 일종의 상식이었다. 물론 그 세대주는, 현실적으로는 그렇지 않았지만, 이상적으로는 확대 가족extended family이 행복의 터전이었던 그런 사회에 살고 있는 사람이다. 타고르는 그 소설에서 저자가 개입하는 형식으로 직접 끼어들어 다음과 같이 말했다. "만일 사랑이 세대주의 세계를 채우고 있는 어려운 의무들로부터—누군가가 꽃을 잡아 뽑듯이—뽑혀 나가 분리된다면, 그래서 자체의 수액樹液으로만 [양분을 공급—인용자]하게 된다면, 스스로를 지탱할 수 없을 것이다. 사랑은 갈수록 시들고 말라비틀어질 것이다."[61)]

벵골의 근대성에서 주체의 내면성은 이렇게 상상되었는데, 그 주체의 내면성을 구성하는 투쟁은 한편에서의 정념과 다른 한편에서의 가족이나 친족의 의무, 이 둘 사이에서 펼쳐진다. 그리고 이 투쟁 안에서 정서는 (도덕적) 이성이 이끄는 손길을 필요로 했다. 문제는—사랑하고 있는 커플의 체통이 아니라—확대 가족의 체통이었다. 따라서 '체통 있는 가정'이라는 비디아사가르의 문제틀은 사실상 타고르의 저작들 안에 살아 있었다. 파비트라타의 추구는 근대적 주체에게 내면의 투쟁 공간을 부여했고, 몸과 비교되는 자율성을 창조했지만, 또한 특별히 벵골적인 가족 로망스를 확인했다. 이는 20세기 초 프로이트가 전문화하고 동시에 대중화했던 심리학에서 나오는, 어머니와 아버지 그리고 자식이라는 유럽식 삼각형과는 달랐다. 벵골의 근대적 자아는 유럽 근대의 부르주아적 자아가 결코 아니었다. 친족 관계와 가부장적 확대 가족의 이상화에 결박된 파비트

---

61) Tagore, *Chokher bali*, in *Rabindrarachanabali*, Vol. 8, p. 232.

라타 범주는 성적 매력의 육체적 측면과 심리적 측면을 매개할 수 있었던 '섹슈얼리티' 같은 범주의 출현을 가로막았다.

따라서 벵골 근대성은 유럽 근대성의 몇 가지 근본적 테마——예를 들면, 근대적 주체는 (람모훈 로이가 여성의 소유권을 요구한 것처럼) 재산을 소유한다는 관념, 그 주체는 (벵골 소설들에서 묘사되듯이) 자율적인 행위자라는 관념, 고통은 (칼리아니 다타가 그렇게 하려고 노력하듯) 시민의 입장에서 실증될 수 있다는 관념——를 반영한다. 하지만 가족 로망스는 매우 다른 주체를 이야기한다. 나중에 이 로망스를 더 상세히 검토할 때, 어떻게 그 가족 로망스가 인격성과 형제애에 대한 다른 관념들, 말하자면 로크가 제시한 것들과는 근본적으로 다른 관념들에 이르게 되는지를 알아볼 것이다. 여기에서는 가족과 인격성에 관한 다른 테마들이 존재했고, 이것이 고통을 관찰하는 근대인의 역사에 어떻게 복수성plurality의 의미를 가져다주었는지에 초점을 맞출 것이다. 1991년의 칼리아니 다타의 에세이를 곧바로 권리와 시민권의 서사와 동화시키는 것은 성급한 일이다.

누가 고통을 증언하게 되는가?

이렇게 근대 벵골 문학은 과부의 고통을 실증하려는 의지를 일반화하는 데서, 또한 일정한 방식의 목격을 가능케 하는 데서 중요한 역할을 했다. 하나의 장르로서 소설은 개인적이고 사적이라는 관념을 보존하고 양성하는 데 기여했지만, 특히 일반적인 그리고 일반화할 수 있는 정서를 재생산하는 데도 적합하게 기여할 수 있었다. 소설의 사실적 묘사 기법은 특수한 것에 대한 감각을 고무했고, 동시에 일반적인 것에 대한 시선도 창출했다. 벵골의 경우, 문학과 중간 계급의 독서 실천과 인격성의 새로운 형식들이 점점 더 밀접한 관계를 형성한 것에 대한 역사는 아직 연구되지 않고 있다. 예컨대 1930년대에 벵골 소설의 독자들은 소설이 창조한 많은 과부 주인공을 실제로 비교했고, 정신적으로 그녀들을 근대적 개인의 발전적 진화를 의미하는 어떤 계열 안에 위치시킨 듯 보인다. 벵골의 문학 저널 『사히티아』*Sahitya*[62]의 편집인 수레시 사마즈파티Suresh Samajpati가 사라트찬드라 차테르지에게 건넨 다음과 같은 말은 독자들의 비교 독서 양식과 역사주의적 독서 양식을 입증해 준다.

> 반킴찬드라가 창조한 로히니Rohini라는 인물과 당신이 창조한 사비트리Sabitri라는 인물은 실질적으로 차이가 있다. 첫째, 로히니는 브라만의 조카딸이었기에 사회적 지위가 있었다. 그녀의 유일한 죄는 과부임에도 고빈달랄Gobindalal을 사랑한 것이었다. 당신의……사비트리는 그런 사회적 지위를 전혀 누리지 못한다. 둘째, [반킴찬드라의 소설에서는—인용자] 고빈달랄과 로히니의 연애가 [사건들의—인용자] 수많은 조정調整을 통해 불가피한 것으로 보이게 된다.……어쨌건 사회의 눈으로 볼 때 로히니와 고빈달랄의 사랑은 용인될 만하다. 그러나 사비트리와 사티시Satish의 사랑에는 그 같은 용인이 불가능하다. 어떤 사랑은 사건들의 우발성에 의존하는데, 다른 사랑은 오직 욕망에만 의존한다.[63]

이 휴머니즘적 소설의 여성 독자를 포함하여 사람들은 자신의 개인적 삶을 문학에 비추어 보게 되었다. 현재 활동 중인 작가 마나시 다스 굽

---

62) 사히티아는 '문학'을 의미한다.—옮긴이
63) Ray, *Saratchandra*, Vol. 2, pp. 18~19에서 재인용.

타는 자서전 『콤 보이오셰르 아미』(나의 젊은 시절)에서 과부가 된 나이 많은 고모 '이투피시'Itupishi(아버지의 여동생/사촌을 이투라 부른다)를 "벵골 소설에서 곧바로 튀어나온 사람"으로 묘사한다. 다스 굽타는 이 고모에 대해 이렇게 말한다. "그녀는 젊었을 때 과부가 되었고, 지금은 학교를 졸업한 후 행정부의 교육 부서에서 일한다.…… 그녀는 유엔의 실패와 같은 주제를 놓고 어렵지 않게 내 아버지와 대화를 나누기도 하고, 어머니를 도와 님키nimki[서민적인 사보리savory(요리용 식물)—인용자]를 조리하기도 한다."[64] 1950년대와 1960년대의 벵골 과부들의 조건에 대한 칼리아니 다타의 연구 자체가 소설로부터 영감을 받은 것이었다. "지난 150년 동안 벵골 문학은 과부살이를 끊임없이 형상화했다.…… 과부의 삶에 대한 내 관심은, 어렸을 때 이야기나 소설에서 마주친 과부들과 닮은 실제 인물들을 주변에서 만나 본 결과로 생겨났다."[65]

만일 우리가 벵골에서 과부에 관한 글쓰기의 다양한 실천들—소설, 자서전, 일기, 회고록, 그리고 과부의 고통에 관한 탐사 보도—이 유럽에서 근대성의 담론적·집단적 주체가 차지하고 있던 부르주아적이고 공적인 영역 같은 것을 창출했다고 생각한다면, 흥미로운 문제가 뒤따른다. 우리는 이 집단적 주체를 어떻게 이해해야 할 것인가? 이 주체는 유럽 정치사상에서의 시민-주체와 같은 것이었나? 식민법 자체가 과부의 행동과 주체성, 그 두 측면 모두를 주조했음은 의심의 여지가 없다. 열두 살에 과부가 된 벵골의 시인 프라산나마이 데비(1857~1939)는 예컨대 카시스와

64) Manashi Das gupta, *Kom boyosher ami*, Calcutta: Ramayani prakash bhaban, 1974, p. 49.

65) Datta, "Baidhabya kahini", *Ekshan*, No. 10, p. 41.

리Kashiswari라 불린 어느 용감한 19세기 촌락 여성의 이야기를 들려준다. 그 여성은 젊은 나이에 과부가 되었을 때, 있을 수 있는 남성들의 억압과 괴롭히기에 대비하여 법의 개입을 요구했고 성공했다.[66] 하지만 가정의 잔혹함에 대한 과부 자신들의 설명은 두 가지 종류의 기억을 이어 주고, 그 두 가지가 한데 모여 벵골 힌두 중간 계급 내에서의 가족의 억압에 관한 근대적 아카이브를 형성한다. 그 두 가지 기억이란 정의로운 공적 삶에 관심을 갖고 고통과 사회적 가해 행위를 실증하는 시민-역사가에게서 나온 사회적-공적 기억, 그리고 친족 관계의 특정한 위치 안에서 접합된 가족적 기억이다.[67] 칼리아니 다타의 에세이 자체가 전형적으로 이를 보여준다. 왜냐하면 그녀는 친족 관계의 특정한 네트워크 안에 있는 구성원만이 때때로 접근할 수 있었던 기억들을 출판하고 있기—따라서 공적 기억으로 만들고 있기—때문이다.

유럽적-부르주아적 근대성의 표준적 서사들에서 이 두 종류의 기억들—가족적 기억과 공적 기억—은 결국엔 서로 하나가 되었다. 첫째, 근대의 낭만적 사랑에 기초한 가족들은 확대 가족 구조를 프로이트의 오이디푸스적 삼각형 가족 구조로 바꿔 버렸다. 그리고 여러 권리를 보유하면서 단일하게 표현된 부르주아 주체는 사적 자아와 공적 자아로 분리되었다. 공적 삶에 관한 법과 병행할 수 없는 것들은 결국엔 사적 억압 구조 안으로 들어왔다. 그래서 억압과 섹슈얼리티의 역사는 공적 삶의 주체의

66) Prasannamayi Devi, *Purba katha*, ed. Nirmalya Acharya, Calcutta: Subarnarekha, 1982(first pub. 1917), pp. 80~81.

67) Paul Cornerton, *How Societies Remember*, Cambridge: Cambridge University Press, 1989, pp. 38~39에서는 모리스 알박스(Maurice Halbwachs)의 저서에 근거하여 사회적 기억과 가족적 기억의 접합이라는 이 문제를 논의하고 있다.

사적인 역사가 되었다. 푸코의 『성의 역사』가 보여 주듯이, 그 같은 억압 가설과 그 억압이 낳은 발화 충동은 근대적 주체의 탄생과 부르주아의 내면성의 실증에 중요했다.[68] 벵골의 경우, 이 두 기억—시민-주체의 사회적-공적 기억과 친족 관계 주체의 가족적-사적 기억—의 수신자들이 서로 하나가 되거나 이어지는 일은 여전히 드물었다. 벵골의 근대적 주체라고 부를 수 있을 그 집단적 주체는 아마도, 수많은 다양한 주체 위상이 교차하고 심지어 주체성의 비부르주아적·비개인주의적 실천들이 교차하는 중계 네트워크와 같은 것 위에 있는 유동점流動點으로 개념화될 수 있을 것이다. 칼리아니 다타의 텍스트는 다중적多重的이고 이질적인 목소리들로 웅성거리는데, 그녀는 정의의 추구라는 일반적인 자세를 취함으로써만 그 목소리들을 수집할 수 있다. 벵골 근대성의 담론적·집단적 주체는 다중적이고 통약 불가능한 실천들로부터 형성되었고, 그 실천들 중 일부는 근대적인 정치 사상의 표준들에 비추어 볼 때 명백히 비근대적인 것들이었다.

먼저, 카루나(동정심)의 라사를 받아들일 뿐 아니라 헤아려 줄 수 있는 (규범적 시민이 아닌) 예외적 주체에게 고통스런 울음을 전했던 주체의 목소리가 존재했다. 그 울음소리를 듣는 사람이 누구든, 그에게는 누군가처럼—람모훈 로이처럼, 비디아사가르처럼, 예수처럼, 차이타니아Chaitanya처럼, 부처처럼—흐리다이를 지닌 사람이라는 위상이 요구된다. 예컨대 어느 벵골 과부의 다음과 같은 진술을 생각해 보자. “아버지와 어머니와 남편과 아들을 잃은 한 여자에겐 세상에 남겨진 사람이라곤 아무

68) Michel Foucault, *History of Sexuality Vol. 1: An Introduction*, trans. Robert Hurley, New York: Vintage, 1980, Pt. 2, Chap. 1[『성의 역사 1권: 지식의 의지』, 이규현 옮김, 나남, 2010].

도 없다. 오직 집안의 다른 이들이 동정적인 성품일 경우에만 과부의 삶은 행복할 수 있다. 그렇지 않다면 지옥에 던져진 것과 같다."[69] 앞의 진술에서 조건절—'오직 ~일 경우에만'—을 보면, 이 화자에겐 동정심이 통상적 상태의 삶의 일부가 아니었던 게 분명해진다. 그것이 있게 될지는 예측할 수 없었다. 말하고 있는 사람이 과부인 것은 사실이지만, 그녀가 법의 약속과 보호를 얻으려는 시민-주체로 말하는 것은 아니다.

다음으로, 힘과 도움을 얻기 위해서 신들에게 직접 말하는 목소리가 존재한다. 1965년 어느 날 칼리아니 다타에게 말하는 기아나다순다리Gyanadasundari의 목소리를 들어보자. 사실 남편을 한 번도 본 적이 없이 어렸을 때 과부가 된 그녀는 시댁 인척에게 보내져 남은 인생을 과부로 살아야 했다. 아래의 글에서 그녀는 상실의 경험을 이야기하는데, 상실감에 빠진 그녀를 도와 살아남게 하는 데 결정적 역할을 하는 것이 힌두 여신 칼리Kali다.

> 나는 이 대가족[을 위해 음식을 만들려고—인용자] 아침에 목욕을 하고 난 즉시 부엌으로 들어갔다[그녀는 날마다 반복되는 일들에 관한 이야기를 말했다—인용자]. 음식 준비를 끝냈을 때는 늦은 오후였을 것이다. 조리된 음식으로 가득 찬 방—쌀과 카레 냄새가 얼마나 나를 배고프게 만들었는지 말로 표현할 수 없다. 때론 그것들을 내 입에 넣고 싶은 충동을 느꼈다. 그러나 [죽은—인용자] 내 남편의 고모가 [죽은—인용자] 어느 사람의 부인에 관해 이렇게 이야기해 줬다. 이 여자는 부엌에서 몰래 음식을 먹었다는 이유로 무작정 두들겨 맞고 쓰러졌다. 이런 종류의 이야기는 배고

69) Datta, "Baidhabya kahini", *Ekshan*, No. 10, p. 43. 강조는 추가.

픔을 참는 데 도움을 주었다. 매일 나는 칼리[여신—인용자]에게 기도했다. 여신이시여, 제 탐욕을 떨쳐 주소서. 내가 평소의 식욕을 점점 더 버리게 된 것은 아마도 여신의 은총 덕분이었을 것이다.[70]

여기에서 인간 주체의 본성은 무엇인가? 우리는 기아나다순다리 데비에게서 어떤 방식으로 우리 자신을 인지하는가? 이 텍스트는 칼리아니 다타의——뿐만 아니라 독자의——위상을 어떻게 설정하는가? 그 방식은 여럿인 것으로 보인다. 다타(또는 독자)는 결국 사회가 개입해야 한다는 관점에서 고통의 주체를 실증하는 위치에 있었을 수도 있다. 그녀가 의도한 위상은 역사화하고자 하는 근대적·세속적 인간 존재의 위상이었을 수도 있다. 그녀는 정말로, 세속적 주체가 종교에 접근할 때 지니는 관용의 정신을 발휘하면서, 여신에게 종교적으로 의탁하는 소리를 들었을 수도 있다. "그것은 억압당한 사람의 탄식이요, 영혼 없는 세계의 영혼이다"라는 식으로 말이다.[71] 그러나 또한 기아나다순다리의 목소리는 우리를 또 하나의 인간 옆에, 다시 말해 인간적이라 함은 먼저 신들의 실재를 증명할 필요 없이 신들에게 말을 건넬 수 있음을 의미한다는 것을 암묵적으로 알고 있는 것처럼 행동하는 그녀 혹은 그의 옆에 나란히 위치시키고 있지 않은가?[72] 이러한 위상 짓기는 사회과학의 논리를 넘어서게 한다.

확대 가족이라는 환경 안에서의 과부들에 대한 잔혹함은 그것의 행위자들과 그것의 희생자들, 이 둘의 위상과 목소리를 끊임없이 번식시켰

---

70) *Ibid.*, pp. 50~51.

71) 이 낯익은 단어들은 맑스의 말을 바꿔서 쓴 것이다.

72) Ramchandra Gandhi, *The Availability of Religious Ideas*, London: Macmillan, 1976, p. 9를 볼 것.

고, 간혹 그 둘의 구분을 희미하게 만들었다. 칼리아니 다타는 예닐곱 살 먹은 여자 아이가 남편을 잃었을 때 그 아이의 어머니가 취했던 희생자적 태도와 가해자적 태도 모두에 관한 이야기를 전한다. 어머니가 책임져야 할 의무는 자신이 어떤 처지로 변했는지조차 모르는 그 소녀로 하여금 자기 체념적인 과부살이의 내훈을 모두 준수하게 만드는 것이었다. 사건은 생선과 관련하여 벌어진다. 과부에겐 생선이 허락되지 않았지만, 벵골 강변 지방의 요리법으로 만든 생선은 진미의 하나로 여겨졌다. 칼리아니 다타가 말하는 이야기는 이런 것이다.

> [그 어린 소녀의—인용자] 어머니는 딸에게 과부가 먹는 음식을 차려 주곤 했다. 그 방의 다른 쪽에 앉아 있던 집안 소년들에겐 생선을 가져다주었다. 소년들은 어느 날 소녀에게 말했다. "왜 생선은 하나도 안 먹지?" 어머니는 볶은 콩을 가리키면서 소녀에게 말했다 "이게 네 생선이야." 장난기 있는 소년들은 생선뼈를 핥고는 소녀에게 물었다. "네 생선에 뼈가 없는 건 어찌 된 거냐?" 소녀는 어머니에게 물었다. "엄마, 왜 내 생선엔 뼈가 없어요?"……어머니는 나중에 늘 바구니에서 대나무를 얇게 잘라 내 콩알에 붙였고, 소녀는 소년들에게 자랑스레 그 콩알들을 보여 주었다.…… 오랜 시간이 지난 후에야 소녀는 그것이 가짜임을 알게 되었다.[73]

자신의 아이를 속이는 잔혹함을 실행했던 그 어머니는—우리 생각으로는—아이 못지않게 고통을 당했다. 이 이야기를—풍속의 잔혹함과 무정한 소년들의 잔혹함, 이 둘에 직면하여—어린 딸의 품위를 지켜

73) Datta, "Baidhabya kahini", *Ekshan*, No. 10, p. 53.

주고 싶었던 애정 깊은 어느 어머니의 현명함에 대한 찬사로 읽을 수도 있다. 우리가 어떻게 읽든지, 이 일화에서 (반드시 그 어머니의 아들일 필요는 없는) 소년들과 어머니와 어린 과부의 행동이 단일한 희생자라는 형상 안에 봉쇄될 수 없는 역동적 관계망을 만들어 낸다는 점은 분명하다.[74]

사실 친척에게 당했던 잔혹함에 대한—19세기와 20세기의—과부 자신들의 비판 중에서 가장 흥미로운 한 가지 측면은 확대 가족이라는 이상적 주체에게 호소한 일이었다. 오빠는 과부 여동생에게, 시아주버니는 과부 계수에게 어떻게 행동해야 했을까? 아니면 조카는 과부 숙모에게 어떻게 행동해야 했을까? 활자화된 과부의 불만들에 대한 독해는 종종 벵골의 이상적인 가족에 걸맞은 정서에 관한 대대적인 논쟁의 일부를 구성했다. 물론 그 이상적인 가족이 핵가족으로 여겨지는 경우는 드물었다. 이 점에서 눈에 띄는 것이 칼리아니 다타의 숙모인 인두마티Indumati의 사례이다. 자민다르zamindar(지주) 집안의 젊은 과부였던 인두마티(1872년 무렵에 출생)는 매달 죽은 남편의 상속 토지에서 수입을 얻으면서 성지인 바나라스시—불행한 수많은 과부의 전통적 도피처—에서 살기로 결심했다. 그녀의 한 달 수입은 250루피에서 10루피로 줄었고, 그래서 그녀는 거지 신세로 전락했다. 칼리아니 다타가 바나라스에서 인두마티를 마지막으로 본 게 1955년이었다(그리고 우리는 그녀의 목소리를 1991년에 책에서 듣는다). 그녀는 당시에 저 막다른 가난 속으로 몰려 있었고 어느 구호 시설에서 살고 있었다. 다타는 "나는 그녀를 알아보지 못했다"고 말한다.

---

74) 이와 유사한 설명을 위해서는 *Ibid*., pp. 49~50도 볼 것. 또한 Nistarini Devi, *Shekele katha*(1913), Nareshchandra Jana et al. eds., *Atmakatha*, Vol. 2, Calcutta: Ananya Prakashan, 1982, pp. 33, 35도 볼 것.

영지領地의 50퍼센트를 차지하고 있던 한 자민다르(지주) 집안의 부인이었던 내 숙모는 창이 없는 어두운 방에 벌거벗은 채 앉아서 중얼거리는 목소리로 신을 저주하고 있었다. 숙모는 잘 알아보지 못했다. 나는 난감해서 내 이름과 아버지 이름을 외쳐 대기 시작했다. 숙모는 그제야 나를 알아보고 이내 울기 시작했다.…… 잠시 후, 숙모는 내가 얼마 동안 카시Kashi[바나라스—인용자]에 있었는지 물었다. 내가 20일 동안 있었고 떠나기 바로 전날 자기를 보러 온 것을 알게 되었을 때, 숙모는 다시 눈물을 흘렸다. 숙모는 "그래, 나 여기 있다. [지금—인용자] 얼마간 눈물이라도 흘릴 수 있고 며칠간 너와 함께 편안하게 보낼 수 있겠거니 하고 바랐지. 헌데 너는 내게 가식적으로[마지못해—인용자] 친척이라는 느낌을 줄 뿐이구나. 꼴도 보기 싫다." 그렇게 말하면서 숙모는 내게서 등을 돌렸다.[75)]

이 글 전체는 타고르를 비롯한 근대 작가들에게 아주 가치 있는 범주이며, 벵골인들이 아트미야타atmiyata(친족 관계kinship; 누군가에 속한 사람이라는 속성)라 부르는 것에 관한 근대적 논쟁거리가 된다고 말할 수 있다.[76)] 칼리아니 다타가 말하는 이야기에서 근대적이면서 친족을 중시하는 주체를 절대화하는, 다름 아닌 친족의 의무감을 이해관계나 피상적인 사회적 형식보다 더 중시함으로써 그 같은 주체를 절대화하는 주체-목소리의 출현에 주목해 보자. 인두마티/칼리아니 다타——빗금을 그은 것은 두 사람의 목소리가 여기에서는 사실상 구별되지 않기 때문이다——가 친족 정

75) Datta, "Baidhabya kahini", *Ekshan*, No. 10, p. 48.

76) Ronald B. Inden & Ralph W. Nicholas, *Kinship in Bengali Culture*, Chicago: University of Chicago Press, 1977, pp. 3~34에서의 논의를 볼 것.

서를 가짜로 드러내는 것과 '진짜로' 드러내는 것, 이 둘을 구별하고 있음은 분명하다. 그러나 그들에게 그 같은 정서는 그 정서를 드러내는 개인의 인격의 표현일 필요는 없다. 왜냐하면 그 정서는, 친족들 개개인의 인격의 차이와는 상관없이, 집단으로서의 친족 구성원의 정서여야 하기 때문이다. 게다가 다른 이의 애정을 요구하는 언어도 엄밀히 말해 전형적으로 개인주의를 표현하는 문맥에서는 불가능한 방식으로 표출된다. 그 문맥에서는 해당 개인에게 느껴지는 것이 없으면, 설령 그 느낌이 표현된다 해도 진정성이 없거나 가식적인 것으로 여겨진다. 이 교감의 주체는 근대적이지만, 내가 말했듯이 그 주체는 전형적인 삼각형 핵가족의 가족 로망스에 기입된 유럽의 부르주아적 개인과는 다르다.[77] 내가 이 이상적인 친족 주체가 어김없이 근대적 구축물이었다고 주장하고 있는 것은 아니다. 이를테면 법적 개입이 가능한 영역과 권리를 보유한 개인이라는 관념 등과 함께, 공적 영역의 도래가 근대적인 확대 가족 주체를 위한 공적 삶의 공간을 열어 젖힌 그 방식이 근대적이라는 것이다.

따라서 억압을 증언하고 실증하려는 의지를 드러내고 있는 벵골 근대성의 주체는 본래부터 다중적 주체이다. 유럽의 근대성 주체의 자기 이해에서 기원하는 세속적 분석 방법을 갖고 그 다중적 주체의 역사에 접근할 때, 그 역사는 저항과 통제 불가능성의 중요한 지점들을 생산하게 된다. 따라서 우리는 필자筆者인 칼리아니 다타를 두 가지 다른 방식으로 읽

77) 이와 동일한 논점을 보여 주는 것이 벵골 개혁가 케슈브 센(Keshub Sen)의 어머니 사라다 순다리 데비(1819~1907)의 자서전이다. 데비는 남편이 죽은 후 인척들의 수중에서 고통을 당했을 때조차, 재산에 대한 관심보다는 죽은 남편의 조상들에게 충성을 바치는 일에 관심이 있었다. Saradasundari Devi, *Atmakatha*(1913), reprinted in Jana et al. eds., *Atmakatha*, Vol. 1, Calcutta: Ananya Prakashan, 1981, pp. 14, 26.

을 수 있다. 자신의 에세이를 쓸 때 그녀는 필자로서 그리고 한 인간으로서 가족 영역의 민주주의와 사회 정의를 위해 투쟁하는 시민-주체로 행동할 수 있다. 이와 마찬가지로, 그녀의 에세이를 '벵골의 중간 계급 여성' 혹은 '벵골의 바드라마힐라bhadramahila(체통 있는 계급의 여성들은 이렇게 불렸다)'같이 더 규모가 큰 집단적 실재의 전기/역사에 포함되는 하나의 장章으로 읽을 수 있다. 그러나 또한 그녀의 에세이와 그 외의 글이 실증하고 있는 것은 우리에게 시민답게 되는 것과 인간답게 되는 것의 다른 방법들을 알려 주는 자아의 실천들이다. 이는 고통을 목격하려는 단호한 의지에 따른 것이며 그 의지는 사회 정의를 근대적으로 실행하겠다는 것을 표시한다. 이 자아의 실천들은, 우리가 유럽의 지적 전통에 빚지고 있는 정치철학의 정치와 언어로 그것들을 번역할 때마다, 항상 지적으로 다루기 힘든 초과excess를 남겨 놓는다. 벵골 근대성의 기원이 되는 바로 그 식민적 곤경은, 이 근대성의 탄생에 대한 역사적 설명이 근대적 주체에 대한 유럽의 서사들의 어떤 측면을 재생산하지 않고서는—왜냐하면 그것은 유럽 근대성의 현존 안에서 탄생했기 때문에—이루어질 수 없으리라는 점을 확실하게 말해 준다. 식민주의는 정신의 면에서 모종의 유럽—자유주의의 유럽 또는 맑스주의의 유럽—이 이러한 선례가 되는 것을 보증했다. 오늘날 식민적 근대성을 연구하는 역사가가 할 수 있는 것은—그(녀)가 (유럽의) 역사화 기술을 배웠기에—최근에 미셸 푸코가 우리를 위해 재생시켜 준 니체적 사유의 원동력을 동원하여 '탄생'이라는 단어를 다시 활성화하는 일이다.[78] 탄생을 뚜렷한 발생점으로 보는 게 아니라 계보학으로 보는 것, 인간의 유래를 곧장 신에서 찾으려는 모든 시도에 항상 걸림돌이 되는 저 유인원類人猿의 타자성을—니체가 말했듯이—가시화하는 것은 삶의 실천들의, 즉 생활 세계들의 다양성과 아직도 계몽 사상의 글로벌한 유산으로 남아 있는 정치철학을 보편화하기, 이 둘의 관계라는 문제를 드러낸다.[79] 칼리아니 다타의 에세이 「바이다비아 카히니」를 당시 벵골에서 시민-주체의 탄생에 관한 아카이브에 해당하는 것으로 볼 수 있을 것이다. 그 탄생의 장소는, 가족적 기억의 틈새 안에 숨겨져 있던 과부들에 대한 억압의 이야기들이 공적 영역에서의 토론과 전파를 위해 재발견된 장소이다. 그러나 지금껏 검토한 바와 같이, 이 단일 주체는 해체되어 다중적인 인간 존재 방식 안에 들어가게 된다. 따라서 이러한 계기를 어떤 식으로든 전근대 단계에서 근대성 단계로의 이행에 관한 간결한 서사로 축소시키는 것은 불가능하다.

---

78) Michel Foucault, "Nietzsche, Genealogy, History", *Language, Counter-Memory, Practice: Selected Essays and Interviews*, ed. Donald F. Bouchard, trans. Donald F. Bouchard & Sherry Simon, Ithaca: Cornell University Press, 1977, pp. 139~184.

79) *Ibid.*, p. 143에서 재인용한 니체의 말.

6장

민족과 상상태

이 장은 세 개의 동심원同心圓을 들락거린다. 가장 안쪽의 원은 20세기 초반 벵골에서의 어떤 문학 논쟁에 관한 이야기를 전한다. 이 논쟁은 산문과 시의 구별, 그리고 산문과 시에서의 현실적인 것the real의 지위에 관한 것으로서, 주로 라빈드라나트 타고르의 저작들에 집중되었던 논쟁이다. 이 논쟁들 안에서—여기가 두번째 원이다—나는 '상상태'imagination라는 단어의 글로벌한 역사를 읽었다. 베네딕트 앤더슨의 저서 『상상의 공동체: 민족주의의 기원과 전파에 대한 성찰』은 '상상태'라는 범주가 민족주의 분석에 얼마나 중요한지를 일깨워 주었다.[1] 그런데 공동체라는 관념에 비해 상상태라는 범주는 민족주의에 대한 사회과학적 저술들에서 이상하리만치 여전히 논의되고 있지 않다. 앤더슨은 상상태라는 단어가 '허위'false를 의미하는 것으로 받아들여져선 안 된다고 경고한다.[2] 하지만 더 큰 문제

---

1) Benedict Anderson, *Imagined Communities: Reflections on the Origin and Spread of Nationalism*, London: Verso, 1983.

2) *Ibid.*, p. 15.

는 그것의 의미를 자명한 것으로 여긴다는 점이다. 이 장의 목적은 그 단어에 대한 더 심도 있는 탐구를 시작하여 보는 것seeing의 이질적 실천들을 가시화하는 것이다. 우리는 흔히 보는 것을 유럽적 단어의 하나인 이 '상상태'의 영역에 속하는 것으로 간주하고 있다. 이 장에서 내가 세번째이자 마지막으로 취하게 될 조치는 상상태 관념에 대한 이러한 비판에 기초하여 비전체적nontotalizing 개념으로서의 정치적인 것the political에 관한 주장을 구축하는 것이다. 나는 '상상태'란 단어 안에 이질성이 들어가기 위해선 정치적인 것이 단일한 분야로 구성되지 않을 수 있어야 한다고 제안한다. 이제 어느 문학 논쟁에 관한 이야기부터 시작해 보자.

보는 것의 방법들로서의 민족주의

사진술과 같은 현실주의realism나 고집스런 자연주의naturalism는 근대 민족주의들이 창조하는 비전의 모든 요구에 결코 답을 줄 수 없다. 이 점은 쉽게 알 수 있다. 왜냐하면 민족주의적 관점에서 볼 때 문제는 이런 것이기 때문이다. 만일 민족이, 인민이, 또는 나라가 단지 관찰과 묘사와 비판의 대상만이 아니라 사랑의 대상이기도 하다면, 우리가 그것들에게서 이미 사랑받을 만한 어떤 점을 볼 수 없을 경우에 그것들이 정말로 사랑할 만한 것인지를 무엇이 보증할 것인가? 만일 현실적인 것, 자연적인 것, 역사적으로 정확한 것이 헌신이나 숭배의 감정을 불러일으키지 않는다면 어쩔 것인가? 객관주의적이고 현실주의적인 시선은 그저 비동일시非同一視에 이를 것이다. 그렇다면 민족주의는 현실주의적이거나 사실적인 것을 곧바로 정치적인 것과 동일시하는 입장이 시사하는 것보다 더 복잡한 방식으로 비전과 상상태의 문제를 제기한다고 말할 수 있다.

일찍이 라빈드라나트 타고르는 1911년 캘커타에서 열린 성녀聖女 니베디타Sister Nivedita의 추모회에서 연설하면서 민족을 어떻게 볼 것인가라는 이 문제를 예리하게 제기한 적이 있다. 성녀 니베디타는 아일랜드 민족주의자로서, 본명은 마거릿 노블Margaret Noble이었다. 그녀는 19세기 인도의 성자 스와미 비베카난다Swami Vivekananda의 제자가 되기 위해 인도에 왔고, 생애를 바쳐 식민지 인도인에게 봉사했다. 타고르는, 그녀는 객관적으로 현실적이었던 바로 그것의 "장막을 꿰뚫고 볼 수"pierce the veil 있었기 때문에 인도인을 사랑할 수 있었다고 하면서 이렇게 말했다. "우리는 인도에 대한 애착심을 갖고 인도에 온 유럽인의 이야기를 듣고 있다. 그들은 인도의 경전에, 인도의 몇몇 성자의 인품이나 말씀에 매료되어 있었다……그러나 그들은 빈손으로 돌아갔고, 그들의 애착심은 시간이 지날수록 희미해져 결국은 폐기 처분되었다. 그들은 경전에서 읽었거나 성자의 인품에서 알게 된 것을 보고자 했으나, 이 나라 전체의 빈곤과 불완전함이라는 장막을 꿰뚫고 볼 수는 없었다."[3)]

타고르는 인도에서 본 것에 혐오감을 느낀 유럽인들이 단지 인도라는 나라나 인도인을 잘못 읽었다고 주장하는 게 아니었다. 현실적으로 볼 때 인도는 정말이지 실망스러울 수 있었고, 따라서 유럽인들의 그런 반응은 꽤 타당했다. 타고르는 계속해서 이렇게 말했다. "우리는 우리의 매너와 대화와 일상의 관습이 유럽인에게 그토록 견디기 어려울 만큼 불쾌한 것인지에 관해 이해할 수 없고, 따라서 우리는 우리에 대한 그들의 무례가

---

3) Rabindranath Tagore, "Bhagini nibedita", *Rabindrarachanabali*, Vol. 13, Calcutta: Government of West Bengal, 1962, p. 198. 달리 언급하지 않으면 이 책에서 인용되는 모든 것의 전거는 타고르 탄생 100주년을 기념하여 1962년에 발간된 이 판본이 될 것이다.

완전히 부당하다고 생각한다." 그의 논점은 현실주의적 관찰만으로는 인도를 사랑할 만하다고 느낄 수 없으리라는 것이었다. 타고르는 인도에 애정을 갖기 위해선 현실주의를 넘어서야 하며, 현실적인 것의 장막을 꿰뚫고 볼 수 있어야 한다고 주장한 것이다. 타고르는 니베디타가 인도를 진정으로 사랑하기 위해 극복했던 것은 바로 이러한 장벽, 즉 객관적인 것 혹은 현실적인 것의 장벽이었다고 생각했다. "우리는 성녀 니베디타가 캘커타 내의 한 벵골인 주거지의 작은 골목길 안에 있는 어두침침한 어느 벵골인 집에서 보냈던 수많은 나날의 매 순간을, 거기에 담겨 있는 저 고통의 숨겨진 역사를 잊지 말아야 한다.…… 그녀가 우리의 타성, 나태, 불결함, 실수, 만연한 게으름 등 발길을 옮길 때마다 우리 본성의 어두운 면을 보여 주는 그것들에 모질게 어려움을 겪었으리라는 것은 분명하다." 그러나 니베디타를 "이런 것이 좌절시킬 수는 없었다". 그녀는 현실적인 것 너머를 볼 수 있었기에, 현실주의적인 응시를 멈추게 한 빈곤과 불완전함의 그 장막을 꿰뚫고 볼 수 있었다.[4)]

현실적인 것의 장막을 꿰뚫고 본다는 것, 혹은 그것 너머를 본다는 것은 무엇을 의미했는가? 우리가 살펴보겠지만, 유럽 낭만주의를 힌두 형이상학과 혼합시킨 타고르는 때때로 그 같은 시선을 일상의 '장막' 너머에 있는 영원한 것을 보는 문제로 설명했다. 타고르는 종교적인 말투로 힌두 여신 사티Sati가[5)] 그녀의 남편 시바Shiva에게 바친 헌신을 언급하면서, 니베디타가 보여 준 인도 사랑에 관해 이렇게 말했다. "인도의 좋은 점[사실 타고르는 더 울림이 있는 망갈mangal이란 단어를 사용하고 있는데, 그 단어는 또

4) *Ibid.*, p. 198.
5) 시바 신의 첫번째 부인. — 옮긴이

한 상서로움이라는 뜻을 함축하고 있다—인용자]에 대한 그녀의 애정은 진정한 것이었지 무언가에 홀린 것은 아니었다. 사티 여신과 같은 그녀는 모든 남성 안에 있는 시바에게 온전히 헌신했다."[6] 덧붙여 우리는 또한, 타고르가 "영원한 것"이라는 말을 사용함으로써 이미 민족주의적 비전의 문제틀을 넘어서는 명제를 제시했음을 지적해야 할 것이다. 왜냐하면 아일랜드 여성인 니베디타의 인도 사랑이나 인도인 사랑은 단순한 의미에서도 '민족주의적'이라고 불릴 수 없는 것임이 확실하기 때문이다.[7]

산문, 시 그리고 현실성의 문제

민족을 보는 것의 이러한 두 가지 상이하고 모순적인 방식들, 즉 개혁과 개량을 위해 민족의 결점을 찾아내려는 비판적인 눈과 민족을 이미 아름답고 숭고한 것으로 간주하는 흠모의 눈, 이 두 개의 눈으로 보는 방식들의 필요성을 어떻게 조화시킬 것인가? 타고르는 막 문인으로 활동하기 시작한 시절에 이 문제를 다룰 때 '낭만주의적' 전략을 펼쳤다. 그가 처음의 해결책—내가 '처음'이라고 말한 이유는 타고르가 나중에 그 해결책을 불안하게 만들었기 때문이다—으로 창안한 것은 산문과 시, 혹은 더 정확하게 말하면 산문적인 것과 시적인 것 사이의 분업이었다. 이 전략은 그가 1890년부터 대략 1910년까지의 시기에 민족주의적 입장에서 쓴 글에서 예증된다. 그때 그는 예컨대 전형적인 '벵골' 촌락에 관한 완전히 모순적인 두 이미지를 창안하는 데 힘을 보탰다.

---

6) Tagore, "Bhagini nibedita", *Rabindrarachanabali*, Vol. 13, p. 198.
7) 이 논점에 관해선 조너선 미(Jonathan Mee)에게 빚지고 있다.

그 한편에는 산문 작품들, 특히 벵골 농촌 생활에 관한 짧은 이야기들이 있었다. 그 단편들은 『갈파구차』[8)]라는 선집에 들어 있는데, 거기에서는 사회에 대한 신랄한 비판과 개혁에 대한 명백한 정치적 의지가 역연히 드러났다. 벵골 문예 비평가들은 종종 어떤 이유로 『갈파구차』에 "혼인 지참금의 해악, 남편의 아내 지배, 여성 억압, 유력 가문끼리의 이기적인 통혼…… 형제 간의 재산 다툼[에 관한 이야기들—인용자]이 포함되었는지" 주목해 왔다. 또한 비평가들은 이 선집에서 재현된 인물과 계급의 다양성에 주목한다. "딸자식을 결혼시켜야 할 책임(데나파오나Denapaona)을 진 아버지 람순다르Ramsundar, 종교심이 가득한 람카나이Ramkanai; Ramkanaier nirbudhhita …… 수줍어하는 작가 타라프라산나Taraprasanna; Taraprasannar kirti …… 충성스런 하인 라이차란Raicharan; Khokababur protyaborton ……"[9)] 등이 그런 인물이다.

타고르 본인은 이 이야기들의 현실주의를 꽤 자랑스러워했다. 그는 노년에 "사람들은 내가 부잣집 출신이니까…… 촌락에 대해 뭘 알겠느냐고 말한다"고 불평했다.[10)] 그의 대답은 1940/1941년에 쓴 에세이에 분명하게 언급되어 있었다.

> 이쯤에서 마지막으로 한마디 하겠다. 내 글에서 중간 계급moddhobitto[중산 계급—인용자]의 흔적을 발견하지 못하겠다고 불평하는 사람들에게

8) 갈파는 '이야기', 구차는 '묶음'이라는 뜻이다. 이 책은 1941년에 출간되었다.—옮긴이
9) Robin Pal, *Kolloler kolahol o onnanno probondho*, Calcutta, 1980, pp. 9, 13. 또한 Ujjval Majumdar, "Gapaguchher nari: abarodh theke mukti", *Rabindrashanga*, Calcutta: Sahitya Samidha, 1977, pp. 10~14도 볼 것.
10) Tagore, *Galpaguchha*, Calcutta: Visva Bharati, 1973, p. 1004.

설명을 할 때가 되었다.……나는 시골 생활에 관한 이야기를 매달 연재 한 적이 있다. 벵골 문단에서 그 같은 글이 연재된 적은 이전엔 결코 없었다고 믿는다. 당시 중산 계급 출신의 작가들이 없었던 것은 아니지만 [그러나—인용자] 그들은 거의 모두 프라탑싱하Pratapsingha나 프라타파디티아Pratapaditya 같은 [낭만주의적이고 역사적인—인용자] 인물들을 관찰하는 데 몰두했다. 나는 어느 날엔가 『갈파구차』가 한 '부르주아' 작가의 글 모음이었다는 이유로 불가촉 '비-문학'이 될까 두렵다. 이미 [내가 알고 있듯이—인용자] 내 글들이 계급적 성격으로 평가될 때 그 글들은——마치 있지도 않은 것처럼——언급조차 되지 않는다.[11)]

사실 타고르는 촌락 생활을 현실주의적으로 비평하기도 했고, 또 벵골 촌락에 대한 현실주의적이고 부정적인 고정관념이 형성되는 데도 상당히 기여한 바 있다. 그는 생애 후반기인 1920년대와 1930년대에, 산티니케탄Santiniketan시에 있는 자신이 세운 학교 인근에서 펼쳐진 농촌 재건 작업에 참여했을 때, 촌락 생활에 관한 자신의 현실주의적 지식을 몇 차례 언급했다. "나는 오랫동안 촌락에서 살았기에 그저 입에 발린 말을 하고 싶진 않다. 내가 촌락에 대해 갖고 있는 이미지는 극히 추한 것이다. 사람들 간의 질투·경쟁·사기·협잡이 가지가지로 펼쳐진다.……나는 그곳에 부패의 뿌리가 얼마나 깊게 박혀 있는지를 내 눈으로 보았다."[12)] 혹은 그보다 나중의 에세이(1938년 무렵)에는 다음과 같은 또 다른 비판적 문구가 있다. "내겐…… [벵골 동부의 지주로서—인용자] 벵골 촌락을 더 자

---

11) Tagore, "Sahityabichar", *Rabindrarachanabali*, Vol. 14, pp. 531~532.
12) Tagore, "Grambashider proti"(1930), in *Palliprakriti*, in *Ibid.*, Vol. 13, p. 524.

세히 알 수 있는…… 기회가 있었다. 나는…… 촌락민들의 집에 마실 물이 거의 없는 것을…… 보았다. 그리고 그들의 몸에서 그들이 병에 걸려 있고 음식을 제대로 먹지 못하고 있다는 증좌를…… 찾아냈다. 나는 그들이 어떤 식으로 여전히 억압받고 있고 늘 속고 있는지, 무지와 타성으로 그들의 마음이 얼마나 고통스러운지에 관한 증거를 여러 번 얻을 수 있었다."[13]
촌락 생활의 이 부정적 이미지는 20세기에 들어와 사회 참여적인 민족주의 작가들의 현실주의적 산문에 상투적으로 등장했다. 이 장르에서 가장 유명한 작품 중의 하나가 사라트찬드라 차토파디아이가 쓴 소설 『팔리사마지』*Pallisamaj*[14](1916년)였다.[15]

하지만 타고르는 산문적 글쓰기를 통해 사회 문제를 증언함과 동시에 완전히 다른 용도로 시적인 문장(항상 운문 형식은 아니었지만)을 썼고 시가詩歌를 만들었다. 그것들 역시—벵골 촌락으로—총칭되는 범주에 관한 이미지들을 창조했고 전개했다. 그러나 이번에 그것은 타고르가—1880년대 이래—점차 "벵골의 마음"[16]이라고 부르게 되는 것에

---

13) Tagore, "Abhibhasan", *Ibid.*, Vol. 13, p. 532. 촌락에 관한 타고르의 글들에서 함께 드러나는 역사주의와 항수는 예컨대 "Protibhashan"(1926)과 "Pallisheba"(1940), *Ibid.*, pp. 540, 560에서 볼 수 있다.

14) 팔리는 '마을'이나 '촌락'(village), 사마지는 '사회'를 의미한다. — 옮긴이

15) 1927년에 출간된 비부티부샨 반디오파디아이(Bibhutibhushan Bandyopadhyay)의 소설 『파테르 판찰리』(*Pather panchali*)는 뼈저린 가난이나 촌락 생활에서의 사소한 갈등들을 부정하지 않으면서도 다정한 감성의 고향으로서의 촌락의 이미지를 유지할 수 있었다는 점에서 저 두 극단 사이의 중간 지점에 놓여 있었던 게 분명하다. 나의 글 "Remembered Villages: Representation of Hindu-Bengali Memories in the Aftermath of the Partition", *South Asia*, Vol. 18, 1995, special issue on "North India: Partition and Independence", guest ed. D. A. Low, pp. 109~129를 볼 것.

16) *Rabindrarachanabali*, Vol. 13, pp. 663~734에 실린 "Loka-sahitya"에 관한 타고르의 에세이들을 볼 것.

해당하는 그런 정서들로 흘러넘치는, 목가적이고 전원적인 아름다운 땅이 되었다. 아래의 시가는 그가 1905년에 쓴 저 유명한 「황금의 땅 벵골」Golden Bengal인데, 이 시가는 후일 방글라데시의 국가로 채택되었다.

황금의 땅 벵골이여, 나는 당신을 사랑합니다.
당신의 하늘엔, 언제나 내 마음의 피리를 통해 산들바람이 불고
오, 어머니, 당신에게서 나오는 봄의 망고 숲 향기는
　　나를 들뜨게 합니다.
아—
오, 어머니, 나는 달콤한 미소를 보았습니다.
　　당신의 늦가을 들판에서.[17)]

아니면 타고르가 지주로서 벵골 동부를 돌아보고 있을 때인 1895년 무렵에 쓴 그 유명한 「두이 비가 자미」Dui bigha jami[18)]라는 시도 있다. 그 시의 주인공 우펜Upen은 탐욕스럽고 집요한 지주에게 자기 땅을 빼앗기고 쫓겨난 촌락민이다. 우펜은 슬픔과 비통함 속에서 언젠가 다시 돌아오게 될 촌락을 떠나는데, 그는 멀리서 촌락을 바라보며 황홀한 상태에서 시구를 읊조린다. 이 시구들은 나중에 벵골 초등학교 교과서에 실리게 되었다.

---

17) 이 시는 클린턴 실리(Clinton Seely)가 번역한 것으로서 그의 저서 *A Poet Apart: A Literary Biography of the Bengali Poet Jibanananda Das(1899~1954)*, Newark: University of Delaware, 1990, p. 15에 실려 있다.
18) 두이는 '2'라는 뜻이고, 비가는 땅의 넓이를 재는 단위로서 1비가는 약 64스퀘어(1스퀘어는 100제곱피트)이다. 자미는 '땅'을 뜻한다—옮긴이

나는 맞이합니다, 벵골, 아름다운 내 어머니 당신을.
갠지스강 둔덕에서 부는 간지러운 바람은 나를 편안케 합니다.
광활한 들판이—하늘의 이마가—당신의 먼지 덮인 발에 입맞춤을 합니다.
낮익은 그림자를 드리우고 어둠 속에 누워 있는
당신의 촌락은 평화의 작은 거처.[19)]

이렇게 산문적인 것과 시적인 것은 타고르의 글쓰기에서 역할 분담을 하게 되었다. 산문적 요소가 말하는 것은 빈곤, 질병, 분파주의, 무지, 카스트주의casteism, '봉건적' 억압 등등이었다. 그리고 시적인 것은 벵골의 가정/촌락을 신의 은총과 아름다움으로 축복받은 장소, 온화한 벵골의 마음 즉 민족주의적 정서를 지닌 황금의 땅 벵골에 적합한 평화로운 가정으로 묘사했다. 전자는 역사주의적이고 객관주의적인 논법에 따른 것이었다. 그것은 세계를 현실적이고 합리적인 것이 되게 하려는, 근대의 낮익은 정치적 욕망을 의미했다. 타고르는 시적인 것은 우리를 역사적 시간 외부로 데려간다고 주장했다. 산문과 시는 벵골 민족주의에서의 보는 것의 두 가지 방식이라는 문제를 함께 제기했고 함께 답했다.

일부 학자는 19세기 벵골의 정치적·사회적인 개혁과 벵골 산문에서의 묘사적인 현실주의의 등장 사이에 연관이 있음을 지적했다. 벵골 소설사에 관한 스리쿠마르 반디오파디아이의 포괄적이고 대가다운

19) Prasanta Pal, *Rabijibani*, Vol. 4, Calcutta: Ananda Publishers, 1989, p. 67. 이 시의 역사적 배경에 관해선 Sachindranath Adhikari, *Shilaidaha o Rabindranath*, Calcutta: Jijnasha, 1974, pp. 317~321을 볼 것.

연구서인 『방글라 샤히티에 우파니아셰르 다라』*Bangla shahitye upanyasher dhara*[20]—1923/1924년 무렵에 한 벵골 잡지에 처음 연재되었다—도 산문 소설의 현실주의와 새롭고 근대적인 민주적 감성 정치의 출현 사이에 상당한 연관이 있음을 밝혔다.[21] "소설의 주요 특징은 완전히 근대적이라는 것"이라고 반디오파디아이는 말했다. 소설은 중세 시대에서 근대성으로의 이행인 것의 신호였다.

> 문학의 모든 다양한 분야 중에서 소설은 민주주의로부터 가장 많은 영향을 받은 분야이다. 민주주의는 소설의 근본이다.…… 중세 시대의 사회적 족쇄로부터의 인간 해방과 개인주의의 출발은 소설의 필수 요소이다. 동시에 소설은 이 개인주의 감각으로 출현한다. 둘째, 하층 계급들의 마음 안에서 자존심이 생겨나 [그들의—인용자] 개인성의 발달을 이끌고, 또 조만간 다른 계급들이 그것을 인정하지 않을 수 없다는 것, 이것 역시 소설의 주요한 구성 요소다.[22]

하지만 나아가 반디오파디아이는 소설의 또 하나의 특징은 자연주의와 현실주의—벵골어 바스타바타bastabata(바스타브는 '현실적'이라는 뜻이다)는 그 둘 모두를 의미한다—에 의탁한다는 점이라고 설명한다. 현실주의는 고대 인도 설화(예컨대 판차탄트라Panchatantra와 같은)의 비자연주

---

20) 샤히티에는 '문학'을, 우파니아셰르는 '소설'을, 다라는 '엮는다'는 뜻이다. 이 제목을 번역하면 '벵골 소설 문학 엮음'이 된다.—옮긴이

21) Srikumar Bandyopadhyay, *Bangasahitye upanyasher dhara*, Calcutta: Modern Book Agency, 1988(first pub. 1939).

22) *Ibid.*, p. 1.

의를 회피할 뿐만 아니라 초자연적인 것과 신적인 것도 회피한다는 것을 의미했다. 고대 설화에서는 동물들이 인간의 목소리로 현명하게 말하고, 그래서 독자에게 그것들의 "진정한 형태/본성"(프라크리토 루프prakrito rup)을 떠올리지 못하게 한다.[23] 따라서 소설의 궁극적 구성 요소는, 반디오파디아이의 판단에 따르면, 합리적 인생관이다. 중세 벵골의 종교 개혁가 차이타니아Chaitanya의 추종자들은 16세기와 17세기에 그의 전기들을 썼는데, 반디오파디아이는 그 전기들에 상당히 현실주의적인 세부 묘사가 있는 것은 사실이라고 인정한다. 그 전기들은 우리에게 역사 감각을 일깨워 주기조차 한다는 것이다. 그러나 그것들은 과도한 경건주의로 훼손되어 있고, "[그것들 안에서—인용자] 헌신의 정서가 쏟아져 나와 신중하고 면밀한 과학적 논의를 휩쓸어 버렸다"고 그는 말한다.[24]

한때 인도의 교육부 장관이었던 후마이운 카비르는 1961년 매디슨에 있는 위스콘신 대학에서 열린 타고르 탄생 100주년 기념 강연에서 반디오파디아이의 논점을 되풀이했다. 카비르는 반디오파디아이에게서 많은 것을 인용하면서 이렇게 말했다. "인도의 사회 생활은 본질적으로 전통적이며 보수적이었다.…… 이러한 사실과 남녀 차별, 이 두 가지 때문에 인도 문학에서는 소설의 출현이 늦어졌다.…… 물론 얼마간 민주적 감정을 담고 있는 자타카Jataka 설화[25]들이 있었지만, 그것들에는 현실주의와 초자연주의가 섞여 있어 소설의 선구로 간주될 순 없다."[26] 반디오파디아이에 호응하여 카비르는 이렇게 덧붙였다. "본질적으로 근대적 예술 형식인 소

23) *Ibid.*, p. 3.
24) *Ibid.*, p. 13.
25) 석가의 전생에 관한 설화, 본생경(本生經). — 옮긴이
26) Humayun Kabir, *The Novel in India*, Calcutta: Firma K. L. Mukhopadhyay, 1968, p. 2.

설은 더 민주적인 정신이 유럽 사회에 퍼질 때까지는 출현할 수 없었다." 소설에 필요한 것은 "민주적 기질", "개인성", "과학적 기질의 발전"이었다.[27] 따라서 새로운 창작 산문—장편 소설과 단편 소설—은 정치적 근대성의 문제들과 직접 연결되는 것으로 여겨졌다. 그것은 현실적인 것의 출현과 결합되었고, 현실주의적이고 객관주의적으로 세계와 대면한다는 것을 의미했다.

1940년대까지 산문과 시의 이러한 구분은 당연시되었다. 근대 벵골어로 산문을 가리키기 위해 사용된 산스크리트어 가디아gadya가 운문과 시를 가리키는 단어 카비아kavya의 한 파생어로 간주된 적이 있었다는 점은 문제가 되지 않은 듯했다.[28] 젊고 유능한 시인 수칸타 바타차리아는 1943년의 기근 상황 속에서 그 둘의 구분을 이용하여 정치적인 시를 썼다. 그는 어느 불멸의 시구에서 "굶주린 왕국에서 세계는 산문적일 뿐이다"라고 선언했다. 짧지만 강렬한 그의 시는 1940년대까지 벵골의 시인들과 작가들이 두드러지게 써먹었던 산문과 시의 구분을 활용하고 있다.

오 위대한 삶이여, 시적 상상kavya은 이젠 더 이상 없다.
데려오라, 험하고 거친 산문gadya을
시의 아름다운 운율은 침묵케 하라.
산문의 모진 망치로 후려쳐라!
시의 부드러운 촉감은 필요 없다—

---

27) Kabir, *The Novel in India*, pp. 3, 4, 5.
28) Hari Ram Mishra, *The Theory of Rasa Chhattarpur*, M. P.: Vindhyachal Prakashan, 1964, p. 10.

시여, 오늘 나는 너를 떠나보낸다.

굶주린 왕국에서 세계는 산문적일 뿐이다—

달이 차면 구운 차파티chapati 같다네.[29)]

이 시에서 산문은 현실성, 굶주림, 정의를 위한 투쟁과 동렬同列이었고, 따라서 역사 창조의 시간, 정치의 시간과 동렬이었다. 반면 시는 현실주의의 부재를, 정치적인 것과 거리를 두고 떨어져 있음을 나타냈다. 물론 이런 구절들을 시로 나타내고 있는 바타차리아의 아이러니를 동시대인들이 놓치지는 않았지만 말이다.[30)]

산문, 시 그리고 캘커타의 근대성

타고르는 20세기로 넘어갈 때 산문 기능과 시 기능의 구분을 구축하고 정교화하는 데 기여했고, 그 구분은 20세기 초에 민족주의의 정치 비전을 전하는 것이었다. 이러한 구분은 마침내 벵골의 문학적 근대주의modernism의 역사에서 활기찬 논쟁을 불러 일으켰다. 내가 '근대주의'라는 단어를 사용하는 것은 마셜 버먼의 용법에 따른 것이다. 그의 용법에 의하면 근대주의는 근대화의 침투력에 종속된 도시의 교양 계급이, 좀 불편하더라도, 근대 도시에서 편안함being at home을 느낄 수 있게 하는 미학적 수단을 가리킨

29) Sukanta Bhattacharya, "He mahajibon", *Chharpatra*, Calcutta: Saraswat Library, 1967 (first pub. 1948). 이 책에 실린 시들은 1943년부터 1947년 사이에 쓰였다.

30) 부다데브 보세(Budhhadev Bose)가 당시의 저널 『카비타』(*Kabita*)에서 수칸타 바타차리아에 대해 논한 것에 관해서는 Minakshi Datta ed., *Budhhadev bosu shampadita kabita*, Vol. 2, Calcutta: Papyrus, 1989, p. 104를 볼 것.

다.[31] 1920년대와 그 이후에 수많은 시인이 타고르의 시는 보들레르가 19세기 파리를 위해서 사용한 수단을 캘커타를 위해서 구사하지 않았다고 불만을 터뜨렸다.[32] 말하자면 타고르의 글에는, 특히 그의 시에는, 현실주의가 결여되어 있다는 것이었다.

이 비난은 타고르가 19세기에 명성을 떨친 이후에도 항상 그를 따라다녔다. 가장 혹독한 형태의 비난은 타고르와 그의 친척들이 부유한 조상들 덕분에 캘커타에서 살고 있는 중간 계급의 일반적인 생존 투쟁에서 벗어나 예술을 추구할 수 있었다는 질시 어린 힐난이었다. 1898년 『사히티아』*Sahitya*라는 잡지에 실린 한 단편 소설은, 재능 있는 타고르 가족을 언급하고 있다는 것을 은근히 드러내면서, 자서전 같은 어조를 흉내 내어 비꼬는 말투로 다음과 같이 말했다. "우리가 중고등학교나 대학교에 강하게 저항할 수 있었던 것은 우리의 위胃를 채우는 일에 관해선 걱정할 필요가 없었기 때문이다. 취미를 가질 때……사람들은 비둘기를 키우기도 하고 낚시를 하기도 하고 승마를 하기도 한다. 이와 마찬가지로, 우리 중 누군가는 화가가 되고 다른 누군가는 시인이 되고 또 다른 누군가는 철학자가 된 것 역시 우리의 변덕을 만족시키기 위해서였다."[33]

20세기에 들어와 타고르가 노벨상을 받았을 무렵(1913년)에 점점 더 크게 들린 비난은 그의 글들에는 바스타브bastab 의식이 없다는 것이었는

---

31) Marshall Berman, *All That Is Solid Melts into Air*, New York: Penguin, 1988, Chap. 1.

32) Charles Baudelaire, *Paris Spleen*, trans. Louise Varese, New York: New Directions, 1970. 또한 Walter Benjamin, *Charles Baudelaire: A Lyric Poet in the Era of High Capitalism*, trans. Harry Zohn, London: Verso, 1985; Berman, *All That Is Solid Melts into Air*, Chap. 3의 논의도 볼 것.

33) Aditya Ohadedar, *Rabindra-bidushan itibritta*, Calcutta: Basanti Library, 1986, p. 10에서 재인용.

데, 바스타브라는 벵골어 단어는 현실적인 것을 의미했다. 이러한 비난을 처음으로 가한 인물 중의 하나가 1910년대에 사회주의 이념으로 향하고 있던 민족주의 지도자 비핀 찬드라 팔Bipin Chandra Pal이었다. 1912년 『방가다르샨』*Bangadarshan*이라는 저널에서 팔은 다음과 같이 썼다. "라빈드라나트의 창작물 다수는 망상적이다. 그의 시가 유물론적인bostutantrik 경우는 거의 없다. 또한 그가 창조한 인물들에게는 유물론이 없다는 것을 알 수 있다. 라빈드라나트는 수많은 단편 소설과 몇 편의 대하 소설을 썼지만, 그가 그려 낸 인물이 누구든 그 인물들과 닮은 점들을 현실bastab에서 발견하기란 드문 일이다."[34]

이런 식의 팔의 설명이 다시 한번 강조한 것은 타고르 가족의 부富였다. "캘커타의 근대 귀족들은 소규모로 무리를 지어 살고 있다. 보통 사람은 그들의 삶의 거처 안으로 들어갈 수 없고, 그들도 보통 사람의 삶 안으로 들어갈 수 없다."[35] 그런 불만은 벵골의 사회학자 라다카말 무케르지Radhakamal Mukherjee의 일련의 에세이에서도 반복되었다. 그 역시 "타고르의 글에는 유물론적 특성이 전혀 없다"고 주장했다. "타고르가 『아찰라이아탄』*Achalayatan*과 『고라』*Gora*에서 그려 낸 것은 실생활bastab jiban과 아무런 관계가 없다"는 것이다.[36] 타고르의 소설 『차르 아디아이』*Char Adhyay*[37]는 당시의 주요한 정치 운동인 "하리잔Harijan 운동,[38] 노동 운동, 카다르khaddar 운동[39] 등을, 또는 다른 양상의 대중 운동들"을 올바로 평가하지 않았다는

---

34) *Ibid*., p. 28.

35) *Ibid*., p. 27.

36) *Ibid*., p. 52. 또한 pp. 54, 59도 볼 것. 이 텍스트들은 Dipan Chattopadhyay, *Rabindra-birodhi shomalochona*, Calcutta: Annapurna Prakashani, 1994에서도 논의되고 있다[아찰라이아탄은 '움직이지 않는 땅', '돌처럼 굳은 땅'이라는 뜻이고 고라는 '무덤'이라는 뜻이다].

37) 차르는 '장'(章), 아디아이는 '4'를 뜻한다. — 옮긴이

비평을 받았다. 젊었을 때 이러한 비평문을 썼던 비노이 고시Binoy Ghosh는 나중에 유명한 벵골의 사회사가가 되었는데, 그는 타고르의 "추상적인 세계 휴머니즘"은 "세계에 대한 사랑을 신에 대한 사랑"과 동일시하는 것에 불과했다고 거칠게 비판하면서 이렇게 낙인을 찍었다. "그러나 말하건대 그것은 한낮의 꿈에 불과하며, 그 꿈은 현실성과는 동떨어진 것이기에 그 도피처를 유심론spiritualism에서 찾은 것이다. 이는 불가능하고 어리석은 짓이며 또 인간의 역사에 적대적이다."[40] 이 논쟁에서 현실주의는 역사주의와 함께 민주주의 관념과 역사 유물론 관념을 지탱해 주는 한 쌍의 기둥이 되었다.

앞의 비판들 중 일부는 극단적인 견해였지만, 상당수의 비판이 타고르에게 적지 않게 상처를 입혔다. 타고르가 이 비난들에 직접 대꾸한 적은 많지 않았으나, 젊은 세대의 작가들—『칼롤』*Kallol*(1923)[41], 『칼리칼람』*Kalikalam*(1926)[42], 『프라가티』*Pragati*(1927)[43], 『파리차이』*Parichay*(1931)[44], 『카비타』*Kabita*(1935)[45]와 같은 새롭고 전위적인 잡지들과 연결된—이 타

---

38) 하리잔은 '신의 자녀'(the children of God)라는 뜻이다. 1930년대에 간디는 달리트(Dalit), 즉 불가촉천민을 하리잔으로 부르면서 이들의 삶을 개선시키기 위한 운동을 벌였다. 그러나 이 운동은 달리트에게 크게 호응을 얻지 못했고, 특히 달리트 지도자 빔라오 람지 암베드카르(Bhimrao Ramji Ambedkar)는 하리잔이라는 용어가 달리트의 미성숙함과 상층 카스트들의 온정주의를 보여 주는 것이라고 공격했다.—옮긴이

39) 카다르 혹은 카디(khadi)는 수직(手織) 무명천을 뜻한다. 이 천으로 만든 옷을 입자는 카다르 운동은 스와데시 운동의 일환으로 전개되었다—옮긴이

40) Ohadedar, *Rabindra-bidushan itibritta*, pp. 108~109, 112.

41) '파도 소리'(the sound of wave)라는 뜻으로 벵골의 문학 운동 자체를 의미하기도 한다.—옮긴이

42) 칼리는 '검다'는 뜻이고 칼람은 '펜'을 뜻한다.—옮긴이

43) '진보'(progress)라는 뜻이다—옮긴이

44) '정체성'(identity) 또는 '도입하다'(introduce)라는 뜻이다.—옮긴이

45) '시'(poetry)를 뜻한다—옮긴이

고르의 미학에는 빈곤과 섹슈얼리티가 상대적으로 부재하다는 점을 대개는 정중하지만 통렬하게 지적하기 시작했을 때는 유의하지 않을 수 없었다. 『칼롤』의 창설자 중 하나인 아친티아쿠마르 센굽타는 후일 자신의 회고록에서 이렇게 말했다. "『칼롤』은 라빈드라나트로부터 벗어나…… 하층 중간 계급의 세계로, 탄광과…… 빈민촌과 길바닥의 세계로, 쫓겨나고 기만당한 사람들의 이웃으로 들어갔다."[46] 시인인 부다데브 보세는 그 발전을 이렇게 설명했다. "이른바 『칼롤』 시기의 주요한 징후는 반란이었고, 그 반란의 주요 타깃은 라빈드라나트였다.…… 그의 시는 현실성(바스타브)과 직접 관련이 없을뿐더러 치열한 정념도, 실존에 대한 고민의 기미도 없는 것으로 느껴졌고, 그의 삶의 철학도 인간 존재의, 부정할 수 없는 몸의 현실성corporeality을 부당하게 무시하는 것으로 느껴졌다."[47] 포스트-타고르 시대의 가장 중요한 시인 중 한 명인 지바나난다 다스Jibanananda Das는 타고르에게 보낸 편지에서 바로 그와 똑같은 괴리감에 대해 말했다. "저는 가끔 시를 쓰는 벵골의 젊은이입니다. 저는 당신을 여러 번 본 적이 있는데, 그럴 때마다 군중 속에서 길을 잃었습니다. 당신의 거대한 휘광輝光과 제 보잘것없는 삶은 [겹쳐져서—인용자] 항상 제가 결코 건널 수 없는 [우리들—인용자] 사이의 간격을 만들어 냈습니다."[48]

이런 주장과 별 차이가 없는 주장이 타고르가 벵골의 중간 계급에 속하지 않는다는, 아주 이국적 취미가 있고 호기심 면에서 너무 서구적이라

---

46) Achintyakumar Sengupta, *Kallolyug*, Calcutta: M. C. Sarkar and Sons, 1988, p. 47.

47) Ujjvalkumar Majumdar, "Rabindranath, shamashamay o jibanananda", *Rabindra-shanga*, pp. 25~26에서 인용되고 논의됨. 또한 Sutapa Bhattacharya, *Kabir chokhe kabi: Tirisher kabider rabindrabichar*, Calcutta: Aruna Prakashani, 1987, p. 69도 볼 것.

48) *Ibid.*, p. 23.

는 주장이었다. 그 불만은, 타고르에 관해 쓴 에드워드 톰슨의 책에 인용되어 있는 어느 벵골인이 보낸 편지에서처럼, 호된 것일 수 있었다. 톰슨은 자신에게 편지를 보낸 사람의 이름은 밝히고 있지 않으므로, 우리는 아래 글의 필자가 "저명한 학자"라는 이야기만 듣고 있을 뿐이다.

> 그의[타고르의—인용자] 사유 양식은 본질적으로 영국적이어서, 나는 그가 쓴 『기탄잘리』*Gitanjali*의 영어 번역본이 벵골어 원본보다 더 낫다고 평가한다.…… 우리 중에서는 오로지 유럽 책만 읽고 오래된 모국어 문학과 민중의 삶을 전혀 접하지 않은 사람만이 그를 존경한다.…… 만약 우리나라가 외국 문화의 바다에 빠져 있다면, 그는 틀림없이 그 새로운 문학 시대의 선구자일 것이다. 그러나 그런 게 아니라면, 나는 그의 명성이 사라질 것이라고 확신한다.…… 유럽인의 평가는 우리에게 그리 중요하지 않다. 그것은 그가 언제든 유럽인의 마음을 끌 수 있는 방식으로 이야기하는 정치적 기교를 갖게 되었음을 보여 줄 뿐이다.……
>
> 벵골은 라빈드라나트를 유럽에 선사하지 않았다. 오히려 유럽이 그를 벵골인에게 선사했다. 유럽 학자들은 그를 칭송함으로써 자신들의 재능을 칭송한다. 나는 우리의 시인들이 외국에서 그런 명성을 얻었다면 더 자부심을 느꼈을 것이다.[49]

우리는 지금 타고르에 관해 자신의 아버지가 쓴 책을 검토한 에드워드 파머 톰슨 덕분에 1922년에 작성된 이 편지의 필자가 다름 아닌 저 유

49) Edward Thompson, *Rabindranath Tagore: Poet and Dramatist*, Calcutta: Riddhi, 1979(first pub. 1926), pp. 315~316.

명한 문학 연구자 디네시 찬드라 센Dinesh Chandra Sen이라는 것을 알게 되었다. 그는 타고르의 관대함과 후원으로부터 덕을 본 당사자였다.[50)]

디네시 찬드라 센의 가혹한 언사가 드러낸 반감은 사라졌지만, 그의 논평이 주는 무게감은 1960년대까지 사라지지 않아서, 포스트-1930년대 시기의 중요한 시인인 부다데브 보세와 수딘드라나트 다타Sudhindranath Datta도 다음과 같이 진술했다.

> 라빈드라나트의 저작들은 벵골어로 쓰인 유럽 문학이며, 그런 종류로서는 최초의 것들이다.

> [라빈드라나트—인용자]의 손에서 벵골 문학은 말하기를 제외한 모든 면에서 옥시덴탈한 것으로 바뀌었다.[51)]

개인적 취향과 개인적 적대감의 문제를 논외로 하면, 타고르에게 현실주의가 결여되어 있다는 주장을 둘러싼 이 논쟁들의 핵심에는 벵골 문학의 근대성에 관한 문제가 있었다. 캘커타의 벵골인 중간 계급은 식민지 자본주의의 야비한 통치 제도 안에서 태어났고 성장했다. 중고등학교와 대학교에서 공부를 위해서가 아니라 졸업장을 따기 위해 치르는 시험의 경험, 사무실의 하찮은 직원으로서의 경험, 혼잡한 거리에서 구닥다리 운송 수단과 씨름해야 하는 경험, 도시의 비위생적인 환경이 키워 낸 불결함

---

50) Edward Palmer Thompson, *"Alien Homage": Edward Thompson and Rabindranath Tagore*, Delhi: Oxford University Press, 1993, p. 53.

51) Ohadedar, *Rabindra-bidushan itibritta*, pp. 123, 125에서 재인용.

과 열기와 먼지와 질병의 경험 등이 중간 계급에 속하는 벵골인 개인의 일상적 의식에서 결정적인 것이었다. 하지만 가장 위대한 벵골의 그 시인은 자신의 개인적 삶 속에서 이 관행들 중의 그 어느 것도 깊이 있게 경험하지 않았다. 운 좋게도 캘커타시의 부유한 귀족 지주 가문에서 태어나 그런 것들에서 벗어나 있었기 때문이다.

여기에 덧붙여, 타고르가 시적인 것과 현실적인 것(바스타브)의 관계에 대한 자신의 인식을 옹호하기 위해서 1920년대 이래 일련의 글에서 사용한 직유법과 은유법은 그가 이 중간 계급의 도시 생활 경험에서 미학적인 것을 전혀 찾지 못했다는 점을 밝혀 준다. 벤야민이 보들레르의 시와 관련하여 사용한 표현을 빌려 와, 어쨌건 타고르는 "[캘커타의—인용자] 아스팔트 위에서 식물 채집을 하고 있다"[52] 고 말하는 것도 적절치 않다. 그의 글은 벵골 사무원의 세계나 교사의 세계와의 거리감을 분명히 표현했다. 그는 봉급 생활자의 일이나 시민 사회의 제도들에선 시가 될 만한 것을 거의 찾아내지 못했다. 예컨대 타고르의 글에서 발췌한 아래와 같은 인용문에서 차쿠리chakuri(봉급을 받는 직업)를 의미하는 단어들이, 혹은 사무실, 시험, 위원회와 회의, 시가市街 전차, 공장, 공적인 삶과 인플루엔자 등과 같은 단어들이 모두 어떻게 사용되고 있는지에 주목해 보자. 그 단어들은 일련의 대립쌍들 안에서 항상 열등한 쪽에 해당하며, 그것들과 결합되는 그리하griha(집), 그리할락슈미grihalakshumi(락슈미 여신의 상서로운 화신으로 상상되는 주부의 형상), 하늘(자연을 나타내는) 등이 더 고귀한 가치를 지닌다.

---

52) Benjamin, *Charles Baudelaire*, p. 36.

어느 남자가 한 사무실의 사무장으로서 갖는 정체성은 그의 공문서나 서류철로 결정된다. 그러나 한 여성의 머리 가르마 쪽에 있는 주홍색 곤지와 손에 찬 팔찌는 그녀를 그리할락슈미로 만드는 표지이다. 달리 말하면 그녀는 단순한 지각의 대상이 아닌 그 이상의 무엇이고 그녀와 [우리의—인용자] 조우는 지식이 아닌 마음으로 이루어지는 것이기 때문에, 그녀에겐 메타포와 알람카르alamkar[이 단어는 보석과 레토릭 둘 다를 의미한다—인용자]가 필요하다. 우리가 그리할락슈미를 락슈미[행복의 여신—인용자]로 부를 수 있다는 것은 단지 그 단어가 무언가를 연상시킨다는 것을 의미한다. 그러나 사무장을 케라니-나라얀kerani-narayan[케라니는 '글 쓰는 이'나 '사무원'을 뜻하며, 나라얀이라는 신은 락슈미의 남편이기도 하다—인용자]이라고 부르고 싶은 생각은 추호도 없다. 아무리 종교 이론이 모든 남성에게는 나라얀이 현존한다고 말하더라도. 그러므로 사무실의 사무장에겐 신성한 것이 전혀 없다는 게 분명하다.[53]

아름다움이 결여된 사무실을 안타푸르antahpur[전통적으로 여성이 거주하는 집안의 내실을 뜻하며 글자 그대로는 '국내의 도시'라는 뜻이다—인용자]의 담백한 우아함과 비교할 수는 없다.[54]

왜 축제일에 피리를 연주하는가?……그것은 마치 철로 위를 달리는 너저분한 짐마차[시가 전차—인용자]가 더 이상 사무실을 위해서 움직이지

53) Taogre, "Chhander artha"(1917), *Rabindrarachanabali*, Vol. 14, p. 153.

54) Ujjvalkumar Majumdar, *E monihar*, Calcutta: Saibya Pustakalay, 1981, p. 64에서 재인용한 "Gadyachhanda".

않아야 한다는 것을, 모든 거래와 구매와 판매가 결국 아무것도 아니었다는 것을 알려 주는 듯하다. 그것[피리 소리—인용자]은 모든 것을 덮어 버렸다.[55]

벵골인처럼 신앙심 없는 사람들도 없다. …… 그들은 사무실로 가는 차의 바퀴 자국이 낸 길을 언젠가 포기한다면 이 거대한 세계에 무언가 다른 목적지가 존재할 수 있다는 것을 상상조차 못하고 있다.[56]

벽에 둘러싸인 한 조각의 하늘이 내 사무실에 꼼짝없이 갇혀 버렸다. 그것은 땅의 면적을 잴 때와 똑같은 계산법으로 팔거나 살 수 있으며, 심지어는 임대도 가능하다. 그러나 별들과 행성들 위에 펼쳐져 있는 저 밖의 하늘은 쪼개지는 것이 아니다. 그것의 무한함이 주는 기쁨은 오직 내 깨달음 안에서만 존재한다.[57]

한때 타고르의 측근이자 개인 비서였고 1930년대부터 시인으로서 명성을 얻게 된 아미야 차크라바르티Amiya Chakravarty는 매우 공손하게 그리고 애정과 존경심을 갖고 이 모든 글이 갖고 있는 문제를 타고르에게 알려 주었다. 1925년 3월에 타고르에게 쓴 편지에서 차크라바르티는 자신이 헨리 해블록 엘리스Henry Havelock Ellis와 나눈 대화를 언급했다. 엘리스는 근대 문명에 대한 타고르의 "맹렬한 고발"이 "영감을 주는" 것임을 알게 되

55) Tagore, "Sristi"(1924), *Rabindrarachanabali*, Vol. 14, p. 319.
56) Tagore, "Alashya o sahitya"(1887), *Ibid.*, Vol. 13, p. 835.
57) Tagore, "Shahityadharma"(1927), *Ibid.*, Vol. 13, p. 327.

었다고 털어놓았다. 그러나 그는 왜 타고르라는 시인이 예컨대 테크놀로지의 "고급 로망스"와 스릴과 비행기의 "외적 아름다움"에 관해서 아무것도 쓰지 않았는지 의아해했다.[58] 부다데브 보세는 이 점을 1929년에 『프라가티』에 실린 에세이에서 더 직접적으로 다뤘다. "우리의 부엌, 우리의 다방, 시가 전차와 버스와 승용차로 혼잡한 우리의 거리, [우리의—인용자] 기차, 왜 그것들은 우리의 시에서 다루어지지 않을까?……만일 그것들이 시의 좋은 주제가 아니라고 믿는다면, 곧바로 로버트 브룩스Robert Brooks의 두 편의 시 「위대한 연인」The Great Lover과 「식당에서 차를 마시며」Dinning Room Tea를 읽어 보라."[59] 1930년대 시인들은 보들레르, 엘리엇, 파운드, 홉킨스 등을 비롯한 여타의 유럽 시인들에 눈을 돌려 도시의 감성과 그것이 시로 표현될 수 있는 가능성을 드러냈다. 보세는 1931년에 "타고르의 시대는 끝났다"고 공표했다.[60] 몇 년 후인 1941년에 지바나난다 다스는 타고르가 근대 벵골 시인들에게 더 이상 만족스러운 시인이 아님을 인정했다.[61]

젊은 시인 중 일부는 일부러 '비낭만적으로' 도시를 묘사하기 위해 타고르가 쓴 시들의 몇 행을 끌어오는 새롭고 아이러니한 시작법詩作法을 시도했다. 유명한 시인이자 영문학 강사였던 비슈누 데이Bishnu Dey는 혼잡한 캘커타에서 벌어지는 러시아워의 교통 체증을 다음과 같이 묘사하면서 타고르 시에서 한 행('오 새여, 오 나의 새여')을 끼워 넣었다.

---

58) Bhattacharya, *Kabir chokhe kabi*, p. 147. 타고르의 응답에 관해선 그의 *Chithipatra*, Vol. 11, Calcutta: Visva Bharati, 1974, pp. 41~43을 볼 것.

59) Bhattacharya, *Kabir chokhe kabi*, p. 163.

60) *Ibid.*, p. 78.

61) Majumdar, *E monihar*, p. 223. 타고르에 대한 지바나난다 다스의 진술에 관해서는 Jibanananda Das, "Rabindranath o adhunik bangla kabita", *Jibanananda daser prabandha shamagra*, ed. Faizul Latif Chaudhuri, Dhaka, 1990, pp. 24~29를 볼 것.

경적을 울린 채 굳히기에 들어간 버스는 얼마나 버틸까!
기계는 얼마나 변덕을 부릴까!
하지만 고작 25분이 남았네—
오 새여, 오 나의 새여.[62)]

사마르 센의 시 「슈바르가 호테 비다이」는 타고르의 시에서 가상의 낙원을 노래하고 있는 한 구절을 따와 매일 저녁 칼리가트[Kalighat] 다리를 건너 매춘부를 찾아가는 방탕한 남자들의 저 고단한 도시의 섹슈얼리티를 아이러니하게 이야기한다.

칼리가트 다리 위
듣는가
방탕자의 발소리를,
듣는가, 시간이 행진하는 소리를,
오 도시여, 오 잿빛 도시?

센의 시는 「듣는가, 시간이 행진하는 소리를」이라는 시의 유명한 구절들을 흉내 낸 것인데, 타고르는 자신의 소설 『셰셰르 카비타』[*Shesher kabita*]의 마지막을 그 구절들로 끝낸 적이 있다.[63)]

---

62) Bhattacharya, *Kabir chokhe kabi*, p. 102.

63) Samar Sen, "Shvarga hote biday"(1937), *Kayekti kabita*, Calcutta: Anustup, 1989, p. 31. 이 시의 제목인 '천국으로부터의 추방'(Banishment from Heaven)은 타고르의 시 제목을 모방하고 있다. 『셰셰르 카비타』에 관해선 *Rabindrarachanabali*, Vol. 9, pp. 713~793을 볼 것.

캘커타의 문학적 근대성에 관한 이야기가 여기에서 끝났다면, 영국 시의 영향을 받았고 타고르에 의해 대표된 이상주의/낭만주의의 초기 국면, 불가피한 것은 아니었으나 허용할 수는 있는 그 국면을 통과한 후에 마침내 벵골 문학 안에 제 자리를 잡은 현실주의적 의식에 관한 내 서술은 그다지 문제 제기적이라고 할 수 없을 것이다. 그 경우에 시는, 소설도 그랬다고 하듯이, 마침내 역사적인 것과 그리고 또한 현실적인 것과—아마도 민주주의와도—병치될 수 있었을 것이다. 그리고 1940년대에 수칸타 바타차리아가 그토록 눈에 띄게 이용한 시적인 것/산문적인 것의 구분은 너무 낡은 것이어서 별다른 효과를 보지 못했을 것이다.

이런 일은 얼마간 실제로 일어났다. 말년의 타고르는 때때로 자신의 글에서 '근대적'인 것과 근대적이지 않은 것의 구분, 즉 근대적인 것과 과거의 시대, 지나간 시기, 빌려 온 시간 위에서 살고 있는 시대를 표상하는 것, 이 둘의 역사주의적인 구분을 수용했고, 자신을 그 지난 것의 화신으로 간주했다. 1937년에 아미야 차크라바르티의 부탁으로 전 세계 독자를 위해 아프리카에 관한 시를 쓰고 있던 동안 타고르는 어느 편지에서 자신의 극단적 고립감을 토로했다. "자네는 내게 아프리카에 관한 시를 써 달라고 부탁했고 나는 받아들였네. 그러나 나로선 무엇을 위한 것인지 모르겠네. 나는 근대적인 자세에 익숙하지 않네. 외국인의 혀는 나만의 언어에서 흘러나오는 라사[글자 그대로는 액즙—인용자]에 닿지 못할 걸세."[64)]

그러나 산문적인 것과 시적인 것의 타고르식 구분이 1940년대 바타차리아의 시에 아주 굳세게 살아남아 있다는 사실은 타고르가 초기 문인 시절에 말했던 민족주의적 비전의 문제들이 벵골 문학의 반식민 민족주

---

64) Tagore to Chakravarty(1937), *Chithipatra*, Vol. 11, p. 201.

의 안에 여전히 머물러 있었다는 것을 시사한다. 실제로 타고르와 그보다 젊은 동시대인들 간의 복잡한 관계는 단계적 발전론이 함축하는 것보다 더 심원한 벵골 근대성의 문제를 가리키고 있다. 단계적 발전론은 타고르에게서의 정치의 결핍이 더 고도한 정치 의식으로 극복되었다고 단정한다. 그를 비난하는 젊은이 전부는 아니더라도 그 대부분이 은밀하거나 그다지 은밀하지 않은 타고르 신도로 남아 있었다. 후일 부다데브 보세는 젊은 시절에 지녔던 타고르에 대한 적개심을 이렇게 말했다. "나는 밤마다 침대에서 미친놈처럼 『푸라비』*Purabi*[65]에 실린 [시들을—인용자] 암송하고 낮에는 타고르를 비난하는 글을 쓴 젊은이를 적어도 한 사람 정도는 알고 있다."[66] 일찍이 『파리차이』의 편집인 수딘드라나트 다타는 세계 대전 이후 타고르가 거부되고 그의 관념주의가 매력을 잃은 이유에 관해 논증했지만, 후일 일종의 고해성사 형식으로 자신의 논증을 철회했다. 그는 "젊은 시절 타고르적 이상에 따라 시를 창작하지 못해서 무의식적으로 질투심에 사로잡혀 있었던 나는 라빈드라나트가 서구 시인들보다 열등할 뿐만 아니라 그 시인들을 제대로 모방하지도 못했다는 말을 기회 있을 때마다 퍼뜨렸다."[67]

이 맥락에서 가장 흥미로운 것은, 도시와 근대 생활의 현실성을 시로 포착하길 원했던 젊은 시인들조차 타고르가 그의 민족주의적인 시에서 발진發進시킨 너그럽고 농촌적인 벵골이라는 비전을 결코 포기하지 않았다는 사실이다. 앞에서 말한 지바나난다 다스는 유럽 시인들로부터 근대

65) 1925년 출간된 타고르의 시집.—옮긴이
66) Majumdar, *E monihar*, p. 243에서 재인용.
67) Bhattacharya, *Kabir chokhe kabi*, p. 40에서 언급됨.

주의적인 강세强勢 운율을 배워 소네트들을 썼는데, 그의 사후인 1950년대에 그 소네트들은 『루파시 방글라』*Rupashi Bangla*(벵골, 그 아름다움)라는 제목으로 출간되었다. 이것들은 1970~1971년 방글라데시 해방 전쟁 시기에 다시 읽혔다. 이 소네트들은 1930년대 중반에 쓰였는데, 그 무렵 벵골은 1930~1934년의 농업 불황으로 황폐화되어 있었고, 이는 현실적이고 역사적인 상황이었다.[68] 하지만 다스가 노래한 것은 벵골 농촌의 풍요로움이었고, 순수하게 민족주의적인 구성물인 저 불멸의 벵골을 특징지었던 새와 나무와 여신이었다.

나는 쳐다보았네, 벵골의 얼굴을—세계의 아름다움을
나는 더 이상 찾지 않으려네. 어둠에서 나는 깨어나 흘깃 보네
무화과나무 속, 우산 같은 나뭇잎 아래 앉은
이른 아침 까마귀—나는 사방에서 나뭇잎 더미들을 보네
잠jam나무, 벵골 보리수, 빵나무, 캐슈cashew나무, 아스와타aswattha나무의
　　잎들이 말없이 누워 있는 것을.
선인장 덤불에, 사티sati 숲에 드리워지는 그늘
나는 모른다네, 찬드Chand가 언제 참파Champa에서, 그의 작은 배 허니비
　　Honeybee에서
참으로 아름다운 벵골, 그 늘 푸른 그림자를 보았는지.[69]

68) 이 시기 벵골 농촌에 관한 역사적 설명을 위해선 Sugata Bose, *Agrarian Bengal: Economy, Social Structure and Politics*, Cambridge: Cambridge University Press, 1986을 볼 것.
69) *A Poet Apart*, p. 35에 실려 있는 클린턴 실리의 번역.

아니면 (1962년에 쓰인) 슈바시 무코파디아이의 펜에서 나온 다음과 같은 시구들을 보라. 역사주의적이면서 공산주의자로서의 면모를 지니기도 한 그 시인은, 마치 카메라로 스냅 사진을 찍듯이, 사시사철 벵골에서 찾아볼 수 있고 가복家福의 여신 락슈미의 영혼으로 축복받은 어느 벵골의 진흙 오두막집을 보고 있다.

얼마나 멀리 가건—
내 눈꺼풀에
달라붙어
남아 있는
소똥과 물로 닦인
안뜰에
그려진
몇 줄 락슈미 발자국.[70)]

장막을 꿰뚫고 보는 것, 그 너머를 보는 것

타고르는 시적인 것에 관한 자신의 개념이 캘커타와 벵골의 일상 생활에서 드러나는 불행한 현실을 다루고 있지 못하다는 비난에 자극받아 가디아카비타gadyakabita, 즉 산문-시라 불리는 새로운 산문 형식을 창안했다. 이것이 창안된 시기는 보통 그가 『리피카』*Lipika*(1918~1922)[71)]에 실린 시들

---

70) Shubhash Mukhopadhyay, "Joto durei jai", *Subhash mukhopdhyayer sreshtha kabita*, Calcutta: Deys, 1976, pp. 71~72.

을 썼을 때로 소급된다. 하지만 이 형식을 사용하여 쓴 그 책들 대부분(『푸나스차』*Punascha*, 『셰시 샤프타크』*Shesh Shaptak*, 『파트라푸트』*Patraput*, 『시아말리』*Shyamali*[72])은 1932년과 1936년 사이에 나왔다.[73] 타고르가 이 형식을 창안한 이유는 문학적 실험과 관련이 있었다. 그는 자신의 『기탄잘리』를 영어로 번역하면서 '운율적 산문' 쓰기의 가능성을 인지하게 되었고, 그래서 그것을 직접 벵골어로 실행해 보고 싶었다고 말했다. 타고르는 형식에서의 이러한 혁신을 정당화하면서 그것에 중요성을 부여했는데, 어쨌든 그 중요성을 얕잡아 보지는 않더라도, 그 같은 혁신이—실제로 몇몇 벵골 문예 비평가가 지적해 왔듯이—논란과 비난을 유발시켰음은 쉽게 알 수 있다. 그 혁신은 타고르가 시적인 것과 현실적인 것(바스타브)의 특수한 관계에 대한 자신의 주장을 관철시키는 데 도움을 주었다. 그의 비판가들은 캘커타의 더러움과 불결함, 하층 중간 계급의 삶, 그들의 일상적 좌절 등과 같은 주제는 너무 산문적이어서 타고르가 그것들을 다룰 수 없다고 말했지만, 타고르는 앞에 언급된 시집들이 산문으로 쓰였다는 사실을 내세워 개개의 시집을 산문적 주제를 다루는 부류에 포함시켰다. 우즈발쿠마르 마줌다르가 주장하고 있듯이 "가디아카비타 안에서는 일상의 현실과 미학적 세계가 여지없이 뒤얽혀 있다".[74] 하지만 타고르는, 시의 영역 내에 그대로 머물면서, 근대적인 것의 세계 안에서 시적인 것의 기능에 관한 자신의 견해를 입증할 수 있었다. 우리는 벵골의 문학 급식給食에 양념

---

71) 리피는 '알파벳'을, 리피카는 '문자'를 뜻한다. —옮긴이

72) 앞의 세 개는 산문시, 마지막 것은 노래 혹은 무용극(dance drama)이다. —옮긴이

73) Sushilkumar Gupta, *Rabindrakabya prashanga: Gadyakabita*, Calcutta: Indian Associated, 1966, pp. 52, 108을 볼 것. 또한 Sisir Kumar Ghosh, *The Later Poems of Tagore*, Calcutta, 1961도 볼 것.

74) Majumdar, *E monihar*, p. 65.

을 치기 위해 "현실주의라는 카레 가루"와 "빈곤과 육욕의 떠벌림"이 이용되고 있다고 생각한 타고르가 그것들에 관해 분노를 표시했던 시기가 이때였음을 상기해야만 한다.[75)]

논점을 분명히 하기 위해 나는 시집 『푼슈차』*Punshcha*에 실린 「반시」Bansi(피리)라는 시 한 편을 검토해 보기만 하겠겠다. 그 시는 하층 중간 계급의 실존적 현실에 관한 것이다.[76)] 그 시는 캘커타의 어두컴컴한 골목에서 살고 있는 한 보잘것없는 회사원의 비참한 삶과 생존 조건을 산문적으로, 정확하게, 거의 진찰하듯이 묘사하는 것으로 시작된다. 그 거리의 이름은 영광스럽지 못한 그 거리의 기원들을 증언해 준다. 그 거리는 키누 고알라Kinu goala 골목으로 불리는데, 키누는 우유 장수였다. 그 도시의 역사를 보면 키누는 분명 돈을 번 것으로 되어 있지만, 그 도시의 원로들은 그가 비천한 출신이라는 것을 공적인 기억에서 결코 지워 버리지 않았다. 시의 화자인 회사원 하리파다Haripada는 정말이지 집이 없을 만큼 가난하다. 그는 이 골목에 있는 어느 집의 작은 방 하나를 임대하고 있다. 이 도시에서 그는 골목과 사무실을 왔다갔다 하면서 단순하게 살고 있다. 하리파다는 결혼 생활을 책임질 만한 능력이 없어 결혼식장에서 도망쳤다. 하지만 그가 결코 결혼하지 않으려 한 여자와 벵골 동부의 강변 농촌에 있는

---

75) 이 논쟁들을 자세히 알려면 Sengupta, *Kalloyug*; Shonamoni Chakrabarty, *Shanibarer chithi o adhunik bangla sahitya*, Calcutta: Aruna Prakashani, 1992; Jibendra Singha Ray, *Kalloler kal*, Calcutta: Deys, 1987; Tagore, "Sahitye nabatva"(1927), *Rabindrarachanabali*, Vol. 14, p. 334를 볼 것.

76) 당시에 가비아카비타로서의 이 시의 위상에 관해서 얼마간 논쟁이 있었다. Datta ed., *Budhhadev Bose shampadita kabita*, Vol. 1, p. 165에 있는 부다데브 보세의 언급들을 볼 것. 모히틀랄 모줌다르(Mohitlal Mojumdar)의 비판적 의견은 그의 에세이 "Rabindranather gadyakabita", *Sahityabitan*, Calcutta: Bidyoday Library, 1962(first pub. 1942), pp. 53~63에서 볼 수 있다.

그의 고향집은 도시 생활을 하는 그를 끊임없이 따라다녔다.

타고르의 시는 묘사적이고 현실주의적인 어투로 시작한다.

키누 고알라의 골목.
도로 끝에 서 있는
2층짜리 건물의
1층 방.
눅눅한 담의 회칠은 여기저기 벗겨졌고
그 중간엔 축축한 헝겊 조각들.
문에 붙어 있는 것은
종이에 그려진 가네시Ganesh 신,[77]
난관의 해결사,
기계로 찍은 옷에서 뜯어낸 것이다.
여기엔 또 다른 인물이 산다
나 말고도—
똑같이 세 들어서—
집 도마뱀.
그놈과 우리의 유일한 차이는
그놈에겐 음식이 부족하지 않다는 것.

내 봉급은 25루피.

---

77) 시바 신과 그의 부인 파르바티(Parvati)의 아들. 인도인들은 이 신이 재앙을 막고 행운을 가져다준다고 여겨 집 안에 모시거나 이 신을 그린 그림을 벽에 붙여 놓는다.—옮긴이

상인 사무실의 하급 사원.

나는 먹을 것을 얻어 내려고

다타 집안의 아들을 꾀드긴다.

세알다Sealdah [철도—인용자] 역에서

내가 저녁을 지내는 건,

전기를 아끼려는 것.

쿵쿵dhash dhash거리는 엔진 소리,

호루라기 소리,

쏟아지는 승객들,

쿨리들coolies이 외치는 소리—

시계는 이제 열 시 반

내가 집으로, 고독하고 말 없는 어둠으로 돌아갈 시간이다.

내 고모의 촌락은 달레스와리Dhaleswari강 기슭.

굳게 언약을 맺었었지

고모 시동생의 딸과

이 불행한 영혼이 결혼하겠다고.

그 시간은 분명 길조였을 거야—

증거도 확실했어—

내가 그 시간이 왔을 때 도망쳤기 때문이지.

적어도 그 소녀는 구원을 받았지,

그리고 나도.

그녀는 내 집에 오지 않았지만

언제나 내 마음 안에 오가고 있어—

다카이dhakai 사리[78]로 치장하고,
이마에 주홍색 곤지를 찍은 채.

비가 거세진다.
전차비가 오른다.
때론 벌금도 문다.
이 골목 모퉁이에
모여서 썩는 더미들이 있다.
망고 씨와 껍질,
빵나무 열매의 속 알맹이,
생선의 아가미,
죽은 새끼 고양이
이것들이 먼지 부스러기와 온갖 쓰레기와 섞여 있다.
내가 쓰는 우산의 꼬라지는
벌금 떼인 후 받는 봉급과 닮아 있다—
수많은 구멍이 나 있기 때문에.
……
몬순monsoon의 어두운 그림자가
의식 없이 무기력하게 누워 있다.
이 축축한 방 안에
덫에 걸린 동물처럼.
……

---

78) 얇고 부드러운 모슬린 천으로 만든 고급 사리. —옮긴이

그 골목 모퉁이에 사는
칸타Kanta 씨.
그는 긴 머리칼을 정성스레 가르마 탔다.
커다란 눈을 가졌다.
신나게 놀기를 좋아한다.
그는 취미로 코넷cornet을 연주한다.

이렇게 시의 어조와 내용이 변하고 있다. 산문-시 형식을 이용하여 현실주의적으로, 또한 거의 산문적으로 묘사된 작품 하나를 만든 타고르는, 영화 용어로 디졸브 숏이라 불리는 것과 같은 것을, 즉 화면이 교체되면서 시선을 자극하는 그런 것을 실행하고 있다. 이 시에는 역사적인 것과 객관적인 것에 대한 전면적인 공격이 전혀 부족하지 않다. 이 골목은 사실이기도 하고 사실이 아니기도 하다고 타고르는 말한다. 게다가 그는 더 나아가 시적인 것의 기능은 현실적인 것의 장막 그 너머를 보게 하는 것, 그 장막을 꿰뚫고 보는 것을 도와주는 것이라고 주장하려 했다. 이 시에서 타고르는 1890년대에 자신이 그어 놓았던 시와 산문의 구분으로 돌아간다. 시적인 것의 기능은 역사적 시간에 행간 띄움caesura을 창출하여 우리를 역사적인 것을 초월하는 어떤 영역으로 이전시키는 것이었다. 이 다른 영역을 타고르는 영원한 것의 영역이라고 불렀다. 코넷은 이 시의 어조에서의 변화를 낳는 효과를 발휘한다. 타고르는 이 유럽 악기를 캘커타의 벵골 하층 중간 계급의 것으로 편입시킨 역사적 아이러니의 힘을 충분히 이용한다. 이 시에서 코넷 연주자는 자신의 위엄을 드러내지 않으며, 이 시 제목인 '반시'는 코넷의 번역어로서 목가적인 반시는 대개 피리로 해석된다. 하지만 타고르는 이 유럽 악기로 하여금 인도의 라가raga[79]를 연주하게 만들며, 그 인도의 라가는 캘커타의 어두컴컴한 곳에서 흐르고 있는 삶의 페이소스를 초월하기도 하고 동시에 포착하기도 한다. 이 시의 끝부분을 읽어 보자.

> 때때로
> 이 골목의 괴기스런 분위기 속에서 노래 한 가락이 들린다—
> 때때로 저 깊은 밤에,
> 혹은 새벽에,
> 혹은 빛과 그림자가 명멸하는 늦은 오후에.
> 그런데 어느 저녁 갑자기
> 신두-바로안Sindhu-baroan 라가[80] 가락이 들리고,
> 하늘 전체가 울린다.
> 고독으로 괴로운
> 모든 시간.
> 그러고 나서 순식간에
> 분명해지는 것은
> 끔찍하게 자빠져 있는 이 골목
> 마치 치유 불가능한 망상에 빠진 술고래처럼.
> 갑자기
> 메시지가 들린다.
> 아크바르 황제와

---

79) 인도 음악의 선율 형식. —옮긴이
80) 힌두 전통 음악의 한 종류로, 영원한 이별의 고통을 강렬하게 표현한다. —옮긴이

회사원 하리파다 사이엔
차이가 전혀 없다는.
애조 띤 피리 소리의 흐름을 따라
제국의 양산과 망가진 우산이
함께 향해 가는 곳은
똑같은 바이쿤타Vaikuntha.[81)]

거기, 이 노래가 진실인 그곳,
달레스와리강이 흐른다.
영원하고 상서로운 여명의 시간에.
타말tamal나무가 그림자를 깊게 드리우는 강기슭,
그녀는 안뜰에서 기다린다
다카이 사리로 치장하고
이마에 주홍색 곤지를 찍은 채.[82)]

타고르는 이론상으로 시적인 것에 관한 자신의 입장을 수호하기 위해 일련의 절충주의적 명제를 동원했다. 그는 유럽의 낭만주의에, 특히 존 키츠가 1819년에 쓴 「어느 그리스 항아리를 위한 송가」Ode on a Grecian Urn라는 시에 의지했다. 또한 보스투bostu(유용한 것)와 라사를 구분할 때는 『우파니샤드』와 산스크리트 미학에 의지했다. 산스크리트 시학 이론에 따르면, 라사는 미학적 연출이 생산한다고 여겨지는 사심 없는 일반적인 감

---

81) 바이쿤타는 비슈누 신이 천상(天上)에 거주하는 곳이다.
82) Tagore, "Bansi"(1932), *Rabindrarachanabali*, Vol. 3, pp. 63~65.

정을 말한다.[83] 이에 덧붙여, 타고르에게는 초월적이거나 우주론적인 릴라leela 감각, 즉 놀이play 감각의 실존에 관한 자신만의 철학이 있었다. 그의 철학은 『우파니샤드』에 기초하는 것이었고, 거기에서 릴라 감각은 이성에 대한 궁극적인 비판으로 기능하며, 따라서—정치적인 것을 부적절한 것으로 만들지 않으면서도—종별적으로 볼 때 정치적인 것에 속하는 것들을 저지한다.[84] 일찍이 그는 '실존(혹은 생존) 투쟁'이라는 서구식 표현보다 지반 릴라jiban leela(삶-놀이)라는 표현을 선호하는 것에 관해 설명하면서, 자신에 생각하기에는 실존하는 일에 대한 묘사로는 릴라보다 '투쟁'이 더 편협하다고 생각한다고 주장했다. 릴라는 궁극적으로 이성의 한계에 관한 것이었다. 타고르는 한때 놀이하듯이, 그리고 마치 독백하듯이, 다음과 같은 시를 쓴 적이 있다.

아니, 이 사람아, 이 불필요한 싸움은 무엇을 위한 건가?
생존을 위한 것.
하지만 내가 왜 기를 쓰고 생존해야 하나?
그렇지 않으면 자넨 죽으니까.

---

83) Tagore, "Chhander artha", *Ibid.*, Vol. 14, pp. 153, 155~156; "Bastab", *Ibid.*, Vol. 14, p. 295; "Kabir kaifiyat", *Ibid.*, Vol. 14, pp. 312~316; "Sahitya", *Ibid.*, Vol. 14, pp. 308~309; "Tathya o satya", *Ibid.*, Vol. 14, pp. 312~316 등과 같은 에세이를 볼 것. 타고르의 독특한 미학 이론들은 누구도 설득시키지 못했다. 이 점들에 관해서는, 또한 타고르에 대한 옹호론을 알려면 Bhabanigopal Sanyal, *Rabindranather sahityatattva*, Calcutta: Modern Book Agency, 1974, Pt. 2, pp. 38~40을 볼 것. 또한 Bimalkumar Mukhopadhyay, *Rabindranandantattva*, Calcutta: Deys, 1991, p. 296; Asitkumar Bandyopadhyay, *Sahityajijnashay rabindranath*, Vol. 2, Calcutta: Karuna Prakashani, 1980; Satyendranath Ray, *Sahityatattve rabindranath*, Calcutta: Sanskrita Pustak bhandar, 1972도 볼 것.

84) Tagore, "Kabir kaifiyat"(1915), *Rabindrarachanabali*, Vol. 14, p. 301을 볼 것.

죽는 게 뭐 어쨌다는 건가?

하지만 난 죽길 원치 않아.

왜 원치 않는데?

난 내가 원치 않기 때문에 원치 않아.

이런 문답을 한마디로 요약하면,

릴라라고 부를 수 있지.[85)]

타고르는 주로 프라티아히크pratyahik(일상적인 것)와 니티아nitya나 치라탄chiratan 즉 영원한 것, 이 둘을 구분했다. 전자는 아니티아anitya, 말하자면 역사의 변화에 종속되는 일시적인 것이었다.[86)] 시적인 것의 영역은 일상적인 것 안에 섞여 있었지만, 시적인 눈을 움직인다면 드러나게 마련이었다. 타고르는 두르자티프라사드 무케르지에게 자신이 선호하던 가정주부, 즉 그리히니grihini의 사례를 이용하여(그는 회사원의 형상과는 구별되는 이 그리히니 형상에서 항상 시적인 것의 가능성을 보았다) 이 점을 설명한 적이 있다.

다음과 같은 질문이 제기될 거야. 그렇다면 어떤 규칙에 의해 산문적인 것이 시적인 것의 층위로 고양되는가? 답변은 쉽네. 만일 자네가 산문을 그리히니[그리하griha, 즉 집home의 주부—인용자]와 같은 것으로 상상한다면, 그 가정 주부는 다투기도 하고, 세탁부 집에 보낸 옷들을 관리하

85) Tagore, "Kabir kaifiyat", *Rabindrarachanabali*, Vol. 14, p. 301. 더 자세한 논의를 위해선 Abu Sayeed Ayyub, *Tagore and Modernism*, trans. Amitava Ray, Delhi, 1995를 볼 것.
86) 산문-시 형식을 설명하고 있는 타고르의 1937년 에세이 "Gadyachhander prakriti", *Rabindrarachanabali*, Vol. 14, p. 284를 볼 것.

기도 하고, 기침이나 감기나 발열 등으로 여러 차례 고생도 하고, 월간지 『바수마티』Basumati를 읽기도 하는—이 모든 일이 일상적인 것에 관한 이야기, 즉 '소식'information의 범주에 속하는 것들이지—사람이라는 걸 알 수 있을 걸세. 이 모든 것의 한가운데에서, 마치 바위 위로 샘물이 솟구치듯이, 달콤한 것이 넘쳐흘러 나오지. 뉴스의 주제가 되지 않는 것이 시의 주제가 되는 걸세. 자넨 그걸 선택해서 산문-시로 이용할 수 있네.[87)]

따라서 시적인 것이란 일상적인 것의 한가운데에서 누군가가 초월적인 것의 층위로 이동하는 것을 도와주는 바로 그것이었다. 이와 반대로 산문적인 것은 필요성과 공리성utility의 영역에 속했다. 그 같은 영역에 존재하는 것은 단지 보스투bostu들, 즉 사물thing들이었다. 보스투란 어떤 대상에 대한 순전히 공리적인 견해였다. 혹은 공리적으로 사용되어 소진된 어떤 대상을 보스투로 부를 수 있었다. 타고르는 독자에게 시적인 것과 산문적인 것의 위계를 분명하게 밝혔다. 그는 "그렇다면 어떤 규칙에 의해 산문적인 것이 시적인 것의 층위로 고양되는가?"라고 물었다. 그는 1925년 무렵에 쓴 「타티아 오 사티아」Tathya o satya(사실과 진리)라는 에세이에서 키츠의 시 「어느 그리스 항아리를 위한 송가」를 인용하면서 이렇게 말했다.

영국의 시인 키츠는 그리스 항아리에 바치는 시를 썼다. 항아리를 만든 도공은 단지 담을 것을 만든 게 아니었다. 이 항아리는 단지 사원에 바치는 공물을 담기 위한 순간을 연출하기 위해 만들어진 것이 아니었다. 말하자면 그것은 그저 인간의 필요를 보여 주기 위해 만들어진 것이 아니었

87) Tagore's letter to Dhurjatiprasad Mukerjee, 17 May 1935, *Ibid.*, Vol. 14, p. 280.

다. 물론 그것은 무언가의 필요를 충족시켜 주었을 것이다. 그러나 필요가 충족되었어도 그 항아리는 소진되지 않았다.……키츠가 자신의 시를 통해 알려 주는 것은 이 항아리와 통일적인 우주가 공유하고 있는 정체성이다. 키츠는 이렇게 썼다.

그대, 말 없는 자태여! 당신은 괴롭히네
생각 없는 우리를
영원永遠이 괴롭히듯.[88)]

유럽 낭만주의의 제자들은 공리적인 것, 즉 보스투에 관한 타고르의 논의에서 표명된 '공리성'에 대한 이러한 비판에 놀라지 않을 것이다.[89)] 이 글에서 타고르는 벵골 민족주의의 낭만적 측면들에 근본적이었던 (벤담주의적) 공리주의에 대한 비판을 표현했을 수도 있다. 반킴찬드라 차토파디아이도 19세기에 똑같은 비판을 했다. 여성 해방과 대의제 정부에 관해 이야기했던 존 스튜어트 밀의 공리주의 상표는 벵골에서 수많은 추종자를 찾아냈다. 반면 몇 년 전 에릭 스톡스가 보여 주었듯이, 벤담의 교리는 1830년대 이후 제국의 권위주의를 이데올로기적으로 정당화했고, 그래서 바로 이 '공리성'이라는 관념의 상표를 벵골 지식인들이 조롱했던 것이다.[90)] 밀에겐 특유의 시론詩論이 있었지만, 벤담의 계산법—"공리성은 어

---

88) Tagore's letter to Dhurjatiprasad Mukerjee, 17 May 1935, *Ibid.*, Vol. 14, pp. 312~313.

89) James K. Chandler, *England in 1819: The Politics of Literary Culture and the Case of Romantic Historicism*, Chicago: University of Chicago Press, 1998, pp. 188~189, 231, 478에서 주목하는 것은 낭만주의와 '공리성'에 관한 18세기의 정치경제적 관념들 사이의 긴장들이다.

떤 대상의 속성, 즉 이익·편의·쾌락·선의·행복……등등을 산출하는 경향이 있는 그 속성을 의미한다"—은 너무 조야한 것으로 여겨져서 일부 유명한 벵골인은 그것을 다르샨darshan(세계관/철학)으로 부르지 않았다.[91] 실제로 그들은 공리적으로 아름답다든가 고무적이라는 게 무슨 말인가 하고 물었다. 반킴찬드라 차토파디아이는 그것을 우다르-다르샨udar-darshan, 즉 '식욕의 세계관'stomach-outlook이라 불렀고, 그래서 자신의 유머러스하고 풍자적인 에세이 모음집인 『카말라칸테르 다프타르』*Kamalakanter daptar*에서 다음과 같이 비꼬았다.

> '공리성'utility이라는 단어의 뜻이 무엇이지? 그것에 해당하는 벵골어가 있나? 나는 영어를 모르고, 카말라칸타도 말한 적이 없지. 그래서 아들에게 물었어. 아들은 사전을 찾아보더니 이렇게 설명했어. '유'u는 당신you이란 뜻이고, '틸'till은 경작한다cultivate는 것이고, '잇'it은 '먹는다'eat는 것이라고. 그런데 아들은 '이'y가 무슨 뜻인지 말하지 못했어. 하지만 아마 카말라칸타는 '공리성'은 바로 "당신들 모두 경작을 하고 먹어야 산다"는 뜻이라고 말했을 거야. 이런 순 악당 같은 놈! 그놈이 모두를 농사꾼이라고 불렀어!……내 아들이 영어 공부에 재간을 발휘하지 않았다면, 우린 그처럼 어려운 단어를 이해할 수 없었을 거야.[92]

---

90) Eric Stokes, *The English Utilitarians in India*, Delhi: Orient Longman, 1989(first pub. 1959)를 볼 것.

91) John M. Robinson, "J. S. Mill's Theory of Poetry", J. B. Schneewind, ed., *Mill: A Collection of Critical Essays*, London: Macmillan, 1969, pp. 251~279; Jeremy Bentham, "Introduction to the Principles of Morals and Legislation"(1789), Mary Warnock ed., *Utilitarianism*, London: Fontana, 1969, p. 34[『도덕과 입법의 원칙에 대한 서론』, 강준호 옮김, 아카넷, 2013, 83쪽]를 볼 것.

타고르의 미학 이론에는 이런 반벤담적 입장이 반영되어 있다. 그는 종종 현실주의에 해당하는 벵골어 단어인 바스타바타bastabata라는 말을 썼고, 그 어근인 보스투(사물)를 갖고 작업했다. 그에게 바스타브bastab, 즉 자연주의적/현실주의적으로 현실적인 것이란 사물의 세계를 가리키는 것이었는데, 그 세계는 이제 다시 산문적인 공리성(타고르는 이 말 대신 벵골어로 프로요존proyojon, 즉 필요성이란 말을 사용한다)의 세계만을 가리켰다.[93] 시적인 것은 우리로 하여금 현실적인 것, 즉 바스타브의 너머를 보게 함으로써 사물들의 단순한 사물성thingness을 초월할 수 있도록 하는 데 기여했다. 타고르가 벵골의 중간 계급에게 그들의 유급 노동, 황량한 도시 생활 시설들, 캘커타의 도시 풍경 안에서 다른 삶을 살 가능성 등을 직접 심미적으로 다룰 수 있는 문학적 수단을 제시하지 않은 것은 사실이다. 벵골의 문학적 근대성은 어쨌든 타고르를 넘어서지 않고선 성립할 수 없었다. 그러나—그리고 이것이 내 주장인데—여전히 타고르의 이상주의적 낭만주의는 글을 읽고 쓸 수 있는 사람들을 위해 도시 생활을 즐거운 것으로 만들어 주려 한 문학적 전략들의 불가피한 측면이었다.

타고르는 언어를 이러한 즐거움의 매개물로 삼고 현실의 형상을 변용시키는 도구로 삼아 중간 계급의 삶 안에 자신의 위치를 마련했다. 언어는 벵골 근대성의 물질적 차원의 하나였고, 타고르는 그것을 리비도화하

---

92) Bankimchandra Chattopadhyay, "Kamalakanta", *Bankimrachanabali*, Vol. 2, ed. Jogeshchandra Bagal, Calcutta: Sahitya Samsad, 1974, p. 54. 식민주의 맥락에서 반차토파디아이의 저술들을 설명하고 있는 논의에 관해서는 Sudipta Kaviraj, *The Unhappy Consciousness: Bankimchandra Chattopadhyay and the Formation of Indian Nationalist Discourse*, Delhi: Oxford University Press, 1995를 볼 것.

93) 특히 *Rabindrarachanabali*, Vol. 14, pp. 308~309, 312~313에 실려 있는 "Sahitya"(1924)와 "Tathya o satya"(1925)와 같은 에세이를 볼 것.

는libidinize 일에 그 누구보다 기여했다. 타고르는 문법, 구전口傳, 운율, 발음, 철자법 등등 언어의 모든 면을 탐구하고 활용했다.[94] 그는 산스크리트 단어들과 어법을 벵골어 시에 신중하게 도입하여 벵골어로 말할 때 장모음과 단모음이 종종 구별되지 않는 문제를 극복했고, 벵골어 단어들은 보통 모든 음절에 한결같이 억양이 있다는 점도 극복했다.[95] 그는 벵골 도시인들이 가정의 근대적 의미를 만들어 내기 위해 필요로 했던 그 정서들을 벵골 농촌 생활에서 발견하기 위해 민요와 민간 속담을 수집했다.[96] 그는 노래도 만들었는데, 그 노래에서 음악은 말로는 표현될 수 없는 일상적인 것이 말을 할 수 있도록 도움을 주려는 명확한 목적을 갖고 있었다.[97] 그의 노래와 시들은 벵골 중간 계급의 현실을 전혀 말하지 않았으나, 그들의 마음과 집 안으로 들어갔다.[98]

말하자면 이런 질문이었다. "벵골의 한 시인은 어떻게 시라는 것을 도시와 만나는, 학교 시험과 사무실과 봉급과 덜컹거리는 시가 전차와 버스 등과 만나는, 캘커타의 우울하고 햇빛도 안 드는 골목길에 쌓인 쓰레기들과 만나는 그런 수단으로 발전시켰을까?" 타고르는 한 가지 답변을 실제

---

94) 벵골어를 다룬 『샤브다다트바』(*Shabdatattva*), 운율을 다룬 『찬다』(*Chhanda*)와 같은 타고르의 책들을 볼 것. 이것들은 *Rabindrarachanabali*, Vol. 14에 실려 있다. 민간 전승 문학을 다룬 책 『로카 사히티아』(*Loka sahitya*)는 *Ibid.*, Vol. 13에 실려 있다.

95) "실제로 벵골어 단어들은 영어에서 통상적으로 볼 수 있는 단어들 간의 중요성의 차이나 악센트가 없으며, 산스크리트어에서처럼 길고 짧은[모음 소리—인용자]을 지키는 전통도 없다." Tagore, "Bangla chhande anuprash", *Ibid.*, Vol. 14, p. 130.

96) 예컨대 Tagore, "Phuljani", *Ibid.*, Vol. 13, p. 943을 볼 것.

97) 사티아지트 라이는 타고르가 이 점을 강조하여 자신의 노랫말을 지은 것을 강조하고 있다. Satyajit Ray, "Rabindrasangite bhabbar katha", Abdul Ahad & Sanjida Khatun eds., *Rolio tahar bani, rolio bhara shure*, Dhaka: Muktadhara, 1983, p. 157.

98) 타고르가 자신의 음악론에 관해 대담자들과 벌인 토론에 관한 유용한 전거는 Rabindranath Thakur, *Sangitchinta*, Calcutta: Visva Bharati, 1966이다.

로 내놓았다. 언어로 시를 쓸 때마다 언어가 전달력을 가질 수 있도록 언어의 바로 그 물질성을 리비도화한 것, 이것이 그의 답이었다. 시는 현현顯現의 계기를 창조할 수 있었고, 타고르 본인이 「반시」라는 시에서 매우 근사하게 예증한 것과 같은 디졸브 숏을 연출할 수 있었다. 따라서 그는 또한 근대 도시의 역사에서 낭만주의의 후속편이자 대체물인 근대주의에 대해 누군가가 가졌을지도 모를 모든 역사주의적 전망을 뒤죽박죽으로 만들어 버렸다. 타고르의 글들에서는 시적인 것과 그것의 전달력이 도시에서의 삶의 바로 그 원천으로, 현실적이고 역사적인 캘커타의 형상을 변용시키는 강력한 수단으로 나타났다. 그 점에서 시적인 것은 현실주의적인 정치적 근대성과 동시대적이었고, 모든 근대성이 그랬던 것처럼 도시에서의 삶의 원천이었다.

시적인 것의 그 같은 보정적補整的; compensatory 용법은 몇몇 벵골인의 회고록에서 볼 수 있는데, 그 회고록들 안에는 타고르가 그리고/혹은 그의 글들이 나와 있다. 이 점을 설명하기 위해 두 가지 사례를 인용하겠다. 시인인 샹카 고시는 시집 『카비타르 무후르타』(시의 순간)에서 자기 아버지가 타고르를 어떻게 활용했는지 이야기해 준다. 고시의 아버지는 대학 학부의 선생이었다. 예전에 자기 아들 중 하나가 몇 시간 내에 죽게 될 것이라는 말을 의사로부터 들었을 때, 슬픔에 사로잡힌 아버지는 자신의 수업 시간에 타고르의 시집 『나이베디아』*Naibedya*[99]에 실린 시들을 하나씩 읽었다.[100] 언어의 바로 그 물질성을 절망에 빠진 아버지를 위한, 깊고도 충정어린 위로의 원천으로 만드는 데 타고르가 도움을 주었음은 분명하다.

---

99) '희생'이라는 뜻이다. ―옮긴이
100) Shankha Ghosh, *Kabitar muhurta*, Calcutta: Anustup, 1991, p. 14.

두번째 사례의 출처는 화가인 비노드베하리 무코파디아이의 회고록이다. 그는 한때 산티니케탄시에 있는 타고르 학교의 미술반 학생이었고 나중에 영화 제작자 사티아지트 라이Satyajit Ray의 선생이 되었다. 무코파디아이는 타고르 학교에 다니던 초기 시절을 이렇게 말하고 있다.

비 오는 날 산티니케탄의 학사學舍는 거의 물에 잠길 정도였다. 구멍 뚫린 천장과 깨진 창문으로 종종 빗방울이 새어 들어와 침대를 흠씬 적셨다. 언젠가 밤새 잠을 못 자 극도로 신경이 예민해져 있을 때, 우리 학생들 중 누군가가 그분[타고르—인용자]에게 우리의 불만을 말했다. 라빈드라나트는 조용한 목소리로 말했다. "자리에 앉아라. 지난 밤 내 초가 지붕에도 비가 내렸다. 그래서 난 일어나 노래를 만들었다. 들어 보고 어떤지 생각해 봐라." 그렇게 말하고 나서 라빈드라나트는 노래를 부르기 시작했다.

너는 내게서 슬픔을 일깨우고
잠 못 들게 하니, 난 널 위해 노래할 수 있네.
[Ogo dukho jagania tomay gan shonabo
Taito amay jagiye rakho—인용자]

노래를 끝내고 라빈드라나트는 말했다. "예술가와 시인인 우리는 똑같이 고통을 겪고 있다. 우릴 돌봐 줄 사람은 아무도 없다." 라빈드라나트의 방에 비가 약간 내린 것은 사실이다. [그러나—인용자] 우리 모두는 상쾌한 기분을 느끼며 그의 방에서 나와 우리끼리 말했다. "우린 그렇게 생각할 수 없었을 거야." 지금 나는 라빈드라나트가 우리 방을 수리하기 위해 어떤 조치도 취하지 않았다는 것을 분명히 인정한다. [그게 아니라면—인용자] 그가 어떤 조치를 취했는지 이제는 기억하지 못한다. 하지만 그의 노래는 그때의 밤이 가져다준 고통을 모두 잊게 했다.[101)]

타고르와 무코파디아이 두 사람 모두—그리고 이 이야기를 읽게 될 독자들—는 여기에서 시적인 것을 보정 수단으로 활용한다. 그들은 언어의 물질성을, 즉 그것의 소리와 리듬과 멜로디를 활용하여 궁핍의 물질적 형식들 또는 그 외의 다른 형식들을 담고 있는 현실을 (부정하는 것이 아니라) 재구성한다.

민족주의 역사에서 하나의 문제로서의 상상태

"현실적인 것의 장막을 꿰뚫고 본다"—타고르는 인도를 이미 사랑스러운 것으로 보는 조망 양식을 설명하기 위해 이 문구를 사용했다—는 이 조망 양식은 민족주의에 관한 베네딕트 앤더슨의 저서에서 '상상'이 시사하는 것과 동일한 것이었을까?

이 조망 양식을, 즉 객관적이고 역사적인 시선을 초월하여 보는 행위를 채용한 타고르의 민족주의적인 몇몇 시로 돌아가 보자. 거의 정해진 것처럼, 그 시들에서 벵골은 매력적인, 감싸 안는, 모든 것을 다 내주는, 강인한 힌두의 모신母神이자 수호 여신인 두르가Durga나 락슈미Lakshumi의 이미지로 등장한다. 타고르가 최초의 벵골 분리 반대 운동이나 스와데시Swadesh 운동(1905~1908년)을 위해 만든 노래들 다수는 그 땅/민족을 저 두 여신의 형상 안에 살아 있는 것으로 만들었다. 그래서 우리는 아래의 시구들에

101) Binodbehari Mukhopadhyay, "Chitrakar", *Ekshan*, annual no., 1978, pp. 201~202.

서 벵골이 두르가로 묘사되어 있음을 보게 된다.

용기 내라는 호소가 당신의 오른손에서 번뜩이고
당신의 왼손은 모든 공포를 물리치고
당신의 두 눈에선 사랑이 미소 짓네요.
그래요 당신 앞이마에는 불꽃 같은 색조의 눈이 있어요.
오 어머니, 아무리 쳐다봐도
내 눈은 당신을 떠날 수 없어요.
오늘 당신의 문은 황금 사원을 향해 열려 있어요.[102)]

벵골은 「방갈락슈미」Bangalakshmi(락슈미 벵골이여)라는 시에서 가복의 여신이자 수호신인 락슈미의 이미지로 주조된다.

오 언제나 자비로운 락슈미이며, 오 벵골 내 어머니인 당신은 당신의 들판에서, 당신의 강가에서, 망고 숲 깊숙한 곳에 들어선 당신의 수많은 집에서, 젖 짜는 소리가 크게 들리는 당신의 초원에서, 벵골 보리수 그늘에서, 갠지스강 옆의 열두 개 사원에서, 얼굴에 미소를 띠며 매일 끝도 없이 허드렛일을 하십니다.[103)]

---

102) Prabhatkumar Mukhopadhyay, *Gitabitan: Kalanukramik shuchi*, Calcutta: Tagore Research Institute, 1992는 이 노래가 만들어진 해를 1905년으로 보고 있다. 스와데시 운동의 역사 전반에 관해서는 Sumit Sarkar, *The Swadesh Movement in Bengal, 1903~1908*, Delhi: People's Publishing House, 1973을 볼 것.

103) Thompson, *Rabindranath Tagore*, p. 24. 이 시는 1898년 무렵에 쓰였다. Prabhatkumar Mukhopadhyay, *Rabindrajibani o sahityaprabeshak*, Vol. 1, Calcutta: Visva-Bharati, 1960, p. 428.

혹은 1960년대 말—그리고 아마도 그 후에도—캘커타의 학생들이 가을이 왔음을 알리기 위해 암송한 다음과 같은 시구들을 생각해 보라. 그때 벵골 전역에서는 두르가 여신에 대한 예가 올려진다.

오늘, 가을 여명에,
나는 당신의 사랑스런 모습을 보았습니다.
오 내 어머니 벵골이여, 당신의 푸른 자손들이
순결하고 아름답게 자라고 있지 않나요?
강에는 더 흐를 수 없을 만큼 물이 넘치고,
들판은 더 이상 곡식을 품지 않아도 되고,
도엘doel[104]은 소리치고, 코엘koel[105]은 노래하네요,
당신의 숲 정원에서.
이 모든 것 한가운데, 어머니 당신이 서 있네요,
가을 여명에.[106]

인도 북부의 언어들에는 현실적인 것 너머를 보는 이러한 행위, 즉 신의 현존 안에 존재하는 이러한 행위를 가리키는 일군의 용어가 있다. 그것들 중 하나가 다르샨darshan(보는 것)이다. 그것은 인간의 시선이 신적인 것과 교류한다는 것을 지시하는데, 신적인 것은 사원 내부에서 혹은 신이 현현하게 되는 어떤 이미지(무라티murati)의 현존 안에서 발생하는 것으

---

104) 방글라데시의 국조(國鳥)로서, 오리엔탈 까치 울새(oriental magpie robin)라고도 불린다.—옮긴이
105) 꼬리가 긴 검은 뻐꾸기.—옮긴이
106) Thompson, *Rabindranath Tagore*, p. 151.

로 추정된다.[107] 타고르는 개인적으로 우상 숭배를 믿거나 실천하진 않았다. 그의 집안은 19세기 초 힌두교의 우상 숭배적 측면을 거부했던 종교 집단인 브라모Brahmo에 속했다. 하지만 그가 가을의 여명에 보았다고 주장한 어머니의 '형상'을 가리키기 위해 사용했던 벵골어는 무라티였고, 그것을 톰슨은 '모습'form으로 오역했다. 글자 그대로는 화신化身이나 현현의 물질적 형태를 의미하는 무라티는 전형적으로 어떤 신의 이미지(물론 세속적인 글에서 그것은 '조상'彫像; statue이라는 영어 단어의 대역어가 되기도 하지만)를 지시한다. 타고르가 어머니 벵골의 무라티를 보았을 때, 그는 다르샨을 실천했다. 이는 그가 힌두의 우상 숭배 관행을 믿었거나 다르샨을 실천하고 싶어 했기 때문이 아니다. 그것은 그렇게 민족주의적으로 '그 너머를 볼' 때 언어 자체──타고르의 개인적·교리적 신념이 아니라──에 침전되어 있는 공통의 현실적인 실천들이 타고르가 사용한 비유법을 통해 발화했기 때문이다. 다르샨 그 자체가 미학적 실천이었던 게 아니라, 타고르가 현실적인 것의 프레임을 대체하는 데 관심을 갖고 그것을 미학화했던 것이다. 실제로 고대 인도에서 미학적 실천의 이론가 중 일부가 주장했듯이, 그 같은 급작스런 프레임 변화와 '일상적인 역사 세계의 중단'은 라사rasa(미학적 마음가짐)를 즐기는 데 본질적인 것이었다. 10세기의 이론가 아비나바굽타Abhinavagupta의 미학적 경험 생산 이론을 번역한 유럽인 옮긴이 한 명은 그의 이론을 이렇게 설명한다. "이 단어들[라사의 작동을 설명하기 위해 사용된 차마트카라chamatkara와 비스마이아vismaya—인용자]의 밑

107) 다이애나 에크(Diana Eck)가 쓴 얇은 책 *Darśan: Seeing the Divine in India,* Chambersburg, Penn.: Anima Books, 1985은 다르샨이라는 주제에 대한 유용한 입문서이지만, 인류학적인 태도에 기대어 그 실천을 이해하고 있다.

에 깔려 있는 일반적 관념은……신비한 경험과 미학적 경험 모두 현실의 새로운 차원에 의해 세계—일상적인 역사 세계, 즉 삼사라samsara—가 중단되고 급작스럽게 교체된다는 것을 함축하고 있다는 관념이다."[108] 민족주의의 라사를 즐기려면 그 같은 고대의 실천들에 생기를 불어넣는 것이 필요했던 것이다.

나는 '현실적인 것 너머를 보는 것'에 관한 타고르의 논점을 영국이 인도를 지배하기 전에 있었던 실천들로 축소시킬 생각은 없고, 따라서 인도 민족주의를 서구와 동양의 건널 수 없는 차이의 장소로 제시할 생각도 없다. 타고르는(그리고 민족주의 일반은) 분명히 유럽의 낭만주의로부터 많은 것을 끌어왔다. 초월적인 것에 관한 그의 착상은 틀림없이 이상주의적이다. 내 논점은 '역사 세계의 중단'을 초래한 비전의 계기에는 본다는 것의 복수적이고 이질적인 방법들이 포함되어 있었고, 그 방법들은 유럽의 범주인 '상상'의 분석적 범위에 관해 몇몇 질문을 낳게 했다는 것이다.

베네딕트 앤더슨은 '상상'이라는 단어를 대단히 많은 것을 떠올리게끔 사용하여, 그 단어로 소설과 신문과 지도와 박물관과 인구 통계 등이 역사의 텅 빈 동질적인 시간을 창조하는 데서 수행하는 역할을 묘사했다. 그런 역사의 시간은 민족주의가 동시성을 상상할 때 민족의 여러 부분이 동시에 그 상상태 안에 모두 존재할 수 있게 한다. 처음에 말했듯이, 앤더슨은 상상태의 의미를 자명한 것으로 취급하지만, 상상태가 허위를 의미

---

108) Raniero Gnoli, *The Aesthetic Experience According to Abhinavagupta Varanasi: Chowkhamba Sanskrit Series Office*, 1968, revised version of the 1956 edition published from Rome, p. xlvi. 또한 V. K. Chari, *Sanskrit Criticism*, Honolulu: University of Hawaii Press, 1990, pp. 44, 59~63; Hari Ram Mishra, *The Theory of Rasa Chattarpur*, M. P.: Vindhyachal Prakashan, 1964, pp. 412, 415의 논의도 볼 것.

하는 것으로 읽혀선 안 된다고 경고한다.[109] 하지만 유럽의 사유에서 상상태는 장구하고 복잡한 역사를 갖고 있는 단어이다. 게다가 문학적 가치 판단 기준으로서 그것의 지위는 산스크리트 미학 논의들에서는 의심을 받아 왔다.[110] 힌두 논리학과 불교 논리학의 지각perception 이론에 관한 비말 크리슈나 마틸랄의 논의는 상상태에 해당하는 산스크리트어 단어들을 이용하고 있다. 그 산스크리트어 단어들은 새뮤얼 테일러 콜리지가 자신의 책 『전기 문학』에서 '공상'fancy이라 부른 것과, 즉 기억을 통해 형성되지만 그렇다고 해서 기억에 의해서만 결정되지는 않는 연상聯想들의 연결과 비슷하다.[111] 많은 논평자가 지적해 왔듯이, 유럽의 사유에서 그 단어는 17세기 심리학 이론에 나오고 있고, 또한 수많은 토론을 거치고 흄과 칸트와 셸링 등등을 거쳐 『전기 문학』에서의 '일차적 상상'과 '이차적 상상'에 관한 콜리지의 이론들로 나아간다.[112] 유럽 낭만주의에서 그 단어의 용법은

---

109) Anderson, *Imagined Communities*, p. 15.

110) Chari, *Sanskrit Criticism*, p. 32.

111) Bimal Krishna Matilal, *Perception: An Essay on Classical Indian Theories of Knowledge*, Oxford: Clarendon Press, 1986, pp. 286~291, 311~312에서 주목하고 있는 것은 '상상'이라는 단어에 대한 흄과 칸트의 용법과 인도의 논리에서 칼파나(kalpana)나 비칼파(vikalpa)와 같은 단어들의 용법 사이의 유사성이다. 마틸랄은 두 경우 모두에서 '상상'은 기억의 작용에서 개념(conception)이 실려 있지 않은 지각과 실려 있는 지각을 식별한다고 말한다. 콜리지가 '공상'과 '상상'을 '탈(脫)동의어화'하고 있는 것에 관해선 Samuel Taylor Coleridge, *Biographia Literaria*, ed. Nigel Leask, London & Vermont: Everyman, 1997, Chap. 4, pp. 55~56을 볼 것.

112) 『전기 문학』의 유명한 13장은 '일차적' 상상 양식과 '이차적' 상상 양식을 이렇게 규정한다(p. 175). "나는 일차적 상상(IMAGINATION)이란 인간의 모든 지각(Perception)의 살아 있는 힘이자 주된 행위 주체(Agent)이며, 저 무한한 '나는 ~이다'(I AM)의 영원한 창조 행위를 유한한 마음속에서 반복하는 것으로 생각한다. 이차적 상상은 전자의 반향이며…… 그 행위 능력(agency)의 종류 면에서는 일차적 상상과 동일하고, 다만 정도의 면에서 그리고 그 작동 양식 면에서만 다르다. 그것은 재창조하기 위해 점점 사라지고, 퍼지며, 흩어진다.…… 그것은, 모든 대상이 (대상으로서) 본질적으로 고정되어 있고 붙박여 있을지라도,

신성神性에 관한 기독교적 관념과 깊이 연결되어 있으며, 그 후에 그 단어가 세속적인 형식을 띠게 되더라도 정신적인 것과 감각적인 것들이라는 낡은 구분을 완전히 넘어서진 못한다. 토머스 맥퍼랜드가 함축적으로 주장하고 있듯이, (콜리지의 용례들에서의) 그 단어의 핵심에는 여전히 '나는 ~이다'I am와 '그것은 ~이다'it is 사이의 그 구분이, 그리고 긴장이 존재한다. 왜냐하면 그 단어는 관찰하는 마음과 그 주변에 있는 대상들 간의 어떤 관계를 가리키고 있기 때문이다. 이로 인해 스피노자적 전통에 반대하는 콜리지의 주장에서 되풀이된 낡은 질문, 즉 신은 '상상'이라 불리는 (정신적) 능력을 부여받은 그런 주체인가, 아니면 신은 주체의 본성 안에 있는 무엇으로 수렴됨 없이 세계의 여러 방면에서 존재할 뿐인가[113] 하는 질문으로 회귀하게 된다. 내가 말하고 싶은 바는, 앤더슨의 민족주의에 관한 설명은 시사점이 많지만, 그의 설명에서 상상태는 여전히 유심론적이고 주체-중심적인 범주로 남아 있다는 것이다.

본질적으로 활력이 넘친다." 콜리지의 이론들은 수많은 문헌을 낳게 했다. 나에게 특히 도움을 준 것은 다음과 같은 저작들이다. Geoffrey H. Hartman, *The Unmediated Vision: An Interpretation of Wordsworth, Hopkins, Rilke and Valéry*, New York: Harcourt, Brace & World, 1966; Hartman, "Reflections on the Evening Star: Akenside to Coleridge", Hartman ed., *New Perspectives on Coleridge and Wordsworth: Selected Papers from the English Institute*, New York: Columbia University Press, 1972; Angus Fletcher, "'Positive Negation': Threshold, Sequence and Personification in Coleridge", *Ibid.*; Thomas McFarland, "The Origin and Significance of Coleridge's Theory of Secondary Imagination", *Ibid.*; James K. Chandler, *Wordsworth's Second Nature: A Study of the Poetry and Politics*, Chicago: University of Chicago Press, 1984; John Spencer Hill ed., *Imagination in Coleridge*, London: Macmillan, 1978; Nigel Leask, *The Politics of Imagination in Coleridge's Critical Thought*, London: Macmillan, 1988; McFarland, *Coleridge and the Pantheist Tradition*, Oxford: Clarendon, 1969. 이 문제들에 관한 논의에 도움을 준 데이비드 로이드(David Lloyd), 조너선 미(Jonathan Mee), 제임스K. 챈들러에게 감사드린다.

113) McFarland, *Coleridge and the Pantheist Tradition*, pp. 308~309를 볼 것.

그러나 근대 벵골의 민족주의적 저술들에서 등장하는 다르샨 혹은 디비아드리슈티divyadrishti(신의 시선divine sight)—나는 이 말들을 특정한 부류에 속하는 보는 것의 실천에 대한 이름으로 사용하고 있다—는 반드시 주체-중심적·유심론적 범주들이 아니다. 다르샨을 갖기 위해 반드시 신자여야만 하는 것은 아니다. 이미 말했듯이, 타고르가 어머니 벵골의 "사랑스런 무라티"를 볼 때, 그의 언어가 다르샨에 준거하는 것은 거의 무의식적 습관이다. 거기에서 다르샨은 관습적 실천의 역사에 속한다. 이 점을 이해하기 위해 우리가 반드시 '정신'이라 불리는 범주를 정립할 필요는 없다. 콜리지가 "언어 그 자체가…… 마치 우리를 위해 사유[하는 중—인용자]인 것과 같다"고 말했을 때, 그는 이러한 실천의 계기와 비슷한 것을 포착한다. 그는 그 과정을 "수학적 지식의 안전한 대용代用 기구인 계산자計算尺"의 역할에 비유한다.[114] 아니면 보다 최근의 들뢰즈적인 직관적 분석을 따라, 실천의 계기는 주체-객체의 구분법을 무시하는—그렇다고 꼭 해체하는 것은 아닌—어떤 계기라고 말할 수 있을 것이다.[115]

다르샨 혹은 디비아드리슈티의 실천은—오래전 프로이트가 지적

114) Coleridge, *Biographia Literaria*, p. 51 n1. 콜리지는 이 계기를 18세기의 '상식'의 철학들에 따라 분류한다.

115) 브라이언 마수미가 벽돌 던지기의 사례를 논의하면서 다음과 같이 말하고 있듯이, "벽돌의 주체는 무엇인가? 그것을 던지는 팔인가? 그 팔과 이어진 몸인가? 그 몸 안에 들어 있는 두뇌인가? 두뇌와 몸을 그같이 접합시킨 상황인가? 지금 말한 모든 것이기도 하고 모두 아니기도 하다. 그 대상은 무엇인가? 창문인가? 건물인가? 건물을 보호하고 있는 법률인가? 법률의 외피를 두른 계급 관계와 여타의 권력 관계인가? 지금 말한 모든 것이기도 하고 모두 아니기도 하다." Brian Massumi, *A User's Guide to "Capitalism and Schizophrenia": Deviations from Deleuze and Guattari*, Cambridge: MIT Press, 1992, p. 5; Massumi, "Which Came First? The Individual or Society? Which Is the Chicken and Which Is the Egg?: The Political Economy of Belonging and the Logic of Relation", Cynthia C. Davidson ed., *Anybody*, Cambridge: MIT Press, 1997, pp. 175~188.

했듯이—낯선 친숙함the uncanny으로, 즉 누군가의 자기 인식에 뜻밖의 놀라움을 가져다주는 어떤 것으로 근대적 주체의 자기 의식에 끼어들 수 있다.[116] 벵골 작가인 S. 와제드 알리가 1930년대의 언제쯤인가에 쓴 「바라트바르샤」[117]라는 제목의 에세이와 관련된 다음과 같은 사례를 생각해 보자. 1930년대부터 1960년대 중반까지 고등학생들은 세속적 민족주의의 정수를 보여 주는 작품—한 무슬림 작가가 힌두이즘과 연관된 사유 범주들을 펼치면서 힌두 서사시에 관해 쓴 글—인 그 에세이를 의무적으로 읽어야 했다. 오늘날 역사주의적이고 정치적인 독법은 이 에세이에서 조야한 민족주의적 본질주의 이외에 그 어느 것도 찾아낼 수 없을 것이다. 그 에세이는 심지어 '전통'이라는 영어 단어를 사용하여 글의 주제를 설명했다. 이게 반드시 틀린 말은 아닐 것이다. 하지만 흥미로운 점은 여기에서 '전통' 자체가 '신의 시선'의 문제로, 와제드 알리가 설명하고 있듯이 역사적 관점을 해체하는 시선의 문제로 제기되는 그 방식이다. 그 에세이는 필자가 살아가면서 겪은 두 가지 에피소드를 이야기한다. 소년 와제드 알리는 열 살이나 열한 살 무렵인 1900/1901년에 캘커타를 여행했다. 그때 그는 자신이 머물던 지역에 있는 한 식료품 가게에서 어느 노인이 힌두 서사시 『라마야나』*Ramayana*를 몇 명의 아이에게 읽어 주는 것을 보았다. 그는 25년 후에 캘커타에 다시 왔고, 당연히 그 지역의 역사적 변화를 보여 주는 모든 기호를 알아보았다. 조용한 거리와 가스등과 오두막은 자동차와

---

116) Sigmund Freud, *Art and Literature*, translated under the general editorship of James Strachey, ed. Albert Dickson, Harmondsworth: Penguin, 1990, pp. 339~376에 있는 프로이트의 에세이 "The Uncanny"(1919)를 볼 것[「두려운 낯설음」, 『예술, 문학, 정신분석: 프로이트 전집 14권』, 정장진 옮김, 열린책들, 2003].

117) 바라트는 '인도', 바르샤는 '대륙'을 뜻한다.—옮긴이

대저택과 전기로 교체되었다. 하지만 25년 전에 자신이 목격했던 것과 똑같이 바로 그 식료품 가게에서 바로 그 광경—실제로 몇 명의 아이가 듣고 있던 『라마야나』도 예전과 똑같은 부분이었다—을 보았을 때, 와제드 알리는 역사적인 것에 대한 자신의 감각을 심히 의심했다. 이 이상한 경험에 관해 와제드 알리가 물어보았을 때, 『라마야나』를 읽어 주고 있던 노인은, 당신이 처음 본 사람은 자식들에게 책을 읽어 주던 내 아버지였고 지금은 내가 손자들에게 책을 읽어 주고 있다고 설명했다. 그 책도 그의 할아버지 것이었다. 와제드 알리는 역사적인 것이 사방에서 해체되는 것을 느꼈다. 그는 이렇게 쓰고 있다. "나는 그 노인에게 예를 올리고 가게에서 나왔다. 마치 신의 시선을 얻은 것 같았다. 진정한/현실적인 바라트바르샤[인도—인용자]의 완전한 형상이 내 눈앞에 출현했다! 저 오랜 전통[그는 영어로 tradition이라고 썼다—인용자]이 무너지지 않은 채, 그 어디에서도 변하지 않은 채 유지되어 왔다!"[118]

와제드 알리는 분명히 낯선 친숙함의 충격을 경험했기에 "마치 신의 시선을 얻은 것 같았다"고 말했다. 그는 '마치 ~ 같다'as if라는 어구를 사용하여 이 광경이 모조리 자신의 마음 안에, 칼파나kalpana, 즉 상상의 작동 안에 있을 가능성을 열어 둔다. 그러나 또한 알리의 칼파나는 보는 것의 실천과는, 즉 그가 낯선 친숙함으로 경험했던 그것과는 아무 상관이 없었을 가능성도 있다. 아대륙에서 낭만적 민족주의를 가능케 했던 보는 것의 역사들을 쓸 때, 우리는 와제드 알리의 텍스트에서의 이러한 비결정성의 순간, 즉 유심론적 의미에서의 '상상'과 실천의 역사에 속하는 어떤 것으로

---

118) S. Wajed Ali, "Bharatbarsha", *Matriculation Bengali Selections*, Calcutta: Calcutta University Press, 1938, p. 322.

서의 '신의 시선' 사이에서의, 다시 말해 '상상'과 디비아드리슈티 사이에서의 비결정성의 순간에 머물 수밖에 없다. 이미 찬양할 만한 가치를 가진 인도를 볼 수 있기 위해 역사적인 것을 초월하는 타고르적 방식은 유럽의 낭만주의와 그 유심론적 범주들에 빚지고 있다. 그가 키츠를 참조한 것, '공리성'을 비판한 것, 뿐만 아니라 정신적인 것/물질적인 것을 구분한 것 등은 『베다』적 사유를 유럽의 낭만주의와 혼합시키는 것이다. 하지만 내 논점은 이런 것이다. 즉 '그 너머를 보는 것'의 계기에 주체를 반드시 가정할 필요가 없는 다르산이나 디비아드리슈티 같은 현상들이 포함된다면, '상상'의 범주가 포스트식민 역사들 안에서 발화되는 방식에 관한 흥미로운 함의들이 존재하게 된다는 것.

이에 관한 증거로 자와할랄 네루가 청년 시절에 겪은 유명한 경험이 있다. 그 시절에 네루는 인도 농촌을 여행하면서 농민들에게 민족 문제에 관해 말했다. 네루는 농민들이 "바라트 마타 키 자이"Bharat Mata ki jay, 즉 '어머니 인도에 승리를'Victory to Mother India(바라트는 '인도'를, 마타는 '어머니'를 뜻한다)이라고 외치면서 자신을 환영한 일들을 이야기한다.[119] 하여간, 이러한 농민의 구호는 네루의 본능적인 선생 기질과 미신을 반대하는 근대주의자 기질을 즉시 일깨웠다. 그는 학생들의 개념 이해 정도를 시험해 보려 하는 선생처럼 농민들에게 이 바라트 마타는 누구이며 "당신들은 누구의 승리를 원하는가?"라고 물었다. 이 질문은 농민들을 당황스럽게 만들었고, 농민들은 분명하게 답변할 수 없었다. 네루는 방금 자기 반 학생

---

119) 이 에피소드는 Partha Chatterjee, *Nationalist Thought and the Colonial World: A Derivative Discourse?*, London: Zed, 1986, pp. 146~147[『민족주의 사상과 식민지 세계』, 이광수 옮김, 그린비, 2013, 307~309쪽]에서 다루어지고 있다.

들의 주의를 끌 수 있었던 선생으로서의 즐거움을 느끼면서 이렇게 쓰고 있다. "내 질문은 농민들을 놀라게 했을 것이다. 그들은 정확히 어떻게 대답해야 할지 몰랐기 때문에 서로를 쳐다보고 또 나를 쳐다봤다. 마침내 태곳적부터 땅에 헌신해 온 것처럼 보이는 한 혈기왕성한 자트Jat[120]가 그분은 다르티dharti[121]이며 우리는 저 선량한 인도의 땅이 승리하길 바란다고 말했다." 그러자 네루는, 본인 말에 의하면, 그들에게 그 표현의 올바른 의미를 설명해 주려고 나섰다. 그의 의기양양한 말들을 다시 옮겨도 괜찮을 것이다.

> 어떤 땅인가? 그들 각자의 촌락 땅뙈기인가, 아니면 지구地區나 주州에 있는 모든 땅뙈기인가, 그것도 아니면 인도 전체인가?……내가 열심히……설명하고자 했던 것은 인도가 그들이 생각한 그 모든 것이지만, 그 이상이라는 것이었다. 인도의 산과 강, 그리고 숲과 넓은 평원, 이것들이 우리에게 양식을 주었고, 그 모두가 우리에게 사랑스러운 것들이지만, 궁극적으로 중요한 것은 인도의 민중, 이 광대한 대지 전체에 퍼져 있는 그들이나 나와 같은 민중이었다. 바라트 마타, 즉 어머니 인도는 본질적으로 이 수백만의 민중이었다.……이 생각이 그들의 머릿속에 스며들었을 [때—인용자], 그들의 눈은 마치 위대한 발견을 한 것처럼 밝아졌다.[122]

120) 인도 서북 지방의 힌두 농민 카스트.—옮긴이
121) 대지 혹은 대지의 여신을 뜻한다.—옮긴이
122) Jawaharlal Nehru, *The Discovery of India*, New York: John Day, 1946, pp. 48~49. Chatterjee, *Nationalist Thought and the Colonial World*, p. 146[『민족주의 사상과 식민지 세계』, 308쪽, 번역은 수정]에서 재인용.

네루는 바라트 마타"와 함께 존재하는", 그녀의 현존 안에 존재하는 문제 전체를, 말하자면 개념적인 문제로, 생각의 문제로 간주했다. 그는 땅을 의미하는 다르티라는 단어가 영국 지배하의 인도라는 특정한 지리적 영역으로 축소될 수 없다는 사실을 간과했고, 그 개념에 내용이 없다고 보았다. 그는 그 개념을 민족주의 사상에 고유한 재료로 채워 넣으려 했다.[123] 이것은, 호미 K. 바바의 용어를 따르자면, 민족주의의 교육적 계기 a pedagogic moment였다. 그러나 농민들이 '바라트 마타'라는 표현을 언어 그 자체 안에 침전된 실천들을 가리키는 것으로, 마음을 통해 가공되거나 경험적 진리들이 포함되는 개념들을 반드시 가리키지는 않는 것으로 사용했다는 점을 생각한다면, 우리는 농민 민족주의 혹은 서발턴 민족주의의 정당성을 보게 된다. 바라트 마타의 현존 안에 존재하는 그들의 실천은 인쇄 자본주의가 정규 교육을 받은 민족주의 주체에게 강제하는 마음의 훈련에 기초하는 것이 아니었다. 혹은 그들이 그 대지를 어머니 형상으로 경험했다고 주장하고 있었던 것도 아니었다. '인도' 또는 바라트는 사실 어머니일 수 있었다. 왜냐하면 신문과 소설이 등장하기 훨씬 전에 다르샨이라는 오래된 실천이 존재했고, 그것은 농민 민족주의의 '수행적'performative 측면의 결정적 요소가 되었기 때문이다. 하나의 실천으로서의 다르샨은 경험 주체의 문제에서 벗어나 있었다.

타고르나 와제드 알리 같은 엘리트 식자층은 농민이 아니었다. 그들

---

123) Homi K. Bhabha "DissemiNation: Time, Narrative, and the Margins of the Modern Nation", Bhabha ed., *Nation and Narration*, London & New York: Routledge, 1990, pp. 291~322[「디세미-네이션: 시간, 내러티브, 그리고 근대 국가의 가장자리」, 『국민과 서사』, 류승구 옮김, 후마니타스, 2011; 「국민의 산포: 시간과 서사, 그리고 근대 국가의 한계 영역」, 『문화의 위치』, 나병철 옮김, 소명출판, 2012].

에게 민족주의는 그 현상에 대한 미학적 경험과 분리될 수 없었다. 그러나 역사의 현실주의에 저항하는 미학적 계기는 정치적인 것을 구성할 때 환원 불가능한 어떤 이질성을 창조한다. 이 이질성은 다르샨 혹은 디비아드리슈티 같은 실천들과 관련하여 출현한다. 그 실천들은 타고르나 와제드 알리의 저술 안의 두 개의 권역圈域에서 발생한다. 이 저자들이 민족주의 주체들을 경험하고 상상하면서 글을 썼을 경우, 이 실천들은 그들에게 낯선 친숙함에 대한 경험이 되었다. 와제드 알리의 에세이는 이 점을 예증한다. 그러나 또한 다르샨의 실천은 반드시 경험을 함축하지는 않는 그런 형식으로—타고르가 어머니 벵골의 신적인 이미지를 보는 것에 관해 말한 시에서처럼("오늘 이 사랑스런 여명에" 등등)—그들의 어휘 안에 들어왔다. 여기에서 타고르는 이미지라는 말 대신에 단지 언어적 연상을 통해 저우상 숭배적 단어 무라티를 사용했는데, 이는 발화의 습관을 나타내는 것, 단지 그의 아비투스habitus에 속하는 것이었다. 이와 더불어, 이 지각 양식들이 시사해 주는 것은 '상상'이 주체-중심적인 실천이기도 하고 주체 없는 실천이기도 하다는 것이다. 그런 의미에서 상상태는 본래부터 이질적 범주이며, 이 범주 안에 상반된 인물인 스피노자와 콜리지 두 사람이 남아 싸우고 있는 것이다.

'상상'의 범주에 내재하는 이러한 복수성은 결국 정치적인 것을 어느 '한 가지'로 혹은 하나의 전체가 되는 어떤 것으로 보는 것을 불가능하게 만들기도 한다. 다시 한 번 수칸타 바타차리아의 시를 생각해 보자. 표면상 그의 시는 시를 매도했다. "굶주림의 왕국에서 세계는 산문적일 뿐이다"라는 식으로. 시 쓰기는 내쫓겼고 추방되었다. 중요한 것은 이제 오로지 산문만이 남은 문학을 이 세계에서 굶주림으로 상징되는 불의와 착취를 없애 버리기 위한 투쟁과 병치시키는 것이었다. 시의 위험성에 대한 바타차리아의 우려는 역사주의적이었다. 그 우려는 낯익은 일단의 불만들, 즉 낭만주의는 무관심과 무감각을—혹은 더 고약하게는 파시즘을—낳았고 위험하게도 정치적인 것을 미학화했다는 불만들에서 나왔다. 세계에 접근하기 위해선 시차視差에서 발생하는 어떠한 오류도 허용하지 않는 산문을 통해 렌즈를 정확히 맞춰야 한다. 하지만 바타차리아가 자신의 비판을 산문으로 말했다면, 자신의 바로 그 글쓰기 실천에 본인이 대담무쌍하게 비난했던 시의 모든 특징을 포함시키지 않았다면, 그의 비판이 얼마나 상투적이고 허약했을지 상상해 보라. 달리 말하자면 그의 시는 정치적인 것에 대한 하나의 이해 방식으로 시종하지 않았다는 바로 그 이유 때문에 그 정치적 효과를 충분히 발휘했던 것이다. 부언하면, 그의 시는 정치적인 것에 대한 하나의 정의—정치적인 것을 현실주의적이고 산문적인 것과 병치시키는 정의—를 중단시키고 오직 시만이 전달할 수 있는 정치적 고발을 예고 없이 도입했다. 이렇게 그 시는 정치적인 것을 하나가 아닌 것으로 만들었기에 효과적인 것으로 만들었다. 타고르가 자신의 동료들에게 민족주의적인 눈은 근원적으로 모순적인 두 가지 양식의 시선을 지녀야 할 필요가 있었다고 제안했을 때, 그의 안에 있는 민족주의적인 것은 정치적인 것의 바로 그 구성적 이질성과 접합되었던 것으로 보인다. 그가 말한 하나의 시선은 정치적인 것을 역사적 시간 안에 위치시키는 책임을 지고 있었다. 다른 하나의 시선은 정치적인 것을 역사주의화에 저항하는 것으로 창안했다. 정치적인 것의 이 구성적 이질성은 '상상'이란 단어의 역사 안에서 경합하는, 환원 불가능하게 복수적인 것들을 반영한다.

7장

우다

사회성의 역사

그런데 내가 여전히 우다를 즐긴다는 건 좋은 징조야.
왜냐하면 우다와 젊음은 분리될 수 없기에.
마나시 다스 굽타, 1957

이제 세계의 어느 곳이든 자본의 지배를 피할 수 없다는 것이 20세기 말에 분명해졌다. 그래서 마셜 버먼이 몇 년 전에 제기한 질문이 수많은 사람의 삶과 관련하여 더욱 주목을 끌고 있다. 버먼은 자신의 유명한 책 『현대성의 경험: 견고한 모든 것은 대기 속에 녹아 버린다』에서 어떻게 "근대의 남녀들이 근대화의 객체만이 아니라 주체도 될 수 있고", 어떻게 "근대 세계를 장악하여 그 안에서 편안하게 될 수 있을"지에 관한 탐구에 관심을 가졌다.[1)] 나는 이런 일이 강령적 방식에 의해, 혹은 그 방식에도 불구하고, 성취될 수 있다고 믿지 않는다. 왜냐하면 다양한 집단이 자본주의에 대해 구사할 수 있는 통제력은 기껏해야 불균등할 뿐이며, 또 글로벌하게 확충되는 제도 권력에 종속되어 있기 때문이다. 그러나 자본주의적 근대성을 자신에게 안락한 것으로 만들려는 투쟁, 자본주의적 근대성 안에서 공동체 의식을 발견하려는 투쟁, 근대성 안에서—버먼이 주장하듯이—편

1) Marshall Berman, *All That is Solid Melts into Air: The Experience of Modernity*, New York: Penguin, 1988(first pub. 1982), p. 5.

안한 존재가 되고자 하는to be at home 투쟁은 모든 이에게 중단 없이 진행 중인 과정이다. 그 문제가 어떤 항구적 해결책도 허락하지 않을 때조차도 우리는 그 일을 하지 않을 수 없다. 오늘날 형이상학에 대한 우리의 철학적 비판이 무엇이든, 형이상학적인 대자적對自的 정체성을—집단적으로든 개인적으로든—생산하는 과정은 이 투쟁의 징표이다. 하지만 그 투쟁은 결코 간단하지 않다. 철학자 자라바 랄 메타가 상기시켜 주듯이 "바로 우리 자신에게 고유한 것을 전유하는 일은 오직 귀향으로만, 낯선 것과 타자에게로 떠난 여행으로부터의 귀환으로만 이루어진다. 이는 자기 자신을 고향에 있게 만듦으로써 편안한 존재가 되게 하는 법칙이다".[2] 귀환은, 누구나 생각하듯이, 항상 불완전하다.

나는 이 장에서 20세기 전반에 캘커타시에서 출현한 하나의 사회적 실천인 우다adda의 역사를 제시하려고 하는데, 이것은 근대성 안에서 편안하게 존재하고자 하는 저 투쟁에 관한 하나의 특수한 역사 연구이다. 벵골의 언어학자인 수니티쿠마르 차토파디아이는 우다(발음 표기는 uddah이다)라는 단어를 "유쾌한 친구들과 함께 개의치 않고 이야기해도" 되는, 혹은 "가까운 친구들끼리 잡담"하는 "장소"로 번역한다(나는 나중에 이야기와 장소의 교환 가능성에 관해 좀더 말하겠다).[3] 대체로 말해 그것은 친구들끼리 한데 모여 오랫동안, 격식을 차리지 않고, 엄숙하지 않게 나누는 대화의 실천이다.

이 우다의 역사는 우다를 향한—혹은 거스르는—욕망의 역사로

---

2) Jarava Lal Mehta, *Martin Heidegger: The Way and the Vision*, Honolulu: University Press of Hawaii, 1976, p. 481 n101.

3) Sunitikumar Chattopadhyay, "Hostel Life in Calcutta"(1913), appended to *Jiban katha*(in Bengali), Calcutta: Jijnasha, 1979, p. 210.

기술記述되어야 더 적절할 것이다. 근대성에 관한 수많은 판단 기준에 따르면, 우다는 흠결 있는 사회적 실천이다. 그것은 공적 삶의 근대적 형식을 취하지만, 압도적으로 남성의 실천이다. 그리고 그것은 자본주의에서의 노동의 물질성을 망각하고 있는 실천이다. 게다가 중간 계급의 우다는 대개 노동 계급을 안중에 두고 있지 않다. 일부 벵골인은 우다를 오로지 주민에게 나태를 조장하는 실천으로 간주한다. 하지만 지난 30~40년 동안 캘커타의 도시 생활에서 우다가──물론 그 도시의 정치경제의 변화와 관련되어──눈에 띌 만큼 점차 사라졌다는 사실은 이제 굉장한 탄식과 향수를 낳고 있다. 마치 느릿느릿하게라도 우다가 죽게 되면 벵골인이라는 존재의 정체성도 죽을 것이라는 듯이.

이제 우다는 사멸 중에 있는 실천으로 인식되고 있기 때문에, 최근에 캘커타는 지난 100년 이상 존속해 온 벵골의 우다에 대한 기억들과 묘사들을 수집하고 보전하기 위해 일련의 자기 의식적인 노력을 기울여 왔다. 서부 벵골과 방글라데시에 있는 벵골인이 채팅할 수 있는 인터넷 네트워크가 구축되어 있는데, 이 네트워크는 우다로 불리고 있다.[4] 캘커타 건

---

4) 예컨대 '벵골의 우다'(Bengali adda)라는 사이트에 가입할 기회를 주는 '캘커타 온라인'(Calcutta Online)에 접속해 보라. 칼리지 스트리트 커피 하우스(College Street Coffee House)에 있는 우다의 전설적 성격은, 미국으로 이민을 왔거나 이산한 벵골인을 위해 뉴욕에서 발간되는 어느 다이제스트판 신문이 그 커피 하우스에서 45년 동안 우다에 빠진 벵골인들에게 봉사한 인도 '오지' 출신의 노동자 라무차차(Ramuchacha)의 은퇴에 관한 기사를 싣고 있다는 사실에서도 찾아볼 수 있을 것이다. *Udayan*(in Belgali), New York, 3 December 1997, p. 8을 볼 것. "지난 40여 년 동안 커피 하우스의 모든 즐거움과 슬픔, 희망과 절망, 시와 우다 등등과 분리될 수 없는 사람이 지난 토요일 정식으로 이별을 고했다.…… 본명이 라무다(Ramuda)인 라무차차는 지금 그의 70년 인생 중 45년을 커피 하우스의 메인 홀과 발코니들에 남겨 놓았다.…… 하얀 콧수염을 눈물로 적시며 라무차차는 조금은 촌스런 스타일로 이렇게 말했다: '나는 무식한 사람입니다. 나는 지난 40여 년 동안 여기에서 만난 사람 그 누구의 이름도 알지 못합니다. 그러나 나는 아직도 그들의 얼굴을 알 수 있습니다. 학생들이 와서 커

립 300년을 기념하기 위해 발간된 수필집 『캘커타의 우다』는 이러한 시장에 대한 반응이다. 그 책은 벵골인이 머지않아 우다를 즐기는 일을 잊어버릴지 모른다는, 사람들을 바쁘게 만들고 탈진케 하는 노동 윤리가 벵골인의 삶을 덮쳐 버릴지 모른다는 저 "끔찍한 가능성"을 지적하는 것으로 시작한다.[5] 유명한 벵골의 유머 작가인 사이야드 무즈타바 알리는 일찍이 1970년대에 우다는 소멸되었다고 단언하면서 그것을 애도했다. 그는 "진짜 우다로 분류될 수 있는 것들이 살아 있는 것처럼 보여도 이젠 죽은 거나 마찬가지라는 주장은 부정할 수 없다. 오늘날 캘커타에서 올라 가고 있는 5층이나 10층짜리 빌딩 중에서 우다를 위한 [공간—인용자]을 갖고 있는 곳이 얼마나 되겠는가?"라고 말했다.[6] 1997년의 캘커타 북페어에 즈음하여 캘커타출판인협회가 출간한 벵골 도서 목록조차 출판업계 자체에서 우다의 정신이 상실된 것을 애도하는 것으로 첫 페이지를 시작했다. 그 목록의 「서문」은 지난 50년간 캘커타에서의 출판의 역사를 개관하면서 향수 어리고 우울한 어조로 이렇게 끝을 맺었다. "[벵골—인용자] 도서의 표지 디자인은 변했다. 출판의 예술성이 변한 것처럼. 지금은 엄청나게 다양한 주제가 있다. 신예 작가들과 함께 신예 출판인들이 등장할 것이다.…… 그러나 우리는 벵골의 문학 세계에서 이제는 영원히 사라져 버

피를 마시고 잡담하며 시를 씁니다. 나는 그저 그들을 바라볼 뿐입니다. 이제 나는 내 촌락으로 돌아가 손자와 더불어 여생을 보내려 합니다.'" 라무차차가 벵골 중간 계급의 기억 속에 벵골의 문학적 근대성의 역사에서 일종의 성소(聖所)로 여겨진 그런 공간과 연루되지 않았다면, 벵골인이지도 않은 그 '무명'(無名) 노동자의 은퇴는 미국에 이산한 벵골인들에게 기삿거리가 되기 어려웠을 것이다.

5) Nishithranjan Ray, "Preface", Samarendra Das ed., *Kolkatar adda*, Calcutta: Mahajati Prakashan, 1990.

6) Saiyad Mujtaba Ali, "Adda", *Saiyad mujtaba ali racanabali*, Vol. 3, Calcutta: Mitra o Ghosh, 1974/1975, p. 396.

린 그것—문학적인 우다—으로 언젠가 돌아갈 수 있을까? 아마 어떤 이들은 이런 문제로 고통받을 것이다. 그러나 우리의 마음이 아플 때조차, 앞으로 밀고 나가는 것 이외에 따라야 할 다른 길이 있을까?"[7)]

나는 이러한 향수를 모종의 오류로 읽는 데는 관심이 없다. 1세대 이주민으로서 내 귀향 본능은 끊임없이 손상을 입었다. 이 글은 우다에의 향수를 보여 주는 아카이브들을 실증하려는 것인데, 나로선 그 아카이브들에 지난날의 캘커타 같은 곳에서 편안하게 존재하고 싶은—오스트레일리아나 미국의 이민자로서의—나 자신의 욕망을 어느 정도로 섞어야 할지 쉽게 결정할 수 없다. 그 같은 향수가 오직 미래 쪽을 향하도록 할 수 있을 뿐이다. 그것은 내가 어디서든 편안하게 존재하는 데 도움을 준다. 그러므로 나는 향수를 쉽게 비판할 수 없다.[8)] 오늘날 캘커타에서 겉으로 드러나 있는 우다에 대한 향수는 또 하나의—그리고 표명되지 못한—불안anxiety의 장소를 차지하고 있는 게 틀림없다. 어떻게 우리는 늘 변하고 있는 자본주의적 근대화의 장단에 맞춰 노래하면서, 그와 동시에 그 안에서 편안한 존재의 안락감을 유지하는가? 수많은 인도의 도시들은 지금 아르준 아파두라이가 "도시의 소진"urban exhaustion이라고 부르면서 환기시킨 것의 징후들을 펼쳐 보이고 있다.[9)] 인도의 주요 도시들이 20세기 전반

---

7) Sabitendranath Ray & Rabin Bal, "Bangla prakashanar panchash bochhor, 1947~97", *Books in Print from West Bengal and Fair Directory 1997*, Calcutta: Publishers' Guild, 1997, p. xxxii.

8) 이 문제들에 관해서는 Ranajit Guha, "The Migrant's Time", *Postcolonial Studies*, Vol. 1, No. 2, July 1998, pp. 155~160을 볼 것.

9) Arjun Appadurai, "Body, Property and Fire in Urban India". 이 글은 1997년 11월 워싱턴에서 열린 미국 인류학회의 학술 대회 중 '가치 제도들'(Regimes of Value)을 주제로 한 분과 모임에 제출된 논문이다.

에 만들어 놓은, 개성이 뚜렷한 근대적 외관들은 이제, 인구 변화와—과거에 비해—더욱 확장된 미디어와 경제의 글로벌화라는 환경 속에서, 심각한 도전에 직면해 있다. 사실 우다를 향한 욕망이기도 한 우다의 역사(쓰기)는 이제 캘커타시의 또 다른 즐거움과 위험에 의해 압살당한, 도시적 근대성의 어떤 실천에 바치는 일종의 진혼곡鎭魂曲일지 모른다.

그러므로 벵골 지식인들이 지난 몇 십 년 동안의 우다에 관한 토론에서, 의도한 것은 아니지만, 수많은 형이상학을 생산할 수밖에 없었다는 것은 놀라운 일이 아니다. 우다는 흔히 벵골의 정수를 보여 주는 어떤 것으로, 벵골의 특성의 불가결한 일부로, 혹은 벵골인의 '삶'과 '생명력' 같은 형이상학적 통념들의 필수적 구성 부분으로 간주된다. 1940년대의 사회학자 베노이 사르카르가 출간한 저작 다수는, 마치 어느 우다 안에서 벌어지는 대화의 단편들인 것처럼, 문답 형식을 취했다. 그는 1942년에, 벵골인이 민중으로서의 자신들의 타고난 직관을 "유지하고 또 풍요롭게" 만드는 데 기여한 우다의 "생명력"에 관해 말했다. 그는 자신의 대화체 글 한 곳에서 "우리에게 필요한 것은 우다다"라고 선언했다.[10) 『캘커타의 우다』에 붙인 「서문」에서 역사가인 니시트란잔 라이는 벵골인을 "우다를 사랑하는 사람들"이라 묘사했다.[11) 벵골의 작가인 느리펜드라크리슈나 차토파디아이는 1970년대에 쓴 글에서 그 관습을 찬양했다. "벵골인은 우다를 가장 멋지게 실천하는 사람들로 세계에서 굉장히 유명하다. 그 어느 인종도 필요성이라든가 공리성의 관념을 일체 초월하는 우다와 같은 관습을

10) Benoy Sarkar, "Addar darshan", *Binay sarkarer baithake*, ed. Haridas Mukhopadhyay, Calcutta, 1942, p. 273을 볼 것.

11) Ray, "Preface", Das ed., *Kolkatar adda*, p. 10.

만들어 낼 수는 없었다. 우다를 즐기는 것은 삶의 원초적이고 영속적인 원리이다. 벵골인처럼 이것을 삶의 원리로 인정한 사람들은 없었다." 그리고 다음 쪽에서 이렇게 덧붙인다. "우다와 벵골의 풍취風趣는 정신적으로 너무나 깊게 연계되어 있어서 우다는…… 지금 [캘커타의—인용자] 기업, 사무실, 공식 회의, 라우크rawk[베란다, 빌딩의 앞쪽에 낸 테라스—인용자], 찻집, 경기장 관람석, 정당 지구 사무실 등에, 그리고 중고등학교와 대학교에—모든 곳에—퍼져 있다. 모든 곳, 모든 활동의 틈새에 우다는 수없이 다양한 모습으로 존재한다."[12] 사이야드 무즈타바 알리의 판단에 따르면, 캘커타 남자들은 우다에 몰두하기론 카이로 남자들 바로 다음이다. 그는, 카이로 남자들은 매일 마지못해 6시간 동안만 집에 있고(자정부터 아침 6시까지), 나머지 시간은 집에 있는 대신 일터나 카페에서 남자 친구들과 대화를 즐기면서 보내는 것을 더 좋아한다고 존경스럽게 묘사한다.[13]

우다는 특별히 벵골적인 실천이라는 벵골의 형이상학적 주장을 옹호하는 것이 내 목적은 아니다. 사회적 공간에서 교제와 연회를 즐기기 위해 남녀가 합석하는 전통은 분명 어느 특정한 사람들만의 독점물이 아니다. 그 단어가 오직 벵골의 단어인 것도 아니다. 그것은 힌디어와 우르두어에도 있고, 거기에선 '모임의 장소'를 의미한다(북인도에서는 버스 터미널을 버스-우다로 부른다). 우다의 실천에 관한 20세기 벵골의 논의에서 특별한 점이 있다면, 그것은 우다의 실천이 특별히 벵골적이라는 주장, 그리고 우다의 실천 없이는 '벵골의 특성'을 생각할 수 없다고 말할 정도로 우다

12) Nripendrakrishna Chattopadhyay, "Adda", *Nana katha*, Calcutta: Deb Sahitya Kutir, 1978, pp. 2~3.

13) Saiyad Mujtaba Ali, "Adda passport", *Saiyad mujtaba ali rachanabali*, Vol. 3, Calcutta: Mitra o Ghosh, 1974/1975, pp. 404~411.

가 벵골인의 주요한 민족적 특징을 표시해 준다는 주장이다. 이 글에서 나는 이러한 주장과 이 주장의 역사를 버먼이 제기한 질문, 즉 자본주의 도시 환경에서 사람들은 편안함을 느끼고자 어떻게 애를 쓰는가라는 질문의 견지에서 연구하고자 한다.

우다 실천의 역사에 관한 내 관심은 20세기 벵골의 문학적 근대성의 세계와 문화에 한정된다. 우리가 알게 되겠지만, 우다의 실천이 자기 의식적으로 민족주의적인 고향을 갖게 된 것은 바로 그 세계 안에서였다. 이것이 내가 캘커타라는 도시에서의 발전들에 주목하는 한 가지 이유이다. 캘커타는 한때 벵골의 문학 생산을 이끈 중심지였다.

벵골의 우다 논쟁

우다가 벵골의 특성을 보여 주는 지표로서의 지위를 갖는다는 것은 널리 인정받았으나, 그렇다고 해서 벵골 지식인 모두가 이 실천의 가치에 관해 동일한 의견을 갖고 있었던 것은 아니다. 그러므로 독자에게 과거는 물론 현재에도 그 실천과 연관되어 있는 논쟁이 어떤 부류의 것인지를 얼마간 알려 주는 일부터 시작해 보자. 근대 벵골의 역사에서 널리 알려진 두 명의 문화 평론가인 비평가 니라드 C. 차우두리와 작가 부다데브 보세의 모순적 견해들은 훌륭한 출발점이 된다. 이들은 인도에서 비교문학 분과를 창설하기도 했다.

차우두리의 유명한 저서 『어느 무명 인도인의 자서전』은 우다를 벵골인에게 있는 깊고도 지속적인 불안감의 징후로 보고 있다. 그는 '군집성'gregariousness이라는 단어를 사용하여 우다의 관습을 묘사하기도 하고, 자신이 캘커타 남성의 나쁜 점으로 보고 있는 것을 설명하기도 한다. 그는 벵골에서 우다의 문화적 실천이 정말 오래되었고 도처에 퍼져 있다고 지적하면서 그 책을 시작한다. 바바니차란 반디오파디아이Bhabanicharan Bandyopadhyay의 『칼리카타 카말랄라이아』*Kalikata kamalalaya*[14]——1823년에 출간된 텍스트로서, 식민 도시 캘커타의 초기 역사에서 볼 수 있는 벵골인의 사회 생활에 관한 삽화들을 담고 있다——는 그에게 1820년대부터 1930년대까지 캘커타의 벵골인에게 공통적인 습관들, 즉 "아침에 잡담하기, 정오에 일을 쉬거나 낮잠 자기, 오후에 느즈러지기, 저녁에 지싯거리기 등은 그 어느 것도 고쳐지지 않았다"는 확증을 제공해 준다.[15] 벵골인의 이 사교 취미에 대한 차우두리의 묘사는 웃음을 자아낸다. 비록 그 어조는 그가 이 군집성에의 탐닉을 도덕적으로 비난하고 있음을 무심코 드러내지만 말이다.

> 그 도시의 토박이는 사회성에서 부족한 것을 군집성으로 벌충했다. 세계 그 어디에도 이들보다 더 능숙한 사교 전문가는 없었고 가까운 친구들에게 이들보다 더 의존하는 사람은 없었다. 그러면서도 친구들에 대한 의무는 전혀 아랑곳하지 않는다. 캘커타의 남성은 본인이 그다지 애를 쓰지 않아도 꼭 필요한 동료들이 그의 사무실에, 그가 가는 바bar가 있는 도서관에, 그의 학교에 쉽사리 모인다는 것을 알고 있었다. 그런 곳들은 일하는 장소였을 뿐 아니라 끝없는 잡담 장소였다.
>
> ……아마도 군집성이야말로 캘커타 사회에서 유일하게 사심 없는 것이

---

14) 칼리카타는 '검은 연꽃'이라는 뜻을 지닌 캘커타 내의 지역 이름이고, 카말랄라이아는 '락슈미' 여신을 뜻한다.—옮긴이

15) Nirad C. Chaudhuri, *The Autobiography of an Unknown Indian*, New York: Macmillan, 1989(first pub. 1951), p. 382.

었으리라. 진정한 토박이라면 근무 시간 외에는 항상 친구를 찾아 배회하고 있었을 것인데, 바로 그런 눈물겨운 노력은 종종 목적을 달성하지 못했다. 건장한 인간이라면 누구나 사무실에서 퇴근하여 서둘러 씻고 차를 마신 후, 친구를 만날 셈으로 집 바깥으로 뛰쳐나갔다. 그 친구들도 같은 사명을 띠고 있어, 모두가 모두를 못 만나는 일도 가끔 발생했다. 하지만, 이러한 불운을 피하기 위해 만남을, 혹은 그들 벵골인이 말하는 우다를 정하는 것이 더 흔한 실천이었다. 모든 우다에는 고정된 신자들이 있었다.……이 모임의 장소는 대개 우다 그룹의 부유한 멤버 중 한 사람의 사랑채였지만, 때로는 퇴근 후의 사무실인 경우도 있었고, 더 드물게는 찻집인 경우도 있었다.……일반적으로 이 모임 장소들은 더 많은 단골 참석자들이 살고 있는 지역에 위치했다. 그러나 친구를 만나러 시가市街 전차로 5~6 마일을 달려온 인간을 만나기란 결코 드문 일이 아니었다.……익숙하지 않은 우다에 가담하느니 새로운 지역의 새로운 집으로 옮길 각오가 되어 있는 인간도 있었다.

우다에 대한 차우두리의 비난 뒤에 도사리고 있는 식민적이고 빅토리아 시대적인 편견을 식별해 내기란 어려운 일이 아니다. 차우두리의 묘사에서 우다는 무엇보다 게으름 바로 그 자체, 정신의 무기력을 표시한다. 그는 "만남의 장소로 몰려들 때 보이는 악마 같은 에너지와 뚜렷이 대조되는 것이 실제로 만남이 진행될 때의 놀라운 께느른함이었다"고 말한다. 둘째, 우다의 실천은 그에게 개인성의 결핍을, "짐승 본능"의 현존을 드러내는 것이었다. 그는 이렇게 쓰고 있다. "나는 1922년에 윌리엄 맥두걸William McDougall의 『사회심리학』*Social Psychology*을 처음 읽기 전까진 이런 행동을 이해하지 못했다. 그 책에는 사회성과 군집 본능이 명확히 구분되어 있었고, 그 구분이 올바르게 강조되어 있었다. 그 책 덕분에 비판의 무기를 재장전한 나는 캘커타의 군집 지향적 토박이들을 골턴의 수소들Galton's Oxen,[16] 즉 아프리카 다마랄랜드Damaraland 초원의 수소들이라고 부르기 시작했다. 이 동물들은 개별적으로는 서로를 의식조차 하지 않는 것처럼 보이지만, 무리에서 떨어지면 고통스럽다는 신호를 격하게 보낸다."[17]

셋째, 우다는 차우두리에게 통제된 사회성의 부재를 의미했다. 그에 따르면 통제된 사회성은 발달한 개인성 의식을 지닌 개인만이 성취할 수 있는 것이었다. 캘커타인에게는 차우두리가 이해하는 "사회적 생활이란 것이 거의 없었기" 때문에 우다가 있었던 것이다. "그 어떤 오후 파티나 저녁 파티도, 만찬도, 집으로 손님을 초대하는 것도, 물론 그 어떤 댄스도 그들의 실존을 활기차게 만들지 않았다." 마지막으로, 차우두리에게 우다는 부르주아 가정에 해로운 것이었다. 그는 이렇게 주장한다. "캘커타 토박이들의 강렬한 무리 짓기 본능은 사실상 가족 생활을 없애 버렸다. 그들에게는 저녁에 남자가 자기 아내와 자식과 함께 있는 습관이 없다. 하루 중 어느 때라도 부르면 올 수 있게 그들이 집에 있는 것을 보기란 거의 불가능하다. 왜냐하면 그들의 하루는 세 개의 주요한 행락行樂—아침에는 가벼운 잡담거리를 찾아 어슬렁대는 일, 대낮엔 사무실에 머무는 일, 저녁엔 사교를 체계적으로 연마하는 일—으로 쪼개져 있기 때문이다." 수많은 사회학 텍스트는 집-일터-여가를 모눈으로 하는 낯익은 3분법적인 부르

---

16) 찰스 다윈의 사촌인 프랜시스 골턴(Francis Galton, 1822~1911)은 영국의 인류학자이자 우생학자이자 열대 탐험가였다. 그는 오늘날 서남아프리카에 있는 나미비아(Namibia)의 중북부 지역에 다마라(Damara) 부족이 거주하는 다마랄랜드를 여행하면서 무리로부터 떨어지는 것을 견디지 못하는 야생 수소들에 대해 묘사한 적이 있다.—옮긴이

17) 차우두리로부터의 모든 인용은 Chaudhuri, *The Autobiography of an Unknown Indian*, pp. 383~386.

주아 생활 패턴으로 근대성을 설명하고자 하는데, 분명 차우두리의 비판은 그 생활 패턴을 중시하면서 당대 캘커타인의 삶에는 그것이 없다고 보고 있다. 차우두리의 저술은 우리에게 그 패턴이 근대 벵골인의 삶에, 하나의 실천은 아니더라도 최소한 하나의 욕망의 대상으로 분명히 존재했다는 점을 상기시켜 준다. 차우두리의 비판은 외부에서 기인하는 비판은 아니었다.

하지만 차우두리가 우다를 비난하는 글을 출간했던 1950년대 바로 그 시기에, 부다데브 보세가 우다를 주제로 쓴 에세이의 기조는 차우두리의 반성적 기조와 아주 상반된다. 보세의 에세이의 처음 두 문단은 수많은 벵골 지식인이 우다의 관습에 대해 느꼈던 애정의 세심한 성격을 실증할 수 있을지 모르므로 길게 인용할 만하다.

> 나는 학자가 아니다[라고 보세는 쓰고 있다—인용자]. 나는 그 단어의 어원을 알지 못한다. 그 단어는 산스크리트[어도 아니고—인용자] 무슬림의 말도 아닌 것 같다. 우리가 그것을 힌디어로 사바sabha라고 읽는다면, 모든 게 사라진다. 만일 우리가 그것을 영어로 '파티'라고 읽는다면, 그 정신을 죽이는 것이다. 그 모임에 [적절한—인용자] 옷은 카키khaki 혹은 카디khadi[손으로 짠, 거친 면 옷—인용자]인 반면, 파티에서 입는 옷은 가볍지만 꽉 낀 옷이다. 또한 사바의 경우에는 희고 장식 달린 옷을 입는데, [그렇지만—인용자] 불편하다. 나는 프랑스의 살롱이 여전히 건재한지 알지 못한다. 그러나 그것들을 묘사한 것을 보면 우다에는 어울리지 않는 상당한 화려함이 있어 보인다. 우다의 정확한 동의어가 과연 세계의 다른 언어들에 있을까? 언어학자는 아니지만, 나는 없다고 말하겠다. 왜냐하면 다른 나라에는 우다의 정신이라든가 그것에 어울리는 환경이 존재하지

않기 때문이다. 다른 나라 사람들도 말하고, 농담을 지껄이고, 주장을 내세우고, 밤새 즐기지만, 우다를 행하지는do [벵골어 동사는 '주지는'give] 않는다.…… 그들은, 우다를 가진 그 사람들은, 사교 클럽에서 무엇을 할까?

보세의 서술에서 '그들'이 오로지 벵골인만이라는 점은 아주 명백했다. 그것만이 아니다. 내가 이미 인용한 느리펜드라크리슈나 차토파디아이와 대단히 유사하게, 그는 그 단어로 표기되는 이 실천을 자연과 연관시켰고, 우다라는 말에 벵골의 폭신한 충적토가 투영되어 있음을 보았다.

우다는 애오라지 인도적인 것이지만, 벵골의 습하고 부드러운 토양에서만 그 완벽한 표현을 얻을 수 있다. 우리의 사계절은 시를 낳게 하는 것과 똑같이 우다를 단단하게 만드는 데도 기여한다. 차이트라Chaitra [벵골 역법에서 마지막 달인 3월 중순에서 4월 중순까지—인용자]의 저녁, 후두두 내리는 비로 가득 찬 스라반Sravan [벵골 역법에서 4개월간의 우기—인용자]의 오후, 달빛으로 물드는 가을의 밤, 달콤하고 눈부신 겨울의 아침, 이것들 모두 잠자고 있는 우다의 종소리를 울리게 한다. 누군가는 그 소리를 듣고 누군가는 듣지 못한다. 극도로 덥거나 추운 나라에서는 우다[의 정신—인용자]가 어쩔 수 없이 시들어 버릴 것이다.…… 내가 사바Sabha에 가야만 할 때, 내 심장은 떨린다. 나는 파티라는 말이 나오자 도망쳤다. 그러나 우다는? 나는 그것 없인 살 수 없다.…… 내가 단순히 우다 예찬자에 만족할 수 없는 이유는 그 때문이다. 나 또한 우다의 [고위—인용자] 사제로서 그것의 영광됨을 설교해야만 한다.[18]

---

18) Budhhadev Bose, "Adda", Das ed., *Kolkatar adda*, p. 13.

차우두리의 감성과는 상반되는 방향에서 쓴, 우다 정신에 대한 이런 자기 의식적이고 서정적인 찬사는 상대적으로 드물다. 어쨌거나 굴타니gultani나 기야자노gyajano 등과 같은 벵골어 단어가 있고, 그것들은 통상 '쓸데없는 이야기'를 가리킨다. 그 단어들은 우다에 대해 비판적 태도가 존재하고 있다는 것을 시사해 주지만, 그러한 태도가 '게으른 원주민'이라는 근대의 자본주의적-식민적 테마에 힘입은 것 같지는 않다. 중간 계급이 규율을 강조하는 일은 식민 시기 이후에 널리 유행했는데, 그것은 게으름에 대한 빅토리아 시대의 관념만이 아니라 그 이전부터 존재했던 '일'과 '게으름'에 대한 이해 방식들 위에서 구축될 수 있었다. 어찌되었건, 수니티쿠마르 차토파디아이와 부다데브 보세 같은 우다의 확고한 옹호자들조차 왜 우다라는 단어가 '보호자나 부모'에게 전혀 인기가 없었는지를 언급하고 있다. 그들이 우다를 완전한 시간 낭비로 간주하지 않았을 경우에라도, 그들은 아마 그것을 적어도 의무의 방기放棄와는 연관시켰을 것이다.[19] 이와 동시에, 벵골의 근대성에서 우다가 자기 표현을 위한 장場을, 타자의 눈에 비치는 자신의 어떤 스타일을 계발하기 위한 장을 다수에게 제공했다는 것을 시사하는 충분한 증거가 있다. 우다에 능한 것은 또한 문화적으로도 가치 있는 일이었다. 유명한 벵골 물리학자인 사티엔 보세Satyen Bose(보세-아인슈타인 통계학으로 유명한)[20]에 대해 동시대 사람들은 종종 우다르 라자addar raja, 즉 우다의 왕이라고 호의적으로 묘사했다. 또한 말하

19) Chattopadhyay, "Hostel Life in Calcutta", *Jiban katha*, p. 210; Bose, "Adda", Das ed., *Kolkatar adda*, p. 13.

20) 풀 네임은 사티엔드라나트 보세(Satyendranath Bose, 1894~1974)이다. 캘커타 출신으로 1920년대 초에 아인슈타인과 함께 보세-아인슈타인 통계학 및 보세-아인슈타인 응축 이론을 구축하여 양자역학 분야에서 명성을 떨쳤다. — 옮긴이

기와 글쓰기 양쪽 모두에서 우다의 인기 있는 이야기 양식을 펼쳐 보였던 작가 사이야드 무즈타바 알리에게 그의 팬들은 장난스레 우다 차크라바르티adda chakrabarti(우다의 황제)라는 칭호를 부여했다.[21)]

우다에 대한 근대 벵골인의 이해 방식을 구성하는 다양하고 수많은 상황이 있는데, 그것들을 압축해서 보여 주는 것이 오늘날 한 벵골어-영어 사전이 펼쳐 놓고 있는, 그 단어에 속하는 의미들이다. 아래는 1968년 판 사전에 기재된 것이다.

> 우다(명사). 거주지; 자주 드나드는 곳; (고정되거나 항구적인) 모임 장소, 약속하고 만나는 장소; 어떤 것을 실천하기 위한 장소 또는 시설(가네르 우다ganer adda[뮤지션을 위한 우다]); 클럽; 한가한 이야기꾼들의 회합, 그들의 만남의 장소 혹은 이야기; 집회 장소, 정류장이나 주차장(가리르 우다garir adda[탈 것을 위한 우다]). 우다 가라gara(동사). 체재하다(보통은 항구적으로); 정착하다. 우다 데오이아deoya, 우다 마라mara(동사). 게으른 이야기꾼들의 회합에 참여하다; 다른 사람과 한가한 수다에 빠져들다. 우다다리addadhari(명사). 클럽의 관리인 혹은 우두머리; 규칙적으로 클럽에 가는 사람. 우다바지addabaj(형용사). 다른 사람들과 한가한 수다에 빠져들기를 좋아하거나 그런 수다에 빠져 있는 클럽에 자주 가기를 좋아하는.[22)]

---

21) Hirankumar Sanyal, *Poricboyer kuribocbbor o onnanno smritichitra*, Calcutta: Papyrus, 1978, p. 145; Gaurkishor Ghosh, "Bhumika"(Preface), *Saiyad mujtaba ali granthabali*, Vol. 4, Calcutta: Mitra o ghosh, 1978을 볼 것.

22) *Samsad Bengali-English Dictionary*, Calcutta: Sahitya Samsad, 1968 중에서 우다 항목을 볼 것.

독자가 주목해야 할 것은, 우다를 '한가한 수다'라고 도덕주의적으로 묘사한 이 발췌문에서 니라드 C. 차우두리의 어떤 감성이 여전히 살아 있다는 점이고, 다른 한편으로는 우다를 영어 단어 '클럽'과 넌지시 비교하는 것에서 '근대성'에 대한 열망이 여전히 살아 있다는 점이다. 산스크리트어화된 단어 우다다리와 페르시아어적 표현인 우다바지는 우다라는 단어가 함축하고 있는 존재의 방식들을, 어떤 기질이나 성격을 가리키고 있는데, 다른 한편으로 그 단어는 또한 더 오래된 의미의 '거처', '모여드는 장소', 정착지를 뜻하기도 한다. 그런 뜻의 우다는 아마도 정착과 유목의 변증법을 시사할 터인데, 지금 우리로서는 그것의 완전한 의미를 파악할 수 없다.

그 단어의 매우 다양한 의미는, 칭송받기도 하고 동시에 비난받기도 한—그러나 어느 경우든 도처에 퍼져 있던—캘커타의 도시 생활 관습인 우다의 실천이 불러 낸 이질적인 과거들을 명백하게 증언하고 있다. 우다를 단지 낡은 봉건적 생활 방식의 유물로, 여전히 살아남아 벵골 근대성에 장애물이 되고 있는 농촌적·전前도시적 흔적으로 간주하는 것은 단순한 생각일 것이다. 마찬가지로, 우다에 대한 보세의 칭송을 시간과 사회성의 전자본주의적 의미를 수호하는 것으로 읽는다면, 그것은 오독일 것이다. 또한 차우두리의 산문에서 마르틴 루터나 막스 베버의 유령들이 말하는 소리를 듣는다면, 그것도 똑같이 잘못일 것이다. 우다 관습은 봉건제에서 자본주의로의 이행과 같은 경직된 이야기 안에서는 이해되지 않는다. 어찌되었건, 캘커타에서 그 실천의 옹호자들은 흔히 근대 벵골 문단을 형성하는 데 기여한, 뚜렷하게 근대적인 민족성 의식에 공헌한 그런 사람들이었다.

우다와 민주적 발화의 탄생: 하나의 계보학

오늘날의 벵골어에서 우다와 마즐리시majlish(모임이나 만남, 혹은 파티를 의미하는 아랍어 마즐리스majlis에서 나왔다)와 바이타크baithak('회합'을 뜻하며 바이타카나baithakkhana는 '응접실'이라는 뜻이다) 및 그 밖의 유사 단어들은 실제 동의어로 사용된다. 지금은 우다나 마즐리시에 진정으로 즐겨 참여하는 사람을 가리킬 때, 마즐리시majlishi라는 단어와 우다바지라는 단어를 모두 쓸 수 있다. 하지만 이러한 병행 사용은—적어도 이 단어들의 벵골어 용법에서는—최근에 시작되었다. 19세기의 글들에서는 우다라는 단어가 지금처럼 빈번하게 마즐리시라는 단어를 대체한 것 같지는 않다. 나는 19세기에 그 단어가 우다의 실천을 존중하면서 쓰인 경우를 사실상 만나보지 못했다. 20세기에 우다라는 단어가 존중할 만한 것이 된 이유는 벵골의 근대적인 독서 대중이 형성된 공간들과 연관되었기 때문이다.

남자들이—또한 별도의 사회적 공간에 여자들이—함께 모여 자신의 삶에 영향을 주는 온갖 것에 관해 격식을 차리지 않고 이야기하는 풍습은 벵골 농촌에서는 오래된 전통이다. 찬디만다프chandimandap—찬디 여신을 숭배하는 영구적인 장소이지만 평상시엔 촌락의 원로들이 회합 장소로 사용했다—라는 단어는 이 점을 입증한다. 그런데 흥미로운 것은 우다 관습에 대한 자기 의식적 논의들이 종종 벵골의 작가들에게 벵골 촌락 생활의 이 오래된 특징을 상기시켜 주고 있다는 점이다.[23] 캘커타에서 우다와 가장 밀접히 연관된 공간 중의 하나가 오래된 캘커타의 집들에 붙어 있는 높은 베란다인 라우크rawk 혹은 로와크rowak라는 공간이었다. 인근

23) Ray, "Preface", Das ed., *Kolkatar adda*, p. 9.

의 젊은이들은 그곳에 자주 모여 시끄럽게 우다를 떨었다. 이런 일은 중간 계급에 속하는 집주인을 상당히 성가시게 했는데, 집주인은 특히 집 안에 젊은 여자가 있을 땐 라우크에서의 이 귀에 거슬리는 우다를 자신의 체통에 대한 위협으로 간주했다. 외부로 튀어나온 베란다, 즉 라우크는, 땅값 상승이 그것을 쓸모없게 만들었을 때까지, 벵골 주택의 특징적인 건축 양식이었다. 사실 주택 구조 면에서 그 베란다는 벵골 촌락들의 전통적인 진흙 오두막집 둘레에 있었던 다오아[daoa](베란다)의 자취를 보여 주는 것이었다. 마찬가지로, 남자들이 그 같은 공간에 모이는 관습은 이전의 관습과 관계가 있었을 것이다. 그러나 캘커타시에 있는 라우크의 우다에는 주로 젊은이들이 참여했고, 또 통상 근대적인 문학 생산과 연관된 것은 아니었다. 19세기에, 이 우다들 중 일부를 지배한 남자들은 한 지역의 사회 지도자들이었다.[24)] 벵골 작가인 프레만쿠르 아타르티는 20세기 중반 무렵 젊은이들이 캘커타의 여러 지역에 있는 라우크에 모여 벌이는 우다에 관한 삽화를 남기고 있다.

> 지역 내의 어느 집에 넓은 로와크가 있었다. 청년들은 매주 일요일과 그 밖의 휴일에 그곳에서 우다를 가졌다.…… 대화는 온갖 다양한 종류의 주제를 오갔다. 애국심, 레슬링, 스포츠, 잉글랜드, 독일, 스위스 등등. ……
> 이 우다들에서 화기애애하게 시작된 대화들은 종종 매우 신랄한 것들이 되거나 서로 욕설을 퍼붓는 것들로 변했기에, 집 안에 살고 있는 사람들은 육체적 폭력이 발생할까 두려워하면서 전전긍긍했다. 그러나 당시 사

24) Pyarimohan Mukhopadhyay, *Amar dekha kolkata*, Calcutta, 1980/1981, pp. 207~211, 222~224는 20세기로 넘어갈 때의 그 같은 우다들을 묘사하고 있다.

람들은 너무나 우다에 몰두하고 있어서 아무리 싸움을 벌였어도 충성스럽게 우다에 나타났다.[25)]

랄 베하리 데이의 『나의 학창 시절 회상록』—1870년대에 쓴 것이지만 1830년대 무렵을 추억하고 있다—에서 우다라는 단어는 쉬는 장소를 의미하는 것으로 사용되었다. 그가 탈푸르Talpur(소나팔라시Sonapalashi)의 고향 촌락에서 캘커타로 처음 여행했던 이야기에서 그 단어는 다음과 같은 식으로 등장한다. "우리는 겨우 8마일을 여행했다. 우린 어느 우다, 즉 여인숙에 투숙하여 목욕을 하고 나서 음식을 만들어 먹었고, (단지 물만을) 마셨고, 여기저기 빈둥거리며 걷다가 밤에 다시 음식을 만들어 먹고 뜨거운 물에 발을 씻은 다음 바닥에 누었다. 우리의 몸뚱이와 진흙 마루 사이에 끼어 있던 것은 얇은 신문 한 장으로 된 깔개였다."[26)]

칼리프라산나 시나가 쓴 『후톰 피안차르 나크샤』*Hutom pyanchar naksha*라는 유명한 사회 풍자적 단편집은 1861/1862년에 "일상 생활과 일상에 관한 후톰[밤샘하는 사람—인용자]의 삽화 단편들"이라는 영어 제목으로 출간되었는데, 거기에서 우다라는 단어는 마즐리시라는 단어와 분명하게 구분되어 있다. 『후톰 피안차르 나크샤』에서 우다는 모임의 장소를 가리키지만, 그 용법은 적어도 그가 그 단어를 사용하여 힌두 개혁파인 브라모 사마지Brahmo Samaj에 의해 캘커타에 소개된, 기독교적 실천을 모델로 한 회중會衆 형식의 예배를 다음과 같이 조롱할 때의 용법만큼 경멸적이지는

---

25) Premankur Atarthi, *Mahasthabirer galpashamagra*, Calcutta, 1988, pp. 231, 364~365.

26) Lal Behari Dey, *Recollections of My School-Days*(along with *Bengal Peasant Life* and *Folk Tales of Bengal*), ed. Mahadevprasad Saha, Calcutta, 1969, p. 464. 유감스럽게도 마하데브프라사드 사하는 이 책의 최초 출간 일자를 밝히지 않고 있다.

않다. "요즈음 브라모 다르마dharma[종교—인용자]의 길을 이해하기란 거의 불가능하다.…… 우다[의 집단적 목소리로—인용자] 말해지지 않는다면 들을 수 없는 전능하신 그분은 오지에서 온 이주자이신가, 아니면 마하라슈트리안Maharashtrian 브라만이신가?"[27] 『후톰 피얀차르 나크샤』에 나오는 우다의 다른 용법들은 그 단어를 비천한 삶, 아편과 마리화나가 소비되는 "소굴den들"과 결합시킨다. 예컨대 차라세르charaser 우다, 간자르ganjar 우다 같은 식으로 말이다.[28] 20세기 초반의 캘커타에 관한 피아리모한 무코파디아이의 기억은 이 용법을 확인해 준다. 그는 '화장터'burning ghat(죽은 힌두교도는 이곳에서 소각된다. 가트ghat라는 단어는 글자 그대로는 강물로 이어지는 강둑의 계단을 가리킨다)에서 가깝고 그 도시 북쪽의 호우라 다리Howrah Bridge 아래에 있는 장소들을 아편과 마리화나에 찌든 사람들이 은신하고 있는 우다들이라고 언급한다.[29] 이 용법은 오래된 벵골어 사전들이 우다를 주변화된 실존과 연계시키고 있는 그 방식과 일치한다. 그 사전들에서 우다는 '나쁜' 사람들 혹은 나쁜 짓을 하는 사람들(쿨로크kulok, 두르브리타durbritta)이 모이는 장소였다.[30]

---

27) Kaliprasanna Sinha, *Satik Hutom pyanchar naksha*, edited and annotated by Arun Nag, Calcutta: Subarnarekha, 1992, p. 52.

28) 차라세르나 간자르 모두 하시시(hashish), 즉 대마초 이름이다. 담배나 마리화나 잎이나 그 외 다른 약초를 섞어 담배처럼 피우기도 하고 음식에 넣어 먹기도 한다. — 옮긴이

29) Mukhopadhyay, *Amar dekha kolkata*, pp. 207~211.

30) 다음과 같은 벵골어 사전에 수록된 항목을 볼 것. Gyanendramohan Das, *Bangla bhashar abhidhan*, Vol. 1, Calcutta, Sahitya Samsad, 1988(first pub. 1916/1917); Haricharan Bandyopadhyay, *Bangiyo shabdakosh*, Calcutta: Sahitya Akademi, 1988(first pub. 1924/1925); Subal Chandra Mitra, *Saral bangala abhidhan*, Calcutta: New Age Publishers, 1984(first pub. 1906). 그 단어를 연상케 하는 유사어(類似語)들이 Sinha, *Satik Hutom pyanchar naksha*, pp. 63, 105; Sivanath Shastri, *Ramtanu Lahiri o tatkalin bangasamaj*, Calcutta: New Age Publishers, 1957(first pub. 1903)에서 발견된다.

다른 한편, 마즐리시는—『후톰 피안차르 나크샤』에서건 다른 글에서건—부자와 후원자가 어김없이 포함되어 있는, 그리고 종종 부자의 객실(바이타크, 바이타카나)에 모여든 남자들의 모습이 등장하는 사교 모임 형식들을 상기시킨다. 예컨대 『후톰 피안차르 나크샤』에서 마즐리시는 포도주, 무희, 샹들리에, 고가의 의상, 취기를 풍기는 떠들썩한 소리와 함께 진행되는데, 이런 것들은 19세기 초 캘커타의 신흥 부자들과 그들의 "버르장머리 없는" 후손들이 마련한 것이다.[31] 이러한 교제 모임의 상당수가 20세기엔 약화되지만, 하나의 장소로서의 마즐리시의 후원자 관념은 그대로 유지된다. 구조상, 부자인 그 후원자의 객실, 즉 바이타카나가 없으면 모임을 열 수 없기 때문이다. 그리고 통상적으로 그 단어는 모종의 공연—노래하기, 춤추기, 시 낭송하기 등—이 이루어지는 장소와도 연결된다. 여기에서의 대화는, 노골적으로 아첨을 떠는 것이 아니었을 때라도, 결코 완전히 민주적인 것이 될 수는 없었다. 왜냐하면 후원자가 참석했다는 바로 그 사실이 참석자들의 발화 패턴에 온갖 방식으로 영향을 주었기 때문이다. 1906년에 처음 출간된 수발 찬드라 미트라의 사전이 마즐리시를 카르타바자 달레르 사바kartabhaja daler sabha로, 즉 글자 그대로 하자면 '주인을 숭상하는 자들의 모임'으로 설명한 것은 놀라운 일이 아니다(첨언하면 카르타바자는 벵골의 한 종교 분파이기도 했다).[32]

이와는 대조적으로, 후일 우다와 마즐리시라는 두 단어의 의미론적 영역이 어떻게 겹쳐지든 간에, 부다데브 보세가 1950년대에 칭송하고 있

---

31) Sinha, *Satik Hutom pyanchar naksha*, pp. 21, 23, 78~79, 87, 94, 102~103.

32) Mitra, *Saral bangala abhidhan*에 있는 마즐리시(majlish) 항목. 수발 찬드라 미트라가 여기에서 단지 종교 분파를 언급하고 있을 뿐인지 여부는 전적으로 확실하지는 않다.

는 우다는 명백히 중간 계급적이고 민주적인 기미氣味를 띠고 있다. 보세는 "우다에서는 누구든 동등한 지위를 누린다"고 말하면서 이렇게 덧붙인다.

> 생계를 위한 소득과 관련된 삶의 부분에서 인간들 사이에 차이가 있으리라는 것은 불가피하다. 그러나 사무복을 벗어던지는 것과 똑같이 그런 차별 의식을 벗어던질 수 없는 사람은 우다의 풍미를 결코 알지 못할 것이다. 주변에 있는 누군가의 지위가 높아져서 우리가 그의 영예를 결코 잊어서는 안 되는 일이 생기면, 우리는 열렬히 그를 칭송하겠지만, 그는 우리의 즐거움[의 공유—인용자]에 초대받지는 못할 것이다. 왜냐하면 우다의 바로 그 샘물은 그의 눈길이 닿는 순간 얼어붙어 버릴 것이기 때문이다. 하지만 마찬가지로, 다른 사람보다 정신적 수준[마네르 스타르maner star—인용자]이 아주 낮은 사람들이 있다면, 그들 역시 추방될 필요가 있고, 그래야 그들도 편할 것이다.[33]

물론 모든 우다가 바로 이렇게 순수한 민주주의 실천은 아니었다. 수많은 우다를 지배한 것은 중요 인사들이었고, 그들은 모임의 개최지—자신의 거실—를 제공함으로써 흔히 후원자 역할을 했다. 20세기에 우다는 여전히 혼성적 형식이어서 거기엔 마즐리시의 요소와 커피 하우스에서의 대화의 요소가 섞여 있었다. 하지만 민주적 감성의 출현은 누군가의 바이타카나에서 열리는 우다의 발화 패턴과 공적 장소에서 열리는 우다의 발화 패턴을 분리시킨다.

파라슈람(라즈셰카르 보수)의 유머러스하고 위트 넘치는 단편 소설인

---

33) Bose, "Adda", Das ed., *Kolkatar adda*, p. 14.

「람바카르나」Lambakarna와 「다크신라이」Dakshinray——앞의 것은 1915/1916년경에 발표되었고 뒤의 것은 1928/1929년경에 발표되었는데, 둘 다 반영反英 민족주의 운동 기간 중에 쓰였다——는 누군가의 바이타카나에서 정규적으로 모임을 갖는 상상 속의 어느 우다에서 오간 흥미로운 대화 사례들을 우리에게 전해 준다. 이 두 소설에서 후원자는 잘나가는 벵골 지주인데, 그는 소설에서 "지주이자 벨레가타 법원 명예 치안판사인 로이 방샬로찬 바네르지 나으리"Roy Bangshalochan Banerjee Bahadur, Zamindar and Honorary Magistrate, Beleghata Bench로 소개된다. 첫번째 소설인 「람바카르나」는 방샬로찬의 집에서 정규적으로 모임을 갖는 우다의 등장인물들을 다음과 같이 소개한다.

> 방샬로찬 나으리의 바이타카나에서 모이는 저녁 우다에선 매일 밤 수많은 엄청난 주장을 듣게 된다. 인도 총독, 수렌Suren[드라나트dranath—인용자] 반루제Banrujje[지도적인 민족주의 정치가—인용자], 모훈바간Mohun-bagan[축구 클럽—인용자], 영적靈的 진리, 이웃에 살던 늙은이 아다르Adhar의 장례식, 알리포레Alipore[동물원—인용자]에 새로 들어온 악어 등등 어떤 주제도 남김없이 토론된다. 최근에, 지난 일주일 동안의 토론 주제는 호랑이였다. 방샬로찬의 처남인 나겐Nagen과 그의 먼 친척 '조카'인 우다이Uday가 지난 밤 이[주제—인용자]를 놓고 거의 싸울 뻔했다. 다른 참석자들이 그들을 말려 그만 싸우게 하는 건 너무나 힘든 일이었다.[34]

34) Parashuram(Rajshekhar Bosu), "Lambakarna", *Gaddalika*, Calcutta: M. C. Sarkar and Sons, 1974, p. 79.

위의 묘사는 벵골의 우다라는 것의 정신을 포착하고 있다. 1940년대 어느 유명한 우다의 멤버였던 라다프라사드 굽타는 "순수한 우다는……경직되어 있거나 간단히 해치울 수 있는 어젠다agenda[강조체로 된 영어 단어들은 원문에서도 영어로 되어 있다—인용자]를……다루지 않는다.……우다가 어느 날 어떤 주제로 시작할 것인지, 무엇이 논전과 싸움을 일으킬 것인지, 어디에서 완전히 끝날 것인지, 이런 것들은 확실하지 않다. 이번에는 태양계 너머에 있는 [어느—인용자] 초신성supernova에 관한 대화가 오갈 수 있다면, 그다음 번에는 플레하노프의 『역사에서의 개인의 역할』*The Role of the Individual in History*에 관한 토론이 벌어질 수 있다"라고 쓰고 있다.[35)]

방샬로찬 나으리의 객실에 모인 멤버들은 바로 그 다방면적인 관심사—민족주의 운동에서 벵골 왕실의 호랑이에 이르기까지—로 자신들의 모임이 실제로 우다의 성격을 띠고 있다는 사실을 확인해 준다. 하지만 이제 1920년대 어간에 있었던 두번째 소설은 똑같은 인물들이 똑같은 객실에 등장하지만, 마즐리슐라다majlishladda의 후원자가 결정적 순간에 개입하여 대화의 방향을 지시했음을 예증해 준다. 그로 인해 그 대화는 부다데브 보세가 근대적 우다를 칭송하면서 이상화한 민주적 발화에는 현저히 못 미치는 것이 되었다. 두번째 소설 「다크신라이」는 아래처럼 시작하는데, 그 주제는 역시 호랑이다. 방샬로찬이 어떻게 최소한으로, 그러나 결정적으로 개입하는지에 주목해 보자.

35) Radhaprasad Gupta, "Amader jubakkaler adda: Jhankidarshan", Das ed., *Kolkatar adda*, p. 27.

차테르지Chatterjee 씨가 말했다. "호랑이들에 관해 말하자면, 루드라프라이아그Rudraprayag[성지聖地의 한 곳—인용자][36]에 있는 그 호랑이들이 [최고입니다—인용자]. 거대하고 장대한 것들이지요.…… 그러나 그곳은 [신성한—인용자] 기운이 감도는 영광스런 장소여서 호랑이들이 아무나 공격하지 않습니다. 어쨌거나 [그곳에 있는 사람들은—인용자] 모두 순례자입니다. 호랑이들은 오직 사히브sahib들[유럽인들, 백인들—인용자]만을 잡아먹는답니다."…… 변호사인 비노드Binod가 말했다. "멋쟁이 호랑이들! 여기에도 몇 마리 데려올 수 없나요? 스와라지Swaraj[자치·독립·간디를 연상케 하는 단어—인용자]가 곧 이루어지게요. 스와데시Swadesh[경제적 민족주의—인용자], 폭탄, 물레, 입법부 분열시키기[특정한 민족주의 전술을 가리킴—인용자], 이런 것들이 모두 필요 없을 테니까요."

대화는 어느 날 저녁에 방샬로찬 나으리의 바이타카나에서 오갔다. 그 나으리는 『결혼했어도 행복할 수 있을까』*How to Be Happy though Married*라는 영어 책을 읽는 데 정신이 팔려 있었다. 그의 처남 나겐과 그의 조카 우다이도 있었다.

차테르지는 꼭 일 분 동안 물담배를 빨고 나서 말했다. "그것[방법—인용자]이 시도된 적이 없다고 생각하십니까?"

"정말 있어요? 하지만 [선동煽動에 관한—인용자] 롤라트 보고서Rawlatt Report에는 언급되어 있지 않던데요?"

"그 보고서에 없다 한들 그게 뭐 대숩니까? 보세요, 정부라고 모든 걸 알고 있습니까? 모르는 일이 더 많아요. 아무리 안다고는 해도."

---

36) 인도 북서부에 위치한 우타라칸드주(州)에 있는 성지로 수십 명의 사람을 잡아먹었다는 식인(食人) 호랑이가 있는 곳으로 유명하다—옮긴이

"왜 그 얘기를 안 해주었어요?"

차테르지는 잠시 침묵하고 나서 말했다. "허 그것 참."

나겐이 추궁했다. "차테르지 씨, 왜 안 해주었습니까?"

차테르지는 일어나서 방문과 창밖을 내다본 후, 자리에 다시 앉아 "허 그것 참"을 되풀이했다.

비노드가 물었다. "무얼 찾고 있습니까?"

차테르지가 말했다. "하렌 고살Haren Ghosal이 불쑥 나타날지 확인했습니다. 그는 경찰 스파이에요. 처음부터 조심하는 게 좋아요."

방샬로찬이 책을 옆에 밀어 놓고 말했다. "자네들은 이쯤에서 토론을 그만두는 게 좋을 걸세. 그런 이야기들은 치안판사의 집에선 하지 않는 게 좋다는 말일세."

결국 차테르지는 방샬로찬이 내건 조건, 즉 "지나치게 선동적인" 요소들은 빼 버린다는 조건에 동의한 후에야 이야기를 계속 이어 나간다.[37] 여기에서 내가 강조하고 싶은 것은 두 가지이다. 첫째는 후원자의 편집인/검열관 역할인데, 그것은 장면이 끝날 때에야 분명해진다. 그때 모임의 후원자인 방샬로찬은 최소한으로 이야기하지만 실제로는 이 우다에서의 발화 규칙들을 결정하고 있다. 이는 이 모임의 공간이 민주적인 근대적 우다가 아니라 마즐리시에 더 가깝다는 표시이다. 두번째 논점은 이 이야기의 필자가—방샬로찬이 읽고 있는 영어 책의 제목을 통해—우리의 관심을 이 공간의 젠더화된 성격으로 끌고 가는 그 교묘한 방식과 관련이 있

---

37) Parashuram(Rajshekhar Bosu), "Dakshinray", *Kajjali*, Calcutta: M. C. Sarkar and Sons, 1969, pp. 65~66.

다. 나는 이 글의 뒷부분에서 이 주제로 돌아가겠다.

자신이 베푼 환대 덕분에 마즐리시의 대화들을 편집할 수 있는 교묘한(혹은 그다지 교묘하지 않을 때도 있는) 권력을 후원자가 가졌다면, 다른 극단에는 후원자가 없는 커피 하우스나 찻집의 우다가 있었다. 그곳에서 '더치페이'going Dutch(벵골인의 관습에 네덜란드가 거명되어 죄송하지만!)의 관례가 인정되었다는 것은 후원자가 없다는 표시였다.[38] 하지만 벵골에서 이렇게 민주주의와 개인주의를 우다의 문화와 연결하는 것에는 흥미로운 뒤틀림이 존재한다. '더치페이'에 해당하는 벵골어 표현은 사실 영어로는 아무런 의미가 없는 단어들이 이어지는 '히즈 히즈 후즈 후즈'his his, whose whose가 된다. 그것은 자르 자르 타르 타르jar jar tar tar(누구의 누구의, 그의 그의)를 글자 그대로 (순서를 바꿔) 번역한 것이다. 그 표현은 이미 1960년대에 사용되었다. 나는 그 말이 언제 시작되었는지 모르지만, 유명한 벵골 문학 잡지 『데시』*Desh*[39]의 편집인인 사가르모이 고시는 1950년대와 1960년대에 모였던 것으로 보이는 어느 우다를 회상하는 글에서 이 표현을 언급한다.[40]

왜 '더치페이'를 영어식으로 발음하여 익살맞게 말했을까? 이 현상을 깊이 분석하면 벵골인의 언어 사용과 언어학상의 유머 생산이라는 문제와 대면하게 된다는 것은 분명해진다. 그러나 또한 나는 그 경우에 영어 단어의 유머러스한 사용은 '더치페이'가 의미하는 환대의 부재 바로 그

---

38) 페테르 판 데르 페이르(Peter van der Veer)는, 영국인이나 오스트레일리아인에게 '네덜란드식으로 하기'(going Dutch) 혹은 미국인에게 '네덜란드식으로 내기'(Dutch treat)로 알려진 것은 네덜란드인 본인들에겐 '미국식 파티'(American party)로 알려져 있다고 내게 말한다!
39) 데시는 '나라', '국가'(nation)를 뜻한다. —옮긴이
40) Sagarmoy Ghosh, "Hirer nakchhabi", Das ed., *Kolkatar adda*, p. 52.

것으로 인한 당혹감을 감추려는 것이라고 생각한다. 벵골어 표현인 자르 자르 타르 타르는 요컨대 이기적인 태도로 보이는 것을 인정하지 않겠다는 표시이다. 벵골 문화에는 음식과 인색하지 않음 사이에 깊은 연관이 있고, 그 때문에 모든 이가 자기가 먹은 음식 값을 각자 지불했을 때 나타나는 개인주의를 인정하는 것은 중간 계급 의식에 무언가 불편함을 야기했다. 일부러 문법을 망가뜨려 '히즈 히즈 후즈 후즈'라고 표현한 것은 아마 찻집의 우다 참석자들이 후원자의 소멸을 말하게 되는 바로 그 순간에 직면했을 때의 당혹감을 극복하는 데 도움을 주었을 것이다. 그것은 마치 민주적인 우다가 그 구조 안에 마즐리시에 대한 향수를 담고 있는 것과 같았다. 그렇다면 20세기 우다의 미학이 마즐리시 형식으로부터 결코 완전히 분리될 수 없는 어떤 혼성적 형식과 항상 관련될 수밖에 없다는 것은 이상한 일이 아니다.

우다와 도시 공간의 창출

그래서 마즐리시와 우다 사이에는 근대성의 역사가, 유달리 문학과 정치에 진력하면서 공적 삶을 영위한 벵골 중간 계급의 출현 과정이 존재한다. 내가 말했듯이 우다라는 단어는 1920년대와 1930년대에 그리고 그 후에 캘커타시에서 번성한 문학·정치 그룹들을 연상시키는 것이었기에 존중받게 되었다. 그러나 이것은 또한 어디에서건 근대성의 특징을 보여 준 어떤 제도들과 공간들의 발전에 의해 매개되었다.

그런 것들 중 최초의 것은 (고등)학교였고, 또한 그 학교는 젊은이들 사이에 문학적 친밀감을 조장했던 공간, 분명히 남자들의 친교 공간이지만 때로는 거의 동성애적인 곳이라고도 할 수 있는 그런 공간이었다. 일찍이 그 같은 우정의 사례는 1842년에 열여덟 살이었던 젊은 마이클 마두수단 두트Michael Madhusudan Dutt가 학교 친구 고우르다스 비사크Gourdas Bysack(바사크Basak라고도 함)에게 보낸 편지들에서 볼 수 있다. 이 둘은 모두 그해 힌두 칼리지Hindu College의 학생이었다. 아래의 편지는 영어로 쓰였고, 강조는 두트가 한 것인데, 거기에는 영국 낭만주의 문학의 영향이 분명히 드러나 있다.

> 네가 나의 친구고 내 마음 안에 들어온다고 생각하면 내 심장은 쿵쾅거려! 너는……네 '고귀한 존재'를……내게 주겠다고 말하고 있어. 너, 고우르다스라는 존재는 고귀함 그 이상이야! 아! 천사 같아! 아! 아냐! 그것보다 훨씬 더 멋져!
>
> 지난 수요일, 난 역학 수업을 들으러 갔어. 제도製圖를 배우러 간 게 아냐. "아! 정말 아냐! 그것보다 훨씬 더 멋진 게 있었어!" 바로 너를 보는 것……내일 역학 수업에서 널 볼 수 있을까? 제발! 나를 위해 와 줘![41]

19세기 말에 비핀 찬드라 팔은 순다리모한 다스Sundarimohan Das와, 디네시 찬드라 센은 람다이알Ramdayal이라고 불린 누군가와 이와 유사하게 깊은 우정을 나누었을 것이다.[42] 20세기에 그 같은 우정은 젊은 시절의 아친티아쿠마르 센굽타와 프레멘드라 미트라Premendra Mitra 사이에서 찾아볼 수 있는데, 그것은 일종의 친밀감으로서 누구든 그런 친밀감을 갖고 낭만

---

41) Jogindranath Bosu, *Michael Madhusudan Datter jibancharit*, Calcutta: Ashok Pustakalay, 1990, pp. 48~49, 51.

42) Bipin Chandra Pal, *Sattarbatshar: Atmajibani*, Calcutta: Jugajatri, 1957, pp. 202~203; Dineshchandra Sen, *Gharer katha o juga sahitya*, Calcutta: Jijnasha, 1969, pp. 95~98.

적 사랑과 전혀 다르지 않은 감정들을 경험했다.[43] 이와 유사한 우정은 여학교가 설립됨에 따라 젊은 여성들 사이에서도 꽃을 피웠다. 하지만 그녀들의 이야기를 찾아내기란 더 어렵고, 그 이유는 이해할 만하다. 내 논점은 근대 벵골에서 우다의 역사의 뿌리 일부는 문학이 우정의 공간에 들어와 새로운 친밀감을 형성한 그 방식에 있었다는 것이다.

타고르 집안은 보다 형식적인 모임—대개 산스크리트어로 아슈아르ashar 혹은 삼밀라니sammilani와 같은 이름으로 불린—과 보다 자발적인 우다의 일부 요소가 결합된 다양한 형식의 문학 모임을 선도했고 후원했다.[44] 이 집안에서 친족끼리의 즐거움을 장식한 것은 문학이었다. 후일 시인 라빈드라나트 타고르의 여조카인 사랄라 데비Sarala Devi는 1887~1888년 시절에 관해 쓴 적이 있다. 다르질링Darjeeling[45]에서 가족과 함께 휴가를 보냈던 그때, 타고르는 매일 저녁의 모임ashar에서 가족에게 영국 문학책을 읽어 주곤 했다. 사랄라 데비는 이렇게 쓰고 있다. "내가 문학 취향을 갖게 된 것은 라비마마Rabimama [마마는 외가 쪽 삼촌을 뜻한다—인용자] 덕분이었다. 그는 아널드, 브라우닝, 키츠, 셸리, 또는 그 밖의 다른 이들 안에 있는 미학의 보고를 향해 내 심장을 열어 준 사람이다. 내 기억으론 우리가 다르질링에 있는 캐슬턴 하우스Castleton House에서 한 달 이상을 보냈을 때…… 매일 저녁 [그는—인용자] 브라우닝의 「가문의 오명」Blot in the Scutcheon이라는 시를 [우리에게—인용자] 큰 소리로 읽고 설명해 주었다.

---

43) Achintyakumar Sengupta, *Kallol jug*, Calcutta: M. C. Sarkar and Sons, 1960, pp. 6~16을 볼 것.

44) Prasantakumar Pal, *Rabijibani*, Vol. 3, Calcutta: Ananda Publishers, 1988, pp. 39, 60, 237, 268, 270을 볼 것.

45) 네팔과 가까운 벵골 서북쪽의 히말라야 산록에 있는 도시. —옮긴이

덕분에 나는 처음 브라우닝을 알게 되었다."[46]

민족주의 작가 반킴찬드라 차토파디아이Bankimchandra Chattopadhyay의 생애에서 엿볼 수 있는 일화들 역시 친밀감과 사회성의 공간 안으로 문학이 침투하는 이 과정에 대한 증거를 제공해 준다. 벵골의 에세이스트 아크쇼이찬드라 사르카르Akshoychandra Sarkar는 반킴찬드라 차토파디아이와 함께 철도역 대합실에서 문학의 '미스터리' 장르에 관해 토론하면서 몇 시간을 보낸 적이 있다고 언급한다. 그는 "[1870년에—인용자] 그렇게 미학적 즐거움(라사rasa)을 함께 나눔으로써 우리 사이엔 서로를 존중하는 감정이 생겨났다. 시간이 지나면서 그 감정은 점차……특별한 우정으로 변했다. 그는 나보다 나이도 많고 카스트도 높고 교육도 많이 받았고 성취한 것도 많았지만, 이런 것들이 우리의 우정을 방해한 적은 결코 없었다."[47] 반킴찬드라의 조카이자 전기 작가인 사치슈찬드라 차토파디아이는 반킴찬드라와 그의 문학 친구 한 사람이 어느 날 저녁 아홉 시부터 자정을 넘겨서까지 쉬지 않고 계속 격렬한 논전을 벌인 일에 관한 이야기를 언급하면서 이렇게 덧붙인다. "그날 밤에 위고, 발자크, 괴테, 단테, 초서 외에 여러 명이 거론되었다는 것이 아직도 기억에 남아 있다." 사치슈찬드라는 또한 어떻게 반킴찬드라의 바이타카나가 때때로 작가들이 만나는 문학적 우다(그는 사실 1911/1912년의 글에서 이 두 단어를 모두 사용하고 있다)로 바뀌었는지에 관해 언급하고 있다.[48]

---

46) Sarala Devi Chaudhurani, *Jibaner jharapata*, Vol. 3, Calcutta: Rupa, 1982, p. 34. 또한 Pal, *Rabijibani*, p. 74도 볼 것.

47) Amitrasudan Bhattacharya, *Bankimchandrajibani*, Calcutta: Ananda Publishers, 1991, p. 109에서 인용.

48) Sachishchandra Chattopadhyay, *Bankim-jibani*, Calcutta: Pustak Bipani, 1989, pp. 283, 311.

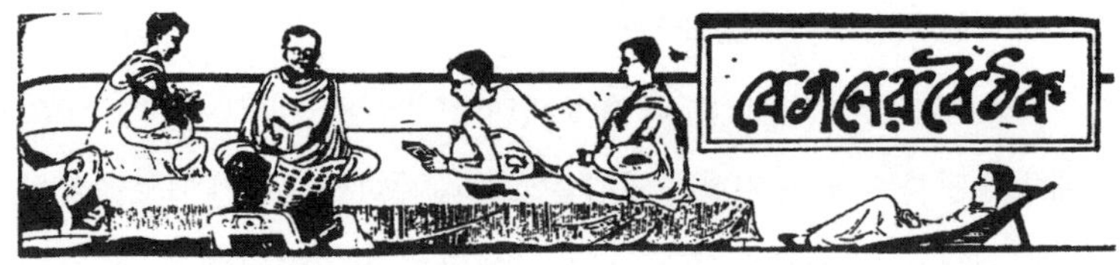

〈그림 1〉

바이타크의 토론이 전 세계적 관심사를 향하도록 하는 데 도움을 준 또 다른 두 가지 제도가 있었다. 그 중 하나는 신문이었다. 『후톰 피안차르 나크샤』는 1860년대의 "영국인화된"Anglicized 사람들이 어째서 "그날의 최고 뉴스"에 항상 흥분했는지를 말해 주고 있지만, 그 시절에 영국인화된 사람들을 식별해 준 것은 신문이었다.[49] 벵골 예술가인 차루 라이Charu Ray가 스케치한 〈그림 1〉(1920년대 무렵)은 바이타크의 전형적인 한 장면을 그린 것인데, 이 그림은 신문과 책이 20세기의 새로운 바이타카나의 항구적이고 규정적이고 일상적인 특징임을 시사해 준다.[50] 하지만 이 그림을 수니티쿠마르 차토파디아이의 〈그림 2〉와 비교해 보자. 그것은 1913년 캘커타의 학생 기숙사에서 있었던 어느 우다를 그린 것으로서, 그 그림에서 차토파디아이는 전형적인 우다에서의 통상적인 행동들을 묘사했다. 이를 보면 중간 계급 젊은이들의 삶에서 나타났던 문학 취향의 민주화와 현지화 과정이 분명히 드러날 것이다.[51] 점잖고 귀족적인 바이타크와는 달리 이곳의 분위기는 활기차며, 비치된 가구도 바이타크 그림에서보다 더

49) Sinha, *Satik Hutom pyanchar naksha*, p. 41.

50) 이 스케치에는 '베탈레르 바이타케'(Betaler baithake, '베탈의 객실에서'라는 뜻)라는 제목이 붙어 있으며, 1901년에 처음 출간되었다가 1920년대에 속간된 문예지 『프라바시』(*Prabashi*)에 게재된 '베탈'의 고정 칼럼을 위한 머릿그림으로 사용되었다. 나는 이 그림을 1975년에 문학 특집호로 발간된 『데시』(*Desh*)에 실린 Hirendranath Datt, "Sahityer adda"(문학적 우다)라는 에세이의 p. 49에서 재인용했다.

〈그림 2〉

엉성하고 덜 안락하다. 〈그림 2〉의 장면에서는 대개 팔을 뻗어 손가락으로 무언가를 가리키고, 눈들이 정면을 응시하고 있는 것에서 활기찬 모습이 느껴지는데, 그렇기에 이 그림은 뜨거운 논쟁이 벌어지고 있음을 시사하고 있다. 차토파디아이가 설명하듯이, 논쟁 자체가 문학과 벵골인의 자아自我 창출, 이 둘의 새로운 결합이 출현하고 있음을 보여 주는 것이었다.

> 기숙사에서 하루 중 가장 활기찬 시간의 한때는 저녁이다.……여러 주제에 대한 온갖 방식의 이야기와 토론이, 또한 농담과 노래가 끝없이 계속된다.……선호하는 문학적 주제 중 시인으로는 라빈드라나트 타고르와 고故 드위젠드랄랄 로이Dwijendralal Roy 씨에 관한 것, 벵골 시단에서 헴 찬드라 바네르지Hem Chandra Banerji와 마이클 마두수단 두트의 위치에 관한

51) 이 스케치는 Chattopadhyay, “Hostel Life in Calcutta”, *Jiban katha*, p. 199에 인용되어 있다.

것, 고故 기리시 찬드라 고시Girish Chandra Gosh의 드라마틱한 천재성에 관한 것 등이 있다.⋯⋯ 첫번째 주제가 단연 최고 인기를 끈다. 그래서 모든 기숙사에는 '타고르파'Rabi-ites와 '로이파'Dijoo-ites가 있다. 이들은 과거의 휘그파와 토리파처럼 서로의 견해에 적대적이다.[52]

위의 인용문에서 언급되는 문학인 모두가 벵골인이라는 점은 중요하다. 이는 문학이 대중화되어 벵골인의 생활 안으로 더 깊이 들어오게 되었음을 표시하는데, 1919년에 캘커타 대학에서 벵골 문학이 정식 연구 주제로 자리 잡게 되었다는 사실은 이러한 발전을 재빠르게 촉진했다.[53] 우다에서의 젊은이들의 논쟁은 이렇게 문학이 중간 계급의 생활 안으로 확산되는 데서 중요했다. 또한 그것은 거꾸로 우다를 사회적 행동의 한 형식으로 존중받게끔 만들었다. 수니티쿠마르 차토파디아이가 자신의 학창 시절에 관해 썼듯이 "학생들은 수많은 [영어와 벵골어가 혼합된—인용자] 합성어를 사용하며, 필요할 때마다 만들어 낸다. addify와 addification은 수학적인 addition(더하기)과 상관없었다. 학생들은 단지 그 단어들을 이야기를 즐기다라는 뜻으로 사용한다.⋯⋯ 그 단어들은 벵골어 단어인 우다adda를 응용한 것이다."[54]

20세기 초반에는 벵골의 식자층 남성들이 예술과 문학을(나중엔 정치를) 토론하는 클럽 같은 것을 만드는 것이 보이기 시작한다. 그 같은 클럽 중의 하나가 클럽에 바친 상당수의 글을 최근까지 보유해 온 월요 클럽

---

52) Chattopadhyay, "Hostel Life in Calcutta", *Jiban katha*, pp. 198~199.

53) Jatindramohan Bhattacharya, "Introduction", *Bangla mudrita granthadir talika*, Vol. 1, Calcutta: A. Mukherjee and Sons, 1990을 볼 것.

54) Chattopadhyay, "Hostel Life in Calcutta", *Jiban katha*, p. 201.

Monday Club인데, 그 이름은 모임이 있던 요일에서 딴 것이다. 월요 클럽에는 유명한 작가 수쿠마르 라이(영화감독 사티아지트 라이의 아버지), 통계학자 프라산타찬드라 마할라노비스Prasantachandra Mahalanobis, 언어학자 수니티쿠마르 차토파디아이 등을 포함한 미래의 여러 선각자가 참여했다. 히란쿠마르 사니알의 묘사에 따르면 "그 클럽은 정식 회원제와 매달 4아나[55]의 회비가 있는 정식 클럽이었다".[56] 클럽 활동에는 "플라톤-니체에서부터 시작하여 반킴찬드라-비베카난다Vivekananda-바이슈나바Vaishnava의 시와 라빈드라[나트의—인용자] 시에 이르기까지 모든 것"에 대한 토론뿐만 아니라 음악·축제·피크닉도 포함되어 있었다.[57]

라빈드라나트 타고르는 1913년에 노벨 문학상을 받았다. 이 일이 '평범한' 벵골인의 삶 속에 문학이 들어서는 데 얼마나 기여했을지에 관해선 그저 상상만 할 수 있을 뿐이다. 19세기에 문학적 자아의 계발은 주로 상대적으로 유복한 사람들의 영역이었던 반면, 1920년대와 1930년대의 민족주의적인, 급진적인, 혹은 사회주의적인 젊은 작가들은 더 이상 부자들이 아니었다. 사회학적으로 말해서 그들은 흔히 경제적 어려움 속에서 살았던 소시민이었다. 하지만 자신의 문학과 세계의 다른 지역의 문학에 대한 그들의 애정은 의심의 여지 없이 문학적 이상주의의 모습을 띠었다. 타고르는 '세계 문학'이라는 괴테적 관념의 대단한 신봉자였고, 그의 노벨상 수상은 소명으로서의 문학이라는 이상을 민주화했던 것으로 보인다. 이제 문학 활동은 명백히 세계주의cosmopolitanism와 글로벌하게 연관되는 것

---

55) 인도의 옛 화폐 단위이다. 1루피는 16아나다.—옮긴이

56) Sanyal, *Poricboyer kuribocbbor o onnanno smriticbitra*, p. 145.

57) Satyajit Ray, "Bhumika"(Preface), Sukumar Ray, *Sbamagra sbisbusabitya*, Calcutta: Ananda Publishers, 1977.

이었으므로, 문학인이 된다는 것은 이제—비록 당사자가 직업을 갖지 못했어도—존경받는 사람이 된다는 것이었다. 적어도 일부 사람에게는 그렇게 생각되었다.

따라서 우다는 중간 계급과 하층 중간 계급에 속하는 사람들이 문학적 세계주의를 실천하는 공간이 될 수 있었다. 1921년, 디네슈란잔 다스Dineshranjan Das와 고쿨찬드라 나그Gokulchandra Nag라는 두 젊은이가 여성도 가입시키겠다는 분명한 의사를 갖고 4개 예술 클럽Four Arts Club이라는 이름의 조직을 출범시켰다. '4개 예술'은 문학·음악·공예·회화를 가리켰다. 다스건 나그건 그럴듯한 출신 배경을 갖고 있지 않았다. 다스는 처음엔 캘커타시의 초우링히Chowringhee에 있는 스포츠 용품점에서 일했고, 나중엔 약국에서 일했다. 나그는 뉴 마켓New Market 안에 있는 꽃가게에서 일했다. 그들에게는 그들이 사용할 수 있는 누군가의 객실이 없었다는 사실에서 이 특별한 우다 형식의 민주화뿐만 아니라 그 우다의 일정한 사회적 급진주의도 찾아볼 수 있을 것이다. 이 클럽의 역사를 연구한 지벤드라 싱하 라이가 쓰고 있듯이 "클럽 창설 이후 주된 문제는 장소 문제였다. 남자와 여자가 모두 참여하게 될 모임을 위해 방을 빌려 주는 것을 많은 이가 꺼렸다. 이 상황을 알게 된 디네슈란잔의 누이와 그녀의 남편인 수쿠마르 다스 굽타Sukumar Das gupta는…… 적은 집세로 자신들의 거실을 내주었다."[58]

이 클럽 창설자들의 이상주의 역시 눈에 띄는데, 그 이상주의는 마치 타고르 이후 중간 계급 생활에서의 예술과 문학의 구원 기능에 대한 벵골인의 신앙을 다량으로 복용한 것과 같은 색조를 띠었다. 후일 디네슈란잔 다스는, 그 클럽은 아예 세계 전체를 품 안에 껴안으려는 그런 이상주의를

---

58) Jibendra Singha Ray, *Kolloler kal*, Calcutta: Deys, 1973, p. 5.

드러냈다는 말로 클럽의 유래를 설명했다. 그는 무명의 벵골 작가였을지 모르지만, 자신이 하는 일은 인류 전체를 위한 것이라고 여겼다. 그는 스스로를 글로벌한 국제 문학 도시의 시민으로 간주했다. 아래에 있는 다스의 글은 문학, 남자들의 우정, 일종의 휴머니즘 등이 한데 모여 1920년대 캘커타의 문학적 우다들을 민주적이고 세계주의적인 세계관이 양성되고 유지될 수 있는 공간들로 만들어 낸 그 방식을 증언한다.

> 나는 오랫동안 이 클럽의 이상과 상상[적 모습—인용자]을 마음속으로 생각해 왔다. [이—인용자] 이상주의적인 나라에서 수많은 남녀의 얼굴에 나타나는 말 못할 고통의 흔적을 목격했고, [이로 인해 내—인용자] 마음은 어두운 동굴과도 같은 내 정신으로부터 [나만의—인용자] 상상력을 밝힐 수 있기를 고대하게 되었다.……내 페이소스가 내 얼굴에 그림자를 드리웠을 게 틀림없다. 언젠가 고쿨이 내게 물었다. "어떤 생각을 하고 있는가? 나도 자네와 같은 생각을 하고 있지만 그 생각이 무엇인지 정확히 말할 수 없다는 것을 느끼고 있네." 나는 말했다. "나는 [일종의—인용자] 휴식처[여인숙—인용자]를 상상하고 있네. 그곳은 생활에 지친 사람들이 와서 쉴 수 있는 곳, 민족이나 성별이나 지위가 아무런 장애가 되지 않는 곳, 사람들이 즐겁게 다른 이들과 자유롭게 어울리면서 자기만의 일을 할 수 있고, 자기가 하고 싶은 일을 편하게 하는 데서 만족감을 얻는 [곳이지—인용자]." 고쿨은 손을 내밀어 나와 하이파이브를 하고선 신나게 외쳤다. "그게 내 평생의 꿈이기도 해. 하지만 나는 지금껏 그 정확한 모습을 생각할 수 없었어!"[59]

---

59) *Ibid.*, pp. 2~3. 강조는 추가.

캘커타시에서 확장되고 있던 출판업—즉 글로벌한 문학 시장—자체가 우다의 문화, 우다의 제도와 연관되어 형성된 것이었다. 책의 생산과 소비가 아직도 근본적으로 직접적인 대인 관계에 기초하고 있던 그런 도시에서, 문학적 취향의 창출과 유포에서 중요한 요인들은 여전히 대화와 구전口傳이었다. 서점이나 문학 잡지를 발간하는 작은 사무실은 모두 작가와 비평가와 편집인과 독자가 모이는 우다를 환대했다.[60] 느리펜드라크리슈나 차토파디아이는 규모는 작아도 소중한 이 하위 문화subculture를 생생하게 묘사해 준다.

> 칼리지 스퀘어College Square 바로 뒤에 북컴퍼니The Book Company라 불린 큰 서점이 있었다. 그것과 비슷한 서점 몇 개가 20세기가 시작될 무렵 칼리지 스퀘어 주변에 새로 들어섰다. 이 서점들은 그 시기에 문화culture[이 단어는 원문에 영어로 되어 있다—인용자]를 확산시키는 데 매우 유용한 역할을 했다. 그 서점들은 유럽과 미국에서 갓 출간된 책들을 수입하기 시작했다. 그 책들의 주제는 문학·시·과학 등 다양했다. 서점들의 노력 덕분에 당시의 젊은이들과 작가들은 세계 문학과 세계 사상의 조류들을 알 수 있는 기회를 얻었다.

차토파디아이는 이 서점에서 통상적으로 벌어졌을 일을 재구성하고 있다. 그의 이야기의 출전은 분명하지 않지만, 어쨌거나 그의 이야기는 20세기 중반 캘커타에서 존재했던, 우다와 문학적 세계주의의 밀접한 관계를 강조하고 있다. 다소 드라마틱한 차토파디아이의 이야기 안에서, 이 새

---

60) 1975년에 발간된 『데시』 문학 특집호를 볼 것.

로운 서점의 주인인 기린Girin 씨는 갑자기 서점 밖 도로에 있는 낯익은 손님을 부른다. 우연히도 그 손님은 다름 아닌 명성 높은 벵골의 사회학자이자 러크나우Lucknow 대학 교수이며 타고르와 편지를 주고받은 것으로 유명한 두르자티프라사드 무케르지Dhurjatiprasad Mukherjee이다. 기린 씨는 캘커타의 책벌레 독자들 중에서 최상의 그룹들이 정규적으로 모여 우다를 여는 서점 뒤의 창고 안으로 무케르지를 초대하면서, "안으로 들어가 보세요. 나두Nadu가 선생님을 찾고 있었어요"라고 말한다. 서점 직원인 나두는 선박을 통해 새로 들여온 나무 상자를 개봉하는 임무를 맡고 있고, 그 나무 상자들 안에는 해외에서 갓 수입해 온 문학 서적들이 들어 있다. 그는 독자들의 개인적인 독서 취향을 알고 있다. 차토파디아이는 무케르지가 창고 안에 발을 들여놓았을 때 목격하는 장면을 이렇게 재구성하고 있다.

> 나두 씨는 방금 도착한 나무 상자를 개봉하는 데 열중한다. 그의 주변에서는 두 명의 우다다리addadhari[우다의 중심 인물. 이 글의 뒷부분을 볼 것—인용자]가 나무 상자를 뚫어져라 쳐다보고 있는데, 그들의 갈증 난 눈은 마치 샴페인 병을 쳐다보는 술꾼의 눈 같았다. 두 명 중 한 명은 아주 젊다.…… 나이가 더 많은 사람은 중년쯤 되어 보인다. 머리끝에서 발끝까지 귀족적인 그 사람은 학의 깃털처럼 새하얀 벵골 옷을 완벽하게 차려입고서, 아무것도 들어 있지 않은 황금빛 궐련 물부리를——순전히 습관적인 것처럼 보이지만——두 손가락으로 잡고 있다. 가까이 다가가니 그의 손가락이 약간 떨리고 있는 게 보인다. [이 사람이—인용자] 프라마타 차우두리Pramatha Chaudhuri[1920년대의 유명한 작가이자 비평가이자 전위적인 잡지 『사부즈파트라』*Sabujpatra*[61]의 편집인—인용자]이다. 그는 젊은이에게 말을 건넨다. "이보게, 지금 영어와 프랑스어로 쓰인 이 새로운 시들

은 두운과 각운이 모두 무질서하게 보여도 그 이면에 엄청난 비극을 담고 있다네. 세계대전[1914년—인용자]이 터져 젊은이들의 마음 안에 있던 구세계에 대한 믿음을 모조리 파괴했지. 쉴 곳이 없는 그들의 마음은 새로운 도피처를 찾고 있어. 나는 이번에 도착한 짐에 그 책이 우송되어 왔으면 [본보기가 될 만한 것 하나를—인용자] 자네에게 보여 줄 걸세.…… 오, 자네가 여기 있군, 두르자티, 반갑네!"[62]

따라서 문학 소비 시장과 문학 소비 취향 모두, 이 일화에서처럼, 우다의 대화로 매개된다.

우다의 실천은 영화와 예술 취향의 창출 및 전파에도 역시 중요했다. 역사가 아룬 다스 굽타는 1950년대 "칼리가트 사우스 파크Kalighat South Park 3-B"에서 만나곤 했던, 그리고 나이 어린 친구들에게서 "카누다"Kanuda로 불린 비말 고시Bimal Gosh라는 인물을 중심으로 모였던 어느 우다를 회고하면서 이렇게 말한다. "우리와 함께 있는 동안 카누다는 영화 문제에 관해서는 우리의 전문가이자 조언자이자 지도자였다."[63] 공산주의 예술가 데바브라타 무코파디아이는 우리에게 자신의 기억 속에 있는 칼리지 스트리트의 커피 하우스에 관한 이야기를 들려주면서, 바로 센트럴 애비뉴Central Avenue에 있는 커피 하우스의 우다(사티아지트 라이와 후일 영화 평론가가 되는 치다난다 다스 굽타가 이 우다의 고정 멤버였다)에서 "벵골 영

---

61) 파트라는 '책'이나 '편지'를 뜻한다. 이 잡지는 1914년에 창간되었고, 비르발리(birbali), 즉 구어(口語) 벵골어(spoken Bengali)를 강조했다. —옮긴이

62) Nripendrakrishna Chattopadhyay, *Nana katha*, pp. 4~6.

63) Arun Das Gupta, "Three-B kalighat park south-e kanuda", Manashi Das Gupta ed., *Kicchu chintakana, kichhu smriti: Bimal ghosh smaranik patra*, Calcutta, 1987, p. 62.

화 제작의 혁신이 시작되었다"고 말한다. 또 무코파디아이는 자신의 취향과 관련된 교육 문제를 이야기하면서 우다의 근대성을 훨씬 더 솔직하게 역설한다. 그는 "나는 학계에서 훈련받은 적이 없다. 흔히 말해 예술 교육이건 문화 교육이건 내가 받은 교육은 대개 우다 덕분이다"라고 말한다.[64)]

캘커타에서 이 변화들은 공적 공간의 성격에서의 다른 변화들과 나란히 이루어졌다. 특히 두 가지가 우리의 주목을 끌 만하다. 첫째, 우리는 캘커타 공원公園들의 역사에 주목할 필요가 있다. 19세기의 자료들은 대개 '공원들'을 언급하지 않거나, 적어도 공원이라는 명칭으로는 언급하지 않는다. 거리, 베란다, 바이타카나, 아편-우다 등에 관해 아주 그럴듯하고 상세하게 이야기하는 『후톰 피안차르 나크샤』도 공원에 관해선 아무 말이 없다. 하지만 캘커타인들이 보통 헤도Hedo 혹은 헤두아Hedua라고 부르는 (콘월리스 스트리트Cornwallis Street에 있는) 공원은 20세기의 문학에 관한 몇 가지 추억을 확실하고 두드러지게 상기시켜 준다. 예컨대 비핀베하리 굽타의 『푸라탄 프라상가』—19세기 역사에 관한 필수 원전—는 실제로는 굽타와 크리슈나카말 바타차리아Krishnakamal Bhattacharya(굽타의 동기생이자 반킴찬드라와 타고르 집안의 친구) 간의 일련의 대화를 담은 것인데, 이 대화는 1910/1911년 무렵 이 공원(비던 가든Beadon Garden/헤두아)에서 이루어진다.[65)] 물리학자인 사티엔드라나트 보세Satyendranath Bose가 대학 학부생이었을 때, 즉 1910년대에, 그는 기리자파티 바타차리아Girijapati Bhattacharya 집의 옥상—아직은 연구되지 않은, 캘커타 도시의 또 다른 장

64) Debabrata Mukhopadhyay, *Kofir kaape shomoyer chhobi*, Calcutta: Communications and Media People, 1989, "Preface" and p. 10.

65) Bipinbehari Gupta, *Puratan prasanga*, Calcutta: Bidyabharati, 1977(first pub. 1913/1914).

소인—에서 만나곤 했던 어느 문학 우다의 멤버였다. 보세와 바타차리아 둘 다 나중에 『파리초이』Parychoy라는 잡지를 중심으로 형성된, 또 다른 유명한 문학 우다의 탁월한 멤버가 되었다. 때때로 이 우다는 헤두아 공원으로 자리를 옮기곤 했다고 한다. 이 우다의 주요 활동은 타고르의 소설을 토론하고, 타고르의 시를 암송하고, 타고르가 쓴 노래를 부르는 것이었다.[66] 나중에 아쇼크 차토파디아이Ashok Chattopadhyay가 편집인을 맡아 출간한 『프라바시』Prabashi라는 저널은 1924년에 바로 그 공원의 우다에서 착상된 것이었다. 우리는 옥상과 공원에 관해, 그리고 그것들이 20세기 캘커타의 문화 생활에서 수행한 역할에 관해 더 많은 것을 찾아볼 필요가 있다.[67]

또 다른 중요한 질문이 있다. 찻집과 커피 하우스와 레스토랑은 캘커타에서 언제 번창하며, 그것들이 문학 우다의 주요한 터전이 되기 시작하는 것은 언제인가?[68] 물론 캘커타 북쪽의 칼리지 스트리트 근처에는 '푼티람 상점'Puntiram's shop 같은 장소도 있었다. 그 상점은 지금 백 년 이상 되었고, 그래서 그것의 특수한 역사가 연구될 필요가 있다. 공산주의 작가이자

66) Amiyabhusan Majumdar, "Rabindranath o bigyanacharya satyendranath", *Desh*, special issue on literature, 1975, p. 131.

67) Parimal Goswami, "Prabashir adda", *Ibid.*, pp. 59~64. 라나지트 구하는 내게 자기의 젊은 시절(1930년대)에 캘커타에 있던 공원들은 아버지의 감시가 닿지 않을 만큼 멀리 떨어져 있었기에 실로 우다를 위한 장소였다고 말한다. 프레만쿠르 아타르티의 글들은 소설이나 자서전 형식으로 도시의 이 공간들을 탐사하고 있는데, 장차 캘커타시의 역사를 연구하는 역사가라면 그의 글들을 조사해 보아야 한다. 예컨대 20세기 전반과 중반 캘커타에서 지붕에 만들어진 테라스가 사회적으로 어떻게 사용되었는지에 대한 매혹적인 묘사를 알기 위해선 『마하스타비레르』(*Mahasthabirer*), pp. 354~363에 있는 그의 단편소설 「차테」(Chhate)를 볼 것.

68) 유감스럽게도 봄베이에 관해 쓴 프랭크 콘론의 에세이만큼이나 흥미롭게 캘커타에 관해 쓴 에세이는 없다. Frank Conlon, "Dining Out in Bombay", Carol Breckenridge ed., *Consuming Modernity: Public Culture in a South Asian World*, Minneapolis: University of Minnesota Press, 1995, pp. 90~127.

지도자인 무자파르 아마드는 시인 카지 나즈를 이슬람Kazi Nazrul Islam을 회상하면서 1920년대 초에 다른 사람들과 함께 앉아 이야기를 나누기 위해 잠깐 들른 찻집들을 언급한다.[69] 그러나 니라드 C. 차우두리가 언급한 바를 보면 독자는 1920년대에는 찻집에서의 우다가 누군가의 객실에서 이루어졌던 우다와 비교할 때 상대적으로 드물었음을 기억해 낼 것이다. 역사학자 수소반 사르카르는 (1932년 무렵에 창간된) 문학잡지 『파리초이』에 대한 히란쿠마르 사니알의 회상록에 붙인 「서문」에서 이렇게 쓰고 있다. "대학을 다니는 동안 캘커타 도심의 거리와 골목길이 주된 모임 장소였다. 레스토랑에서 식사하는 것은 아직 널리 퍼진 관습이 아니었다."[70]

이 진술은 라다프라사드 굽타의 언급으로 뒷받침된다. 굽타는 1930년대 말에 "시암바자르Shyambazar에서 칼리가트까지"(즉 캘커타 북쪽에서 남쪽까지) 수많은 찻집이 붉은 깃발에 "차 한 잔, 토스트 두 조각, 계란 두 개로 만든 오믈렛에 겨우 2아나"라는 글귀를 써 넣고는 엄청나게 싼 가격을 선전하곤 했다고 회상한다.[71] 1930년대 중반과 후반에 실제로 여러 상점들—굽타는 "기안Gyan 씨의 찻집", 미르자푸르 스트리트Mirzapur Street의 페이버릿 캐빈Favourite Cabin, 캘커타 대학 구내 맞은편에 있는 바산타 캐빈Basanta Cabin, 그리고 칼리지 스트리트의 YMCA 식당을 언급한다—이 대학생들의 우다 문화를 육성한 듯이 보이지만, 1930년대 말 이후 혹은 제2차 세계대전 기간 동안에 커피 하우스 체인점과 상구 밸리Sangu Valley[72] 레

---

69) Muzaffar Ahmad, *Kazi nazrul islam smritikatha*, Calcutta: National Book Agency, 1965, pp. 277~278.

70) Susobhan Sarkar, "Bhumikar bodole", Sanyal, *Poricboyer kuribocbbor o onnanno smriticbitra*, p. 9.

71) Radhaprasad Gupta, "Amader jubakkaler adda", Das ed., *Kolkatar adda*, p. 24.

스토랑들이 나타나 인도 독립 후 캘커타의 우다 풍경을 곧 지배하게 되었다.[73] 그 대형 커피 하우스들은 인도커피촉진위원회Indian Coffee Expansion Board가 압도적으로 차를 마셨던—그리고 지금도 여전히 마시는—도시인 캘커타에 커피를 팔기 위한 방법으로 개설한 것들이었다. 하지만 커피 마시는 습관이 캘커타의 벵골 문화 안에 들어온 것은 1930년대 무렵 캘커타시로 이주해 온 남부 지방 출신 이주민들(벵골어 다크시니dakshini는 남쪽—타밀나드Tamilnad, 케랄라Kerala, 안드라Andhra 등—출신 사람을 가리킨다)이 발리궁게Ballygunge 주변에 작은 식당을 차렸을 때부터였다고 굽타는 말한다. 굽타가 처음으로 "커피 하우스"를 찾았을 때의 인상적인 광경은 본인의 글에 가장 잘 묘사되어 있다.

> 1941~1942년경의 어느 날 저녁, 나는 어릴 적 친구인 치과 의사 고팔 바네르지Gopal Banerjee를 만나러 워털루 스트리트Waterloo Street에 …… 갔다. 그가 자란 곳은 …… 콘나가르Konnagar였지만, 그 시절 젊은 고팔은 때로는 어엿한 사히브sahib로, 때로는 캘커타에서 자란 순종 벵골 멋쟁이로 변신하곤 했다. 그날 내가 나타났을 때 그는 …… 근사한 도티dhoti와 쿠르타kurta를 차려입고 …… 나갈 준비가 되어ready[원문에 영어로 되어 있다—인용자] 있었다. 그는 나를 보더니 말했다. "이리 와, 나랑 새로운 곳에 가자." 방금 말한 새로운 곳이 어디냐고 묻자, 그는 이렇게 말했다. "안 돼, 그건 말하지 않을래[그는 영어인 '나는 말하지 않는다'I am not speaking를

---

72) 상구 밸리는 미얀마의 아라칸 구릉지대(Arakan Hills)에서 시작하여 벵골만으로 흘러 나가는 상구강(Sangu River)을 끼고 형성되어 있는 계곡이다. 상구강 계곡의 이름을 딴, 유명하고 오래된 이 레스토랑은 아직도 캘커타에서 성업 중이다—옮긴이

73) Gupta, "Amader jubakkaler adda", Das ed., *Kolkatar adda*, p. 24.

벵골어로 익살맞게 'speakti not'이라고 말했다—인용자]. 가까운 데 있으니 나를 따라와. 곧 저절로 알게 돼." 그렇게 말하면서 그는 나를…… 벤틴크 스트리트Bentinck Street를 지나 메레디트 스트리트Meredith Street와 센트럴 애비뉴의 교차로에 있는, 방금 개업한 인디아 커피 하우스로 데려갔다. 요즘 젊은이들은, 심지어 어린이들까지, 아무것에나 놀라는 것처럼 보인다. 그러나 나이가 '더 많은' 때였는데도 나는 그 커피 하우스를 보고 거대한 규모에, 배지를 달고 제복을 입은 사람들['보이들'—인용자]에, 청결한 외관에, 윤이 나는 테이블과 의자에, 테이블마다 근사하게 차려입은 손님들에…… 놀라서 입이 딱 벌어졌다. 칼리지 스트리트의 커피 하우스가 개장한 것은 이 직후였다.[74)]

우다가 캘커타 주민의 일반적이고 서민적인 관습이긴 했지만, 사실 소설이 증언하는 것을 보면 더 체통 있는 우다의 형식—의식적으로 유럽의 커피 하우스 형식을 모방하고 있는—은 겨우 1930년대에 시험적으로 나타나기 시작했다. 1931년 무렵에 쓰인 파라슈람의 유명한 소설 「라타라티」(밤새껏)는 캘커타의 비즈니스 중심지인 다르마톨라Dharmatola의 어디쯤엔가 위치한—그 위치 자체가 중간 계급의 일상 생활과 문화적으로 상당한 거리가 있음을 나타낸다—앵글로-무굴 카페Anglo-Mughali Cafe라는 이름의 가상 레스토랑에서 벌어진 재미있는 상황을 연출한다. 그 상황이 빚어내는 익살스러움은 많은 것을 드러낸다. 한편으로 앵글로-무굴 카페는 우다 형식을 유럽화하여 우다를 마치 어느 유럽 카페에서의 대화와 같은 것으로 만들고자 하는 열망을 드러낸다. 동시에 카페 매니저가 유럽적

---

74) *Ibid.*, pp. 27~28.

인 것들을 누구보다 잘 알고 있다고 자부하는 반틀로Bantlo라는 손님과 말씨름하는 동안에 드러내는 무지를 통해서는 유럽적 형식에 대한 벵골인의 낯섦이 시사되고 있다.

> 매니저: 여기가 앵글로 무굴 케프kef라는 걸 실감하세요?
>
> 반틀로는 그 엉터리 발음을 용납할 수 없다. 그는 말했다. "케프가 아닙니다. 카페kaafe."
>
> 매니저: 그게 그겁니다. 여기가 보통 가게가 아니라 체통 있는 레스-타우-란트res-tau-rant[표기대로 발음하면서 말한다—인용자]라는 걸 실감하세요?
>
> 반틀로: 레스토랑[프랑스어로 발음해 본다—인용자].
>
> 매니저; 그게 그겁니다. 여기가 유식한 사람들이 모이는 렌-데스-보스ren-des-vos라는 걸 실감하세요?
>
> 반틀로: [프랑스어로—인용자] 랑데부rendezvous.[75]

우다에서의 말하기와 공동체

우다의 이상과 근대 시민 사회의 이상 간에 긴장이 존재할 수밖에 없다는 점은 이해할 만한다. 그 둘은 시간과 공간 면에서 상호 반反정립적 구성물들이다. 이상적인 구성물로서의 시민 사회는 인간의 행위라는 관념 바로 그것 안에 어떤 결과와 어떤 것의 생산과 어떤 목적을 지향하는 텔로스

---

75) Parashuram(Rajshekhar Bosu), "Ratarati", *Hanumaner shapna ityadi galpo*, Calcutta: M. C. Sarkar and Sons, 1962, p. 79.

telos를 기입하며, 또 발전과 공리의 논리 위에서(그 논리가 단순히 선형적인 것이 아닐 때조차) 시간과 공간의 사용법을 구축한다. 이와는 반대로, 우다에서의 대화는 무언가 명백한 결과를 취득한다는 관념과는 정의상 대립한다. 우다를 즐긴다는 것은 그 어떤 명시적인 목적의 이끌림에 종속됨 없이 시간과 공간을 즐긴다는 것을 의미한다. 대화에 어떤 목적을 도입하게 되면 그 대화는 우다의 사회 생활 자체가 아닌 무언가를 성취하기 위한 '도구'가 되며, 이는 우다의 바로 그 정신과 원리를 죽이는 것이라고 말할 수 있다. 부다데브 보세도 우다에 관한 에세이에서 그렇게 말한다. "우리가 일주일에 한 번 또는 한 달에 두 번 문학 모임을 갖기로 결정했다고 하자. 그래서 유식하고 재능 있는 사람들이 와서 많은 것을 토론한다고 하자.…… 분명 좋은 생각이다. 그리고 처음 몇 차례는 성공적이어서 우리 스스로 놀랄 것이다. 그러나 우리는 얼마 후 모든 게 우다의 낙원에서 무너져 내려 '의무'의 황무지로 변했음을 알게 될 것이다."[76)]

우다의 무게중심은 생산성이나 발전의 텔로스(이 경우엔 목적 의식적인 토론의 텔로스)에서 멀리 떨어진 곳에 있었다. 히란쿠마르 사니알은 언젠가 월요 클럽 모임의 대화 과정에 목적 의식을 기입하려 했던 프라산타 찬드라 마할란노비스Prasantachandra Mahalannobis의 계획을 좌절시키는 데 어떻게 음식이(또한 그것에 덧붙여 남녀 간의 분업이) 활용되었는지를 아래와 같이 회상한다.

모든…… [모임—인용자]에는 회식이 있었다. 그러나 어느 날, 프라산타 찬드라는 완강한 태도로 [말했다—인용자]. "식사는 토론을 불가능하게

76) Bose, "Adda", Das ed., *Kolkatar adda*, p. 14.

해. 왜 먹는 일에 많은 시간을 낭비하나? 나는 차와 값싼 비스킷이나 대접할래." 그날은 그의 집에서 모였다. 당시에—대개 애완용 고양이나 개에게 주는—'겜'gem이라 불린 상당히 작은 비스킷이 있었는데, 그 비스킷이 나왔다. 모든 이가 기겁하여 이게 뭐냐고 외쳤다. 타타다Tatada[수쿠마르 라이—인용자]는 항의해 봐야 별 소득이 없다는 것을 깨달았다. 프라산타가 못 들은 척할 것이기 때문이었다. 그는 나에게 속삭였다. "[집—인용자] 안으로 들어가 프라산타의 누이에게 프라산타가 여러 사람을 다과회에 초대해 놓고는 아무런 음식도 마련하지 않았다고 말하자. 이 말만 하고 나오자." 15분이나 20분쯤 후에 다양한 음식이 등장했다.…… 프라산타는 말했다 "이게 뭐야? 누가 이걸 다 만들었어?" 타타다가 대답했다. "그게 너랑 무슨 상관이야? 음식은 여기 있고, 우린 먹으면 되는 거지."[77)]

음식의 도움이 없더라도 우다에서의 대화 자체가 논쟁이 결코 최종적 결말에 도달하지 못할 것임을 보증했다. 시아말크리슈나 고시는 『파리초이』라는 잡지와 관련을 맺고 있던 식자연하는 사람들이 우다에서 나눈 대화를 일기에 기록해 놓곤 했는데, 그가 공개한 1936년 1월 24일자 일기의 다음과 같은 내용을 살펴보자. 그날의 토론은 거창한 문제들을 다루고 있으나, 그 문제들을 해결할 가망성은 전혀 없어 보인다.

아이유프Ayyup가 물었다. "육체적 반응이라는 점을 제쳐둔다면, 분노·공포·사랑 등과 같은 감정들에 질적 차이가 있을까요?"
말리크다Mallikda가 되물었다. "당신은 육체를 [고려하지—인용자] 않고

---

77) Sanyal, *Poricboyer kuribocbbor o onnanno smriticbitra*, pp. 163~164.

감정만을 따로 분리시킬 수 있나요?"

한 시간 가량 토론한 후에도 결론에 도달하는 것은 불가능했다.

나는 아이유프가 다시 말하는 소리를 들었다. "어떤 느낌도 육체의 매개 없이는 불가능하다고 생각해 봅시다. 내가 여전히 알고 싶은 것은, 만일 모든 감정이 똑같은 타입이라면, 누군가를 '돼지'라고 불렀을 때 왜 그 사람은 어떤 때엔 길길이 날뛰고 또 다른 때엔 그걸 무시하는지 하는 것입니다.……왜 이런 일이 일어나지요?

고시는 그 같은 토론에 자신이 얼마나 익숙해져 있는지를 보여 주는 다음과 같은 무미건조한 말로 일기 쓰기를 마친다. "그런 논쟁에는 결론이 있을 수 없다."[78)]

말하기에 주목해 볼 때, 벵골의 우다는 그 멤버들이 갖고 있던 어떤 능력, 즉 순수한 대화 기술을 즐길 줄 아는 능력을 드러내 주었다.[79)] 그 즐거움은 본성상 공동체적인 것이었다. 작가인 헤멘드라쿠마르 라이의 회상록은 여느 모임에서의 발화 스타일과 바이타카나에서의 발화 스타일을 구별하고 있다. 『사부즈파트라』의 편집인 프라마타 차우두리는 바이타크적bathaki 발화 스타일로 유명했다. "그의 바이타크적 대화 스타일이 아주 매혹적인 것이 될 때는 작은 방들 안에서였다."[80)] 우다의 생명은 항상 자신만의 독특한 발화법을 가진 사람에게, 즉 근사한 이야기를 하고, 새로

---

78) Shyamalkrishna Ghosh, *Porichoyer adda*, Calcutta: K. P. Bagchi, 1990, p. 11.

79) 수소반 사르카르는 갈파구조브(galpagujob, 글자 그대로는 '이야기들과 루머들')라는 단어를 사용하여 우다에서의 대화의 성격을 묘사한다. Sarkar, "Preface", Sanyal, *Porichoyer kuribochhor o onnanno smritichitra*, p. 3.

80) Hemendrakumar Ray, *Jader dekhechhi*, Vol. 1, Calcutta, 1948/1949, pp. 112~114.

운 단어를 만들어 내고, 재미있게 표현하고, 재치 있는 명언을 만들어 냄으로써 다른 이들을 감동시키는 그런 사람에게 달려 있었다. 벵골식 표현에 따르면, (마치 각본에 나와 있는 것처럼) 우다를 '응결'시키거나 '조밀'하게 만드는 사람이 바로 그들이었다. 히란쿠마르 사니알은 월요 클럽에서의 수쿠마르 라이에 관해 이렇게 말한다. "[그는—인용자]……아슈아르ashar[마즐리시, 회식 모임—인용자]가 제대로 된 모임이 되게 하는 데 탁월한 능력을 지녔다. 그는 월요 클럽에서 딱히 토론할 만한 주제가 없는 날엔 온갖 종류의 이야기로 우리를 사로잡았다."[81] 우다는 이런 식으로 카타카타kathakata 스타일(누군가에게 바치는 이야기를 말할 때의 전통적 관행) 같은 오래된 발화 스타일에 의지했음이 분명했다.[82] 대화의 즐거움은 수쿠마르 라이에 관해 사니알이 말한 또 하나의 이야기로도 암시된다. 엄격한 브라모 교사인 헤람바찬드라 마이트라Herambachandra Maitra는 수쿠마르 라이에게 이렇게 물어본 적이 있다. "수쿠마르여, 삶의 이상이 무엇인지[무엇이어야만 하는지—인용자] 말해 줄 수 있습니까?" 수쿠마르는 [영어로—인용자] 대답했다고 한다. "삶에 대한 진지한 관심." 마이트라는 이 대답을 듣고 너무 즐거워 모임에 참석한 모든 이에게 주려고 산데시sandesh(벵골에서 인기 있었던 리코타 치즈로 만든 후식)를 즉시 주문했다.[83] 이 말하기의 거래가 주고받은 즐거움의 공동체적 성격은 참석자 전원이 그 대답을 후식을 먹을 수 있는 기회로 삼아 찬양했다는 사실에 의해 드러난다. 말하기가 다시 한번 공적으로 실행된 것이다.

---

81) Sanyal, *Porichoyer kuribochhor o onnanno smritichitra*, p. 167.

82) 연대가 오래된 카타카타에 관한 최신 연구는 Gautam Bhadra, "Kathakatar nana katha", *Jogshutro*, October-December 1993, pp. 169~268이다.

83) Sanyal, *Porichoyer kuribochhor o onnanno smritichitra*, pp. 166~167.

따라서 말하기와 모종의 미학적/공동체적 즐거움, 이 둘의 연관은 이미 우다 형식에 주어져 있었다. 영문학(혹은 영어로 창작된 문학)이 하층 중간 계급의 삶에 들어온 것은 식자층의 우다에서의 이러한 말하기에 얼마간 독특한 변용을 가능케 했다. 우다는 누구나 (타인을 즐겁게 해주려는) 어떤 버릇, 발화 습관, 제스처 등을 개발함으로써 스스로를—오스카 와일드나 조지 버나드 쇼나 제임스 조이스나 윌리엄 포크너를 본 뜬—어떤 인물로 표현하는 기술을 발전시킬 수 있는 하나의 경기장이었다. 일반적으로 우다에 관한 회상기에서 사람들은, 장르로서의 '역사'나 '전기'가 그들을 재현하는 방식으로(말하자면 전면적으로) 기억되는 것이 아니라, 비교적 일면적인 인물들로 기억되고 있다. 즉 그들은 우다에서 그들이 스스로를 어떻게 표현했는가로 기억되는 것이다. 적절한 사례 하나가 아미타바 센Amitabha Sen이라는 이름의 우다 멤버에 관한 라다프라사드 굽타의 기억일 것이다.

> 수학·과학·문학·예술 분야를 통달한 그의 박식함은 우리를 압도했다. 그는 훌륭한 서적과 외국 저널 덕분에 [여러—인용자] 지식-학문[나는 벵골어 표현을 글자 그대로 번역했다—인용자] 분야에서의 모든 발전에 통달했다. 우리가 아무 각도에서나 쓸 수 있는 오늘날의 볼[-포인트—인용자]펜을 처음 본 것도 그를 통해서였다. 그것은 아마 레이놀즈Reynolds라는 이름의, 세계 최초의 볼[-포인트—인용자]펜이었을 것이다. 우리는 그 볼펜 때문에 말을 잃었다. 전원이 돌아가며 그것으로 글을 써 보았다. 원하는 대로 쓸 수 있었다. 아미타바 씨의 얼굴은 예의 점잖은 미소로 가득 찼다. 그는 우리를 쳐다보면서 [영어로—인용자] 단 한 마디만 했다. "인류는 마침내 펜-각도pen-angle의 폭정에서 해방되었습니다."[84]

여성, 우다, 공적 문화

근대적 우다의 공간, 대학교와 학생 기숙사와 근대적인 문학 생산과 레스토랑과 찻집과 커피 하우스와 공원의 등장으로 열린 그 공간, 이것은 남성의 공간이었나?

벵골의 문화 비평가이자 문예 비평가인 마나시 다스 굽타는 내게 우다 안에 공동체 의식을 만들어 놓은 말하기의 바로 그 공적 행위들—이야기하기와 먹기—은 남성 우다에 여성이 참여하는 것에 대해선 '전통적'인 장벽이 되는 경향이 있었다는 의견을 밝혔다. 공적 체통에 관한 19세기 중간 계급의 관념들에 매달려 있었던(즉 친족 범위를 넘어선 남성들의 시선에 노출되는 것을 피했던) 여성들은 말하기의 이러한 실천에서 제외되어 있었다. 하지만 그렇다고 해서 여성이 우다를 즐기지 않았거나 실천하지 않았던 것은 아니다. 첫째, 영국이 인도를 지배하기 이전은 물론 그 이후에도 존재한 남성 영역과 여성 영역의 분리는 여성이 그들만의 우다를 가질 수 있었음을 의미했다는 것을 기억해야만 하며, 그것은 부분적으로 여전히 실행되고 있다. 여성들이 만날 수 있는 공간인 그 같은 우다의 장소는 다양했을 것이다. 거기에서 논의된 주제들 역시 사회적 영역의 분리를 반영했을 것이다. 1990년에 출간된 『캘커타의 우다』라는 전집에서는 그 주제에 관해 기고한 여성들만이 아니라 '여성의 우다'에 관한 에세이 한 편도 찾아볼 수 있다. 특별히 '여성 전용칸'이 마련된 기차를 타고 일하러 캘커타로 매일 통근하는 여성들은 그녀들만의 우다 감각을 계발하고 있다.[85]

---

84) Gupta, "Amader jubakkaler adda", Das ed., *Kolkatar adda*, p. 29.

그러나 20세기 중반의 남성 우다는 실제로 남성 공간과 여성 공간의 분리에 입각해 있었다. 느리펜드라크리슈나 차토파디아이는 "우다의 가장 거대한, 태생적인 적敵은 여성이다!"라고 솔직하게 주장했다. 이 진술은 보기보다 여성 차별적인 것은 아니다. 사실 그는 젠더 문제가 하나의 '결함'이라고 언급할 뿐만이 아니라, 우다의 구조가 여성의 지위를 떨어뜨린다는 동정적인 견해도 취하고 있다. "우다의 태생적인 큰 결함은 그것이 남성을 위한 친교의 세계라는 점이다. 헌데 이 약점은 우다를 수호하는 부적이기도 하다. 여성이 우다에 5미터 정도 다가선다면 우다는 깨진다.……모든 기혼 여성은 우다를 독기 품은 눈으로 본다. 기혼 여성이 자지 않고 일어나 밤의 침묵 속에서 기다려야만 하는 이유는 결국 그녀의 우다다리 남편 때문이다. 우다에서 돌아오는 남편들은 모두 한결같은 [빈정대는—인용자] 질문을 받을 각오를 하고 귀가한다. '오라, 우다가 마침내 끝나셨군?'"[86]

우다에 대한 이 (상상적인) 아내의 적대감은, 문화적으로 생각해 볼 때, 세계와 말의 대립, '세속적인 책임감'—필요가 지배하는 따분한 일의 세계—과 쓸모와는 상관없는 모임과 대화의 즐거움인 우다의 대립에서 연원하는 것이었다. 느리펜드라크리슈나 차토파디아이는 우다다리—글자 그대로는 계속 우다에 매달려 있는 사람—의 역할에 관해 이야기하면서 우다다리를 가정과 사회의 의무와 관련된 모든 일을 시종일관 교묘하게 회피하는 남성으로 묘사했다. 차토파디아이는 유머와 아이러니가 넘치는 벵골어 단어들로 이상형 우다다리를 이렇게 설명했다.

---

85) Das ed., *Kolkatar adda*에 있는 에세이 "Meyeder adda"를 볼 것.
86) Chattopadhyay, *Nana katha*, pp. 9, 16.

모든 우다에는 중심 인물이, 즉 우다다리라고 불릴 수 있는 누군가가 있다.…… [그—인용자]는 우다라는 태양계의 태양이며, 우다는 그 주위를 돈다. 우다다리는 세계의 견고한 중심 같은 존재여서, 그가 없다면 그 세계는 불안하다. 그는 일하러 가지도 않고, 결혼식 초대에도 응하지 않으며, 어떤 회의에서건 말하지 않으며, 영화 보러 가야 한다는 강박관념도 없고, 처제의 결혼을 위해 해야 할 일도 없으며, 처남 아들의 첫돌에 쌀을 뿌리지도 않으며, 다르질링이나 푸리Puri 같은 휴양지에도 가지 않는다. 그의 유일한 직업은 변함없는 신의 형상을 하고 거기에 앉아 우다를 밝게 비추는 것이다. 캘커타의 거리들이 물에 잠길 수 있고, 태양이 거리의 아스팔트를 녹여 버릴 수 있고, 일본인이 폭탄 몇 발을 떨어뜨릴 수 있다. 그러나 모든 우다바지addabaj[우다에 탐닉하는 사람—인용자]는 그래도 최소한 한 사람은 우다에 참석하리라는 것을 확신한다. 그 사람이 바로 우다다리다.[87)]

하지만 이게 이야기의 전부는 아닐 것이다. 여성의 교육과 공적 삶에의 여성의 진출——1850년대에 시작된 역사적 과정——은 차이를 만들어냈다. 파라슈람(라즈셰카르 보수)이 1957년에 쓴 유머러스한 소설 「드반디크 코비타」Dvandik kobita(변증법적 시)의 주제는 오래전부터 있었던 남녀 간 생활 영역의 분리와 우애 결혼companionate marriage이라는 새로운 이상, 이 둘 사이의 긴장이다. 「드반디크 코비타」——'변증법적 시'라는 제목 자체가 벵골 맑스주의의 단조로운 어떤 측면을 조롱하는 것이다——는 어

87) Chattopadhyay, *Nana katha*, pp. 4, 10. 다르질링과 푸리는 캘커타에 사는 벵골인 중간 계급 가족들이 가장 선호하는 휴양지에 속한다.

느 우다에서 나온 이야기이며, 두르자티Dhurjati라는 이름의 인물과 그의 아내 샨카리Shankari에 관한 것이다. 두르자티는 수학 강사지만, 평생 동안 연애시를 쓰는 일에 몰두했다. 타고르에서 시작된 벵골 낭만주의풍으로 쓰인 그의 시들은 상상 속의 외국에서 온, 알지도 못하고 본 적도 없는, 완전한 상상 속의 여성들에게 바쳐진 것이다. "알지도 못하는"(아자나ajana, 아체나achena)이라고 의도적으로 묘사된 가상의 여성들에게 남성의 낭만적 정서를 전하는 이 관행 자체가, 두말할 나위 없이, 그 같은 정서와 일상적이고 판에 박힌 가정 생활 사이의 거리를 반영했다. 보수의 소설 주인공인 두르자티는 결혼 후에 이 전통을 거스르려 했다. 한동안 그는 의도적으로 자기 아내를 수신인으로 삼아 낭만적이고 시적인 사랑의 표현을 전했으나, 샨카리가 자신의 시의 벅찬 감정보다는 결혼 직후에 낳게 된 아기에게 더 관심을 보인다는 것을 알고 나서는 그러한 노력을 포기하고 좌절했다. "두르자티는 자신과 결혼한 '연인'이 자신의 [시적—인용자] 환상 속의 애인과 닮은 점이 없다는 것을 갈수록 깨달았다. 샨카리는 시의 즐거움을 이해하지 못하며, 그녀의 가슴엔 낭만이 없다. 결혼했을 때…… 그녀는 값싼 선물을 많이 받았는데, 두르자티가 그녀에게 바치면서 쓴 시들을 그런 평범한 선물처럼 취급했다. 그녀는 오로지 가정의 허드렛일과 갓 태어난 [그들의—인용자] 아기에 몰두하고 있다." 샨카리가 가정에 헌신하는 동안, 두르자티는 다시 그의 상상 속의 연인에게 시를 바친다.

만일 보수의 소설이 그렇게 끝났다면, 그 소설은 가정家庭과 표현이 풍부한 근대적 남성 자아 사이의, 즉 남성 친구들을 위해서는 자신의 문학적 세계주의를 마련해 두지만 자기 아내와는 실제적이고 세속적인 동반자 관계를 유지하는 그런 남성 사이의 긴장에 대한 19세기적 해결책을 묘사하는 것이 되었을 것이다. 그러나 보수는 여성에게도 문학이 그녀들의 삶의 일부가 되었던 그런 시절에 글을 썼다. 드디어 대학 시절부터 샨카리의 친구였던 비사카Bisakha가 끼어들어 샨카리의 마음 안에 의구심을 심어 준다. 바사카는 어느 날 이렇게 말한다.

> "네 남편은 어쨌건 유명한 시인이야.……네 남편의 연애시가 너를 위해 쓴 것이라고 말할 수 있니? 확실히 너를 위한 것이 아니야. 너를 위한 것이라면 네 남편이 '꿈속에서 만났던 [그녀는—인용자] 내가 알지 못하는 나의 연인'과 같은 식으로는 쓰지 않았겠지."
> 샨카리는 말했다. "내 남편은 그 누구를 위해서도 시를 쓰지 않아. 시인들은 공상적인 사람이야. 그들은 상상 속에 어떤 여성을 만들어 놓고 그 여자에게 말해."
> "……화난 건 아니지?"
> "그런 일로 크게 신경 쓰진 않아."
> "……넌 나중에 후회하게 될 거야.……지금 무언가 조처를 취해."
> "무슨 말을 하는 거야?"
> "너도 상상 속에 나오는 어떤 남자에게 바치는 시를 쓰기 시작하라는 [것이지—인용자]."

샨카리는 시를 써 본 적이 전혀 없었다. 그래서 비사카는 그녀 대신 시를 써 주겠다고 말한다. 문학 잡지에 샨카리의 이름으로 된 시들이 곧 등장한다. 그 시들은 "중공Red China의 젊은 전사"와 같은 인물들에게 바쳐졌거나("나는 당신의 털 없는 가슴 안에 숨길 원해요"), 아니면 "파키스탄Pakhtunistan의 젊은이"에게 바쳐졌다.

나를 당신의 털북숭이 가슴 안으로 데려가 줘요.
나를 당신의 크랭크축 같은 팔로 꽉 안아 줘요.
내 갈비뼈가 으스러져 가루가 되도록
나를 안아 줘요, 안아 줘요.

그러자 두르자티의 한 남자 친구가 어느 날 그에게 말한다. "이보게 두르자티, 이 샨카리 데비라는 사람이 당신 부인 아니던가? 그녀가 쓰는 시는 정말 대단해, 진짜 섹시해…… [며칠 전에—인용자] 심리학자인 바르Bhar 교수가 이런 게 미쳐 날뛰는 리비도라고 말했지." 이어지는 두르자티와 샨카리의 대화는 19세기라면 불가능했을 것이다. 두르자티는 이렇게 말했다.

"당신이 쓰고 있는 이 쓰레기 같은 건 뭐야? 사람들이 지껄여대고 있잖아."

샨카리는 말했다. "지껄이라고 하세요. 시는 아주 잘 팔리고 있어요. 출판사에 또 다른 시를 넘겼어요."

두르자티는 머리를 가로저으면서 말했다. "난 그만두라고 말하고 있는 거야."

"웃기시네. 당신이 [그런 시를—인용자] 쓰면 괜찮고 내가 쓰면 나쁜가요!……당신은 왜 그런 쓰레기 같은 걸 쓰나요?"

"당신을 나와 비교하는 거야? 남자가 상상 속의 여자[애인—인용자]에 관해 쓰는 건 좋은 일이야. 하지만 여자가 그러는 건 아주 나빠."

"좋아요. 그럼 당신도 시를 그만 쓰고 당신 시집을 태워 버려요. 그럼 나도 그럴 테니까."

두르자티는 자기 생각대로는 갈등을 해결할 수 없어 시 쓰는 것을 포기하고 대수학 책을 쓰는 일에 착수하며, 샨카리는 잡지 대신에 일요일판 신문에 요리법만을 기고하기로 결정한다.[88)]

보수의 이러한 문제 해결은 근대적인 공적 삶에서조차 존재하는 남녀 공간의 분리를 완전히 없애 버리는 것이 아니다. 하지만 그로 인해 우다에는 웃음이 일었을 것이다. 그리고 벵골인들은 여성의 공적 삶에의 진출이 야기한 변화와 긴장들을 웃음으로 처리했다. 그러나 웃음이 그런 수단이었을지는 몰라도, 젠더 분리라는 암묵적 원리가 왜 공적 삶에서 계속 존재하는지의 문제에 대한 해답은 아니었다.

공적 삶에서의 남녀 간 우정의 문제는 벵골에서 펼쳐진 근대적 이성애異性愛의 복잡한 역사의 일부다. 문학 비평가 스리쿠마르 반디오파디아이는, 벵골 소설사에 관한 권위 있는 연구에서, 인도 역사에서 유럽의 낭만주의적이고 세계주의적인 정서가 최초로 서식하게 된 곳은, 그래서 저 우정의 공간을 확장하고 강화한 곳은——남녀 사이가 아니라——남성들 사이였다고 통찰력 있게 주장했다. 19세기에서 20세기로 넘어가는 전환기에 쓰인 소설들을 연구하면서 차토파디아이는 다음과 같이 언급했다.

> 우리 사회 질서의 폐쇄적 성격을 감안한다면, [낭만적이고 이성애적인 사랑과 상반되는 남자들 간의—인용자] 우정은 외부의 혁명들이 벵골인 가족 안으로 침투할 수 있는 유일한 통로다. 친구라고 해야만 혹은 누군가의 동창생이라고 해야만 다른 집에 있는 [여성의 공간—인용자]……의

88) Parashuram(Rajshekhar Bosu), "Dvandik kobita", *Neel tara ityadi galpa*, Calcutta: M. C. Sarkar and Sons, 1962, pp, 121~126. 강조 처리된 단어들은 원문에 영어로 되어 있다.

장벽을 넘어설 수 있고, 여성들과 친해질 수 있다. 남녀가 자유롭게 섞일 수 있는 기회가 제한될수록, 남자들의 우정은 더 확장되고 그 가능성은 더 커진다. 벵골 소설들에서 과도한 [남자들의—인용자] 우정을 만나게 되는 것은 그 때문이다. 대부분의 경우, 그런 우정으로 인해 생겨나는 밀고 당기는 애정, 안도감, 게다가 치열한 경쟁 심리 등, 이런 것들 때문에 소설은 복잡해진다.[89]

이는 19세기에만 사실인 것은 아니다. 1960년대 초와 마찬가지로 최근에도, 칼리지 스트리트의 커피 하우스에서 남자 친구들과 함께 우다에 참여한 여성을 보기란 드문 일이었고, 그랬기에 공산주의 예술가 데바브라타 무코파디아이로부터 다음과 같은 말과 삽화(〈그림 3〉)가 나온 것이다. "소녀들은 [커피 하우스에서 열린—인용자] 한낮의 우다에 이제 막 가기 시작했다. 그러나 그 수는 아주 적었다. 일단의 소년들이 특정한 소녀를 중심으로 정규적인 우다를 만들기 시작한 것은 이 무렵이었다. 여성들이 동석하지 않은 상태에서 항상 우다다리 노릇을 해왔던 우리는 약간 질투심을 느꼈다. 우리는 그 소녀를 '여왕벌'이라고 불렀다. 어느 날, 나는 그녀를 삽화 안에 그려 넣었다"(〈그림 3〉을 볼 것).[90]

벵골 근대성은 가정 공간과 우다 공간의 대립 구조를 결코 완전히 초월하지 못했고, 거기엔 복잡한 이유가 있었다. 만일 내가 앙리 르페브르의 표현을 맥락과 상관없이 인용해 그가 의도한 것보다 더 강력한 의미의 아

89) Srikumar Bandyopadhyay, *Bangasahitye upanashyer dhara*, Calcutta: Modern Book Agency, 1988, p. 148.
90) Mukhopadhyay, *Kofir kaape shomoyer chhobi*, p. 16.

〈그림 3〉

이러니를 그 표현에 부여할 수 있다면, 문학적 근대성과 그것이 수반하는 공간들, 즉 중고등학교와 대학교와 커피 하우스와 서점과 잡지 등은 실제로 우다의 동성사회적 공간homosocial space을 확장하고 심화하고 근대화하는 데 기여했다고, 그러면서도 우다에 여성이 참여하는 것을 허용했다고 말할 수 있을 것이다. 그러나 그것의 남성적 성격은 결코 지워지지 않았고, 그 성격은 흔히 이성애적 남성들이 '남근의 고독감'phallic solitude—여기서 나는 르페브르의 신조어에 빚지고 있다—속에서 문학에 몰두하게 만들었다.[91] 고쿨찬드라 나그와 디네슈란잔 다스는 '인간'을 위해 세계주의를 꿈꿨으나 그 인간에 벵골 여성이 포함되는 경우란 거의 없었다.

---

91) Henri Lefebvre, *The Production of Space*, trans. Donald Nicholson-Smith, Oxford: Basil Blackwell, 1992, pp. 304~306 and passim[『공간의 생산』, 양영란 옮김, 에코리브르, 2011, 446~450쪽].

우다와 자본주의적 근대성 안에 거주하기

그러므로 근대적이고 혼종적인 벵골 우다의 공간은 근대성과 자본주의의 담론들이 낳은 긴장들을 어떤 식으로든 해결하지 못한다. 주제 면에서 볼 때 우다는 근대성에 관한 몇몇 고전적인 논쟁들──규율과 게으름이, 가정 영역에 갇힌 여성과 공적 영역에 참여하는 여성이, 남녀 영역의 분리와 남녀에게 공통적인 공적 삶이, 유한 계급과 노동 계급이, 세계를 향한 개방성과 가정 생활에 대한 의무가 대립하고, 근대성과 연관된 또 다른 문제들이 대립하는──이 끝없이 펼쳐지는 장이다. 하지만 이 장의 첫머리에서 말했듯이, 지금 우다 관념은 벵골인들의 저작에서 낯익은 세계의 사라짐에 대한 애도와 향수의 정서를 불러내고 있다.

오늘날 애도의 대상이 되고 있는 그 세계는 결코 현실적인 것이 아니었을 수 있다. 아마도 우다의 문화적 위치는, 그 관습이 근대성 안에 거주하는 특별한 방식을 상징하게 된, 거의 자본주의의 안전 지대라고 할 수 있는 그런 곳을──문제적이고 논쟁적인 방법으로──상징하게 된 역사와 더 관계 있을 것이다. 우다 찬미자들의 주장에도 불구하고, 우리는 우다가 모든 이에게 평등하게 작동하지 않았다는 것을, 우다의 바로 그 구조에 배제와 지배의 측면이 있었다는 것을 알고 있다. 하지만 이런 문제에도 불구하고, 그 관습은 '벵골적'이라는 꼬리표가 붙을 만큼 벵골 근대성에서 충분한 역할을 했다. 또한 벵골인들은 우다에 삶·생명력·본질·젊음에 관한 다소 형이상학적인 이야기들을 지속적으로 투입했다. 어쨌거나 이 장에 마나시 다스 굽타라는 여성이 쓴 에피그램epigram을 붙이는 것도 무의미하진 않을 것이다. 전문적인 학자인 다스 굽타 박사는, 그녀 자신이 1940년대 후반부터 현재까지 수많은 문학적·정치적 우다에 적극적으로 참여해 왔기에, 남성 우다들이 여성을 배제한 것은 아닐지라도 지배는 했던 그 방식들에 문외한은 아니다. 누구도 그녀가 우다를 '낭만화'하리라곤 예상하지 않을 것이다. 하지만 그녀에게서 인용한 다음과 같은 글귀가 있다.

> 그런데 내가 여전히 우다를 즐긴다는 건 좋은 징조야.
> 왜냐하면 우다와 젊음은 분리될 수 없기에.

이 글귀는 1957년 그녀가 써서 집에 보낸 시의 일부인데, 그 시는 박사학위를 받은 코넬 대학에서의 자신의 생활을 묘사하는 것이었다.[92] 우다 공간의 남성적 성격을 날카롭게 인식하고 있는 페미니스트 문화 비평가조차 여전히 그 공간을 젊음이라든가 삶의 징조와 같은 생기론生氣論적이고 형이상학적인 어떤 것과 연결시키는 이유는 무엇일까? 벵골 근대성의 독특성에 관한 벵골인들의 수많은 글은 왜 우다를 언급하는 일에 그토록 애착을 갖고 있을까?

지금까지 개략적으로 살펴본 역사는 이 질문에 대한 답을 찾으려는 것이다. 우다를 향한 오늘날 벵골인의 향수 안에 여전히 묻혀 있는 것은 미해결된 그들의 현재에 관한 문제, 즉 지금의 글로벌 자본주의 안에서 어떻게 편안한 존재일 수 있는가 하는 문제라고 나는 생각한다. 이상화된 우다의 이미지가 가리키는 것은 저 간절한 문제가 행사하는 지속적인 압력이다.

---

92) 마나시 다스 굽타의 개인 서신.

8장

가족, 형제애, 봉급 노동

대부분의 벵골 중간 계급 남성 직장인이 하루 중 많은 시간을 보내는 사무실 공간보다 그리할락슈미grihalakshmi로 상서롭게 형상화되는 가정 주부가 시詩의 소재로 더 적합하다고 생각한 이는 라빈드라나트 타고르만이 아니었다. 벵골의 근대성은 가정, 우다의 실천, 연극과 문학과 영화의 생산, 정치적 동원 등을 상찬해 왔다. 그러나 근대적인 사무실 노동과 자본주의적 노동 규율에 대한 요구가 벵골의 텍스트들 안에서 호감과 찬탄을 유발시킨 적은 거의 없었다. 타고르가 아직 10대였던 1874년에, 벵골 지식인인 라즈나라이안 보세는 이렇게 불평했다. "우리는 결코 영국인처럼 고되게 일할 수 없다.…… 영국식 업무 스타일은 이 땅에 적합하지 않다. 현재의 지배자들은 10시부터 4시까지 계속 일하는 습관을 도입했지만, 그 습관은 이 나라에 전혀 어울리지 않는다. 태양이 아직 강렬하게 내리쬘 때 일한다면, 몸은 이내 지친다."[1)]

1) Rajnarayan Bosu(Bose), *Shekaal ar ekaal*(1874), ed. Brajendranath Bandyopadhyay & Sajanikanta Das, Calcutta: Ranjan Publishing House, 1976, pp. 39~41.

하지만 19세기 후반 남성들의 사무실 규율에 대한 이러한 폄훼는 여성들의 가사 노동(그리하카르마grihakarma 혹은 그리하카리아grihakarya)을 찬양하는 정서의 확산과 겹쳐졌다. 가복의 여신인 락슈미 신을 모델로 하여 상상된 가정 주부인 그리할락슈미는 민족주의적 미학화의 또 다른 장場이 되었다. 예컨대 여성 교육에 관한 1877년의 어느 팸플릿에는 "교육받지 않은 여성은 그리하카리아에 미숙할지 모르지만…… 교육 때문에 그리하카리아를 무시하는 여성은 자신의 학식이 쓸모없다는 것을 알게 될 것이다"라고 쓰여 있다.[2)] 사실 영국 지배하에서 남성의 사무실 노동이 너무 가혹하다고 불만을 터뜨린 바로 그 라즈나라이안 보세는 그다지 힘들지 않게 일하는 '근대적'인 벵골의 가정 주부들에 대해서도 이렇게 불만을 터뜨렸다. "오늘날 유복한 가정의 여성들은 전적으로 하인들[의 노동—인용자]에 의지하고 있고, 그리하카리아를 싫어한다. 예전의 여성들은 그렇지 않았다.…… 우리나라의 교육받은 여성들은 육체 노동이나 그리하카리아를 꺼린다."[3)]

역사가들은 그럴듯한 이유를 들어 차크리chakri(봉급 노동)에 대한 그 같은 반감을, 그리고 그와 동시에 여성의 가사 노동에 대한 찬미를 자본주의의 견지에서, 혹은 가부장제의 견지에서, 혹은 그 둘 모두의 견지에서 설명해 왔다. 수미트 사르카르는 차크리의 규율적 측면을 언급하면서, 자본주의적 규율에 대한 벵골 중간 계급의 저항은 식민 자본주의의 성격 그 자체가 유발시킨 것이라고 말했다. 그는 식민 지배가 자본주의적 생산으로의 이행이 한가한 속도로 이루어지는 것을 허락하지 않았다고 주장

2) Anonymous, *Naridharma*, Calcutta, 1877, p. 27.
3) Bosu, *Shekaal ar ekaal*, pp. 86~87.

한다. 그에 따르면, 그렇기 때문에 자본주의의 성공적 작동에 필수적인 노동 윤리를 장기간에 걸쳐 내면화한 (것으로 여겨지는) 유럽의 노동자 혹은 직장인의 경험이 벵골에서 재생산되는 것은 어려웠다. 사르카르는 이렇게 쓰고 있다. "차크리를 견디지 못한 것은, 차크리가 무엇보다도 시계의 시간이 통제하는 엄격한 새 규율로 구현된, 비인격적인 현금 관계와 권위를 함축하고 있었기 때문이다. 규율적 시간은 정말로 갑작스레 식민 인도에 강제된 혁신물이었다. 유럽은 약 500년에 걸쳐 훨씬 천천히, 그리고 단계적으로 이행해 왔다.…… 식민 지배는 인도에서 그 전 과정을 한두 세대의 기간으로 압축했다.…… 따라서 차크리는 소외된 시공간alienated time and space의 '시간 양식'chronotype[원문 그대로—인용자]이 되었다."[4)]

식민주의에 대한 이와 유사한 고발은, 어째서 19세기에 벵골 작가들이 가정에 주목했고 또 가정 주부의 미덕에 대한 정서적인 묘사에 공을 들여 집중했는지에 관한 타니카 사르카르의(그리고 여타 학자들의) 설명에도 깔려 있다.[5)] 그의 주장에 따르면, 벵골의 공적 삶과 시민 사회에 대한

4) Sumit Sarkar, "'Kaliyuga', 'Chakri', and 'Bhakti': Ramakrishna and His Times", *Economic and Political Weekly*, Vol. 27, No. 29, 18 July 1992, pp. 1549~1550.

5) Partha Chatterjee, *The Nation and Its Fragments: Colonial and Postcolonial Histories*, Princeton: Princeton University Press, 1994; Meredith Borthwick, *The Changing Role of Women in Bengal, 1849~1905*, Princeton: Princeton University Press, 1984; Ghulam Murshid, *Reluctant Debutante: Response of Bengali Women to Modernization, 1849~1905*, Rajshahi: Rajshahi University Press, 1983; Tanika Sarkar, "Nationalist Iconography: Images of Women in Nineteenth Century Bengali Literature", *Economic and Political Weekly*, Vol. 22, No. 47, 21 November 1987, pp. 2011~2015; Malabika Karlekar, "Kadambini and the *Bhadralok*: Early Debates over Women's Education in Bengal", *Ibid.*, Vol. 21, No. 17, 26 April 1986, pp. WS25~WS31; Jasodhara Bagchi, "Representing Nationalism: Ideology of Motherhood in Colonial Bengal", *Ibid.*, Vol. 25, Nos. 42~43, 20~27 October 1990, pp. WS65~WS71; Srabashi Ghosh, "Birds in a Cage", *Ibid.*, Vol. 21, No. 43, 25 October 1986, pp. WS88~WS96; Bharati Ray, "Bengali Women

유럽의 지배는 '가정'을 남겨 주었고, 그 '가정'은 벵골의 남성 민족주의자들이 어느 정도 자치 의식과 주권 의식을 갖고 자신에게 종속된 여성과 여타 집단 위에서 군림할 수 있었던 유일한 (개념적) 공간이었다. "힌두 가정은 우리 자신이 주도권을 발휘하여 개량을 이루어 낼 수 있고 변화를 만들어 낼 수 있는 유일한 영역, 구체적이고 조정 가능하고 바람직한 교육적 결과를 낳을 수 있는 유일한 영역이었다. 따라서 가정은 외부 세계를, 우리가 이해하고 통제할 수 없는 모든 노동과 관계를 대신해야 했다."[6]

수미트 사르카르와 타니카 사르카르가 벵골 근대성의 식민적 맥락을 강조하는 것은 옳다. 수많은 다른 곳의 식민 상황에서처럼, 벵골 남성도 식민 지배가 공고화됨에 따라 유럽인의 인종적 편견과 모욕의 사례를 수없이 경험했다는 것은 분명 사실이다. 그러므로 파르타 차테르지와 타니카 사르카르 모두 통찰력 있게 시사했듯이, 가정이라는 관념은 벵골의 민족주의자들이 유럽의 식민 지배라는 맥락에서 경험한 근대성 안에서 특별히 보정적補整的; compensatory인 의미를 지녔다는 점은 이해할 만하다.[7]

그렇다면 벵골의 근대는 고전적인 부르주아적 근대가 아니었다고 말하는 것은 논쟁의 여지가 없을 것이다. 벵골의 근대성은 프로테스탄트 윤리와 같은 것을 광범한 실천적 가치로 발전시킨 적이 없었다. 또한 확대

---

and the Politics of Joint Family, 1900~47", *Ibid.*, Vol. 28, No. 32, 28 December, 1991, pp. 3021~3051; Hilary Standing, *Dependence and Autonomy: Women's Employment and the Family in Calcutta*, London: Routledge, 1991.

6) Sarkar, "The Hindu Wife and the Hindu Nation: Domesticity and Nationalism in Nineteenth Century Bengal", *Studies in History*, N. S., 8, No. 2, 1992, p. 224.

7) 위의 글에서의 사르카르의 주장은 파르타 차테르지가 그의 글 "The Nationalist Resolution of the Woman Question", Kumkum Sangari & Sudesh Vaid eds., *Recasting Women: Essays in Indian Colonial History*, New Brunswick, N. J.: Rutgers University Press, 1989, pp. 233~253에서 주장한 것과 유사하다.

가족extended family의 낭만적 이상화는, 일상 생활의 관습들이 실제로 어떠했는지와 상관없이, 유럽식 개인주의의 언어가 발전할 수 있는 여지를 오랫동안 남겨 주지 않았다. 식민 지배는 유럽의 부르주아적 근대성의 욕망과 제도를 허다하게 산출했으나, 부르주아 유럽의 가족 로망스 없이 그랬던 것으로 보인다(4장을 볼 것). 하지만 어째서 벵골 근대성이 부르주아 사상의 헤게모니가 부재하는 자본주의적 질서를 수반했는지에 관해선 논쟁의 여지가 있다.

수미트 사르카르는 벵골인이 봉급 노동을 싫어한 이유를 역사적으로 설명했지만, 유럽 산업화의 역사를 표준적인 것으로 인정하고 있는 어떤 서사들을 따르고 있는 게 분명하다. 게다가 벵골에서의 사무실 공간과 '규율적 시간'의 문제들이 식민 자본주의의 성격에서 나온 것이라는 주장에는 난점이 있다. 사르카르의 주장에서 예상할 수 있는 것과는 달리, '규율'과 사무실 노동을 강하게 비판한 대부분의 벵골 비평가들 스스로는 그들의 개인적 삶에서 고된 일과 규율에 빠져들었다. 라빈드라나트 타고르와 라즈나라이안 보세는 사무실이라는 시설을 조롱했고 부다데브 보세는 우다를 칭송했지만, 식민적인 정치경제의 징후로 여겨진 규율에 대해서는 개인적으로 그 어떤 저항도 하지 않았다. 식민지에서의 자본주의 이행의 속도는 그들에게 '노동'에 대한 그 어떤 반감도 불러일으키지 않았던 것으로 보인다. 하지만 그들 모두는 사무실 노동을 영혼을 죽이는 고약한 것으로 보았다.

벵골 힌두 민족주의의 가부장적 성격을 지적하는 주장들은 일반적으로 그 가부장적 담론의 '반동적' 측면을 부각시킨다. 벵골 민족주의자들이 '가정'을 자치의 공간으로 구축할 수밖에 없었던 이유는 유럽인이 그들에게 그 같은 자치 공간을 공적 삶 안에 남겨 주지 않았기 때문이라고들 말한다. 그리하(가정)와 그리할락슈미를 찬양하는 일은 민족주의자들에게 일종의 보정적 기능을 했던 것으로 보인다. 므리날리니 시나의 적절한 어구를 빌려 말한다면, 실로 "식민적 남성성"이 벵골 남성들을 추동하여 그리할락슈미의 미덕을 서정적으로 분칠하게 만들었다고 볼 수 있다.[8)]

이는 유력한 설명이기는 하지만, 내가 보기에는 한 가지 주요한 결함을 가지고 있다. 그것은 벵골의 민족주의적인 가족 로망스의 수사와 미학을 식민화된 남성들을 위해 '행복감'을 주는 기능으로 설명하려 하고 또 식민화된 여성들이 가족 로망스를 표현했을 때는 모종의 허위 의식으로 설명함으로써, 사실상 그 미학을 그것의 이데올로기적 기능 면으로만 축소시키고 있다. 그럴 때 그리하와 그리할락슈미에 관한 민족주의적 논의들은 단지 이데올로기적 책략들, 식민 벵골에서의 젠더 관계 정치의 도구들인 것처럼 보인다. 물론 이 시기에 가정과 가정 주부에 관한 벵골인들의 생각이 가부장적 성격을 띠었다는 점을 부정하기란 불가능하며, 이 점에 관해선 나중에 더 말하겠다. 그러나 민족주의적 미학의 대중적 범주들을 그것들의 이데올로기적 기능 면으로만 축소하면 그 범주들 안에 포함되어 있던 욕망들이 서로 경합한 그 역사들을 놓치게 될 것이다. 물론 우리는 오늘날 우리의 기준으로 그 욕망들의 일부를 반동적인 것이라고 판단하겠지만 말이다. 상상과 욕망은 언제나 이해관계와 권력의 합리화 그 이상이다.

그렇게 19세기와 20세기 초의 벵골 민족주의 미학이 가정 주부는 아

---

8) Mrinalini Sinha, *Colonial Masculinity: The "Manly Englishman" and the "Effeminate" Bengali in the Late Nineteenth Century*, Manchester: Manchester University Press, 1995를 볼 것.

름답고 사무실 공간은 애착심이 가지 않는 곳이라고 선언했다면, 민족주의적 상상태가 유지하려고 애쓴 삶의 형식 전부(정치적인 것에 대한 비전들까지 포함하여)에 대한 실마리를 이러한 미학에서 찾는 것이 유익할 수도 있다. 나는 그리할락슈미와 그리하(가정)라는 한 쌍의 형상이 지금 논의되고 있는 벵골 근대성의 특수성 안에 있는 시민 사회보다 더 가치 있는 것이 된 이유에 관해 대리보충적 설명을 제시하고 싶다. 나는 그 용어들이 영국 지배하의 벵골에서 발전한 새로운 가부장제와 젠더 관계의 신흥 어휘 목록에 속했다는 점을 부인하지 않는다. 내 목적은, 벵골 근대성이 근대 유럽 사상에서의 이상적인 정치나 이상적인 가정 그 둘 어느 것도 결코 복제하지 않은 방식으로 생활 세계들을 상상했을 것이라는 명제에 생각해 볼 여지를 마련해 주려는 것이다. 이 문제는 이 책의 프로젝트의 핵심에 다가서는 것이 된다. 벵골의 근대적 주체가 고전적인 부르주아가 아니라 해도, 우리는 이 사실을 하나의 결핍으로 간주해서는 안 된다. 아무리 그런 근대성을 강력하게 그리고 정당하게 비판할 필요가 있더라도 말이다. 가능한 비판은 다른 전제들로부터 나와야만 한다. 벵골에서 가정과 그리할락슈미가 근대성과 가부장제의 특수한 역사의 일부로 가치를 부여받은 것을 이해하려면, 이러한 역사적 현상들의 창조성에 생명을 불어 넣은, 삶에 대한 가능한 상상태들을 탐구해야 한다. 지금 그것들의 생명력이 소진된 것처럼 보이더라도.

19세기 말 벵골의 힌두 민족주의 작가들은, 그 시기 다른 지역의 민족주의자들처럼, 민족의 정치 공동체를 형제애fraternity 공동체, 즉 남성들의 형제 공동체로 상상했고, 그런 의미에서 근대적인 가부장제 구조를 갖는 공동체로 상상했다. 그러나 중요한 논점은 이 형제애가, 이를테면 존 로크가 『통치론』—이 텍스트는 오랫동안 서구의 근대 부르주아적, '소유적'

possessive, 가부장적 개인의 역사에 중요한 것으로 간주되어 왔다—에서 말한 형제애와는 의미심장하게 다른 개념이었다는 것이다.[9)]

로크의 구도schema에서 보면 형제애는 사적 소유의 출현과 친권/부권parental/paternal authority의 정치적 사망에 입각한 것이었다. 벵골 민족주의에서 근대 가부장제 개념의 역사는 이 점에서 결정적으로 다르다. 물론 사적 소유는 벵골 민족주의에서 상상된 새로운 형제애를 가능케 한 하나의 조건이었지만, 형제들의 계약이 등장하기 전에 아버지의 정치적 권위가 파괴되어야 한다는 것이 벵골 민족주의 사상에서 하나의 필요 조건으로 명문화된 적은 없었다. 로크의 『통치론』에서 형제애는 시민 사회에 가로놓여 있는 바로 그 원리/신화, 즉 계약의 신화에 토대를 둔 것이었다. 벵골 민족주의에서 형제애는 형제들의 계약상 연대가 아니라 자연적natural 연대를 표상하는 것으로 여겨졌다. 유럽 부르주아는 자율적 개인성이 자기-이해관계와 계약과 사적 소유에 기초한다고 가정했는데, 이 가정은 벵골에서 저 '자연적' 형제애라는 관념에 종속되었다. 따라서 근대적 가부장제를 향한 (남성) 벵골인의 욕망은 로크의 사상에 있는 '소유적 개인'이라는 모델의 거부에 입각하는 것이었다.[10)] 그러므로 이 민족주의의 역사는 우리로 하여금 유럽의 근대성과 직접 결부되긴 했지만 유럽의 정치 사상에서의 자율적 '개인'을 자신의 욕망의 형상으로 재생산하지는 않았던 식

---

9) John Locke, *Two Treatises of Government*, London, Melbourne, Toronto: Everyman's Library, 1978[『통치론』, 강정인·문지영 옮김, 까치글방, 1996]. 이러한 분석에 특히 영향을 준 두 주석서(註釋書)는 Crawford Brough Macpherson, *The Political Theory of Possessive Individualism: Hobbes to Locke*, Oxford: Oxford University Press, 1972; Carole Pateman, *The Sexual Contract*, Stanford: Stanford University Press, 1988[『남과 여, 은폐된 성적 계약』, 유영근·이충훈 옮김, 이후, 2001]이다.

10) Macpherson, *The Political Theory of Possessive Individualism*, Chap. 5.

민적 근대성을 분석할 수 있게 해준다. 이로부터 식민적 근대성에서 자유주의의 위치를 어떻게 사유할 수 있을 것인지에 관해 얼마간 중요한 문제들이 제기된다. 나는 이 장의 끝부분과 이 책의 「에필로그」에서 이 문제를 다시 다루겠다. 그러나 이 근대성을 불완전한 부르주아적 근대성으로 혹은 그저 식민 지배와 대면함으로써 이루어진 일종의 보정으로 생각하는 것은, 아니면 단지 벵골 사회에서 있었던 착취와 억압과 학대의 엄청난 사실들을 감추려는 이데올로기적 책략으로 간주하여 거부하는 것은 역사적 분석의 공간을 축소하는 일이 될 것이다.

하지만 나는 이 장에서 내가 이해하려고 한 것을 옹호하지는 않겠다는 점을 분명히 밝히겠다. 여기에서 논의되는 민족주의적 구축물은 이제 상당 부분 그 유용성을 잃었다. 그것은 그 윤곽이 드러나자마자 거의 작동 불가능한 것이 되었는데, 나는 그 점을 입증하려고 노력할 것이다. 그러나 그것은 일련의 삶의 실천을 자신의 주요 개념들을 중심으로 정교화하는 데선 성공하여 20세기에 들어와서까지 계속 잘나갔다. 오늘날의 비평이 벵골의 문학적 근대성 밑에 있던 상상적인 것the imaginaire을 사장시키는 것은 당연하지만, 그렇다 해도 일찍이 이 근대성으로 인해 역사적으로 가능해진 삶의 실천들을 부정해야만 하는 것은 아닐 것이다.

조상들, 신들 그리고 시민 사회 영역

벵골인은 유럽이 식민 지배 열차에 실어 온 시민 사회에 가치를 부여하기를 거부해 왔는데, 그 거부의 역사를 쓰기 위해서는 근대 민족주의가 도래하기 훨씬 전 벵골 남성들이 영국 지배와 타협할 때 구사한 몇몇 전략을 열거하는 것에서 시작할 필요가 있다. 19세기 초 영국 지배에 협력했고 영국 지배를 위해 일한 민족주의 이전의 힌두 상층 카스트들 사이에서는 실용주의가 현저하게 발전했으며, 이에 힘입어 그들은 영국 지배가 가져다 준 생활 방식에서의 몇 가지 중대한 변화를 수용했다. 이 실용주의를 구체적으로 드러나게 한 것은 일상적 삶의 문제들, 특히 번갈아 의례儀禮를 행하는 것과 관련된 문제들이었는데, 상층 카스트 남성들은 신들에게 그리고 그들이 속한 특정 가계家系의 남자 선조들에게 날마다 번갈아 가며 의례를 행해야 했다. 이 실용주의는, 예컨대 1823년에 출간된 바바니차란 반디오파디아이의 책 『칼리카타 카말랄라이아』(책 제목을 글자 그대로 하면 '캘커타, 카말라[락슈미]의 거처'이다)에서 대대적으로 다뤄지고 있다. 브라만으로서 벵골의 중요한 시사 잡지 『사마차르 찬드리카』*Samachar chandrika*[11]의 편집인이었던 바바니차란은 이 시기 캘커타에서 출현하고 있던 '공적 영역'의 선각자였다.

『칼리카타 카말랄라이아』는 캘커타에서 살면서 일하는 어느 '도시민' 브라만과 갓 시골에서 올라와 상당히 걱정스럽고 불안하게 도시 생활을 하는 어느 '이방인' 사이에서 오간 대화 형식의 글이다. "캘커타에서는 수많은 사람이 올바른 행동 규범을 포기해 버렸다는 말을 듣고 있습니다"라고 이방인은 『칼리카타 카말랄라이아』에서 말한다. 그는 캘커타 사람들이 너무 일찍 밥을 먹고, "온종일을 일하면서 보내고", 늦게 집에 돌아와서는 저녁을 먹는 즉시 자러 가는 게 사실이냐고 묻는다.[12] 불만 목록은 길었다.

---

11) 사마차르는 '뉴스'라는 뜻이며, 찬드리카는 '더없이 행복한 달빛'(blissful moonlight)이라는 뜻이다. —옮긴이

12) '너무 일찍' 식사해야 한다는 데 대한 이 불만은 아마 사무실 출근으로 인해 점심 식사를 아침 '조반'(朝飯)으로 먹어야만 했던 점에 대한 언급이었을 것이다. 벵골인들은 결국 그 식사를 아피셰르 바트(apisher bhat), 즉 '사무실 밥'(office rice)이라고 불렀다.

그는 캘커타의 상층 카스트 남성들이 자기 카스트에 해당하는 모든 규칙을 포기했다는 이야기를 들었다고 말했다.

> [그들은—인용자] 더 이상 삶의 주기에 따른 의례들을 준수하지 않으며…… 일상적인 산디아반다나sandhyabandana[저녁 기도—인용자] 의례는 물론이고 그것과 비슷한 다른 행위들도 포기했더군요.…… 그들은 무엇을 입고 먹을지에 관해 아무 생각도 없이 그저 제 좋을 대로 하고 있습니다.…… 그들은 경전 읽기를 그만두고 오직 페르시아어와 영어만을 배웁니다. 그들은 벵골어를 읽거나 쓰지 못하며, 벵골어로 쓰인 성전聖典들은 관심거리가 안 되는 것으로 취급합니다.…… 부모가 사망했을 경우에 그들은 장례식이 마음에 안 들면 대리 참석할 뿐입니다.…… 머리를 깎지 않는 것이 그들이 표현하는 애도의 유일한 표시인데, 일부는 심지어 사무실에 출근해야 한다는 구실로 턱수염을 깎기까지 합니다.…… 그들은 도티dhoti를 벗어던진 대신 긴 셔츠와 바지를 입었고…… 구두끈이 달린…… 목이 긴 검정색 가죽 구두를 신었습니다. 그들은 어떤 이방인이라도 자신에게 와서 브라만 요리사라고 주장하면 그를 채용할 겁니다.…… 그들의 말은 그들의 언어와 외국 인종의 언어가 섞인 것입니다.…… 아마 그들은 산스크리트어로 된 그 어떤 샤스트라shastra[경전—인용자]도 읽지 않았을 것입니다. 그렇지 않다면, 자신의 언어도 쓸모가 있는데 왜 굳이 이아바니크yavanik[무슬림의/외국의—인용자] 말을 사용하려 하겠습니까?[13]

---

13) Bhabanicharan Bandyopadhyay, *Kalikata kamalalaya*(1823), ed. Brajendranath Bandyopadhyay, Calcutta: Ranjan Publishing House, 1952, pp. 8, 10~13.

캘커타의 풋내기 중간 계급들을 상대로 가해진 이러한 비난들에 대해선 설명이 필요 없다. 그러나 우리의 분석과 관련하여 중요한 것들, 즉 고정된 장시간의 봉급 노동, 언어와 음식과 옷의 불순함, 조상신과 힌두 신들에게 날마다 행해야 할 의무가 있는 의례의 무시 등에 대한 비난들에 주목해 보도록 하자. 『칼리카타 카말랄라이아』 안의 그 도시민은 처음엔 이 비난들의 타당성을 인정하는 반응을 보인다. 그는 "당신이 들은 것은 사실입니다"라고 말하면서 이렇게 덧붙인다. "그러나 그렇게 행동하는 힌두는 오직 겉모습만 힌두일 뿐입니다." 그는 진정한 힌두라면, 식민지 시민 사회가 요구하는 일상의 새로운 구조화에도 불구하고, 삶을 규정하고 있는 세 가지 영역의 몰입 행동(카르마karma)들 간의 중대한 상징적 경계를 유지하려 애쓴다고 설명했다. 그 세 가지 영역이란 다이바카르마daivakarma(신의 왕국과 관계 있는 행동), 피트리카르마pitrikarma(남자 조상들에 관련된 행동), 비샤이카르마vishaykarma(부, 생계, 명성, 세속 권력과 같이 현세적 이해관계를 추구할 때 취하는 행동)이다. 그 도시민은 비샤이 바드랄로크vishayi bhadralok(즉 현세적 이해관계에 밝은 체통 있는 사람들)에 속하는 훌륭한 사람들은 비샤이카르마에의 몰입을 두 개의 다른 영역에서 날마다 행하는 것들과 분리시킬 수 있었다고 말했다.

> 데와니dewani[재무 관리직—인용자]나 무타수디시프mutasuddiship[대리점 점장—인용자]와 같이 중요한 직업에 종사하는 사람들은 일찍 일어나……아침 목욕을 마친 후 여러 부류의 사람을……만납니다. 그 후에 그들은 자기 몸을 오일oil로 문지르지요.……밥을 먹기 전, 그들은 호마homa 번제燔祭[14]나 발리바이시아valivaishya[15] 등 여러 푸자puja[숭배—인용자] 의례에 참여합니다.……그들은 필요 이상으로 일터에 오래 머물

지 않습니다.…… 집으로 돌아와 그들은 새 옷으로 갈아입고, 몸을 씻고, 자신을 정화하기 위해 갠지스강에서 떠 온 물을 만집니다.…… 부유하지 않은 중간 계급 사람들도…… 똑같이 행동하지만, 다른 점이 있다면 더 고되게 일하고, 자선을 위해 기부할 것이 더 적고, 즐겨 맞이할 [사정이 절박한—인용자] 방문객 수가 더 적다는 것입니다. 더 가난한 바드랄로크 역시 같은 생각을 갖고 살아가지요. 그러나 그들은 훨씬 더 고되게 일해야만 하고, 먹거나 줄 것이 훨씬 더 적습니다.[16)]

우리에게 특히 관심이 가는 것은 그 도시민이 외국어 사용의 오염 효과 문제를 어떻게 다루었는가 하는 점이다. 그는, 사실 수많은 외래어는 벵골어나 산스크리트어에 동의어를 갖고 있으므로 캘커타 중간 계급이 벵골어나 산스크리트어를 사용하지 않는 것은 정말이지 잘못이라고 말했다. 그러나 그는 "벵골어나 산스크리트어로 번역되지 않는 단어들을 취급할 땐 어떻게 해야 합니까?" 하고 물었다. 『칼리카타 카말랄라이아』는 실제로 그 같은 불가피한 단어들의 목록을 만들어 놓고 있다. 그것들 중에는 다음과 같은 영어 단어가 있다. "non-suit[소송 취하], summons[출두 명령], common law[관습법], company[회사], court[법정·공판], attachment[구속·압류], double[재심], decree[판결], dismiss[기각], due[적법한], premium[할증금·수수료], collector[수세관收稅官], captain[부서장], judge[재판관], subpoena[소환장], warrant[영장],

14) 호마는 불을 피우거나 제물을 바치는 힌두 의례들을 가리키는 일반 명칭이며. 호맘(homam) 혹은 하반(havan)이라고도 한다. 이아즈나(yajna)라는 단어와도 바꿔 쓸 수 있다.—옮긴이
15) 간략한 호마 형식으로 매일 집에서 행하는 의례이다.—옮긴이
16) Bandyopadhyay, *Kalikata kamalalaya*, pp. 8~9.

agent[법적 대리인], treasury[기금], bills[청구서], surgeon[sergeant?—인용자][고등 변호사], discount[참작]."[17] 이 단어들은 벵골인의 삶에서 영국법의 존재가 점점 더 커져 갔음을, 중간 계급들이 갓 태어난 시민 사회 안에서 자신의 생계를 구해야만 했음을 시사한다. 위에 인용된 단어들은 모두 누군가가 생계를 구해야만 하는 영역, 즉 비샤이카르마 영역에 속하는 것이었다. 영국 지배 자체가 여타의 모든 지배와 마찬가지로 그 영역에 속했고, 도시민의 목표는 그 단어들이 신들이나 조상들과 접촉하는 영역들, 즉 더 순수한 의례의 영역들(다이바카르마와 피트리카르마)을 오염시키지 않도록 하는 것이었다고 말할 수 있을 것이다. 갠지스 강물이라든가 옷이라든가 그 외의 다른 물건들을 사용하여 그 영역들 간의 경계를 표시하는 것은 19세기 초반 캘커타 상층 카스트들의 공통적인 관행이었던 것으로 보인다. 람모훈 로이Rammohun Roy(1784~1833) 시대의 캘커타를 묘사한 어느 글은 다음과 같이 말했다.

> 캘커타의 비샤이vishayi 브라만들은 영국 지배하에서 자신의 비샤이카르마를 수행했지만, 자국민 눈에 브라만의 지배와 권위가 지켜지는 것으로 보이도록 특별히 주의했다. 그들은 퇴근 후 매일 저녁 몸을 씻었고, 그렇게 함으로써 믈레차mlechha[불가촉천민, 영국인—인용자]와의 접촉에서 생겨난 사악한 효과들(도샤dosha)이 미치지 않도록 자신을 정화했다. 그러고 나서 그들은 산디아sandhya[저녁 기도—인용자]와 여타의 푸자[숭배—인용자]의 [의례들—인용자]을 끝냈으며, 자정이 지난 후에야 음식을

---

17) Bandyopadhyay, *Kalikata kamalalaya*, p.22. 내가 무슨 뜻인지 알 수 없어 이 목록에서 뺀 단어 하나—sarip(?)—가 있다.

먹곤 했다. 이런 일과가 너무 어렵다고 생각한 사람들은 저녁 기도 호마를 끝낸 다음, 출근하기 전 아침에 여타의 푸자를 끝냈다.[18]

바바니차란과 그의 동시대인들이 근대적이지만 식민적인 시민-정치 사회의 요구들에 대처하기 위해 고안해 낸 이 '삶의 기술' 안에서, 국가와 공적 영역과 시민 사회는──즉 후일 민족주의의 정치적 과업으로 간주된 바로 그것들은──어디에 속하게 될 것인가? 무엇보다도 바바니차란이 구성한 현세적 자아인 비샤이 자아는 민족주의적 자아가 될 수 없다는 점에 주목해야 한다. 왜냐하면 그것은 처음부터 물질적 세계에서의 지배 능력을 (그 세계에서 물질적으로 성공하리라는 욕망을 포기하지 않은 채) 포기했기 때문이다. 영국 지배와 대면하여 『칼리카타 카말랄라이아』의 저자는 오직 자신에겐 힘이 결여되어 있다는 점과 상황의 강제력을 변명거리로 내세울 수 있을 뿐이다. 왕은 다르마dharma를 유지해야만 하며, 그런 과업을 수행하는 왕을 돕는 것이 브라만의 의무였기에, 브라만은 외국 왕의 방법들을 배워야만 한다. 그래서 『칼리카타 카말랄라이아』에는 인도인들을 상대로 한 영어 교육에 관해 이런 주장이 있었다. "나는 이 땅의 지배자들의 언어를 배우는 것이 도샤[사악한 효과―인용자]를 낳는다고 보진 않는다. 그걸 배우지 않는다면 국가의 사업(라즈카르마rajkarma)을 추구하기란 불가능할 것이다."[19] 벵골인이 영어 단어를 사용하는 것에 관한 그의 변호도 아주 유사했다. "모든 종족(자티jati)의 지배자들은 자기 말에 속하는 단

18) *Tattvabodhini patrika*(n. d.). Sibnath Sastri, *Ramtanu Lahiri o tatkalin bangasamaj*, Calcutta: New Age, 1957, p. 58에서 재인용.

19) Bandyopadhyay, *Kalikata kamalalaya*, p. 12.

어나 표현을 유포시킨다. 특히 왕의 법 집행(라즈비차르rajbichar)과 연관되는 문제들의 경우, 그런 것들을 받아들이는 것 이외에 다른 도리가 있겠는가?"[20] 또는 바바니차란의 실용주의뿐만 아니라, 벵골어나 산스크리트어로 번역되지 않음에도 불구하고 물질적 행복을 추구하기 위해 사용하지 않을 수 없었던 그 영어 단어들을 취급하는 데서의 무기력함에 관한 다소 가련한 고백도 들어 보자. 『칼리카타 카말랄라이아』는 이렇게 주장한다. "다이바카르마와 피트리카르마를 수행할 때 저 [영어·아랍어·페르시아어—인용자] 단어들을 사용하는 사람에겐 도샤가 발생한다. 그러나 비샤이카르마를 수행할 때나 실제 농담이 오가는 가벼운 대화의 상황에서 그 단어들을 사용하는 것이 어떤 점에서 해가 된다는 말인가?"[21]

따라서 『칼리카타 카말랄라이아』는 근대적인 국가 행정, 정부 제도, 기술과 관련된 영어 단어들을 인도어로 번역해야 한다는 후일의 민족주의적인 주장과는 공통점이 없다. 그 텍스트에는 근대적 지배의 도구들을 전유하고자 하는 민족주의적·시민적 욕망의 명백한 표현이 담겨 있지 않다. 그 대신 『칼리카타 카말랄라이아』는 국가를(그리고 암묵적으로는 민족을) 주변화하고 있는데, 왜냐하면 그 도구들보다는 신과 조상들에 대해 (남성) 세대주가 수행해야 할 제례 의무들의 보다 순수한 측면들을 더 우월한 것으로 여기고 있기 때문이다. 여기에서 국가와 시민 사회는 우발적인 것이자 외적인 강제력으로, 비샤이카르마 영역에서 협상해야 할 수많은 것 중의 하나로 간주되고 있다. 그러므로 힌두 남성 세대주의 도덕적 행동에 관한 또 다른 책은 이렇게 주장한다. "고유한 카르마가 아니더라

20) Bandyopadhyay, *Kalikata kamalalaya*, p. 22.
21) *Ibid*., p. 22.

도, 그것이 가족의 유지에 본질적인 것이라면 누구든 그 카르마를 수행할 수 있다."[22]

이에 덧붙여 『칼리카타 카말랄라이아』는 그 세대주의 시간이 시민-정치 사회의 시간과 보조를 맞추어야 한다는 관념에 대해 어떠한 관심도 드러내지 않고 있다. 규율, 판에 박힌 일과, 시간 엄수—'진보'와 '문명'의 테마들은 이것들 모두를 인격성을 구성하는, 바람직할 뿐만 아니라 필수적이기도 한 특정한 측면들로 만들었고, 그런 측면들은 후일 가정 생활에 관한 민족주의자들의 저술에서 두드러지게 나타난다—에 관한 테마들이 『칼리카타 카말랄라이아』에는 존재하지 않는다. 설령 존재한다고 해도, 그것들과는 정반대의 것을 강조했다. 『칼리카타 카말랄라이아』가 묘사한 세계에서 세대주는 최소한으로 필요한 시간 이상을 사무실에서 보낸 적이 결코 없었고, 신과 조상들이 필요로 하는 것들을 만족시키는 일에 집중했다. 자아의 최고 형식은 남성 계보인 쿨라[kula]의 일원으로 보여지는 것이었고, 따라서 그 자아는 세속적인 역사의 시간성보다 시간의 신화적-종교적 실천에 더 매여 있었다. 여기에서 시민 사회는 강압적이고 부자유한 어떤 것, 더 중요하고 더 수준 높은 수행을 강제로 중단시키는 그런 것이 되었다.

민족주의는 바바니차란이 『칼리카타 카말랄라이아』에서 정교화한 사고틀에서 보면 하나의 변종이었을 것이다. 『칼리카타 카말랄라이아』에 나오는 도시민은 순수한 실용주의 안에서 시민 사회와 정치 사회에 연루되었는데, 그런 실용주의는 이 영역들에 민족주의가 연루될 수 있는 충분한 근거를 제공해 줄 수 없었다. 왜냐하면 민족주의 정치는 공적 삶에 참

---

22) Kashinath Bosu comp., *Darshandeepika*, Calcutta, 1848, p. 14.

여하는 것, 시민 사회의 제도들을 통해 작동하는 현세적 권력의 도구들에 연루되는 것이었기 때문이다. 게다가 그것은 비샤이카르마나 다이바카르마나 피트리카르마와 같은 것이 아니었다. 민족주의는 명백히 세속적인 세계 참여를 필요로 했으나, 순수하고 협소한 자기-이해관계의 추구를 넘어서야만 했다. 사실상 『칼리카타 카말랄라이아』의 사고틀은 가우라데시야 사마지Gauradeshiya Samaj와 같이 당대에 자발적으로 결성된 협회에 바바니차란 본인이 가담한 일을 설명하지도 못할 것이다. 그 협회는 분명히 유럽의 '시민 단체들'을 모방하여 설립되었고, 유럽의 공적 모임 규칙을 따랐으며, 유럽의 '사회 개량'social improvement 테마들에 몰두했다.[23)]

민족주의와 가정의 테마

『칼리카타 카말랄라이아』의 지적 틀이 벵골의 상층 카스트 남성의 관습에서 완전히 벗어난 적은 결코 없었다. 인도가 독립한 후 상층 카스트에 속하는 중간 계급 벵골인 가족에서 태어난 나는 수많은 의례·관습·몸가짐에 둘러싸여 성장했는데, 돌이켜 보면 그런 것들은 『칼리카타 카말랄라이아』에 나오는 도시민의 그것들과 많이 비슷하다는 생각이 든다. 19세기의 작가 부데브 무코파디아이가 힌두 의례들에 관해 쓴 에세이집인 『아차르 프라반다』[24)]에는 『칼리카타 카말랄라이아』를 생각나게 하는 논조가 담겨 있다. 상층 카스트 힌두들의 일상과 삶의 주기에 따른 의례들에 영국의 지

---

23) 이 협회의 첫 회의록을 볼 것. *Gauradeshiya samaj shangsthapanartha pratham sabhar bibaran*, Calcutta, 1823. 내가 찾아본 복사본은 영국 국립 도서관에 있다.
24) 아차르는 '의례', 프라반다는 '모음집'이라는 뜻이다. —옮긴이

배가 어떤 짓을 하려고 했는지에 대한 그의 비판은 또한 시민-정치 사회 그 자체에 대한, 자본주의에 대한, 그리고 근대적 노동과 역사적 시간의 부르주아적 체제에 대한 강력한 비판과 겹쳐진다. 그는 이 모든 것을 한데 묶어, 그것들은 힌두들의 니티아차르nityachar(일상적 의례들)와 나이미티카차르naimittikachar(통과 의례들)의 순환 속에서 감지되는, 더 항구적이고 더 심원한 삶의 리듬에 강요된 외재적이고 역사적인 여러 제약이라고 간단히 분류한다. 예컨대 하루 온종일이 걸리는 '봉급 노동'의 문제를 그가 어떻게 다루는지에 관해선 아래의 글이 있다.

> 하루의 세번째 부분의 전반부, 즉 [오전—인용자] 아홉 시부터 열 시 반까지는 생계 벌이와 연관된 노동을 하라고 [경전들이 할당해 놓은—인용자] 시간이다. 지금 우리의 환경은 예전 사람들의 그것과 얼마나 다른가! 한 시간 반의 노동은 돈을 벌기에 충분했다. 오늘날엔 스물네 시간조차 충분해 보이지 않는다.…… 이즈음 봉급쟁이(차쿠리아chakuria)는 제 시간에 일하기 위해 아홉 시부터 열 시 반 사이에 [점심—인용자] 식사를 하지 않으면 안 된다. 그러므로 그들 중 다수가 오후 기도와 저녁 기도를 아침에 끝내야만 한다.[25]

『칼리카타 카말랄라이아』가 나온 지 60년 후에 쓰인 이 글은 노동과 시민 사회의 새로운 질서가 강력하게, 피할 수 없게 현존하고 있음을, 또한 노동과 시민 사회가 다르마와 관련된 상층 카스트 남성 세대주의 시간

---

25) Bhudev Mukhopadhyay, *Achar prabandha*, Chinsurah, 1908, pp. 52, 60~61. 강조는 추가.

배치를 폭력적으로 방해할 능력을 지녔음을 인정하고 있다. 부데브 무코파디아이는 시민 사회를 받아들이지만, 그것을 삶의 더 고귀한 영역들 안에 위치시키진 않는다. 누구나 시민 사회의 강제력에 굴복할 수밖에 없지만, 그것이 자신의 영혼 안으로 들어오게 해선 안 되었다. 바드랄로크의 역사에서 이 테마에 관한 가장 훌륭한 사례는 19세기 힌두 성자 라마크리슈나Ramakrishna의 가르침이다. 그는 봉급 노동이 지배하는 세계를 갈등에 사로잡혀 있고 타락을 부추기는 세계라고 일관되게 경멸했다.[26)]

하지만 민족주의는 이러한 사고틀에 차이를 만들어 냈다. 민족주의 저자들은 시민 사회의 요구들을 비판할 때조차, 민족과 민족 구성원 모두의 '개량'이라는 유럽적 관념을 담고 있는 어떤 지배적 틀 안에서 글을 썼다.[27)] 이것은 '민족주의'를 근대적인 것으로 만들기도 했다. 왜냐하면 그 민족주의는 『칼리카타 카말랄라이아』에 전혀 존재하지 않은 '공/사' 대립의 어떤 변종을 펼쳐 놓지 않을 수 없었기 때문이다. 이 점은 19세기 후반 벵골에서 출간된 '가정'과 여성 교육에 관한 문헌들에서 분명해졌다. 이 문헌들에서 '집'은 개혁의 공간으로 등장했고, 교양 있고 개혁적인 어머니는 그 공간에서 벵골의 아이들이 민족주의의 진정한 주체로서의 인도의 아이들이 되도록 준비시켜야 했다. 그 점에서 이 새로운 '가정의' 공간이

26) Sarkar, "'Kaliyuga', 'Chakri', and 'Bhakti'", *Economic and Political Weekly*, Vol. 27, No. 29; Partha Chatterjee, "A Religion of Urban Domesticity: Sri Ramakrishna and the Calcutta Middle Class", Partha Chatterjee & Gyan Prakash eds., *Subaltern Studies*, Vol. 7, Delhi: Oxford University Press, 1992, pp. 40~68.

27) '개량' 관념이 벵골에서 채택된 것에 관해서는 Ranajit Guha, "Colonialism in South Asia: Dominance without Hegemony and Its Historiography", *Dominance without Hegemony: History and Power in Colonial India*, Cambridge: Harvard University Press, 1997, pp. 97~120을 볼 것.

'공적' 영역을 지향한 것은 당연했다. 왜냐하면, 비록 유럽인들이 봉급직의 무대를 지배했을지라도, 민족주의적 활동은 민족주의자들을 위한 '공적 무대'에서의 한 활동 형식이 될 것이었기 때문이다. 이런 의미에서 '집' 자체가 공적인 행동 무대였다. 19세기에 '여성의 의무'에 관해 쓴 어느 작가는 이렇게 말했다. "먼저 가정의 영역과 정치의 영역에서 개량이 없다면, 민족의 국가에 어떤 개량도 있을 수 없다. 복종은 정치 생활과 가족 생활 양쪽 모두에서 근본적 측면이다. 가족 안에서 아버지와 남편은 주인이다. 한 사회가 어느 정도로 규칙에 복종하는지는 더 근본적인 수준들에서의 [실천들—인용자]에 달려 있다."[28)]

규율, 판에 박힌 일과, 질서 등과 같은 빅토리아 시대의 페티시들은 가정과 개인의 배치에 관해 벵골인들이 상상하고 있던 것들 안에서 가장 특권적이고 욕동적인 요소 중의 일부가 되었다. 수미트 사르카르의 생각과는 반대로, 사무실 노동의 규율에 대한 비판이 반드시 규율 자체에 대한 비판이 아니었던 또 하나의 이유는 바로 이것이다. 심지어 힌두 가정의 의례들에 대한 부데브 무코파디아이의 열광조차, 비록 그것이 시민 사회의 요구들에 대한 그의 비판을 낳았을지라도, 규율화된 주체들을 향한 민족주의적 욕망에서 유래하는 것이었다. 그는 '훈련'drill과 '규율' 같은 영어 단어를 사용해 힌두 상층 카스트가 행하는 일상적 의례의 실천이 어떻게 실제로 "누군가의 활기와 노동 능력을" 고양시킬 수 있는지 설명하려 애썼다.[29)] '유럽 가정의' 내면적 질서가 민족주의 저술들에서 찬양되었고, 또 그것은 유럽의 번영과 정치 권력의 열쇠로 간주되었다.[30)] 질서 자체가 건

---

28) Anonymous, *Streeshiksha*, Vol. 1, Calcutta, 1877, pp. 28~29.
29) Mukhopadhyay, *Achar prabandha*, pp. 6, 12~13, 35.

강·청결·위생 등의 통념과 연결되었다. 그래서 초기 '가정학' 텍스트의 저자인 아누쿨찬드라 다타는 이렇게 썼다. "잘 훈육된 아이들은 나라의 자랑이다…… 잘못 훈육되고 도덕적으로 타락한 아이들은 가족과…… 민족에게…… 불명예를 안겨 줄 뿐이다."[31] 이제 가정 주부에게는 어린이의 식습관·놀이·일·매너 등을 규제할 수 있는 지배권의 행사가 요구되었다.[32]

시간은 이 지배에 본질적인 것이었다. 시간의 적절한 운용은 이제 이 나라의 문명화에 결정적인 것으로 칭송되었다. 다타의 가정학 책에서 어느 어머니는 딸에게 이렇게 말한다. "영국인은 정말로 시간의 가치를 소중하게 여기고 있더구나! 그들은 정확한 시간에 일하고, 정확한 시간에 식사하고, 정확한 시간에 출근하고, 정확한 시간에 논단다. 그들은 모든 것을 규칙에 따라 하고 있단다…… 영국인이 그토록 많은 일을 성취할 수 있는 시간을 가진 것은 이런 자질 때문이지. 교양 있는 문명화된 민족 중에 우리처럼 시간의 가치를 무시하거나 시간을 오용하는 사람들을 볼 수 있는 경우는 없단다."[33] 또 다른 저자는 시간 의식이 없다면 환자를 돌보는 일조차 어렵다고 말했다. 약을 복용시킬 때 "의사가 처방한 시간 간격을 어겨선 안 된다…… 모든 집에 시계가 있어야 하고…… 여성이 시계 보는 법을 배워야 하는 것이…… 절대적으로 중요한 이유는 그 때문이다"라고 그는 말했다.[34] 몇몇 저자는 벵골어로 쓰인 가정학 과목의 책들이 많지 않다는 사실을 개탄했다. 다타는 "우리나라에선 '가사-교육'을 하지 않

30) Nagendrabala Saraswari, *Garhasthyadharma ba naridharmer parishista*, Jamalpur, Burdwan, 1904, pp. 1, 29.

31) Anukulchandra Datta, *Grihashiksha*(in Bengal), Calcutta, 1906, p. 13.

32) *Ibid.*, pp. 3~4, 34~39, 78, 80.

33) *Ibid.*, pp. 55, 62. 또한 p. 65도 볼 것.

34) Chandranath Bosu, *Garhasthyapath*, Calcutta, 1887, pp. 15~16.

는다. 하지만 우리의 개량 가능성은 백 퍼센트 거기에 달려 있다"라고 말했다. 그의 책 속표지에 있는 제사題詞는 "나라의 갱생을 촉진하기 위해 필요한 것은 무엇보다도 훌륭한 어머니들이다"라고 선언했다.[35]

하지만 이렇게 벵골의 민족주의가 채택한 부르주아적이며 근대적인 공과 사의 구분은 가정과 신여성에 관한 이러한 논의들의 또 다른 측면에 의해 수정되었다. 벵골 여성의 교육에 관한 19세기 문헌이 사로잡혀 있었던 단 하나의 초점은 '상냥함'을 근대 여성의 매력과 아름다움의 일부로 만들어 내는 일이었다. 그 때문에 저 텍스트들은 다투기 좋아하는 여성을 만든다고 여겨진 교육의 결핍, 그리고 권위를 무시하는 여성을 만들 수 있다고 여겨진 과도한 교육, 이 두 가지 모두가 위험하다고 끊임없이 되뇌었다. 교육은 "악의와 적대"의 감정, "싸움을 좋아하는 끔찍한 성벽"을 교정시킬 수 있는 것이었고, 그런 것들은 "특히 교육받지 않은 사람들에게서" 발견된다고 여겨졌다.[36] 그러나 "부적절하게" 복용된 서구식 교육은 무카라mukhara한(독설을 내뱉는), 이기적인, 가정의 의무를 무시하는 여성을 만들어 낼 수도 있었다. 정식 교육을 받은 여성이 그런 식으로 행동한다고 인지될 때, 그 여성들은 멤사히브memsahib[37]들과, 혹은 유럽 여성들과 비교되었다. 1870년에 한 여성지에 글을 쓴 쿤다말라 데비Kundamala Devi라는 여성은 이렇게 말했다. "오 친애하는 여러분! 여러분이 현실적인 지식을 얻게 되었다면, 여러분의 마음 안에는 멤사히브 같은 행동이 자리 잡지 못할

35) Datta, *Gribashiksba*, 서문과 표지.

36) Yogendranarayan Ray, *Bangamabila*, Chinsurah, 1881, pp. 87~88; Kailashbashini Devi, *Hindu mabilaganer heenabastba*, Calcutta, 1863, pp. 6~7, 63.

37) 주인이나 나리를 뜻하는 사히브(sahib)의 여성형. 원래의 여성형은 '사히바'(sahiba)였으나, 영국의 식민 지배하에서 영어의 '마님'을 뜻하는 '마암'(ma'am)이 사히브에 덧붙여져 전화(轉化)되어 멤사히브가 되었다.—옮긴이

겁니다. 이런 일은 벵골의 가정 주부에겐 일어나지 않을 거예요."[38] 이 문헌에서 우아함/정숙함(라자lajja)과 순종은 여성적인 상서로움의 두 가지 기호로 묘사되었다. 여성 교육에 관한 어떤 책에는 이런 말이 있었다. "진정한 정숙함"은 교육받지 못한 여성의 "미개한" 정숙함과 구별되어야 한다. "아래로 깔린 눈"과 "조곤조곤 말하고 말수도 적은" 성벽은 제대로 교육받은 사람이라는 것을 말해 준다.[39]

여성의 매력과 상냥함의 이러한 결합은 벵골의 '신'여성에 관한 당대의 몇몇 소책자에 직접적으로 표명되어 있다. 여성의 행실·말·이름, 이 모든 것에서 그 여성은 "잔소리꾼 여자"가 아님을 보여 주어야 했다. 『방가마힐라』(벵골의 여성)라는 제목의 책은 "무카라[독설쟁이—인용자]는 상냥스럽지 못한 여성의 별명이다. 심지어 단 한 명의 무카라 여성이 있는 것만으로도 집안의 평화는 영원히 사라질 수 있다"고 말했다.[40] 예비 신부를 검증하는 방법에 관해 쓴 한 팸플릿은 공포감을 불러일으키는 이름을 가진 여성과는 결혼하지 말아야 한다고 경고했다.[41] 어떤 텍스트들은 고대의 입법자 마누Manu를 인용하여 상냥함과 상서로움을 연계시키면서 여성스러움의 바람직한 측면들을 이렇게 강조했다. "소녀에게 부여되는 이름은 부르기 좋고 의미가 똑바른 것이어야 한다.…… 그 [이름—인용자]은 사랑스럽고 즐거운 감정으로 마음을 채우는 것이어야 한다. 그 이름은 망갈mangal[상서로움과 행복—인용자]을 의미해야 하고, 장모음으로 끝나야 하고, [이름의 주인공에게—인용자] 그 이름을 부르는 사람들

38) Borthwick, *The Changing Role of Women in Bengal, 1849~1905*, p. 105에서 재인용.
39) Anonymous, *Streeshiksha*, Vol. 1, pp. 84~87.
40) Ray, *Bangamahila*, pp. 87~88.
41) Radhikanath Thakur comp. & trans., *Patripariksha*, Murshidabad, 1880, p. 17.

이 축복을 주는 것이어야 한다." 그 팸플릿의 저자는, 아내를 의미하는 모든 산스크리트어 단어가 상냥하게 들리는 이유는, 그리고 모조리 장모음으로 끝나는—자이아jaya, 바리아bharya, 그리할락슈미grihalakshmi, 안칼락슈미ankalakshmi, 그리히니grihini, 사하다르미니sahadharmini, 아르당가루피니ardhangarupini 등등과 같이—이유는 바로 그 때문이라고 설명했다.[42]

그리할락슈미는 힌두 신화 텍스트들에서 아내의 본보기로 오랫동안 추앙받아 온 락슈미 여신의 아름다움을 가정 주부와 결합시킴으로써 이상적인 가정 주부의 미학적 형상을 압축해서 표현한 단어였다. 데이비드 킨슬리가 지적하고 있듯이, 스리-락슈미Sri-Lakshmi 여신은 "오늘날 힌두 만신전萬神殿에 있는 가장 대중적이고 가장 널리 숭앙받는 신들 중 하나다. 풍요와 행운과 부와 안녕을 가져다주는 그 여신의 상서로운 본성과 명성이 모든 촌락에서 신도들을 끌어들이고 있는 것 같다."[43] 폴 R. 그리노와 리나 프루제티는 락슈미와 관계된 종교 의례들이 당시의 벵골 힌두의 가정 생활에서 수행한 역할을, 그리고 풍요로움과 부와 상서로움과 번영 등의 통념이 이 여신과 지속적으로 결부되어 온 사실을 길게 다룬 적이 있다.[44]

락슈미 여신에게는 이면裏面, 즉 어둡고 사악한 그 여신의 타자인 알락슈미Alakshmi(반反-락슈미)가 있다. 저 다종다양한 힌두 신화 텍스트들

---

42) Manmohan Bosu, *Hindu achar byabahar*, Calcutta, 1873, pp. 15~16, 58~60.

43) Daivd Kinsley, *Hindu Goddesses: Visions of the Divine Feminine in the Hindu Religious Tradition*, Berkeley & Los Angeles: University of California Press, 1988, pp. 19~32. 또한 Basu, *Hindu achar byabahar*, 1873, p. 60도 볼 것.

44) Paul R. Greenough, *Prosperity and Misery in Modern Bengal: The Famine of 1943~1944*, New York: Oxford University Press, 1982, pp. 12~41; Lina Fruzzetti, *The Gift of a Virgin: Women, Marriage, and Ritual in a Bengali Society*, Delhi: Oxford University Press, 1990.

인 『푸라나』Purana들은 이 사악한 반여신이 다양한 원천에서 유래한다고 보고 있다. 알락슈미의 계보는 복잡하며, 그것은 우펜드라나트 달이 보여주고 있듯이 카스트 차별에 관한 주장들과 논쟁들 안에서, 그리고 브라만들의 의례 장악 문제 안에서 찾아볼 수 있다. "『링가푸라나』Lingapurana에는…… 비슈누Visnu 신이 두 겹으로 우주를 창조했다고 쓰여 있다. 한 겹은 스리-파드마Sri-Padma, 네 개의 『베다』Veda, 『베다』들과 브라만들이 규정한 의례들로 이루어졌다. 다른 한 겹은 알락슈미, 아다르마Adharma, 『베다』들이 용납하지 않는 의례들로 이루어졌다."[45]

알락슈미가 어디에서 기원하든 간에, 그 여신은 젠더화되고 엘리트주의적인 흉조 관념을, 그리고 힌두 입법자들이 세대주의 다르마(올바른 도덕적 행동)로 인정한 것들과 모조리 상반되는 것들을 구현하게 되었다. 알락슈미가 집 안에 들어올 때면, 질투와 악의를 달고 들어온다고 전해졌다. 형제들은 서로 싸우고, 가족들과 가족들 안의 남성 계보(쿨라)는 파멸과 붕괴에 직면했다. 달은 『파드마푸라나』Padmapurana를 전거로 하여 이렇게 주장한다. "알락슈미가 선택하여 머무는 곳은 끊임없이 가족 간에 불화가 있는 곳, 손님이 홀대받는 곳, 도둑과 악당이 넘치는 곳, 사람들이…… 불륜에 [빠지는—인용자] 곳이다. 달리 말하면, 마누와 이아즈나발키아Yajnavalkya[46] 같은 입법자들의 보호 밖에 있는 것이라면 무엇이든 알락슈미에게는 가장 소중한 것으로 여겨졌다."[47] 따라서 락슈미와 알락슈미는 상호 배타적 형상들이었다. 알락슈미의 영혼이 지배하는 집은 락슈미

45) Upendranath Dhal, *Goddess Lakshmi: Origin and Development*, Delhi: Oriental Publishers and Distributors, 1978, p. 136.
46) 『베다』 시대의 대표적인 현자 중의 한 사람. 철학과 천문학에도 능통했다고 한다.—옮긴이
47) *Ibid*., p. 141 n20.

에겐 견딜 수 없는 곳이었고, 락슈미는 항상 그런 집의 가족은 버려둔 채 규칙과 의례를 소홀히 하지 않음으로써 스스로를 상서롭게 만드는 다른 가족들에게, 특히 그런 가족의 여성들에게 호의를 베풀었다.

하지만 락슈미와 알락슈미에 관해 이야기하는 것은—지금도 여전히 많은 집에서 그러하지만—힌두 벵골 가족들 안의 여성들이 날마다, 주일마다, 해마다 수행하는 종교 활동 목록에 표시되어 있는 종교 의례들의 일부였다. 인쇄 기술이 이용되기 시작한 이래, 여성들은 락슈미와 알락슈미의 이야기를 담은 책들을 의례를 행할 때 활용하려고 했고, 그런 책들이 캘커타의 소규모 출판사들로부터 지속적으로 값싸게 공급되었다.[48] 19세기 후반 여성 교육에 관한 벵골인들의 논의에서 중요한 것은 락슈미와 알락슈미라는 쌍둥이 형상이 세속화되었다는 점이다. 그 세속화에 의해 락슈미는 벵골 가정에서 황홀하게 아름답고, 조화롭고, 여성스러운 모든 것을 상징하게 되었고, 알락슈미는 그 정반대 것을 상징하게 되었다. 근대적 가정에 관한 19세기 벵골의 텍스트들은 이 연결을 이렇게 강조한다. "여성들은 사회의 락슈미들이다. 그녀들이 다르마 영역과 지식 영역에서 스스로를 개량하게 되면……사회적 삶도 자동적으로 개량될 것이다."[49]

여성 교육에 관한 문헌에 락슈미와 알락슈미 같은 단어들이 현존했다는 바로 그 사실에서 우리가 깨달아야 하는 것은 그런 일이 궁극적으로는 근대 벵골 가부장제의 이상에 관한 토론이라는 점이다. 근대 여성

48) 나는 캘커타의 거리 서적상에게서 다음 두 권의 책을 샀다: Baikunthanath Majhi, *Baromaser srisri lakshmidevir bratakatha o panchali*, rev. Madhusudan Bhattacharya, Calcutta(n. d.); Pasupati Chattopadhayay, *Baromese srisri lakshmidevir panchali o bratakatha*, Calcutta(n. d.).

49) Bhiksuk(Chandra Sen), *Ki holo!*, Calcutta, 1876, p. 77.

은 상냥해야만 했다. 왜냐하면 다투기 좋아하고 질투심 많은 아내는 남편 형제들을 경쟁심에 빠뜨려 서로 다투게 하고, 그래서 씨족 가문, 즉 쿨라의 유대를 깨뜨린다고 여겨졌기 때문이다. 로널드 B. 인덴은 벵골의 친족 관계와 서열 체계에 관한 연구에서 쿨라를 "동일한 남성 조상을 공유하는 사람들"의 집합으로 정의했다.[50] 그리할락슈미의 임무는 근본적으로 쿨라의 통합을 유지하는 것이었다. 따라서 그리할락슈미는 쿨랄락슈미 kulalakshmi와 동의어가 되었다. 쿨랄락슈미라는 단어는 예전엔 "가족과 씨족 가문의 안녕을 수호하는 여신"을 의미했으나, 이제는 결혼 상태에 있는 살아 있는 여성을 가리킬 때도 사용된다.[51] 부데브 무코파디아이는 가족에 관한 유명한 에세이집인 『파리바리크 프라반다』(1882)[52]에서 언젠가 쿨랄락슈미가 될 만한 조짐을 일찍부터 보여 준 여성을 며느리로 삼으라고 부모들에게 충고했다. 이는 부모가 죽은 후 남자 형제들 사이에서 흔히 생겨나는 불화를 방지할 수 있는 한 가지 방법이라고 부데브는 말했다.[53] 실제로 이 시기의 논의들을 보면, 쿨라스트리kulastree(결혼하여 쿨라에 들어온 여성)와 쿨라타kulata(쿨라에 들어오지 못했거나 쿨라에서 빠져나간 여성, 매춘부) 간의 차이가 여성 교육에 관한 논쟁들에서 논의의 중심축이었다. 어느 텍스트는 그 두 범주의 차이를 다음과 같이 펼쳐 놓았다.

---

50) Ronald B. Inden, *Marriage and Rank in Bengali Culture: A History of Caste and Clan in Middle Period Bengal*, Berkeley & Los Angeles: University of California Press, 1976, p. 96.

51) *Ibid.*, p. 54 n10.

52) 파리바리크는 '가족'이라는 뜻이다.—옮긴이

53) Mukhopadhyay, "Paribarik prabandha", *Bhudev rachanashambhar*, ed. Pramathanath Bishi, Calcutta: Mitra o Ghosh, 1969, pp. 465, 471.

쿨라스트리: 조용하고 침착한 거동; 신중한 언사; 아래로 깔린 눈; 남성을 피함; 자신의 몸을 감춤; 색정적이지 않음; 소박한 옷차림.

쿨라타: 들떠 있고 수다스러움; 모든 곳에 눈길을 줌; 남자 친구를 찾음; 몸의 일부를 드러냄; 색정적이며 옷차림이 화려함.[54)]

따라서 19세기에 새로운 가정과 여성 교육에 관한 벵골의 민족주의 사상은 공과 사, 가정과 민족에 관한 부르주아적 구분을 남성 계보인 쿨라의 관념과 결합시켰다. 바로 여기에 벵골 근대성의 이데올로기와 유럽의 가부장적 자유주의의 결정적인 몇몇 가정들 간의 중대한 차이가 놓여 있었다. 이어서 이 문제를 다루어 보도록 하자.

형제애, 가부장제 그리고 정치 사상

여신들의 미학화—그리고 뒤이은 세속화—는 벵골의 민족주의적 정체성의 몇몇 표지를 산출하는 데 기여했고, 그 표지들은 역사적으로 내구성이 있었다. 우리는 벵골 자체가 어떻게 민족주의 시詩에서 벵골락슈미Bangalakshmi로, 락슈미 여신 자체로서의 벵골로 묘사될 수 있었는지를 살펴본 적이 있다. 심지어 공식적으로 무신론자이자 공산주의자인 벵골의 시인 슈바시 무코파디아이Shubhash Mukhopadhyay조차 종교적인 가복 의례—락슈미의 발자국을 그려 락슈미가 가정 공간 안에 들어왔음을 암시하는 관습—를 정체성의 세속적 표시로 재현함으로써 본인의 벵골인다

54) Ishanchandra Boshu, *Streediger proti upadesh*, Calcutta, 1874, pp. 8~11. 또한 Shibchandra Jana, *Patibratyadharmashiksha*, Calcutta, 1870, p. 35도 볼 것.

운 감성을 표현했다. 6장에서 내가 인용한 구절들을 상기해 보자.

얼마나 멀리 가건—
내 눈꺼풀에 달라붙어
남아 있는
소똥과 물로 닦인
안뜰에 그려진
몇 줄 락슈미 발자국.[55)]

나라를 어머니로 생각하는—벵골과 인도의 민족주의에 널리 퍼져 있는—경향 밑에는 형제애적 맹약fraternal compact으로 보이는 것이 놓여 있었다. 반킴찬드라 차토파디아이 이래 힌두 민족주의자들은 자신을 그 어머니의 자식, 즉 산탄santan으로 묘사했다. 19세기에서 20세기로의 전환기에 타고르나 드위젠드랄랄 라이가 만든 인기 있던 민족주의 노래들은 이 가부장적 민족주의의 토대였던 형제의 통합이라는 정동적 측면을 포착한다.

우리를 모으는 것은 어머니의 부름이다.
같은 집에서 나온 형제들이 어찌 저 멀리에
아무 상관없는 것처럼 떨어져 있을 수 있으랴.[56)]

---

55) 6장에서의 논의와 언급을 볼 것.
56) 이 노래는 1886년 12월에 캘커타에서 처음 열린 인도 국민회의의 집회에서 불렸다. Prabhatkumar Mukhopadhyay, *Gitabitan: Kalanukramik shuchi*, Calcutta: Tagore Research Institute, 1992, p. 90을 볼 것.

혹은,

한번, '어머니'라고 외쳐라,
목이 터지도록 '어머니'라고 외쳐라.
……
아들들의 목소리를
어머니가 이내 알아듣는 것을 보게 되리니.[57)]

형제들의 자연적 통합이라는 관념에 기초하는 형제애 신화는 벵골 민족주의 정치의 가부장제적 가정들과 유럽 정치 사상의 고전적 테마들 사이에 결정적인 한 가지 차이가 있음을 보여 준다. 벵골 작가들은 유럽의 부르주아적 자아의 수많은 중요한 측면을 받아들이되 다른 방식으로 받아들였다. 우리가 본 것처럼 공/사 구분은 가정에 관한 그들의 논의 안에서 각색되었다. 부데브 무코파디아이 같은 이른바 보수적 사상가에게조차 '개인적 소유' 관념이나 부계 재산에서의 여성의 '자연권'은 수용될 만한 것이었다. 그는 이렇게 말했다. "자연법에 따라 여성은 부계 재산에서 일정한 권리를 갖는다. 우리의 법전들은 그 같은 자연권을 부정하지 않는다."[58)] 그는 또한 재산의 동등한 분할과, 심지어 필요할 경우 합동 가족joint family의 우호적 분리를 권유했다. 그러나 자유주의적인 것으로 보이는 이 모든 제안은 형제들의 통합의 보존이라는 더 높은 대의에, 민족주의의 토

57) Dwijendralal Ray, "Gaan", *Dwijendrarachanabali*, ed. Rathindranath Ray, Calcutta: Sahitya Samsad, 1986, pp. 649~650.
58) Mukhopadhyay, "Paribarik prabandha", *Bhudev rachanashambhar*, p. 470.

대가 된 형제애적 맹약에 종속되었다.

> 물질적으로 연계된 모든 자기-이해관계에서 혈연을 분리시켜라.……너와 [너의—인용자] 남동생은 네 부모와 똑같은 모습을 지닌 부부 신의 신도들이다. 너희 둘은 사적으로는 함께 앉아서 부모를 기억해야만 한다. 그러면 너희의 감정이 얼마나 성스럽겠는가![59)]

> 형제들은 결혼하거나 부모가 죽으면 갈라진다. 그러나 이런 일은 대개 훌륭하게 집안을 꾸려 나가거나 부계 재산이 명확히 분할된 가족에게는 일어나지 않는다. 형제들이 진정 마음으로부터 통합한다면, 그 아내들은 서로 악의를 품을 수 없다.[60)]

'시민 정부'에 관한 존 로크의 에세이에서 형제들은 개별적 소유권을 지닌 자율적 개인들이며, 이들은 자신의 생명과 재산의 보존을 위한 계약을 통해 "정치 사회 혹은 시민 사회"를 함께 형성한다.[61)] 형제들로 하여금 이 계약을 맺게 하고 그것을 존중하도록 만드는 것은 바로 신이 인류에게 준 특별한 선물, 즉 이성이다. 로크가 주장했듯이 "인간 모두에게 세계를 선사해 준 신은 삶과 편의를 위해 최대한 유익하게 활용할 수 있는 이성도 선사했다."[62)] 신을 물러서게 하고 인간이 자신의 역사를 담당하게 만든 것은 정말이지 이성이라는 선물 바로 그것이었다. 이성은 그 역사를 신의 의

---

59) Mukhopadhyay, "Paribarik prabandha", *Bhudev rachanashambhar*, p. 454.
60) *Ibid.*, p. 465.
61) Locke, *Two Treatises of Government*, Chap. 5~8[『통치론』, 5~8장].
62) *Ibid.*, p. 129[같은 책, 34쪽].

도와 일치시킬 것이기 때문이다. 따라서 "세계와 세계 안에 있는 모든 것이 인간 존재의 유지와 편안함을 위해 인간에게 선사[된—인용자] 것이어서" 이 지상에서 인간 주권의 세속적 역사가 시작된 것이다.[63]

신은 자신이 준 이성이라는 선물 안에 자신의 지속적 현존의 흔적을 남기고 인간사에서 물러나지만, 이성 자체는 어버이의(즉 아버지의) 정치적 권위—말하자면 처벌할 수 있는 권위—가 소멸해야 비로소 로크의 구도 안에서 작동할 수 있다. 로크는 이성을 부여받은 인간들은 자율적인 성인이며, 성인으로서 정치-시민 사회 안에 진입한다고 주장한다. 어버이/친권은 일시적이다. 그것은 자식들이 교육을 통해 이성을 섭취하도록 도와주기 위해 있는 것이며, 어버이는 자식을 위해 한 일 덕분에 본인의 생애 내내 감사와 존경을 받는 것이다. 그러나 형제애적 계약이 제 역할을 하기 위해선 어버이의 정치적 권위, 즉 처벌권이 행사되지 말아야 한다. "그래서 아버지가 담당한 권력의, 더 정확하게는 의무의 첫번째 부분인 교육은 일정한 시절에 중단된다. 교육이라는 과업이 끝나면, 그 권력도 저절로 중지된다.…… 그러니까 결론적으로…… 아버지의 명령권은 미성년 시기의 자식을 상대로 하는 것 이상으로 확장되지 않으며, 그 시기의 자식을 규율하고 다스리는 데만 적합한 정도[인 것이다—차크라바르티]."[64]

캐럴 페이트먼은 신랄한 저서 『남과 여, 은폐된 성적 계약』에서 아버지의 권위의 죽음에 관한 로크의 이야기는 바로 기독교 서구에서의 근대 가부장제의 기원 신화이며, 이 신화는 모든 인간의(즉 형제들의) 형식적 평등이라는 기호 아래에서 탄생했다고 지적한 바 있다.[65] 하지만 그 같은

63) *Ibid*., p. 129[같은 책, 34쪽].
64) *Ibid*., pp. 150, 152[같은 책, 69, 73쪽].

친권의 사망은 벵골의 형제애적 맹약에서는 결코 상상될 수 없다. 명령하는—지시(아데시adesh, 아즈나ajna)를 내리는—자격은 명령받는 사람의 나이와는 상관없이 어버이에게 있고, 그 어버이를 경유하여 남자 조상들에게 있다. 이러한 근대성에서 정치적 권위는 친권을 모델로 하는 것이었고, 그 친권은 결코 소멸되지 않았다. 그 문제와 관련해 다시 한번 부데브 무코파디아이의 말을 주목해 보자.

> 순종submission이 없이는 통합도 없다.…… 벵골인은 호전적인 민족이 아니다. 진정한 순종심이 벵골인에게서 썩 잘 발견되는 이유는 그 때문이다. 약자가 강자에게 보이는 복종obedience과 공손함은 순종이라고 부를 수 없다.…… 순종은 헌신devotion에 기초한다. 그것은 어릴 적에 배워야만 하는 것이며, [자식의—인용자] 헌신을 받아들이는 어버이는 그 감성을 심어 주고 양육할 수 있다. 어버이에 대한 두려움과 헌신, 이 두 가지 모두를 배운 벵골인은 또한 지도자에게 순종할 수 있다.[66]

우리는 친권에 관한 이러한 견해가 로크의 친권 이해 방식과 어떻게 다른지에 주목해야만 한다. 부데브 무코파디아이의 텍스트에서 자식이 아버지/어버이에게 순종하는 것은 바크티bhakti, 즉 헌신과 숭배의 감정에 기초하는 것이다. 앞에서 말한 모델에서 성인이 된 아들조차 계속 아버지

65) Pateman, "Genesis, Fathers, and the Political Liberty of Sons", *The Sexual Contract* [「창세기, 아버지 그리고 아들의 정치적 자유」, 『남과 여, 은폐된 성적 계약』]. 또한 Wendy Brown, *States of Injury: Power and Freedom in Late Modernity*, Princeton: Princeton University Press, 1995, Chap. 6.

66) Mukhopadhyay, "Paribarik prabandha", *Bhudev rachanashambhar*, p. 477.

에게 순종해야 하는 이유는 그 때문이다. 바크티는 헌신과 숭배에서 나오는 의도적인 순종을 의미한다. 하지만 로크의 구도에 나오는 아버지는 다른 부류의 아버지다. 그 아버지는 절대적인 권력을 휘두른다. 로크는 『교육론』에서 이렇게 말한다. "나는 어렸을 때의 자식들은 어버이를 주군으로, 자신의 절대적인 통치자로 간주해야만 하고 또 그런 식으로 어버이를 두려워해야만 한다는 것을 모든 이가 합당한 것으로 판단하리라 생각한다."[67] 여기에서는 자식 입장에서의 순종이 아버지의 권력에 대한 두려움에 기초하는데, 부데브 무코파디아이는 그런 감정을 아들이 평생 동안 친권에 순종하는 것의 지당한 기초로 간주하지는 않았다. 무코파디아이와 같은 민족주의 작가들은 바크티(애정과 존경심으로 가득 찬 헌신)를 근대적인 정치적 정서로 만들었다.

그러므로 무코파디아이의 이해 방식에서 정치적 통합은 가족의 '자연적'인 정서들, 즉 형제들 간의 사랑과 어버이에 대한 순종 같은 정서들의 계발에 토대를 두는 것이었다. 통합은 계약·경쟁·자기-이해관계 등을 추구해서는 얻을 수 없었다.[68] 타판 라이차우두리가 무코파디아이에 관한 연구에서 주장하고 있듯이 "부데브에게 금전에 대한 과도한 집착은 좀처럼 받아들이기 어려운 서구 사회의 특징 중의 하나였다.…… 금전 숭배로

---

67) Locke, "Some Thoughts Concerning Education"(1692), *John Locke on Politics and Education*, intro. Howard R. Penniman, New York: Walter J. Black, 1947, p. 235를 볼 것[『교육론』, 박혜원 옮김, 비봉출판사, 2011, 68쪽]. Uday Singh Mehta, *The Anxiety of Freedom: Imagination and Individuality in Locke's Political Thought*, Ithaca: Cornell University Press, 1992, pp. 138~140.

68) Mukhopadhyay, "Paribarik prabandha", *Bhudev rachanashambhar*에 있는 즈나티트바(jnatittva, 친족 이론)에 관한 에세이를 볼 것. 또한 그의 에세이 "Pashchatya bhab"(Western ways), *Samajik prabandha*, ed. Jahnabikumar Chakraborty, Calcutta: Pashchimbanga Rajya Pustak Parishad, 1981, pp. 125~130도 볼 것.

인해 서구인은 가까운 친척이 관련된 경우에도 재정적 도움을 주고받는 것을 싫어하게 되었다."[69] 인도인은 같은 어머니의 자식들(아들들)로서 자연적 유대를 지녔기 때문에 화합할 것이다. 무코파디아이의 소설 중 하나에서 어느 마라타Maratha[70] 지도자는 이렇게 말한다.

> 우리의 이 모국은 항상 내부 투쟁의 불길로 타올랐다. 그 불길은 이제 꺼질 것이다.…… 인도가 사실 힌두만의 모국일지라도…… 무슬림은 더 이상 인도에 낯선 이들이 아니다. 인도는 오랫동안 그들을 품 안에 넣고 길러 왔기 때문이다. 그러니 무슬림 역시 인도의 양자다. 한 아이가 어머니의 자궁에서 태어나고 다른 아이가…… 그 어머니의…… 모유로 키워진다면, 그 둘은 형제가 아니던가?…… 따라서 인도에 사는 힌두들과 무슬림들은 형제가 되었다. 그 관계는 싸움이 벌어지더라도 깨지지 않는다.[71]

결론

오늘날 우리가 이 글에서 논의된 근대성의 주체들이 구축한 저 가부장적이고 비자유주의적이지만 근대적인 휴머니즘을 반대한다고 해서 그 휴머

---

69) Tapan Raychaudhuri, *Europe Reconsidered: Perceptions of the West in Nineteenth Century Bengal*, Delhi: Oxford University Press, 1988, pp. 88~89.

70) 마라타는 데칸 고원 서쪽에 있는 마하라슈트라(Maharashtra) 지역의 크샤트리아(Kshatriya, 귀족과 무사) 카스트를 말하거나, 인도를 지배해 온 무굴 제국의 6대 황제 아우랑제브(Aurangzeb, 1658~1707 재위)의 통치에 맞서 1674년 시바지(Shivaji)가 이끈 힌두들이 그 지역에 세운 마라타 제국(Maratha Empire)을 말한다. 마라타 제국은 1818년에 붕괴했다. —옮긴이

71) *Ibid*., p. 41에서 인용되고 번역됨.

니즘의 창조적 측면들에 눈을 감아선 안 된다. 낡은 부계적 범주들――쿨라, 밤사vamsa,[72] 푸르바푸루시purbapurush[73]――의 민족주의적 사용법 아래에 놓여 있는 '자연적 형제애'라는 테마는 사실 20세기에 들어와 수많은 벵골 중간 계급 바드랄로크에 의해 지속적으로 언급되어 왔다. 1920년대와 1930년대에 가장 인기 있던 일부 소설(나중에 영화화된)은 형제 간 사랑의 위기와 확대 가족의 위기라는 테마들을 정교하게 다룬 것들이다.[74]

여성 교육의 문제를 그리할락슈미의 이데올로기 안에 통합시켜 버린 이 근대성을 부자유한 철창으로 생각한다면 그것 역시 잘못일 것이다. 19세기에 출간된, 눈에 띄지는 않지만 결코 이례적이지는 않은 텍스트 하나가 적절하고 유효한 사례가 된다. 그것은 1870년 무렵 다이아마이 다시라는 이름의 여성이 쓴 『파티브라타 다르마』[75]라는 제목(부제는 영어로 '여성의 정숙함에 관한 논고'A Treatise on Female Chastity라고 되어 있다)의 팸플릿이다. 이 책에는 유럽 근대성의 부르주아적 기획, 즉 여성을 남편의 친구이면서 동시에 남편에게 충성을 바치는 여자로 교육시키는 그 기획의 일정한 특징이 어김없이 존재한다. 바로 그 제목과 영어로 된 부제는 그 책을 벵골의 빅토리아Bengali Victoriana 전통 안에 위치시킨다. 남편의 격려로 글을 읽고 쓸 수 있게 된 다이아마이 다시가 쓴 이 소책자는 쿨라카미니르

72) 쿨라와 밤사는 모두 가문이나 씨족(clan)을 뜻하지만 쿨라보다 밤사가 더 큰 범주이다.―옮긴이

73) 최초의 인간 혹은 선조를 의미한다.―옮긴이

74) 예컨대, 사라트찬드라 차테르지(Saratchandra Chatterjee, 1876~1938)의 다음과 같은 몇 권의 소설을 보라. 『빈두르 첼레』(*Bindur chhele*, 1914), 『바이쿤테르 윌』(*Baikunther will*, 1916), 『니슈크리티』(*Nishkriti*, 1917), 『맘라르 폴』(*Mamlar pol*, 1920), 『하릴락슈미』(*Harilakshmi*, 1926), 『파레시』(*Paresh*, 1934).

75) 파티브라타는 남편을 위해 헌신하는 아내의 덕목을 가리킨다.―옮긴이

카르타비아kulakaminir kartabya(쿨라에 속하는 여성들의 의무)에 관한 것이었다. 이 텍스트에서 쿨라는 가정적인 것과 민족적인 것을 접합시킨 용어로 쓰인다. 다시는 『브라마바이바르타푸라나』Brahmavaivartapurana를 인용하여 자신의 민족주의 감성을 이렇게 표현했다. "[남편에게 헌신하는—인용자] 여성들로 축복받은 대지는……천국에 비견할 만하며, 그런 나라의 사람들은 여성을 여신으로 대우해야 한다."[76)]

이런 책들을 쓴다는 것 자체가 가부장적인 '신여성' 모델에만 참여하는 게 아니라 공적 영역 그것에도 참여한다는 것을 의미했다. 그리고 여성들이 흔히 가부장제의 언어를 되풀이하는 것처럼 보일지라도, 그녀들은 그 언어를 일종의 눈가리개로 사용할 수 있었다. 즉 그녀들은 공중公衆의 응시에 부응하기 위해 '정숙함'을 수행했지만, 그 같은 수행을 통해 남성의 지배 이데올로기가 결코 인정하지 않은 개인의 정서를 표현했던 것이다. 예컨대 다이아마이 다시는 일반적인 남편상을 찬양하는 아래와 같은 글을 썼다. 하나의 층위에서 이 글은 가부장적인 근대적 주체의 공인된 언어로 말한다. 또 하나의 층위에서 보면, 이 글은 그녀가 자신의 개인적 욕망과 에로티시즘을 표현하면서 남편에게 공공연히 속내를 말하는 일종의 코드화된 방식이었을 것이다. 누구나 할 수 있는 것은 결코 아니다. 이 글은 아래와 같다.

> 여성에게 남편보다 좋은 친구는 없다. 그는 [여성이 부끄럼을—인용자] 타지 않도록 도와주기 때문에 바르타bharta[77)]로 불린다. 그는 영양물을

76) Dayamayi Dasi, *Patibrata dharma*, Calcutta, 1870, pp. 1~2.
77) 남편·왕·주인·고용주 등을 뜻하는 단어이다.—옮긴이

주기 때문에 파티pati[78]이다. 몸이 그의 것이므로 그는 스와미swami[79]이다.…… [그—인용자]는 [여성의—인용자] 욕망을 충족시키며, 그 때문에 칸타kanta[80]로 불린다. 그는 행복을 공유하기 때문에 반두bandhu[81]이며, 애정을 주기 때문에 파람프리야parampriya[82]이며, 쾌락을 주기 때문에 라만raman[83]이다. 그는 바로 자신의 정액을 통해 아들로 돌아온다. 아들이 소중한 것은 그 때문이다. 그러나 쿨라스트리에게 남편은 백 명의 아들보다 더 소중하다.[84]

자칫 벵골의 근대적 주체의 형제애적 맹약이라는 이데올로기 안에 머물게 될 수도 있을 이 책의 「서문」에서, 다이아마이 다시는 매우 급진적인, 그렇기에 그 어떤 사회적-정치적 기획도 따라잡을 수 없는 개인성의 놀라운 계기를 창조하고 있다. 그녀는 읽고 쓰는 능력의 획득이 자신에게 가져다준 상쾌하고 순수한 해방감을 말하고 있다. 그러나 그게 전부는 아니다. 숨겨진 문장 하나에서 그녀는 그 같은 자유의 만끽이 어떤 식으로 남편에 대한 자신의 의무를 포함하여 세상일을 잊게 만들었는지를 이야기하고 있다. 그 생각은 완성되지 않았고, 우리는 그 계기에 관한 더 충실한 이야기를 결코 알지 못할 것이다. 그러나 그녀의 말들은 여전히 근대

78) 바르타와 마찬가지로 남편을 뜻한다.—옮긴이
79) 주인을 뜻하는 단어이다.—옮긴이
80) 남편 혹은 소중한 보석을 뜻하는 단어이다.—옮긴이
81) 친구 혹은 애인을 뜻하는 단어이다.—옮긴이
82) '최고'라는 뜻의 파람과 '사랑스럽다'라는 뜻의 프리야가 합성된 표현이다.—옮긴이
83) 애인, 남편을 뜻하는 단어이다.—옮긴이
84) *Ibid.*, pp. 1~2. 이 인용문에서 한 여성의 개인적 현존 가능성을 깨닫게 해준 라디카 싱하(Radhika Singha)에게 감사드린다.

벵골인의 목소리 안에서 갈라지는, 혹은 적어도 그 목소리를 중단시키는 대안적 주체 위상들의 가능성들에 대한 하나의 증거가 된다. 다이아마이 다시는 이렇게 썼다. "나는 알파벳을 익혀 책을 읽을 수 있게 되리라는 생각을 결코 해본 적이 없다.…… 그러나 마침내 나는 산문과 시에 대해 매우 갈증을 느껴 삼사르samsar[세상·집안·가족—인용자]와 남편에 대한 의무를 등한시하기 시작했다."[85]

스와데시 운동(1905~1908)——1905년에 처음 시도된 벵골의 분리를 반대한 운동——은 이러한 벵골 근대성의 정치적 가능성들이 지녔던 창조적 측면과 한계를 모두 드러냈다. 이 운동은 어머니로 상상된 나라와 형제의 유대로 상상된 민족 통합을 풍성하게 상징했다. 쿨라의 안녕과 연관되는 여성들의 의례와 행위——예컨대 종교 서약과 가족의 화목을 관리하는 것 등——는 벵골의 분리를 애도하는 민족적 감성을 표현하는 데 활용되었다.[86] 그 운동이 출범했을 때 라빈드라나트 타고르는 힌두의 전통적인 형제애 의례——여자 형제들이 보호의 표시로 남자 형제들의 손목을 끈으로 묶는 것——가 "벵골인의 형제애와 통합의 상징이" 되어야 한다고 주장했다. 이 운동을 폭넓게 연구한 수미트 사르카르는 이렇게 논평한다. "벵골은, 그리고 특히 캘커타는 그날[1905년 10월 16일—인용자] 정말로 잊지 못할 형제애 장면을 목도했다. 거기엔 무슬림 물라mulla[87]들, 경찰들, 심지어 백인들도 예외가 아니었다. 이른 아침부터 대군중이 맨발로(전통적인 애도의 기호) 갠지스강까지 걸어가 그 신성한 물로 목욕했는데, 그 강물 또

85) Dasi, "Preface", *Patibrata dharma*.

86) Sumit Sarkar, *The Swadeshi Movement in Bengal 1903~1908*, Delhi: People's Publishing House, 1973, p. 287.

87) 선생, 율법학자를 뜻하는 단어이다. —옮긴이

한 카스트와 상관없었다. 그 규모는 점차 줄어들었을지 몰라도, 의례는 매년 치러졌다. 분리가 취소될 때까지."[88)]

사르카르 본인도 정치적인 것과 미학적인 것의 이러한 접합에 감동을 받고 있다. 그는 '전통적'인 형제애 의례의 정치적인 이용을 언급하면서 이렇게 말한다. "인도의 가장 위대한 시인의 상상력은 정말이지 드문 아름다움을 정치 운동에 부여해 주었다."[89)] 하지만 사르카르가 자신의 책에서 보여 주고 있듯이, 이러한 근대성의 이론적 장치는 신흥 민주주의에서의 선거나 여타의 메커니즘들이 이내 인도 민족주의에 제기한 정치적 대표의 문제와 힌두-무슬림 통합이라는 문제를 다루기엔 강력하지 못했다. 대개 상층 카스트 힌두에 해당한 자연적 형제애라는 수사修辭를 무슬림들은 받아들이지 않았다. 20세기가 지나가면서는 하층 카스트들도 마찬가지였다. 1947년 독립 당시 벵골은 넓게는 힌두와 무슬림으로 다시 한번 분할되었고, 하층 카스트들은 이러한 분할의 역사에 가담하는 복잡한 전략을 펼쳤다.[90)]

상층 카스트적인 (남성적) 벵골 근대성의 이론적 실패를 찾기란 어려운 일이 아니다. 자연적 형제애 이론은 계급·젠더·종교의 역사적 차이들을 자연적인 통합 이미지로 흡수/유지하지 않고서는 다룰 수 있는 능력이 없었다. 부데브 무코파디아이 같은 이는 자신은 무슬림이지만 모국의 아들이기도 하다고 무슬림에게 설교할 수 있었다. 그러나 그래도 그는 여

---

88) *Ibid*., p. 287.

89) *Ibid*., p. 287.

90) Sekhar Bandyopadhyay, *Caste, Politics, and the Raj*, Calcutta: K. P. Bagchi, 1990; Masayuki Usuda, "Pushed towards the Partition: Jogendranath Mandal and the Constrained Namasudra Movement", H. Kotani ed., *Caste System, Untouchability, and the Depressed*, Delhi: Manohar, 1997, pp. 221~274를 볼 것.

전히 무슬림이었다. 반면에 로크적인 자유주의적 계약에 기초한 형제애는, 최소한 이론상으로는, 형제 관계를 그 어떤 표식도 없는 보편적 개인들—물론 남성적이지만 여전히 (잠재적으로는) 보편적인—의 집합으로 가정하는 이점을 지녔고, 그래서 누구든 그 보편(인간·개인)을 이용하여 역사적 차이를 초월할 수 있었다. 로크는 이 보편의 토대를 이성에 두었고, 이성은 계약 당사자인 자율적 성인의 결정적 특징이었다. 그런 다음 이성은 신에 대한 기독교적 관점에 입각하게 되었다. 이성은 이 특별한 신이 인간에게 준 선물이었다. 이성의 세속화의 역사는 세속화된 기독교의 역사인 것이다.

또한 이 글에서 논의된 형제애에 관한 두 서사 안의 과거에는 종류가 다른 권위가 존재한다. 로크의 경우, 형제애는 부권의 사망으로 가능해진 계약에 토대를 둔다. 부권의 사망으로 역사도 사망하며, 그래서 역사는 '역사를 만드는' 영웅적 행위를 위한 여지를 창조한다고 말할 수 있다. 형제들은 세대마다 역사를 갱신한다. 하지만 형제의 연대에 관한 근대 벵골의 이야기에서 형제애는 남자 조상들의 권위, 장구하고 신비스런 부계—어머니도 속해 있는 남자들의 계보인 푸르바푸루시—의 권위의 죽음이 아니라 시간의 흐름에 따른 그것의 전승을 의미한다. 과거건 현재건 남자들은 모두 쿨라의 계보를 구성한다. 이로 인해 벵골의 경우엔 전통의 문제 전체가 상당히 다른 상황에 놓이게 된다. 벵골의 민족주의자들은 시민 사회와 연관된, 그리고 시민 사회와 가정 생활의 관계와 연관된 자신들의 정치 사상에서 정치적 권위와 친권의 분리라는 로크적 테마를 되풀이하지 않았다. 그들은 개인의 자율적 정서가 아니라 바크티의 감정을 근대적인 정치적 정서로 만들었다.

유럽 부르주아와 벵골 근대인 간의 이러한 차이들에 대한 인습적인 역사적 설명들은 얼마간 역사주의 양식에 의지했다. 그래서 부데브 무코파디아이나 그와 비슷한 사람들을 결국엔 앞을 향한 진보의 행진에 쓸데없이 저항했던 '반동분자들'로 보고 싶어지는 것이다. 하지만 이러한 관점에는 주요한 문제점이 있다. 인도에 '대중 민주주의'가 도래함으로써 19세기에 상층 카스트 힌두들이 주도했던, 위에서 아래를 향한 교육적인 근대성 기획은 20세기에 들어와 도리 없이 훼손되었다. 하지만 그것의 도래가 유럽에서 유래하는 이성과 정치적 해방 사상의 궁극적 승리와 같은 것을 의미하지는 않았다. 수딥타 카비라지가 썼듯이, "근대성이 더 많이 전개될수록, 그것은 [점점 더—인용자] 불가피하게 복수로 나타나는 것처럼 보인다.…… 이행 서사들은, 조건만 제대로 갖춰진다면 캘커타는 런던이 될 것이고 벵골의 부자와 빈자들은 사적인 것과 공적인 것의 원칙을 올바르게 '이해할' 것이라는 환상을 창조하고 있는데, 이는 점점 더 유지되기 어려운 환상이다. 사실 이 강력한 이행 서사들이 하는 일이란 우리의 근대성이 만들어 내고 있는 모습들과 형식들을 주시해야 할 책임감에 대해 우리의 눈을 가리는 것이다."[91]

나는 카비라지에 대찬성이다. 하지만 문제는 우리의 지식 프로토콜이 선험적으로 '이성'에 가치를 부여하려는 경향이 있다는 점이다. 다수의 전문 사회과학자들은 모종의 자유주의적-세속적 논의 형식을 보여 주는 글을 쓰고 있는데, 그 이유는 그들이 개인적으로 다른 사람들보다 더 많이 자유주의적 미덕을 구현하고 있기 때문이 아니라, 그들의 지식의 체계들과 제도적 절차들 안에 들러붙어 있는 그 위상 때문이다. 문제는 이런 것

91) Sudipta Kaviraj, "Filth and the Public Sphere: Concepts and Practices about Space in Calcutta", *Public Culture*, Vol. 10, No. 1, Fall 1997, p. 113.

이다. 우리는 사회과학의 피할 수 없는 특징인 '이성'의 기초를 역사에 대한 역사주의적 이해 방식이 아닌 다른 것에서 찾을 수 있을까? 우리는, 우리 자신이 속해 있는 인간 존재 방식들의 복수성을 인정하는 그 순간에, 어떻게 이성을 위한 거처를 찾을 것일까?

로크는 이성을 자율적이고 주권적이고 소유적인 개인에 연계시켰고, 그 연계의 근원에는 인간과 그 창조주의 관계에 대한 기독교 신학적인 이해 방식이 있었다. 수많은 논평자가 지적해 왔듯이, 시간이 지나면서 로크의 그 신학적 명제는 세속화되어 근대 유럽의 자유주의적 정치 사상과 맑스주의적 정치 사상의 근본적인 공리公理 중 일부가 되었다.[92] 그러나 벵골에서 사상의 세속화의 역사는 유럽과는 달랐다. 벵골의 근대성에서 남녀신들은 이성을 지닌 기독교의 신과 같은 것으로 세속화되지 않았다. 누군가는 이러한 신학적 차이는 중요하지 않다고 주장할 수 있을 것이다. 이성은 초월적이었고, 또 누구나 소통 능력을 갖고 있기 때문에 모든 인간은 이성을 공유할 수 있었다. 그러나 논쟁을 위해 이 명제에 동의하더라도, 이성 그리고 신학적 사고와 상상, 이 둘의 관계에 대한 이야기가 세계 전체에서 동일하다고 결론 내릴 수 있을까? 우리는 전 세계적으로 동일한 역사적 사명을 이성에 부여할 수 있을까? 이성의 도래가 반드시 우리에게 동일하고 보편적인 인간 존재 방식—자유주의적이고 합리적인—을 부여하는 것일까? 역사주의적 사고는 이러한 발전을 근대성의 이야기로 취급한다. 예컨대 수차례 쓰인 19세기 '벵골 르네상스'의 역사는 유럽사에서

92) 예컨대 Ian Shapiro, "Resources, Capacities, and Ownership: The Workmanship Ideal and Distributive Justice", John Brewer & Susan Staves eds., *Early Modern Conceptions of Property*, London & New York: Routledge, 1996, pp. 21~42를 볼 것.

인기 있는 어떤 테마, 즉 "중세 시대의 미신과 습속에 맹목적으로 결박되어 있던 정신의 해방"[93]이라는 테마를 되풀이하는 이야기였다. 그러므로 역사주의에 대항하여 투쟁하는 것, 그것은 이성의 다른 역사를 말하고자 하는 것이다.

93) 나는 이 말들이 얼마나 흔해 빠진 것인지를 보여 주기 위해 비교적 널리 알려져 있지 않은 어느 벵골어 출판물에서 저 말들을 인용했다. Samarendrakrishna Bosu, "Bidyasagarer nastikata", Ramakanta Chakrabarty ed., *Satabarsha smaranika vidyasagar kolej*, Caltutta: Vidyasagar College, 1973, pp. 320~324. 인용문은 p. 322에 나온다.

에필로그

이성 그리고 역사주의 비판

'인도사'라는 주제를 숙고하는 학자들은 헤겔이 『정신현상학』에서 다루고 있는 "미신에 맞선 계몽 사상의 투쟁"이라는 오래된 열정을 종종 재생해 왔다고 할 수 있다.[1] 그들은 인도가 과학, 민주주의, 시민권, 사회 정의의 제도들에 기초하는 하나의 민족으로 기능하기 위해선 '이성'이 인도 시민들에게 있는 모든 '비합리적'이고 '미신적'인 것들을 제압해야만 한다고 가정해 왔다. 역사주의는 그런 생각을 도와주는 아주 친밀한 협력자였다. 예컨대 농민들의 삶은, 그들의 정치까지 포함하여, 합리적이고 세속적인 관찰자에겐 '미신적'인 것처럼 보일 수 있는 실천들로 가득 차 있다. 합리적-세속적인 분과학문인 역사는 그 같은 실천들을 어떻게 이해하고 재현할 것인가? 그 같은 사고틀 안에서 아대륙의 일상 생활을 특징짓는 다신교는 어디에 자리를 잡을 것인가? 세속적이고 합리적인 학자들의 역사

1) Georg Wilhelm Friedrich Hegel, *Phenomenology of Spirit*, trans. A. V. Miller, Oxford: Oxford University Press, 1979, pp. 329~349[『정신현상학』, 임석진 옮김, 한길사, 2005, 115~147쪽].

주의적 서사들은, 그 저자들의 정치적 성향에 따라, 서발턴 사회 집단이 신과 정령과 여타 초자연적 실체들을 인간 세계에서 행위 능력을 지닌 존재로 간주하는 경향을 혹독하게 심판하면서 설명하거나 동정하면서 설명해 왔다. 그러나 동정적이건 아니건, 이 설명들 모두가 아카데믹한 관찰자-주체와 연구 대상 노릇을 하는 '미신적' 개인들의 분리—주체-객체의 구분—를 전제하고 있다.

'합리적 견해'와 '과학 정신'과 '자유로운 탐구 정신'을 근대성의 '진보적' 측면들을 구성하는 것으로 보는 전통이 유럽과 비유럽 양쪽 모두에서 존중받고 있다. 인도의 세속적인 맑스주의 지식인들은 오랫동안 이 견해를 고수해 왔다.[2] 제2차 세계대전 직후, 좌파적-자유주의적 신념을 지닌 벵골 학계의 일부 지도적 지식인은 캘커타에서 인도 근대성의 성격에 관한 일련의 토론회를 조직했다. 이들의 토론문은 1950년에 『근대와 인도』라는 제목의 논문집으로 출간되었다.[3] 그 저자 중 한 명인 트리푸라리 차크라바르티Tripurari Chakravarti는 근대성을 유럽의 발전과 전형적으로 연계시키면서 "전 세계적으로 근대가 유럽의 근대사에서 유래[했—인용자]다는 것은 부정할 수 없다"고 말했다.[4] 물리학자인 사티엔드라나트 보세Satyendranath Bose는 과학의 특징을 "종교가 이 지구상의 것들에 관해 [감히—인용자] 말하려고 할 때마다 종교와 대립할 수밖에 없는 지식"이라

2) 예컨대 Barun De, "The Colonial Context of the Bengal Renaissance", C. H. Phillips & Mary Doreen Wainwright eds., *Indian Society and the Beginnings of Modernization 1830~1850*, London: University of Lonon Press, 1976을 볼 것. 내 목적은 바룬 데 교수를 부각시키려는 것이 아니다. 그가 표현했던 것은 1970년대 인도 맑스주의의 '상식'이었다.

3) A. N. Bose ed., *Modern Age and India*, Calcutta: Left Book Club, 1950.

4) *Ibid.*, p. 13.

고 말했다.[5] 히로시마와 나가사키에 투하된 원자폭탄에 관한 근래의 기억은 과학에 대한 열광을 어느 정도 잠재웠다. 만일 그런 게 없었다면 그 책의 기고자들은 무조건적으로 과학에 열광했을 테지만 말이다(특히 사티엔드라나트 보세와 나레슈찬드라 센 굽타Nareshchandra Sen Gupta의 글을 보라). 그러나 과학 정신은 지상의 모든 문제와 미신적 태도에서 인류를 구해 낼 수 있다는 신앙이 그 책 전체를 관통하고 있었다.

이성과 합리적 논증을 '전근대적' 미신에 맞설 수 있는 근대주의적 무기와 같은 것으로 간주하는 이 경향은 결국 근대적인 것과 전근대적인 것의 경계를 지나치게 과장하게 된다. 왜냐하면 '이성'을 비합리적인 것으로 보이는 것에 대립시키는 문제는 벵골 근대성에서 식자층과 농민 계급 간의 전투의 문제만은 아니었기 때문이다. 이성은 농민 이외에 또 다른 지배 대상들을 발견했다. 예컨대 중간 계급들에서의 젠더 관계는, 미신적이라고 가정된 농민의 경우처럼, 종종 이 역사로부터 대놓고 공격당했다. 벵골의 지식인인 딜리프쿠마르 라이는 자신의 회고록에서 20세기 초의 청년 시절에 자신이 합리주의로 개종하게 된 이야기를 전해 준다. 그 이야기는 충분히 공유할 만한 것이지만—나와 같은 세대의 많은 이가 동일한 단계를 거쳐 합리주의적이고 무신론적인 맑스주의로 개종했다—슬프고도 코믹한 이야기이기도 하다. 십 대의 나이에 합리주의와 무신론으로 개종한 라이는, 그의 선후先後 세대에 속하는 수많은 벵골 남성의 삶이 보여 주었듯이, 집안의 여성들—특히 그의 고모와 할머니—은 함께 자리하는 것을 피해야 할 필요가 있는 '비합리적'인 사람들이라는 사실을 이내

5) Bose ed., *Modern Age and India*, pp. 144, 148.

알게 되었다.[6] 라이의 여성 혐오증은 근대 벵골의 '과학적 기질'의 역사에 전형적인 것이다.

나는 이성 그 자체가 엘리트주의적이라고 말할 생각은 없다. 이성은 우리가 비이성과 미신을 후진성의 대리물로 만들 때마다, 다시 말해 이성이 역사주의적 사고의 논리와 공모할 때, 엘리트주의적이 된다. 왜냐하면 그럴 때 우리는 우리의 '미신적' 동시대인을 '오래전 유형의' 사례들로, 시대착오anachronism의 원리를 구현하고 있는 인간들로 간주하기 때문이다. 이 시대착오 의식에서 깨어날 때, 근대적인 역사 의식이 시작되는 것이다. 실제로 시대착오는 그 같은 의식의 증명서로 간주된다.[7] 역사적 증거(아카이브)는 우리와 동시대에 존재하는 어떤 것—실천들, 인간들, 제도들, 석각石刻들에서부터 문서들까지—을 또 다른 시대와 장소의 유물로 간주할 수 있는 우리의 능력에 의해 생산된다. 역사 의식의 세례를 받은 사람은 이 대상들을 이전에는 그것들만의 역사적 문맥에 속해 있던 것으로, 그리고 지금은 저 과거의 '작은 조각'으로서 관찰자의 시대에 존속하는 것으로 간주한다. 이렇게 특정한 과거는 관찰자의 시대에 대상화된다. 그 같은 대상이 현재까지 지속적으로 영향을 미칠 경우, 역사학적 기질이 있는 사람은 그것을 과거의 효과로 간주한다. 참여자의 눈은 바로 그 같은 대상화—시대착오의 원리에 입각한—를 통해 목격자의 눈으로 바뀌는 것이다. 이런 식으로 어느 역사적 '사건'의 참여자는 역사가를 위한 '목격자'

---

6) Dilipkumar Ray, *Smriticharan*, Calcutta: Indian Associated Publishing, 1975, pp. 136~141.

7) Peter Burke, *The Renaissance Sense of the Past*, London: Edward Arnol, 1990; John Greville Agard Pocock, *The Ancient Constitution and the Feudal Law: A Study of English Historical Thought in the Seventeenth Century*, Cambridge: Cambridge University Press, 1990.

가 되며, 역사학의 '증거의 규칙'을 확인해 준다. 이와 유사하게, 민족지학적 관찰은 참여자와 관찰자라는 서로 구분되는 두 가지 역할 사이를 오가는 남성 혹은 여성 민족지학자 본인에 의해 이루어지지만, 또한 이 경우의 분석에서는 해당 참여자의 관심 어린 눈이 저 관찰자의 소원疏遠하고 무심한 눈으로 바뀌는 일도 벌어진다.

역사 의식이나 인류학적 의식이 합리적 사고 방식의 작동으로 간주된다면, 그 의식은 남성 혹은 여성 관찰 주체가 분석가로서 자신이 속한 역사적 혹은 인류학적 시공간과는 분리된 시공간에 속한다고 생각하는 것과 이미 맺고 있는 체험적lived 관계를 '대상화'—따라서 부정—할 수 있을 뿐이다. 달리 말하면, 그 방법은 남성 혹은 여성 연구 주체로 하여금 스스로가 현재 본인이 연구 중에 있는 그 인물이기도 하다는 것을 인식하지 못하게 만든다. 그것은 그 남녀 주체로 하여금 자신의 현재를 자신과 불연속적인 것으로 생각하지 못하게 한다.[8] 분석적인 것은 우리에게 사회를 투사할 수 있는 모종의 엑스레이를 부여해 준다는 관념, 어쨌거나 분석적인 것은 우리로 하여금 일상의 층위보다 더 깊은 곳에 있는 실재reality의 층위에 접근할 수 있게 해준다는 그 관념이 그 같은 생각으로 나아가지 못하게 한다는 것을 우리는 알게 될 것이다. 사회과학적 사고는 세계에 대

---

8) 최근 인류학 분야에서의 수많은 재성찰을 촉발시킨 것은 James Clifford, *The Predicament of Culture: Twentieth-Century Ethnography, Literature, and Art*, Cambridge: Harvard University Press, 1988; James Clifford & George E. Marcus eds., *Writing Culture: The Poetics and Politics of Ethnography*, Berkeley & Los Angeles: University of California Press, 1986[『문화를 쓴다』, 이기우 옮김, 한국문화사, 2000]이었다. Kamala Visweswaran, *Fictions of Feminist Ethnography*, Minneapolis: University of Minnesota Press, 1994는 페미니즘적 민족지학 분야에서 자문하기(self-questioning)의 정신을 극단적으로 확장시키고 있다. 또한 Kirin Narayan, "How Native is a 'Native' Anthropologist?", *American Anthropologist*, Vol. 95, No. 3, September 1993, pp. 671~686을 볼 것.

한 체험적·전분석적 관계(하이데거의 용어로 말하면 '손 안에 있음'ready-to-hand)보다 분석적 관계(하이데거의 '눈앞에 있음'present-at-hand)에 늘 인식론적 우월성을 부여하는데, 이 인식론적 우월성이 맑스주의 역사와 자유주의 역사에서 '불균등 발전 테제'의 여러 판본을 생산하고 있다.[9] 일상적 교류 관계들의 일부는 이제 (맑스의 어구를 불러낸다면) 과거의 '정복되지 않은 잔해들'unvanquished remnants이라는 성질을 띨 수 있다. 그러나 우리가 이미 이 책의 1부에서 논의했듯이, 그것은 궁극적으로 역사주의의 연대기, 유용하긴 하지만 텅 비어 있고 동질적인 그 연대기를 재생산할 뿐이다.[10]

이 책을 마무리하면서 나는 분석적 이성을 채택하여 사회 정의를 추구하되 그 이성이 근대 주체의 역사에서 이질적 시간성의 문제를 삭제하지 않게 하는 사회 사상의 형식을 어떻게 찾아낼 수 있을까 하는 문제를 제기하고 싶다. 하지만 그렇게 하기 위해서 나는, 연구 주체가 속해 있는 '지금'의 편린적 성격을 숨기려 애쓰는 사회과학들이 공유하고 있는 모종의 분석 전략들을 밝혀내는 일에서 시작하고 싶다. 이를 위해 나는 포스트식민 사상에서 중요한 세 명의 지식인인 조모 케냐타와 콰메 앤서니 아피아와 다모다르 다르마난다 코삼비의 저작을 활용해 보겠다.

케냐타, 아피아, 코삼비 읽기

케냐의 민족주의 지도자 조모 케냐타의 고전적 저서인 『케냐산을 바라보며』에 드러나 있는 미신과 마법의 문제를 고찰해 보자. 런던에서 인류

---

9) 하이데거의 『존재와 시간』에 나오는 이 용어들은 2장에서 설명한 바 있다.
10) 2장을 볼 것.

학 연구를 하기 오래전에 케냐타는 유럽의 초기 인류학적 사고 방식에 의해 '마법적'이고 '미신적'이라고 분류된 실천들과 밀접한 관계를 맺고 있었다. 그의 눈은 정말로 참여자의 눈이었지만, 그 참여자의 눈은 또한 '목격자'의 눈이기를 요구받았다. 대상과 관계를 맺는 두 가지 양식—'실습생'으로서 그리고 '목격자'로서—을 혼합했던 케냐타는 이렇게 말한다. '"마법에 관해서 보자면, 나는 내 고향이나 다른 곳에서 수행된 마법 의례들의 목격자였다. 내 할아버지는 예언자이자 마법사였다. 나는 할아버지와 함께 여기저기 여행하면서, 그리고 도구가 들어 있는 할아버지 가방을 나르면서, 마법 원리들을 배우는 일종의 실습생 역할을 했다."[11]

케냐타가 '마법의' 세계에 체험적·전분석적으로 가담한 일은 대상화하는 인류학자의 응시 방향과 결국은 교차하는데, 그런 맥락 안에서 이루어진 저 두 가지 양식의 혼합은 본래부터 이중적인 어떤 의식을 낳았다. 그가 실습생 자격으로 도운 할아버지의 실천은 그에겐 결코 완전히 대상화된 과거일 수 없었다. 하지만 그는 충분히 멀리 떨어져서 할아버지에겐 아무 쓸모가 없었을 말로 그 실천을 변호했다. 그의 목소리의 이중성은 마법이라는 주제에 관해 그가 쓴 아래의 글에서 분명하게 나타난다.

> 다양한 부류의 마법 요법에 참여한……개인적 경험에서 보자면……그것은 텔레파시를 통해 이심전심으로 생각들을 이전시키는 하나의 방법이라고 말해도 틀리지 않다.……[그—인용자] 마법사의 암시들은 떨림vibration들을 통해 쉽게 뇌로 이전되며, 그런 다음엔 마음으로 이전된다.

---

11) Jomo Kenyatta, *Facing Mount Kenya: The Tribal Life of the Gikuyu*, New York: Vintage Books, 1965, pp. xix~xx. 강조는 추가.

> 마법의 기능과 방법이 주의 깊게 과학적으로 연구된다면, 필시 그 안에는 신비주의로 분류될 수 있는 무언가가, 그 자체를 단지 미신이라고 무시할 수 없는 무언가가 있다는 사실이 입증될 것이다.[12)]

실제로 이 글은 케냐타가 런던에 있을 때 지도 교수였던 인류학자 브로니스라브 말리노프스키를 아주 곤혹스럽게 만들었는데, 케냐타는 그에게 자신의 책에 「서문」을 써달라고 부탁한 적이 있었다. 말리노프스키는 부탁을 들어주었으나, '마법'이라는 주제를 둘러싼—'원주민-출신의-인류학자' 케냐타, 그리고 연구 대상과 (인정받을 만한) 체험적 관계가 전혀 없는 지식인 말리노프스키, 이 둘 사이의—긴장은 그 책에 붙인 말리노프스키의 「서문」과 케냐타 본인의 「서론」이 서로 다른 길을 보여 주는 것에서 뚜렷이 느껴진다. 케냐타의 목소리의 이중성은 말리노프스키가 자신의 당혹감을 표현할 때 드러낸 못마땅한 목소리의 단일성과 분명하게 대조된다. 「서문」을 써 달라는 요청을 수락한 말리노프스키는 그 책에 대해 정중하지만 비판적인 거리를 유지하면서 이렇게 쓰고 있다. "몇몇 인류학자는 마법의 토대가 되는 실제적 과정들에 대한 이 책의 재해석을 의심할 수도 있을 것이다.…… 케냐타 씨는 이 '떨림들'이 어떻게 생산되는지에 관해, 그것들이 어떻게 뇌에 작용하고 그다음엔 마음에 작용하는지에 관해 여전히 무언가 증거를 제시해야만 할 것이다." 아프리카 출신의 인류학자이자 옛 제자인 케냐타에게 후의를 베풀어 그를 독자에게 소개하기로 마음먹었던 말리노프스키는 옛 제자를 비판하지 않을 수 없는 당혹감에서 벗어날 수 있는 길을 마침내 케냐타가 유럽적 실천인 '신비

---

12) *Ibid.*, p. 279.

주의'occultism를 언급한 데서 찾게 되었다. 그는 "유럽이" 신비주의에 "깊이 빠져 있을" 때, "정말이지 우리[유럽인들—인용자]는 케냐타 씨가……신비주의……를 믿고 있다고 어떻게 비판할 수 있겠는가"라고 말했다. 말리노프스키는 이제 "미신, 맹신, 완전한 혼미 상태 등은 아프리카에서와 마찬가지로 우리 서구 문명의 심장에 있는 악성 종양이다"라고 말함으로써 자신의 비판이 공정해 보이도록 할 수 있었다.[13] 말리노프스키의 말을 극단적으로 밀고 나갈수록, 사회과학의 언어는 '참여'와 '관찰'이 함축하는 세계에 대한 매우 다른 정향성들——하이데거의 용어로 말하면 지상에서 '세계 만들기'worlding——에 내포된 복수적인 인간 존재 방식들을 점점 더 말살하게 된다.

예컨대 케냐타가 "조상들과의 영적 교섭"[14]이라고 부른 것과 비슷한 몇몇 아산테Asante[15] 종족민의 행위들에 관한 콰메 앤서니 아피아[16]의 논의에서는 이중적인 '목소리'가 거의 들리지 않지만, 그렇다고 해서 완전히 들리지 않는 것은 아니다. 아피아는 "한 남자가 술병을 연 다음 약간의 술을 땅에 쏟으면서 자기 조상에게 그 술을 마시고 가족과 가족이 하는 일을 보호해 달라고 요청할 것이다"라고 말한다. 아피아에게도 이러한 실천과 모종의 체험적 관계가 있었다. 왜냐하면 그는 "새로 개봉한 스카치 병을 거꾸로 세워 카펫 위로 몇 방울의 술을" 떨어뜨려 약식으로 조상에게 봉헌하는 것이 자기 아버지의 실천이었다고 말하고 있기 때문이다. 아피아

13) Bronisław Malinowski, "Introduction", Kenyatta, *Facing Mount Kenya*, pp. xii~xiii.

14) 케냐타의 어법에 관해선 *Ibid.*, p. 223을 볼 것.

15) 아프리카의 가나(Ghana)와 아이보리 코스트(Ivory Coast)에 주로 살고 있으며 콰(Kwa)어를 말하는 아칸(Akan)족이 아산테 혹은 아샨티(Ashanti)다. 영국의 침공에 강력히 저항했으나 결국 1900년 영국에 병합되었다.—옮긴이

16) 이름 중에 아피아는 아산테 종족의 별칭이다.—옮긴이

는 어렸을 때 이런 실천 속에서 성장했다. 정식으로 교육받은 근대적이고 세계주의적인 아피아의 형성에는 이렇게 세계-내-존재의 일정한 방식으로서의 아산테 종족의 방식이 들어와 있었다. 하지만 반복되는 실천들 속에서의 한 아이의 존재 의식은, 참여자의 눈이 목격자의 눈으로 바뀌는 아피아의 텍스트에서, 인류학자의 진술로 바뀐다. "일생 동안 나는 보이지 않는 정령들에게 제사를 올리는 일…… [이 포함되어 있는—인용자] 의식儀式들을 보았고 또 전해 들었다." 아피아는 관찰자가 되는 법을 배우기 훨씬 전에 관찰 대상이 되는 실천과 전분석적 관계를 맺었다. 이에 관한 현상학은, 케냐타의 텍스트의 경우와는 달리, 인류학자의 목소리로 철저하게 고쳐 쓰여 있는데, 이때 그 목소리는 타일러Tylor를 참조함으로써 증폭되고 있다. 아피아는 자신의 아버지가 조상에게 스카치를 봉헌하는 습속을 "설명하려고" 하면서, "내가 옳다면, 내가 묘사했던 것과 같은 의례들"과 그 밖의 "의례들 밑에 깔려 있는 종교적 신앙들을 결정적으로 규정하고 있는 것은 바로 (타일러가 주장했듯이) 몸과 무관한 행위 능력disembodied agency에의 몰념이다"라고 말한다.[17] 말할 필요도 없이, 무심코 드러낸 '신앙'이라는 단어는 아산테 부족인 아피아와 그의 아버지를 체험적·전분석적 관계에서 끌어내, 아들과 아버지가 주체와 대상으로 서로를 대면하는 사회과학적인 대상화 관계 안으로 밀어 넣는다.

이와 마찬가지로 체험적인 것보다 분석적인 것을 특권화하는 것은, 인도의 역사가인 코삼비가 굉장한 상상력을 발휘하여 일상 생활의 물질적 실천들을 소재로 인도사를 기술하려는 시도들이 보여 준 급진적 잠재

17) Kwame Anthony Appiah, *In My Father's House: Africa in the Philosophy of Culture*, New York: Oxford University Press, 1993, pp. 112~113.

력을 무기력하게 만든다. 예컨대 코삼비는 보통 향신료를 갈기 위해 사용되는 석재 도구인 안장-맷돌saddle-quern처럼 남아시아의 가정집 부엌에서 흔히 볼 수 있는 낯익은 물건의 역사적 의미를 숙고했다. 그처럼 오래된 것으로 보이는 물건이 1950년대 인도 근대화의 진정한 상징인 전기 난로가 차지하고 있는 그 공간에 함께 존재한다는 사실은 코삼비를 당혹케 했다. 코삼비는, 부엌에는 일상적으로 사용되는 안장-맷돌이 있었을 뿐만 아니라, 부엌 주변에서는 자기 가족처럼 브라만 가족에 속하는 여성들과 아기들이 참여하는 '의례들'이 펼쳐졌다고 말한다. 그는 이렇게 쓰고 있다. "실제로 브라만들조차…… 그 도구[안장-맷돌—인용자]를 갖고…… 의식을 수행하고 있지만, 이 의식은 출생부터 사망까지의 의례들을 규정해 놓고 있는 브라만 경전 중 그 어느 것에서도 허용되어 있지 않다. 아기가 이름을 얻기 전날이나 얻은 그날…… 맷돌 위쪽의 파쇄석破碎石에는 옷이 입혀지고, 그 돌은 아기가 있는 요람 근처로 옮겨져, 마침내 요람 안에 있는 아기의 발 아래에 놓인다. 여기에 이론이 있다고 한다면, 그것은 공감적 마법 이론, 즉 아기가 돌처럼 강하고 흠결 없이 성장할 것이라는, 장수를 누리고 병에 걸리지 않을 것이라는 이론이다."[18]

따라서 코삼비는 이 돌이라는 대상으로부터 흥미로운 사회적 사실을, 정말로 그를 놀라게 했던 사실을 끄집어냈다. 그가 느낀 놀라움은 "브라만들조차"라는 표현에 들어 있다. 왜냐하면 안장-맷돌이 신성한 경전들 모두가 인정하지 않은 의례들에 사용되었기 때문이다. 코삼비에겐 역

18) Damodar Darmananda Kosambi, *The Culture and Civilisation of Ancient India in Historical Outline*, Delhi: Vikas, 1975, p. 48. 나는 여기에서 그저 코삼비의 텍스트들이 '고루한'(archaic)이라는 단어와 '여성'이라는 단어를 늘 결합시키고 있다는 것에 주목할 뿐이다.

사화하고자 하는 본능이 있었고, 그래서 그는 여기엔 무언가 흥미 있는 사회사가 전개되고 있는 것이 틀림없다고 생각했다. 그러나 그 사회사는 1950년대에 책을 썼던 코삼비 자신의 현재 의식에 대해 무엇을 의미했던가? 그가 묘사하고 있는 것이 사멸해 버린 과거의 어떤 실천인 것은 아니다. 그는 자신이 속한 계급에 관해, 근대 기술을 이용하고 있는 교양 있는 중간 계급 출신 여성들의 삶 안에서의 '마법'의 실천에 관해 말하고 있는 것이다. 코삼비 자신도 이 의례들을 치르는 것을 도왔을지 모른다. 그러므로 코삼비가 묘사한 안장-맷돌은, 우리의 용어로 말하면, 얽힌 시간들의 문제에, 즉 내가 '시간 매듭'timeknot이라고 부른 그것에 속한다.[19] 돌로 만들어진 그것은 석기 시대의 도구들과 닮았고, 따라서 다른 시대와 관계를 맺었을 수 있지만, 또한 전기 난로나 석유 난로의 시대와 공존하기도 한다. 게다가 그것은 상층 카스트와 하층 카스트의 관계를 매개하며, 그 두 카스트를 어떤 공통의 실천 안에 위치시킨다. "이는 그 도구와 함께 석기 시대 의식이 전해져 왔고, 브라만 가족들이 그것을 주변의 주민들에게서 차용했다는 것을 함축한다."[20] 코삼비는 자신의 역사주의로 인해 안장-맷돌이 제기하는 시간성의 문제를 보지 못했다. 그는 그 도구를 오직 "석기 시대가 끝나기 전에 최초의 농업과 함께 발전한" 어떤 것으로만 볼 수 있었다. 그래서 그에게 조리용 난로와 안장-맷돌의 관계는 오직 단선적인 시간 흐름의 관계일 뿐이었다.

---

19) 이 책 3장을 볼 것.

20) Kosambi, *The Culture and Civilisation of Ancient India in Historical Outline*, pp. 47~48. 나는 벵골어로 쓴 에세이 "Bharatbarshe adunikatar itihash o shomoy kalpana", *Aitihashik*, Vol. 6, No. 2, September 1997, pp. 121~128에서 코삼비의 방법을 보다 자세하게 논의한 적이 있다.

케냐타가 자기 할아버지의 마법과 맺은 관계, 아피아가 조상들에게 스카치를 봉헌했던 자기 아버지의 습속과 맺은 관계, 그리고 코삼비가 안장-맷돌과 맺은 관계, 이 모든 관계가 똑같은 문제를 드러내고 있다는 것을 누구든 뒤늦게나마 알 수 있을 것이다. 그것들은 우리로 하여금 누군가의 현재를 구성하고 있는 '지금'에 내재하는 복수성에, 총체성의 결여에, 누군가의 현재를 구성하는 지속적인 편린성들에 주목케 한다. 그런 것들에 주목해야 하건만, 우리의 능력은 역사주의적이거나 민족지학적인 고찰 양식을 보여 주는 데 머물러 있다. 그 고찰 양식에는 우리와 체험적 관계를 맺어 온 대상·제도·실천을 다른 시대의 유물들로 전환시키기 위해 시대착오 의식을 이용하는 것이 포함되어 있다. 이미 말했듯이, 모든 것을 상대로 단일한 역사적 맥락을 구축하는 그 능력은 근대적인 역사 의식을 가능케 하는 조건이며, 과거를 지나간 것으로 보고 연구 대상으로 사물화하는 능력이다. 과거를 진짜 죽은 것으로, 관찰자의 시간과 분리된 것으로 간주하는 바로 이 능력이 근대적인 역사적 상상태가 벌이는 유토피아적이고 해석학적인(하지만 그럼에도 불구하고 윤리적인) 투쟁들—과거의 껍질 안으로 들어가고자 하는, 과거를 '실제 있었던 그대로' 보고자 하는, 과거를 역사가의 마음 안에서 재상연하고자 하는 등등의 투쟁들—을 낳았던 것이다. 나는 이 투쟁을 혹은 그 투쟁이 낳고 있는 열정적인 전문가 의식을 평가절하할 생각은 없다.[21] 그러나 또한—내가 거론한 사례들이 입증해 주었기를 바라지만—근대적인 '시대착오' 의식이 역사를 사유할

---

21) Marc Bloch, *The Historian's Craft*, Manchester: Manchester University Press, 1992(first pub. 1954)[『역사를 위한 변명』, 고봉만 옮김, 한실사, 2007]는 여전히 이 주제에 관한 고전적 저작이다.

때 '지금'의 시간적 이질성 문제와 대결하지 못하게 한다는 것 역시 사실이다. 우리는 왜 시대착오를 생산적인 것으로 보아야 하는지를 고찰할 필요가 있다.

시대착오에는 무엇이 투입되어 있는가?

나는 '시대착오'를 정신의 단순한 오류라고 주장하고 싶지 않기 때문에 다음과 같은 질문을 제기하고자 한다. 과거를 연구 대상으로 사물화할 수 있게 해주는 시대착오의 실천엔 무엇이 투입되어 있는가? 아주 일반적인 답변을 제시해 보자. 내가 제시하고자 하는 것은, 근대적인 역사 의식의 발흥이 세계 안에 거주하는 근대적이고 정치적인 어떤 방식의 도래를 말하는 것이라면, 그것은 또한 과거와의 매우 특별한 관계를 말하는 것이기도 하다는 점이다. 즉 정치적 근대성의 주체가 과거를 대상화가 가능한 것으로 창조하고자 하는 욕망, 그리고 동시에 '역사'라고 불리는 이 대상에서 자유롭고자 하는 욕망, 이 둘 모두를 갖고 있다는 말이다. 사실 과거를 대상화하려는 시도란 과거에서 자유롭고자 하는 욕망의, 언젠가 폴 드 만이 "진정한 현재"라고 부른 것을 창조하고자 하는 욕망의 표현이라고 주장할 수 있다. "진정한 현재"란 무엇인가? 마셜 버먼은 드 만을 인용하여 "근대성 관념의 막강한 힘은 '근원적으로 새로운 출발점, 즉 진정한 현재가 될 수 있는 지점'을 마련하기 위해 '이전의 것이라면 무엇이든 일소해 버리려는 욕망'에서 나온다"고 쓰고 있다.[22] 진정한 현재는 우리가 마치 과거를 무효화할 수 있는 것처럼 행동할 때 만들어진다. 그것은 역사에서의 일종의 영점zero point—예컨대 백지 상태tabula rasa의, 텅 빈 대지terra nullius의, 청사진blueprint의 과거 없는 시간—과 같다. 그것은 근대적 정치 주체의 욕망, 즉 사회 정의라는 목표를 추구하면서 과거로부터 일정 정도 자유롭고자 하는 욕망을 반영한다.

19세기가 시작된 이래, 정치적 근대성의 수용은 사회적으로 급진적 입장을 갖게 된 인도 지식인들에게 과거에 관한 수많은 곤혹스런 문제들을 제기했다. '근대성'은, 그리고 '이성'의 실현은 인도의 역사에 내재하는 가능성들인가? 아니면 그것들은 시간과 공간의 모든 면에서 종별적인 역사들 외부에 있는 어떤 것에, 예컨대 인류의 '도덕적 성벽'이나 '소통 능력'에 근거하는 것인가? 흔히 전통과 인습의 이름으로, 아니면 아예 과거 그 자체의 이름으로 정당화되는 '정의롭지 못한' 저 사회적 실천들에 대해 어떤 태도를 취해야 하는가? 카스트, 사티, 불가촉천민, 종교 갈등 등 그런 사례들은 풍부하다. 정말이지 근대적인 지식인은 어떤 입장에서 과거를 성찰해야 하는가?

이 문제에 단 하나의 대답은 존재하지 않는다. 시민-정치 사회의 기초가 되는 형제애적 계약에 관한 로크적 우화에서, 정치적 자유는 다름 아닌 과거의 지배로부터의 자유였다. 아버지가 아들들의 어린 시절의 역사를 부분적으로 대표하는 한, 그 아버지는 아들들에게 존경받을 수 있다. 그러나 그는 성년이 되어 이성을 지니게 된, "[자신의—인용자] 의지에 따라 행동할 자유"를 누리는 아들들에 대해선 "명령권"을 행사하지 못한다. 그들의 자유는 그들의 이성에 근거한다.[23] 여기에서 이성은 역사에 외재

22) Paul de Man, "Literary History and Literary Modernity", *Daedalus*, Vol. 99, No. 2, Spring 1970, pp. 384~404. Marshall Berman, *All That Is Solid Melts into Air: The Experience of Modernity*, Harmondsworth: Penguin, 1988, p. 331에서 재인용.

23) John Locke, *Two Treatises of Government*, New York: Everyman's Library, 1978, pp. 146~149[『통치론』, 강정인·문지영 옮김, 까치글방, 1996, 59~68쪽].

하는 것이고, 이성의 획득은 (아버지에게 체현되어 있는) 과거의 모든 정치적 권위로부터의 자유를 표시한다. 어린 시절이 끝난 후, 로크적 개인은 역사의 이 영점에서부터 생애를 시작한다. 그 개인은 끊임없이 '진정한 현재'를 만들어 내고자 한다. 역사적 가능성들은 이제 이성에 의해서만 창출된다. 이렇듯 근대적 개인은 과거에 얽매이지 않는다. 인습은 근대적 개인에게 '명령권'이나 처벌권을 행사하지 못한다. 근대적인 시민-정치 사회의 기초가 되는 형제애적 계약에 관한 존 로크의 우화가 비역사적이거나 반역사적인 것으로 설명되어 온 것은 지당하다.[24)]

다른 한편, 사회과학적인 맑스주의 역사학에서는 사람들이 얻으려 애쓰는 그 가능성들이 역사의 모순들에서 출현하는 것으로 여겨진다. 그 가능성들은 완전히 역사에 외재하는 것은 아니지만, 완전히 역사에 의해 결정되는 것도 아니다. 이러한 틀 안에서, 과거가 지닌 힘은 어느 정도인가 하는 결정 불가능한 문제는 근대적 개인의 극단적인 양가성을 낳았을 것이다. 왜냐하면 이러한 사고 양식에서 과거는 가능성을 주는 원천이자 동시에 불가능성을 낳게 하는 제약으로 여겨졌을 것이기 때문이다. 맑스 자신은 이 양가성을 예증하면서 이렇게 말했다. "죽어 버린 모든 세대의 전통은 마치 악몽처럼 살아 있는 자의 뇌를 압박한다." 왜 '악몽'인가? 왜 죽어 버린 세대를 그처럼 불안에 사로잡혀 묘사했는가? 불안이 생겨나는 이유는, 맑스의 입장에서 볼 때 근대적 개인이 시민-정치의 지배에 관한 로크의 이론에 나오는 형제들처럼 과거로부터 결코 완전히 자유롭지 못하기 때문이다. 맑스적 근대성은 과거와 관련하여 모순에 사로잡혀 있다. 한편에서, 모든 혁명적인 근대인은 과거를 능가하고 도려내기를, '결코 존

---

24) Pocock, *The Ancient Constitution and the Feudal Law*, p. 235.

재한 적이 없는 무엇'을 창조하기를 욕망한다. 하지만 새로운 것은 오직 이미 사용하고 있는 언어들에서 만들어진 어떤 언어를 통해서만 상상될 수 있고 표현될 수 있다. 따라서 정치 행위는 과거와의 단절을 의미했던 것—'결코 존재한 적이 없는 무엇'—이 결국 죽은 자의 귀환처럼 보이는 것으로 끝날 수 있는 위험 부담을 안게 된다. 이러한 단절의 불확실성으로 인해 맑스의 텍스트에서 근대적인 것의 목소리가 불안하게 들리는 것이다. 맑스가 썼듯이 "그래서 사람들은, 자신들과 세상을 혁신하는 일에 몰두하거나 결코 존재한 적이 없는 무엇을 창조하는 일에 몰두하는 것처럼 보이는 바로 그때, 정확히 말하자면 혁명적 위기의 그 시기에, 불안한 나머지 자신의 작업을 위해 과거의 영혼들을 불러내고, 그 영혼들에게서 이름들과 구호들과 의상들을 빌려 와, 저 유서 깊은 분장술과 저 빌려 온 언어로 세계사의 새로운 장면을 제시하는 것이다".[25)]

1930년대 인도의 '카스트 제도'에 관한 논쟁에서, 마하트마 간디와 이른바 '불가촉천민'의 지도자 빔라오 람지 암베드카르는 모두—잘 알려진 그들의 불화에도 불구하고—앞에서 대략 말한 바 있는 두 가지 입장에 속하는 요소들을 재생산했다. 두 사람 모두 사회 정의의 추구를 과거에 얽매이지 않는 가능성들을 창조하는 것이라고 생각했다. 예컨대 간디는 카스트에 대한 자신의 비판들이 그 관습의 역사와는 거의 무관하다는 점을 분명히 밝혔다. 그는 "카스트는 종교와 전혀 상관없다. 나는 그 인습의 기원을 알지 못하며, 내 영혼의 허기를 채우기 위해 알 필요도 없다. 그러

25) Karl Marx, "The Eighteenth Brumaire of Louis Bonaparte", Karl Marx & Frederick Engels, *Selected Works*, Vol. 1, Moscow: Progress Publishers, 1969, p. 398[「루이 보나빠르뜨의 브뤼메르 18일」, 칼 맑스·프리드리히 엥겔스, 『칼 맑스·프리드리히 엥겔스 저작선집』 2권, 김태호 외 옮김, 박종철출판사, 1997, 287쪽].

나 나는 그것이 영혼의 성장과 민족의 성장 모두에 해롭다는 것을 알고 있다."[26] 또한 암베드카르는 힌두이즘을 철저히 조사하여 "민주주의와" 일치하는 것으로 만들 것을 권유했다. 그는 "카스트의 폐지"를 위해, 그리고 인도 사회를 "자유·평등·형제애"의 세 원리에 기초하여 완전히 재구축하기 위해 "삶의 근본적 통념들에서의", "인간과 사물에 대한 견해와 태도"에서의 "완전한 변화"를 요구했다.[27]

하지만 암베드카르와 간디 모두가 분명히 드러냈던, 과거로부터의 자유라는 바로 이 의식은 과거와의 또 다른 관계의 가능성을 시사했다. 과거로부터의 자유는 또한, 과거는 정치적 근대성의 주체가 사회 정의를 위한 투쟁에서 필요할 때 의지할 수 있는 자료들의 저수지이자 상설 저장고인 것처럼 취급될 수 있다는 것을 의미하기도 했다. 경전들에 대한 간디의 태도에는 이러한 자유 의식이 내포되어 있었다. "경전들은, 그 이름에 걸맞게, 오직 내적 진리들에 관련되며, 반드시 모든 양심을 움직인다.……이성의 검증을 받을 수 없거나 영적으로 경험될 수 없는 것은 그 어느 것도 신의 말씀으로 수용될 수 없다." 간디는 누구나 종교 문제에서 선택권을 가진다고 주장했다. "종교는 그것의 가장 사악한 표본에 의해서가 아니라 그것이 낳을 수 있는 최선의 것에 의해서 판단되어야 한다. 왜냐하면 그런 종교가, 그런 종교만이, 무언가를 개량하는 것은 아닐지라도 열망하는 기

26) Mohandas K. Gandhi, , "A Vindication of Caste"(1936), reprinted in Bhimrao Ramji Ambedkar, *The Annihilation of Caste*, Jalandhar: Bheem Patrika Publicaitons(연도 미상), p. 137. 강조는 추가.

27) Ambedkar, "Annihilation of Caste"(1936), *Ibid.*, pp. 92, 129, 131. 그의 정치·종교 사상의 수많은 복잡한 면모를—그뿐 아니라 그의 역사주의와 결단론도—능숙하게 밝혀 주고 있는 최근의 연구로는 Gauri Viswanathan, *Outside the Fold: Conversion, Modernity, and Belief*, Princeton: Princeton University Press, 1998, Chap. 7을 볼 것.

준으로 이용될 수 있기 때문이다."[28)]

이번엔 암베드카르가—"많은 것을 빚지고 있는 스승"인—존 듀이John Dewey를 인용하여 이렇게 말한다. "모든 사회는 하찮은 것, 과거의 쓸모없는 것, 몹시 뒤틀린 것으로 꽉 막혀 있다." "계몽적인" 사회의 임무는 "현존하는 위업들 전체를 보존하고 이전시키는 데 있는 것이 아니라, 오로지 더 나은 미래 사회를 지향하는 데" 있다. 그러므로 힌두들은,

> [자신의—인용자] 이상을 만족시켜 준다고 여겨 온 과거를 숭상해야 하는지 여부를 숙고해야만 한다.……듀이 교수는……이렇게 말한다. "개인은 현재 안에서 살아갈 뿐이다. 현재는 바로 과거 다음에 오는 어떤 것이 아니다. 과거가 낳은 것은 더더욱 아니다."……힌두들은 고정된 것도 없고, 영원한 것도 없고, 사나탄sanatan[29)]한 것도 없다는 점을, 즉 모든 것이 변한다는 점을 인식해야 할 때가 왔는지 여부를 숙고해야만 한다.……가치관의 지속적인 혁명이 존재한다는 것은 틀림없으며, 그래서 인간 행동을 측정하는 기준들이 있는 게 분명하지만 그 기준들이 언제든 수정될 수 있다는 것도 분명하다는 점을 힌두들은 인식해야만 한다.[30)]

이렇게 위의 글에는 과거에 대한 두 종류의 관계가 언명되어 있다. 하나는 역사주의적 관계인데, 역사주의란 대상들을 파악하기 위해선 그것들의 역사를, 그것들이 현재의 상태에 도달하기 위해 거친 발전의 과정을

---

28) Gandhi, , "A Vindication of Caste", Ambedkar, *The Annihilation of Caste*, p. 136.
29) 사나탄도 영원하다는 뜻이다.—옮긴이
30) Ambedkar, "Annihilation of Caste", *Ibid.*, pp. 131~132.

알아야 할 필요가 있다는 관념이다. 역사주의 그 자체는 역사와 관련하여 일정한 정도의 자율성을 인간 주체에게 약속한다. 그것은 누구든 일단 역사에서 작동하는 인과 구조들을 알게 되면 그 구조들을 일정하게 지배할 수도 있다는 관념이다. 위 글에서 언명된 과거에 대한 또 하나의 관계는 내가 '결단론적' 관계라고 부르고 싶은 그런 관계다. 내가 말하는 '결단론' decisionism이란 비평가들로 하여금 마치 미래와 과거에 관한 구체적인 가치 평가적 선택이나 결단이 내려질 수 있는 것처럼 미래와 과거에 관해 이야기하게 만드는 경향을 의미한다. 여기에서 역사의 법칙들에 관해 이야기하는 것은 아니다. 비평가는 그의 혹은 그녀의 가치관에 따라 인류에게 가장 바람직하고 합리적이고 현명한 미래를 선택하며, 과거를 필요할 때 끌어낼 수 있는 자료 창고로 간주한다. 과거에 대한 이러한 관계는 사회를 완전히 처음부터 건설하기 위해 (특정한) 역사를 무효화하려고 하는 개혁가들의 혁명적-근대주의적 입장과 합치한다. 하지만 결단론이 반드시 과거에 대한 우상 파괴적 태도를 함축하는 것은 아니다. 결단론은 누군가가 과거에 대해 다양한 태도—존중에서부터 혐오까지—를 갖는 것을 인정하지만, 그것에 얽매이지는 않는다. 그것은 '전통'을 이용하지만, 그 이용을 지시하는 것은 현재에 대한 비판이다. 따라서 그것은 역사로부터의 자유만 표상하는 것이 아니라, 바람직한 미래 건설에 유용한 것으로 여겨지는 '전통'의 여러 측면을 존중할 자유도 표상한다.

결단론과 역사주의는 처음엔 서로 대립적인 것처럼 보일 수 있다. 예컨대 유명한 인도의 비평가 아시스 난디는 역사주의를 내가 말하는 '결단론적' 입장들과 이따금 거세게 대립시킨다. 난디는 「역사의 잊혀진 이중성들」이라는 제목의 최근 에세이에서 역사의 방법들을 그런 식으로 비판한다. 인류학의 주체들과 달리 "역사의 주체들은 거의 반란을 일으키지 않는다. 왜냐하면 그 주체들은 대부분 죽은 자들이기 때문이다".[31] 난디를 근본적으로 골치 아프게 만드는 것은 역사가의 텍스트들 안에서 진행되는 과거와 현재의 '대화'의 비대화적 성격이다. 그는 대화 대신 '원칙적인 망각과 침묵'principled forgetfulness and silences이라는 개념을 옹호한다. 이 개념이 의미하는 바를 설명할 때 난디는 내가 결단론적 입장이라고 부른 것에 다가서게 된다. 그는 과거의 바람직한 구축물들은 "주로 현재와 미래에 응답하는 것들이다. 그것들은 기록 보관인을 위한 것도 고고학자를 위한 것도 아니다. 그것들은 과거를 재형상화함으로써, 또한 창조적인 즉석 가공으로 과거를 초월함으로써, 인간의 선택지를 확장시키려 한다.…… [그—인용자] 과거는 현재와 미래를 형성하지만, 현재와 미래 역시 과거를 형성한다. 일부 학자들……은……기꺼이 과거를 재규정하여, 아마도 그것을 전형轉形시켜서라도, 미래를 열고자 한다. 선택은 인식적인 것이 아니라, 더할 나위 없이 도덕적이고 정치적인 것이다"라고 말한다.[32]

과거를 근대적 주체의 '도덕적이며 정치적인' 선택의 문제로 제시하는 것은 난디의 입장을 결단론적으로 만든다. 그는 분명 사회과학적 역사로 불릴 수 있는 것에 반대하면서 자신의 입장을 펼치고 있는데, 사회과학적 역사는 역사 과정을 인간의 자유에 제한을 가하는 것으로 보기 때문이다. 그는 이렇게 말한다. "우리는 [역사라는 분과학문에서—인용자] 주체들과 대상들 사이의, 인식하는 자와 인식되는 것 사이의 이 비대칭에 대한 다소 어렴풋한 각성이 간디를 자극해 도덕적 행동의 지침으로서 역사를

31) Ashis Nandy, "History's Forgotten Doubles", *History and Theory*, Vol. 34, No. 2, May 1995, p. 61.
32) *Ibid*., p. 66. 강조는 추가.

거부하게 만들었고, 그래서 간디는 경전들과 신화들에 대한 독서에서 자신의 그런 지침을 이끌어 낸 것은 아닐까 하고 생각한다.……그는 그보다 앞선 윌리엄 블레이크나 헨리 데이비드 소로와 마찬가지로 우리 시대의 이 새로운 운명론[즉 역사의 법칙들이라는 관념—인용자]에 도전했다."[33]

서로 간에 모종의 긴장이, 특히 역사적 증거의 문제를 둘러싼 긴장이 존재함에도 불구하고, 결단론과 역사주의는 정치적 근대성의 주체에게 상호 배타적 선택지들이 아니다. 암베드카르는, 그에게서 인용한 글들이 보여 주듯이, 과거에 대한 자신의 결단론적 태도를 분과학문으로서의 역사의 관심은 주로 사회적 변화의 과정들과 기원들을 설명하는 데 있다는 근대적 견해와 결합시켰다. 그는 카스트가 지배하는 인도의 과거를 도려내는 일에 찬성했다. 이 점에서 그는 결단론자였다. 그러나 근대적 인간으로서의 암베드카르는 분과학문인 역사에 반대하지 않았다. 모든 것은 변한다고 그는 말했다. '고정된' 것이거나 '영원한' 것은 없다. 역사과학의 주요 임무는 '왜'라는 질문에 대답하는 것이다. 역사에 대한 이러한 이해 방식은 역사주의적이었다. 그는 일찍이 1916년 '컬럼비아 대학교 A. A. 골든와이저A. A. Goldenweizer 박사의 인류학 세미나'에서 발표한 「인도의 카스트」라는 에세이에서 사티, '과부 신세 강요하기', '소녀 결혼' 등과 같은 인도의 관습들에 관해서는 제대로 된 역사가 없다고 개탄하면서 이렇게 말했다. "우리에겐 이 인습들이 어째서 존중받는지를 말해 주는 풍부한 철학이 있지만, 그것들의 유래와 존속의 원인들을 말해 주는 것은 없다."[34]

따라서 결단론은 역사주의에 대한 근본적 비판이 되지 못한다. 그 둘

---

33) Nandy, "From Outside the Imperium", *Traditions, Tyranny and Utopias: Essays in the Politics of Awareness*, pp. 147~148.

모두 '진정한 현재'를 소망하는 근대주의자의 꿈에 투입되어 있다. 그 진정한 현재는 항상 바람직한 미래의 청사진을 향해 있고, 또한 그 청사진에 의해 결정되기도 한다. 시대착오는 그 같은 정치적 프로그램에 수반되는 역사주의적 감각의 필수 구성 요소다. 사회 정의에 대한 추구는 시대착오를 수반한다. 그러나 역사주의와 그것이 동반하는 시대착오 관념은 우리가 유럽의 지방화 기획이라 불러 온 것과 관련된 문제를 낳기도 한다. 역사주의는 좌절·절망·원한의 기분 안에서만 유포될 수 있다.[35] 우리가 역사주의를 그대로 두는 한, 식민/포스트식민 인도에서 정치적 근대성의 성격을 개념화하는 과제는 우리를 좌절케 한다. 우리는 농민이 분명 근대적 시민과 마찬가지로 현재에 속해 있다는 것을 알지만, 시민으로서의 농민은 여전히 다른 시대의 유물처럼 보인다. 현재를 재개념화하는 일에 도전해야 한다. 우리의 기획을 유럽 사상에 대한 원한을 넘어서려는 것으로 재규정하려면, 역사주의를 넘어서 사유할 필요가 있다. 그렇게 사유하는 것은 이성을 거부하는 것이 아니라, 그것을 수많은 세계 내 존재 방식들 중의 하나로 간주하는 것이다. 아래에서 이 점을 자세히 설명하겠다.

역사주의를 넘어서

갖가지 변종의 역사주의를 비판한다는 것, 그것은 역사를 어떤 가능한 것이 단일한 미래로 향함으로써 현실적인 것이 되는 발전의 과정으로 생각

---

34) Ambedkar, "Caste in India", *Annihilation of Caste*, pp. 20~21. 강조는 추가.

35) 내 비판의 표적은 나의 글 "Postcoloniality and the Artifice of History: Who Speaks for 'Indian' Pasts?", *Representations*, No. 37, Winter 1992, pp. 1~26이다. 이 글은 이 책의 1장으로 재수록되었다.

하는 법을 배우지 말아야 한다는 것이다. 혹은 달리 말해서, 현재—말을 하고 있는 우리가 거주하고 있는 '지금'—를 환원 불가능하게 하나가 아닌 것irreducibly not-one으로 생각하는 법을 배워야 한다는 것이다. 그러기 위해선 역사적 시간의 문제를 재사유하고, 또 가능한 것과 현실적인 것의 관계를 재검토해야 한다. 아래의 생각들은 마르틴 하이데거의 『존재와 시간』 2편에 나오는 논의에서 끌어온 것이다. 이러한 시도의 핵심에 있는 것은 어떻게 과거와 미래를 총체화하지 않는 방식으로 사유할 수 있을까에 대한 관심이다.

대개—하이데거가 상기시켜 주고 있듯이—우리는 가능한 것the possible을 실현되지 않은 현실적인 것an unrealized actual으로 생각한다. 하지만 현재를 근원적으로 하나가 아닌 것으로, 따라서 복수적인 것으로 본다는 것은, 저 이질성과 불완전성을 제압할 수 있고 또한 제압하게 되어 결국엔 하나의 총체성totality을 구성하게 될 그 어떤 원리들—가령 다르마나 자본이나 시민권 같은—도 시사하거나 전망하지 않은 채, 현재의 '지금'을 일부만이 드러나 있는 상태로 본다는 것을 말한다. 그러므로 그 같은 복수의 가능성들은 단순히—본래부터 열매로 익어 갈 과일의 가능성처럼—현실화되기를 기다리고 있는 것들로 간주될 수 없다. 또한 가능성들의 복수성은 총체성의 견지에서 볼 때 모자라는 것으로 간주되는 '결여' 혹은 '미완'의 관점에서 파악될 수 없다. 물론 우리가 총체성은 연대기상으로 '지금' 이후에 일정한 요소들이 덧붙여져야 드러날 수 있다는 그런 총체성의 원리에 찬성한다면, 우리는 어떤 것을 '단지 미완인' 것이라고 생각할 수 있다. 우리는 이전에 그 같은 생각을 맑스주의적인 인도사의 어떤 판본들에서 만난 적이 있다. 그 판본들은 자본주의와 근대성으로의 '미완의 이행'에 관해 말한다.[36] 하지만 '아직 아닌'not yet 것, '지금'인 것을 '실현되지 않은 현실적인' 것으로 생각하게 되면, 꼼짝없이 역사주의의 덫에 걸려 거기에서 빠져나오지 못할 것이다. 가능성은 현실적인 것이 되기를 기다리는 상태도 아니고 단지 미완인 상태도 아니다. 그러므로 가능한 것은 이미 현실적으로 존재하는, 그러나 현실적인 것이 '아직 아님'의 상태로만 현존할 뿐인 그런 것으로 사유되어야 한다. 달리 말하자면, 가능한 것이란 총체성으로 존재하지 않는 것not-being-a-totality을 '지금'의 구성적 특징으로 만드는 그런 것이다. '지금'이 '끊임없이 편린적인' 것이 되고 하나가 아닌 것이 되는 것은 바로 총체성이 결코 존재하지 않는다는 근원적 인식 안에서이다.[37]

하이데거는 또한 어째서 과거의 문제는 미래에 관한 질문까지 사유해야 비로소 사유될 수 있는지 알게 하는 데 도움을 준다. 인간 존재는 미래를 지향하는 것을 결코 피할 수 없다. 하지만 이미 거기에 존재해 왔다는 사실—하이데거가 "나는 존재해 온 바대로 존재한다"고 말한 것—도 인간이 통제할 수 없는 것이다. 그러므로 우리의 모든 과거는 그 방향에서 미래적futural이다. 과거는 우리가 미래로의 불가피한 여행을 하게 되는 것을 도와준다. 이런 의미에서, 미래적이지도 않으면서 "이전으로

---

36) 이 책 1장을 볼 것.

37) 여기에서의 논의 전체는 『존재와 시간』 2편의 '현존재의 가능한 전체 존재와 죽음을 향한 존재'에 관한 장에 나오는, '아직 아님'(not yet)의 구조와 존재의 본성 사이의 관계에 대한 하이데거의 사유에 빚지고 있다. Martin Heidegger, *Being and Time*, trans. John Macquarrie & Edward Robinson Oxford: Basil Blackwell, 1985, pp. 276~289[『존재와 시간』, 이기상 옮김, 까치, 1998, 317~333쪽]. 최근 조앤 스템바우(Joan Stambough)가 번역한 『존재와 시간』(Albany: State University of New York Press, 1996)은 존 매쿼리와 에드워드 로빈슨의 번역본에 나오는 "총체성의 결여"(lack of totality)라는 표현을 "끊임없는 편린성"(constant fragmentariness)으로 바꿔 놓고 있다. 어찌되었든, 분명한 것은 내가 여기에서 하이데거로부터 빌려 온(그리고 배우고자 한) 것은 사유의 방법이라는 점이다. 내 분석은 여전히 하이데거가 "역사논리적"(historiological)이라 부른 것의 층위에 있다.

돌아가려는 욕망", "병리학적" 향수는 존재하지 않는다. 미래적이라는 것은 매 순간마다, 인간 존재가 취하는 매 행동마다 우리와 함께 있다.[38)]

그러나 우리가 사회 정의를 추구하면서 말하는 '어떤 미래'에 대한 의식적 사유, 그리고 인간 실존의 매 순간을 장식하는 미래성futurity, 이 둘을 우리는 구분해야만 한다. 첫번째 종류의 '미래'는 역사주의자와 결단론자 모두가 말하는 그런 미래다. 난디가 "[과거의—인용자] 그런 구축물들은 주로 현재와 미래에 응답하는 것들이다"라고 말한 것을 상기해 보자.[39)] 우리는 최소한 이 미래의 구성 원리를 알고 있다. 그것을 위한 청사진을 갖고 있진 않더라도 말이다. 이 미래를 '존재하게 될'will be 미래라 부르도록 하자. 이 미래는 매 순간 우리의 행동 안에 이미 존재하는 미래성과는 다르다. 이 다른 미래성을 우리는 이미 '존재하는'are 미래들이라고 부를 수 있을 것이다.[40)]

'존재하게 될' 미래는 내가 이 책의 2장 「자본의 두 역사」에서 역사 1History 1이라고 부른 것과 병행한다. 그 역사는 자본의 논리가 가정하는 보편적이고 필연적인 역사다. 이 역사에는 계몽주의적 보편들이 내재한다. 사회 정의와 그것이 수반하는 제도들을 열망하는 근대인인 우리는, 결단론자건 역사주의자건, 그 역사에 (자유주의와 맑스주의 간의 모든 불일치에도 불구하고) 함께 연루될 수밖에 없다. 우리는 이미 우리의 삶 안에 들어와 있는 이러한 연루를 거쳐 유럽 사상과의 힘겨루기를 시작하는 것이

38) 『존재와 시간』 2편의 4장과 5장이 이 논의와 관련 있다.

39) Nandy, "History's Forgotten Doubles", *History and Theory*, Vol. 34, No. 2, p. 66.

40) 미래성에 관한 이 생각들을 진전시킬 수 있도록 내게 도움을 준 것은 Michael Gelven, *A Commentary on Heidegger's Being and Time*, DeKalb: Northern Illinois University Press, 1989, Chap. 8~9; E. F. Kaelin, *Heidegger's Being and Time: A Reading for Readers*, Tallahassee: Florida State University Press, 1989, Chaps. 10~11이다.

다. '유럽을 지방화화기' 기획은 이러한 연루의 소산이다. 그러나 이러한 시작이 그 기획을 규정하지는 않는다. 그 기획은 다른 과거들, 말하자면 역사 2들History 2s—'예전의 것들이지만 자본의 생애에 속하지 않는 것들로 자본과 조우한' 과거들—과 관련하여 규정되어야 한다.

이미 거기에 존재하는 미래들, 인간과 불가피하게 동행하는 미래성이 내가 역사 2들이라고 부른 그것이다. 이 미래들은 복수이며, 전체 혹은 하나라는 관념을 전혀 담고 있지 않다. 그것들은 총체화의 원리로 현재를 합계하는 것을 전혀 불가능하게 만드는 미래들이다. 그것들은 '지금'을 끊임없이 편린적으로 만들지만, 그 편린들은 덧붙여지는 것이 아니다. 즉 그 편린들은 총체성 혹은 전체를 상기시키는 것들이 아니다. '존재하는' 미래들에 의한 '존재하게 될' 미래의 끊임없이 열려 있는 수정은, 2장에서 주장했듯이, 역사 2들에 의한 역사 1의 지속적인 수정과 병행한다.

이미 '존재하는' 이 미래들은 '존재하게 될' 미래, 즉 정치적 근대성의 주체들의 셈법과 욕망으로 형성되는 미래를 반드시 전망하진 않는다. '존재하는' 미래들은 복수이고, 총체화의 원리로 재현되지 않으며, 심지어 역사 쓰기의 대상화하는 절차에 언제나 반항한다. 왜냐하면 나의 '존재해 온 바대로 존재하는 나'에겐 내가 보거나 계산할 수 없는—아니면 간혹 회고적으로만 보거나 계산할 수 있는—방식으로 존재하는 과거들이 포함되어 있기 때문이다. 과거들은 거기에, 즉 세대를 이어 감각적으로 수용되어 온 미각 안에, 몸과 관련된 실천들 안에, 문화적 훈련 안에 존재한다. 과거들은 때론 내가 가담하고 있는지 알지도 못하는 그런 실천들 안의 거기에 존재한다. 이런 식으로 낡은 것은 다른 시대의 잔존물이 아니라 현재를 구성하는 어떤 것으로 근대적인 것 안에 들어온다. 이미 '존재하는' 이 과거들의 성격이 어떻든 간에, 언제나 그것들은 마찬가지로 이미 '존재하는'

미래들을 향해 있다. 과거들은 내가 그것들에 관해 결단론자가 되지 않아도 존재한다. 예컨대 벵골 근대의 시인 아룬쿠마르 사르카르는 자신의 어린 시절에 관해 이렇게 쓰고 있다. "어린아이 적부터, 나는 [말의—인용자] [그—인용자] 소리에 매혹되었고, 거기에 매혹되었기에 시를 쓰고 싶은 욕망이 생겼다. 내 어머니는 갖가지 시들을 낭송하곤 했으며, 내 아버지는 [신들을—인용자] 찬미하는 산스크리트어 운문들을, 내 할머니는 백여덟 개나 되는 크리슈나[신—인용자]의 이름들을 낭송하곤 했다. 나는 그 의미들을 이해할 수 없었지만, 소리에 빨려 들어가는 느낌을 받았다."[41]

아룬쿠마르 사르카르의 진술은 과거와 미래 그 둘 모두에 대한 그의 비非결단론적 관계를 근사하게 포착하고 있다. 그 관계 안에서 그가 "시를 쓰는" "지금"이 흘러가는 것이다. 그 글에서는 그의 어머니가 시들을, 그의 아버지가 산스크리트어 운문들을, 그의 할머니가 힌두 신 크리슈나의 이름들을 낭송"했었다"는 것이 미래를 향해 있는 실존의 움직임 안에서 (재)상기되고 있다. 그 움직임이 미래적임을 알려 주고 있는 것은 "시를 쓰고 싶은 욕망"이다. 아룬쿠마르 사르카르가 시를 쓰는 것은 바로 이러한 미래성 안에서이다.

이미 '존재하는' 미래들의 이러한 복수성과는 대조적으로, 정치적으로 근대적인 입장에 근거하고 있는 미래가 존재한다. 그것은 '존재하게 될' 미래다. 이 미래가 '지금'을 위치시키는 곳은 우리가 현재를 총체화의 원리를 산출할 수 있는 것으로 간주하도록 요구받고 있는 그런 곳이다. 이는 또한 우리에게 과거에 관해 결단론적이 될 것 그리고/혹은 과거를 대상화할 것을 요구한다. 근대적인 정치 주체에게 이러한 태도는 불가피하

---

41) Arunkumar Sarkar, *Tirisher kobita abong parabarti*, Calcutta: Papyrus, 1981, p. 2.

다. 그 자체가 거부될 이유는 없다. 그러나 우리는 과거에 관한 사유의 문제에서 그 같은 방법들의 한계들을 인식해야만 한다. 과거는, 앞에서 제시한 이유들로 인해, 대상화하는 역사학의 프로토콜들에 결코 완전히 순종할 수 없다. 덧붙이건대, 이렇게 말하는 것이 과거에 대한 사회 비판적 분석에서 계급·가부장제·기술 등의 범주가 지니는, 문제 해결 방법으로서의 가치를 부정하는 것은 아니다. 그러나 모델의 명확성이 곧 그 모델이 나타내는 대상의 명확성은 아니다.

하이데거의 말을 빌리자면, 우리는 이미 존재하는 '미래들' 안에서, 그리고 '존재하게 될' 것으로 주조되는 미래와 엇갈리는 '미래들' 안에서 살고 있다는 사실을 항상 앞서 잡고fore-conception 있다. 궁극적으로 이 문제는 인간이 만나게 되는 세계-내-존재의 다양한 방식들에 관한 문제이다. '대상화하는' 양식은, 비록 그것이 지금 글로벌하게 지배적인 것이긴 하지만, 그 수많은 존재 양식 중 단지 하나일 뿐이다. 과거를 대상화하는 관계가 과거와의 유일한 관계라고 주장될 때 문제가 발생한다. 왜냐하면 그럴 때 다른 관계들의 귀환은 모두, 맑스가 주장했듯이, "죽은 자의 악몽"과 같은 것으로 보이기 때문이다. 대상화하는 사유 양식에 완전히 몰두하는 자들에게 과거는 늘 낯선 친숙함으로 충격을 가하고 그 충격을 퍼뜨리는 힘을 유지한다.[42] 예컨대 프랑스의 맑스주의 이론가인 앙리 르페브르는 자

---

42) Jacques Derrida, *Specters of Marx: The State of the Debt, the Work of Mourning, and the New International*, trans. Peggy Kamuf New York & London: Routledge, 1994[『마르크스의 유령들』, 진태원 옮김, 그린비, 2014]. 또한 Sigmund Freud, *Art and Literature*, translated under the general editorship of James Strachey, ed. Albert Dickson, Harmondsworth: Penguin, 1990, pp. 339~376에 있는 프로이트의 에세이 "The Uncanny"(1919)도 볼 것[「두려운 낯설음」, 『예술, 문학, 정신분석: 프로이트 전집 14권』, 정장진 옮김, 열린책들, 2003].

신이 어렸을 때 다녔던 교회인 나바렝스Nararrenx(그가 "태어난 시골의 읍") 인근의 작은 교회를 찾은 적이 있는데, 그때 그의 다음과 같은 생각과 경험—자본주의적 대상화에 대한 이 신랄한 비판가의 경우치곤 아이러니한 것이지만—을 들어 보자. "나는 내가 보게 될 것을 알고 있다. 메아리가 울리는 텅 빈 공간에는 수많은 물건으로 가득 찬 후미진 곳들이 있고, 그 물건들마다 하나의 신호를 보내듯 침묵의 외침을 들려준다. 얼마나 이상한 힘인가! 나는 그것들의 '의미들'을 이해하지 못할 게 없다는 것을 안다. 몇 년 전에 그 의미들에 관해 설명을 들었기 때문이다. 이 상징물들에 당신의 눈과 귀를 닫기란 불가능하다.…… 거기에서 내가 자유롭기란 불가능하다." 교회에 간 르페브르에게 이때의 '지금'을 만들어 주는 '가 본 적이 있음'having been은 그 '지금'을 미래로 향하게 하는데, 그 미래란 그가 어린 시절이었던 그때이다. 하지만 그의 맑스주의는 그에게 그 순간과 그 순간의 복수성을 폐쇄하라고 명령한다. 그 대신 그는 '존재하게 될' 미래, '사회주의'로 불리는 그 미래에 열중하고 싶어 한다. 그래서 이 지점에서 어떤 투쟁이 르페브르의 텍스트 안에서 일어난다. "그러나 나는 바로 이렇게 모호한 감동을 느끼기 때문에, 그것의 모호한 원인들을 이해할 수 있다. 그래서 나는 절망해선 안 되고, 싸움은 계속되며…… 종교는…… 반동적이고 파멸적인 비판이다. 맑스주의는 삶에 대한 효과적이고 건설적인 비판을 제공한다. 그것도 오직 맑스주의만이!"[43]

'끊임없이 편린적'이고 환원 불가능하게 복수적인 '지금'의 속성은 인간의 미래를 이런저런 형식으로(더 많은 민주주의·자유주의·권리·사회

43) Henri Lefebvre, "Notes Written One Sunday in the French Countryside", *Critique of Everyday Life*, trans. John Moore, London: Verso, 1991, pp. xxiii, 213~214.

주의 등으로) 이성을 실현하는 기획이라고 정식화하는 사회과학에게는 문제가 된다. 또한 그런 정식화로 인해 우리가 인정하지 않는 삶의 실천들—미신적으로 보이거나 행위 능력이 신과 정령에게 있다고 보는 실천들—은, 반동적인 것은 아니더라도, 시대착오적인 것으로 보인다. 우리가 살펴보았듯이, 연구 주체가 자신의 삶에서 이 실천들과 일상적 관계를 맺어 왔을 때조차 이런 일이 생겨난다. 이럴 때 이성은 총체화하는 원리의 형식을 취하며, 그 원리의 도움으로 사회과학 연구자는 그 자신이 혹은 그녀 자신이 연구 과정 이전에, 연구 과정 동안에 관계를 맺은 것에 대해서, 심지어 연구 과정 이후에 관계를 맺을지 모를 것에 대해서 오직 인류학적인 관계만을 창안해 낼 수 있을 뿐이다.

흥미로운 것은, 현재 활동 중인 인도의 과학자들이—다른 지역의 과학자들 역시 마찬가지라고 생각하는데—단 하나의 포괄적인 틀을 찾아내서 그 틀 안에 (과학자들로서의 실천과 동떨어진) 그들만의 다양한 삶의 실천들을 담아 내려는 지적 혹은 사회적 의무감을 그다지 느껴 오지 않았다는 점이다. 달리 말하면, '과학'의 실천은 과학의 실천 그 이상으로 '과학적 기질'을 발전시켜야 한다는 것을 연구자에게 반드시 요구하지는 않는다. 민족지학자인 아티파테 크리슈나스와미 라마누잔은 언젠가 천문학자인 자신의 아버지에 관해 쓴 적이 있는데, 그의 아버지는 점성가로 사는 데에도 아무 어려움이 없었다.

> 아버지는 수학자이며 천문학자였다. 그러나 또한 산스크리트 학자였고, 뛰어난 점성가였다. 아버지에겐 두 부류의 외래 방문객이 있었다. 인도를 방문하고 있던 중에 아버지를 찾아온 영국과 미국의 수학자들, 그리고 현지의 점성가들. 그 점성가들은 마하라자Maharajah[44]가 하사한, 금으로 장

식된 화려한 숄을 두른 정통 학자pundit들이었다. 나는 버트런드 러셀로 인해 막 '과학적 태도'를 갖게 된 상태였다. 나는…… 아버지의 두뇌는 하나인데 그 안에 천문학과 점성술이 공존하는 것이 혼란스러웠다. 나는 아버지가 괘념하지 않은 것으로 보였던, 심지어 생각해 보려고 하지 않았던 어떤 일관성이 아버지에게 있는지 알아보았다. 내가 해왕성과 명왕성의 발견이 아버지의 낡은 점성술에서 말하는 아홉 행성에 어떤 영향을 미쳤느냐고 물었을 때, 아버지는 "필요하면 바꾸면 돼, 그뿐이야"라고 말했다. 그런가 하면 아버지는 자신이 종교에 흠뻑 빠져 『기타』[45]를 어떻게 읽었는지, 그리고…… 나중에 러셀은 물론 로버트 G. 잉거솔에 대해서조차 어떻게 감사하는 마음으로 말하게 되었는지에 대답하면서 이렇게 말했다. "……너는 두뇌가 두 가지 엽葉을 갖고 있다는 걸 모르니?"[46]

총체성이 결여된 '지금'의 바로 그 안에서 살아가려는 라마누잔 아버지의 전략——모순적인 두 개의 엽에 관한 그의 메타포는 통일체로서의 두뇌를 단지 텅 비어 있는, 우발적인 껍데기로 바꿔 놓는 효과를 발휘했다——은 또한 인도의 물리학자이자 노벨상 수상자인 찬드라세카라 벤카

---

44) 인도의 왕을 의미한다.—옮긴이

45) 산스크리트어로 된 고대 인도의 대서사시 『마하바라타』(*Mahabharata*)의 6권 23~40장에 있는 700여 구(句)의 시들인 『바가바드기타』(*Bhagavad Gita*)를 말한다. 이 시들은 판다바(Pandava)의 왕자 아르주나(Arjuna)와 그의 스승 크리슈나(Krishna)가 철학적인 문제들을 놓고 벌인 대화이다—옮긴이

46) Attipate Krishnaswami Ramanujan, "Is There an Indian Way of Thinking?: An Informal Essay", Mckim Marriott ed., *India through Hindu Categories*, Delhi: Sage Publications, 1990, pp. 42~43. 그러나 이 에세이에 대해 비판적으로 평가한 Fred Dallmayr, "Western Thought and Indian Thought: Comments on Ramanujan", *Philosophy East and West*, Vol. 44, No. 3, July 1994, pp. 527~542도 볼 것.

타 라만Chandrasekhara Venkata Raman에 의해서도 누구나 알 수 있게 실천되었다. 라만은 1930년대에 "일식이 있기 전에 목욕재계를 하려고" 캘커타에 있던 그의 실험실에서 집으로 달려오곤 했다고 한다. 이 일에 관해 질문을 받자 그 물리학자는 그저 이렇게 빈정댔다고 전해진다. "노벨상? 그건 과학이었고, 일식은 개인적인 거야."[47]

우리는 두 명의 인도 과학자에 관한 두 개의 일화를 완전히 사실로 받아들여선 안 된다. 그러나 라마누잔의 아버지와 라만 선생에 관한 이 이야기들은, 출처가 의심스러울 수도 있겠지만, 우리가 '인도사'의 주체에 관해 생각할 때 나로 하여금 '이성'의 다른 위치를 상상하게 하는 데 도움을 준다. 이 이야기들은, 역사주의적이고 근대주의적인 사유 안에 할당되어 있는 장소와는 다른 장소를 이성에 부여함으로써 근대적이 되려는 우리의 욕망에서 벗어나 유럽을 지방화할 수 있는 방법을, 하이데거적 의미에서 앞서 잡을 수 있다는 것을 시사해 준다. 선배격인 라마누잔과 라만은 모두 진지한 과학자였다. 하지만 그들은 상이한 삶의 실천들 모두를 과학의 견지에서 총체화할 필요가 없었다. 그들은 그 실천들 안에 있었고 그것들이 자신을 불러낸다고 느꼈다. 이 이야기들은—비록 지금 거론된 개인들에 관해선 사실이 아닐지라도—'존재하게 될' 미래가 이미 '존재하는' 미래들을 결코 완전히 압도하지는 못하는 그런 사유의 실천들이 가능하다는 것을 말해 주고 있다.

유럽의 지방화를 역사적으로 사유하는 것은 두 개의 모순적 관점 사이의 대화를 항구적인 긴장 상태에 두려고 분투하는 것이다. 한편에는 자

47) John F. Burns, "Science Can't Eclipse a Magic Moment for Millions", *New York Times*, 25 October 1995를 볼 것.

본의 불가결하고 보편적인 서사——이것을 나는 역사 1이라 불렀다——가 존재한다. 이 서사는 우리에게 자본주의적 제국주의에 대한 비판을 제공함과 동시에 추상적이고 보편적이지만 결코 실현되지 않은 인류애에 관해 계몽 사상이 약속한 것을 짧게나마 엿볼 수 있게 해준다. 그렇게 엿본 것은 포착하기가 쉽지 않지만 활기찬 것임에 틀림없다. 내가 앞에서 말했듯이, 그같이 포착하기 쉽지 않은 엿보기가 없다면 정치적 근대성도 없다. 다른 한편에는 인간 존재의 다양한 방식들에 관한, 그 무한한 통약 불가능성들에 관한 사유가 존재한다. 그 무한한 통약 불가능성들을 통해 우리는 상이한 존재 귀속belonging 안에서 살 수 있는 '세계를 이 지상에서 만들기 위해'——끊임없이, 불확실하게, 그러나 피할 수 없이——투쟁하는 것이다. 이 투쟁들은——자본과 접촉할 때——총체화를 강제하려는 역사 1의 충동들에 대한 수정과 저지를 항상 실천하는 역사 2들이 된다.

이 책은 그 어떤 교리적 의미에서건 교조적 의미에서건 맑스나 하이데거에 결코 몰입하고 있지 않지만, 그들 사유의 정신과 그들의 규준적 개념들은 이 책의 전개 방향을 잡아 주는 두 가지 사상적 지주 역할을 하고 있다. 처음에 내가 말했듯이, 내게 맑스와 하이데거는 근대 유럽의 사회 사상 안에 공존하고 있는, 모순적이지만 깊이 연계되어 있는 두 경향을 대표한다. 하나의 경향은 분석적 유산, 즉 우리로 하여금 보편화하는 것을 도와주는 추상의 실천이다. 사회적 불의에 대한 비판적 읽기들을 생산하기 위해 우리는 보편적인 것들이 필요하다. 하지만 보편적인 것과 분석적인 것은 궁극적으로 로컬의 장소를 없애 버리는 사유 형식들을 생산한다. 이런 일이 경험적인 문구idiom로 행해진다면 문제될 것이 없다. 왜냐하면 특수한 것이 일반적인 것에서 나오듯이, 경험적인 것은 흔히 보편적인 것의 결과이기 때문이다. 그 같은 생각은 근본적으로 사유와 인간의 귀속 양식들 사이의 관계를 단절시키는 경향이 있다. 유럽의 또 하나의 유산은 해석학적 전통인데, 그 전통은 사유와 거처의 관계를 사유 자체 안에 재설정하는 경향이 있다. 이 책에서 나는 얼마간 아주 특수한 세계-내-존재 방식들—나는 그것들을 오직 잠정적으로 벵골적 방식이라고 부르겠다—을 자본주의적/정치적 근대성의 보편적이고 추상적이고 유럽적인 범주들 안에 기입해 넣으려고 시도했다. 나에게 유럽을 지방화하기란, 우리가 하나를 혹은 하나의 전체를 결코 구성하지 않는, 인간 귀속의 그 불가피하게 편린적인 역사들을 성찰할 때, 유럽의 정치적 근대성의 범주들에 관한 계보학들을 어떻게 결합되어 있으면서도 이접적인conjoined and disjunctive 것들로 창안할 수 있는가 하는 문제였다.

지금까지 말한 것에서 분명히 드러났기를 바라지만, 유럽을 지방화하기는 결코 유럽 사상을 회피하려는 기획일 수 없다. 왜냐하면 유럽 제국주의의 끝에서 보니 유럽 사상은 우리 모두에게 선물이 되어 있기 때문이다. 우리는 오직 반反식민적인 감사의 마음으로만 유럽 사상의 지방화에 대해 말할 수 있다.[48]

48) 어느 인도 철학자는 이렇게 썼다: "동양에 있는 우리에게는 이러한 유럽화와 동행하고 그것을 뚫고 가는 것 이외에 열려 있는 다른 길은 없다. 외부의 것과 낯선 것 안으로의 이러한 항해를 통해서만 우리는 우리 자신의 자아됨(self-hood)을 되찾을 수 있다. 다른 곳에서처럼 여기에서도 우리에게 가장 가까운 길은 가장 멀리 돌아가는 길이다." Jarava Lal Mehta, *Martin Heidegger: The Way and the Vision*, Honolulu: University of Hawaii Press, 1976, p. 466. 메타는 한 주석(주 101)에서 후기 하이데거를 본따서 편안하게 존재함(being at home)의 문제는 항상 귀향(homecoming)의 문제, 즉 여행과 여정(travel and journeying)의 문제라고 말한다. Martin Heidegger, *Hölderlin's Hymn "The Ister"*, trans. William McNeill & Julia Davis, Bloomington & Indianapolis: Indiana University Press, 1996, pp. 31~42; Fred Dallmayr, *The Other Heidegger*, Ithaca & London: Cornell University Press, 1993, p. 75.

옮긴이 후기

이제는 우리에게도 많이 알려져 있는 '서발턴 연구 집단'Subaltern Studies Group의 일원인 이 책의 저자 디페시 차크라바르티는 맑스주의 역사학의 노동사 전통 안에서 벵골 노동 계급의 역사를 다시 사유하는 것으로 자신의 학문적인 이력을 시작한 역사가이다. 그 사유의 첫번째 결실이 1989년에 펴낸 『노동 계급의 역사를 다시 생각하기: 벵골 1890~1940』*Rethinking Working-Class History: Bengal, 1890~1940*이었다. 이후 그의 삶의 현장이 인도에서 호주로, 다시 미국으로 이전되는 궤적과 더불어, 그의 사유도 이른바 '포스트식민주의'의 자장 안에서 펼쳐졌고 역사학과 맑스주의와 포스트식민주의의 해후와 융합을 구현하게 되었다. 2000년에 출간되어 이제 옮긴이들이 한국어로 번역한 『유럽을 지방화하기: 포스트식민 사상과 역사적 차이』는 그 같은 그의 이론적 위상을 확고하게 정립시킨 계기가 된 저작이라고 할 수 있다. 그에게 국제적 명성을 안겨 준 이 책은 이탈리아, 프랑스, 폴란드, 스페인, 터키, 중국 등지에서 번역되었거나 번역될 예정이다. 이 『유럽을 지방화하기』 이후 차크라바르티는 근대성의 문제를 사유하는 작업을 이어 갔고, 그 작업의 문제 의식이 집약된 것이 2002년에 출간된 『근대성의 거처들: 서발턴 연구의 여파 안에서의 에세이들』*Habitations of Modernity: Essays in the Wake of Subaltern Studies*이다.

옮긴이들은 이 책을 먼저 읽은 독자의 입장에서 뒤에 올 독자들에게 삼중의 독해 문맥을 제안해 보고자 한다.

먼저 '역사학'의 독자들에게 이 책은 '서발턴 역사'를 재현(사유-서술)하는 역사가가 역사학을 탈구축하는 현장을 목격할 수 있도록 해줄 것이다. 요컨대 역사학의 지적 외부에서 생산된 이론을 이른바 방법론으로 채용하여 실증에 적용하는 역사학이 아니라, 이론적 실천의 장에 개입하여 스스로 이론을 생산하는 역사학을 만날 수 있다는 의미에서 '역사학의 탈구축'을 이 책에서 만나게 되리라는 것이다. 특히 독자들은 이 책 2부에서 역사학의 재현(사유-서술) 안에서 작동하는 이론의 일단을 체험할 수 있을 것이다. 사실 근대 역사학이 개시된 이래 역사학이 지성의 전위로 빛나던 광경은 매우 드물었다. 그렇다면, 독자들은 이 책이 역사학 자체의 탈구축에 그치지 않고, 아니 그런 탈구축에 의해, 비로소 포스트식민주의와 맑스주의라는 이론적 문맥에 개입하여 그 이론(들)의 전화에 유의미한 기여를 산출하고 있는 역사학으로서의 '서발턴 역사'를 정립해 내는 드문 광경을 볼 수 있을 것이다.

그리고 '포스트식민주의'의 독자들에게 이 책은 유럽 중심주의를 비판하는 길이 또 하나의 중심을 내세우는 길도, 안티-중심에 함몰되는 허무주의의 길도, 복수의 중심이라는 상대주의의 길도 아닌 탈중심적인 중심을 모색하는 길임을 보여 준다. 차크라바르티의 '유럽을 지방화하기' 기획은 그런 의미를 갖는 것으로서, 지방화된 유럽과 유럽이 지방화된 후의 비유럽은 바로 그 탈중심적인 중심으로서의 어떤 역사 안에서 해후하리라는 전망이 이 책의 함의라고 할 수 있다. 그렇다면, 더 이상 유럽이 아닌 유럽과 더 이상 비유럽이 아닌 비유럽이 해후하는 그곳을 로버트 J. C. 영Robert J. C. Young의 일련의 저작(예컨대 『포스트식민주의 또는 트리컨티넨탈리즘』이라든가 『아래로부터의 포스트식민주의』)에서 제기된 '트리컨티넨탈'tricontinental이라는 이름으로 불러도 좋을 것이다. 또한 포스트식민주의를 중심부 서구 학계에 진입한 주변부 지식인의 지적 유희로 치부하거나, 그렇게 폄훼하지는 않더라도 문학 이론·비평의 한 사조에 불과한 것으로 간주하는 독법에 대해, 이 책은 오히려 포스트식민주의란 역사에 대한 유물론적 사유라는 문맥에서 역사를 천착하는 이론적 실천임을 보여 줄 것이다.

'맑스(주의)'의 독자들에게 이 책은 맑스(주의)의 비판적 전화를 위한 하나의 길을 제안한다. 어떤 독자들에게는 이 책에서 시도된 맑스와 하이데거의 회통이 다소 진부하고 투박해 보일 수도 있을 것이다. 그러나 이 회통이 '서발턴 역사' 또는 '트리컨티넨탈'의 지평에서 모색되고 있기에 그 진부함을 떨칠 수 있는 잠재력을 내장하고 있다고, 혹은 그 진부함에서 벗어날 경로를 적극적으로 탐색할 수 있다고 할 수 있지 않을까? 또 이 회통이 역사가의 도발이라는 점에서 오히려 그 투박함이 어쩌면 철학적 정교함이 담아 내지 못할 어떤 거친 진실을 내포한다고 할 수 있지 않을까?

이 책의 번역은 원래 '프리즘 총서' 기획위원인 진태원 학형이 기획한 것인데, 약간의 곡절을 거친 후, 옮긴이들이 그 작업을 떠맡게 되었다. 이 책의 「서론」과 1부는 안준범이, 「2007년판 서문」과 2부와 「에필로그」는 김택현이 맡아 번역한 후, 상호 검토의 과정을 거쳤다. 둘 다 나름대로 노력했으나, 그럼에도 오류가 있을 것이다. 혹시라도 뒤늦게 오류가 발견되면 차

후에 수정할 수 있게 되기를 바랄 뿐이다.

번역 과정에서 많은 분의 도움을 받았지만, 주로 2부에 나오는 인도인의 일상 생활이라든가 힌두교와 관련된 사항들의 경우 인도 델리 대학교 대학원 사학과에서 석사 과정을 마친 최혜란으로부터 도움을 받았기에 특별히 고마움을 전한다. 또한 번역 원고를 꼼꼼히 읽고 세밀하게 수정해 준 편집부의 김재훈 씨에게도 각별한 고마움을 전한다.

무엇보다 옮긴이들의 부탁으로 한참 전에 한국어판 서문을 보내 준 후 번역본이 나오기를 오랫동안 기다리고 있을 차크라바르티 교수에게는 감사의 뜻과 함께 정말이지 미안한 마음을 전해야만 할 것 같다. 그의 이 책이 삶-세계-역사에 관해 '중심'으로 쏠려 온 우리의 기성 사유를 '지방화'할 수 있게 하는 데 도움이 된다면, 옮긴이들의 미안함은 조금은 덜어질 것이다.

2014년 8월 20일
옮긴이들 씀

찾아보기

【ㄷ·ㄹ】

【ㅁ】

【ㅂ】

【ㅅ·ㅇ】

【ㅈ·ㅊ·ㅋ】

【ㅌ·ㅍ·ㅎ】